PHILIPPE LE BEL

DU MEME AUTEUR

Les archives (P.U.F., 1959 ; 3e édition 1975):

Un conseiller de Philippe le Bel : Enguerran de Marigny (P.U.F., 1963).

Cartulaire et actes d'Enguerran de Marigny (Imprimerie nationale, 1965).

Les finances pontificales à l'époque du grand schisme d'Occident (De Boccard, 1966).

De Marco Polo à Christophe Colomb (Larousse, livre de poche, 1968).

Histoire de la Normandie, en collaboration (Privat, 1970).

Les contribuables parisiens à la fin de la guerre de Cent Ans (Droz, 1970).

Finance et fiscalité au bas Moyen Age (C.D.U.-S.E.D.E.S., 1971).

Paris au XVe siècle (Diffusion Hachette, 1974).

Le commerce fluvial dans la région parisienne au XVe siècle (Imprimerie nationale, 1975).

JEAN FAVIER

PHILIPPE LE BEL

Fayard

Introduction

Depuis qu'au XVIIe *siècle Pierre Dupuy posa pour la première fois le regard d'un historien sur les documents relatifs à la querelle du pape et du roi, Philippe le Bel n'a cessé de préoccuper la postérité. Les classiques, les romantiques, les positivistes ont apporté leur pierre, différente et semblablement constructive. On a toutefois, chemin faisant, beaucoup interprété, et ce au goût du jour : le roi est apparu comme un héros de l'obscurantisme médiéval, comme un champion du nationalisme français, comme un précurseur de la laïcité. Les légistes, cependant, étaient le tiers-état tenant la bride haute à la noblesse féodale, quand ils n'étaient pas de simples favoris.*

Quand on avait vu tout ce qui se pouvait voir sur cette histoire, on était porté au scepticisme : il serait toujours impossible d'y démêler le vrai du faux. Borrelli de Serres, dans les dernières années du XIXe *siècle, s'attachait à l'étude de détail de quelques rouages essentiels de l'administration française. Charles-Victor Langlois, dans le même temps, renonçait à aller au-delà de ce qu'il avait pu écrire dans quelques chapitres remarquables de l'*Histoire de France *d'Ernest Lavisse. A la génération suivante, Robert Fawtier renonçait aussi, refusant d'ajouter aux pages qu'il avait données à l'*Histoire générale *de Glotz.*

Langlois incitait ses disciples à multiplier les études partielles, les monographies, les biographies. Il fallait forger les pièces d'un puzzle. Ensuite, on verrait. Langlois lançait aussi l'idée, combien féconde, d'une publication systématique des sources de cette histoire, et en particulier des sources financières. Fawtier devait poursuivre cette œuvre, à laquelle il avait été dès l'abord associé. Pendant trente ans, publiant les actes et les comptes, il ne cessa d'œuvrer pour doter le règne de Philippe le Bel des instruments d'une analyse sérieuse. A la même époque, en Amérique, Joseph Reese Strayer abordait avec courage cette histoire par son côté le plus austère et donnait une synthèse des problèmes financiers qui devait servir de guide à toute une génération d'historiens.

A la suite d'Alexandre Dumas, cependant, la littérature d'imagination trouvait dans les heures difficiles du règne de Philippe le Bel une matière de choix. Tout un monde revivait, aux frontières de l'imaginaire et du réel, qui prenait souvent, par la grâce du talent, une substance que la rareté des informations interdit en général aux fruits de l'érudition de pouvoir espérer.

Agaçantes pour l'historien soucieux de ne pas traiter les hommes qui firent l'histoire autrement que nous aimerions être un jour traités, les images simplistes se sont peu à peu imposées : un roi faux-monnayeur, un Conseil de légistes intransigeants, un Nogaret pourvoyeur de bûchers, des favoris emplissant leurs coffres. Des procès, des complots, des drames. Une France prospère mise en coupe réglée par un fisc surgi d'on ne sait où. Un pape giflé. Un autre pape aux ordres du Capétien. Une Inquisition toute-puissante. Le Temple détruit pour son argent. Le manteau blanc sous la torture et Molay héroïque. Le trésor du Temple enfoui sous toutes les commanderies, et des commanderies partout.

Arrêtons ici la liste des clichés. C'est d'eux qu'est né ce livre. D'une certaine exaspération. D'un désir de rendre leurs véritables dimensions à Philippe le Bel, à ses proches, à ses conseillers, à ses adversaires aussi. On verra ce qu'il en est de l'imagerie. L'histoire est-elle moins attachante ?

Les énigmes vraies sont bien suffisantes. Car il en est à chaque détour de la recherche. Le roi en est une à lui seul, et la première de toutes. Froid calculateur, timide, pauvre homme ballotté ? Son silence est-il habileté, refuge ou abdication ? Sa foi est-elle cause première ou prétexte ? Son amitié est-elle fidélité ou favoritisme ?

Le gouvernement est une deuxième énigme. Roi de fer et hommes de paille ? Fantoche et mentors abusifs ? Despote et hommes de loi marrons ? Prince sage et conseillers avisés ? Jeu subtil de la compétence et du pragmatisme.

Chacune de ces « affaires » dont est faite l'histoire du règne est en soi une question. Pourquoi les Juifs ? Pourquoi le Temple ? Pourquoi la dévaluation ?

Même si l'on met de côté les images traditionnelles, quel drame que cette lutte du roi chrétien et du Souverain Pontife ? Quel drame que cet effondrement d'un ordre naguère respecté d'Orient en Occident ! Quel drame que cette fièvre qui s'empare du marché monétaire et qui fait connaître à la France, pour la première fois, dans le même temps, l'inflation galopante et l'instabilité des valeurs !

La liste serait longue, de ces drames qu'illuminent le bûcher des hérétiques de Carcassonne et celui des templiers pris au piège de la procédure, que scandent les grands complots, celui de l'évêque de Pamiers et celui de l'évêque de Troyes, que clôt l'horrible gâchis créé par les incartades amoureuses de princesses lasses de leurs époux inattentifs.

L'écume de l'histoire ne doit pas cacher les vagues de fond. L'essentiel est ailleurs, dans la mutation profonde d'une France qui sort peu à peu des structures politiques de la féodalité et qui forge lentement les rouages d'un Etat moderne, ce qui la laisse encore capable de s'étonner de l'impôt, de la permanence d'une administration distincte du service personnel du roi, de la chose publique elle-même. Une France où la noblesse demeure but et idéal — on y court —, mais où la science des intellectuels devient une voie normale d'accès au pouvoir.

La mutation n'est pas moins profonde — et difficilement perceptible pour les contemporains — dans les mécanismes de la production et sur la carte des courants commerciaux. Les temps deviennent durs, l'expansion des siècles passés s'essouffle sur sa lancée, le ciel lui-même s'en mêle, qui dispose du soleil et de la pluie. Les schémas économiques qui ont fait leurs preuves vont se stérilisant, dans la seigneurie rurale comme dans les villes industrielles, et les esprits comprennent mal pourquoi ce qui valait hier ne vaut plus aujourd'hui. La France de 1315 n'a plus grand-chose de commun avec celle de 1285. Elle a redécouvert l'incertitude.

C'est un jeu que de discerner dans le temps de Philippe le Bel les prodromes de ce que nous savons devoir suivre, jusqu'à la Peste Noire de 1348 et au Grand Schisme de 1378, en passant naturellement par la guerre de Cent Ans. Pourquoi pas ? Mais on voit que la forte monarchie pensée par le dernier des grands Capétiens et par ses conseillers est en crise dès le règne du premier des Valois, que la monnaie va connaître en revanche sa première stabilité dans le bimétallisme, que la Flandre ne sera que pour peu de chose dans le déclenchement de la guerre de Cent Ans et que l'alliance franco-anglaise scellée d'un mariage royal ne fera qu'apporter au conflit une cause complémentaire.

Ce livre n'est donc ni une introduction à la guerre de Cent Ans ni un prélude à la France moderne. Il est l'histoire du règne de Philippe le Bel, défini par son présent, mais aussi par son passé. On ne doit jamais oublier, en voyant vivre ces hommes des années 1300, que le roi est le petit-fils de saint Louis, que ses barons sont, comme lui-même, fils de croisés, qu'ils ont tous été nourris de chansons de geste, de romans de la Table ronde et de poésie courtoise. Ils aiment les tournois et croient à la grâce que confère l'adoubement christianisé par la bénédiction des armes. La cruauté des procédures inquisitoriales ne les empêche nullement d'avoir une morale rigoureuse, et cette morale est celle de Guillaume d'Orange et de Lancelot du Lac. Leur politique est celle de Thomas d'Aquin, non celle de Machiavel.

A oublier ces vérités, qui sont de pure chronologie, on risquerait de ne rien comprendre à un roi qui est encore un chevalier, et à un temps qui est encore celui des cathédrales.

J'ai voulu faire profiter le lecteur de textes nombreux que j'ai intégrés dans le récit, les distinguant seulement par la typographie. Aucune coupure n'a été pratiquée dans ces textes, qui ne soit soulignée par des points de suspension entre crochets. La forme des mots a été modernisée, de même que, parfois, la tournure de certaines phrases déjà difficilement compréhensibles des spécialistes.

Plutôt que de citer à chaque chapitre les très nombreux documents et travaux sur lesquels repose cette synthèse, il a semblé souhaitable de donner, en une bibliographie cohérente, une sorte d'état des questions. On trouvera cette bibliographie à la fin du volume. Je me suis permis d'insister sur les sources, originales ou publiées, pensant que le lecteur aimerait savoir sur quels genres de documents ou de témoignages s'appuie l'histoire de Philippe le Bel.

Illustrer ce livre, ce pouvait être publier des photos de médiocre intérêt — qui ne connaît la Conciergerie à Paris, ou le Saint Louis *de Mainneville, qui est sans doute un portrait de Philippe le Bel ? — ou n'ayant avec le récit qu'une relation fort lointaine : qu'eût apporté là une vue de la tour narbonnaise de Gilles Aycelin ? Il m'a semblé que le lecteur prendrait en revanche plaisir à un véritable dossier iconographique tout à fait inédit, celui des sceaux de quelques personnages importants du règne. Ces sceaux témoignent de la société politique, autant que d'un moment de l'art français.*

Paris, 31 décembre 1977.

CHAPITRE PREMIER

Le roi

UNE STATUE.

« Ce n'est ni un homme ni une bête. C'est une statue. » La remarque est de Bernard Saisset, l'un des adversaires les plus résolus de Philippe le Bel. Sans doute définit-elle assez bien ce roi de marbre autant que de fer, ce roi dont la froideur — faite d'orgueil ou de timidité, sinon des deux — n'a cessé d'impressionner les contemporains. Les petites gens ont dit sa bonté, discrète et distante : ils n'attendaient pas du roi de France qu'il fût leur familier. Les seuls auxquels Philippe le Bel réservât sa rigueur étaient ceux qui mettaient en péril la couronne de France : ni les bourgeois de Paris, ni les marchands de Cahors, ni les laboureurs de Picardie, ni les vignerons de Gascogne. Mais on a dit sa colère implacable, sa dureté hautaine envers ceux qui cherchaient à ébranler le trône.

L'accueil qu'il réserve en 1300 au comte de Flandre Guy de Dampierre, rebelle à l'autorité royale et félon dans ses obligations de vassal, n'est pas celui, honorable sinon chaleureux, que le Prince Noir et son père Edouard III réserveront, d'égal à égal, un demi-siècle plus tard, à Jean le Bon vaincu. C'est l'accueil glacial du roi sacré par Dieu au feudataire sacrilège puisque rebelle :

> Quand ils furent venus au perron, le comte et ses enfants descendirent de cheval, et le comte de Savoie les mena devant le roi. Là, ils s'agenouillèrent et se rendirent à lui, et se mirent du tout en sa volonté.
>
> Le roi les regarda. Mais mot ne leur disait.

> Puis il les fit sortir, et ordonna que le comte fût mené à Compiègne. Et là fut mis en prison en une moult forte tourelle.

La froideur est-elle dureté ? Est-elle distance ? L'homme apparaît secret. L'un des plus grands rois qu'ait eus la France n'a laissé nul enseignement à ses proches ou à ses descendants. Ni conseil ni leçon. Ni commentaire, non plus, et les historiens en sont à s'interroger encore sur les plus graves décisions qu'il ait prises. Pourquoi la guerre ? Pourquoi le Temple ?

Ce silence propice à la manœuvre a pu couvrir la duplicité. En bien des cas, il semble que la finalité — les droits de la Couronne — ait excusé les moyens et que le roi ait jugé nécessaire de duper ses interlocuteurs. Au prince Edmond, frère d'Edouard Ier d'Angleterre, il aurait secrètement promis un accord amiable contraire aux ordonnances, régulièrement publiées, qui confisquaient le duché de Guyenne, et cela pour s'en dédire ensuite commodément à la faveur d'incidents locaux, en arguant de ce que l'Anglais n'avait pas protesté. Face à Clément V, plus tard, on le vit marchander en toute occasion l'abandon des accusations portées contre la mémoire de Boniface VIII, sans cesser pour autant de brandir contre la papauté cette arme tant de fois enterrée. Peut-être Philippe le Bel a-t-il même dupé certains templiers, trop prompts aux aveux pour sauver leur tête.

Dans la paix comme dans la guerre, le roi de France ne se mêle pas de tout. Philippe le Bel est un excellent chevalier, et c'est un chasseur acharné ; même ceux qui ne l'aiment guère en conviennent. Mais il apparaît dans l'histoire de France comme le premier des rois qui se méfient des coups d'éclat : il n'appartient pas au roi de jouer les capitaines, et la grandeur de la royauté capétienne ne passe pas nécessairement par les traits d'héroïsme. Philippe VI s'en souviendra à Crécy et Jean le Bon l'ignorera à Poitiers : mieux vaut un roi qui gouverne qu'un héros captif.

Celui qui se voudrait le maître à penser de Philippe le Bel et dont les écrits reflètent souvent tout un courant de pensée, Pierre du Bois — un juriste de bon sens comme il en est tant dans l'administration locale — ne définit-il pas ainsi la fonction royale :

> Se reposer, faire des enfants, veiller à leur éducation et à leur instruction politique, rendre la justice dans les grandes affaires et faire juger les autres par d'autres, confier la conduite des guerres à des chefs pris parmi ses plus proches et plus fidèles, procurer des soldats et tout ce qui est nécessaire pour le combat, c'est ce que dit le Philosophe dans sa *Politique* : « Les hommes d'intelligence sont naturellement les chefs et les maîtres des autres. »

Et Pierre du Bois de préciser sa pensée : on sait ce qu'ont coûté au royaume les expéditions de saint Louis et de Philippe III, tous deux morts loin de chez eux. On sait ce qu'il en est d'un royaume sans roi :

> Il n'est pas convenable que le prince supporte les aléas et les dangers de la fortune.

Absent des combats où il délègue volontiers son frère Charles de Valois et où les princes et le connétable tiennent normalement la place que leur valent leur rang et leur dignité, Philippe le Bel n'est pas moins absent de la première ligne dans les luttes politiques et les négociations diplomatiques. Devant la foule comme devant l'adversaire, il laisse faire ceux qu'il a choisis. Bernard Saisset a parfaitement résumé l'impression que pouvait faire une telle attitude sur ceux qui éprouvaient ainsi les rigueurs du roi :

> Notre roi ressemble au grand-duc, le plus beau des oiseaux, mais qui ne vaut rien. Il ne sait que regarder fixement les gens, sans parler.

Au mieux Philippe le Bel préside-t-il les assemblées, laissant parler et agir un Flote, un Nogaret, un Plaisians, un Marigny. Lors des deux entrevues de Poitiers, Clément V éprouve durement les effets d'un tel comportement.

Qui pouvait en effet croire que le roi faisait la moitié du chemin pour rencontrer le pape et qu'il ne mènerait pas en personne la négociation ? C'est pour cela que Clément V, lui, se dérangeait. Il se plaignit d'autant plus amèrement lorsqu'il constata : « On n'en a parlé que le temps de traverser la salle. »

Il s'agissait pourtant de l'affaire du Temple, mais toute la discussion fut menée, à l'écart de la personne royale, par les conseillers et principalement par Plaisians. Le Souverain Pontife s'était dérangé pour rencontrer Guillaume de Plaisians !

L'année suivante, Clément V tenta d'accrocher le roi. Une première fois, ayant d'abord dialogué fort longuement avec Plaisians, le pape se tourna vers Philippe le Bel et lui demanda solennellement de lui remettre les biens du Temple : le roi répliqua doucement qu'il prendrait conseil et qu'il répondrait plus tard. Un autre fois, le pape résuma la situation et, avec l'espoir que le roi de France allait expliciter sa propre position, il lui lança pour conclure : « N'est-ce pas ? » Philippe le Bel ne sourcilla pas et dit seulement : « Oui. »

Lorsqu'il manifeste sa présence, il ne le fait qu'après une extraordinaire mise en scène. Comment ne pas admirer la comédie jouée en 1314 aux bourgeois des bonnes villes : Marigny plaide longuement pour qu'ils votent l'impôt, puis, jugeant l'assemblée suffisamment ébranlée, fait d'un geste large lever le roi toujours silencieux « pour voir qui lui voulait faire aide ». Qui aurait osé refuser au roi qui venait enfin de se lever ?

C'est parce qu'il se méfie des mouvements inconsidérés que Philippe le Bel se méfie des foules. Il est l'ennemi des emportements et des précipitations. Il fait écarter, sans répondre un seul mot, le notable de Carcassonne qui l'apostrophe avec trop de véhémence, et l'on voit bien, tout au long de son voyage en Languedoc en 1304, que la fièvre des orateurs méridionaux ne laisse pas de l'agacer.

Philippe le Bel craint visiblement d'être pris au dépourvu, et ce n'est pas de lui qu'on obtient par surprise quelque décision, en chevauchant à ses côtés au hasard des chemins. Présent aux grandes assemblées parisiennes, il laisse à Flote, à Nogaret, à Plaisians, le soin de la harangue. Un roi n'est pas un avocat. Les ambassadeurs éprouvent à bien des reprises les inconvénients de ce qui est à la fois prudence et orgueil. A des envoyés du roi d'Aragon, qui souhaitent profiter d'une brève rencontre pour obtenir de lui réponse, il demande simplement si la chose peut se dire en peu de mots ; si cela ne se peut, on les convoquera. A l'archevêque de Saragosse, qui propose une conférence des rois de France et d'Aragon pour traiter du contentieux entre les deux royaumes, Philippe le Bel répond qu'il y est prêt pourvu que l'on sache de quoi l'on traitera, car il n'est pas décent de réunir pour rien des princes. De toute manière, ajoute-t-il, la rencontre devrait être précédée d'un échange d'ambassadeurs chargés de définir l'ordre du jour de la conférence des souverains.

Malgré l'excuse de santé qu'il invoque parfois, c'est un instrument politique que forge Philippe le Bel grâce à ce protocole diplomatique. Au concile de Vienne, en 1312, il est tout proche, et l'on peut vraiment dire que son ombre s'étend sur le concile. Mais il n'y négocie jamais en personne. Il intervient pour conclure, quand les choses sont au point. L'année suivante, à Arras, il se tient à l'écart d'une conférence qui n'aurait cependant pas lieu s'il n'était là. Présent à quelques lieues de la négociation, il laisse en 1314 Marigny conférer, près de Lille, avec les Flamands et conclure la convention, puis il laisse son frère Charles de Valois ratifier cette convention, ne la ratifiant lui-même qu'un mois plus tard, à son retour à Paris. Distance dans les temps, distance dans l'espace... Temps de réflexion, peut-être, et liberté de réaction. Surtout, des degrés à monter...

Implacable, le roi de marbre peut l'être. Mais non sous l'effet de la colère. La mission de Nogaret en Italie est mesurée dans un calendrier précis, l'affaire du Temple mûrie de longue date. Les violences d'Anagni étaient imprévisibles, et le roi avait même, quelques mois plus tôt, découragé une tentation de recours à la violence. Un de ses conseillers, prélat de haut rang et parlant haut, suggérait au prieur de Chézy, Pierre de Paray, qui s'apprêtait à partir pour Rome, que ce serait œuvre pie de tuer Boniface VIII. Philippe le Bel l'interrompit, avec un humour propre à détendre l'atmosphère.

> A Dieu ne plaise. Le prieur n'en fera rien. Il risquerait de devenir évêque... ou pape. Allez, prieur. Suivez les instructions qu'on vient de vous donner.

L'onction royale

Toute la psychologie politique de Philippe le Bel a pour fondement le charisme royal : l'onction royale, c'est l'onction sur la tête, celle des évêques. Ce n'est pas la simple onction sur les mains, celle des exécutants, celle des prêtres. Et cette onction est faite avec le Saint-Chrême qui ne s'épuise pas dans l'ampoule miraculeuse de Reims, où l'on prend une goutte par génération. Le roi de France est l'oint du Seigneur. C'est un être à part.

Il est une notion dont Philippe le Bel ne peut même concevoir qu'elle pose une question : celle de la légitimité royale. La seule légitimité sur laquelle on s'interroge est celle de Boniface VIII, le pape mal élu parce qu'élu après une renonciation dont on ne sait si Célestin V avait le droit de la faire.

La monarchie est une donnée du droit naturel, tel que l'a formulé Aristote et que l'a, au temps de saint Louis, christianisé Thomas d'Aquin. « Avant qu'il y eût des prêtres, écrit un légiste de Philippe le Bel, il y eut des rois. » L'histoire a fait, en trois siècles, la fortune des Capétiens, mais la vertu propre de ceux-ci a fait d'une famille une dynastie. Un siècle plus tôt, un Philippe Auguste succède à son père parce que celui-ci a eu la prudence de le faire sacrer avant de mourir. Pratique constante, depuis Hugues Capet : mettre le fils aîné sur le trône avant même que le trône soit vacant. Mais ce roi est Philippe Auguste, et point n'est besoin, quarante ans plus tard, de sacrer par avance son fils et successeur Louis VIII. Nul ne songe plus, au XIIIe siècle, à mettre en doute la légitimité par l'hérédité.

A cette Couronne, saint Louis apporte le fleuron de la sainteté. Le pape le canonisera par opportunité, mais la Chrétienté l'a, dès les lendemains de sa mort, compté parmi les saints. Dès lors, la couronne de France est la couronne de saint Louis. Le martyre qu'est la mort en croisade, cette croisade fût-elle organisée en dépit du bon sens, confère à la royauté capétienne ce supplément de légitimité qui provient de la grâce. *Gesta Dei per Francos,* l'œuvre de Dieu par les Francs, Saint Louis est le seul roi de France à l'avoir accomplie jusqu'à la mort.

C'est dire qu'entre un prince — Bourgogne ou Bretagne, Flandre ou Foix — et le roi de France, la différence n'est pas affaire de taille. La fortune du roi, autrement dit le domaine royal, supporte la royauté, mais elle ne la fait plus.

La différence n'est pas, non plus, de degré. Le roi est au sommet de la hiérarchie féodale, et très conscient d'y être. Heureux d'y être, aussi, car c'est une position forte que celle de suzerain, de seigneur des seigneurs : de bons hommes de loi s'entendent à l'exploiter. Mais la tête de la pyramide n'est à la tête que de la pyramide. Le roi-suzerain n'est suzerain que de ses vassaux et arrière-vassaux, et il est juste de dire que sur ces derniers le droit féodal ne lui confère que bien peu de droits. Le lien vassalique est un lien direct. Le duc de Bourgogne ou le comte de la Marche sont vassaux du roi, mais leurs hommes comptent pour bien peu de chose le roi-suzerain. Nul ne s'y méprend, en ces années 1300 où les chansons de geste se lisent encore et où tout le droit coutumier est pénétré de droit féodal : le droit du seigneur, fût-ce celui du seigneur des seigneurs, est un droit contractuel, qui ne s'exerce qu'autant qu'est respecté de part et d'autre le contrat. Le vassal est toujours conditionnel.

Non, la différence est de nature. Tête de la pyramide, le roi est hors de la pyramide. Sacré, il est hors du commun. Il ne peut œuvrer, il ne peut légiférer, imposer ou juger que pour le « commun profit » du royaume : dans l'intérêt public. Mais c'est lui qui définit l'intérêt public. Le lien qui l'unit à ses sujets est un lien absolu, parce que voulu par la nature et confirmé par Dieu. Le droit du suzerain résulte d'un contrat, non celui du souverain.

C'est cela, l'orgueil d'un Philippe le Bel : il ne rend de comptes qu'à Dieu. Porter la couronne de saint Louis crée des devoirs auxquels échappe le commun des mortels. Peut-être même des devoirs à l'échelle du monde chrétien. C'est cela que, dès les années 1300, ses légistes lui font comprendre, exploitant quelque peu sa piété et l'admiration qu'il nourrit depuis l'enfance pour son grand-père. L'idée de sa mission, voulue par Dieu, ne peut donc que s'ancrer en lui à mesure que croît sa piété, une piété que favorisent les années qui passent et, en 1305, la mort de la reine Jeanne.

Défendre l'Eglise, au besoin contre le pape, défendre la foi, au besoin contre des inquisiteurs qui en ont pourtant la charge ou contre des templiers qui ont fait vœu de se battre pour elle, voilà des missions qui ne se conçoivent pas si l'on ignore de quel poids est chargée la couronne reçue à Reims. L'angoisse du roi à son lit de mort, c'est d'avoir pu se tromper.

Philippe le Bel apparaît donc, pour reprendre la formule de Robert Fawtier, comme un dévôt de la religion monarchique, comme « un fanatique du dogme de l'autorité suprême des rois de France ».

On comprend alors la poursuite impitoyable des grandes entreprises du règne. On ne transige pas avec le sacrilège, non plus qu'avec l'hérésie. Le roi d'Angleterre est un ennemi, qui peut devenir un gendre, mais le comte de Flandre est un félon. Boniface VIII n'est pas un rival pour le gouvernement de l'Eglise de France, c'est un pape indigne. Les templiers ne sont pas des hommes faillibles, ce sont des imposteurs de la défense de la chrétienté. A une telle vue, qu'il ne faudrait pas caricaturer mais dont on ne doit pas sous-estimer le manichéisme, l'esprit entier d'un Nogaret n'a fait qu'ajouter : peut-il y avoir des nuances du Bien et du Mal dans l'héritage intellectuel du catharisme revu par le droit romain ? L'acharnement du roi n'est pas cruauté, il est accomplissement d'un devoir sacré.

La foi de Philippe le Bel est profonde. Les années passant, elle devient même spectaculaire dans les œuvres de piété, dans les mortifications, dans les générosités qu'elle inspire au roi. Il multiplie les pèlerinages. Il fonde à Poissy un couvent de dominicaines, près de Noyon une chartreuse, près de Pont-Sainte-Maxence un couvent de clarisses, à Paris les Carmes de la Montagne-Sainte-Geneviève. A la fin de sa vie, il porte peut-être sous sa chemise un cilice de crin, et ses jeûnes dépassent de beaucoup ce que prescrit l'Eglise.

Mais cette foi ardente achoppe sur la Croisade. Philippe le Bel l'a-t-il voulue vraiment ? L'a-t-il sincèrement préparée ? Jeune roi, il y songeait. La génération de son père n'avait-elle pas connu la croisade d'Egypte et celle de Tunis, pour ne pas parler de la croisade d'Aragon ? La Croisade était dans l'univers mental d'un chevalier du XIIIe siècle, et Philippe le Bel nous apparaît bien, à tous égards, comme un chevalier du XIIIe siècle.

Le projet d'un « passage » en Orient n'avait rien de chimérique lorsqu'en 1287 le roi s'en entretint avec Raban Çauma, l'ambassadeur du roi des Tatars :

> Les Mongols, qui ne sont pas des chrétiens, luttent pour prendre Jérusalem. A plus forte raison devons-nous combattre : s'il plaît à Dieu, nous irons avec une armée.

Ses proches ont en revanche peu fait pour la Terre Sainte. Flote n'y songe guère. C'est en Occident que Nogaret pourfend les infidèles, avant de s'en prendre à ceux d'Orient. Marigny, lui, fait ses comptes. Mais, pour désireux qu'il fût de la Croisade, Philippe le Bel était convaincu de la faute qu'eût été un départ pour la Terre Sainte avant que fussent en ordre les affaires du royaume. Lors du Conseil qui, à la fin de 1313, examina la demande de galères formulée par le pape, le roi et les princes opinèrent qu'on devait faire cette dépense, car les galères étaient vouées à la Croisade ; mettant en avant les difficultés financières du royaume, Marigny conduisit le roi à refuser.

Philippe le Bel a su que la Croisade n'était pas à sa portée. Il n'a toutefois cessé d'en examiner l'opportunité. Sans doute les templiers ont-ils payé très cher d'avoir trop facilement, au mépris de leur vocation, pris leur parti de la défaite. Le Temple est mort d'avoir oublié Jérusalem.

ETAT ET FÉODALITÉ.

Parce que l'un est rançonné à Mansourah et que l'autre envoie son bailli planter la bannière de France sur le château de Gand, parce que l'un rend la justice sous le chêne de Vincennes et que l'autre organise et fixe à Paris le Parlement, on a trop souvent opposé un saint Louis encore très féodal et un Philippe le Bel déjà très monarchique. Vision simpliste, qui néglige les progrès considérables qu'a faits tout au long du XIIIe siècle la conscience d'une notion d'Etat, comme elle néglige la naissance en ce même siècle d'une fonction publique distincte du service privé du roi et le renforcement constant du lien de sujétion, qui complète la vassalité sans l'effacer.

Roi moderne, certes, Philippe le Bel l'est bien lorsqu'il fait peser sur tous les habitants du royaume l'exigence d'un service militaire — l'arrière-ban — et de son équivalent financier, l'impôt. Roi moderne, il l'est quand il délègue telle ou telle part de son autorité à des conseillers que la compétence seule a poussés dans sa faveur : en bref, à des hommes qui ne doivent rien à la naissance ou à la carrière ecclésiastique. Et c'est bien un roi moderne qui donne à des juristes formés au droit romain une place presque définitive dans le gouvernement du royaume.

N'allons pas trop loin. Le prince du XIIIe siècle qu'est ce roi né en 1268 demeure un baron pétri d'esprit féodal. Supérieure à la culture moyenne des chevaliers de son temps, sa culture est celle d'un laïc lettré, étranger aux nouveautés du siècle. Son arsenal politique est celui d'un suzerain conforme à l'idéal défini par Beaumanoir. Sa morale repose sur les bases traditionnelles de la morale féodo-vassalique : la fidélité, la réciprocité des devoirs, le serment.

Son éducation doit beaucoup à Gilles de Rome, cet augustin italien — c'était un Colonna — qui était venu à Paris suivre l'enseignement de Thomas d'Aquin et qui, devenu à son tour un maître, avait acquis la confiance de Philippe III. Du couvent des Augustins — les Grands-Augustins — il avait fait un foyer de vie intellectuelle et, face à une Sorbonne très hostile au thomisme, un centre de rayonnement pour l'aristotélisme chrétien. Chargé par le roi de la formation politique du futur Philippe le Bel, que la mort de son frère aîné, Louis, avait en 1276 fait héritier de la Couronne, Gilles de Rome composa, peu avant 1285, un traité *Du gouvernement des princes* qui est en tout un éloge du juste milieu.

La principale des vertus cardinales, c'est pour un prince la prudence. C'est là le grand enseignement de Gilles de Rome. La mesure du courage, c'est le milieu entre l'audace et la timidité. Le pivot sur lequel, entre les nobles qui commandent et le peuple qui obéit, repose la société chrétienne, c'est une classe moyenne capable de participer au gouvernement des Etats. En temps de paix, le premier devoir du roi est de choisir d'excellents conseillers et des juges intègres. Ce rôle que Gilles de Rome donne aux conseillers dans la mise en place des structures politiques de la monarchie doit être souligné Nous touchons là l'un des ressorts essentiels du gouvernement de Philippe le Bel.

S'il a suivi un tel enseignement, le roi n'a pas toujours été docile aux avis que, plus tard, son ancien maître tenta de lui donner. Lors de la querelle contre les prétentions théocratiques de Boniface VIII, Philippe le Bel trouva parfois Gilles de Rome, devenu archevêque de Bourges, dressé contre lui.

Il y a le roi, à qui le devoir impose d'aller jusqu'au bout, et il y a l'homme privé, que ses goûts et son éducation portent à la discrétion, à la retenue, au stoïcisme même. Il est significatif que ce prince lettré ait commandé à Jean de Meung, l'auteur de la seconde partie du *Roman de la Rose,* une traduction en prose française de la *Consolation* de Boèce : autrement dit un manuel de philosophie pratique, intelligible par qui ne lisait que médiocrement le latin.

La lecture de Gilles de Rome, comme celle de Boèce, a façonné ce caractère à la fois fait d'orgueil et de stoïcisme, d'exigence et de générosité. Le juste milieu est fait de sagesse, non de compromis. Philippe le Bel ne transige pas avec les principes. Il a le pardon difficile : ce petit-fils d'un saint ne pardonne pas aux templiers, et ce veuf inconsolable ne pardonne pas à ses brus adultères.

Il arrive à concevoir ce qu'est l'Etat, l'Etat naturel christianisé par Thomas d'Aquin un demi-siècle plus tôt. Mais il ne conçoit encore les rouages de cet Etat que selon le schéma vassalique. Tout repose sur la fidélité, sur la foi jurée. Elle fonde le gouvernement et l'administration, comme elle fonde la paix du royaume.

Les conseillers du roi portent rarement ce titre. Ce qui officialise leur position, c'est leur vassalité. On retrouve d'ailleurs là, de manière curieuse, les traits les plus purs de la vassalité à l'ancienne mode, celle des temps carolingiens. Le conseiller, ce n'est pas — ou pas en tant que tel — le vassal pourvu de fiefs et prêtant hommage pour ces fiefs qui sont devenus ou qui deviennent son patrimoine ; c'est bien le fidèle qui, avant de savoir ce qu'il en recevra, a mis ses mains dans les mains de son seigneur et s'est déclaré son homme. Les actes donnent aux conseillers le titre de « clerc du roi ». de « chevalier du roi ». On en est encore à concevoir le service de conseil comme le devoir du vassal, non comme une fonction que l'on peut récuser. Le conseiller est un féal, c'est-à-dire précisément un fidèle. Ecoutons l'accueil réservé à celui qui, pour la première fois, va siéger au Conseil :

> Vous jurez que vous serez féal et loyal au roi.
>
> Vous garderez son corps, ses membres et son honneur en terres.
>
> S'il vous dit son secret, vous le garderez.
>
> S'il vous demande conseil, vous lui donnerez, bon et loyal, en votre conscience.

La morale féodale n'exige pas moins du seigneur que du vassal. La fidélité descend autant qu'elle monte : le seigneur qui manque à ses devoirs envers ceux qui le servent manque à l'honneur. L'éthique chevaleresque ne trouve guère d'excuses au seigneur félon.

Or l'un des devoirs du seigneur, c'est de pourvoir à l'entretien des vassaux. Bien plus : d'être généreux. Les terres et les droits que donne ou que baille en fief un Philippe le Bel à ceux qui font son gouvernement, toutes ces rentes qu'il distribue aux grands comme aux petits, aux proches comme aux moins proches, c'est le prix de la fidélité. N'y voyons pas une fidélité achetée par un argent honteux, mais bien une fidélité échangée selon le principe de la société féodale, qui est échange contractuel, librement consenti, d'un service contre une protection. Toute protection n'est pas affaire d'homme en armes : le seigneur protège aussi son vassal contre le besoin, et contre le risque de ne pouvoir tenir son rang.

Certains, comme Enguerran de Marigny, s'entendront à faire au service de Philippe le Bel une fortune fâcheusement remarquée. Marigny le paiera un jour de sa vie. Plus que l'effet d'une réprobation morale, c'est celui de la jalousie des concurrents. Alors que les gages — nous dirions le traitement — sont souvent contenus à la hauteur d'un simple salaire domestique, les dons du roi sont le moyen normal de rétribution des services politiques ou administratifs. Mais chacun est libre d'apprécier différemment le service qu'il rend et celui que rend le voisin.

Dans le cadre du service politique ou administratif, le devoir de protection a un sens bien précis pour Philippe le Bel : ne pas jouer avec les hommes, ne pas les exposer pour les abandonner, ne pas les laisser seuls dans l'embarras. Il eût été commode, à bien des reprises, de sacrifier un conseiller après l'avoir compromis. Nogaret est le meilleur exemple : sans le condamner le moins du monde, le roi eût gagné bien de la tranquillité en l'écartant de son Conseil après l'avoir laissé prendre, seul face au pape, des risques terribles. On sait qu'il n'en fut rien. Le long règne de Philippe le Bel — trente ans — demeure l'un des rares que ne marqua aucune disgrâce. La fidélité du roi était égale à celle qu'il attendait de ses hommes. On était encore au temps du contrat vassalique. Le temps de la raison d'Etat n'était pas venu.

CHAPITRE II

Le roi en son Conseil

LE CONSEIL.

Le roi en son Conseil, le roi et ses conseillers, c'est un tout. Savoir ce qui se passait au Conseil est tout aussi malaisé que de savoir, tout simplement, qui siégeait à ce Conseil. Les grands noms, certes, sont connus. Mais qui était là tel jour, pour telle affaire ? Depuis quand tel ou tel y était-il appelé ? L'était-il régulièrement ?

Autant de questions auxquelles les documents ne fournissent qu'une réponse incomplète. Les mots eux-mêmes ont-ils alors le sens précis que l'historien aimerait leur trouver ? Les titres signifient-ils quelque chose, alors qu'à l'évidence Philippe le Bel s'en souciait peu ?

Bien des « chevaliers du roi » semblent n'avoir jamais été appelés à prendre part à la décision politique. Bien des membres de l'entourage royal ont pu donner, une fois ou l'autre, leur avis en matière politique sans en faire une fonction permanente. Le fait de commander officiellement les actes royaux à la Chancellerie, c'est-à-dire de formuler verbalement la volonté royale à l'intention de ceux qui la mettent en écrit, procède souvent de la présence au Conseil, mais il en est qui transmettent la volonté royale et n'ont jamais pris la moindre part à la décision politique. D'autres, cependant, et particulièrement les princes, siègent couramment au Conseil mais laissent à ceux que l'on pourrait appeler les conseillers professionnels la tâche — tâche de confiance, mais non attribution de prestige — de commander les actes à la Chancellerie.

Le Conseil, c'est l'entourage politique. Jamais cerné, jamais figé, toujours perceptible à l'observateur. Nul contemporain ne s'y est trompé : ceux qui ont besoin de savoir qui est au Conseil le savent parfaitement.

La forte personnalité de Nogaret et l'événement qu'est l'arrivée sur la scène politique parisienne des légistes méridionaux ont ancré à travers l'histoire une vision déformée du Conseil de Philippe le Bel : un groupe de légistes, c'est-à-dire d'hommes de loi. La loi, ou plutôt « les lois », c'est le droit romain, le droit écrit. On l'oppose ainsi au droit canonique, le « décret » ou « les décrets ». Les deux droits, car ce sont deux disciplines distinctes qui s'enseignent en des facultés différentes, s'opposent ensemble à ce qui régit finalement la vie quotidienne du Français et qui ne s'enseigne nulle part : la coutume. Distinction très nette dans la France du Nord, où tout est affaire de jurisprudence, très ténue dans la France méridionale, où la coutume est faite du droit écrit. On comprend dans ces conditions le bouleversement intellectuel que représente la venue à Paris d'un groupe tant soit peu important de « légistes ». L'événement doit être, toutefois, ramené à sa juste importance. Il s'en faut de beaucoup, en effet, que les légistes aient fait le Conseil royal.

Ceux que l'on y trouve tout d'abord, ce sont les princes. Et ils n'y sont pas muets. Porté par ses ambitions lointaines, Charles de Valois est souvent absent. Présent, il a le pas sur tous : il est le seul frère germain du roi, fils comme lui d'Isabelle d'Aragon. Certes, les deux frères ne se ressemblent guère, mais Philippe le Bel sait jouer des différences de caractère, comme il joue de l'esprit aventureux de son frère pour que ce prince bouillonnant ne soit pas à la cour le jouet des amateurs d'intrigue. Au Conseil, le comte de Valois parle le premier, et il parle haut.

Le roi est-il plus sensible aux avis que donne son autre frère, fils de la deuxième femme de Philippe III, Marie de Brabant ? Louis d'Evreux est un personnage discret, qui se met rarement en avant. Ses qualités de diplomate en font un précieux auxiliaire de la politique royale. De son influence réelle, nous ne savons rien.

La reine, elle, est absente du jeu politique dès qu'il ne concerne ni la Navarre ni la Champagne. Les intrigues ne manquent cependant pas dans son entourage : la principale victime en est l'évêque Guichard de Troyes, parce qu'il est l'un des premiers personnages du comté de Champagne. Dans les affaires du royaume, en revanche, Jeanne de Navarre est sans influence, et c'est en vain que les franciscains tentent, en 1304, d'utiliser son confesseur franciscain, frère Durand, pour balancer contre l'Inquisition l'influence de l'ordre de saint Dominique, où le roi a pris son propre confesseur, frère Nicolas.

L'un après l'autre, les fils de Philippe le Bel apparaissent au Conseil, et ce bien avant cette sorte de majorité politique qu'est leur « chevalerie ». Cette cérémonie ne signifie d'ailleurs pas grand-chose, sinon une occasion de festoyer : roi de Navarre dès la mort de sa mère en avril 1305 et sacré comme tel à Pampelune en 1307, Louis le Hutin n'est armé chevalier par son père qu'en 1313. Mais il y a longtemps que l'on voit en lui le futur roi de France et l'on sait que les situations en cour dépendront un jour de lui. C'est dire le retentissement de ses propos. Philippe le Long et Charles le Bel, l'un comte de Poitiers, l'autre comte de la Marche, sont forcés à la discrétion par leur âge. Ils n'ont pas encore vingt ans quand, dans les dernières années du règne de leur père, ils commencent de figurer au Conseil.

Quelle que soit l'audience dont ils jouissent auprès de ceux qui leur sont de beaucoup inférieurs par la naissance et qui doivent compter avec l'avenir, les princes semblent n'être que médiocrement capables d'infléchir la volonté royale. Même Charles de Valois, le seul qui ait un certain poids politique, ne peut vraiment compter comme un conseiller de son frère qu'en matière diplomatique. Le roi l'écoute, mais il ne le suit guère.

Aux côtés des princes, quelques grands feudataires prennent part aux délibérations. C'est le comte d'Artois : d'abord le comte Robert, neveu de saint Louis et fils du courageux chevalier mort à Mansourah, ensuite sa fille, la comtesse Mahaut. L'un et l'autre font figure de premier des grands barons ou, plus exactement, de premier des princes qui ne sont pas « fils de roi de France », comme s'intitulent Valois, Evreux et les autres, mais qui sont quand même « du sang du roi ». L'un et l'autre sont très présents, et fort écoutés. C'est aussi le duc Robert de Bourgogne, suffisamment influent au début du règne pour que la cour pontificale ait à en tenir compte.

LES GRANDS OFFICIERS.

Parmi ceux que l'on voit assidus aux séances du Conseil, il y a les titulaires de ces grands offices qui ne représentent plus rien quant à la fonction domestique dont ils sont nés, mais qui sont l'un des éléments de la tradition capétienne. Certes, depuis qu'un sénéchal trop puissant a porté ombrage à la puissance d'un Philippe Auguste, on laisse sagement vacant cet office dont le titulaire, véritable chef de l'administration civile des premiers Capétiens, pouvait à l'occasion devenir un nouveau maire du Palais. De même le chancelier nommé à vie est-il, depuis le temps de Blanche de Castille, remplacé par un garde du sceau révocable, pris à un moindre niveau de la société ecclésiastique, voire — Flote, Nogaret — laïque. Ce qui subsiste, ce sont des titres vidés de tout contenu : le chambrier de France ne dirige pas plus la Chambre du roi que le bouteiller de France ne veille à l'approvisionnement de la cave, et ce sont de simples chambellans, non le grand-maître de France, qui gouvernent la Maison du roi. Quant au connétable, il n'a aucun droit à commander l'armée : tout au plus est-il, flanqué des maréchaux, une sorte de conseiller militaire, voire de mentor lorsque le roi est encore jeune. S'il commande à la guerre, c'est comme d'autres et de pair avec d'autres.

Mais la réalité est faite d'autre chose que du contenu des fonctions héritées de l'histoire. Ces grands offices, ou plutôt ces grands titres, confèrent une prééminence à quelques barons de haut lignage, riches en fiefs et forts de leurs alliances. Ce n'est pas le titre qui les fait ce qu'ils sont, mais le titre leur assure à vie une place à la cour et au Conseil, place que leurs fiefs ne leur garantissent pas. Ce n'est qu'un titre, mais il prend le poids que lui donnent le lignage, les mariages et la fortune foncière.

Le chambrier de France, c'est au début du règne le duc Robert de Bourgogne, un Capétien qui descend de Robert le Pieux. Le comte Jean de Dreux lui succède : autre Capétien, descendant de Louis VI. L'office passe enfin à Louis de Bourbon, petit-fils de saint Louis tout comme Philippe le Bel lui-même.

Pendant quarante ans, le bouteiller de France n'est autre que Jean de Brienne. Son père a été roi de Jérusalem, l'un de ses grands-pères roi de Castille. Il se souvient d'avoir eu pour beau-frère le dernier des grands Hohenstaufen, l'empereur Frédéric II. Lorsqu'il meurt en 1296, c'est à Guy de Châtillon, comte de Saint-Pol, que va — pour vingt ans — l'office de boutciller.

Le comte de Saint-Pol, c'est au premier regard un grand seigneur, mais ce n'est pas un prince. Seulement, la femme de Guy de Châtillon est fille de Bretagne. Leur fille Mahaut épousera Charles de Valois, frère du roi. La femme de son frère aîné, Hugues, est fille de Flandre. Son autre frère, Jacques, est gouverneur de Flandre pour le roi de France. Leur cousin germain, Gaucher de Châtillon, comte de Porcien, est en 1286 connétable de Champagne, en 1302 connétable de France. Ce Gaucher a pour mère une Villehardouin, pour femme une Dreux.

Famille exceptionnelle, peut-être, que cette famille de Châtillon alliée à tous les princes du royaume. Les trois Châtillon qui marquent le règne de Philippe le Bel n'en sont pas moins significatifs de cette haute aristocratie dont les titres reflètent mal une influence politique que nul ne saurait inscrire dans le tableau des institutions.

LES GENS DU ROI EN SON CONSEIL.

A côté de la haute aristocratie, la haute administration. On conçoit que le roi ne se prive pas de réunir ses conseillers pour la raison que le garde du sceau est absent, mais on ne concevrait pas que, présent à la cour, celui-ci reste à la porte du Conseil. Au vrai, Philippe le Bel est beaucoup plus sensible aux charges confiées à tel ou tel qu'au titre qu'on lui donne dans l'intitulé des actes diplomatiques. On voit au Conseil de simples chambellans, Hue de Bouville, Pierre de Chambly, Enguerran de Marigny. Mais il est des chambellans qu'on n'a jamais vus au Conseil, et lorsque Marigny prend à la fin du règne les allures d'un premier ministre, sans recevoir d'autre titre que celui de chambellan, ce n'est évidemment pas en raison de sa fonction dans l'Hôtel royal qu'il siège au Conseil. Flote, Nogaret ou Latilly ont siégé bien avant de recevoir le sceau, et leur position au Conseil ne résulte pas de ce qu'ils gardent le sceau, elle justifie le fait qu'ils l'aient reçu. L'office est conséquence — voire traduction dans le formulaire des actes — de leur influence et de leur compétence. Quant aux autres grands serviteurs du roi, ils voient s'ouvrir à eux le Conseil selon les affaires que l'on y traite : c'est ainsi qu'y viennent des maîtres des comptes ou des ambassadeurs, le maître des eaux et forêts royales Philippe Le Convers, l'avocat du roi Raoul de Presles, voire de simples agents de la fiscalité royale, comme Géraud de Courtonne.

Les finances ont évidemment leur place, qui n'a rien à voir avec le droit romain des légistes. On trouve au Conseil quelques-uns de ces grands bourgeois parisiens qui s'entendent à servir à la fois le roi et leur intérêt propre. Le plus actif est Geoffroi Cocatrix, qui veille à la levée des impôts, contrôle le commerce des cuirs et, pour l'agrandissement du palais royal de la Cité, organise et exploite les expropriations.

Deux hommes échappent à toute classification : Biche et Mouche. Ainsi a-t-on francisé, selon un usage parisien qui durera jusqu'à Mazarin, le nom des frères Albizzo et Musciatto Guidi dei Franzesi. Ces deux hommes d'affaires florentins, originaires de la vieille cité de San Gimignano, connue pour la beauté des tours qui surmontent encore ses palais médiévaux, étaient venus en France au temps de Philippe III avec leur frère Niccolo, qui s'associa peu à leur activité publique mais leur survécut et poussa au service du roi ses propres fils, Totto et Vanno, dont les Français firent Tote Guy et Vanne Guy.

Ne cessant jamais d'être des marchands, banquiers sur la place de Paris en même temps que banquiers du roi, assumant les plus lourdes responsabilités politiques sans la moindre fonction explicite, Biche et Mouche surent jouer habilement de leur crédit sur le roi pour mettre la main sur le service financier et du service financier pour développer leur crédit. Ils avançaient au roi les sommes que l'impôt ou le domaine leur remboursait d'autant mieux qu'ils en contrôlaient la gestion, ils spéculaient pour le roi — et pour eux-mêmes — sur le marché du numéraire, ils conseillaient le roi et savaient ainsi ce qu'on disait au Conseil du roi.

Ce que Biche et Mouche mettaient à la disposition de Philippe le Bel, c'était d'abord une connaissance des ressorts financiers, et particulièrement des réseaux qui se nouaient en Champagne. C'était aussi une trésorerie, surtout riche du jeu des créances. C'était enfin une connaissance intime des arcanes politiques de l'Italie impériale.

D'abord valets du roi, puis chevaliers du roi, on les vit à partir de 1290 assumer à travers le royaume les charges financières les plus diverses, levant le revenu du Toulousain et celui du Rouergue, exploitant les droits du roi sur les foires de Champagne et sur celles de Beaucaire, collectant la décime et exécutant les biens des Juifs, négociant des emprunts pour le roi, payant les garnisons des forteresses et les équipages de la flotte. Dans l'hiver 1292-1293, les deux tiers des dépenses payées par le Trésor royal le furent par leur intermédiaire. Ils étaient au centre du tissu d'informateurs et de collecteurs grâce à quoi se décidait et s'exécutait la politique financière du roi. Ils étaient au Conseil. Mouche allait en ambassade, en Allemagne en 1299, en Italie en 1302. Les deux frères moururent, presque dans le même temps, vers le début de 1307. Nul ne put les remplacer.

Il y avait sur la place de Paris d'autres banquiers, et d'autres Lombards bien introduits. Aucun n'émergea au niveau qu'avaient atteint les frères Guidi. Le roi avait-il, parfois, craint d'être dupé par la « malice toscane » qu'on reprochait volontiers à Mouche ? Avait-on suffisamment appris pour se passer dorénavant d'un type de serviteurs au désintéressement de qui nul ne pouvait croire ? Enguerran de Marigny, qui étendit alors son autorité grandissante sur les affaires financières et qui recourut pour bien des affaires, privées et publiques, aux services de Tote Guy, fit-il barrage contre l'entrée au Conseil de qui aurait eu plus de savoir technique que lui ? Tote Guy suivit dans les affaires les traces de ses oncles, mais ne put que se faire l'auxiliaire de la politique de Marigny. On le trouve en Flandre aussi bien qu'en Angleterre, agent fidèle des intérêts qu'on lui confiait. Les textes sont significatifs, qui qualifient Tote Guy de « marchand monseigneur de Marigny ». Ses oncles, eux, étaient chevaliers du roi. Sans doute avaient-ils quelque génie.

Le Placentin Gandoufle d'Arcelles — Gandolfo degli Arcelli — suivit de peu les frères Guidi dans la tombe : il avait été le plus riche des marchands parisiens, mais les Guidi ne lui avaient laissé dans les affaires du roi qu'un rôle épisodique. Quant au Lucquois Bétin Cassinel — Bettino Cassinelli — dont l'empire s'étendait sur les ateliers monétaires du royaume et à qui cela valait l'oreille du roi, il semble avoir trouvé là une suffisante occupation.

Des princes et des barons, de simples chevaliers appartenant à l'hôtel et à la cour du roi, des officiers — clercs et laïcs — d'une administration où se distinguent encore fort mal, quant aux hommes, le central et le local, des bourgeois, des banquiers, tel est le Conseil. Dans la mesure où un roi du XIIIe siècle peut former cette notion, le Conseil de Philippe le Bel est un certain reflet du royaume.

LES LÉGISTES

Et les légistes, dira-t-on ? Où sont-ils ? Que font-ils ? Observe-t-on une attitude commune des légistes ? Une politique des légistes ?

Un légiste, c'est un gradué en droit romain, ce droit que le Moyen Age appelle « les lois ». Pour la plupart, ceux qu'emploie le roi sont à cent lieues du Conseil. Il en est dans tous les rouages de l'administration, et pas seulement dans les justices royales. La chevalerie, d'ailleurs, commence de les juger encombrants : ils prennent la place que tenait et que perd la noblesse, la vieille aristocratie militaire. Vue inexacte, d'ailleurs, si l'on y regarde de près, car il est bien des légistes nés, comme Pierre Flote, d'excellente noblesse. Dans l'ensemble, cependant, ce n'est pas faux, et c'est ce qui conduisit les historiens du XIXe siècle à voir en ces légistes les premiers bénéficiaires de la promotion politique du tiers-état.

Se faisant le porte-parole des griefs qu'il entend communément aux abords de la cour après la paix un peu hâtive de 1313, Geoffroi de Paris dramatise quelque peu l'effacement de l'élite chevaleresque par les juristes et les financiers. Pour lui, c'est la fin d'un idéal :

> France est tournée en serveté
> Car Français n'y sont écoutés
> Qui sont nés de la droite mère [...]
> En France il a or telle coutume
> Que les Royaux français élèvent
> Ceux qui louange faire savent [...]
> Ainsi se perd la chevalerie
> Et demeure hoqueterie (*chicanerie*).
> En France a tout plein d'avocats.

La réalité est naturellement plus nuancée. La vieille noblesse parle encore très haut, et la confiance du roi ne lui manque pas. Quant aux avocats dont la France est pleine, beaucoup font comme Pierre du Bois, qui exerce avec conscience sa tâche d'avocat du roi pour les causes ecclésiastiques dans le bailliage de Coutances mais qui ne peut s'empêcher de rêver à la brillante carrière que procure à d'autres le hasard ou le talent. Il tente de forcer le sort et adresse au roi des traités dont il n'est pas impossible qu'à certains moments on se soit inspiré. Mais la plume qu'il met au service de la grandeur capétienne ne procure à Pierre du Bois aucune promotion.

Des centaines de docteurs ou de licenciés, sortis des écoles d'Orléans, de Toulouse ou de Montpellier — on n'enseigne à Paris que le droit de l'Eglise, le droit « canonique » ou « décrets » —, mettent ainsi leur science des « lois » au service du roi dans le cadre précis d'un bailliage ou d'une sénéchaussée, d'un diocèse ou d'une ville. Baillis, sénéchaux, juges, ils exercent le droit du roi. Avocats ou procureurs, ayant le roi pour client mais non pour client exclusif, ils défendent les droits et prérogatives de la Couronne. Clercs des administrations et des juridictions, ils mettent en forme les actes qui traduisent les décisions quotidiennes de l'autorité exercée par le roi. La notoriété ne les effleure pas, mais ils vivent bien, considérés et parfois opulents. Certains font de véritables fortunes.

Il est des professeurs de droit qui se contentent d'enseigner, et des docteurs en droit qui se contentent de pratiquer. Il en est, aussi, qui vont de l'une à l'autre fonction, ou qui allient les deux. Ainsi Brémond de Montferrier, un noble languedocien que l'on voit tour à tour avocat, lieutenant du roi de Majorque à Montpellier, juge mage de Philippe le Bel à Beaucaire, et qui ne cesse pour autant d'enseigner à Montpellier.

Aux fonctions stables se joignent les missions temporaires. Les légistes fournissent au roi les enquêteurs, les commissaires, dont la revendication des droits royaux ou, au contraire, la plainte des victimes d'empiétements ou d'abus nécessite à chaque instant l'envoi. Juge ou avocat selon les temps, Raimond de Poujoulat est lieutenant du sénéchal de Beaucaire lorsqu'on le charge, en 1302, de diriger la difficile délimitation des deux sénéchaussées — Beaucaire et Carcassonne — dont la frontière demeure incertaine depuis leur création sous saint Louis. Juge du Velay et commissaire à l'imposition d'un subside, Raoul de Courjumelles est aussi l'artisan d'un dénombrement des possessions du roi et de celles de l'évêque du Puy, dénombrement nécessaire pour l'application du traité de « pariage » qui établit la co-seigneurie du roi et de l'évêque sur le Gévaudan.

Bien des juristes ne prétendent d'ailleurs à aucune carrière dans le service du roi. La pratique offre à un avocat de talent des ressources supérieures à celles que peut espérer un officier local. Rares sont les légistes du roi qui n'ont pas gardé une clientèle privée, allant de l'obscur plaideur au prince ou à l'évêque. Chancelier du roi, Pierre de Latilly conserve ses clients : il est notamment conseiller juridique de Saint-Médard de Soissons. Certains ont visiblement réalisé la profitable opération qui consiste à mettre le roi au nombre de leurs clients, sans plus.

L'aboutissement des plus belles carrières, ce sont les hautes fonctions de l'administration centrale. Elles peuvent conduire au Conseil, ou à la familiarité du roi, sans impliquer nécessairement un rôle politique. C'est grâce à des hommes de ce type que s'élabore la jurisprudence royale, support juridique du droit du roi. C'est par eux que se met en place, sur les structures féodales de la royauté capétienne, un système monarchique dont le dessin se précise et s'affermit.

Le meilleur exemple en est sans doute Pons d'Aumelas, cet élève de Nogaret à l'école de Montpellier, qui poursuit une longue carrière dans l'administration locale avant de parvenir aux plus grandes responsabilités, mais des responsabilités qui demeurent celles d'un juge.

Apparenté à de puissantes familles, notamment à celle du cardinal Bérenger Frédol, Pons d'Aumelas est docteur ès lois dès 1292 mais il reste jusqu'en 1304 un légiste brillant, certes, mais à l'échelle de la province. Il enseigne. Il pratique. Non content d'être le conseiller de la ville et de l'évêque, il l'est aussi des officiers royaux. Soudain, en 1304, il devient juge mage de la sénéchaussée de Rouergue. Il abandonne alors et son enseignement et ses clients. En 1308, le voici à Toulouse, toujours juge mage, mais mieux payé qu'en Rouergue et traitant de plus grosses affaires.

Deux ans plus tard, voici Pons d'Aumelas à Paris, siégeant au Parlement et menant des enquêtes. Il sert même comme enquêteur-réformateur. C'est lui qui s'occupera, sous Louis X, du procès fait à Pierre de Latilly, déchu de sa chancellerie. Un homme politique, Pons d'Aumelas ? Certes pas. Un haut fonctionnaire. Des centaines de juristes ont commencé comme lui, et sont simplement allés moins loin.

Il en va de même dans tous les secteurs de l'administration royale. Pour un qui parvient au Conseil, il est vingt ou cent juristes qui gèrent les affaires du roi sans participer le moins du monde au gouvernement. Qu'ont-ils étudié de droit romain ou de droit canonique ces « clercs » qui peuplent les chambres où l'on compte, où l'on inventorie, où l'on analyse ?

Une figure tranche nettement sur cette masse obscure et utile : celle de Philippe Le Convers. Tirant son surnom de ce qu'il est né juif, Philippe de Villepreux jouit d'être le filleul du roi. Privilège qu'il partage d'ailleurs avec nombre de juifs convertis du domaine royal, mais qui lui met le pied à l'étrier. Le roi paie ses études et lui offre des livres de droit. Dès le début du règne, Philippe est chargé des missions les plus diverses : elles vont de la levée des impôts à une ambassade en Allemagne. A partir de 1300, il participe vraiment au gouvernement, mais comme le technicien de la gestion domaniale que sa carrière passée a déjà fait de lui. Spécialisé dans le droit forestier, alors que les forêts sont part essentielle du domaine royal, familier de ces terroirs d'Ile-de-France où il a vécu son enfance, Philippe Le Convers gouverne d'une main ferme les officiers forestiers et donne ses instructions aux baillis. En Normandie, où la forêt constitue la grande richesse du domaine en même temps que le terrain d'élection des chasses royales, il est enquêteur pour les forêts. Il intervient en Champagne, en Poitou, en Languedoc. Philippe le Bel le fait maître des forêts royales. Le Convers a son siège à Paris, et on le voit au Parlement aussi bien qu'au Conseil royal ; mais il sillonne surtout le royaume, menant en personne les enquêtes dont il a l'initiative et assurant lui-même les moyens — cela va jusqu'à la terreur — des opérations ponctuelles qu'il juge utiles pour mettre en la main du roi les biens litigieux. Il commande à la Chancellerie la rédaction des actes qui traduisent en volonté royale ses propres décisions. Ne négligeant pas sa fortune, ce clerc accumule les prébendes et les archidiaconés rémunérateurs.

Œuvre de légiste, que cette gestion forestière ? Certes pas dans l'action quotidienne. Mais en quinze ans, Philippe Le Convers mène à bien l'organisation administrative de la forêt royale, coordonne les efforts, rationalise la gestion. Il amorce une législation quant aux rapports du propriétaire et des usagers, c'est-à-dire du roi et des communautés villageoises. On est là très loin du droit romain, mais sa formation de juriste permet à Philippe Le Convers d'être autre chose qu'un gestionnaire de la routine forestière. C'est un légiste, et c'est un conseiller du roi, mais il apparaît à ce point étranger aux actes proprement politiques du gouvernement qu'il échappe en 1315 à la vindicte des barons, peu tendres cependant envers les parvenus de l'entourage royal.

Les « légistes de Philippe le Bel », c'est donc avant tout une armée d'esprits formés à la rude discipline des « lois » et armés pour la défense des droits du roi. C'est la masse de ceux qui font marcher l'appareil administratif du royaume. Ils étaient déjà là sous saint Louis, moins nombreux et moins visibles. Philippe le Bel n'innove pas en recourant à leur service, il leur accorde simplement une place plus large — mais non mieux marquée — dans son administration, voire dans son gouvernement.

Les professionnels de la politique, pour reprendre l'expression de Robert-Henri Bautier, ceux qui, collègues au Conseil des princes et des barons, des Mouche et des Marigny, forment vraiment une part du gouvernement de Philippe le Bel, ceux-là sont peu nombreux. Peut-être, en trente ans, en compterait-on vingt ou trente. Plus nettement pour la postérité que pour les contemporains, le grand nom de Nogaret les domine et les reflète. Sans doute est-ce à cause de lui que l'on pense tout de suite aux Méridionaux.

Il est vrai que les juristes sont proportionnellement plus nombreux dans l'administration de la France méridionale — celle des langues d'oc — que dans celle de la France septentrionale, la France des langues d'oil. Les raisons en sont simples. L'étude du droit fleurit plus tôt et plus vigoureusement dans le Midi. Le droit en usage dans le Nord, plus féodal et plus coutumier, fait moins appel aux notions qui s'acquièrent à l'école.

Au Conseil, c'est une tournure d'esprit que le roi apprécie chez ses juristes : une façon de penser et d'aborder les problèmes, plus qu'une compétence d'avocat. Certes, le plus grand avocat du temps, et l'avocat du roi au Parlement, Raoul de Presles, participe à bien des décisions politiques et offre au roi le secours de sa science et de son talent. Pour la plupart, les autres légistes du Conseil ne sont pas là pour dire le droit. Ils sont là parce que, d'où qu'ils viennent, ils ont fait leurs preuves.

Les uns viennent du Nord, et ont généralement appris leur droit à Paris pour les « décrets » et Orléans pour les « lois ». Ainsi Pierre de Belleperche, qui est un vieux professeur des écoles d'Orléans, auteur de traités et de commentaires qui font autorité parmi ses collègues. Cependant que d'autres jouent un rôle de premier plan sur la scène diplomatique, Belleperche sert tout simplement le roi dans les plus hautes instances de la justice. Il est au Parlement à Paris, aux Grands-Jours à Troyes, à l'Echiquier à Rouen. Un temps, Philippe le Bel lui confie son grand sceau. Pour l'essentiel, Belleperche est vraiment homme de conseil : il est le jurisconsulte qui reste dans l'ombre et donne les avis qu'on lui demande. Il meurt en 1308, deux ans après sa promotion à l'évêché d'Auxerre. Il avait succédé là à Pierre de Mornay, autre légiste de grande classe, très influent auprès du roi dans les premières années du règne. Le pape Nicolas IV ne jugeait-il pas opportun, en 1290, de recommander tout spécialement à Mornay le cardinal légat Benoît Caetani ? En 1295 face aux Aragonais, en 1299 face aux Anglais, c'est Mornay que nous voyons mener pour la France de délicates négociations. Il nous apparaît ensuite, le plus souvent, comme le second de Pierre Flote. L'un de ses neveux, Etienne de Mornay, passera du service de Charles de Valois à celui de Louis X, deviendra chancelier de France ; puis, seul de son espèce, il délaissera volontairement la scène politique pour retrouver sa chaire et ses étudiants d'Orléans.

Le cas le plus étonnant de promotion sociale qu'offre ce groupe d'hommes, c'est peut-être celui de Raoul de Presles. Sa mère était serve de l'abbaye de Saint-Denis. La carrière ecclésiastique de Raoul s'en trouva entravée. Affranchi une première fois, dans sa jeunesse, par l'abbé, une seconde fois en 1300 lorsqu'il quitte la vie cléricale sans avoir reçu la prêtrise, Raoul de Presles est alors, à Laon où il demeure, l'un des avocats les plus estimés. Très vite, les horizons de sa ville ne lui suffisent pas, même s'il y trouve déjà l'occasion de défendre, entre autres intérêts, ceux du roi. Même s'il a, dans le même temps, commencé de faire fortune. D'Enguerran de Coucy, dont il a été le conseiller juridique, il a reçu en récompense une importante seigneurie. Diverses spéculations — et quelques malversations — ont agrandi son bien. Il est riche. A Laon, c'est un notable.

Lorsqu'il vient en 1303 s'établir à Paris, c'est au sein de l'hôtel de la reine Jeanne qu'il trouve la position officielle qui va lui servir de tremplin. Il est le juriste chargé des affaires de Champagne — Jeanne de Navarre est comtesse de Champagne — et son influence ne fait que croître lorsqu'il passe, à la mort de la reine, au service de Louis le Hutin, héritier de sa mère avant de l'être de son père le roi.

La faveur de Philippe le Bel est acquise, mais le dévouement de Raoul de Presles est à la mesure de ses ambitions. En 1310, sa déposition sonne le glas des templiers. Sa fortune foncière reflète, dès l'année suivante, l'importance du service rendu.

Il est alors temps pour l'avocat du roi de songer au mécénat, qui justifie les profits et affermit la mémoire des hommes : Presles fonde et dote à Paris, un peu au-dessus de la place Maubert, un collège pour les étudiants.

Pour tous, il est le « principal avocat du roi ». Si l'on y regarde de près, ce n'est pas un théoricien du droit, et surtout pas de ce droit romain auquel il doit sa formation et son étiquette de légiste. Sa force, c'est d'être le meilleur des procéduriers alors que, sur tous les fronts, c'est par la procédure que le droit du roi ne cesse de progresser.

L'autre grand légiste de la France du Nord, c'est Latilly. Il sera le dernier garde du sceau de Philippe le Bel, et l'une des victimes de la réaction de 1315. De 1290 à 1313, on le voit gravir tous les échelons de la confiance royale et de la responsabilité politique. A chaque échelon, ce légiste se montre avant tout homme d'action. Il est en 1290 collecteur de la taxe sur les acquisitions de fiefs dans les bailliages de Gisors et Senlis, en 1297 il organise en Languedoc la levée des impôts. Il préside en 1301 à la saisie des biens des Juifs. Pierre de Latilly n'est ni un percepteur ni un comptable, mais l'organisateur du système fiscal qui naît. Il détermine les méthodes à employer pour l'assiette des impôts, il juge de l'opportunité des procédures de recouvrement, il gère le mouvement des fonds.

Agent implacable de l'autorité royale, dur aux petites gens, Latilly est impopulaire, voir haï de ceux qui ont affaire à lui. Il est pour une bonne part dans le mécontentement des sujets en train de se muer en contribuables. Mais il est efficace, et son réalisme sans scrupule fait merveille pour balancer l'intransigeante morale d'un Aycelin.

Vers 1305, il commence de figurer dans le petit groupe des diplomates du roi. Il traite avec le pape de l'affaire du Temple. Il intervient dans les relations, combien difficiles et complexes, avec le roi des Romains — le futur empereur — Henri VII. Par trois fois, Philippe le Bel l'envoie en Angleterre.

En 1313, Pierre de Latilly est évêque de Châlons, en même temps que garde du sceau royal. On ne l'a nulle part vu au premier rang. Mais il a probablement été de toutes les décisions et de toutes les affaires de la seconde moitié du règne. Un homme discret, âpre, utile.

Les véritables « ténors » de la vie politique, ce sont les grands légistes issus de la France méridionale, des théoriciens formés aux écoles de Toulouse et de Montpellier et rompus à l'exercice de la dissertation juridique autant que praticiens virtuoses de l'éloquence publique. On connaît les plus grands. Leur fortune politique tient à leur valeur intellectuelle. Peut-être, aussi, doit-elle quelque chose à la volonté du roi d'assurer l'intégration définitive d'un Languedoc encore capétien de fraîche date.

Le premier, c'est Pierre Flote. Il apparaît dès les débuts du règne, homme de confiance de Philippe le Bel après l'avoir été, dans le dauphiné de Viennois, du dauphin Humbert et de sa famille. Il juge au Parlement tenu à Toulouse en 1291, il négocie deux ans plus tard en Gascogne avec les gens du roi-duc Edouard Ier. A partir de 1296, Flote gouverne les relations avec la papauté et organise la lutte afin que le roi s'affirme comme le maître du clergé français, c'est-à-dire, malgré les prétentions pontificales, comme le seul souverain en France. Il mène dans le même temps les négociations avec l'Angleterre, avec l'Empire, avec les Guelfes d'Italie. On le voit en Lorraine ; il est en Flandre. Ce fils d'une grande famille dauphinoise n'a été clerc que le temps de ses études. C'est en chevalier qu'il meurt, en juillet 1302, dans le désastre de Courtrai.

Gilles Aycelin.

Peut-être Gilles Aycelin, qui le seconde dès 1293 en diverses occasions, est-il le neveu de Pierre Flote ; on ne peut, toutefois, trouver deux hommes plus différents, dans leur carrière comme dans leurs attitudes. Autant Flote, seigneur de Ravel en Auvergne, se veut un laïc, autant Aycelin se veut clerc. Son oncle Hugues meurt doyen du Sacré-Collège, et Gilles a vu dans l'étude du droit la voie des honneurs. Très jeune encore, il est chapelain du pape. Tout au long de sa vie, il accumule les bénéfices ecclésiastiques. En 1290, il est archevêque de Narbonne ; en 1311, il accède au siège métropolitain de Rouen, le bénéfice le mieux doté du royaume. Ambassadeur du roi en cour de Rome en 1288, il ne cesse dès lors de parcourir l'Europe pour les besoins de la diplomatie royale. Cela ne l'empêche pas d'être de tous les conseillers le plus assidu au Conseil et de jouer au Parlement le rôle délicat d'un juge « légiste » pour les questions ecclésiastiques, questions qui relèvent surtout du droit canonique mais dans lesquelles l'intérêt du roi est qu'intervienne l'avis d'un civiliste.

C'est dire qu'Aycelin se trouve à maintes reprises en situation difficile. Il l'est comme archevêque dans un conflit qui oppose son maître le roi au pape et à l'Eglise de Rome. Il l'est comme grand seigneur justicier — parce qu'archevêque — face aux innombrables empiètements de l'administration royale sur les prérogatives des seigneurs justiciers.

Le diplomate est habile à la transaction sur les situations de fait. Le légiste, lui, est incapable de compromis sur le droit. Opposant la modération — et parfois la temporisation — aux emportements d'un Flote ou d'un Nogaret, montrant au roi son tort quand le roi attend qu'on soutienne son intérêt, donnant fidèlement son conseil mais protestant avec vigueur quand est bafoué son propre droit, Gilles Aycelin représente un cas unique : celui du conseiller qui a tenu tête et qui, dans une absolue loyauté, a souvent manifesté au roi son désaccord.

Déjà sensible lorsque l'objet du conflit entre le pape et le roi n'est autre qu'un évêque suffragant de l'archevêque de Narbonne, l'indépendance d'esprit de Gilles Aycelin devient un élément déterminant des relations politiques lorsqu'il revient à l'archevêque de présider, au nom du pape, la commission d'enquête sur l'ordre du Temple. Serviteur fidèle du roi, Aycelin l'est aussi de la régularité, qui va de pair avec la rectitude. Il réprouve les violences de Nogaret, mais il adhère à l'appel contre Boniface VIII parce que de graves accusations sont portées contre ce pape et qu'on ne laisse pas de telles accusations sans juger de leur bien-fondé : il s'agit là d'une procédure régulière. Sans cesser d'être fidèle à l'Eglise, il choisit le parti du roi dans la mesure où le pape lui semble empiéter à son tour sur les « libertés » de l'Eglise de France. Aycelin se range aux côtés du roi, mais non contre l'Eglise. De même accepte-t-il de contribuer aux charges financières du royaume et d'y faire contribuer les clercs de sa province de Narbonne, mais il réaffirme que le roi n'y a aucun droit et s'entend à obtenir, pour prix de cette aide financière, la reconnaissance et l'extension des privilèges dont ils jouissent, ses clercs et lui.

L'attitude de Philippe le Bel envers Gilles Aycelin est à bien des égards révélatrice du comportement du roi. C'est avec la plus grande déférence qu'il écoute l'archevêque. Il lui conserve sa confiance. Il va jusqu'à lui confier à plusieurs reprises la garde du sceau royal en l'absence de Nogaret. Mais le roi ne suit les conseils de l'archevêque de Narbonne que lorsqu'il le veut bien. Par son indépendance même, Aycelin est au Conseil un homme seul. Peu de décisions sont à mettre à son actif, mais il a été de toutes les affaires et il a touché à tout. On peut se demander si son rôle dans le gouvernement de Philippe le Bel n'a pas été celui d'un régulateur, d'un contrepoids, dont se seraient finalement ressenties les grandes orientations de la politique royale. Il aurait par là plus influencé les choix implicites à long terme que les choix explicites à court terme.

Guillaume de Nogaret.

Le hasard a fait de Nogaret l'homme d'Anagni. Nous reviendrons sur l'histoire de ce coup de force, où l'envoyé du roi de France s'est trouvé porté par l'événement. Disons tout de suite que, pour l'idée qu'on s'est faite, au cours des siècles, du plus célèbre des juristes de Philippe le Bel, Anagni a tout faussé. Au reste, n'est-ce pas de cette réputation acquise en un jour — l'homme qui aurait giflé le pape — que Nogaret tire précisément sa célébrité ? L'ardeur maladroite avec laquelle il a passé le reste de ses jours à se défendre a finalement fait de lui un obstiné, voire l'homme d'une idée fixe et d'une haine inextinguible à l'encontre de Boniface VIII. On a fouillé ses antécédents, et on lui a trouvé un grand-père plus ou moins cathare. Dès lors, tout s'expliquait : Nogaret à Anagni, c'était la revanche de l'Inquisition et le bûcher des templiers répondait à celui de Montségur. Le cathare avait d'ailleurs les dents longues : il avait tué le Temple pour le voler.

Sans prêter attention à ceux qui romancèrent volontairement l'histoire, écoutons seulement Ernest Renan, à l'apogée d'une histoire qui se veut positiviste :

> Sa haine de légiste contre les pouvoirs exorbitants de la juridiction ecclésiastique, sa docilité sans bornes à l'égard de la monarchie absolue, sa haine de Français contre l'orgueil italien, son vieux sang de patarin et le souvenir du martyre de son aïeul lui firent accepter une commission dont certes personne, dans les siècles antérieurs du Moyen Age, n'aurait osé concevoir l'idée.

Laissons de côté l'imagerie grinçante, et laissons pour plus tard Anagni. Voyons l'homme, tel qu'il est avant le coup de pouce du destin.

Sans doute originaire d'un village des environs de Toulouse, c'est un bourgeois — Flote était noble, Nogaret sera anobli, en 1299 — qu'attirent très tôt l'étude du droit et la fonction publique. Quand Philippe le Bel monte sur le trône, Nogaret enseigne les lois à Montpellier. C'est un jurisconsulte réputé, et les officiers royaux font de temps à autre appel à sa compétence. Il intervient dans la transaction par laquelle l'évêque de Maguelonne cède au roi le droit qu'il avait sur la seigneurie de Montpellier. En 1293, il est juge mage de la sénéchaussée de Beaucaire. Un an plus tard, le voici à Paris, siégeant au Parlement.

Philippe le Bel le charge, en 1296, d'aller en Champagne pour y réformer les structures administratives héritées des comtes : déjà, Nogaret sort du domaine du droit. Il gouverne. Il seconde Flote dans la conduite de la politique ecclésiastique. En 1300, il est en Italie. La mort de Flote fait de lui, en 1302, le premier des légistes du Conseil. Le roi lui donne, en 1307, la garde du sceau, qu'il conserve jusqu'à sa mort en 1313. Il est au Conseil, et il y est influent jusqu'au bout, même lorsque la faveur de Marigny l'éclipse quelque peu, à partir de 1311, et lorsqu'on voit la politique d'un Nogaret prêt à aller jusqu'au bout dans l'affirmation des principes qui fondent la souveraineté royale — et dans les applications de droit qui en découlent — céder la place à la politique pragmatique et réaliste d'un Marigny plus porté au marchandage discret qu'aux déclarations de doctrine.

Une coïncidence a souvent été soulignée, sans que le problème qu'elle pose ait jamais été résolu. C'est le même jour, le 22 septembre 1307, que le Conseil décida l'arrestation des templiers et que l'on sut à la sortie du Conseil la désignation de Nogaret comme garde du sceau. Le notaire de la Chancellerie lui-même a cru devoir noter le fait dans son registre. Et l'explication de venir tout naturellement à l'esprit : il s'agissait de renforcer l'autorité de Nogaret.

Est-ce si sûr ? Que représente le sceau, sinon une sujétion nouvelle ? Quel avantage, pour un homme qui n'avait pas besoin de cela quand il partait pour Rome ? Quand il allait citer le pape à rien de moins que comparaître devant un concile ? Le chancelier ne préside aucun tribunal, ne jouit d'aucune autorité propre autre qu'administrative. La fonction d'un garde du sceau, révocable, ne peut même pas passer pour une carrière, pour une fin de carrière assurée. Nogaret est le dixième garde du sceau du règne, et nul ne sait qu'il mourra en fonctions. Quant aux émoluments du garde du sceau, ils sont très en deçà de ce que, sous forme de dons et de rentes, le roi donne à son gré aux fidèles qui le servent, quel que soit leur titre.

Si l'affaire du Temple n'éclatait au même moment, on pourrait croire que la Chancellerie vient récompenser les services rendus par Nogaret et qu'elle est pour lui ce qu'elle a été pour d'autres : un bâton de maréchal et la fin des missions aventureuses. Mais il n'en est rien. On est encore loin du moment où la faveur de Marigny l'emportera sur celle de Nogaret, et l'on verra Nogaret se faire suppléer à la Chancellerie — par Aycelin — afin de pouvoir mener au loin les missions les plus diverses.

Peut-être, par cette coïncidence qui passerait difficilement pour fortuite aux yeux des hommes du temps, Nogaret souhaite-t-il manifester publiquement la part qui est et va être la sienne dans l'affaire du Temple. Il est peu vraisemblable que les gardes du sceau épisodiques nommés par le roi depuis la mort de

Flote, cinq ans plus tôt, l'aient été contre Nogaret. Nogaret, de 1302 à 1307, n'a certainement pas demandé le sceau. S'il l'obtient maintenant, c'est donc qu'il en a besoin et qu'il l'a demandé. Quel besoin ?

Deux négociations vont, jusqu'à l'arrivée aux affaires de Marigny, occuper Nogaret face à la curie pontificale : celle du Temple et celle — ancienne mais qui continue — du procès contre la mémoire de Boniface VIII, procès dont la menace est, pour Guillaume de Nogaret, étroitement conjointe avec sa propre justification dans l'incident d'Anagni. Nogaret ne cesse d'argumenter, en privé comme en public, afin de se disculper d'avoir voulu attenter à la personne du pape. Avant de poursuivre à ce sujet la négociation sur de nouvelles bases, Nogaret peut être heureux de montrer les deux cartes maîtresses qu'il a dans sa main : la faveur du roi et le destin des templiers. Il peut être bon pour lui que le pape le sache.

Il est une faiblesse à cette explication de la coïncidence de 1307 : depuis l'entrevue qu'il a eue à Poitiers avec le roi et ses conseillers, Clément V ne peut ignorer ce qu'il en est. Le pape sait très bien de quels atouts dispose Nogaret pour affirmer sa bonne foi dans l'affaire d'Anagni. Qu'il soit ou non convaincu de cette bonne foi ne change rien : il ne peut avoir de surprise, et il n'a pas besoin de voir en Nogaret le garde du sceau royal pour savoir que le légiste est derrière la machine de guerre montée contre le Temple. Mais après tout, Nogaret est-il sûr que le pape en soit assez convaincu ?

Homme de foi, Guillaume de Nogaret l'est au tréfonds de son être. Fanatique, certainement, mais non sacrilège. La lettre que, partant en 1303 pour ce voyage en Italie qui s'achèvera à Anagni, il écrit à son collègue Etienne de Suisy est révélatrice d'une soumission aux desseins de Dieu aussi absolue que son dévouement au roi de France. Il ne juge pas ce dévouement incompatible avec cette soumission : le serait-il que Dieu le montrerait.

> Monseigneur, priez Dieu que, si mon voyage lui plaît, il me dirige en celui-ci. Sinon, qu'il m'arrête, par la mort, ou comme il voudra.

Aucun des contemporains qui l'ont jugé sans l'avoir affronté n'a mis en doute cette foi qui porte Nogaret à combattre la médiocrité de ceux qui ont en charge la Cité de Dieu. Car Nogaret ne défend pas les prérogatives du roi contre celles du pape, ce que faisait le strict juriste qu'était Pierre Flote. Nogaret défend l'Eglise éternelle contre l'indignité de Boniface VIII, contre la lâcheté et la cupidité des templiers. Son caractère intransigeant, que souligne le choix délibéré qu'il fait des citations les plus menaçantes de l'Ancien Testament pour émailler ses harangues et ses pamphlets, l'a certainement conduit à la haine. Mais non à la démesure, à l'emportement, à la violence.

C'est s'abuser que de le dire cruel parce qu'il applique aux templiers les règles de procédure de son temps. C'est forcer le syllogisme que d'écrire, comme le fait Renan, que « l'horrible férocité qui caractérise la justice française au commencement du XIVe siècle est en partie son œuvre ». Nogaret n'a changé ni le droit ni la procédure. Les Albigeois l'ont éprouvée un siècle plus tôt, Jeanne d'Arc en subira la rigueur cent ans plus tard.

Que disent de Nogaret les hommes qui l'ont connu ? Le chroniqueur italien Villani, qui l'a rencontré, le dit « sage clerc, et subtil ». Un chroniqueur français loue son intelligence, un Anglais le dit « homme circonspect dans l'action ». Echo assez fidèle des dires et des jugements que l'on portait à l'ombre de la cour, Geoffroi de Paris — sans doute l'un des notaires de la Chancellerie — rime ces deux vers en tête d'un récit où il n'embellit guère le rôle de Nogaret :

Preux était de chevalerie
Et en soi avait la clergie.

Pour un Geoffroi de Paris qui fera, dans ses *Avisements pour le roi Louis* l'apologie de la « vraie clergie », la clergie est avant tout la science du clerc, la compétence de l'intellectuel. Mais elle ne peut se dissocier de la rectitude morale. Elle est la qualité que l'on attend d'un conseiller.

La seule voix discordante est celle d'un collègue dont la jalousie est évidente, le légiste Yves de Loudéac, autre Toulousain passé de l'enseignement au service du roi mais sans atteindre, au terme d'une carrière pourtant fort longue et bien remplie, à la moindre notoriété. « Nogaret, écrit-il, est un corps sans âme, qui ne respecte aucun droit. »

La moteur de toute l'action de Nogaret — avec sa propre

justification — c'est le serice d'un roi qu'il veut confondre avec l'Etat. Faisant à sa manière la synthèse du droit romain et du droit canonique, il accumule sur la tête du roi les responsabilités qui tiennent à la nature du monde et celles qui procèdent de la volonté de Dieu. Voilà qui confère au roi des prérogatives politiques sur lesquelles nul compromis n'est possible. Nogaret est un doctrinaire en action. En action, certes, mais doctrinaire. C'est tout le contraire d'un réaliste, et c'est au réalisme de Marigny qu'il devra un jour laisser la place, lorsque le chambellan normand aura ouvert les yeux du roi sur la stérilité de certaines positions prises à l'instigation du légiste.

La personnalité de Guillaume de Plaisians n'est pas moins fascinante. Mais Plaisians souffre, au regard de l'histoire, d'être le second des deux Guillaume, des « deux compères », comme disait plaisamment Charles-Victor Langlois. Il apparaît un peu comme la doublure de Nogaret, ce qu'il était peut-être.

Venu du Dauphiné selon les uns, du Languedoc selon les autres, on l'a dit élève de Nogaret à Montpellier. Ce qui est sûr, c'est que Plaisians fut, comme Nogaret, professeur de droit, puis juge mage à Beaucaire. Il arrive à Paris au printemps de 1303, à temps pour jouer encore un rôle dans le grand conflit du pape et du roi. Vigoureux orateur, habile diplomate, il a le sens de la formule qui frappe et de l'argument qui convainc : Clément V et plus tard Louis de Nevers en feront l'expérience.

Il est difficile de distinguer ce qui est le fait de l'un et ce qui revient à l'autre. On sait en revanche assez bien ce qu'est, dans les années 1305-1310, la diversité des compétences reconnues dans le gouvernement royal à Guillaume de Nogaret et Guillaume de Plaisians. C'est aussi bien la politique monétaire que le contentieux de l'impôt, la réforme administrative que l'extension des prérogatives royales. Questions de frontières, pariages pour des seigneuries partagées entre le roi et des évêques ou des abbés, conflits locaux pour des droits féodaux, tout est de leur ressort. Ils mènent le « fait des Juifs » comme l'affaire du Temple. La politique ecclésiastique, les relations avec le pape, les intérêts français dans l'Empire, l'alliance guelfe sont évidemment leur chose. Il serait plus simple de dire ce qui leur échappe : les affaires de Flandre, peut-être.

C'est la spécialisation qui, aux niveaux élevés de la responsabilité politique, constitue l'exception. Philippe Le Convers a son domaine propre, mais celui de Mouche est bien divers, et les Latilly, les Aycelin, les Flote, les Nogaret, les Marigny s'occupent de tout. Le chevalier Marigny s'occupe de monnaie, le banquier Mouche de l'alliance impériale, le légiste Nogaret de la navigabilité de la Seine. Un tel brassage des compétences permet au roi de demeurer maître de sa politique, même s'il accorde à tel ou tel une entière confiance. Nul, sinon Marigny dans les dernières années et peut-être à la faveur de la fatigue du roi, n'a pu se charger lui-même d'une affaire parce qu'il s'estimait qualifié. Il est des aires d'action à peu près discernables au sein du Conseil, il n'est pas de ministères. Ce qui pourrait à certains moments y ressembler — les affaires pontificales pour Nogaret, les affaires flamandes pour Marigny — conduit à l'analyse de politiques spécifiques, non au démembrement de l'autorité royale.

Les groupes et les politiques.

En voyant le réseau d'affinités qui procède du recrutement ou qui le favorise, et qui souligne la relative répartition des compétences, on est tenté d'évoquer tel ou tel groupe de pression. Les Normands ? Les Méridionaux ? Les Champenois ? Ou bien, dans un autre ordre d'idées, les légistes ?

Aucune action commune — autre que celle des « deux compères » — ni aucune attitude commune ne semble cependant traduire de telles affinités dans la gestion gouvernementale. La politique des légistes du roi contre les barons est le fruit de l'imagination de quelques historiens romantiques, des Guizot, des Augustin Thierry, des Michelet, qui ont voulu voir dans ces légistes au pouvoir le triomphe du mérite sur la naissance, le triomphe de l'Etat sur les intérêts particuliers, le triomphe du tiers-état sur la société féodale. Rien de ceci ne résiste à l'examen des carrières, non plus qu'à l'analyse des actions politiques. Comment oublier, en effet, que la plupart des grands légistes sont, en même temps que conseillers du roi et, sans la moindre contradiction, conseillers juridiques de barons qui les rémunèrent ouvertement pour cela ? Au reste, Flote, Aycelin, Mornay, Belleperche sont nés nobles, Aumelas, Nogaret et Plaisians le deviennent très vite et jouent volontiers au seigneur foncier. Il n'est guère de différence, quant aux relations avec les féodaux, entre la politique de l'anobli Nogaret et celle du noble Marigny. Celui que les milieux aristocratiques de la cour ont le plus violemment traité de parvenu, ce n'est pas Nogaret, à qui le service civil du roi venait de rapporter ses éperons d'or, c'est Marigny, dont le grand-père était chevalier !

Il y a, bien sûr, des groupes régionaux, fruits des solidarités de lignage aussi bien que des parentés intellectuelles. N'oublions pas que l'unité linguistique de la France est encore fort loin, et pas seulement dans la grande différence des parlers d'oil — d'oui — et des parlers d'oc. Pour la plupart de ces hommes, qui ne sont pas natifs de Paris, il est naturellement un premier groupe qui s'ouvre à eux lors de leur arrivée à la cour, c'est celui de ceux qui parlent comme eux, ou qui peuvent parler comme eux. Jusqu'à la fin de leurs jours, leur langage se ressentira assez de leur origine pour que l'historien puisse y trouver le moyen d'identifier l'auteur d'un texte ou d'écarter certaines identifications. Ajoutons que l'idée ne s'est pas encore imposée de la supériorité de l'une des formes de français sur les autres, et que l'essentiel demeure, pour les contemporains de Philippe le Bel, de s'entendre. Parler catalan à la cour de Philippe le Bel, c'est s'exposer à n'être pas compris, mais il ne viendrait à l'idée de personne d'aider un Picard à se débarrasser d'un parler que l'on entend fort bien et qui semble normal dans la bouche d'un Picard.

La solidarité est autre chose, qui précède souvent l'arrivée à Paris. Les Normands se poussent l'un l'autre, là où ils sont déjà en force, c'est-à-dire en nombre : dans les hôtels royaux et princiers en particulier.

Cousin du maître de l'Hôtel du roi Guillaume de Flavacourt et du confesseur du roi Nicolas de Fréauville, deux Normands, eux-mêmes parents de l'archevêque de Rouen, le jeune Enguerran de Marigny débute comme écuyer du chambellan Hue de Bouville — un autre Normand — et entre ensuite comme panetier dans l'hôtel de la reine Jeanne. Son talent fait le reste : la reine en fait son conseiller et l'un de ses exécuteurs testamentaires, le marie à l'une de ses filleules, le recommande enfin au roi. Devenu chambellan de Philippe le Bel, Marigny pousse son fils aîné Louis et son plus jeune demi-frère, Pierre-Oyselet, au service du futur roi de France, le roi de Navarre Louis le

Hutin : Louis de Marigny est son chambellan, Pierre-Oyselet son échanson.

Enguerran n'oublie pas d'aider deux de ses frères dans leur carrière ecclésiastique : Philippe de Marigny est évêque de Cambrai, Jean évêque de Senlis. Ils seront un jour archevêques, l'un de Sens et l'autre de Rouen. Tous deux tiendront un rôle dans la politique royale.

A des fonctions clés de l'administration royale, Marigny place des hommes à lui, compatriotes le plus souvent. Les liens personnels s'établissent sur les rouages de l'Etat. C'est ainsi qu'il confie à son clerc Michel de Bourdenay — un Champenois, lui — la gestion des finances de l'hôtel du roi et qu'il le fait en définitive nommer clerc du roi. Cette pratique des clientèles, on pourrait dire des hommes de paille si les gens comme Bourdenay n'avaient été des administrateurs de valeur, Geoffroi de Paris l'a fortement soulignée, critiquant la rapidité des promotions, non la pratique en soi :

De pauvre état chétive gens
Maîtres fit-il à cour, et sergents
Huissiers fit-il. Et chambellans
En la cour du roi mit-il dans.

Le même processus constitue-t-il au Conseil un groupe des légistes méridionaux ? On a mis en évidence les relations de Flote, de Plaisians et de Gilles Aycelin avec la famille de la Tour-du-Pin, qui régnait alors sur le dauphiné de Viennois. Nées de services rendus, ces relations peuvent avoir contribué à tisser un réseau de connivence. Une clientèle, peut-être, et même une fidélité. Un groupe politique, certes pas.

Que la commune origine universitaire d'un Nogaret, d'un Plaisians et d'un Aumelas leur ait été un motif et une occasion de s'entraider n'est nullement invraisemblable. Encore l'historien doit-il se méfier des hypothèses rapides et des corrélations simplistes : tout Méridional qui sait du droit ne vient pas de Montpellier, et un ancien condisciple n'est pas nécessairement un ami. Il est au Conseil des légistes, il est des Méridionaux, et bien des légistes du Conseil sont des Méridionaux ; mais c'est en vain qu'on cherche un « groupe ». La politique de Nogaret eû été autre s'il n'avait été légiste, et s'il n'avait été méridional.

Mais ce n'est pas parce qu'il était l'un et l'autre qu'il a dominé le Conseil pendant sept ou huit ans.

FORTUNES.

Tous ceux qui ont participé au gouvernement de Philippe le Bel ont en revanche un point commun, qu'il faut se garder de leur imputer à faute en fondant un jugement sur des critères moraux qui sont de notre temps : en servant le roi, ils ont fait fortune. Il est juste de dire que leur talent méritait récompense, et que le roi ne pouvait, en les accaparant, les priver de la fortune qu'ils eussent fait en se contentant de la clientèle privée, celle des princes comme celle des bourgeois. Avocats ou jurisconsultes, certains étaient déjà riches avant d'entrer au service du roi.

Les gages des conseillers sont médiocres, mais le roi n'est chiche ni de rentes ni de terres. Aux dons du roi s'ajoutent ouvertement ceux de princes qui tiennent à se concilier des hommes influents, voire les pensions que — le Parlement déclare en 1303 la chose licite — leur versent des villes gouvernées par des magistrats avisés.

Sans que leur présence aux côtés du roi soit souvent autre chose qu'un gage rassurant pour les partenaires financiers, les familiers de Philippe le Bel ont donc les moyens de spéculations plus ou moins sûres ou hasardeuses. Ainsi Raoul de Presles escompte-t-il avec un gros profit la créance qu'avait un bourgeois d'Arras sur l'abbé de Prémontré. Ainsi Marigny spécule-t-il sur la terre, achetant, revendant, échangeant. La faveur du roi lui permet de combiner des opérations fructueuses, hors de portée du commun des propriétaires. Se procurer la terre qu'un autre convoite, et la lui céder ensuite par échange dans un marché aux parts inégales, voilà un exercice dans lequel Marigny passe maître, et qui lui vaudra bien des inimitiés.

Parmi ceux qui concourent au gouvernement royal, il n'en est pas un dont la fortune ne soit très rapidement devenue considérable. Un Nogaret, un Marigny, un Presles, un Chambly sont à la tête de domaines qui font d'eux, pour le revenu, les égaux des grands barons qu'éclabousse par ailleurs à la cour leur prétention de parvenus.

Ainsi était-il de petit venu,
De petit lignage tenu,
Mais il avait tant amassé
Qu'il eut outre raison passé.

C'est l'auteur de *Renart le Contrefait,* un long poème satirique que nous aurons à citer d'autres fois, qui laisse tomber ce jugement sur Marigny. Et Geoffroi de Paris de faire écho :

Et tout son lignage refit,
Archevêques, évêques fit
Qui peu avaient de science.
Car il avait en son ordonnance
Rois et royaux, et l'apostole (*le pape*) ;
Tous les avait en sa cordelle (*en ses rênes*).
Ainsi les eut en sa volonté,
Dont son lignage en a renté (*doté de rentes*).
Tant laboura en petit d'heures
Qu'il fut de richesse au dessus,
Et de l'état de pauvreté
Fut tôt monté en richeté.

Qui gouverne ?

Malgré bien des incertitudes, qui touchent en particulier aux relations préexistantes ou établies entre les conseillers, nous connaissons donc assez les hommes qui, durant trente ans, ont formé l'entourage politique de Philippe le Bel. Reflétant l'imprécision des termes et des notions elles-mêmes, nous appelons tous ces gens « conseillers », mais nous savons bien la diversité des situations politiques que peut recouvrir ce mot. Entre celui qui donne son avis et celui qui gouverne, il y a toute une échelle de l'influence et du pouvoir. Pour certains, nul doute n'est possible. Ne parvenant guère à faire prévaloir ses vues, mais exerçant une indéniable action modératrice, Gilles Aycelin conseille bien. Il ne gouverne en rien, à aucun moment. Porte-parole, ambassadeur, expert en matière de droit, Plaisians conseille ; lui non plus ne gouverne pas. Et qui songerait à parler du gouvernement de Belleperche ?

Mais il en est, au plus haut degré de l'influence, pour qui la question se pose, de même qu'elle se pose pour l'ensemble du Conseil, pris en corps. Cette question est d'ailleurs double. Le Conseil est-il un véritable organe de décision, qui gouverne la France ? Quelques conseillers prééminents ont-ils, à un moment ou à un autre, en charge le gouvernement ? En d'autres termes, y a-t-il une politique de Flote, de Nogaret, de Marigny ?

Ramenées à une alternative élémentaire, ces deux questions en sont bien une : est-ce le roi qui décide ? Il s'agit ici de savoir si Philippe le Bel est une pâle figure, un cavalier qui s'ennuie loin de la chasse, un faux « grand roi » dominé par son entourage et laissant faire le Conseil ou l'un des conseillers. La froideur du roi serait alors indifférence. Sa maîtrise de soi serait incapacité à décider seul. Dans le cas contraire, les Flote, Nogaret et autres Marigny ne seraient que les interprètes de la volonté du roi. Ils conseilleraient mais ne décideraient pas. Notons que cette seconde explication n'en ferait pas nécessairement des fantoches : on peut être le conseiller compétent et efficace d'un roi qui n'en fait qu'à sa tête. La première hypothèse, en revanche, emporte un jugement sévère de la personnalité de Philippe le Bel. Tout ceci repose sur un postulat implicite : on n'est pas un grand roi si l'on écoute ses conseillers et si l'on ne fait pas tout soi-même.

Ecartons-nous de ce simplisme, et nuançons l'analyse. Tenons compte, aussi, du temps qui passe, car un roi de seize ans n'est pas un roi de quarante-six.

La composition même du Conseil, et le jeu des forces que l'on y voit s'appliquer, voilà qui suffit à écarter la vue d'un roi faible, mené par le gouvernement collectif des conseillers ou, pour employer encore l'image traditionnelle, d'un gouvernement des légistes. Quelle volonté aurait, en ce cas, imposé au préalable la présence de ces hommes de « petit lignage » aux princes qui formaient de droit le Conseil du roi ? Comment penser qu'un Charles de Valois aux ambitions déjà manifestes dès le début du règne, comment penser qu'un comte d'Artois ou un duc de Bourgogne aient volontairement partagé le pouvoir que leur aurait laissé la faiblesse du roi ? L'entrée des légistes au Conseil n'est pas, on l'a dit, la victoire du tiers-état sur la féodalité. Mais l'entrée des conseillers d'origine modeste — sans commune mesure avec la place que tels hommes occupaient déjà dans le Conseil de saint Louis — ne peut être que l'instrument d'une politique délibérée d'un roi désireux d'échapper à l'influence exclusive des princes. Si le gouvernement de Philippe le Bel avait été le gouvernement du Conseil, ni Marigny ni Nogaret n'y auraient eu place. L'histoire de Charles VI illustre a posteriori cette vue : la faiblesse du roi mineur ou malade conduit au gouvernement des ducs, la santé du roi adulte au gouvernement des « Marmousets », ainsi qualifiés pour les ridiculiser par une aristocratie qui les voyait comme des parvenus. Pour que des gens qui doivent tout à la faveur royale puissent accéder au Conseil et y dominer le débat, il faut qu'un roi les impose à ceux qui y ont un droit à exercer. Philippe le Bel décide « en son Conseil » : « par pleine délibération de notre grand Conseil », ainsi qu'il le dit en plusieurs ordonnances. Le Conseil délibère, il ne décide pas pour le roi.

Cela dit, il est des moments où l'on voit le Conseil gouverner véritablement. C'est le cas dans l'été de 1302, alors que le roi reprend en main la guerre de Flandre après le désastre de Courtrai. Pendant que Philippe le Bel tient hors de Paris, avec les princes, une sorte de gouvernement de guerre qui gère à court terme, convoque et organise l'armée et en assure la trésorerie, le garde du sceau Etienne de Suisy préside à Paris un autre gouvernement, qui prend les mesures à moyen terme grâce auxquelles sera possible le redressement de 1304. Suisy et ses collègues renforcent la fiscalité, luttent contre l'évasion monétaire, interdisent ce qui — tournois ou simples rassemblements du peuple parisien — pourrait tourner au désordre public. Il y a là, parmi ces « gens du roi résidant pour ses besognes à Paris », l'archevêque Gilles Aycelin ; il y a aussi deux futurs gardes du sceau, Belleperche et Mornay. Bref, les clercs.

Il est bien d'autres cas où, souvent sous la présidence de Charles de Valois, le Conseil prend en l'absence du roi des mesures d'importance politique. Le Conseil travaille seul à bien des reprises, en ces années qui suivent le rétablissement politique et financier — disons après 1307 ou 1308 — et où l'on voit le roi, les plus graves difficultés pour un temps surmontées, s'assoupir un peu et retourner à la chasse. Mené d'une main ferme par Nogaret ou par Marigny, le Conseil gouverne vraiment en l'absence du roi.

N'oublions pas pour autant que, sans le roi, Nogaret ou Marigny n'aurait pas gouverné huit jours. Gouverner en l'absence du roi n'est pas gouverner à la place du roi. Plus que le Conseil, c'est alors tel ou tel conseiller qui gouverne, parce que le roi l'a mis en place à cette fin.

Peut-on parler de favoris ? L'idée a été émise d'un gouvernement des « mignons » successifs d'un roi dont on note d'autre part qu'il est sans aventures sentimentales. Conjecture fragile, que rien ne permet d'éliminer tout à fait, mais que rien n'étaie. Nogaret n'a guère le profil du mignon, et jamais les contemporains n'ont fait à cela la moindre allusion, même dans les écrits les plus dépourvus d'aménité envers le roi. Les ennemis de Nogaret comme ceux de Marigny sont muets sur ce point. Les satires anonymes également.

Le témoignage des hommes du temps nous assure en tout cas d'une chose : Flote, Nogaret, Marigny et bien d'autres ne sont pas des fantoches, des porte-parole, des hommes de paille. Le jugement des chroniqueurs et celui des poètes du XIVe siècle rejoignent celui que l'analyse des politiques conduira à porter tout au long de ce livre : les principaux conseillers de Philippe le Bel ont une politique, et l'on peut mettre un nom sur chacune des grandes orientations politiques du règne.

C'est le monarchisme de Flote, opposé en France aux prétentions d'un pape qui vise à la théocratie universelle : le roi seul maître en France. C'est la politique à la Charlemagne d'un Nogaret pour qui les principes ne se marchandent pas et qui charge le roi du souci de l'Eglise universelle : le roi garant de l'Eglise contre un pape indigne. C'est le mercantilisme monétaire des frères Biche et Mouche : une politique de changeurs. C'est le jeu, subtil autant que malhabile, de la pression fiscale et de l'inflation dans le gouvernement financier de Latilly. C'est le parti pris déflationniste de Marigny, et c'est son réalisme politique, qui sacrifie la continuité à ce qu'il croit être l'efficacité : une priorité immédiate d'intérêt s'établit entre les objectifs de la politique royale, l'affaire de Boniface VIII est sacrifiée à celle de Flandre, puis celle-ci temporairement sacrifiée à l'élection d'un pape français, cependant qu'est escamotée l'affaire du Temple.

Laissons parler les contemporains. On n'attend pas d'eux une critique de la personne royale, et le conseiller peut être touché d'un trait dont l'auteur ne peut ouvertement viser son souverain. Le charisme royal joue, même à l'insu de l'auteur : on accepte du roi ce qu'on accepte mal d'un conseiller en qui on voit son semblable poussé par la faveur. Qu'elle se manifeste contre la guerre manquée, contre le fisc ou contre la mutation monétaire, l'insatisfaction conduit donc à exagérer le rôle des conseillers. Il faut le savoir. Cette réserve n'a toutefois qu'une faible portée quand l'œuvre est anonyme et quand le roi s'y voit directement accusé d'abandonner l'exercice de son autorité.

A tout seigneur tout honneur. Boniface VIII évoque, en juin 1302, ce Pierre Flote que, encore simple cardinal, il a lui-même connu et avec lequel il a négocié. Dans le garde du sceau royal, le pape voit l'auteur de la politique qu'il condamne :

> Il n'a rien fait, depuis qu'il est conseiller du roi, que de faire tomber le roi et le royaume de mal en pis dans leurs relations avec l'Eglise.

La violence des attaques portées d'autre part contre le roi lui-même par le pape ne peut laisser penser que cette phrase soit une figure de style pour épargner la personne royale. Aux antipodes de Boniface, le chroniqueur presque officiel que l'on appelle le Religieux de Saint-Denis laisse tomber ce jugement qui touche le roi autant que le Conseil : « Le roi est trop confiant, et ses conseillers en abusent. » Quant à celui qui signe Geoffroi de Paris et qui connaît intimement l'entourage du roi, il tient les conseillers pour responsables de la défaite aussi bien que de la dévaluation. Le roi est entouré de menteurs, dit-il, qui n'ont en vue que leur intérêt. Au milieu du règne, alors que le roi est assurément en pleine possession de ses moyens physiques et intellectuels, on le dupe sous couleur de conseil :

> Mais chez vous tant conseil y a
> Que vous perdez l'Alleluia [...]
> De vessie vous font lanterne
> Ceux qui à destre et à senestre
> Sont entour vous ; et l'herbe paître
> Sire, vous font, et de « croix » « pile ».

Geoffroi ne craint pas de dramatiser et la trahison et le bas étage de ceux qui ont l'oreille du roi. Nous sommes en 1302, le temps de Marigny est encore loin, et Flote, après tout, n'a pas attendu Philippe le Bel pour être chevalier :

Trahi êtes, chacun le pense
Car vers vous chacun le devine,
Par vos chevaliers de cuisine
Qui sont de lez vous au coucher.

Nous voici en 1313, et la monnaie s'effondre de nouveau :

Le Conseil que le roi eut dur
Nous mit de bémol en bédur
(*de mal en pis*).
Ainsi vient le monde à déchéance
Par le change et par la muance.
Le Conseil à notre franc roi
Nous a tous mis à ce desroi
(*cette confusion*).

Le plus attaqué, c'est Marigny, peut-être en raison de son autorité sur les finances royales, peut-être parce que la mesure était comble, peut-être, aussi, parce que les autres avaient l'habileté de ne pas faire étalage de leur fortune sous les yeux de la cour. Mais, quelles que soient les critiques faites au chambellan, Geoffroi de Paris ne voit jamais en lui un simple exécutant des volontés du roi :

Ce fut celui à qui fut commis
Du royaume le gouvernement [...]
De tout le royaume avait la cure.
Au roi ne pouvait-on rien faire
Plus qu'Enguerran fût au contraire [...]
Du roi Philippe était-il sire.
Nul de rien ne l'osait dédire.
Tout était fait ce qu'il voulait [...]
De tout eut le gouvernement [...]
Ainsi le tenait-on comme roi.

Eloignons-nous de Paris. Les mêmes jugements sont portés en Hainaut par le poète Jean de Condé :

Le roi sans lui ne fit rien.

Clerc devenu marchand, habitant Troyes mais fréquentant Paris, l'auteur anonyme de *Renart le Contrefait* met en scène un renard rousseau en qui tout le monde peut reconnaître Marigny, dont on sait qu'il avait le poil roux. Ce renard gouverne indûment à la place du lion ; et cela permet au poète de faire écho à ce que l'on disait dans le monde des boutiques où il fréquentait :

Tous ses vouloirs étaient passés
Et trestous ses refus cassés.

La fiction et l'anonymat couvrent l'œuvre la plus significative de la satire politique du temps : le *Roman de Fauvel.* Fauvel est un cheval fauve — encore le poil roux ! — qui gouverne le monde au mépris de l'ordre normal des choses. Si l'on sait que l'auteur le plus probable du roman n'est autre que le chapelain d'Enguerran de Marigny, Gervais du Bus, le doute qui pourrait subsister chez le lecteur s'efface quand Fauvel s'écrie :

Je suis aujourd'hui roi et sire
Et du royaume et de l'empire.

Les formules les plus concises ne sont pas les moins claires. Le moine de Saint-Denis qui continue la chronique de Guillaume de Nangis a de la culture historique : c'est « un autre maire du Palais » qu'il voit en Marigny. L'auteur des *Grandes Chroniques* résume la situation en deux mots puissamment suggestifs : Marigny était « coadjuteur et gouverneur du royaume ». Bon mot d'auteur ? Que non. C'est un diplomate aragonais, Juan Lopez, qui écrit très sérieusement dans un rapport à son roi : « Enguerran, second roi en France. »

Ni Flote, ni Nogaret, ni Latilly n'ont certainement joui du pouvoir dont l'habileté d'Enguerran et sans doute le vieillissement du roi suffisent à expliquer le caractère exceptionnel. Ils ne sont pas les ministres tout-puissants, voire les tyrans, qu'ont peints, avec Augustin Thierry et Michelet, les grands historiens romantiques. Peut-on voir pour autant en eux, comme l'ont fait Robert Fawtier, Joseph Strayer et Franklin Pegues, les simples exécutants d'une politique entièrement conçue par le roi ? N'a-t-on pas trop raisonné comme s'il y avait un dilemme, comme s'il fallait à tout prix un homme d'Etat et un fantoche, le roi et son principal conseiller du moment occupant, au choix de l'historien, l'une ou l'autre place ?

LE ROI EN CONSEIL.

Que le roi gouverne avec son Conseil, les contemporains avertis en témoignent à chaque occasion. Il ne fait là que généraliser l'obligation dans laquelle il est, selon Beaumanoir, de ne légiférer que « par grand Conseil ». Ceux qui s'en réjouissent comme ceux qui le regrettent l'ont écrit : Philippe le Bel écoute en tout les avis de ses conseillers.

Pierre du Bois y voit la cause de bien des maux : « Le roi a remis à ses conseillers sa personne et ses jugements. »

Les ambassadeurs aragonais écrivent en 1303 que le roi n'a pas l'intention de se séparer de la Champagne : « Son Conseil n'y consentirait pas. » L'année suivante, ils joignent le roi hors de Paris et veulent l'entretenir d'un projet de mariage franco-aragonais : Philippe le Bel réplique qu'on en traitera à Paris, car c'est là que sont ses conseillers.

En 1313, même scène à propos des affaires du Val d'Aran. Les envoyés de Jacques II, qui tentent d'obtenir rapidement une réponse favorable, s'entendent dire par le roi qu'on n'abordera pas la question tant que ses conseillers compétents en la matière ne l'auront pas rejoint.

C'est en Conseil que le roi reçoit le prince Philippe de Tarente, venu lui exposer les griefs du roi de Naples contre l'empereur Henri VII.

Lorsqu'en avril 1313, il se prépare à de graves décisions quant à la Croisade, à la reprise de la guerre de Flandre, à l'adoubement de ses fils et à la dévaluation monétaire, il s'isole pendant quatre jours, à Poissy, avec deux ou trois membres de son Conseil. Un tel nombre, dans lequel on doit comprendre Marigny, peut-être Latilly et peut-être aussi le cardinal de Fréauville, suffit à montrer que les princes n'en étaient pas.

Nous avons la chance de pénétrer, en de trop rares occasions, dans ce Conseil qui ne publie pas de procès-verbal mais dont les membres éprouvent parfois le besoin de rappeler au roi la valeur des avis donnés ou d'indiquer à autrui le prix de leur influence.

La première fois, c'est à Paris, en 1293. On cherche de l'argent pour la guerre de Guyenne, et deux partis s'opposent au sein du Conseil. Les uns, avec le maître de la Monnaie Thomas Brichart, proposent d'affaiblir la monnaie. Les autres, avec Mouche, préfèrent un emprunt forcé sur les riches. Mouche, qui rappelle la chose dans une note sans doute destinée au roi lui-même, ne dit pas si le roi est intervenu en personne dans le débat qui conduit à décider de l'emprunt.

Une autre scène se passe à Vienne, en 1312, alors qu'on discute de ce que doit être l'attitude française à propos des biens du Temple. Au Concile, la majorité penche pour la création d'un ordre nouveau, à qui serait dévolu l'actif des templiers. Philippe le Bel et la majorité du Conseil sont du même avis. Charles de Valois et Marigny, qui sont d'un avis opposé, emportent finalement la décision.

Une troisième séance nous est rapportée, où le processus de réflexion et de décision est encore plus net. Le pape ayant demandé au roi de lui accorder un subside pour l'armement de galères destinées à la Croisade, le Conseil délibère sur la réponse à faire à Clément V. On est alors, dans les derniers jours de 1313, à l'apogée du pouvoir de Marigny, et nul ne pourrait dire que la décision soit prise collégialement par le Conseil. Mais il n'est pas moins évident qu'à l'ouverture de la séance cette décision n'est pas prise.

> Le seigneur roi et presque tous les conseillers étaient d'avis qu'on fît le subside au seigneur pape. Mais le seigneur Enguerran, qui sait tous les secrets du roi, m'a montré — écrit l'envoyé de Philippe le Bel à la curie — en présence du roi seul toutes les nécessités du roi, et il a voulu que je les montre secrètement au seigneur pape. Lui seul (Marigny), en effet, a la charge de faire toutes les dépenses. Les autres conseillers ne s'en soucient pas.

Ce qui était vrai après 1311 ne l'était certainement pas au temps de Flote ou de Nogaret. Que dire, néanmoins, des changements d'orientation politique, des changements de stratégie qui marquent aussi bien le passage de Flote à Nogaret que le passage de Nogaret à Marigny ? Nul conseiller n'a joui d'un pouvoir égal à celui de Marigny en 1314. Mais comment expliquer le coup de barre de 1302, si Flote et Nogaret ne sont que des exécutants ? Pourquoi la politique royale changerait-elle à ce point parce qu'est mort le garde du sceau ?

Les document les plus officiels, les lettres patentes expédiées par la Chancellerie, portent eux-mêmes un témoignage que les historiens ont, jusqu'à une date récente, pratiquement négligé. On connaît en effet, grâce à des mentions portées au bas de ces actes et souvent recopiées dans les registres, le nom de celui qui a donné au notaire de la Chancellerie l'ordre de rédiger l'acte. Robert-Henri Bautier, qui a minutieusement relevé et analysé ces mentions, a observé que le roi commandait en personne la mise en forme de toutes sortes de dons, confirmations et faveurs pour ses proches, pour ses domestiques même, ainsi que pour des établissements religieux dont il attendait en retour l'intercession spirituelle. Mais les actes de nature politique étaient ordinairement commandés par d'autres, par le garde du sceau, par un chambellan, par un membre du Conseil au cours duquel l'affaire avait été délibérée.

On voit bien le roi disant sommairement à un notaire de rédiger, dans les formes accoutumées et dans les termes prévus par les formulaires, une donation ou un acte d'échange. On le voit mal dicter lui-même les termes d'un document politique aux clauses toujours uniques en leur genre. Pas plus qu'un traité, un pouvoir ou une instruction ne peut être pris dans un formulaire ou recopié sur un précédent : celui qui dicte prend ici des responsabilités, ne serait-ce que dans l'interprétation des grandes lignes délibérées verbalement. Entre la volonté initiale et le style du notaire, il y a donc le travail du spécialiste, qui précise ce qu'il faut dire et ce qu'il faut taire.

Ne confondons cependant pas confiance et abdication. Il arrive que Philippe le Bel s'estime le plus compétent, et que ses conseillers n'aient pu le convaincre. Alors, il impose sa volonté. Le même Conseil où nous avons vu Marigny faire refuser le subside demandé par le pape nous offre un exemple de la détermination royale. On y discuta en effet de l'éventuelle candidature d'un prince capétien à la couronne impériale, alors vacante par la mort de Henri VII. Le Conseil s'accorda sur le principe, ne put en revanche se trouver d'accord sur le candidat. Les uns voulaient qu'on présentât à nouveau Charles de Valois, déjà candidat en 1308. Certains lançaient le nom de

Louis d'Evreux, l'autre frère du roi, diplomate habile et de surcroît fort riche en alliances familiales à travers l'Allemagne. D'aucuns songeaient au deuxième fils du roi, Philippe de Poitiers, déjà prince d'Empire par son comté de Bourgogne.

Que fit le roi ? Il leva le Conseil, prit à part son ambassadeur Pierre Barrier, et dressa seul le plan d'une campagne diplomatique en faveur de son fils. Philippe le Bel voulait bien changer d'avis en matière de finances, car il savait Marigny mieux informé que lui de la situation. Dans l'affaire de l'Empire, il se jugeait plus compétent que quiconque. Il était surtout le seul à même de faire, l'esprit libre, un choix pour lequel les princes du Conseil et ceux qui leur étaient plus ou moins liés ne pouvaient qu'être embarrassés par des considérations personnelles.

Que le roi décide en définitive est chose évidente. Qu'il suive les avis de celui de ses conseillers qu'il juge le plus compétent ne l'est pas moins. Pourquoi voir là une preuve de faiblesse ? Le conseiller n'est que parce que le roi l'a fait. Comment le roi le ferait-il, sinon en fonction des jugements qu'il porte sur les hommes en s'aidant, pour jauger les hommes, des avis qu'ils ont déjà donnés.

Est-il un seul de ces conseillers principaux qui accède au pouvoir sans une longue expérience préalable des affaires ? Si Flote, Nogaret et Marigny sont des favoris, sont-ce des favoris incompétents ? Aucun d'eux ne s'apparente au cheval de Caligula ou à Leonora Galigaï. Tous ont gravi en dix ou vingt ans l'échelle des responsabilités, échelle dont les premiers degrés, modestes, ne peuvent passer pour la faveur du roi. Aucun n'apparaît à la tête du gouvernement par l'effet d'une foucade.

En d'autres termes, le roi choisit telle politique, que propose tel conseiller, et cela même fait de ce conseiller l'homme le plus influent du Conseil. Il y a une politique de Nogaret parce que Philippe le Bel a choisi la politique de Nogaret, de même qu'il choisira plus tard la politique de Marigny.

On comprend mieux, si l'on accepte cette vue, un Pierre du Bois offrant au roi un système politique que le roi n'adopte pas, sans doute parce que ce système est trop ambitieux. Philippe le Bel demeure juge de ce qui est faisable et de ce qui ne l'est pas.

Il serait injuste de limiter à ce choix, révisé de temps à autre, la part propre de Philippe le Bel dans la détermination de sa politique. Son appui sans réserves est aussi chose appréciable. Moins influent après 1311, Nogaret n'est pas pour autant abandonné à la vindicte d'adversaires que le roi eût pourtant apaisés à bon marché en sacrifiant son garde du sceau. Le règne d'un faible serait vraisemblablement le règne de ministres sans cesse remis en cause, non celui d'hommes assurés de leur pouvoir. Aucun des conseillers de Philippe le Bel n'est un Richelieu, toujours incertain de son lendemain. Trente ans de règne sans une disgrâce, c'est peut-être cela la force de Philippe le Bel.

Les assemblees.

Dans une certaine mesure, le Conseil apparaît comme une représentation de la Nation, mais une représentation choisie par le roi. Que sont, alors, ces assemblées auxquelles, à plusieurs reprises, Philippe le Bel juge opportun de demander une adhésion, un acquiescement, un consentement ? Ces assemblées, que l'on a un peu sommairement qualifiées d'Etats généraux, il y recourt en 1302 et 1303 contre Boniface VIII, en 1308 contre le Temple, en 1314 pour obtenir un subside. Il les convoque, il les préside, il les écoute. Il y fait parler un membre de son Conseil, Flote, Nogaret, Plaisians, Marigny enfin. Mais c'est tout. Le consentement est implicite. L'acclamation tient lieu de vote.

La composition de ces assemblées nous est assez bien connue. Il y a, en 1302 comme en 1308, un millier de personnes au moins. Sans doute l'assemblée de 1303 est-elle un peu plus réduite. Il y a même des assemblées plus restreintes, cinquante ou cent personnes environ, que convoque le roi en diverses circonstances afin d'obtenir un avis qui vaut consentement. Ce sont les représentants de quelques bonnes villes, sur le fait des monnaies en 1308 et en 1314, de quelques autres ou des mêmes en 1309 sur le fait de l'aide féodale, d'autres enfin, en 1314, sur le fait d'un subside pour la guerre.

Nombre de barons, d'évêques et d'abbés viennent en personne. D'autres utilisent pour leur compte la procédure qui est normale pour la représentation des villes et des chapitres cathédraux : ils délèguent des procureurs. L'un représente ainsi, à lui seul, toute une province. L'autre cumule tous les titres à siéger là : Nogaret est à la fois, en 1308, garde du sceau royal et procureur du comte de Valentinois, du vicomte de Narbonne, de l'évêque de Viviers et de quelques autres seigneurs laïcs et ecclésiastiques. Quant à la ville de Coutances, elle a délégué l'avocat royal, qui nous est bien connu : Pierre du Bois.

L'assemblée ne se contente pas d'approuver, elle collabore. Celle de 1302 écrit au pape, en trois lettres parallèles mais non semblables en la forme : celle des barons, celle des prélats et celle des villes. En revanche, on ne discute guère. Les avis donnés aux conseillers du roi dans les couloirs l'emportent certainement sur le conseil donné au roi pendant la séance.

Il serait d'ailleurs anachronique d'imaginer une assemblée de gouvernés face à leurs gouvernants. Nogaret n'est pas le seul à jouer sur les deux tableaux au vu et au su de tous : les plus influents des députés n'ont pas besoin de l'assemblée pour se faire entendre. Le porte-parole de l'assemblée de juin 1314, celui qui, parlant au nom des bourgeois de Paris, entraîne la bourgeoisie contribuable de tout le royaume, c'est Etienne Barbette : à la fois l'un des plus grands bourgeois de la ville, le voyer de Paris — c'est-à-dire le chef du service royal d'entretien de la capitale — et le maître de la Monnaie, celui-là même dont le menu peuple parisien a en 1306 pillé l'hôtel pour manifester son hostilité à un renforcement monétaire favorable aux propriétaires. Les Parisiens ne peuvent s'y tromper : celui qui parle en leur nom à l'assemblée n'est pas leur homme mais celui du roi.

On ne doit donc pas croire, sous prétexte que l'on commence de parler d'assemblées représentatives, que les représentants du pays, ceux des barons et des prélats aussi bien que ceux des bonnes villes, participent au gouvernement du royaume. Organe de gouvernement et corps consultatif du roi législateur, c'est le Conseil, et lui seul, qui gouverne avec le roi : un Conseil aussi parfaitement défini que continuellement mouvant dans sa composition et dans sa fonction. Aucune liste ne peut en être sérieusement dressée. Il est à la volonté du roi. Il est l'instrument souple et efficace d'une royauté qui utilise les ressorts de la société féodale pour se dégager de l'emprise féodale.

CHAPITRE III

L'Hôtel

UNE VIE ITINÉRANTE.

Depuis le haut Moyen Age, l'habitude s'était prise que le roi, semblable en cela à tous ceux qui possédaient de nombreuses terres, vive dans une continuelle errance, d'un palais à un autre, d'un domaine à un autre. Il y avait à ce comportement deux raisons au moins, l'une économique, l'autre politique : mieux valait consommer sur place le produit des terres, et il était bon de voir les hommes en se faisant voir d'eux.

Le roi du XIIIe siècle n'a plus les mêmes besoins de mouvement. La récolte des domaines se vend sur les marchés, et ne parvient au Trésor que sous la forme d'espèces sonnantes. La paneterie royale n'attend pas le froment des redevances et le « poulailler » de la cuisine consomme autant de volailles achetées en ville que d'oies et de chapons reçus en paiement des rentes et des champarts.

Quant à la présence du maître sur sa terre, elle est irréalisable à l'échelle d'un domaine royal qui atteint à la fois la Manche et la Méditerranée, le Rhône et l'Atlantique. Il est toujours souhaitable que le roi se fasse voir, et ce peut être l'objet d'un grand voyage comme celui qu'on organise pour Philippe le Bel en Languedoc dans l'hiver de 1303-1304. Moyens d'une propagande et même d'un coup de force psychologique, de tels voyages ne sont pas un moyen ordinaire de gouvernement. Ce n'est pas en parcourant le pays que le Capétien le connaît, c'est en recevant ses baillis, en écoutant leurs comptes, en lisant les rapports des enquêteurs-réformateurs, en ayant l'oreille attentive aux évêques et aux barons. La plupart de ses grands voyages, Philippe le Bel les voue aux affaires internationales, aux affaires de l'Aragon, aux affaires de l'Eglise. Il va pour cela à Bayonne, à Lyon, à Poitiers, à Vienne sur le Rhône. Mais il visite rarement les chefs-lieux de ses bailliages.

Si Philippe le Bel va d'un château à l'autre, c'est tout bonnement parce qu'il ne conçoit pas qu'un roi puisse vivre autrement. Sa capitale, certes, est à Paris, mais il n'y est guère plus de trois mois en un an. C'est là qu'est son Trésor, que sont ses archives. C'est là que sont ses clercs, ses juges, ses comptables, tout ce peuple de serviteurs de la royauté qui s'affaire dans le Palais qu'on reconstruit et qu'on agrandit, depuis saint Louis, à la pointe occidentale de la Cité, à l'opposite de Notre-Dame.

C'est en vue de la capitale, enfin, que s'organise depuis Dagobert le culte funéraire de la monarchie franque : Saint-Denis est à la fois le « cimetière aux rois », comme l'écrit l'auteur des *Grandes Chroniques,* la nécropole où le roi sait sa place marquée, et le sanctuaire où se conserve religieusement la bannière royale, celle dont l'apparition sur les champs de bataille — comme jadis à Bouvines — suffit à dramatiser le moment et à symboliser l'enjeu.

Ce roi sans aventures et sans faiblesse qu'est Philippe le Bel a une maîtresse exigeante, et celle-ci le pousse à ne pas confondre capitale et résidence : c'est la chasse. Autant que Paris, où il passe surtout le cœur de l'hiver, il fréquente Vincennes, le seul bois giboyeux aux portes de Paris. Il est à Fontainebleau, au cœur de la Bière. Il chasse dans la Laye et réside à Poissy. A Pont-Sainte-Maxence comme à L'Isle-Adam, à Gisors comme à Lyons ou à Gournay, ce sont les vastes futaies du Vexin, du Valois et du pays de Bray qu'il honore de sa présence. Son sceau du secret, ne l'oublions pas, est un anneau gravé d'un cerf au galop. Et c'est finalement un accident de chasse qui l'abattra.

Suivons, en une année où les préoccupations politiques ne lui manquent pas, l'itinéraire de Philippe le Bel tel que — malgré les incertitudes liées à la pratique du scellement des actes en l'absence du roi — permettent de le reconstituer les dates des lettres patentes.

En une année des débuts, en 1287, six expéditions de chasse tiennent le roi occupé, plusieurs semaines à chaque fois, en forêt d'Orléans, de Halatte, de Lyons, du Vaudreuil, de Montargis, de Compiègne.

Dans les années dramatiques du milieu du règne, les choses ne changent guère. En 1300, alors que se prépare la campagne de Flandre, le roi chasse pendant tout l'hiver. La guerre faite, il consacre presque tout l'automne à ses chiens et à ses gerfauts. Deux ans plus tard, après le désastre de Courtrai, il trouve encore le temps de courir le gros gibier pendant que Lille assiégée attend des secours.

La chasse n'est d'ailleurs pas seule à tenir le roi hors de sa capitale. La piété l'en fait aussi sortir. Philippe le Bel fréquente les monastères, multiplie, surtout à partir de 1311, les longs séjours à Maubuisson, à Longpont, à Poissy. Il aime résider auprès de ce couvent de dominicaines qu'il a fondé à Poissy, pour imiter la fondation de Royaumont par son grand-père saint Louis. Les pèlerinages se succèdent, souvent accomplis en coup de vent, avec une escorte réduite. Il va à Chartres, on le voit deux fois au Mont-Saint-Michel, trois fois à Notre-Dame de Boulogne.

L'Hôtel royal est adapté à cette vie itinérante. Fait de services domestiques et de petits officiers, sa première caractéristique est qu'il ne quitte pas le roi. Présent en sa totalité à Paris ou à Vincennes, limité lors des déplacements, l'Hôtel est toujours là et tire de cette familiarité dans le séjour et dans le voyage une influence qu'il serait vain d'analyser, car elle est impalpable, mais que soulignent avec force, à la fin du règne, les doléances des princes.

Chambres et services.

Sous l'autorité théorique — jusque vers 1300 — d'un grand-maître ou maître souverain de l'Hôtel, assisté de maîtres d'Hôtel qui sont des chevaliers du roi ainsi distingués d'un titre qui implique une capacité à aborder le roi plus aisément que d'autres, l'Hôtel est formé de services pratiquement autonomes : la chapelle, le sceau, la chambre aux deniers et la Chambre du roi proprement dite, qui sont les « chambres », la paneterie, l'échansonnerie, la cuisine, la fruiterie, l'écurie et la fourrière, qui sont les « services ».

Il y a naturellement toute une hiérarchie, qui va des chambellans — confidents éventuels du roi — au simple pastoyer qui compose les pâtés, à l'oubloier qui fait les oublies, aux souffleurs chargés du feu de la cuisine, aux sauciers, aux valets de fourrière.

Deux cents personnes composent l'hôtel du roi au début du règne. Peut-être sont-ils trois cents à la fin. Viennent en tête, par le nombre, la Chambre, la cuisine et la chapelle. Pratiquement inorganisée à l'avènement, la vénerie ne cesse de s'enfler pour satisfaire aux goûts du roi chasseur : il y a vite trois, puis huit veneurs, six fauconniers, deux et bientôt dix, puis seize valets de chiens. Des archers et des valets de fauconnerie s'y joignent tardivement. La vénerie compte douze personnes quand le roi a vingt ans, quarante quand il a quarante ans.

L'hôtel de la reine et les hôtels des fils du roi sont de moindre importance. Il y a quand même cent soixante personnes chez le roi de Navarre, cent cinquante chez le comte de Poitiers. Si l'on songe que le roi et la reine vivent souvent ensemble et que les princes ne sont jamais bien loin, c'est un monde de quatre à six cents personnes que l'on voit graviter autour de Philippe le Bel lorsqu'il est à Paris et que les effectifs sont au complet. A Pontoise ou à Fontainebleau, l'entourage ne doit pas être inférieur à cinquante ou cent personnes.

Chacun n'est cependant pas présent au même moment dans la résidence royale. Certains officiers de l'Hôtel servent par alternance, un jour sur deux, ou une semaine sur deux. Même au Louvre ou au palais de la Cité, rares sont ceux qui logent chez le roi ; à plus forte raison lorsque la cour est hors de la capitale. Philippe le Bel héberge le garde du sceau, le confesseur, l'aumônier, le chapelain et le souverain maître, mais les chambellans eux-mêmes demeurent en leur propre hôtel dès lors qu'ils ne sont pas de service : celui de Marigny est à mi-chemin du Louvre et de Saint-Germain-l'Auxerrois, entre la rue d'Autriche — ou rue de l'Autruche — et la rue des Poulies.

Chefs collectifs de la Chambre, les chambellans sont pourtant les seuls dont les contemporains soulignent à l'occasion la dignité et la responsabilité. Ils veillent sur l'hébergement du roi dans ses déplacements, ils gouvernent — à Paris comme à Vincennes — un service qui est à la fois de sécurité, de protocole et d'introduction. Autrement dit, il faut passer par eux. Ils commandent aux barbiers aussi bien qu'aux huissiers, aux lavandières comme au clerc de la chambre aux deniers détaché à la Chambre pour y effectuer les menus paiements quotidiens.

Trois, quatre ou cinq chambellans servent ainsi à tour de rôle, se partageant en fait la fonction. On connaît cependant un « chambellan de France » — c'est Mahieu de Trie, que Philippe V fera maréchal — et un « principal chambellan » qui est Enguerran de Marigny dans les dernières années du règne. Cette dernière appellation, d'ailleurs, est beaucoup plus une qualification, donnée parfois pour rendre compte de la position exceptionnelle de Marigny, qu'un titre correspondant à un office distinct des autres. En droit, Marigny ne sera jamais autre chose que chambellan du roi.

Curieux monde que celui des chambellans, même quand ils ne sont pas en même temps le principal conseiller du roi. Ils sont assez nobles pour certaines prétentions, insuffisamment pour certains offices. Ils gardent jalousement ces fonctions de l'Hôtel, qui sont une clé de l'influence. Ils les monopolisent. Ils se poussent les uns les autres. Les deux principales dynasties de chambellans, les Bouville et les Chambly, sont alliées par le mariage, en 1283, du chambellan Hugues de Bouville avec une Chambly. Enguerran de Marigny a été écuyer d'Hugues de Bouville.

Non contents d'occuper la Chambre du roi, les chambellans mettent la main sur les autres hôtels pour y caser leurs proches. Louis de Marigny est chambellan du roi de Navarre, futur Louis X. Pellerin de Chambly est chambellan de Charles de Valois.

Immédiatement disponible, l'Hôtel joue le rôle d'un gouvernement réduit, capable de toutes les fonctions qu'assume, pour les affaires auxquelles le roi ne porte pas une attention particulière, l'ensemble de l'administration issue de la cour. L'Hôtel est cour de justice, chancellerie, trésorerie. Sous peine d'engorgement, le roi ne peut en abuser, mais il lui est précieux de disposer d'une telle machine, simple et souple. Il l'a entièrement dans sa main.

C'est chose malaisée que de saisir dans son détail la vie quotidienne du roi et de son Hôtel, dans cette perpétuelle itinérance qui fait coucher Philippe tantôt chez lui, tantôt dans un monastère, et qui fait cantonner ses gens tantôt à l'aise dans les vastes dépendances du logis royal, tantôt dans les masures voisines du château ou du monastère offert pour une nuit au roi voyageur.

LA TABLE DU ROI.

L'heure des repas est celle où l'on se compte. On l'annonce à grands cris : cela s'appelle « crier au queux ». Dès que l'annonce est faite, nul n'entre plus dans le palais qui n'ait droit d'y manger aux frais du roi. Les huissiers ont charge d'expulser tous les indésirables qui se trouvent pour l'heure dans la salle où l'on va manger. Des valets de porte consignent ces exclus de l'autre côté de l'huis, cependant que le « roi des ribauds », qui est une manière de factotum, veille à la bonne ordonnance des tables. Le maître d'Hôtel de service gouverne l'affaire.

Le roi, lui, mange normalement dans sa chambre, en plus petite compagnie. Quand ils ne sont pas priés personnellement par le roi, les princes, les prélats et les barons de haut rang s'en vont dîner chez eux. Seuls demeurent dans la grande salle ceux qui figurent sur les listes, très précisément rédigées et tenues à jour, des « officiers nourris à cour ». Il y en a en définitive assez peu, Philippe le Bel n'étant pas désireux de voir son logis envahi par toutes sortes de gens qui n'ont rien à y faire. Il ne suffit pas qu'un courtisan ou un membre de l'Hôtel juge bon de se trouver chez le roi à l'heure du repas pour bénéficier d'un couvert gratuit.

> Le principal chambellan aura quatre provendes d'avoine et 3 sous 6 deniers de gages, et pour sa chape (son vêtement) 8 livres par an. Chacun des autres chambellans aura trois provendes d'avoine et 3 sous de gages par jour, et chacun un valet mangeant à cour, et chacun d'eux forge (droit à la forge de l'Hôtel) pour tant de chevaux ainsi comme ils prendront de provendes, et livraison de chandelle selon ce qu'ils ont accoutumé.
>
> Et n'auront point de queux et seront servis au dressoir par-devers la bouche (du roi), sans qu'ils prennent rien par-devers le commun [...]
>
> Celui qui portera le scel ne mangera point à cour, et aura pour toutes choses, sans qu'il prenne rien à cour, 16 sous parisis par jour [...]
>
> Maître Pierre de Laon, maître Pierre de Latilly, maître Philippe Le Convers et monseigneur Girart de Courtonne

ne mangeront point à cour, mais ils auront pour toutes choses, quand ils seront à cour, chacun 10 sous parisis par jour. Et il n'en doit y avoir que deux à cour s'ils ne sont spécialement mandés.

Ceux qui mangent « à cour », hors du confeseur qui mange dans sa chambre et des chapelains qui ont table à part, ce sont les panetiers, les sommeliers, les échansons, les valets ; ce sont surtout les sergents de service dans la salle des gardes. Ce sont les pages, les « enfants », bref tout le petit personnel des services.

Et puis, il y a ceux que le roi invite, sans pour autant partager avec eux son repas. Hormis les membres de l'Hôtel, nul ne peut manger à cour s'il n'est chevalier. Les barons et les prélats que le roi prie à sa table ont cependant le privilège d'amener un ou deux écuyers, que l'on nourrit de leur côté à cette occasion.

Philippe le Bel ne passe pas pour avoir manifesté à table des dispositions particulières. Table opulente, bien sûr, que la sienne. Mais quelle était la part du goût et de l'appétit, quelle était la part du prestige et de la diplomatie ? Nul ne s'étonne de voir, dans les écuelles de la table royale, avec les viandes de boucherie et les volailles ordinaires qui rassasient d'autre part le « commun » de l'Hôtel, ces volailles de luxe que sont le cygne et le paon, ces gibiers de grande classe que sont — plus encore que le chevreuil, le cerf et le sanglier, le faisan et le pluvier — la très rare grue de mer, le délicieux butor et le prestigieux héron.

Que vienne le Carême ou l'Avent, ou le petit Carême de la Saint-Jean, ou que l'on soit tout simplement mercredi ou vendredi, et c'est à la gamme des poissons qu'il appartient de distinguer la table royale de celles que chargent simplement harengs et maquereaux. Pendant que le confesseur a du hareng dans son potage, on offre au roi — ou le roi s'offre — la lamproie, ce marsouin qu'on appelle pourpois, le bar et le turbot, l'esturgeon, enfin, ce prince des poissons de mer, que l'on n'hésite pas à faire chercher dans les ports lointains de la mer du Nord pour l'offrir en présent digne d'un souverain.

Les viviers royaux et les viviers des hôtes du roi fournissent anguilles et truites, brêmes et carpes, mais aussi brochets et perches dont les princes font grand cas. Les écrevisses apparaissent à l'occasion sur la table du roi. Le fin du fin est ici le saumon.

Conservés dans la saumure, fumés au feu de bois, apportés en hâte dans un baril de vinaigre — c'est ainsi que voyage un esturgeon — ou dans la neige d'un rude hiver, de tels poissons n'attisent pas moins la soif que les viandes salées — porc ou chevreuil — et les sauces dont, par nécessité comme par goût, on farde la saveur réelle de chairs souvent « faisandées » : gingembre, cannelle, clou de girofle, garingal, cardamone, coriandre, anis, cubèbe, noix et fleur de noix muscade, citonal, toutes ces épices concourent, avec le poivre d'Orient et le faux poivre des campagnes françaises, à inciter le roi et ses convives à vider les hanaps.

Le vin d'Aunis et celui de Gascogne ne règnent pas sans partage sur la table royale. Il y a le vin vermeil de Saint-Pourçain et le vin blanc de l'Auxerrois. Il y a les vins de Beaune, autrement dit les bourgognes de la côte de Beaune. Il y a, aussi, les vins d'Espagne et de Portugal. Pour le commun de l'Hôtel, les vins d'Orléans et du Gâtinais, voire ceux du vignoble qui, à l'ouest et au sud, entoure Paris sont tout à fait estimables.

Le roi aime le luxe, et les orfèvres l'y encouragent autant que les fourreurs et les brodeurs. La table royale est servie dans des plats, des écuelles et des hanaps de vermeil ou d'argent. Les cuillers sont des pièces d'orfèvrerie. Les couteaux ont des manches d'ivoire. Non moins précieux, souvent rehaussés de perles et de pierres fines, sont les présentoirs, les drageoirs, les « nefs » où l'on dispose les nougats et les sérats, les dragées et les anis confits, voire les fruits exotiques, oranges, grenades, raisins muscats.

La fête.

Toute occasion est bonne pour la fête, et rien n'est trop beau pour la fête du roi. C'est la canonisation de saint Louis qui justifie la fabrication, en 1298 et 1299, d'une châsse précieuse, ouvrage de l'artiste parisien Guillaume Julien, et d'un « chef » pour la tête du saint. Dans l'été de 1298, on dépense 1 500 livres parisis pour les seules nappes achetées pour le banquet, 1 500 livres pour l'achat de poulets et de poissons, 2 000 pour le luminaire de la fête. On fait compiler et calligraphier l'histoire du saint roi. On paie des chanteurs pour la réciter.

Les mariages sont d'autres occasions, où la parure du roi et des siens n'a d'égale que la générosité avec laquelle il contribue à la parure de ceux qui l'entourent. A sa sœur Marguerite entre 1299 et 1301, à sa fille Isabelle en 1308, Philippe le Bel offre des couronnes, des ceintures, des chaussures, de la vaisselle de table, des vases sacrés pour leur chapelle, des bijoux, des fourrures, des manteaux brodés.

La « chevalerie » de Louis de Navarre ajoute à la somptuosité des fêtes ordinaires de la Pentecôte 1313, fêtes qui sont en quelque sorte l'inauguration du nouveau palais de la Cité. Philippe le Bel faisait à son gendre Edouard II les honneurs de la nouvelle résidence royale. Bourgogne et Bretagne en tête, les pairs et les barons étaient au grand complet : le Flamand, seul, manquait à l'appel. Jean de Bretagne et Guillaume de Hainaut éclipsaient les autres par leur vêtement et par leur générosité.

Les banquets se succédèrent. Le roi de France ouvrit la fête par celui qu'il offrit le samedi. Le dimanche, après l'adoubement au cours duquel Philippe le Bel donna lui-même la colée à ses trois fils, à son neveu Philippe de Valois — le futur Philippe VI — et à son cousin Robert d'Artois, ainsi qu'à deux cents jeunes nobles de son entourage, le banquet reprit de plus belle. Le roi de Navarre, qui avait été le premier héros de la cérémonie, donna à son tour un festin le lundi. Edouard II ne pouvait être en reste, et offrit le sien le mardi. Tout Paris put s'y nourrir gratis.

Le peuple ne se lassait pas de découvrir les vertus de la prodigalité des princes. On calcula ce qu'avaient dû coûter les milliers de torches allumées en plein jour à seule fin de donner à la ville, encourtinée de tapisseries et de draps aux vives couleurs, un air de fête.

Pendant l'un des banquets offerts par ses hôtes, Philippe le Bel donna aux dames un festin privé, que présidèrent au Louvre les deux belles-sœurs, Isabelle de France, reine d'Angleterre, et Jeanne de Bourgogne, reine de Navarre.

Le mercredi, en attendant l'heure du banquet que donnait à son tour Louis d'Evreux, il y eut, peu après midi, une grande assemblée de princes et de chevaliers. Elle se tint dans les prés de l'île Notre-Dame, c'est-à-dire dans la partie occidentale de l'actuelle île Saint-Louis. Le légat Nicolas de Fréauville y prêcha la Croisade. Tout le monde se croisa. Personne n'alla toutefois jusqu'à annoncer qu'il partait pour l'Orient. Le bon peuple put prendre sa part de l'enthousiasme général : on avait jeté, en deux jours, un pont de bois entre les îles, et ce pont — large de 40 pieds et long de 160 — faisait l'admiration des promeneurs peu habitués à se rendre aussi commodément dans l'île Notre-Dame.

Aux coins des rues, des tableaux vivants retenaient l'attention des badauds. Mis en scène par les métiers, c'étaient Adam et Eve, la Vierge à l'enfant, le Jugement dernier, les anges, l'Enfer, mais c'étaient aussi *Renart médecin, Renart chantre d'église* ou des hommes sauvages.

Un orage, le soir, emporta d'un coup de vent les courtines qui pendaient aux façades. Les bourgeois se lamentèrent. Le lendemain matin, les dégâts étaient réparés.

Charles de Valois avait pris sur lui la charge du dernier festin, celui du jeudi. Bien que les esprits fussent alors quelque peu blasés, on jugea que le candidat à toutes les couronnes avait fait les choses de façon somptueuse. Un grand défilé des métiers de Paris eut lieu le même jour. Les princes y assistèrent, d'une fenêtre du palais.

Tout le monde devait être harassé, les princes comme les bourgeois. On ne se lassait cependant pas. Tout au plus un certain relâchement s'établissait-il. C'est ainsi qu'on s'amusait du spectacle donné par le Christ qui, entre deux spectacles, se restaurait. Pour être acteur, on n'en est pas moins homme.

Et si virent lors maints prudhommes
Notre Seigneur manger des pommes.

Le vendredi, la fête changea d'allure. On mit en place le luminaire grâce auquel, pendant trois nuits, Paris illuminé n'allait pas connaître le sommeil. Ou buvait, on mangeait. Le vin coulait à flots d'une fontaine. Bourgeois et bourgeoises s'en donnèrent à cœur joie de danser jusqu'à l'aube dans les rues. Pour veiller à la sécurité, un guet spécial avait été organisé. Il n'y eut pas d'incidents graves.

La cour passa la matinée du vendredi à attendre : Edouard II et sa jeune femme ne se décidaient pas à se lever. On en plaisanta sans retenue. Puis ce fut un long défilé, qui conduisit tout le monde hors la ville, à Saint-Germain-des-Prés, pour y finir la journée. Le peuple massé sur le parcours admira les chevaux, les robes, les joyaux.

La cour quitta Paris le lendemain, pour Pontoise, où se tint un parlement. C'est là qu'un incendie se déclara dans la garde-robe du roi d'Angleterre. Edouard II eut assez de sang-froid pour empoigner sa femme et la porter, hors de danger, dans la cour. Mais elle s'y retrouva nue. La première inquiétude passée, l'incident alimenta bien des récits.

Le palais.

A la fois capitale et résidence privilégiée, Paris se métamorphose à vive allure. La ville de clercs et d'artisans devient aussi une ville de princes, d'hommes de loi, de comptables et de marchands. Dans le Paris de 1200, on appelait « maître » un théologien, un logicien, un jurisconsulte ou un médecin. Le plus grand nombre de ceux qu'on appelle ainsi dans le Paris de 1300 sont des avocats, des juges, des clercs des comptes, des notaires. Tisserands et bateliers tenaient le haut du pavé. Ce sont maintenant les marchands drapiers, les merciers, les orfèvres et les changeurs qui parlent haut dans ce « parloir aux bourgeois » qui, à l'étroit au centre de la ville, vient de se transporter pour un temps à l'extrémité sud de la rue Saint-Jacques, après le couvent des Jacobins, et qui tiendra lieu d'hôtel de ville jusqu'au transfert des organismes municipaux en place de Grève, au temps de Jean le Bon.

Au cœur de Paris, en revanche, la vie politique prend place dans le paysage urbain. Mais ce n'est pas une forteresse que, poursuivant le projet de saint Louis, Philippe le Bel fait élever à la pointe occidentale de la Cité, sur l'emplacement de l'ancien palais royal. Le Louvre de Philippe Auguste et, en cas de besoin, le Temple suffisent à assurer la sécurité du roi et de son trésor, voire la bonne garde de ses prisonniers. Le nouveau palais, c'est un lieu de travail, de résidence, d'audience. On dit encore, parfois, que les fiefs tenus de la Couronne sont « mouvant du Louvre », mais la Couronne d'épines est à la Sainte-Chapelle et le chartrier du roi est à quinze pas de là.

L'héritage de saint Louis et de Philippe III, c'était un palais exigu et inachevé, qui n'atteignait la Seine que par la tour Bonbec et la « grande salle sur l'eau », encore isolées du reste — le vieux palais du XIIe siècle et la Sainte-Chapelle — qui s'ordonnait tant bien que mal autour de la galerie des merciers construite par saint Louis. Le roi pouvait y loger, mais il n'était pas question qu'une administration tant soit peu développée y fût à demeure. Vers l'est comme vers le nord, le palais était enserré par les maisons des bourgeois. A l'ouest, en revanche, le verger du roi s'étendait jusqu'à la pointe des berges.

Philippe le Bel entreprit, vers 1296, d'agrandir le palais afin d'y loger ceux qui travaillaient pour lui. On expropria les voisins, le duc de Bretagne comme les simples boutiquiers, ce qui ouvrit d'interminables contestations sur la valeur des fonds. Marigny ne mit un terme à ces marchandages que dans les dernières années du règne, alors que la plupart des maisons ainsi rachetées de force avaient depuis dix ans laissé la place aux constructions du roi.

Les travaux furent menés rondement. Les premières campagnes de gros œuvre occupèrent les années 1299 à 1302. Le chantier reprit de l'activité à partir de 1308, aussi bien pour l'achèvement du gros œuvre que pour la décoration peinte et sculptée.

C'est un vaste ensemble de bâtiments, conçu pour l'accès d'une foule nombreuse, que l'on inaugure en 1313 dans les circonstances que l'on a rapportées. Parce qu'on n'en a pas perdu l'habitude, il y a encore des tours et un semblant d'enceinte, mais les fortifications ne soutiendraient pas un siège, les fenêtres s'ouvrent largement sur l'extérieur et les portes cochères — la Grande Porte, et plus au sud la porte Saint-Michel — donnent sur la rue de la Barillerie, c'est-à-dire sur le grand axe de circulation qui prolonge le pont au Change. Une troisième porte, encadrée des tours de César et d'Argent, ouvre face à la Seine. Bien que modifiée depuis le XIVe siècle, cette porte est encore là, sur le quai nord de l'île.

Le Parlement occupa les grandes salles édifiées au bord de l'eau, de part et d'autre de ces tours de César et d'Argent. La Chambre des comptes s'établit dans un nouveau corps de bâtiment, devant la Sainte-Chapelle. La Chancellerie était tout près, contre le flanc nord de la Sainte-Chapelle. Les archives occupaient une petite construction en arrière de la Chancellerie.

Le roi, lui, se réservait à l'ouest, à l'emplacement de l'ancien palais, un logis tout neuf, qui dominait les jardins où l'on sait que Philippe le Bel ne craignait pas d'assembler dans les grandes occasions la population parisienne. Commencé tardivement, vers 1308, ce logis n'était sans doute pas achevé à la mort du roi, et l'on ne peut être certain que Philippe le Bel ait logé, dans la Cité, ailleurs que dans l'installation provisoire du futur Parlement.

Ce palais n'est pas seulement un moyen de gouvernement. C'est aussi un élément du prestige royal. On est allé jusqu'en Rhénanie, en Hollande, au Danemark et en Frise pour y chercher les matériaux d'une construction hors de l'ordinaire. Le dallage des escaliers extérieurs est de marbre, comme l'est le grand perron qui, de la cour principale, donne accès à la galerie mercière de saint Louis et qui constitue, face à la ville, l'entrée solennelle du palais, à peu près à l'emplacement de l'actuel grand escalier de la cour du Mai.

Les meilleurs artistes ont concouru à la décoration. Evrard d'Orléans a peint lui-même, et fait peindre par son atelier, les fresques qui disent la gloire du Capétien. En haut du grand degré, au trumeau du portail, la statue du roi accueille le visiteur, le justicier et l'administré. Metteur en scène du mécénat royal, Enguerran de Marigny ne s'est pas oublié : à genoux devant le roi, il est là, lui aussi, pour rappeler qu'il a été le maître d'œuvre de l'achèvement. Cette statue et un autre portrait « en plate peinture » du même Marigny feront beaucoup pour conduire le chambellan au gibet de Montfaucon.

CHAPITRE IV

Les gens du roi

La Cour.

Deux types d'institutions sont en train de naître, toutes issues de l'ancienne cour du roi, celle où, comme tout grand seigneur, il siégeait entouré de ses fidèles, de ses vassaux. Les unes sont de gouvernement, les autres d'administration. La différence s'établit assez rapidement.

La Cour, c'était l'ensemble de ceux à qui le devoir vassalique imposait envers le seigneur-roi un devoir d'aide et de conseil : car le conseil est un devoir, non un droit. Ceux qui forment l'institution qu'est — ou que devient peu à peu — le Conseil ne sont que l'émanation de cette Cour, émanation choisie par le roi. D'autres membres de la Cour, cependant, vont se spécialisant, qui dans les affaires de justice, qui dans celles de finance. Quelques-uns vont des unes aux autres.

Beaucoup font déjà figure de techniciens, et n'auraient certainement pas siégé en armes à l'antique cour du suzerain qu'est le roi. Nul ne peut y redire ouvertement : le roi choisit ses vassaux. Il n'empêche que la Cour commence de perdre son caractère féodal, et que les organes qui en sont issus se mettent à ressembler à des administrations modernes.

Le Parlement.

La Cour jugeant — le roi jugeant entouré de ses vassaux — c'est la Cour « en parlement ». Le mot n'a pas encore pris le sens précis qu'on lui connaît : un parlement n'est autre chose qu'une réunion où l'on parle, et l'assemblée de 1308, que l'on qualifie parfois d'Etats généraux, passe aux yeux du chroniqueur Jean de Saint-Victor pour « un parlement des nobles et des non-nobles de tout le royaume ». Une session de travail de la Cour constituée pour juger au nom du roi est donc un parlement, le parlement tenu tel jour en tel lieu. Mais la session s'allonge, en même temps que s'allonge le rôle des affaires inscrites à l'ordre du jour, et l'on dira bientôt « le Parlement ».

Le roi seul est juge ; ceux qui l'entourent ne sont pas des juges, mais des « conseillers » — le terme demeurera ambigu jusqu'à la Révolution — ou des « maîtres tenant le Parlement », et leurs arrêts peuvent toujours être révoqués par la justice personnelle du roi. La lettre de « rémission », la forme ancienne du droit de grâce, vient de là. Mais le roi serait bien en peine de juger lui-même toutes les causes qui montent vers lui, même s'il fait à l'occasion venir à sa résidence du moment, à Paris ou hors de Paris, quelques conseillers qui l'assisteront pour juger une affaire qui lui tient à cœur.

Les Parlements ordinaires sont assez lourds pour occuper leurs membres six ou sept mois par an, en une session, puis en deux à partir de 1303. Le roi y paraît donc de moins en moins. Le Parlement perd ainsi son lien d'origine avec la Cour, avec la personne physique du roi. S'il se fixe à Paris, comme le veut l'ordonnance de 1303, c'est simplement parce qu'il a perdu depuis quinze ou vingt ans toute raison de suivre en ses déplacements un roi qui change parfois de résidence tous les matins. On commence de ne plus pouvoir se passer des registres où s'inscrivent les sentences rendues et qui sont la base de toute jurisprudence, ces registres qui sont déjà quatre gros volumes et qui seront plus de onze mille à la Révolution. On épargne le temps des justiciables et celui des officiers locaux appelés à comparaître en « ajournant » les uns et les autres, c'est-à-dire en leur donnant un jour fixe. Le rôle du Parlement répartit ainsi, tout au long de deux ou trois mois, chacun à son tour, les bailliages et les sénéchaussées. Autant que les archives, les rendez-vous condamnent l'itinérance.

Pour dégrossir le rôle, on réglemente aussi la compétence. Le roi entend bien que toute justice vienne de lui — ce qui n'est pas encore le cas — et que toute affaire puisse monter vers lui, il garde bien la justice qui lui appartient sur ses vassaux directs et sur ses officiers, mais il ne peut souhaiter que sa Cour soit encombrée de tous les plaideurs mécontents, de tous les justiciables méfiants envers leur seigneur justicier ou envers les officiers locaux. Une ordonnance a précisé et simplifié, en 1278, les règles de l'appel afin qu'on ne puisse en appeler directement au Parlement par-dessus la justice des baillis et des sénéchaux, réputés rendre, eux aussi, la justice du roi.

On est encore très loin, au temps de Philippe le Bel, de la Cour peuplée de magistrats spécialisés, telle qu'on la connaîtra quelques années plus tard. La liste des « maîtres » est publiée à chaque Parlement. Elle s'ouvre sur les noms de deux prélats de haut rang et de deux grands barons ; suivent les noms de vingt-deux « maîtres » — moitié clercs, moitié laïcs — parmi lesquels les grands légistes du Conseil ont évidemment leur place, ce qui ne signifie pas qu'un Nogaret ou un Plaisians ait le temps de siéger à chaque audience. Au moins doit-il y avoir toujours l'un des prélats et l'un des barons : ce sont les futurs présidents. De même certains maîtres laïcs, comme le connétable, ne sont-ils évidemment présents que dans les grandes occasions ; mais leur présence rappelle la cour féodale du roi et elle annonce — en la favorisant — la conquête du Parlement par bien des juristes totalement étrangers à l'Eglise. Le service civil de l'Etat procède pour une bonne part de ce mélange ambigu des légistes et des grands barons : à travers le cas d'un Flote et celui d'un Nogaret, on voit déjà qu'il y a place pour des légistes qui ne sont pas clercs.

Dès lors que la peine de mort peut être prononcée, les clercs sont en revanche écartés par le droit canonique. Les maîtres laïcs jugent donc seuls les causes « de sang », autrement dit au criminel. On verra que ce même principe rendra nécessaire la connivence du prévôt de Paris pour les sentences capitales prononcées contre les templiers.

La diversité des procédures est telle qu'une division s'établit. Pendant que ces maîtres dont on dira qu'ils sont la « Grand Chambre » jugent en écoutant les plaidoiries, d'autres vaquent aux enquêtes nécessaires pour comprendre les appels et débrouiller — ils ont au plus deux ans pour cela — les affaires obscures. Ils sont quatre vers 1290, huit vers 1307 ; ils seront la Chambre des enquêtes. D'autres examinent les requêtes portées devant le roi : saint Louis, déjà, qui n'avait guère le temps d'être souvent sous le légendaire chêne de Vincennes, envoyait volontiers Joinville ou un autre de ses proches à sa porte pour y recevoir les griefs de ses sujets. La Chambre des requêtes est déjà parfaitement organisée à l'avènement de Philippe le Bel : ce sont des maîtres qui jugent sommairement — lorsqu'ils le peuvent — de la recevabilité des causes portées devant le Parlement. Ils sont en quelque sorte les gardiens de l'accès à la justice d'appel du roi.

La France est vaste. L'appel au roi est illusoire pour bien des Méridionaux, incapables de faire les frais d'une procédure qui suppose voyages et correspondance. Certes, des maîtres des requêtes spécialisés dans la langue d'oc et dans le droit écrit ont charge d'instruire les procédures de la France du Midi, cependant que d'autres forment, en la Grand Chambre, l'auditoire de droit écrit, créé dès le temps de Philippe III et composé sous Philippe le Bel de « deux clercs très bien lettrés et un laïc lettré pour les causes de sang ». Mais on a tenté de faire mieux pour rapprocher la justice des justiciables de langue d'oc. Dès les lendemains de la mort d'Alphonse de Poitiers, Philippe III avait envoyé à Toulouse, à Beaucaire et à Carcassonne des commissaires pour y exercer la justice d'appel du roi. C'est le même réservoir d'hommes que nous voyons fournir tantôt à l'auditoire de droit écrit à Paris, tantôt aux audiences toulousaines. Non que celles-ci soient à proprement parler une émanation du Parlement : elles sont de même nature, et les juristes sont à peu près les mêmes. Quoi d'étonnant, si l'on songe que nous retrouverons bien des maîtres du Parlement comme maîtres des Comptes ou de l'Echiquier ? Le tout procède de la Cour du roi.

Peut-être est-ce la crainte d'un nouveau morcellement — administratif, cette fois, et non plus féodal — du royaume, peut-être est-ce l'influence de Nogaret, nous voyons en 1291 Philippe le Bel supprimer purement et simplement ces audiences de langue d'oc en Languedoc. Lorsqu'en 1303 le roi voulut reprendre l'expérience et institutionnaliser cette justice d'appel dans la France du Midi, il statua qu'un Parlement — entendons : une session de la Cour — se tiendrait chaque année à Toulouse. Ce fut en vain, les mécontents aisés continuèrent d'en appeler à Paris. Le roi, c'était Paris. Ceci ruina vite le prestige de la cour toulousaine en tant que cour souveraine. Le roi et son

Conseil avaient d'ailleurs trop d'antennes en Languedoc pour ignorer le phénomène, et la tenue des sessions toulousaines était, aux termes mêmes de l'ordonnance de 1303, subordonnée à la reconnaissance de leur caractère souverain par les justiciables : « si les gens de ce pays veulent bien ne pas en appeler de ce Parlement ». On mit rapidement fin à l'expérience. Les Toulousains durent attendre un siècle encore leur Parlement.

Pour de tout autres raisons, le roi laisse subsister en Normandie l'Echiquier des anciens ducs et en Champagne une cour qui est, au vrai, celle de la reine Jeanne. Il semble en effet inopportun de briser l'un des symboles d'une Normandie bien distincte au sein du domaine royal, de même que l'un des symboles de l'autonomie champenoise : le roi sait bien qu'il n'est comte de Champagne que par son mariage. Tous les ans, des maîtres du Parlement vont donc à Troyes tenir des « Grands-Jours ». Les Grands-Jours de Troyes demeureront actifs jusqu'à la tourmente des années 1410 ; quant à l'Echiquier de Normandie, il aura la bonne fortune de subsister jusqu'à sa transformation en Parlement par François Ier.

Les Comptes.

La Cour du roi n'a pas seulement à juger au civil et au pénal. Par-desus l'administration, elle juge naturellement au contentieux. Les officiers comptables rendent leurs comptes. Les administrés se plaignent. Le roi doit veiller à son droit et à celui des autres. Lorsque la fonction judiciaire se développe dans une cour « en Parlement », la fonction financière crée une cour « dans les Comptes » qui devient, entre 1300 et 1310, la « Chambre des comptes » et qui n'est encore, sous Philippe le Bel, qu'un des avatars de la Cour du roi.

Ce sont souvent, jusqu'au moins vers 1300, les mêmes hommes que l'on voit gouverner au Conseil, juger au Parlement et compter — ou juger — aux Comptes. Certains « maîtres » ou « clercs » font toutefois, dès ce temps, figure de techniciens de la chose financière. Des bourgeois parisiens, comme Regnaut Barbou et Geoffroi Cocatrix, des clercs administrateurs, comme Michel de Bourdenay et Geoffroi de Briançon, Sanche de la Charmoie ou Jean de Saint-Just, sont aux

Comptes et ne sont que là. Ils dominent aisément, dans le travail, les princes et les prélats peu au fait de la réalité des gestions financières. Mais princes et prélats parlent haut, au propre comme au figuré, et leur vacarme détourne plus d'une fois de leur tâche les techniciens, ceux que l'on commence d'appeler « ceux des Comptes » ou « les gens des Comptes ». Le roi est obligé de s'en mêler :

> Si nos grands seigneurs voulaient conseiller ou parler sur une autre besogne, que ce soit sur le fait du Trésor ou autrement, qu'ils aillent dans une autre chambre, en sorte que par cela ceux des Comptes ne soient pas empêchés.

Tous les officiers constatent que, si l'on ne s'occupait que des comptes, toutes les affaires d'un sénéchal ou d'un bailli seraient faites en un ou deux jours. La gêne qu'apporte aux Comptes la présence des gens du Conseil est cause que l'on retient à Paris pendant une semaine des officiers qui s'en passeraient bien. Cela les tient éloignés de leur travail ordinaire, qui est en province. Cela coûte fort cher, car ils se logent aux frais du roi. En octobre 1300, Philippe le Bel tire les conclusions de cet état de choses : il interdit à ses conseillers de pénétrer avant midi dans la salle où travaillent les gens des Comptes. On ne saurait mieux dire que les amateurs de haut rang seront introduits quand les gens sérieux auront fait le travail. Le roi permet tout juste aux conseillers de faire savoir qu'ils sont dans l'antichambre : si l'on a besoin d'eux, on les appellera.

C'est devant cette Chambre des comptes que, deux fois par an, comparaissent à Paris, dans le palais de la Cité, les officiers qui doivent rendre compte de leur gestion financière, baillis et sénéchaux, receveurs et collecteurs. Ils viennent à leur tour et présentent les rouleaux de parchemin où sont inscrites leurs recettes et leurs dépenses, le détail des opérations complexes étant transcrit au dos des peaux cousues bout à bout. On examine là les comptes du domaine, mais aussi ceux de l'impôt. On passe au crible la gestion financière des hôtels royaux, celle des forêts, celle des monnaies, celle des arbalétriers. Pour se justifier, les officiers exhibent les mandements royaux en vertu desquels ils ont effectué paiements et assignations.

Les maîtres des Comptes en profitent pour vérifier les actes qui ont modifié le domaine royal, les dons, les assignations de rente et les affranchissements qui l'ont amputé, les acquisitions qui l'ont augmenté, les aveux des vassaux qui l'ont décrit et par là assuré contre les contestations ultérieures. Comme on ne compare qu'avec ce qu'on connaît, ils gardent trace de tels actes : dans leurs « mémoriaux », ils enregistrent les lettres patentes qui modifient ainsi le patrimoine du roi. De là à ce que la présence d'un acte dans les registres de la Chambre fasse foi, il n'y a pas loin. Ce qui était formalité de saine administration — informer les vérificateurs pour éviter les erreurs — devient peu à peu prérogative. Les maîtres des Comptes s'érigent bientôt, au besoin contre le roi lui-même, en défenseurs des avoirs de la Couronne. On les verra un jour refuser d'enregistrer, donc d'entériner, les libéralités qui leur sembleront excessives ou subreptices. Dès le temps de Philippe le Bel, les baux passés au nom du roi ne sont valables que si la Chambre les juge acceptables.

C'est là un premier pas vers une procédure de contrôle de la politique royale, mais c'est encore un contrôle bien timide et qui ne touche pas aux décisions de portée générale. Au reste, ceux qui exercent ce contrôle ne tiennent leur autorité que du roi.

Quant aux assemblées que le roi réunit, en 1302 et 1303 contre Boniface VIII, en 1308 — à Tours — contre les templiers, elles n'ont pour objet, on l'a vu, qu'une sorte de consentement national à une opération délicate.

La plupart des institutions centrales de la monarchie s'établissent maintenant dans ce palais de la Cité, ce palais qui passera désormais pour le palais royal. Saint Louis l'a entrepris, Philippe le Bel l'achève en 1313. Ainsi le roi affirme-t-il la vocation de sa capitale, nettement distinguée d'une résidence royale toujours temporaire. Le roi va de château en château, de chasse en chasse, mais les maîtres sont à Paris, où ils apparaissent de moins en moins comme les commensaux du souverain. Ceux du Parlement sont dans le palais, dans les grandes salles qui dominent le quai, au-dessus du grand bras de la Seine. Ceux des Comptes s'établissent à proximité vers 1303, dans le bâtiment qui vient d'être aménagé à cet effet, face au portail occidental de la Sainte-Chapelle. La Chancellerie elle-même, dont une section continue de suivre le roi dans ses déplacements pour mettre en écrit ses décisions personnelles, s'installe pour l'essentiel dans ce même palais de la Cité, derrière la Sainte-Chapelle.

La Chancellerie.

La Chancellerie, c'est un sceau — le grand sceau royal, sur lequel est gravé l'image du roi en majesté, assis sur un trône à l'antique dont les accoudoirs sont des têtes de lion — et c'est un bureau d'écriture où l'on rédige, où l'on expédie, où l'on enregistre. Trop souvent, parce que des hommes comme Flote et Nogaret ont eu le sceau, on a confondu la fonction administrative de la Chancellerie avec la responsabilité politique. Et pourtant, le garde du sceau n'est pas le « premier légiste du roi » qu'un examen superficiel des choses pourrait laisser voir.

Celui qui porte le sceau, comme disent bien des textes, n'est pas en soi un personnage de haut rang. Il n'a pas, comme les anciens chanceliers, l'assurance de garder son titre et sa fonction sa vie durant. Les obligations qui touchent au sceau sont astreignantes : Flote est le premier à pouvoir, en 1299, s'absenter de la cour pendant un temps relativement long, quelques mois. On a besoin du garde parce qu'on a besoin du sceau, et chaque jour.

Les premiers gardes du sceau sont à peu près, pour nous, des inconnus. C'est Pierre de Chalon, qui devient évêque de Senlis. C'est l'avocat Jean de Vassogne, qui devient évêque de Tournai. C'est ensuite le clerc du roi Guillaume de Crépy, un légiste de valeur, que remplace pendant quelque temps l'évêque de Dol Thomas de Pouancé. Des hommes de qualité, certes, mais de second plan, pour qui la chancellerie n'est que la voie vers une carrière ecclésiastique.

Lorsque Pierre Flote succède à Crépy en 1299, c'est un petit événement : le nouveau garde du sceau royal est un laïc. Lorsqu'il meurt, à la bataille de Courtrai, le roi revient au choix d'un clerc. Le sceau passe à Etienne de Suisy, puis à Pierre de Mornay, puis à Pierre de Belleperche. On voit un temps à la Chancellerie Pierre de Grès, qui succède aussi dans l'évêché d'Auxerre à Mornay et à Belleperche. Le roi revient alors à un laïc : le 22 septembre 1307, il désigne Nogaret, qui demeure en fonctions jusqu'à sa mort en 1313 mais que Gilles Aiscelin remplace à plusieurs reprises pour lui permettre de mener à bien des missions lointaines. Latilly, enfin, tient le sceau jusqu'à la mort du roi.

Nous sommes bien loin des grands offices dont des barons comme les Châtillon se font une fierté. Des clercs en espérance d'évêché, des laïcs de petit état. Mais le garde du sceau est l'homme indispensable d'un gouvernement dont l'efficacité tient en partie à la qualité des transmissions écrites. Le fait que des hommes comme Flote, Nogaret ou Latilly exercent cet office contribue bien évidemment à le redorer. Il est significatif que Nogaret se mette, au vu de tous et notamment du roi, à signer ses billets « le chancelier », titre auquel il sait qu'il n'a aucun droit et qu'il ne se fait pas donner dans les actes en forme rédigés par cette même Chancellerie. S'il signe ainsi, c'est qu'on l'appelle ainsi dans la vie courante de la Cour, de même que les chancelleries le qualifient ainsi dans les documents les plus divers. Le pape, le roi d'Aragon et bien d'autres finissent par dire « le chancelier ». Là encore, c'est l'homme qui donne à la fonction son importance.

Les archives.

Centralisation administrative et fixation des « cours » dans la capitale, remontée de l'étoile du chancelier, tout cela est lié. Le soin que l'on apporte à la constitution et à la conservation des archives n'est pas un moindre symptôme du souci qu'a le roi de renforcer l'administration centrale et d'en faire un moyen de gouvernement quotidien. Ordre est déjà donné, au temps de Flote, de recopier — avant de les expédier — toutes les lettres patentes soumises au paiement d'un droit de sceau, c'est-à-dire en fait toutes celles qui constitueront un titre pour leur destinataire. C'est ainsi que s'ouvre en juillet 1302 la série des registres du Trésor des chartes, amorcée un siècle plus tôt avec les compilations ordonnées par Philippe Auguste à son chambellan pour compenser les archives perdues lors de la déroute de Frèteval. Devenu garde du sceau, Nogaret impose même la tenue de ces registres en double exemplaire, l'un pour l'usage courant de la Chancellerie, l'autre — confié au Trésor des chartes — pour l'usage politique du gouvernement. Le notaire « garde des chartes », Pierre de Bourges, apparaît désormais comme un collaborateur du Conseil.

Est-ce Nogaret qui désigne, le 27 avril 1309, le successeur de Pierre de Bourges ? Toujours est-il que ce nouveau « garde du Trésor des chartes », le clerc Pierre d'Etampes, fait figure de premier archiviste spécialisé de la monarchie française. Les lettres qui le nomment définissent ainsi sa mission, qui est de protection, de conservation, mais aussi de documentation administrative :

> Qu'il voie, examine, mette en ordre et range dans les armoires les lettres, chartes et privilèges, afin de les conserver le mieux possible, pour qu'ils soient le plus sûrement et le plus facilement utilisables lorsqu'il sera nécessaire. Et qu'il fasse tout ce qu'il faut pour les conserver sûrement et les retrouver rapidement.

Pierre d'Etampes ne se contente pas de veiller sur ses archives. Il en entreprend l'inventaire général, achevé seulement au temps de Philippe V. Surtout, à des fins immédiates, il élabore des répertoires thématiques destinés à la documentation courante du gouvernement royal : ainsi une liste des lettres reçues des rois allemands et un répertoire chronologique des pièces concernant l'affaire de Flandre.

Le Trésor des chartes devient un instrument de travail. Non seulement, comme les mémoriaux de la Chambre des comptes ou les registres du Parlement, pour l'administration soucieuse de sa propre cohérence. L'œuvre de Pierre de Bourges et de Pierre d'Etampes va plus loin : elle dote le gouvernement royal d'une mémoire permanente.

De Maubuisson ou de Lyons-la-Forêt, de Compiègne ou de Vincennes, le garde du sceau correspond avec le garde du Trésor des chartes, par de très simples billets, dès qu'on a besoin d'un document ou d'un autre. Lorsque tout le monde est à Paris, les choses vont plus vite. Pierre d'Etampes — qui est devenu un grand personnage et reçoit maintenant du « monseigneur » — se voit même chargé de constituer en quelques heures un dossier. Cette mince languette de parchemin, portée par un huissier en un début de matinée, sans doute au temps des fils de Philippe le Bel, a heureusement survécu aux siècles :

> De par le sire de Seuly, bouteiller de France.
>
> Monseigneur Pierre d'Etampes, nous vous mandons que de relevée, vers Vêpres, vous apportiez en votre hôtel du Palais les privilèges de cour de Rome par lesquels le roi peut faire prendre des clercs et les faire tenir sans encourir de sentences.
>
> Et si vous savez quelque chose, ou si vous pouvez, du fait de Narbonne, apportez-le aussi, car le Conseil à cette heure se doit assembler.
>
> Ainsi gardez que par vous n'y ait faute.
>
> Donné en la Chambre des comptes, vendredi après la Saint-Martin, à heure de tierce. Scellé du scel Tesson, en défaut du mien.

Les archives du roi sont à la disposition de tous ceux qui servent la politique royale. C'est ainsi que, le 9 février 1309, le prédécesseur de Pierre d'Etampes, Pierre de Bourges, remettait aux dominicains de Paris chargés de l'Inquisition un certain nombre de pièces relatives à l'ordre du Temple.

Tout cela est d'une extrême importance pour le devenir de la monarchie et pour celui de la société politique. Alors que, depuis les origines, la capitale n'était qu'un symbole, une résidence privilégiée à proximité d'un nécropole dynastique, elle devient un siège de gouvernement. Il est plus aisé, désormais, de gouverner le royaume de Paris que d'ailleurs. Dans les mêmes années, les papes s'avisent de la même chose : on ne gouverne pas efficacement en changeant sans cesse de résidence. Les archives et les bureaux font la capitale.

Le Trésor.

Et le Trésor proprement dit ? Où sont l'or et l'argent du roi ? Depuis le milieu du XIIe siècle, le Trésor est au Temple, ce qui est dire que les templiers de Paris ont un compte courant ouvert au nom du roi. Ils encaissent le revenant-bon de son revenu foncier, ils paient les dépenses et les assignations. Entre le roi et ses débiteurs et créanciers, il y a donc le Temple. Les coffres que protègent les murs épais du donjon de leur commanderie parisienne — au nord de l'enceinte de Philippe Auguste — abritent ce que le roi peut avoir de numéraire. Le trésorier du roi, le caissier, c'est le templier chargé du trésor parisien du Temple. Pour la régularité, un clerc du roi joue là les contrôleurs. Gérée sous l'autorité des chambellans et contrôlée par la « Chambre aux deniers », une petite trésorerie fait face aux besoins quotidiens de l'Hôtel royal.

Voilà qu'à l'automne de 1295, Philippe le Bel retire son Trésor du Temple, le met au Louvre et nomme deux trésoriers. Prévention, dès cette date, contre le Temple ? Sans doute faut-il voir là, bien plutôt, une tentative de rationalisation des systèmes administratifs, un souci de cohérence : de même que, face au pape et à l'empereur, le roi affirme qu'il ne dépend de personne, de même pense-t-il qu'un roi de France peut garder son propre Trésor. Mais il est probable qu'il faut aussi voir là l'effet de la jalousie des Lombards et particulièrement de Biche et Mouche, alors très puissants sur l'esprit du roi. Pour les banquiers italiens, les templiers étaient, sur tous les marchés de l'Occident, des rivaux, et des rivaux privilégiés puisque profitant de leur condition de religieux sans s'interdire le trafic de l'argent.

Or le roi trouve en Biche et Mouche des banquiers plus souples que le Temple. Nul n'oublie qu'il a fallu, à Damiette, brandir la hache pour qu'ils avancent à saint Louis le montant de sa rançon. Depuis quatre ou cinq ans, Biche et Mouche rendent les mêmes services que le Temple, mais ils en rendent d'autres : ils assurent en particulier, avec des titres plus ou moins officiels et parfois, comme en 1294, avec celui de « trésoriers du roi », la recette d'une bonne part de ces finances extraordinaires nées de l'impôt et dont la gestion est moins aisée que celle du domaine puisque les rubriques ne s'en répètent pas année après année.

On peut aussi penser que le retrait du Trésor du Temple est un fait de conjoncture, tout simplement. Le volume des finances royales ne cesse de croître. Le Trésor est peut-être devenu trop important, aux yeux du roi, pour le Temple.

Pendant huit ans, l'expérience du Louvre se poursuit cependant que, paradoxalement, l'influence de Biche et Mouche sur la politique financière va déclinant. Mouche joue surtout en Italie le rôle d'un diplomate à la bourse pleine. Le roi se prend-il à regretter un Temple qui, lui, était toujours présent ? Toujours est-il qu'en juillet 1303, alors que Mouche et Nogaret intriguent pour son compte en Italie, Philippe le Bel fait transférer au Temple son Trésor. Sa méfiance envers les templiers n'a toutefois fait qu'augmenter : au frère trésorier du Temple il adjoint, pour gérer les mouvements du numéraire royal, des officiers au dévouement assuré.

Enguerran de Marigny.

L'arrestation des templiers et de leur trésorier, frère Jean de la Tour, ne change donc pratiquement rien, en 1307 : les trésoriers royaux demeurent en place au Temple. Le principal changement demeure longtemps imperceptible : c'est la mainmise d'Enguerran de Marigny sur le Trésor, mainmise assurée depuis la nomination, en décembre 1309, de son clerc et fidèle Geoffroi de Briançon comme trésorier du roi.

L'ordonnance du 19 janvier 1314 met enfin les choses au net. Philippe le Bel institue Marigny l'unique ordonnateur de toutes les dépenses et organise deux caisses, l'une au Temple, l'autre au Louvre. Chacune est pourvue de recettes propres et affectée à des types de paiement bien précis. Le Temple paie ainsi les dépenses des hôtels et de l'administration centrale, le Louvre celles des grands travaux et de la guerre. Le tout continue de former un trésor unique, le Trésor.

A un système aussi bizarre, il y a deux raisons. L'une est qu'en 1314 tout le monde sait que les biens du Temple sont dévolus à l'ordre des hospitaliers de Saint-Jean-de-Jérusalem. La forteresse parisienne qui demeurera pour la postérité le Temple va en fait devenir une commanderie de l'Hôpital. Il convient donc de préparer le départ, car les frères de l'Hôpital n'ont aucune vocation à se faire les banquiers du roi. Ainsi Louis X pourra-t-il, dès 1315, disposer au Louvre d'un Trésor réunifié.

L'autre raison est que Marigny divise volontiers pour régner. Il sera le seul à connaître l'ensemble des finances royales. Il s'en targuait déjà, on l'a vu, un mois plus tôt, au cours d'un entretien confidentiel auquel assistait le roi. L'ordonnance du 19 janvier 1314 est d'ailleurs on ne peut plus explicite : les trésoriers jureront de ne révéler l'état de leur recette à personne, sinon au roi et à Marigny.

Quelques semaines après la mort du roi, la disgrâce du trop puissant chambellan étant sur toutes les lèvres mais nul ne parlant encore de procès, Louis X devait ainsi résumer les dispositions prises par son père :

> Il avait commis à Enguerran, seigneur de Marigny, alors son aimé et féal chevalier et chambellan, et actuellement le nôtre, le gouvernement de son trésor du Temple et du Louvre, à cette fin que, par les lettres ou par le commandement du dit notre seigneur et père ou du dit Enguerran, l'argent du dit Trésor fût baillé, dépensé et administré.
>
> Il avait aussi commis l'office, le gouvernement et l'administration de sa Chambre à maître Michel de Bourdenay, chanoine de Meaux, alors son aimé clerc et féal et actuellement le nôtre, à faire par le conseil et commandement du dit Enguerran.

Lorsqu'on sait que Bourdenay était l'homme de Marigny, et lorsqu'on voit le quitus de l'administration de la Chambre donné en janvier 1315 à Marigny soi-même et non à Bourdenay, on peut penser que cette administration autonome de la Chambre n'était qu'un relais financier, une simple commodité.

Marigny a vu ce qu'il risquait à un tel système : être accusé de malversations. Passée la faveur royale, ce pouvait être un risque mortel. Aussi fit-il instituer, dans le même temps, une commission spéciale chargée de vérifier les comptes royaux, qui n'avaient pas été apurés depuis trois ans. S'étant assuré du pouvoir, Marigny voulait faire approuver l'usage qu'il en faisait. Et pour commencer, on rattrapait le retard : au lieu des courtes sessions semestrielles de la Cour « dans les comptes », la commission siégea en permanence et, en janvier 1315, alors que le régime d'exception instauré en 1314 avait pris fin avec la mort du roi, le 29 novembre de cette même année, elle présenta un rapport qui concluait au quitus de Marigny, un quitus d'autant plus significatif que Louis X s'était empressé de nommer quelques nouveaux commissaires, et en particulier quelques personnages qui, comme Charles de Valois, ne portaient pas dans leur cœur un chambellan trop puissant pour son rang. Marigny mourut, mais il fallut, pour le mener à Montfaucon, trouver autre chose. Comme on ne réussissait même pas à le bannir pour toute son action politique et financière, on le pendit comme sorcier.

L'ADMINISTRATION LOCALE.

Laissons la Cour du roi et ses intrigues. De quoi est fait, à travers le pays, le gouvernement de Philippe le Bel ? A quoi tient l'emprise royale sur la France ? Sur tous les fronts qu'ouvrent les contestations pour des droits et des privilèges, la possession d'une terre ou le patronage d'une église, le fait d'imposer ou celui de juger, comment la Couronne fait-elle reculer la féodalité ?

En place, il y a les baillis. Depuis le temps de saint Louis, ils sont présents dans des circonscriptions bien définies, à travers tout le domaine royal. Il y a ceux du domaine ancien, baillis de Senlis, de Vermandois, d'Amiens, de Sens, d'Orléans, de Bourges, de Mâcon, de Tours. Le garde de la prévôté de Paris, qui siège au Châtelet, cette petite forteresse au débouché du grand pont, sur la rive droite, n'est autre chose qu'un bailli à qui est refusé le titre, non l'autorité. Il y a les baillis normands, mis en place, de manière encore mouvante, dès les lendemains de la conquête de Philippe Auguste : baillis de Rouen, de Gisors, de Caux, de Caen, de Cotentin. Il y a ceux du comté de Champagne, héritage de la reine Jeanne, tenu bien distinct du domaine royal mais administré comme celui-ci : baillis de Troyes, de Chaumont, de Vitry. La victoire de Mons-en-Pévèle et le traité d'Athis font en 1304-1305 de Lille le siège d'un nouveau bailliage.

Les sénéchaux sont au Midi ce que les baillis sont au Nord : sénéchaux du Poitou, de Saintonge, de Toulouse et Albi, de Rouergue, d'Auvergne, des Montagnes (Haute-Auvergne), de Périgord et Quercy, de Beaucaire, de Carcassonne. A la mort du dernier des Lusignan, l'achat du comté d'Angoulême fait créer en 1308 une nouvelle sénéchaussée. L'établissement d'un sénéchal à Lyon en crée une autre en 1310, qui ne dure guère : on préfère en définitive rattacher Lyon au bailliage de Mâcon.

Baillis ou sénéchaux, qui sont les hommes, et que sont-ils ? France du Nord et France du Midi s'opposent ici sur bien des points, étant entendu que les sénéchaussées septentrionales, celle de Poitou et parfois celle de Saintonge, sont dans l'aire d'activité des baillis du Nord de la Loire plus que dans celle des sénéchaux de la Langue d'oc.

Les carrières.

La différence, toutefois, n'est pas celle que l'on attendrait. Ni les uns ni les autres ne sont à proprement parler des juristes. Souvent frottés de droit, souvent curieux de la coutume ou de la jurisprudence administrative, baillis et sénéchaux ne sont cependant pas choisis parmi les gradués sortis des facultés de droit. En plein domaine du droit écrit, il y a des juges pour juger — et ces juges s'appellent à l'occasion Nogaret ou Plaisians — et le sénéchal ne s'en mêle plus. Il est possible que, paradoxalement, les baillis des pays coutumiers soient plus familiers du droit que leurs collègues des pays où fleurit l'étude du droit romain.

La différence se marque d'abord en ce que deux groupes d'hommes coexistent pour former ce haut degré de l'administration locale et qu'ils n'interfèrent pratiquement jamais. On passe de Carcassonne à Beaucaire et de Beaucaire à Périgueux ou à Toulouse, comme on passe de Gisors à Coutances, de Bourges en Caux et de Caux à Tours. Mais on ne passe pas de Caux à Toulouse, non plus que de Beaucaire à Amiens.

Problème de langue ? C'est probable. Encore faut-il noter que la langue d'oc n'empêche pas les légistes de Toulouse ou de Montpellier de faire carrière à Paris. Elle ne gêne pas davantage le Normand Marigny pour intervenir en Languedoc.

La différence la plus nette est sans doute celle qui affecte la conception même que ces hommes se font de leur carrière, voire l'idée que l'on se fait au Conseil royal de ce qu'on appellerait aujourd'hui leur profil administratif. Un sénéchal du Midi, c'est un chevalier. Il lui arrive, un certain temps dans sa vie, d'exercer cet office, de même qu'il participe à cette vie municipale dont les nobles du Nord sont pratiquement exclus. Rares sont les sénéchaux qui ont exercé dans deux sénéchaussées. Sur dix hommes qui se succèdent à Beaucaire, deux seulement ont déjà géré une sénéchaussée, deux seulement partent pour une autre. Les six autres sont là sénéchaux pour la première et la dernière fois. A Carcassonne, sur douze sénéchaux, huit ne l'ont été que là. Mais on voit de belles carrières, comme celle de Guy Chevrier, successivement viguier de Beaucaire, sénéchal de Rouergue, de Périgord, de Carcassonne, de Poitou et enfin de Saintonge. On voit aussi dans le Midi d'étonnantes longévités administratives, qu'ignore la France du Nord où la carrière de Pierre de Hangest, bailli de Rouen pendant onze ans, demeure exceptionnelle. Un sénéchal de Toulouse reste en fonctions vingt-deux ans, un autre onze ans. Un sénéchal de Rouergue l'est pendant quatorze ans ; un autre, en Périgord, pendant onze ans.

Au regard de cela, la France du Nord semble prise dans un tourbillon. Un bailli sur deux, au moins, a exercé dans plusieurs bailliages. Bailli de Gisors à l'avènement du roi, Pierre de Bailleul passe dans le Cotentin, puis en Saintonge, ensuite à Mâcon, avant de revenir enfin en Saintonge. L'auteur des Coutumes de Beauvaisis, Philippe de Beaumanoir, est successivement à Clermont, en Poitou, en Saintonge, en Vermandois, à Tours, à Senlis. Guillaume de Hangest le jeune est à Chaumont, à Paris, à Caen, à Senlis, en Vermandois, à Paris, à Sens enfin, bailliage qu'il quitte en 1309, après vingt-deux ans de carrière, pour entrer au Conseil royal.

Sans qu'on puisse vraiment dire qu'il y a des bailliages de première classe, il y a ceux où l'on ne va pas par l'effet d'une promotion — Chaumont, Clermont — et ceux d'où l'on peut partir pour le Conseil, le Parlement ou le Trésor : Rouen, Amiens, Sens, Senlis. Mais les chassés-croisés se font dans tous les sens : Guillaume de Hangest et Jean de Saint-Liénart se croisent entre Caen et Paris en juillet 1296, Pierre de Bailleul et Jean de Courpalay entre la Saintonge et Mâcon en février 1303.

Il y a des « mouvements », analogues à ceux qui de nos jours affectent le corps préfectoral : treize bailliages changent de titulaire en janvier 1287, dix-sept entre janvier et juin 1303. Mais douze sur treize et quatorze sur dix-sept des baillis alors nommés sont déjà dans la carrière.

On voit aussi des « fournées » : quatre baillis — Pierre le Féron, Guillaume de Hangest, Guillaume Thibout et Denis d'Aubigny — entrent au Conseil dans le courant de 1309.

Pour les chevaliers-sénéchaux du Midi, le service du roi se conjugue avec un puissant attachement régional. Pour les baillis du Nord, parfois nobles mais le plus souvent simples bourgeois, le service public ouvre une voie nouvelle vers la fortune. Le lien régional est rompu. Sans doute le lien personnel qui unit l'homme au roi — lien que, depuis 1254, renforce le serment particulier que prête le nouveau bailli — est-il en revanche plus fort chez ces serviteurs à tout prix, qui n'attendent rien que du roi.

Agents presque anonymes d'une autorité royale que servent déjà sous eux une armée déjà nombreuse de juges, de receveurs, de notaires, de prévôts, de vicomtes, de clercs et de sergents, ou au contraire grands commis d'un pouvoir royal auquel ils finissent par participer au sein du Conseil, tous ces hommes de pratique plus que de cabinet sont certainement mal représentés par le plus célèbre d'entre eux, Philippe de Remi, seigneur de Beaumanoir. La plupart n'ont pas, comme lui, mené de front deux vies absolument parallèles. Peut-être nous aide-t-il, cependant, à mieux juger des capacités intellectuelles, des préoccupations culturelles, de ce milieu qu'on cernerait bien sommairement en disant qu'on n'y a pas fait d'études.

Beaumanoir est bailli de Clermont-en-Beauvaisis en 1279. Cinq ans plus tard, il est sénéchal de Poitou. On le voit ensuite bailli de Vermandois, puis bailli de Tours. Il meurt en 1296, bailli de Senlis. Une carrière exemplaire, sans éclat. Mais à l'arrière-plan, nous entrevoyons ce qu'on pouvait confier, en fait de missions extraordinaires, à un officier royal de son genre. Il voyage. Il connaît l'Ecosse et l'Angleterre, il parcourt l'Italie. Philippe le Bel le charge d'une négociation à la cour pontificale. Comme il est bon connaisseur de la coutume, il siège utilement à la cour en Parlement. Le roi le charge d'enquêter, ce qui signifie souvent inspecter l'administration des autres et tâcher de régler sur place les conflits les moins graves.

C'est toutefois à la plume que Philippe de Beaumanoir voue ses temps de liberté. Le bailli rime. Nous avons de lui deux romans, *La Manekine* et *Jehan et Blonde*, deux longs poèmes pleins de vivacité, de fraîcheur et d'imagination. Beaumanoir est aussi l'auteur de poèmes amoureux, d'une allégorie moralisatrice, le *Conte de folle largesse*, et d'une prière à la Vierge. Au total, quelque seize mille vers, qui ne suffiraient pas à assurer la célébrité de leur auteur mais qui nous laissent deviner un homme de qualité, fin psychologue et aimable conteur.

Le poète est aussi, à son tribunal de bailli, au fait des difficultés qui naissent d'une coutume non écrite. Faite d'adages juxtaposés sans le moindre plan d'ensemble, la coutume est encore chose bien incohérente. Mais c'est une conception d'ensemble du droit que Beaumanoir veut donner dans ses *Coutumes de Beauvaisis*, et non pas seulement du droit qui s'impose à l'échelle du bailliage. Ecrit dans une première rédaction pendant qu'il était bailli de Clermont, revu et complété au long de sa carrière, l'ouvrage est à la fois le fruit d'une expérience personnelle et celui de lectures qui vont sans doute du droit romain aux *Etablissements de Saint Louis*. La synthèse ne laisse cependant pas d'être œuvre de réflexion personnelle, marquée au coin d'un esprit original et indépendant.

Beaumanoir ne met aucun métier au-dessus du sien. Il lui consacre le premier chapitre de son livre. Le catalogue des dix vertus que doit posséder un bon bailli, pour naïf qu'il soit, ne peut nous être indifférent, car il est le portrait que notre homme voudrait laisser de lui-même : sagesse, foi chrétienne, bonté, patience, vigueur physique, générosité, obéissance, sens du bien et du mal, compétence dans la gestion domaniale et la comptabilité, loyauté, enfin. Sagesse et loyauté sont, pour lui, les principales vertus.

Zèle et abus.

Même si les Flote et les Nogaret tiennent le devant de la scène, l'avenir politique de la Couronne est en réalité entre les mains des baillis et de ces « gens du roi » qui apparaissent maintenant à tous les niveaux de la justice royale et auxquels il appartient de défendre les droits du roi devant un juge qui ne peut être à la fois arbitre et partie. Le « ministère public » naît alors, comme un service privé du roi, et non comme une fonction publique. Certes, on est encore bien loin du temps où ces personnages seront des officiers, ayant le roi pour unique client ; mais chaque bailliage est pourvu, dès les années 1300, d'au moins un avocat et un procureur pour les causes où le roi est partie. Leur activité est suffisante pour susciter à l'occasion l'hostilité commune des autres praticiens :

> Voilà cet homme qui, comme un apostat, est toujours prêt à combattre la juridiction et la liberté de l'Eglise !

Ces propos que Pierre du Bois prête à ses adversaires qualifient assez bien la position de celui qui veille sur les prérogatives du roi et cherche à les étendre aux dépens des seigneurs justiciers, qu'ils soient laïcs ou ecclésiastiques.

Le bailli qui faisait tout lui-même n'est plus qu'un souvenir. Pas plus qu'il ne juge en personne toutes les affaires, il ne perd son temps à vendre le blé ou le bois du domaine royal, à lever les tailles et à payer les sergents. Au centre de tout ce qui ordonne les relations du roi et de ses sujets, il est le responsable, dans son bailliage, des progrès de la monarchie.

Voilà qui ne va pas sans heurt, et bien des officiers royaux manquent de quelques vertus portées au catalogue de Beaumanoir. De toute la France, c'est un concert de plaintes qui monte vers le roi. Le paysan gémit, le comte proteste. Au moment où, contre Boniface VIII d'abord, contre les templiers ensuite, le roi a besoin d'un large consentement de la population, il lui faut écouter les griefs que l'on porte contre ceux qui le servent avec un zèle parfois excessif et pas toujours désintéressé. Au moment où le Trésor ne peut être renfloué que par un impôt dont le droit est incertain, le roi doit mettre dans la balance des négociations avec le contribuable la réforme des abus les plus criants.

Ces griefs que l'on formule contre les gens du roi, ils sont la définition des formes excessives que prend, par le zèle des baillis et des sénéchaux, par la cupidité des prévôts et des sergents, une action à laquelle, dans ses grandes lignes, préside la volonté constante du roi et de ses conseillers. Il s'agit de rien moins qu'imposer l'autorité royale. Vu d'en face, le combat se livre pour sauvegarder les libertés anciennes, les coutumes établies, les droits de la féodalité, les franchises de l'Eglise.

La liste de ces griefs a été mainte fois dressée. On l'a entendue aux assemblées de 1303 comme au concile de Vienne. L'évêque d'Angers Guillaume Le Maire a soigneusement transcrit dans son *Livre* le catalogue des doléances dont il avait donné lecture aux conciles provinciaux tenus en 1294 à Saumur et en 1300 à Sens. Pierre du Bois n'a pas manqué de faire pour sa part le tableau des conflits dont il était, du côté du roi, acteur autant que témoin. Enfin, les concessions obtenues du roi en échange d'une aide politique ou financière — ordonnances et chartes réformatrices, confirmations de privilèges, mandements aux officiers — sont en quelque sorte le négatif de l'énoncé des maux dont se plaignaient les bénéficiaires de tels redressements.

Ce à quoi les Français sont le plus sensibles, qu'ils soient clercs, nobles, bourgeois ou paysans, c'est la ponction qu'exerce sur leur bourse le pouvoir royal grandissant. Certes, il n'y a qu'au niveau politique que l'on mette en doute le droit du roi à lever l'impôt si celui-ci n'est justifié par une évidente utilité générale et par une urgente nécessité, et à le lever en taxant directement les arrière-vassaux du roi. C'est à ce même niveau, qui est celui du gouvernement, que l'on critique les mutations monétaires qui introduisent le trouble dans la vie économique et qui, dans un sens ou dans l'autre, lèsent l'un ou l'autre des groupes sociaux et économiques.

Mais c'est à l'échelle de la région, donc à la mesure du zèle des officiers que se ressent l'inconvénient du monopole monétaire qui ôte toute valeur légale en Artois ou en Bourgogne aux espèces des terres d'Empire cependant proches. C'est dans le cadre du bailliage ou du groupe de bailliages que s'infléchit la pratique des vieilles dispositions de la fiscalité seigneuriale, devenue celle du roi lorsqu'il est seigneur du lieu : ainsi les Normands voient-ils avec peine taxer, au titre du « tiers et danger » le bois mort qui, jusqu'ici, échappait à cette redevance forestière.

L'ARBITRAIRE.

Plus que tout, c'est l'arbitraire de chaque officier, de chaque juge, de chaque receveur, que mettent en cause les taillables et les justiciables. Données à ferme à des receveurs qui, dès lors, ont part au profit, les amendes de justice sont taxées sans cesse plus haut. Le droit de franc-fief que paie le roturier pour tenir son fief, le droit d'amortissement que paie le monastère pour recevoir une terre mouvant d'un fief, le droit de relief que paie l'héritier, tous ces droits sont taxés au prorata de la valeur, et il dépend des gens du roi que cette valeur soit surestimée.

On comprend l'hostilité que manifestent les propriétaires fieffés envers ces sergents qui parcourent les terres à pas comptés, ces notaires qui estiment récolte et cheptel, ces baillis qui écartent les réclamations. On sent la haine des populations envers ces fourriers et ces huissiers qui, pour exercer le droit de gîte du roi, réquisitionnent à tort et à travers et qui, quand ils paient, fixent eux-mêmes un prix bien éloigné de celui du marché.

Il n'y a pas moins d'arbitraire dans les moyens que dans les sommes exigées. Le contribuable est livré au bon plaisir de commissaires, de notaires, de receveurs qui souhaitent lever le plus d'argent possible dans le moins de temps possible.

C'est ainsi qu'un beau jour d'octobre 1297 un nommé Simonet et le notaire Raymond Durand établirent leurs quartiers chez une veuve du village de Laurac, près de Castelnaudary. Ils étaient commis par Pierre de Latilly, alors chanoine de Soissons et clerc du roi, et Raoul de Breuilly, chevalier du roi et ancien sénéchal de Périgord, eux-mêmes chargés de lever dans la sénéchaussée de Toulouse — notamment sur les hommes de corps, c'est-à-dire les serfs — diverses impositions dont le produit devait concourir au financement de la guerre de Guyenne. Vingt-quatre sergents les accompagnaient, qui cantonnèrent dans le village.

Sur-le-champ, on se mit à l'ouvrage. Les notables — une cinquantaine de villageois — furent convoqués chez la veuve. L'un d'eux refusa d'obtempérer : les sergents le bourrèrent de coups de poing.

> Je suis venu, dit le notaire Durand, pour faire finances avec les hommes de cette ville pour les caselages et les hommages, pour ce qui est dû à raison de l'emploi des monnaies prohibées, à raison du service militaire, à raison des fiefs de chevalier acquis depuis cinquante ans, à raison des enquêtes en cours contre certains.

Les notables objectèrent qu'il y avait au plus quatre ou cinq hommes tenus au caselage et que, pour le reste, c'était affaire individuelle. La communauté des habitants n'était en rien concernée. Durand leur répondit qu'ils avaient huit jours pour accepter, qu'on saisirait les biens des récalcitrants et qu'on les interneraít, en attendant, au château royal.

> Ne bougez pas d'ici. Vous n'êtes bons qu'à donner aux autres des conseils ou des moyens pour se sauver ou pour échapper à la saisie.

Pendant que les plus capables de défense étaient ainsi mis hors d'état d'agir, les sergents parcouraient les rues. Ils avaient à la main les rouleaux de parchemin sur lesquels étaient portés les noms des familles que les gens du roi disaient tenues à payer la « quête ». Ils entraient dans les maisons, fouillaient partout, expulsaient les habitants et sortaient en fermant derrière eux la porte et en gardant pour eux la clé. A lui seul, un sergent apporta dix-sept clés à Raymond Durand.

Il y avait des masures dont la porte ne fermait que de l'intérieur, à l'aide d'un gros verrou de bois que l'on tirait la nuit. Les sergents clouèrent ces portes sans serrure. Un vieux fer à cheval et deux clous faisaient l'affaire.

Les villageois étaient dans la rue, les notables toujours chez la veuve. Lorsqu'ils virent affluer les clés, ils comprirent ce qui se passait. Pour éviter le pire, ils jurèrent d'aller un jour prochain à Toulouse pour s'entendre avec Latilly et Breuilly.

Ces braves gens n'étaient pas quittes. Durand et Simonet exigèrent cinquante sous pour leur peine et taxèrent chacun des jureurs à quatre deniers d'abord, puis, à mesure que le temps passait, à cinq deniers, atteignant enfin le taux de six deniers pour ceux qui jurèrent en dernier. Puis on appela ceux qui attendaient dans la rue et l'on vendit à chacun sa propre clé pour cinq deniers.

Quelques jours plus tard, voilà nos gens à Toulouse, chez un notaire du roi, maître Guillaume de Gaudiès, qui faisait office de secrétaire des commissaires.

> « Permettez que les plus pauvres d'entre nous retournent chez eux, car ils n'ont pas de quoi subsister ici.
>
> — Personne ne s'en ira. J'enverrais plutôt chercher ceux qui sont restés là-bas.
>
> — Très peu de gens de chez nous sont tenus aux quêtes. Nous ne sommes pas hommes de corps. Nos anciens ne l'étaient pas.

— Il y en a soixante sur la liste, et il y en aurait davantage si l'on cherchait bien. Votre intérêt est de vous arranger avec les seigneurs Pierre (de Latilly) et Raoul (de Breuilly).

— Pour Dieu, Sire, faites-nous droit ! Entendez nos témoins. Faites faire des enquêtes. Si l'on trouve à Laurac des hommes de corps, taxez-les comme il faut, mais laissez les autres en paix.

— Non. Arrangez-vous plutôt (avec Latilly et Breuilly). »

Quatre jours durant, les notables de Laurac discutèrent entre eux. Il leur parut que la résistance était inutile et que, s'ils ne payaient la « quête » des hommes de corps, ils paieraient autre chose. Quant à la monnaie prohibée, qui ne s'en était servi un jour ou l'autre ? Et les nouveaux possesseurs de fiefs ? Et le service militaire ? Peu importait le nom, on les ferait payer. Au reste, le séjour à Toulouse coûtait cher, et le travail, pendant ce temps, ne se faisait pas à Laurac.

Ils se présentèrent devant Latilly et Breuilly et leur annoncèrent qu'ils étaient prêts à composer. Le notaire était là, qui proposa un chiffre : cinquante mille sous.

« Nous nous crûmes morts », raconta plus tard l'un des notables. Le marchandage fut atroce. Ils offrirent deux mille cinq cents sous, ce qui était déjà beaucoup ; on transigea à trois mille. Les gens de Laurac acceptèrent ce compromis, pour éviter de devoir discuter le lendemain sur des chiffres supérieurs. Mais certains, en donnant leur accord, pleuraient de honte et de fureur, se demandant comment leur village pourrait payer une telle somme, et songeant à l'accueil qui leur serait réservé par ceux qui n'avaient pas fait le triste voyage de Toulouse.

L'un des consuls évoqua à haute voix la possibilité d'un refus collectif de la population : que ferait-on si la composition était désavouée par la masse des villageois ? « Le roi s'en chargera », répliqua Guillaume de Gaudiès. Et Raymond Durand d'ajouter avec cynisme : « Soyez tranquilles, j'irai moi-même. » Nul ne souhaitait le revoir à Laurac : les notables prêtèrent serment d'observer la composition et donnèrent pour son exécution leur garantie personnelle. Puis ils rentrèrent, tout penauds, et passèrent un mauvais moment à expliquer à leurs compatriotes le sort qui les attendait.

Quinze jours plus tard, Raymond Durand et ses sergents étaient de retour à Laurac. Ils convoquèrent tous les chefs de famille, peut-être cent ou deux cents personnes. Ce fut un beau chahut. Cependant que ceux qui avaient été à Toulouse, sachant que tout était vain, gardaient obstinément le silence, la plupart des paysans s'imaginèrent qu'ils allaient faire céder l'homme du roi. Durand ne se donna même pas la peine de discuter : il sortit, ferma la porte derrière lui et mit deux sergents devant le seuil. Pour plus de précaution, il en mit deux autres devant l'issue des latrines.

La journée passa. Les chefs de famille allumèrent des chandelles. Nul n'osait sortir, car les sergents étaient armés : cent hommes ne forcent pas aisément une porte où l'on ne peut passer à deux de front. Dans la rue, les femmes et les enfants pleuraient.

Les plus réfractaires comprirent qu'ils resteraient là tant qu'ils n'auraient pas cédé. On appela le bayle, qui fit venir Durand. Un par un, les paysans passèrent devant lui et jurèrent ce qu'il voulut sur l'Evangile qu'il leur tendait.

Le lendemain, les clercs firent le recensement de tous les habitants. On n'en oublia aucun, pas même les nourrissons. « C'est pour votre bien », disaient les notaires. Nul n'y crut. En signe d'amitié, Durand invita les consuls à dîner, et leur laissa le soin de payer le repas. Le premier acte était joué.

Le deuxième, qui est celui de la perception, est digne du premier : ce ne sont que menaces, saisies, violences. L'honneur des filles fit souvent les frais de la résistance, autant que les meubles et les provisions.

La même scène se jouait en même temps dans tout le Languedoc. C'était Raymond Durand ou c'en étaient d'autres. En deuxième instance, Latilly et son compère opéraient toujours de la même manière, isolant à Toulouse les notables, brisant les dernières résistances, fixant les sommes exigibles et menaçant de les augmenter si l'on tardait à se mettre d'accord. « Vous m'ennuyez », disait-il aux consuls de Fanjeaux qui mouraient de faim et voulaient sortir pour aller dîner pendant que lui-même dînait. L'ironie était de mise : « Mieux vaut mourir d'un coup », dit-il à des villageois qui cherchaient à gagner du temps.

Ne donnons pas dans la naïveté. Les torts ne sont certainement pas tous du côté des agents royaux. Sans sergents, sans saisies, sans menace, le fisc royal aurait sans doute reçu bien peu. Les scellés ou la fermeture à clé garantissait le maintien en place des meubles saisissables. Quant à la fraude, nul n'ose la nier sérieusement. Comme les consuls de Villemur assuraient n'avoir jamais vu que l'on usât chez eux d'espèces illicites, Guillaume de Gaudiès leur enjoignit à l'improviste de vider leurs bourses sur la table : il y avait tellement de pièces prohibées que les consuls composèrent sur-le-champ pour éviter le pire.

On peut, enfin, sourire d'un impôt qui tombe, dans la négociation, de cinquante mille à trois mille sous. Jamais Latilly n'a songé qu'il obtiendrait cinquante mille sous d'un village. L'outrance fait partie du marchandage.

Un tel récit, que permettent les pièces de l'enquête ordonnée par le roi l'année suivante pour répondre à un véritable concert de plaintes, nous fait toucher du doigt une réalité qui n'est pas celle des prélats et des barons souffrant des empiètements royaux : c'est la souffrance de gens pour qui l'administration royale a le visage du sergent qui rudoie et qui saisit. Les procédés sont licites, les procédures régulières. Peut-être ne pouvait-on éviter le recours à certains moyens. Ce qui était intolérable, c'était le degré de contrainte. C'était la brimade. Les scellés sur la maison d'un insolvable, certes, mais non les scellés mis d'avance sur tout un village.

Commissaires de haut rang et petites gens de l'administration ont une commune tendance à mêler l'intérêt du roi et le leur, à confondre la dignité royale et la leur propre. Nombreux, de plus en plus nombreux car il faut caser parents et amis, ils doivent justifier leur fonction et maintenir, malgré cette multiplication, leur profit. Ils créent donc des affaires, ils suscitent des conflits.

Les plaignants arrivent parfois à émouvoir le roi, à trouver au Conseil l'avocat de leur malheur, à toucher un enquêteur-réformateur. Le prévôt, le sergent, que l'on convainc d'indélicatesse ou de brutalité, sont révoqués. En avril 1299, le Languedoc obtient une charte qui, abolissant toute servitude personnelle, annule les engagements pris, sous la pression de Latilly et de ses collaborateurs, pour le paiement de l'hommage et du caselage. Mais après ? L'émotion passée, le prévôt ou le sergent retrouve une place, et souvent la même. Les victimes sont jouées par la solidarité de l'administration. Latilly ne cesse de progresser dans la confiance du roi. L'argent que l'on attendait du Languedoc, on le demande à un autre titre.

QUERELLES DE JURIDICTION.

Le chœur de protestations est moins unanime quant aux affaires de juridiction. Là, le roi ne progresse qu'avec la complicité des justiciables. Si tous gémissent devant les exactions fiscales de la monarchie, beaucoup préfèrent la justice royale à celle de leur seigneur direct. Tous les sujets du roi ne voient donc pas du même œil les conflits qui naissent de l'enchevêtrement des droits médiévaux : le droit de l'Eglise et le droit de l'Etat, le droit romain et le droit coutumier, la coutume d'un lieu et celle d'un autre. Que deux plaideurs ressortissent à deux droits différents, et que l'objet de leur querelle relève d'un troisième, voilà qui n'est pas rare.

On voit sans peine ce qu'une justice habile peut tirer d'une semblable situation. Qu'il y ait doute sur le statut d'un homme ou d'une terre, et c'est un conflit de principe, avant tout examen au fond. Qu'il y ait un doute sur le tracé d'une limite ou d'une frontière, et c'est encore un conflit pour savoir quel est le juge. Certes, les frontières de la France de Philippe le Bel, frontières extérieures et frontières intérieures, sont beaucoup plus assurées qu'on ne l'a parfois dit. On sait très bien, dans la plupart des cas, à quel bailliage, à quel diocèse, à quelle paroisse, à quelle seigneurie appartient le moindre lopin. Mais il y a des incertitudes, de même que des précédents contradictoires. Les frontières sont loin d'être linéaires, et l'enclave est chose fréquente. Non seulement on ne sait plus, en certains cas, qui juge mais on ne sait plus comment, matériellement, rendre la justice :

> Les justices de plusieurs seigneurs, écrit Beaumanoir, sont entremêlées et enclavées les unes dedans les autres, et ceux qui sont établis à garder les justices ne peuvent pas, parfois, aller garder leur justice s'ils ne passent parmi une autre justice.
>
> Ainsi nous avons vu plusieurs débats, lorsque certains seigneurs voulaient empêcher les sergents d'autres seigneurs

d'aller parmi leur justice en portant armes, ni arcs, ni flèches, ni épée, ni hache.

On sait bien qu'il ne reste rien de sa clergie au clerc marié ou à celui qui vit de la « marchandise ». Mais on prouve difficilement qu'on a été tonsuré dans sa jeunesse ou qu'on ne l'a pas été, et l'on sait mal où commence et où finit le genre de vie clérical qui conditionne les privilèges du clerc.

Tous ces droits, toutes ces incertitudes, voilà le profit du justicier. Car la justice est encore — elle ne le sera plus dans un siècle — un excellent élément du patrimoine seigneurial. Qu'il soit roi ou simple seigneur, seigneur laïc ou seigneur ecclésiastique, le justicier tire de sa justice des profits substantiels. Ce sont les amendes. Ce sont les confiscations, que l'on appelle souvent les « forfaitures ». Un justiciable est donc un bien, pour lequel on se bat.

Et puis, la justice garde — et gardera par-delà l'effondrement du revenu des petites justices — la valeur d'un symbole. Elle est un élément important de la seigneurie en ce qu'elle confère au seigneur, avec une dignité, une capacité supplémentaire de domination politique. Les seuls seigneurs avec lesquels le pouvoir royal doit compter, ce sont les hauts justiciers. Les faire reculer, c'est, pour les officiers du roi, faire avancer la royauté. C'est accroître la conscience qu'ont les hommes du royaume d'être les sujets du roi, et non pas seulement les hommes des vassaux du roi.

Le seigneur qui accepte cela accepte un amoindrissement de ce qui fait la substance de sa position politique autant que sociale. Ce n'est pas seulement un appauvrissement, c'est un recul.

Alors, l'évêque considère comme clerc l'homme marié qu'il n'a pourtant jamais rappelé aux devoirs de son état clérical. L'official — c'est le juge d'Eglise — condamne légèrement le clerc coupable pour que celui-ci n'aille pas se dire laïc. Non content d'évoquer devant son tribunal les cas d'hérésie notoire, les affaires matrimoniales parce que le mariage est un sacrement et les affaires d'usure parce que le concile du Latran a interdit en 1215 le prêt à intérêt, les juges ecclésiastiques revendiquent les affaires immobilières dès qu'y intervient la moindre disposition testamentaire — car le testament ne se conçoit pas sans un legs pieux — et les contrats les plus divers leur appartiennent dès lors qu'un serment les a sanctionnés. Ils se font seuls juges de la présomption d'hérésie, n'ayant qu'à mettre en doute l'orthodoxie d'un justiciable pour l'arracher à la justice laïque : les matières de foi deviennent un admirable prétexte pour remplir les rôles des officialités.

Pour peu qu'on les contrarie, évêques et abbés usent des armes redoutées que sont les peines spirituelles. Bien des juges laïcs cèdent devant la menace d'une excommunication. Le bailli de Tours se plaint de ne pouvoir trouver un prévôt pour exécuter certains mandements royaux, tant est grande la crainte de l'excommunication que manient avec facilité les officiaux. La même menace met en revanche le « bras séculier » à la disposition de l'Eglise : notaires royaux, sergents royaux, prévôts royaux, aucun n'ose refuser d'effectuer les arrestations ou les saisies que prescrivent les juges d'Eglise.

L'appel.

Battue en brèche à bien des égards en première instance, la justice du roi trouve une ample compensation dans le développement des procédures d'appel. Qu'ils soient d'Eglise ou « du siècle », on en appelle au roi de tous les justiciers. Pour peu qu'un plaideur soit mécontent, il se tourne vers le roi, c'est-à-dire vers le bailli du lieu ; si l'on n'est pas trop loin de Paris, si l'on est riche, on va volontiers vers le degré supérieur de la justice royale, vers le Parlement. Cet afflux d'appels est tel que le roi doit, on l'a vu, limiter les cas d'appel direct au Parlement.

Baillis et sénéchaux ne se contentent pas de recevoir les appels, ils les sollicitent. Ils introduisent la pratique de l'appel *a minima,* et l'on voit le bailli d'Amiens faire arrêter pour les juger à nouveau des hommes que leur propre juge vient d'acquitter.

Le premier effet de l'appel est de placer sous la garde du roi la personne du coupable ou des plaideurs, ainsi que l'objet du litige. Parce qu'il en appelle d'un jugement du duc ou du comte, n'importe quel homme du duché de Guyenne ou du comté de Flandre se trouve de la sorte soustrait, pour un temps, à la juridiction de son seigneur. On voit les implications politiques d'une telle procédure. La bannière royale flotte ainsi sur des villes qui ne sont pas du domaine royal, et le panonceau aux fleurs de lis est accroché à bien des donjons — voire à de simples maisons de ville — qui n'en sont pas non plus.

Chaque fois qu'ils encouragent l'appel, les baillis et les sénéchaux voisins des grandes principautés territoriales concourent à faire entrer le roi dans l'intérieur même de la vie politique de ces principautés. Le bailli d'Amiens, le bailli de Vermandois, le sénéchal de Périgord usent à l'envi du procédé. Les barons plus ou moins rebelles à leur comte ou à leur duc trouvent ici, avec la connivence intéressée du roi, mais avec d'autres fins politiques que lui, le moyen d'une relative indépendance. Les princes n'ont qu'à enrager. Le droit d'appel au suzerain est dans toutes les coutumes.

Les agents de la justice royale vont parfois plus loin. La violence n'est pas exclue de l'arsenal. Il est quand même des baillis et des prévôts que n'effraie pas l'excommunication. Un prélat gascon refuse-t-il de reconnaître par un « aveu » en bonne et due forme la supériorité du roi sur le temporel de son abbaye ? Le sénéchal de Bigorre lui envoie une troupe de quarante sergents qui cassent tout et pillent tout. L'abbé n'a plus qu'à céder.

N'imaginons cependant pas une France unanime à en appeler au roi de seigneurs justiciers impuissants à enrayer le flux. A l'image des droits, la réalité est enchevêtrée. Tel qui en appelle de son seigneur voit ses propres hommes en appeler de lui. Les mêmes clercs qui se plaignent des abus de l'appel demandent en 1303 l'élargissement des compétences des maîtres des requêtes, seuls capables d'accélérer les procédures. Les uns iraient volontiers à Paris du premier coup, les autres se plaignent de ce qu'à Paris on entend mal leur langue et leur coutume, Le Languedoc trouve Paris bien loin, la Normandie juge que son droit vaut bien celui de Paris. Et l'intérêt des avocats n'est pas de vider la province de toutes les causes.

Brochant sur le tout, l'Inquisition se fait — involontairement — dans le Midi l'alliée de la justice royale, dans la mesure où, comme les sénéchaux, les inquisiteurs dominicains rognent les prérogatives des juges épiscopaux. Mais le roi n'est pas dupe, et ne tient pas à renforcer ce qui est l'instrument de l'intrusion de la justice pontificale dans les affaires du royaume. A mainte reprise, il rééquilibre la balance et soumet les inquisiteurs, toujours pris dans l'ordre de saint Dominique, à un contrôle que se partagent avec joie leurs rivaux, les franciscains, et leurs concurrents, les officiaux des évêques. L'influence de l'une et l'autre justices ecclésiastiques pâtit de cette politique d'équilibre.

Quant à la justice des seigneurs laïcs, elle est attaquée des deux côtés, et elle régresse sans la moindre compensation : l'appel au roi joue contre elle, mais l'excommunication aussi. Il ne faudra pas s'étonner de voir le grand mouvement d'insurrection sur lequel s'achève le règne de Philippe le Bel mené de bout en bout par la noblesse.

La juridiction gracieuse.

La juridiction gracieuse des seigneurs laïcs et ecclésiastiques ne s'effondre pas moins. Ce qu'on appelle la juridiction gracieuse, c'est l'intervention du juge qui confère à un contrat privé la valeur d'un acte public. Don, échange ou vente, l'acte sera d'autant moins contesté en un futur procès que le juge de ce procès l'aura lui-même cautionné. Guillaume vend une terre à Pierre, mais l'acte est une charte du seigneur : « Devant nous est comparu, ce jour, Guillaume, qui nous a déclaré qu'il vendait... » Le sceau est celui du seigneur, de l'évêque, de l'abbé. C'est un sceau authentique. Il faudrait être beaucoup plus puissant pour considérer un tel acte comme nul. C'est dire que la juridiction gracieuse ne vaut que ce que vaut l'autorité du seigneur qui l'exerce : celle du petit seigneur ou du prieur ne vaut pas celle du comte ou de l'évêque, qui ne valent pas celle du roi. Mais obtenir un acte du roi n'est pas, au XIIIe siècle encore, à la portée de tous les acheteurs.

Les choses ont déjà changé, depuis le XIIe siècle, avec la renaissance du droit romain dans le Midi de la France. On a vu reparaître le notariat public, c'est-à-dire une fonction dont l'exercice de la juridiction gracieuse est l'unique raison d'être. Le pape et l'empereur, les seigneurs et les évêques ont « investi » des notaires, et le Capétien n'a cessé de les concurrencer depuis qu'il a pris pied en Languedoc. Contre les notaires seigneuriaux, les notaires royaux drainent la clientèle, parce que leur autorité procède de celle du roi et que leurs actes ne seront pas mis en cause par les juges royaux.

Philippe le Bel va plus loin : il tente d'introduire le notariat dans les pays de langue d'oil, dans les pays coutumiers de la France septentrionale. Au Châtelet de Paris, ce sont quelque soixante notaires royaux qui contribuent à la sécurité des contrats et à la clarté des transactions : cela compte pour beaucoup dans le développement de la place commerciale de Paris.

Mais le sceau garde son prestige. En face de la signature du notaire, qui ne prétend à aucune solennité, il est le signe de validation des actes les plus officiels, des chartes, des jugements. Le gouvernement royal sait le prestige de l'acte scellé et fait du sceau royal une arme contre les juridictions gracieuses des seigneurs, celles des évêques en particulier. En 1292, tous les officiers qui exercent la justice du roi dans le domaine reçoivent pour le scellement des contrats privés un sceau propre, distinct du sceau de chaque officier. Les baillis et les prévôts de la France du Nord reçoivent le leur, les juges des sénéchaussées languedociennes aussi.

Qui irait, dans ces conditions, demander encore l'intervention de l'official, alors qu'on peut avoir, pour le même prix, un acte royal, une véritable charte, qui fera autorité devant le Parlement s'il le faut ? Avec leur juridiction gracieuse, c'est l'une des prérogatives du baron et de l'évêque qui s'effondre. C'est aussi une part importante de son revenu.

Les enquêtes.

Du zèle à l'excès de zèle, la distance est facilement franchie, et la monarchie doit commencer à se préoccuper des conséquences politiques que peuvent avoir pour elle les excès, parfois intéressés, du zèle de ses serviteurs. Déjà, saint Louis avait voulu mettre sa conscience en repos avant de partir pour la Croisade. Dans son apanage aquitain, son frère Alphonse de Poitiers cherchait pour sa part à réprimer des comportements punissables, donc passibles d'amendes à son profit. Philippe le Bel ne fait que poursuivre cette chasse aux abus, à la fois pour satisfaire l'opinion, pour savoir s'il est bien servi, pour débusquer les talents administratifs et pour remplir le Trésor royal.

C'est la raison pour laquelle, surtout lors des grandes crises politiques et financières, on organise de larges tournées au cours desquelles des « enquêteurs-réformateurs » — chevaliers ou clercs pris dans la cour du roi — parcourent le royaume et passent au peigne fin la gestion des officiers, depuis celle du bailli ou du sénéchal jusqu'à celle du plus modeste des sergents.

De telles tournées ont un autre avantage : elles apportent au roi une précieuse information sur les résonances politiques du royaume, que ses déplacements limités dans l'espace ne lui permettent évidemment pas de percevoir lui-même, et sur la situation économique des régions, que seuls des séjours un peu prolongés permettent d'analyser.

Venus des quatre coins de la France, les conseillers de Philippe le Bel ne sont pas, bien sûr, sans opinion. Mais ils ont eux-mêmes besoin d'actualiser leur connaissance du pays. Non que le roi et ses proches soient rivés à la capitale : on sait leur continuel mouvement. Mais leur horizon ordinaire est bien étroit : le domaine royal, ou plutôt les seules forêts giboyeuses de la Haute-Normandie, du Vexin, du Valois, de la région parisienne. Un grand voyage à travers le Languedoc, qui occupe une partie de l'hiver 1303-1304, quelques voyages diplomatiques en Lorraine pour conférer avec le Habsbourg, à Bayonne pour rencontrer le roi de Castille, à Lyon, Poitiers et Vienne pour voir le pape et faire pression sur le concile, voilà qui ne peut suffire à faire connaître au roi et à ses proches autre chose de la France que sa géographie physique. Quant aux pèlerinages que fait, en petit équipage, Philippe le Bel à Boulogne et au Mont-Saint-Michel, ils ne sont qu'un rapide galop, où le roi ne prend d'autre temps que celui de changer les chevaux et de dormir quelques heures.

Philippe le Bel a donc bien besoin des enquêteurs-réformateurs : ils sont ses yeux et ses oreilles. Faisant annoncer leur venue à la population, écoutant les mécontents, qnestionnant les témoins et particulièrement les notables, interrogeant les officiers mis en cause aussi bien que les autres, les enquêteurs-réformateurs donnent aux sujets du roi l'assurance que l'on va redresser les torts et punir les mauvais administrateurs. Au vrai, ils font leur rapport.

L'officier qui paraît punissable à ceux qui le supportent ne semble pas nécessairement tel à l'enquêteur. Les plaignants réclameraient volontiers des juges partiaux en leur faveur, et des receveurs oublieux des droits du fisc. Mais il est souvent possible de donner, au moins en partie, satisfaction aux sujets du roi. Des pratiques administratives sont réformées. L'assiette de l'impôt est modifiée en sorte que les riches soient moins épargnés qu'ils ne l'étaient par un officier de leurs amis. Des crimes impunis sont jugés. Des officiers sont révoqués. Tout le monde y gagne, le peuple qui applaudit et le roi qui perçoit des amendes et lève mieux l'impôt.

Les enquêteurs-réformateurs vont généralement par deux, un clerc et un chevalier : Charlemagne, déjà, avait imaginé ce système qui ne laissait à personne la possibilité de récuser, parce que clerc ou non-clerc, l'intervention royale. Mais qu'on ne les imagine pas parcourant en vitesse un pays ou un autre : bien établis pour un temps, ayant souvent fait choix d'un siège et recruté sur place des collaborateurs, ils sont de véritables proconsuls. Richard le Neveu et Jean de Picquigny gouvernent en fait tout le Midi du royaume pendant trois ans, de 1301 à 1303. Ils y réforment l'administration, ils y négocient l'affaire de Bernard Saisset, ils répriment une rébellion bordelaise. Le Trésor royal reçoit d'eux, pendant ce temps, quelque 70 000 livres.

Philippe Le Convers est un proconsul d'un autre type. Avec le titre d'enquêteur des forêts royales, nous le voyons, en 1300 et jusqu'à la fin du règne, sillonner l'Ile-de-France, la Normandie, la Champagne, le Poitou, le Languedoc. Il inspecte la gestion des verdiers et des autres agents forestiers, il rétablit les coutumes et les usages dans leur état ancien, il condamne les usurpateurs de droits sur la forêt royale, il nomme et révoque. Seuls, les cas les plus graves d'abus ou de corruption sont transmis au roi.

Les enquêteurs-réformateurs ne sont eux-mêmes pas sans défaut. L'arbitraire est dans la nature de leur commission. La différence avec les officiers est que l'arbitraire des enquêteurs s'exerce aussi sur les officiers, vrais ou réputés tels : on voit ainsi confisquer et vendre les biens d'un clerc qui prouve cependant n'avoir jamais été au service du roi.

Prompte à se réjouir quand les enquêteurs-réformateurs sanctionnent le comportement d'un prévôt abusif, l'opinion comprend moins bien quand ils condamnent des justiciables déjà acquittés en jugement régulier, ou quand ils relâchent un meurtrier. Bien des gens, qui les ont vus venir avec satisfaction, en appellent ensuite au Parlement de leurs sentences.

La réforme de 1303.

Que pourrait donc changer, en de telles conditions, une ordonnance générale de réformation ? Pas grand-chose, sans doute. Au mieux rappelle-t-elle à certains que le roi couvre de son autorité le service public, non les abus. Plus que d'une volonté de réforme générale, qui s'exprime efficacement dans l'envoi de quelques enquêteurs intègres et efficaces, les ordonnances réformatrices procèdent d'une volonté et d'une nécessité politiques. Il faut réformer pour que le pape ne le fasse pas, ou tout simplement pour qu'il cesse de prétendre le faire. Il faut réformer pour que les clercs acceptent les intrusions royales dans les affaires de l'Eglise.

Comme toute réforme au Moyen Age, l'ordonnance du 18 mars 1303 est un retour en arrière, un rappel aux bons usages du passé, une restauration des privilèges anciens. La référence, c'est le temps de saint Louis. Clercs et chevaliers ont oublié ce que furent les relations, toujours difficiles, de leurs prédécesseurs et du saint roi. Ils oublient que les barons se sont ligués contre saint Louis et que les évêques en ont appelé à Rome contre lui.

Les principales dispositions de cette grande réformation de 1303 sont de bon sens et d'équité élémentaire. Il s'agit d'assurer l'indépendance d'esprit des serviteurs du roi. Nul bailli, nul prévôt, nul juge ne doit exercer sa fonction dans son pays natal, s'y marier, y marier ses enfants ou ses neveux, avoir de proches parents pour subordonnés immédiats. Il s'agit aussi d'assurer une gestion saine : choisis pour leur capacité et leur bonne renommée, les agents du roi doivent résider dans leur circonscription, exercer en personne leur fonction, exécuter sur-le-champ les ordres reçus, vérifier les ordres douteux, rendre leurs comptes avant de s'en aller. Enfin, et surtout, ils doivent respecter la coutume locale, les ordonnances de saint Louis, les privilèges anciennement concédés et les franchises attestées par l'histoire.

Certains profitent des circonstances pour obtenir du roi une confirmation, donc une meilleure affirmation, de leurs privilèges. Ainsi les nobles auvergnats, qui marchandent en 1304 leur participation à la guerre de Flandre contre une charte les garantissant de tout empiétement sur les prérogatives seigneuriales.

> Nos chanceliers (*nos juges*) ne mettront nulle de nos lettres à exécution dans les terres ou les justices d'autrui ni ne connaîtront des choses qui sont en la justice d'autrui, si ce n'est par le défaut ou par la négligence des seigneurs.

Ce sont de semblables garanties qu'exigent les barons coalisés en 1314 et 1315. Ils les obtiendront, province après province, sur le parchemin. Mais seulement sur le parchemin.

Pour gagner ce combat contre la royauté et contre son énorme machine politique, il eût fallu aux barons une arme dont, seuls, pouvaient jouir quelques princes territoriaux, Flandre ou Guyenne, Bretagne ou Bourgogne: une justice de qualité. Dès cette époque, les justiciables étaient sensibles au prestige de la compétence juridique, à une équité mieux assurée, à un plus grand éloignement des intérêts locaux. Ils l'étaient aussi à une justice qui avait les moyens de faire exécuter ses arrêts. Le juge royal était le meilleur parce qu'il était le mieux payé. Alors que la seigneurie foncière connaissait en France les premières de ces difficultés qui devaient, en un siècle, bouleverser son économie, le seigneur justicier n'était pas en état d'enchérir sur ce qu'offrait à ses officiers le roi-suzerain. Le juge médiéval, a écrit Bernard Guenée, « s'offre plus qu'il ne s'impose ». Sur le marché des juges, celui du roi faisait prime.

C'est là le coin enfoncé dans l'armure du système féodal. Les sujets de Philippe le Bel gémissent après le passage de Latilly ou de ses collègues. Mais il y a des juges à Paris, et bien des arrêts du Parlement n'ont d'autre objet que de casser ce qu'a fait un officier du roi. Finalement, on préfère le juge du roi à celui du seigneur parce qu'il est meilleur et parce qu'il a le bras plus long. Malgré les chartes qu'il faut bien octroyer aux privilégiés, la connivence de tout un peuple assure la victoire d'un principe servi par une armée de fidèles dont l'intérêt garantit le zèle. Geoffroi de Paris n'a pas tort :

> En France, a tout plein d'avocats.

CHAPITRE V

Une euphorie trompeuse

DIVERSITÉ DE LA FRANCE.

La France de Philippe le Bel, c'est déjà, à bien des égards, celle que connaîtra la monarchie des Valois et des Bourbons. Les frontières du royaume demeurent ce que les a faites la politique successorale des Carolingiens : elles atteignent la Meuse et le Rhône, elles laissent hors de France Cambrai, Lyon et Marseille. Mais un siècle d'expansion dynastique a décuplé le domaine royal et fait de la royauté autre chose qu'une entité politique. Le roi est seigneur sur les rivages de la Manche, de l'Atlantique et de la Méditerranée. Qui l'eût cru, un siècle plus tôt, quand le domaine royal, c'était Laon et Paris, Orléans et Bourges ?

Même si le Capétien n'a ni la Bretagne ni la Bourgogne, ni la Flandre ni la Guyenne anglaise, le poids de l'autorité qu'il exerce comme suzerain à Rennes et à Dijon, à Gand et à Bordeaux se renforce de sa présence comme seigneur à Rouen, à Troyes, à Angers, à Poitiers, à Toulouse. L'histoire du roi commence de se confondre avec l'histoire de la France, et rien de ce qui se passe dans le royaume ne peut lui être indifférent.

Malgré cette unité qui se perçoit déjà fort bien grâce à la souveraineté qui s'étend et s'exerce sur tous les sujets du roi, et que renforce la mise en place, tout au long du XIIIe siècle, d'une structure administrative tant soit peu unifiée, c'est encore la diversité qui l'emporte. Diversité des paysages, des hommes, des cultures.

D'une région à l'autre, parfois d'un village à l'autre, la

campagne est différente. La variété des sols et des climats détermine celle des paysages agraires, non moins que la variété des mentalités collectives, donc celle des forces d'individualisme — dont témoignent dans l'Ouest les premiers bocages — et des contraintes sociales. La forme des champs, la clôture ou la non-clôture de ces champs, et le type de clôture, l'adaptation de l'habitat au terrain et au système de communications, tout cela résulte de l'histoire autant que de la géographie. Groupement ou dissémination des hommes, l'habitat traduit dans le paysage et dans le mode de vie les pesanteurs sociales aussi bien que les étapes, anciennes et récentes, de la conquête par l'homme des terres cultivables.

La variété n'est pas moindre quant à la densité de l'occupation humaine. Il est des terroirs surpeuplés, des forêts presque vides d'hommes — quelques « boisilleurs », petits éleveurs, fabricants de cendre ou de charbon — et des landes dont l'aridité n'attire guère le défricheur. A quelques lieues de Paris, l'encombrement des vallées maraîchères et celui des plaines à blé de Beauce ou de Valois voisine avec le désert que sont déjà — bien avant la Peste Noire du XIVe siècle — les terres pauvres du Hurepoix. Il y a quinze feux au kilomètre carré dans la région de Narbonne et de Béziers, deux ou trois feux seulement dans les Corbières voisines ou dans les Causses. Rien, là, de bien étonnant.

Si l'on s'attache aux façons de penser, de sentir et de s'exprimer, la diversité l'emporte encore sur l'unité. C'est simplifier à l'excès que diviser tout bonnement la France en langue d'oil et langue d'oc : le parler picard n'est pas le normand, et la langue limousine n'est pas la toulousaine. La coutume de Beauvais, que met en écrit le bailli Philippe de Beaumanoir, laisse sensiblement différer le droit civil de ce qu'il est en Valois ou en Vexin. L'unité du droit romain ne fait que recouvrir, dans toute la France méridionale, une infinité de coutumes où le droit de Justinien n'est qu'un fil directeur. L'Eglise elle-même participe de la diversité : les rites diocésains masquent un peu l'uniformité du rite romain, et les saints locaux tiennent au calendrier plus de place que certains apôtres.

Cette France passe pour le plus grand pays d'Occident. Qu'est-ce à dire, sinon qu'elle est le seul de cette taille à constituer un véritable Etat ? L'Empire n'en est pas un, qui unit, des villes hanséatiques aux villes toscanes, une multitude de principautés aux politiques divergentes. S'il n'est lui-même un prince bien possessionné, l'empereur est bien peu de choses sur l'échiquier politique. Quant aux royaumes fortement constitués, l'Aragon, la Castille, l'Angleterre, ils sont loin de valoir, en hommes et en argent, ce que vaut le royaume de France.

Une population de quinze à vingt millions d'habitants dans les frontières du temps — vingt à vingt-trois millions dans les frontières actuelles — et des densités d'occupation du sol qui atteignent cent, voire cent cinquante habitants au kilomètre carré en bien des régions, voilà qui distingue la France d'une Angleterre forte seulement de trois ou quatre millions, d'une Allemagne et d'une Italie peuplées chacune de dix à douze millions d'habitants. Il n'est pas excessif de parler de surpeuplement : l'habitat occupe en Auvergne des étages de la montagne — à 1 100 mètres dans les Monts d'Or — que nul n'occupera plus jamais de manière permanente, et certains terroirs cauchois sont alors plus peuplés que jamais au cours de leur histoire.

Un Français sur dix, au plus, est un citadin. La masse est rurale. Peu de villes assument vraiment toutes les fonctions administratives, économiques et intellectuelles qui définissent le fait urbain. Une trentaine, peut-être, émergent de la commune mesure des évêchés crottés et des marchés ruraux.

Les villes.

La ville, cependant, marque fortement de son empreinte le paysage qu'elle domine, qu'elle exploite, qu'elle anime. Le dynamisme vient de la ville, comme les commandes, les capitaux et les idées. Passé le temps des grands défrichements, les forces vives sont maintenant, et pour plus d'un siècle, à la ville. La guerre de Cent Ans figera cette situation, elle ne la créera pas.

Ces villes viennent de vivre leur plus rapide expansion. De nouvelles enceintes se dressent, enserrant des maisons plus nombreuses et plus hautes, des églises plus altières, des cathédrales reconstruites au goût du jour. Dans une centaine de villes, grandes et petites, une cathédrale ou une collégiale achevée depuis moins de cent ans suffit, par ses tours et ses hautes nefs flanquées d'arcs-boutants, à caractériser le paysage urbain. Les plus fortes concentrations d'activité ont favorisé les croissances les plus spectaculaires, celles qui ont englobé d'anciens bourgs suburbains, généralement d'origine monastique, comme Sainte-Geneviève à Paris. Ainsi se sont constituées des villes polynucléaires, riches en particularismes juridiques à peine perceptibles dans la topographie mais exploitables dans la vie professionnelle. Tel, qui ne peut être boucher dans une rue, peut l'être dans une autre ; tel, qui ne peut vendre sa toile ou son drap dans la justice du roi ou dans celle du comte, le peut dans celle de l'évêque ou de l'abbé.

La paix publique aidant, les enceintes déjà vieilles d'un siècle craquent à leur tour. Celle de Philippe Auguste est largement débordée à Paris. Vraie au XIIe siècle, et derechef après 1350, l'image de la ville méridionale corsetée dans sa muraille est inexacte en 1300. Hors des régions — le Nord, le Sud-Ouest — où sévit encore la guerre, certaines municipalités renoncent même à entretenir soigneusement une enceinte coûteuse et passablement inutile. Le mur crénelé et les portes fortifiées sont affirmation plus que protection.

La maison de ville est également signe de prospérité, voire de puissance. Les ressources de la maison déterminent le matériau du plus grand nombre : ce sont les maisons à pans de bois des pays forestiers de l'Ouest et du Nord-Ouest, celles de Paris et de Rouen. Ce sont les maisons de pierre des pays riches en carrières — on connaît les maisons de Cordes — et les maçonneries de brique des plaines du Nord ou du Languedoc. Partout, le chaume et les bardeaux de bois règnent sur les toitures. Plus fréquente dans le Midi, moins dans le Nord, la tuile demeure un luxe relatif.

Avec deux cent mille habitants — 61 098 familles faisant feu en 1328 — Paris est un monstre démographique : la plus grande ville de l'Occident et de loin. Métropole intellectuelle, capitale administrative, marché régional de redistribution des produits du grand commerce, marché gigantesque de consommation locale, port de transit, c'est déjà la ville où, tôt ou tard, tout aboutit. A Toulouse comme à Rouen, on proteste parce que toute affaire importante se traite ou se termine à Paris, mais on porte soi-même à Paris les affaires importantes.

Pour la première fois dans l'histoire de France, la capitale s'affirme comme le lieu où conduisent les carrières réussies. Les anciens professeurs de droit de Montpellier, de Toulouse et d'Orléans y côtoient tous les prélats de toutes les Gaules et les financiers de toute l'Italie. Phénomène nouveau, mais qui va durer cinq siècles, le duc de Bourgogne et le comte d'Artois sont plus souvent dans leur hôtel parisien que dans leur fief. Quitter Paris, c'est laisser à d'autres la scène politique.

Une grande ville, avec toute l'incertitude qui caractérise les chiffres qui suivent, c'est trente mille habitants. Bordeaux, Rouen, Toulouse dépassent de peu ce chiffre. Mais une ville de dix ou vingt mille habitants n'est nullement négligeable sur la carte de la France vers 1300. Ce sont des centres régionaux, comme Reims, Bourges, Limoges, Albi ou Béziers, sans compter Metz, qui est hors du royaume. Ce sont aussi des villes industrielles, comme Arras ou Douai, des places commerciales, comme Lyon, des ports, comme La Rochelle, Arles, Narbonne, Montpellier et, proche de la frontière, Marseille. Autour de Gand, forte de quelque cinquante mille habitants, une constellation de villes grandes (Bruges, Ypres) et moyennes (Douai, Lille, Saint-Omer, Tournai) fait de la Flandre une des régions les plus urbanisées de l'Europe. Il n'y a guère que la Toscane à quoi puisse se comparer, pour quelques années encore, le phénomène flamand.

A la même époque, l'Angleterre ne compte qu'une seule ville de plus de dix mille habitants — Londres, qui en a peut-être cinquante mille — et la grande métropole de la Hanse, Lübeck, n'en a guère plus de quinze mille. L'Europe méditerranéenne, en revanche, apparaît comme infiniment plus urbanisée que la France. De Venise à Valence, une dizaine de ports dépassent les trente mille habitants. Venise approche de cent mille, Barcelone de quarante mille.

Pour la plupart, ce que Philippe le Bel appelle ses villes ne sont que de gros bourgs de mille ou deux mille habitants. On trouve parmi eux bien des évêchés et bien des chefs-lieux de bailliage ou de sénéchaussées. Ce n'est pas le peuplement ou l'enceinte qui fait ici la ville, c'est la concentration de fonctions diverses, même réduites à l'ébauche : fonctions administratives, religieuses, commerciales, voire industrielles. C'est aussi son histoire qui fait la ville. C'est une conscience collective, précisée en des luttes communes et fortifiée par des privilèges communs.

MODES DE VIE.

Les sujets de Philippe le Bel vivent, dans l'ensemble, mieux que ceux de Philippe Auguste. La production agricole a augmenté, la nutrition s'est améliorée, la maladie a régressé. On a oublié la peste — le réveil sera dur en 1348 — et l'isolement rigoureux des malades, pour inhumain qu'il soit, limite les effets du fléau alors le plus redouté : la lèpre.

La disette est rare, la famine presque inconnue, pour les dernières générations qui perdent le souvenir des terreurs des siècles passés. Les villes consomment de plus en plus de pain blanc. La viande occupe une place croissante sur la table du bourgeois ou du paysan. L'opulence n'appartient qu'à l'aristocratie et à la bourgeoisie d'affaires, mais deux paysans sur trois sont, dans une région riche comme la Picardie, à l'abri du besoin. La menace du chômage n'apparaît encore qu'occasionnelle dans les grandes villes industrielles. Le sort du tisserand ou du laboureur des années 1290 aurait fait bien des envieux un ou deux siècles plus tôt ; cinquante ans plus tard, il laissera des souvenirs nostalgiques.

L'exode rural, par quoi se peuplent des villes où la natalité est généralement insuffisante à assurer l'expansion, est beaucoup plus l'effet d'une attraction que d'une évasion. On n'en est pas encore aux départs, fruits de la misère, mais on en est déjà aux départs que suscite le surpeuplement : les partages successoraux ont morcelé bien des exploitations au-delà du raisonnable, et l'on ne grignote pas au XIIIe siècle la forêt voisine comme on pouvait le faire au XIe. Les régions de forte natalité commencent à manquer de terre.

Surtout, les illusions ne sont pas encore dissipées. Le salariat urbain offre ses charmes à qui les voit de loin : un travail moins dur, une plus grande sécurité face aux intempéries, une rémunération en numéraire, surtout. Les campagnes connaissent assez l'économie-argent pour savoir ce qu'on fait du numéraire, et la croissance des villes consommatrices des produits agricoles n'a cessé de faire affluer vers le plat pays la monnaie qui paie le blé, le vin ou la viande. Mais cette monnaie va surtout au seigneur qui vend ses rentes en blé, ou le produit de ses dîmes en vin. Le paysan voit l'argent, mais il n'a pas vraiment les moyens de s'intégrer dans cette économie-argent. La ville, pense-t-il, les lui offre.

Elle offre même des salaires assez élevés pour provoquer à leur tour la hausse des salaires ruraux. Vers 1300, ces salaires se mettent à croître plus vite que le prix des céréales. La crise de la seigneurie foncière, qui devient perceptible bien avant ce mouvement des salaires, n'en sera qu'aggravée.

Dans ce monde qui s'élargit, où la vie de relations s'intensifie et où les cadres sociaux traditionnels se brisent au gré des destinées individuelles, la famille marque de plus en plus son originalité par l'adoption d'un signe héréditaire, qui resserre le lien dont la mobilité des hommes rend moins sensible les effets dans la vie courante. Plus nettement encore dans le milieu mouvant de la ville que dans la société rurale, le nom de famille apparaît.

Notion confuse, s'il en est, que celle du nom de famille dans la France de Philippe le Bel. Il est des sobriquets dont on a bien de la peine à savoir s'ils sont héréditaires. Lorsqu'elle est certaine, l'hérédité du nom n'est pas toujours consciemment assumée. Quand le citadin qui porte, après son père, le nom d'un village d'origine, où il n'est peut-être jamais allé, s'avise-t-il que ce nom appartient désormais à sa famille, et qu'il le léguera à ses descendants ? Quand l'artisan, charpentier comme l'était son père, sent-il qu'il est Le Charpentier parce que c'était le nom de son père, et non parce que c'est leur métier à tous deux ?

C'est vers ces années 1280-1320 que le Français des villes et des villages adopte systématiquement ce mode d'identification dont les notables usaient déjà depuis près d'un siècle parce que l'horizon de leurs relations sociales et l'ampleur de leurs affaires débordaient le cadre étroit où suffisaient nom de baptême et sobriquet personnel. Née du fief, l'identification de la famille par un nom de lieu s'étend à toutes les couches de la société. Né des besoins du voisinage, le surnom prend son caractère de familiarité. L'évolution devient perceptible dès lors que le fils du bossu demeure Le Tort, lorsque le fils du meunier reste Meunier s'il devient clerc ou sergent, lorsque le natif de Paris reste Damiens ou d'Amiens, Dorliens ou d'Orléans.

Un exemple est significatif. Un veneur — officier domanial — de Philippe III en Vexin s'appelle Jean, sans autre nom. On le désigne comme Jean le veneur, *Johannes venator* dans le latin des textes administratifs. Son fils est toujours veneur du roi, mais on l'appelle Jean Le Veneur, et l'on précise parfois qu'il est veneur : *Johannes Venatoris* (sous-entendu *filius*), *venator noster,* écrit le roi. Le fils de ce veneur, à la génération de Louis X, accède à la noblesse. Il est Jean Le Veneur, chevalier : *Johannes Venatoris, miles.* Rien ne peut être plus explicite que ce jeu latin du nominatif-sujet et du génitif-complément.

La souplesse intellectuelle d'hommes habitués à la diversité linguistique — et certainement au sabir qui mêle les formes de provenance diverse — ne manque pas d'accommoder très vite les noms à la consonance étrange. Guilhem de Nogaret est vite devenu Guillaume à Paris, et les frères Albizzo et Musciatto Guidi sont Biche et Mouche Guy, voire Bichet et Mouchet, pour les Parisiens. Quand on veut faire bien, on dit même « monseigneur Jean Mouchet ». Dans le même temps, les Aragonais, accoutumés à la formule de courtoisie En, qui fait appeler Pierre En Peyre et Sanche En Sancho, comprennent mal le nom d'Enguerran de Marigny et en font En Guerra. Lequel Marigny, d'ailleurs, signe Enjorrant un nom dont la forme latine est *Ingerramnus.*

Les campagnes.

La richesse du pays et son apparence prospérité ne doivent pas masquer une faiblesse, dont la France du XIVe siècle ne cesse de souffrir. Les contemporains de Philippe le Bel vivent la fin d'une époque, le terme d'une évolution. La courbe qui, dans tous les domaines, monte depuis deux ou trois siècles commence de tendre vers l'horizontalité. Après ? Les lendemains ne s'inscrivent pas dans la suite directe du passé.

Les hivers se font plus froids, et les étés plus humides. Trois étés pluvieux, en 1315, 1316 et 1317, sonneront en bien des régions le glas des belles années. Il n'en faut pas plus pour que les derniers défrichements, ceux qui semblaient rendre cultivables les terres les moins favorisées soient pour longtemps compromis. Sur les hautes pentes du Beaujolais, des essarts récents sont rendus à la friche peu avant 1300. L'humidité des années 1315 fait abandonner quelques marais littoraux que l'on venait à peine d'assécher, en Normandie comme en Poitou.

Ces terres pauvres, que l'on n'a labourées qu'après deux siècles de défrichement, et parce qu'il ne restait plus qu'elles à essarter, sont assez souvent d'un rendement très médiocre : force est, dans bien des cas, de les abandonner après les premières récoltes.

La dernière vague de mise en culture a créé, à l'écart des terroirs déjà organisés, de nouveaux habitats familiaux, des exploitations isolées : non de nouveaux terroirs. On ne crée plus de villages, plus de paroisses, plus de villeneuves. Mais les anciens espaces cultivés cessent aussi de s'élargir.

Toujours fragile dès lors que la pression démographique multiplie les bouches à nourrir sans que la ville puisse les recevoir toutes, l'équilibre naturel entre le champ et la forêt semble, en de nombreuses contrées, à la veille de se rompre. On risque de manquer de bûches pour le chauffage, de pieux pour les clôtures, de merrien pour la construction des maisons. Pour ce qui reste des forêts, seigneurs et paysans sont plus âpres qu'auparavant à défendre leurs droits : ce qui est en question, c'est le gibier et le droit de justice pour les uns, la vie quotidienne pour les autres, dont les chèvres ou les porcs n'ont pas d'autre pacage que la forêt voisine.

L'agronomie a fait, dans les trois derniers siècles, des progrès considérables. Mais on est au bout de ce que permettra la technologie née du moulin — pour la forge comme pour la meunerie — et de l'outil ferré. La charrue est au point, mais, hors des grandes plaines céréalières de la France du Nord, bien des régions doivent s'en tenir à l'araire, plus maniable et moins cher, mais qui sillonne le sol sans le retourner et donc sans vraiment le rénover. Au reste, la majorité des paysans n'a, faute d'outils et faute de bêtes à atteler, que la bêche et la houe pour défoncer un champ qu'on ne peut, dans de telles conditions, songer à agrandir. Dans la riche Picardie, un ménage de cultivateurs sur cinq, seulement, a les moyens d'entretenir un attelage. Les quatre autres ont leurs bras.

Sur les bonnes terres, celles que la pratique de la France du Nord soumet à la rotation des cultures sur un cycle de trois ans, on en vient à un troisième labour sur la terre en jachère, à un deuxième labour sur les chaumes d'hiver avant les semailles de mars. La rotation s'améliore, et l'on saute parfois une année de jachère. On connaît même le véritable assolement, qui implique l'aménagement du terroir en « soles » égales, selon une organisation collective contraignante, et notamment un calendrier impératif de façons culturales. C'est dans les années 1300 que cet assolement triennal se généralise sur les terres limoneuses de la plaine de France, de la Beauce, de l'Artois et de la Picardie.

Une agriculture qui s'essouffle, alors que la croissance démographique multiplie les besoins. A quoi servent des bras plus nombreux, si la terre ne peut produire plus, et s'il n'y a plus de terres à conquérir ? Le cycle infernal du manque d'engrais se referme sur le paysan, qui n'a de fumier que s'il a des bêtes, et qui n'a de bêtes que s'il a assez de terres pour en consacrer quelques-unes au fourrage. L'élevage bute sur le besoin de céréales, et la production céréalière bute sur l'insuffisance de l'élevage. Le peu d'engrais qu'on a sert à fumer le jardin, ce jardin qui est l'objet de tous les soins du paysan, à la fois parce que sa famille en vit et parce que l'essentiel du produit en échappe aux redevances proportionnelles, à la dîme, au champart. Plus on produit dans son jardin, mieux on mange. Plus on récolte au champ, plus on doit au seigneur.

Et puis, l'agriculture manque de capitaux. Certes, les bourgeois ont déjà commencé, autour des villes, à acheter des terres, voire des seigneuries entières. Les parvenus de la politique, de la justice, de l'administration financière transforment en terres l'essentiel de leur fortune. Un Nogaret, un Marigny, un Le Convers donnent l'exemple. Mais le prix de ces transferts de propriété va à l'ancien maître du sol, à un seigneur qui mange son capital. Cet argent vient de la ville, et des profits du commerce aussi bien que de ceux du service public. Il vient aussi de la campagne, où l'impôt l'a drainé vers la redistribution qu'en fait le roi. D'où qu'il vienne, cependant, il ne retourne pas à la campagne. L'ancien propriétaire qui vend un fonds n'en profite que rarement pour améliorer les moyens de la mise en valeur de ce qu'il a gardé.

Le paysan, lui, qui supporte la plus grande part des charges d'investissement agricole, n'a pour s'équiper que le produit de ses surplus. Seules, quelques cultures industrielles, quelques vignobles, quelques élevages intensifs attirent le placement d'argent et ouvrent la voie à un capitalisme rural qui se développera surtout au XVe siècle. L'argent des villes finance, par une spéculation raisonnable, l'élevage lainier du Languedoc, les meilleurs vignobles du Bordelais, la culture des plantes tinctoriales comme la guède de Picardie ou le pastel du Languedoc — c'est une seule et même plante — et des plantes textiles comme le lin et le chanvre.

Si l'on y regarde de près, la prospérité des campagnes est donc bien fragile vers 1300. L'outillage n'est pratiquement pas renouvelé, les réserves sont à l'étiage. Une mauvaise récolte, et c'est l'alternative : manger ou semer.

Quelques régions atteignent cependant à des rendements qui laissent normalement une marge commercialisable suffisante. L'Artois, la Picardie, le Valois, la Normandie, la région parisienne sont pays exportateurs de blé, alimentant aussi bien Paris que les villes industrielles de Flandre, voire les ports anglais, de même que la Provence ne cesse guère d'exporter vers la Rivière de Gênes.

Bien que le vignoble soit présent jusqu'au nord des pays de la Loire, de la région parisienne, de la Champagne et des pays de la Moselle, il n'est vraiment qu'une région dont le vin donne alors matière à un commerce au long cours : c'est le Bordelais, dont le vin est exporté jusque vers les ports de la mer du Nord — surtout les ports anglais et l'étape de Bruges — eux-mêmes distributeurs de ce vin « gascon » à travers les Iles britanniques, la Flandre et le Hainaut, la Hanse et la Scandinavie. La fin de la grande Aquitaine des Plantagenêts a d'ailleurs favorisé ce vignoble bordelais, privilégiant Bordeaux, capitale du duché que conserve le roi d'Angleterre, par rapport à La Rochelle, grand port exportateur des vins de l'Aunis jusqu'à la reconquête capétienne. Le record des exportations bordelaises est atteint en 1308-1309, avec un total proche de 850 000 hectolitres.

Partout ailleurs, le commerce du vin n'est qu'un trafic « aval », qui descend la voie d'eau de part et d'autre de laquelle se situent les vignobles, parce qu'elle est indispensable à ce pondéreux que l'on transporte mieux par bateaux qu'en des chariots cahotants où se disjoignent les fûts. Le vin descend la Loire, la Seine, la Moselle, voire la Saône et le Rhône. Mais, sauf celui qui descend la Garonne, le vin ne dépasse pas les villes d'aval.

Il est des régions spécialisées, mais la monoculture est chose inconnue. Certes, on est loin de l'autarcie — toute relative, d'ailleurs — qu'a connue le haut Moyen Age. On cherche à n'acheter sur le marché que le moins possible, mais la polyculture n'est pas orientée vers la survie de la seigneurie isolée. Ce que l'on veut, c'est un meilleur profit, un meilleur usage des divers sols, une plus large répartition des risques. De même que le succès des « mars », c'est-à-dire des céréales que l'on sème au printemps, et en tout premier lieu le succès de l'orge, tient aussi bien aux rendements élevés de ces céréales qu'à l'étalonnement des risques encourus par le fait du gel ou de la pluie, de même s'agit-il de prudence dans la gestion économique lorsqu'un seigneur laïc ou ecclésiastique répartit entre les domaines de sa seigneurie — ou tout simplement entre les terres de son domaine — les diverses productions dont est capable la région.

Si le paysan est un peu moins malheureux qu'en d'autres temps, son maître, lui, ne cesse de regretter le temps passé. Tout le système d'exploitation de la terre mis en place à l'époque carolingienne repose sur la permanence du pouvoir d'achat de la monnaie : la principale redevance, le « cens », est payable en argent, à un taux aussi perpétuel que le cens lui-même. Or le denier n'a cessé de se dévaluer, et le revenu des seigneuries s'est effondré d'autant : lentement d'abord, de plus en plus vite au cours du XIIIe siècle. Le maintien de la valeur des redevances les plus récentes, fixées en part des récoltes — le champart, le terrage — pour les parcelles dernièrement défrichées, ne suffit pas, et de loin, à compenser l'appauvrissement de la seigneurie foncière.

Heureux, alors, celui dont les ancêtres ont gardé en « réserve », c'est-à-dire en exploitation directe, une partie importante du domaine : le profit de la vente des grains, de la coupe du bois, de l'élevage, de la pêche dans les rivières et les étangs, tout cela permet au seigneur de participer aux fruits de l'expansion.

Mais qui dit exploitation directe dit main-d'œuvre. Or les corvées ont depuis longtemps cessé de résoudre le problème. Le corvéable travaille peu et mange beaucoup. Il faut l'aller chercher. Il faut le faire surveiller. Ses obligations sont fixées par la coutume, c'est-à-dire en fonction des besoins de jadis, non de ceux d'aujourd'hui, et il ne faut pas compter sur le corvéable qui doit huit jours de vendange pour effectuer à la place un labour ou une moisson sous prétexte qu'on a arraché la vigne ou qu'elle a gelé. Depuis trois siècles, donc, les rachats se sont multipliés, satisfaisant à la fois seigneurs et corvéables. Ce qu'il en reste sert d'appoint, et le faire-valoir direct repose maintenant, presque partout, sur le recours à la main-d'œuvre salariée : quelques manouvriers sans terre, beaucoup de tenanciers qui arrondissent ainsi leur revenu.

Encore faut-il payer cette main-d'œuvre. Or les salaires continuent de monter, dans un contexte inflationniste qui tient surtout à l'insuffisance des moyens monétaires de paiement. Ils montent plus vite que les prix céréaliers : le développement des secteurs secondaire et tertiaire, dans l'économie des villes, provoque par ricochet une valorisation des capacités de travail que la campagne s'efforce de disputer à la ville. Le pouvoir d'achat du salarié ne cesse de croître. Le maître du sol, lui, a de plus en plus de peine à rémunérer cette main-d'œuvre, sans laquelle il ne peut mettre en valeur la seule partie de son domaine dont la plus-value soit avant tout pour lui.

Alors, on brade la réserve. On la lotit. Ce sont de nouvelles tenures, grâce à quoi il n'y a plus de réserve. Après quoi on peut voir des corvéables normands refuser de racheter leurs corvées et se jouer de leur seigneur en se déclarant prêts à faire leur devoir : comme il n'y a plus de réserve, ils ne risquent rien. Mais ce sont, surtout, de nouveaux types d'exploitation, des baux à temps — donc avec possibilité de révision des loyers — pour de vastes parcelles ou pour la réserve entière. Le fermage à loyer fixe — pour la durée du bail — l'emporte sur les terres riches où le preneur peut investir sur la terre d'autrui avec l'espoir d'une amélioration rapide et d'un profit substantiel ; le métayage est plus accessible dans les contrées moins fertiles, où le preneur s'accommode de partager les fruits, donc les profits de l'expansion, pour peu que le maître du sol participe au financement de la mise en valeur.

Fermage et métayage sont la chance des paysans aisés, capables d'assumer l'exploitation de la réserve seigneuriale en sus de leur tenure ; le fermage global de vastes réserves est aussi la chance des petits capitalistes, à l'échelle du village et parfois de la ville. La ferme domaniale est, à certains niveaux, une spéculation comme une autre.

Ces nouveaux modes d'exploitation mettent à mort la vieille seigneurie, en tant qu'elle était un certain système de relations sociales, et non seulement un complexe de redevances et de devoirs. Pour beaucoup de propriétaires, la seigneurie n'est plus la terre ancestrale, ce n'est plus et ce ne peut plus être l'assise d'un pouvoir politique à petite échelle. Ce n'est même plus le moyen de subsister à l'aise. C'est un bien que l'on achète, que l'on échange, que l'on vend. C'est un placement. On y va parfois. On n'y vit pas.

L'aristocratie militaire — les anciens lignages nobles — est mal armée pour résister. Elle supporte le poids de la guerre. Depuis un siècle, chaque génération a dû payer, physiquement et financièrement, son écot à la Croisade. La longue cotte de mailles, les plaques de l'armure — pour couvrir les articulations — et le grand heaume cylindrique qui enserre toute la tête, tout cela coûte plus que l'ancienne brogne de cuir et l'ancien chapeau de fer cônique. La mystique du chevalier aggrave encore ce qu'il en coûte de l'être. La simple cérémonie de l'adoubement, qui était un constat d'aptitude, est devenue une liturgie de la chevalerie. Bien des fils de chevaliers demeurent écuyers, au temps de Philippe le Bel, pour la seule raison qu'ils ne peuvent payer la fête.

Ces nobles appauvris sont souvent âpres à la dépense. Ce qu'il faut dépenser pour rappeler aux autres ce que l'on est, on ne le dépense pas pour améliorer la gestion du patrimoine. On construit un hôtel à Paris, on néglige une grange qui s'effondre à la campagne. Lésinant sur l'entretien, souvent incapables de réinvestir les profits et de constituer des réserves, les seigneurs de petite fortune sont en proie à l'amertume. De la ruine qu'ils frôlent sans cesse, ils rendent volontiers responsables le roi, ses conseillers, les bourgeois, les vilains.

On vend la terre, mais on en veut à qui l'achète. On se console en lisant ou en se faisant lire les dernières chansons de geste, et leur version en prose que sont les premiers romans de chevalerie. On adhérera sans peine au premier mouvement de mécontents qui se manifestera.

La mauvaise gestion, parfois, s'ajoute aux facteurs extérieurs. Ne voit-on pas des seigneurs ecclésiastiques oublier qu'ils sont seulement détenteurs de leur temporel et multiplier les aliénations, illicites bien entendu ? N'en voit-on pas qui, dans des baux à ferme douteux, favorisent leurs proches et leurs hommes de paille ?

Pendant que l'économie rurale s'essouffle et que le système seigneurial est en crise, la société urbaine connaît, dans ses activités commerciales et industrielles, toute une série de mutations qui vont donner à la carte de l'économie française un visage nouveau.

Le commerce.

Le changement le plus décisif est peut-être celui qui affecte la carte des relations commerciales de l'Occident et la place de la France sur celle-ci. Ce changement s'opère en moins de deux générations. Le XIIIe siècle a vu, grâce à une habile politique des comtes renforcée par la protection royale, l'extraordinaire succès des foires de Champagne. A Lagny dans l'hiver, à Bar-sur-Aube pendant le Carême, à Provins vers l'Ascension, à Troyes pendant la foire « chaude » de la Saint-Jean, à Provins de nouveau pour la foire d'automne, à Troyes, enfin, pour la foire « froide » de novembre à décembre, les marchands de tout l'Occident savent trouver une organisation permanente à travers ce cycle de six foires. Ils trouvent aussi, garantie par le comte, une sécurité pour la loyauté des transactions et pour l'exécution des contrats ainsi qu'une infrastructure matérielle et financière alors unique hors d'Italie.

Aux foires de Champagne, on trouve de tout, on vend de tout : draps de Flandre, blés et vins de France et de Bourgogne, épices et produits tinctoriaux d'Orient, mercerie de Paris, armes d'Allemagne, quincaillerie de Normandie. On y trouve aussi de l'argent, c'est-à-dire du crédit. Là comme ailleurs, la banque naît des pratiques financières du grand commerce international et des affaires à terme. Toscans, Milanais, Placentins, tous les « Lombards » qui traitent là des affaires sont les associés ou les correspondants de toutes les grandes compagnies italiennes pour qui le change, c'est-à-dire le trafic des effets payables à terme sur d'autres places, est organiquement lié au trafic des denrées de prix.

Ces Lombards sont devenus, entre Troyes et Lagny, une puissance dont le roi doit reconnaître l'autonomie. Ils ont leur organisation propre d'arbitrages commerciaux, qui les dispense en bien des cas du recours au « garde des foires » ; ils ont leur courrier propre, qui les relie deux fois par mois à l'Italie et leur permet de savoir, avant les autres marchands, tout ce qui peut influencer la conjoncture commerciale et le cours de l'argent ou des denrées. L'offre et la demande ne sont indifférentes ni à la paix ou à la guerre, ni à la personnalité d'un nouveau pape, ni à l'humeur du Sultan. Le loyer de l'argent, autrement dit le taux du crédit, ne l'est pas à l'introduction sur le marché de nouveaux capitaux ou au besoin de numéraire que suscite une offre impromptue de denrées sur la place d'Alexandrie.

Le roi doit donc, tout en protégeant les intérêts des marchands, ses sujets, composer avec les prétentions de ces Lombards qui font une part de la prospérité des foires. Quitte, d'ailleurs, à en retirer lui-même un profit. Les fortunes marchandes sont les premières que touche l'impôt ou l'emprunt, plus ou moins forcé. Biche et Mouche, à qui le roi fait une situation des plus avantageuses, sont les premiers prêteurs du Trésor royal. Et c'est contre le paiement d'un droit d'un denier, une obole et une pite par livre de valeur — soit 7 pour 1000 — sur toutes leurs transactions que les Lombards obtiennent le maintien de leurs privilèges aux foires de Champagne, Nîmes, Pézenas et Montagnac.

Intermédiaires, Biche et Mouche gardent pour eux un denier sur vingt et un du produit de cette taxe : cette part est estimée en 1310, alors qu'on liquide leur succession, valoir quelque six cents livres tournois de rente. Ceci signifie qu'en temps de monnaie forte et alors que le déclin des foires de Champagne devient patent, le chiffre d'affaires global des Lombards aux foires du royaume — hors Paris, hors les ports et notamment hors Montpellier — avoisine les deux millions de livres tournois.

La fortune des foires de Champagne — et du grand mouvement d'hommes et de marchandises qu'elles déterminent à longueur d'année — tient à très peu de chose : à des routes, dont aucune ne passe nécessairement par là pour relier l'Italie à la Flandre, autrement dit l'Orient à la mer du Nord, mais dont certaines, qui s'ouvrent alors, suffisent, par la commodité qu'elles offrent, à dissuader le marchand de passer par Troyes ou par Lagny.

En premier lieu, c'est la géographie du trafic alpin qu'a bouleversé, dès le milieu du XIIIe siècle, l'ouverture des trois cols des Alpes centrales à la circulation régulière : le Saint-Gothard, le Simplon et le Brenner. Coup sévère porté au trafic des cols occidentaux, le Cenis et le Grand-Saint-Bernard, mais aussi coup sévère porté à la place de la France dans les relations entre la Méditerranée et le Nord. Les conséquences commencent à se faire sentir au temps de Philippe le Bel.

L'ouverture à la navigation commerciale régulière de la voie maritime qui, par Gibraltar, unit Gênes à Bruges et Londres ne fera que renforcer les effets du détournement du trafic terrestre. Le gouvernail d'étambot est maintenant d'usage courant, et il permet de naviguer plus sûrement. La boussole se répand, dans les années 1280. La première caraque génoise atteint Bruges en 1277, une autre est à Londres en 1278. Vingt ans plus tard, ce genre de liaison maritime est devenu normal. Il sera régulier vers 1320. Qu'aura-t-on à faire, alors, de passer à travers la France ?

Le transport par grandes quantités qu'autorise la voie maritime, donc le transport à moindres frais, hors d'atteinte des innombrables péages de la route terrestre, c'est encore un coup porté au rôle traditionnel de la France, naguère plaque tournante du commerce international. Le phénomène commence de devenir sensible à la fin du règne.

Les marchands espagnols et portugais ne s'y trompent pas, qui renoncent habilement à concurrencer en Champagne ou à Paris les Italiens : ils préfèrent s'assurer d'une position clé sur l'estuaire de la Seine, au point normal de déchargement des navires de haute mer qui ne peuvent, sans allègement et perte de temps, remonter le cours du fleuve jusqu'à Rouen. Dès 1310, Philippe le Bel accorde des privilèges qui sont une reconnaissance officielle :

> Voulant faire une grâce spéciale à nos chers marchands du port de Portugal (*Porto*) et de Lisbonne et des lieux voisins, nous leur concédons par les présentes de jouir des franchises suivantes, tant qu'ils demeureront dans notre ville de Harfleur avec leurs marchandises pour y exercer le commerce, de même que des franchises dont ils avaient déjà coutume de jouir :
>
> Ils seront libres et quittes de toutes coutumes et amendes appartenant au prévôt de la ville [...]
>
> Le bailli du dit lieu leur procurera des maisons en ville, pour eux et leurs marchandises, à un prix convenable selon l'estimation de bonnes gens [...]
>
> Ils pourront établir, révoquer et présenter au prévôt de la ville des courtiers dans le fait de leur marchandise, chaque fois que ce sera utile, à condition qu'aucun de ces courtiers ne soit tavernier, hôtelier ou marchand [...]
>
> Le pavé de la ville, les quais et les issues seront mis en

tel état que les marchands puissent, sans payer aucun droit, charger et décharger aisément leur argent et leurs marchandises, jour et nuit.

Ce n'est pas encore la route de Gibraltar, mais c'est déjà l'entrée du monde atlantique dans la vie économique du royaume de France. Les voies commerciales de l'intérieur deviennent donc, avant tout, des voies d'approvisionnement. La Seine navigable — on y fait alors de gros travaux — jusqu'à Troyes et, par l'Yonne, jusqu'à Auxerre, la Loire jusqu'à Orléans, le Rhône et la Saône jusqu'à Chalon, la Garonne et le Lot jusqu'à Agen, un réseau de routes qui commence de privilégier Paris et de ressembler à la toile d'araignée que figea plus tard le chemin de fer, un cabotage organisé tout au long des routes de Languedoc, de Bretagne et de Normandie, tout cela sert à nourrir les villes, à assurer la complémentarité de régions agricoles différemment touchées par la sécheresse ou par le froid, à approvisionner les artisanats locaux en laine, en cuir, en fer, en bois, à acheminer les denrées légères périssables dont la valeur se moque des coûts du fret.

Il est un autre phénomène à noter sur la carte de l'économie française : c'est le poids nouveau de Paris. L'ancienne capitale, que symbolisaient hors les murs le donjon du Louvre et la nécropole de Saint-Denis, est devenue une capitale d'où la France se gouverne vraiment et s'administre quotidiennement. La croissance du peuplement parisien n'est pas tout. Encore faut-il noter que la concentration y est plus forte qu'ailleurs de ces gens du roi à qui vont, pour une part, en tant que rémunération, le produit du domaine royal et celui de l'impôt. Plus qu'ailleurs, l'opulence est un placement, la fortune un signe de pouvoir. Le crédit politique se mesure aux dimensions de l'hôtel et à son emplacement, à la robe fourrée et à la table garnie.

Les capitaux qui affluent vers la capitale parce qu'elle est la capitale font de Paris une place financière. Celle-ci crée à son tour ses propres courants financiers. Tout ce que l'Italie comptait de compagnies commerciales et bancaires vers 1250 avait en Champagne succursales ou correspondants. En 1300, ils sont à Paris, où la plus grosse fortune est celle du banquier placentin Aguinolfo degli Arcelli, de qui les Parisiens ont fait Gandoufle d'Arcelles. Pourquoi seraient-ils restés à Lagny ou à Provins, à une heure de cheval de Paris, c'est-à-dire à la fois tout près sur la carte d'Europe et inutilement loin dans la vie quotidienne ? C'est dans la capitale que sont et la décision politique qui affecte le marché, et les capitaux qui le constituent. Les foires de Champagne vont mourir à Paris, autant qu'à Gibraltar.

Mais elles meurent aussi parce que leur objet disparaît. Avant tout, elles étaient le marché où le grand commerce italien s'approvisionnait en draps flamands. Le reste se greffait là-dessus. Or, dès la fin du XIIIe siècle, les villes italiennes, et particulièrement Florence et Milan, se mettent à produire des draps dont la qualité ne le laisse en rien aux meilleures productions d'Ypres ou de Gand. L'Italie n'a plus besoin du marché au drap de Champagne, elle a besoin de la laine anglaise, qu'on n'a jamais trouvée en Champagne.

Les foires de Champagne demeurent toutefois, pour quelques décennies, le lieu commode de règlements financiers. Le chiffre d'affaires de cette place financière, qui survit à la place commerciale, est encore considérable à la veille de la guerre. En 1296, la foire chaude de Troyes rapporte au fisc 1 375 livres, alors qu'en 1275 elle en rapportait 1 300 : compte tenu de la dégradation monétaire, la diminution du volume financier n'est que de 20 pour 100, ce qui signifie un regain de l'activité bancaire puisque l'activité commerciale n'a cessé de diminuer. Dix ans plus tard, ce volume financier aura diminué de moitié. Après 1320, il sera quasi nul.

Ne croyons pas que la foire soit pour autant condamnée comme forme de la vie économique. Le cycle de rencontres portées au calendrier annuel demeure attrayant pour le marchand qui y voit le moyen d'une information plus diverse sur les produits, les modes et les cours. Il y trouve aussi un espacement régulier des termes de paiements des effets commerciaux et bancaires. Les grandes foires régionales subsistent, qui continuent d'attirer les marchands des pays voisins. A Montagnac et à Pézenas en particulier, les foires languedociennes sont florissantes. La foire du Lendit, dans la plaine de Saint-Denis, est la foire aux draps et aux merceries qui satisfait les besoins locaux de la région parisienne : fabricants, grossistes et détaillants s'y retrouvent une fois par an, plus commodément qu'au gré de leurs déplacements à Paris, qui ne sont pas aisément coordonnés. En Normandie, où les foires sont déjà nombreuses,

Enguerran de Marigny tente même d'en créer une nouvelle au cœur de son domaine, à Ecouis, pour les draps importés de Flandre.

LES MÉTIERS.

Pendant que change le visage de la France marchande, l'industrie des grandes villes drapantes est encore à son apogée. C'est la laine anglaise, la meilleure, qui alimente les métiers de ces villes de Flandre, d'Artois, de Brabant et de Normandie, ainsi que ceux de Paris. La laine de Languedoc et celle de Provence approvisionnent, pour leur part, des tissages dont l'importance est surtout régionale. Un chiffre dira ce qu'est, dans l'Occident industriel, la laine anglaise : les ports insulaires n'exportent pas moins de trente à quarante mille sacs de laine, dans les années 1290 : cela fait, en poids, quelque sept à dix millions de livres.

Les draps de Gand, de Bruges, d'Ypres, de Douai, de Saint-Omer, d'Arras ou de Rouen se vendent sur tous les marchés d'Europe occidentale. C'est dire quelle répercussion peut avoir, sur l'activité industrielle des principautés du nord du royaume, une rupture des relations avec l'Angleterre. La rupture, c'est l'asphyxie. Edouard Ier le sait bien, qui, pour faire basculer la Flandre dans son camp, interdit les exportations de laine de 1295 à 1297. La guerre, c'est, pour les villes drapantes, la ruine. On comprend alors les remous qui entourent la trêve de 1314 : Ypres, qui a exporté en 1313 92 500 pièces, soit plus de deux millions de mètres de tissus de laine, expose ses produits à la foire d'Ecouis quinze jours après la conclusion de la trêve de Marquette.

L'industrie subit d'autres coups, encore imperceptibles mais autrement graves, car ils tiennent à la structure du système de production, non à un simple épisode de la conjoncture politique. La clientèle se lasse d'une qualité toujours égale, mais qui se paie dans la monotonie des tissages et des teintures. Le goût du public commence de se porter vers des produits peut-être moins beaux, mais plus variés ; vers des étoffes plus légères, aussi, qui favorisent l'évolution du vêtement vers des coupes plus ajustées. Mais la rigidité des réglementations corporatives, qui ne tolère nulle fantaisie de la part des fabricants, laisse à de nouveaux venus ce marché qui s'éloigne des types traditionnels.

C'est le tisserand des campagnes — en Flandre comme en Normandie ou en Languedoc — qui profite de l'occasion pour damer le pion aux maîtres tisserands des grandes villes. L'artisan fuit les contraintes, et le marchand qui finance la production — faisant l'avance de la laine, achetant d'avance le drap — n'est pas le dernier à favoriser une expansion de l'industrie rurale qui ruine lentement des métiers urbains où lui, le marchand, n'avait guère place.

Dans ce monde rural que ne régit encore aucune réglementation stricte des cadres de production, l'esprit d'entreprise est plus libre, et l'on profite sans honte des progrès techniques que la routine réglementaire exclut des fabrications de l'artisanat organisé. Ainsi en est-il du rouet, que les métiers jurés des grands centres de l'industrie traditionnelle continuent de réprouver parce qu'il procure un fil plus gros et non exempt de nœuds, mais que les financiers imposent dès cette fin du XIIIe siècle à des ateliers ruraux où l'on y regarde de moins près mais où l'on est sensible à un abaissement des prix de revient.

Cependant que s'annonce la crise de l'industrie traditionnelle des grandes villes, on voit de brillantes reconversions : c'est le cas d'Arras, où la tapisserie de haute lisse, le tapis « délié », apparaît vers 1310 et prend très vite le relais du drap tissé.

Hors de la draperie de laine, il n'est pas alors, en France, de véritable industrie. Encore ne peut-on parler d'industrialisation que pour ces villes de la France du Nord qui vivent du drap et ne font que du drap, débitrices pour tout le reste d'approvisionnement extérieurs et de routes incertaines. Il est des artisanats lourds, avec une structure pré-capitaliste, comme l'extraction minière — mines de fer de Normandie, mines de plomb argentifère du Lyonnais — ou la construction navale des ports. Aucun de ceux-ci n'atteint au degré d'organisation financière, technique et commerciale qui caractérise la draperie d'Ypres ou celle d'Arras.

La masse de la production non agricole, c'est un artisanat fait de maîtres — à la fois patrons et chefs d'atelier — et de compagnons salariés que flanquent, en nombre limité par le malthusianisme corporatif, des apprentis promis à la maîtrise s'ils ont les moyens d'en assumer les frais, au salariat s'ils ne le peuvent.

Une spécialisation qui ira croissant — et ne tardera pas à devenir contraignante — a déjà fait éclater en une poussière de métiers les quelques corps fondamentaux nés avec le développement des villes aux Xe et XIe siècles. Il y avait cent trente métiers à Paris sous saint Louis, il y en a trois cents sous Philippe le Bel, en 1292. On compte treize métiers pour la seule draperie de laine : ainsi corsetée, cette activité touche à sa fin.

Dans le même temps, la présence de la Cour et le développement de l'administration font se multiplier les métiers, grands et petits, qui supportent les nouvelles formes, aristocratiques aussi bien que bourgeoises, de l'opulence. Ce sont les merciers et les fourreurs, les orfèvres et les brodeurs, les graveurs de sceaux et les armuriers. A de moindres degrés, toutes les grandes villes qui remplissent une fonction de chef-lieu voient croître de telles activités. De même la vie universitaire commence-t-elle de porter ses fruits économiques : libraires, copistes, relieurs s'empressent au service des maîtres et des étudiants, comme à celui des officiers du roi et des avocats.

Forts de leur concentration, comme le sont les tisserands de Bruges, ou dispersés en des métiers sans autre relation que celle du voisinage, ces artisans sont déjà, dans les années 1280, une force sociale avec laquelle on doit compter sur l'échiquier politique. Philippe le Bel l'éprouve, dès son avènement, et pas seulement en Flandre. En 1285, c'est à Arras que Jean Cabos mène à l'assaut des maisons riches une foule qu'avait rassemblée la procession de Pentecôte. En 1292, une insurrection secoue violemment la ville de Rouen, déjà ébranlée par une émeute en 1281 : le château est assiégé par la foule, la maison du receveur royal est mise à sac. Phénomènes politiques pour une part, les événements de Bruges, de Gand ou de Douai s'inscrivent surtout dans la droite lignée des mouvements sociaux qui ont déjà perturbé le règne de saint Louis et celui de Philippe III, et qui bouleversent aussi bien les villes italiennes que les petites cités non industrielles du Languedoc royal.

Tensions sociales.

Il faut bien voir qu'il y a, au sein de cette société artisanale, un fossé qui sépare deux catégories de maîtres, aussi nettement qu'un autre sépare les maîtres des compagnons voués au compagnonnage perpétuel. Il y a des maîtres qui sont, au vrai, des salariés. Propriétaires de leur outillage, mais non de leur matériau et encore moins de leur production, ils sont rémunérés aux pièces. Ce sont les maîtres tisserands ou foulons, les maîtres maçons ou charpentiers. Et puis, il y a des maîtres qui, à la fois travailleurs manuels et boutiquiers, peuvent investir et vendre. Même une certaine spéculation ne leur est pas interdite : ils stockent des matières premières, ils escomptent telle ou telle demande sur le marché. On les trouve dans les métiers de transformation, ceux de la confection en particulier. Ce sont les couturiers et les brodeurs, les couteliers et les huchiers, les potiers d'étain et les cordonniers.

Les premiers ne sont attachés qu'à la ville et au métier. Les autres sont également attachés à leur étal. Leur horizon politique s'en différencie.

Ces mouvements, que l'on sent gronder de toute part, ne prennent souvent au grand jour une teinte politique que par la volonté inconsciente des chroniqueurs qui analysent mal et par celle des gouvernants qui simplifient. Partout, les chroniqueurs ont vu des « partis ». La réalité est plus complexe ; plus profonde, aussi. Ceux qui s'accrochent au roi ne voient souvent leurs adversaires s'accrocher au comte, à l'évêque ou au pape que par la nécessité, pour tout groupe humain, d'entrer pour survivre dans un système de protection et de fidélité. Vice-versa, bien des fidélités au roi ne sont que la réplique à des adhésions aux autres forces politiques qui s'exercent dans le royaume.

Des clivages sociaux, des oppositions d'intérêts économiques, se traduisent ainsi, dans une mentalité très pénétrée des principes de la société féodale, en termes de clientèle, donc en termes politiques.

La première des tensions que l'on décèle dans cette France de Philippe le Bel, naît des rivalités et des luttes pour la mainmise sur les affaires de la ville : autrement dit, pour la gestion des intérêts collectifs. On se querelle pour choisir le mode de répartition des charges fiscales, les riches préférant évidemment l'impôt à tant par tête, les pauvres l'impôt proportionnel aux fortunes. On multiplie les prétextes à dégrèvement fiscal pour ceux qui dirigent et qui dominent : il n'est guère de fonction municipale qui ne soit assortie d'exemptions. On dispute de l'endettement de la ville, car la bourgeoisie d'affaires, qui achète immédiatement des titres de la dette municipale, est prompte à faire décider l'emprunt que remboursera finalement un impôt. On critique la gestion des finances communes, que le patriciat des villes, grandes et petites, a tendance à considérer comme affaire familiale et à gérer dans le secret.

Au cœur de tous ces conflits, que les arbitrages du roi, des princes ou de leurs officiers apaisent le plus souvent pour un temps, il y a la composition du « corps de ville », échevinage du Nord ou consulat du Midi, que ce même patriciat occupe en se passant les fonctions de père à fils et de cousin à cousin. Le menu peuple des métiers veut savoir ce qu'est la politique de sa ville, quelle est la situation financière, pour quoi et pour qui il paie.

Systématiques, déjà, au temps de saint Louis, la mise en tutelle des municipalités et le contrôle de la gestion financière des oligarchies urbaines sont l'une des tâches principales de tout officier royal, de tout enquêteur-réformateur. Œuvre souvent discrète, et menée au jour le jour, parfois spectaculaire et accomplie en force en profitant des circonstances : ainsi lorsqu'en 1311 Enguerran de Marigny met à profit la situation difficile des Flamands pour intervenir à Douai sous prétexte d'y défendre les partisans du roi, et réforme de fond en comble le système municipal, à l'avantage du roi plus que du menu peuple.

La domination économique du patriciat marchand est une autre cause de tensions. Les problèmes, cette fois, sont individuels, mais la répétition en fait le ressort de bien des mouvements insurrectionnels. Le capitalisme naissant porte ses fruits au profit de ceux qui investissent dans la production le bénéfice de leurs opérations commerciales. Certains arrivent déjà à réaliser de véritables intégrations. Connaissant l'état des marchés et l'évolution des goûts, ces hommes d'affaires aux larges horizons sont, mieux que le petit maître de métier qui garde le nez sur son ouvrage, capables de distinguer les produits et les qualités qui seront demandés. Ayant un capital et sachant jouer du crédit, ils peuvent acheter à la fois les matières premières

— la draperie exige de la laine, mais aussi du mordant, généralement de l'alun, et des colorants plus ou moins onéreux, comme le pastel, le safran, la cochenille, la pourpre, etc. — et en demeurer propriétaires, en immobilisant ainsi leur capital, pendant les longs mois nécessaires à la fabrication. Ils peuvent rémunérer le travail aux différentes étapes de l'ouvrage, soit en payant un salaire, soit en achetant d'avance la production.

Mais, parce qu'ils encadrent le marché du travail, ces grands marchands forts de leurs capitaux y dictent leurs conditions. Ils jouent du chantage au chômage, ils brident la hausse des salaires : dans les grandes places industrielles, ceux-ci ne sont pas ce qu'ils sont dans les villes plus ouvertes à la concurrence de l'embauche. Ils paient en nature, et surestiment à l'envi ce qu'ils offrent en paiement. Ils offrent un crédit qui finit par créer un véritable asservissement des travailleurs au patron, non parce qu'il est le patron, mais parce qu'il est le créancier. Ils sont prêts à user de la violence, s'il le faut, et à faire eux-mêmes justice, mais leur puissance et leurs relations suffisent en revanche à écarter des victimes toute idée de plainte ou de procès.

On connaît, presque par hasard, les plaintes qui s'élèvent à la mort d'un riche drapier de Douai, Jean Boinebroke, ou celles que suscite à Arras le comportement de Mathieu Lanstier. Leur âpreté au gain n'a d'égale que la connivence de tout un milieu qui ferme les yeux et fait souvent de même.

Dépassons l'épisode. Ce qui s'aggrave, à la ville et à la campagne, c'est la distance entre le riche et le pauvre. Le prix de l'outillage, c'est-à-dire le prix des meilleurs rendements et celui de la conquête des terres encore disponibles, ne laisse les profits de l'expansion, et notamment ceux de la hausse des prix céréaliers, qu'aux paysans les plus aisés, à ceux qui ont été le plus tôt les plus habiles, à ceux qui ont eu de la chance. Au sein de la communauté villageoise, on voit se dessiner l'irrémédiable clivage entre ceux qui empruntent en constituant des rentes sur le peu de bien qu'ils ont, et ceux qui prêtent en achetant ces rentes. Tôt ou tard, l'hypothèque conduit à la vente : il y suffit d'une mauvaise récolte, qui rend impossible le paiement de la rente.

Plus que la vieille différence entre le libre et le non-libre, le serf, différence qui n'est vraiment sensible qu'à l'échelle du royaume, car les conditions juridiques tendent à s'uniformiser à l'échelle de la région, c'est la différence entre riches et pauvres qui se marque à l'échelle du village. Disparu, ou presque, de l'Ouest et du centre du Bassin parisien, le servage régresse ailleurs, sauf dans l'Est — Champagne, Bourgogne, Nivernais — où il tend à contaminer l'essentiel de la population. Serfs ou non, les paysans n'échappent pas à la seigneurie, mais le temps des exigences arbitraires est, en fait sinon en droit, tout à fait révolu. Seulement, dans un village proche de Paris, à Garges, un paysan possède douze hectares quand les trois quarts de ses voisins n'en ont qu'un, cependant qu'à Longueil, dans le pays de Caux, on voit plusieurs « vavasseurs » disposer d'un revenu vingt fois supérieur à la moyenne des villageois. Fermages et métayages, on l'a vu, favorisent les mieux pourvus et font d'eux des coqs de village que les autres jalousent et craignent.

A la ville, le fossé est plus profond encore. Boinebroke peut, à Douai, loger tout son personnel et se faire payer de force des loyers disproportionnés avec le revenu des compagnons. Les praticiens ont des immeubles de rapport, des rentes, des bijoux. Leur vaisselle est d'argent, leur robe fourrée de vair.

Dès 1294, Philippe le Bel en vient à limiter le droit au luxe de ses sujets, des nobles et des prélats comme des bourgeois. Il ne s'agit pas là, comme en d'autres cas au cours des années suivantes, de drainer vers les ateliers monétaires le métal soustrait à l'orfèvrerie. Il s'agit bien de morale publique. L'enrichissement semble bouleverser ces apparences par quoi s'exprime un ordre social voulu par Dieu.

> Nulle bourgeoise n'aura de char.
>
> Nul bourgeois ni nulle bourgeoise ne portera de vair, de gris, d'hermine. Ils se délivreront de ce qu'ils ont d'ici à un an de Pâques prochaines. Ils ne porteront ni ne pourront porter d'or, de pierres précieuses, de couronnes d'or ou d'argent.
>
> Nul clerc, s'il n'est prélat ou établi en personnage ou en dignité, ne pourra porter vair, ni gris et hermine, fors en son chaperon seulement.
>
> Les ducs, comtes et barons de six mille livres de terre et de plus pourront faire quatre robes par an et non plus, et les femmes autant.
>
> Nul chevalier ne donnera à nul de ses compagnons que deux robes par an.

> Tous prélats auront seulement deux paires de robes par an.
>
> Tous chevaliers n'auront que deux paires de robes seulement, par don, par achat ou d'autre manière.
>
> Chevalier qui aura trois mille livres de terre ou plus, ou les bannerets, pourra avoir trois paires de robes par an, et non plus, et sera l'une de ces trois robes pour l'été...
>
> Nul bourgeois, nulle bourgeoise, nul écuyer, nul clerc s'il n'est en prélation ou en personnage ou en plus grand état, n'aura de torches de cire.
>
> Nul ne donnera au grand manger que deux mets et un potage au lard, sans fraude. Et au petit manger un mets et un entremets. Et s'il y a jeûne, il pourra donner deux potages aux harengs et deux mets, ou trois mets.
>
> Et ne mettra en une écuelle qu'une manière de chair, ou une manière de poisson, et ne fera fraude. Et sera comptée toute grosse chair pour mets. Et n'entendons pas que fromage soit mets, s'il n'est en pâte ou cuit en eau.

Autant de tensions, autant de risques d'émeutes, au hasard d'un incident, après une vexation plus forte qu'à l'ordinaire ou une exaction moins tolérable. Car les déshérités n'ont aucun droit à faire valoir leurs plaintes, autrement que par des procès qu'ils n'ont les moyens ni de faire ni de gagner. Les enquêteurs-réformateurs sont envoyés pour amender l'administration, non les comportements privés. Le droit privé, c'est l'affaire de la coutume, et la coutume ne protège que celui qui peut plaider. Quant à la justice d'appel, elle offre la garantie du roi à ceux qui savent jouer de la procédure, non à ceux qui ignorent ce qu'est un appel.

S'associer pour oser se défendre contre plus puissant que soi est un délit. Ce que les Flamands appellent « takehan », ce que les légistes appellent « alliance », la morale politique le réprouve comme un moyen de mettre en cause l'ordre établi, que les gens établis confondent volontiers avec l'intérêt général :

> Il y a alliance contre le commun profit, écrit Beaumanoir, quand toutes espèces de personnes promettent ou assurent ou conviennent qu'ils ne travailleront plus à si bas prix que devant, mais augmentent leur salaire de leur

propre autorité, s'accordent pour ne pas travailler à moins et décident entre eux peines et menaces contre les compagnons qui ne tiendront pas leur alliance.

Si on souffrait cela, ce serait contre l'intérêt général, et jamais il ne serait fait de bons ouvrages, car ceux de chaque métier s'efforceraient de prendre salaires plus grands que de raison, et l'intérêt commun ne peut souffrir que les ouvrages ne soient faits.

La vague de révoltes qui déferle sur l'Europe occidentale dans la seconde moitié du XIIIe siècle laisse des souvenirs amers de part et d'autre. Le menu peuple d'Arras, de Rouen ou de Cahors n'a rien gagné au pillage des hôtels marchands ou au massacre de quelques échevins. La ville de Rouen y a perdu quelques privilèges qui l'aidaient à supporter, sur la basse Seine, la concurrence de la navigation parisienne. Dorénavant, et pour longtemps, les métiers jouent, contre la domination des grands marchands, la carte du roi.

La seule région vraiment industrialisée, la Flandre, est également la seule où les mouvements prennent, à partir de 1286, un caractère révolutionnaire. En s'attaquant à la puissance économique du patriciat, et en s'organisant durablement pour cela, les métiers de Bruges, de Gand ou d'Ypres mènent un combat politique. Mais, parce qu'en Flandre le comte a pris l'indépendance relative que lui confère sa situation, très particulière, de prince territorial qui n'est qu'à moitié du royaume et qui est d'Empire pour l'autre moitié de son comté, les fronts sont ici renversés. Le roi y soutient le parti des riches marchands, et le comte fait ce que fait le roi dans le domaine royal : il s'appuie sur le menu peuple.

Cela ne va pas sans une certaine solidarité qui prend des couleurs nationales : c'est celle qui, en 1301, unit les tisserands contre les milieux d'affaires qui tiennent un parti qui n'est pas, selon ces tisserands, celui de la Flandre.

Ce qui ruine, en revanche, toute tentative de réorganisation sérieuse des structures économiques, c'est l'absence de toute solidarité durable de niveau social. La rivalité des métiers s'oppose ici à tout ce qui pourrait ressembler à un esprit de classe. Ni les apprentis ni les compagnons n'ont renoncé à devenir maîtres. Chaque groupe professionnel se bat pour ce qu'il appelle ses franchises et qui sont ses monopoles. De même que les clercs ou les régents de l'Université, les gens de métier disent « libertés » et pensent « privilèges ».

Le Languedoc.

Autre point de sensibilité, dans la France politique des années 1300, le Languedoc — partie centrale des régions de langue d'oc — où l'on oublie mal la quasi-indépendance de la principauté toulousaine, écrasée par l'affaire albigeoise, et où l'on garde l'empreinte des particularismes religieux auxquels appartenait en son temps le catharisme. On comprendrait mal une affaire comme celle de l'évêque de Pamiers, Bernard Saisset, offrant au comte de Foix une illusoire royauté languedocienne, si l'on ignorait que, pour beaucoup, Toulouse était capitale visigothique avant que Paris fût capitale franque, l'ancienne dynastie de Saint-Gilles — comtes de Toulouse pendant quatre siècles — valait bien les Capétiens, les maîtres en droit ou en médecine de Toulouse ou de Montpellier l'emportaient sur ceux de Paris ou d'Orléans, le droit écrit ressemblait un peu plus à un droit que la coutume orale, les troubadours de langue d'oc avaient plus de génie que les poètes de langue d'oil.

N'acceptons pas n'importe quelle image. Le Languedoc n'est qu'une partie des pays où se parle la langue d'oc, que l'on parle et que l'on chante aussi en Provence et en Gascogne, en Limousin et en Rouergue, en Périgord et en Quercy. Et n'exagérons ni la soumission du Languedoc à la France du Nord, ni sa ruine économique, ni son écrasement fiscal. Les souffrances endurées sous Simon de Montfort ne sont pas oubliées, mais le pays a surmonté sa défaite. Les Languedociens parlent haut dans le Conseil du roi, ils siègent au Parlement, et l'on ne voit guère d'hommes du Nord parmi les sénéchaux qui administrent la France du Midi.

Quant à la civilisation originale de ces pays qu'ont écrasé au début du siècle les croisés de Simon de Montfort et ceux de Louis VIII, elle brûle encore de tous ses feux. Certes, le souffle poétique manque un peu aux derniers troubadours, mais le règne de Philippe le Bel voit s'élever, en plein cœur du pays qui fut cathare, ces chefs-d'œuvre que sont Sainte-Cécile d'Albi et Saint-Nazaire de Carcassonne. Ni l'un ni l'autre ne reflète un génie brisé.

Seulement, pour le commun peuple, tout est désormais — et tout se décide désormais — à Paris. Autrefois, tout était — et tout se décidait — à Toulouse, à Narbonne, à Béziers, à Foix.

Rien de plus faux, d'ailleurs, que cette idée. Les pouvoirs dont disposent les enquêteurs qu'envoie Philippe le Bel sont extraordinairement larges. Nul ne juge les causes du Languedoc selon la coutume de Paris. L'injustice de certaines répartitions fiscales est le fait des bourgeois aisés de Montauban, ou de ceux d'Albi. Mais enfin, l'idée fait son chemin, et elle fait du mal.

Une dernière tension, enfin, que ne cache même pas l'unité catholique de l'Eglise de France, cette unité que, déjà, le pape et le roi tentent d'accaparer et aboutissent à se partager quelque peu : cette tension n'est autre que le fruit de la concurrence multiséculaire des ordres pour cette inépuisable clientèle que crée la pitié des fidèles. Jadis, c'étaient les cisterciens, qui occupaient les positions tenues par l'ordre de saint Benoît et par Cluny. Naguère, on voyait les ordres anciens faire, avec les séculiers du clergé paroissial et les chapitres cathédraux, un front commun contre ces nouveaux venus, ces « mendiants » qui drainaient les aumônes, enseignaient les doctrines les plus audacieuses sans convoiter cures et prébendes, allaient de ville en ville dans un mépris affiché des liens territoriaux sur lesquels se fondait tout le droit ecclésiastique.

Maintenant, c'est entre les deux principaux ordres mendiants que le torchon brûle. Par l'adhésion des fidèles, cette rivalité des franciscains et des dominicains devient un clivage douloureux de la société urbaine, et tout particulièrement de la société politique. Par les aumônes que l'on fait, par la chapelle que l'on prépare pour ses fins dernières, par le testament que l'on rédige, par le confesseur que l'on choisit, on est pour les dominicains ou pour les franciscains : il est difficile de demeurer neutre, même si l'on n'oublie pas de demeurer bon paroissien de son curé.

L'affaire languedocienne, qui paraît à l'observateur pressé n'être qu'une réaction contre les séquelles de la croisade albigeoise et un effet, démesurément grossi, de l'agitation d'un homme, le franciscain Bernard Délicieux, est en profondeur une opposition fondamentale de la clientèle des franciscains contre l'emprise sociale et politique des dominicains. C'est aussi une opposition entre deux visions ecclésiales, l'une — avec les dominicains — plus sensible à l'autorité pontificale, à la primauté de l'Inquisition sur le magistère local, aux vertus du Verbe, alors que l'autre — avec les franciscains — se montre plus critique envers le caractère temporel, sans cesse renforcé, de la papauté, et sans doute plus indulgente à des doctrines qui se situent aux confins de l'évangélisme chrétien et du manichéisme cathare.

Par ses compromissions — nécessaires quant à l'efficacité — avec l'autorité séculière, l'Inquisition dominicaine a partie liée avec les agents du roi, avec les forces centralisatrices, avec une royauté qui prend à certains jours le visage du fisc. Par leur refus du monde, les fils de saint François apparaissent comme les consolateurs de l'opprimé. Mais les mécontents de tout poil n'attendent pas seulement la consolation éternelle. Ils voient volontiers dans les frères mineurs le moyen d'une revanche immédiate.

La vie de l'esprit.

L'essoufflement de l'inspiration littéraire ou artistique n'est pas moins sensible que celui des dynamismes économiques. Sauf en matière politique, le temps de Philippe le Bel vit pour l'essentiel sur son passé. La seule pensée vraiment neuve est celle de Gilles de Rome, de Jean de Paris, de Guillaume de Nogaret, qui refondent les bases de la société politique et en rééquilibrent les forces.

Avec les dix-huit mille vers du second *Roman de la Rose,* Jean de Meung a, vers 1280, mis un terme à un temps qui fut aussi celui de Chartres, de la Sainte-Chapelle et de Bourges. C'était également, dominé par Thomas d'Aquin, le temps de l'aristotélisme universitaire, c'est-à-dire du grand renouvellement de la pensée médiévale par l'entrée du raisonnement logique dans le domaine de la foi. Les contemporains de Philippe le Bel lisent et recopient le *Roman de la Rose,* comme ils achèvent et décorent les grandes œuvres du gothique classique. Les chansons de geste ont encore leur public dans les châteaux, comme les *Miracles de Notre-Dame* ou le *Jeu d'Adam* ont le leur sur les parvis des villes, et les fabliaux le leur parmi les bourgeois heureux d'avoir des rustres à mépriser et des curés à voir dupés.

La culture de l'homme de 1300 est faite de ce qui survit des deux siècles passés, ou de ce qu'on en fait : on ne lit plus la *Chanson de Roland,* mais Girart d'Amiens écrit son *Charlemagne* et l'anonyme *Girart de Roussillon* vient s'insérer dans l'ancienne geste de *Doon de Mayence.* Des clercs faméliques mettent en prose, pendant ce temps, les plus célèbres des vieilles épopées dont on commence à mal comprendre la langue. Les procédés sont connus, et on sait les mettre en œuvre. Mais le souffle épique manque.

La geste tourne au roman, avec *Baudouin de Sebourc,* un long récit d'aventures où le meilleur est certainement la notation pittoresque de scènes empruntées, non à la tradition littéraire, mais à la vie contemporaine de la noblesse et du peuple : ainsi l'enrôlement du guerrier sans casque ou la levée de la maltôte par le bedeau promu percepteur. Le réalisme est encore là, pour tempérer le sentiment, dans *La châtelaine de Vergy,* ou pour atténuer l'épopée, dans *Robert le Diable.* Philippe de Beaumanoir, dans *Jehan et Blonde,* réintroduit en littérature, sans le pédantisme de Jean de Meung, le thème de la quête amoureuse, mis à contribution si souvent, et avec combien de talent, un siècle plus tôt. L'ironie et le fantastique s'établissent avec *Huon de Bordeaux,* sorte de parodie cocasse des romans bretons et de Chrétien de Troyes : ce n'est ni le Graal ni Iseut aux blanches mains que cherche Huon, c'est la barbe et quatre dents de l'émir de Babylone. Le mélodrame s'installe aussi, quand le *Châtelain de Coucy* lègue en mourant son cœur à la Dame de ses pensées, laquelle mange le cœur, que lui fait servir un mari jaloux.

Tous ces romans ont un trait commun, qui est leur raison d'être : ils sont la glorification d'une noblesse sage et loyale, juste et fidèle, qui pardonne la ruse d'amour et pour qui générosité de cœur et largesse de bourse sont des devoirs d'Etat.

La littérature satirique s'inscrit dans la continuation du *Roman de Renart,* ce classique du temps de Philippe Auguste. On fait tout dire à des animaux, pour peu que le lecteur soit assez informé pour comprendre. L'allégorie politique fleurit donc, reflétant assez bien le trouble des esprits face aux mutations du pouvoir et de la société. *Renart le Nouvel* et *Le Cou-*

ronnement de Renart, deux œuvres flamandes, ne sont que la critique acerbe de l'intrusion des clercs, fourbes et cupides, dans le gouvernement des Etats. Composé à partir de 1319 mais écho fidèle de l'opinion publique sous Philippe le Bel, *Renart le Contrefait* prétend donner une vision du monde ; les allusions politiques y sont particulièrement sévères.

L'œuvre la plus originale du genre, c'est le *Roman de Fauvel*, long poème où l'ancien chapelain d'Enguerran de Marigny, Gervais du Bus, donne libre cours à sa vision critique d'une société politique où l'on marche sur la tête. Tout le monde est fou. Un cheval fauve gouverne le roi, veut être empereur, veut faire pape son frère. Rien ne trouve grâce aux yeux du chapelain aigri qui finit sa carrière comme notaire royal et se serait certainement bien vu chancelier : tout n'est que bassesse, laideur et trahison. Bien des poèmes, moins longs et de moindre inspiration, reprennent la même idée : les choses vont mal parce qu'elles sont hors de l'ordre établi.

La vision du monde, les plus lettrés de ceux qui ne font pas profession d'être intellectuels vont la chercher dans les manuels encyclopédiques dont la vogue ne cesse de s'affirmer. Les *Miroirs* sont à la mode. *Miroir de la Nature, Miroir doctrinal, Miroir historial*, ces œuvres du dominicain Vincent de Beauvais, mort vers 1264, sont accommodées par bien des polygraphes ; on y ajoute même un *Miroir moral*. Les esprits curieux lisent toujours le *Livre du Trésor* du Florentin Brunetto Latini, véritable fourre-tout — en langue française — du vrai et du faux connus dans tous les domaines depuis l'Antiquité.

On fait encore grand cas, souvent à travers des versions abrégées, du livre de morale composé pour Philippe III par son confesseur : c'est la *Somme le roi*. Mais pour sa conception de l'amour, l'homme cultivé des années 1300 emprunte plus ou moins ses idées à Ovide. On aménage un *Ovide moralisé*. On traduit en français le vieux traité latin d'André Le Chapelain, l'*Art d'aimer*, un livre vieux d'un siècle mais dont Drouart La Vache fait maintenant le *Livre d'Amour*. Ceci n'empêche pas Jacques d'Amiens de réagir, dans les *Remèdes d'Amour*, contre cette emprise intellectuelle d'Ovide.

Le seul art vraiment nouveau, c'est le théâtre, dont Rutebeuf a dessiné vers 1285, avec son *Miracle de Théophile*, les nouvelles orientations, liées au passé par l'inspiration mais non par l'expression. C'est encore un *Miracle de la Vierge*, comme on en a tant joué depuis le XIIe siècle, mais le lyrisme annonce déjà François Villon :

> Sainte Reine belle,
> Glorieuse Pucelle,
> Dame de grâce pleine...

Adam de la Halle, cependant, donne à Arras les premières comédies complètement dégagées de la para-liturgie du théâtre antérieur : le *Jeu de la Feuillée,* où l'on voit un bourgeois en mal de promotion sociale s'en aller à Paris, quittant famille et biens, pour y faire ses études, et *Robin et Marion,* où l'on chante la victoire de l'amour sur la puissance et l'argent, le triomphe allègre du paysan Robin, préféré par la bergère Marion à ce chevalier pourtant riche et beau qui lui faisait la cour.

Dans tout ceci, l'Université est pour peu de chose. Son rôle est autre, depuis qu'en 1270 et 1277 l'évêque de Paris Etienne Tempier lui a interdit, avec une rigueur monolithique qui stérilisait d'un coup toute recherche des voies de la connaissance, d'enseigner aussi bien l'aristotélisme christianisé de Thomas d'Aquin que l'averroïsme tempéré de Siger de Brabant. Notons que, dans le même temps, Etienne Tempier condamnait avec bien du retard l'*Art d'aimer* d'André Le Chapelain !

Rien d'étonnant, dans ces conditions, à ce que l'Université du temps de Philippe le Bel ne forme plus guère que de médiocres théologiens et des logiciens sans envergure, conscients des limites de leur champ de réflexion. Elle forme en revanche, et en grand nombre, à Paris et Orléans aussi bien qu'à Toulouse et Montpellier, ces juristes dont le développement des procédures juridiques et le renforcement des structures de l'Etat rendent le besoin sensible aussi bien dans l'administration royale que dans l'entourage des princes ou dans les bureaux des corps de ville, et que l'Eglise appelle volontiers, de pair avec les théologiens, dans les rangs du haut clergé.

Elle forme aussi, en moindre nombre, des médecins de qualité, pas aussi bêtes que le laisseraient croire ces fabliaux où le mire ne devient personnage littéraire que parce qu'il devient personnage dans la société.

La vitalité du monde universitaire est d'ailleurs soulignée par les fondations qui se multiplient. Les grands de ce monde commencent de fonder, de leur vivant ou par leur testament, ces « collèges » qui sont avant tout des logis et des bourses pour l'hébergement et l'entretien des étudiants pauvres. Fonder un collège, c'est la nouvelle forme de la bonne action qui concourt au Salut. La reine Jeanne fonde ainsi le collège de Navarre, Gilles Aycelin celui de Montaigu, les cardinaux légats Jean Cholet et Jean Le Moine les deux collèges qui portent leur nom. Ce ne sont pas encore des établissements d'enseignement ; ils le deviendront et seront foyers de rayonnement intellectuel. Pour l'instant, ils sont déjà le moyen d'un renouvellement constant du milieu universitaire.

Après deux siècles de création et d'invention, l'essoufflement n'est pas moins sensible dans le domaine de l'art. Philippe le Bel et sa génération ont sous les yeux les grandes œuvres de l'art gothique classique, encore blanches et encore étonnantes. Mais on ne sait plus très bien quoi faire pour aller au-delà. La voûte de Beauvais, qui semblait voler à près de cent cinquante pieds du sol, vient de s'écrouler avec fracas en 1284. On se dit des volumes architecturaux ce qu'on se dira bientôt des espaces cultivés : on est allé au plus loin, peut-être trop loin. Alors, la beauté de quelques réalisations tardives ne peut cacher le manque d'imagination dont souffrent les artistes qui sont nés après l'achèvement de la Sainte-Chapelle.

On achève, et on orne. Cela donne à Rouen les deux magnifiques portails du transept de la cathédrale de Rouen, les délicats reliefs de celle de Lyon, l'élégance des sculptures de Bordeaux ou de Carcassonne. Mais la finesse du dessin et la variété des médaillons en bas-relief qui occupent désormais l'espace ornemental ne peuvent cacher l'appréhension des artistes à aborder la grande statuaire, ce qui fut la statuaire de Chartres et d'Amiens, ce qui sera celle de Saint-Denis et de la chartreuse de Champmol.

Le meilleur atelier de France, c'est peut-être celui qui travaille à Paris pour le roi et dont l'originalité continue de déconcerter. Seuls, quelques dessins du XVIIIe siècle nous font connaître les grandes œuvres taillées pour l'embellissement du palais de la Cité. En détournant vers son domaine normand quelques-uns de ces artistes en mal de travail après l'ouverture du palais, Enguerran de Marigny a sauvé de l'oubli quelques œuvres où la finesse et la grâce ne sont pas moins remarquables que le sens des volumes et l'ampleur des mouvements : la

Vierge de Mainneville, le célèbre *Saint Louis* dont le visage est sans doute celui de Philippe le Bel, les saints de la collégiale d'Ecouis.

Le vitrail a lui-même donné avant 1260 le meilleur de ce qui pouvait être tiré d'une conjonction de la couleur et de la transparence au soleil modéré de la France. Avant que l'introduction de l'espace et de la profondeur ne renouvelle au XIVe siècle l'art des verriers, ceux-ci vivent quelque temps des recettes éprouvées.

Si le gothique dit rayonnant n'apparaît à bien des égards que comme le froid aboutissement du gothique classique, il serait injuste de ne pas voir à quel point les architectes de ce temps ont été sages de choisir l'équilibre et l'harmonie. Ils ne cherchent plus à forcer le destin dans une recherche de la légèreté, dans une virtuosité du vide bâti qui a donné la Sainte-Chapelle et les nefs de Bourges, mais qui a conduit à la catastrophe de Beauvais.

L'équilibre des masses, la grandeur sans démesure, mais aussi l'élégance sans fantaisie, c'est le chœur d'Evreux et celui de Bordeaux. Saint-Urbain de Troyes sera le chef-d'œuvre discret de cet art qui finit sans déchoir. Mais c'est la France méridionale qui conçoit alors les ouvrages les plus originaux : nouvelles créations de ce même art gothique venu d'Ile-de-France et de Normandie, comme Saint-Just de Narbonne avec son vaste chœur aux treize chapelles rayonnantes, ou fruits d'une nouvelle réflexion sur l'aménagement des masses extérieures et des volumes intérieurs, comme cette double nef des Jacobins de Toulouse qui s'achève en 1304, au moment où Philippe le Bel parcourt le Languedoc, ou comme cette nef unique d'Albi qui commence seulement de jaillir au cœur d'un pays meurtri.

CHAPITRE VI

La monnaie du roi

CHARGES DE L'ETAT ET REVENU DU ROI.

« Le roi de France vit du sien. » Tel est l'adage juridique qui condamne la monarchie française, de Philippe Auguste à Charles VII, à négocier sans cesse son droit à la contribution financière du royaume. L'ordinaire du roi, c'est le « sien », c'est-à-dire son revenu domanial : ce qu'il a comme seigneur et comme propriétaire, étant entendu que ce seigneur est souverain et que des droits régaliens se mêlent ici au patrimoine foncier. Des manants établis sur les terres qu'il possède en propre, le roi reçoit redevances et services : des cens, des rentes, des champarts, des dîmes, des corvées. Il perçoit les tailles et l'abonnement des corvées, de même que les droits de mutation sur les ventes et sur les héritages. Il exploite ses banalités : le pressoir, le moulin, le four. Il a le profit — les amendes et les confiscations — des justices, comme celui des péages et des marchés. Il met dans le commerce les blés et les vins des redevances en nature. Il afferme pâtures et forêts. Il vend ses coupes de bois. Il taxe aussi les usuriers, et il a parfois, pour un temps, le revenu d'un évêché ou d'une abbaye vacant en l'attente d'un nouveau titulaire et soumis, le temps de cette vacance, à la « régale ».

De ses vassaux, ducs et comtes comme simples écuyers, il a l'aide et le conseil, mais il n'attend guère, en fait de finance, que les droits de mutation, le « quint et requint » des successions (1/5 et 1/25), le droit de « lods et ventes » qui rémunère l'autorisation de vendre. L'aide, c'est avant tout le service en armes, un service que limite et que tarife la coutume. Louis VIII n'a-t-il pas vu, un demi-siècle plus tôt, son vassal le comte de Champagne abandonner l'armée royale en pleine campagne parce que les quarante jours qu'il devait étaient écoulés ? Un fief doit cent hommes, un autre n'en doit qu'un, et le jeu complexe des fidélités multiples fait qu'on ignore à chaque fois combien d'hommes réunira l'ost royal et combien de fautifs il faudra, plus tard, sanctionner pour leur absence.

Le roi vit du sien, mais le sien est maigre, même si le Capétien est enfin devenu le premier seigneur du royaume. Vers 1290-1295, alors qu'il en coûte 1 000 livres de rente pour assurer la fidélité d'un baron ou d'un prélat, alors qu'une alliance étrangère se paie de 50 à 100 000 livres et s'entretient pour 10 ou 20 000 livres par an, alors que la moindre des garnisons — vingt hommes — dans le moins exposé des châteaux frontaliers coûte bien 500 livres par an, l'ensemble du domaine royal ne procure au Trésor que 400 à 600 000 livres tournois.

A la même époque, une taille sur les Juifs rapporte à elle seule 215 000 livres, une décime sur les biens ecclésiastiques fournit sans trop de mal quelque 260 000 livres et une habile pression sur les bourgeois et les clercs procure, tant en dons qu'en prêts plus ou moins forcés, plus de 700 000 livres.

Suffisant à peine en temps de paix, l'ordinaire est évidemment sans commune mesure avec les charges d'une monarchie en guerre. Depuis Philippe Auguste, la Croisade a fourni le meilleur des prétextes aux impositions extraordinaires les plus diverses, et principalement aux décimes exigées de l'Eglise. Philippe III, encore, a pu orner du prestige rémunérateur de la Croisade l'expédition d'Aragon. Philippe le Bel, lui, joue dans toute la mesure du possible d'une argumentation déjà séculaire : la lutte contre les Flamands parjures est une croisade, et le serait encore plus si le pape voulait bien les excommunier. Au reste, mettre en Europe ses affaires en ordre est la première démarche préparatoire à la croisade d'Orient.

Les gens du roi font, eux-mêmes, à peine semblant de croire à de tels arguments. Au vrai, ils trouvent surtout la limite de leur raisonnement dans la faculté contributive du clergé et dans la nécessité de composer avec l'Eglise.

Car il s'agit maintenant de bien autre chose que de la croisade : il faut faire tourner en temps normal l'énorme organisme que devient la monarchie, il faut préserver le pouvoir royal des entreprises de ses adversaires intérieurs et extérieurs, et il faut mener sur l'échiquier européen une politique active et ambitieuse.

Nous ne sommes plus au temps où quelques vassaux accomplissant leur devoir de cour, quelques clercs rémunérés par les bénéfices dont le roi était patron et quelques serviteurs « nourris à l'Hôtel » suffisaient à assurer un service à la fois domestique et administratif. Il y a maintenant plusieurs centaines de personnes dans les hôtels du roi et des princes, et il en coûte au roi de 100 à 200 000 livres par an pour nourrir, vêtir et rétribuer ces familiers. Les plus modestes vivent de leur salaire et de leurs petits profits. Les plus considérables, comme les chambellans, joignent à des gages apparemment modestes le revenu des générosités royales : seigneuries et rentes. Les chapelains, eux, ont leurs bénéfices : cures, prébendes, prieurés.

La « chambre aux deniers », qui gère les finances de l'Hôtel est en soi un organisme qu'il faut entretenir et dont on doit rétribuer les « maîtres ». Tout est à l'avenant.

Issue de la Chapelle des premiers Capétiens, la Chancellerie est déjà, à l'avènement de Philippe le Bel, forte d'une dizaine de secrétaires et notaires ; ils sont trente à la fin du règne, trente qu'il faut rémunérer et récompenser.

Les institutions nées du démembrement de la Cour royale ne sont pas moins coûteuses. Gages, rentes, pensions, « robes » vont versés aux maîtres que l'on trouve encore siégeant de-ci de-là, tantôt aux Comptes, tantôt au Parlement, parfois au Conseil. Du début à la fin du règne, les effectifs doublent. Vers 1306-1307, le Parlement a quarante-sept maîtres, et la Chambre des comptes en a seize. L'un et l'autre ont huissiers, sergents, clercs et serviteurs.

On voyage beaucoup dans cette administration naissante. Reliant le roi itinérant à la partie sédentaire de la Cour aussi bien que l'administration centrale aux baillis et sénéchaux, ce sont d'incessants voyages que nous révèlent les comptes rendus par les officiers. Les courriers sillonnent la France. On dote les notables d'une escorte, et l'on renforce cette escorte si l'on transporte des deniers. Messagers, chevaux, hôtellerie, maréchal-ferrant, tout cela coûte fort cher, et le moindre bailli sait ce qu'il dépense pour acheter du parchemin et faire tenir ses comptes.

Il faut aussi loger l'administration. Le Louvre, où Philippe

Auguste avait établi ses archives et son Trésor, n'est propre qu'à la résidence parisienne du roi. Pour les organes centraux de la monarchie, on transforme et agrandit le palais de la Cité : il faut exproprier, car le terrain voisin du palais de saint Louis n'appartenait pas au roi. Le Trésor porte donc à la fois la charge des indemnités et celle des travaux ; il est juste de dire que les indemnités sont assurément grossies par la spéculation de quelques bourgeois avisés et bien introduits auprès du roi. De 1294 à la fin du règne, tailleurs de pierre et maçons, voituriers et bateliers transportant des matériaux, charpentiers et ferrons, sculpteurs et peintres, enfin, tiennent une place notable dans les livres du Trésor.

Pour peu que la guerre menace, il en va de même dans les comptes des officiers locaux. A mesure que s'élargit le domaine territorial sur lequel s'exerce réellement la puissance royale, le roi voit s'accroître le nombre des châteaux qu'il lui faut entretenir, voire réparer. Encore faut-il ensuite les garder. Pour spectaculaire qu'elle soit, une campagne de trois ou quatre mois en Flandre ou en Guyenne coûte moins — alors qu'elle suffit à justifier les exigences financières du temps de guerre — que les innombrables garnisons de dix ou vingt hommes qu'il faut solder douze mois sur douze au moment où la paix ou la trêve ramène le roi à l'obligation de « vivre du sien ».

Guerre et diplomatie sont indissociables, au chapitre des finances. Une rente bien placée vaut une alliance ou fait l'économie d'une guerre. Les complicités s'achètent, à tous les niveaux. Contre Nicolas IV qui lui refuse une décime, Philippe le Bel s'assure en 1293 de l'appui intéressé de son cousin Charles II d'Anjou, roi de Naples : il lui promet, pour aider à la guerre de Sicile, une forte part — 200 000 livres — de la décime et il lui en avance 250 000 livres, remboursables seulement si la décime n'était pas accordée.

Sur le « front » de l'Empire, la diplomatie du tournois affronte sans cesse celle du sterling. Les princes voisins sont dotés de fiefs-rentes ou de simples rentes sur le Trésor : ainsi le duc de Brabant ou le duc de Lorraine, le comte de Hainaut ou le comte de Gueldre. La haute féodalité française trouve dans des rentes et des pensions une raison supplémentaire de fidélité : il est plus facile de supprimer la rente d'un prince insuffisamment dévoué que de confisquer le fief d'un vassal prêt à défendre ses terres les armes à la main. Bourgogne,

Bretagne, Artois, Dreux, Saint-Pol, Boulogne, Sancerre, la Marche, Armagnac émargent ainsi au Trésor royal. C'est également un excellent placement que d'obliger un prince dans le besoin : prêter mille livres au comte de Foix, par exemple. Le cardinal romain Napoléon Orsini est pensionné. L'amiral génois Rainier Grimaldi ne l'est pas moins. On peut compter sur eux.

Le maître de cette diplomatie du tournois, c'est le financier florentin Mouche — Musciatto Guidi dei Franzesi, pour les Florentins — dont le choix comme ambassadeur suffit à caractériser certaines offensives politiques de Philippe le Bel, envers les princes d'Empire en particulier : lorsqu'il part pour l'Allemagne, Mouche est accompagné de quatre chevaux de somme chargés d'or et d'argent.

> Alla monseigneur Mouche, qui alla si bien fondé et garni qu'il eut bonne audience [...]
>
> Item alla monseigneur Mouche tout avant au duc de Brabant, qui était de ses robes et ainsi comme sa créature [...]

La sagesse de la féodalité est assurée par les rentes dont jouissent un Clermont, un Armagnac, un Mercœur et tant de barons plus ou moins notables. Le Trésor indemnise les « léliaerts » qui, par fidélité aux fleurs de lis, ont dû fuir Gand ou Ypres en abandonnant leurs biens. A partir de 1305, les affaires de Flandre se traitent comme des affaires financières. A plus forte raison parle-t-on argent lorsqu'il s'agit du rôle joué par le comte de Flandre dans les affaires impériales. Au moment de la dernière offensive diplomatique de Philippe le Bel, dans l'été de 1314, et alors que la couronne impériale semble véritablement mise aux enchères, Enguerran de Marigny ne craint pas d'écrire :

> A l'endroit de ce que vous m'avez écrit que les nobles d'Allemagne ont rapporté au comte de Flandre que, s'il tient et accomplit les conventions telles que vous les avez traitées, ce ne sera pas une question d'argent qu'il ne soit roi d'Allemagne. Il n'a, pour cela, qu'à payer la quantité que vous avez promise, laquelle vous êtes certain qu'il paiera bien.
>
> Sachez, frère Simon, que c'est grand péché de dire et

monter de telles choses. Ceux qui les entreprennent en emporteront le loyer, car vraiment tel est commenceur des besognes qui n'est mie maître de les apaiser.

A autres gens qu'à moi pourriez-vous dire et mander de telles merveilles, car à moi ne les feriez-vous jamais entendre. Car sachez, frère Simon, que je sais aussi bien le pouvoir de la Flandre, et combien elle peut finer d'argent, que tout homme qui soit en ce pays.

A mainte reprise, la guerre relaie la diplomatie. Contre la coalition anglo-flamande et l'Allemagne, d'abord ; contre la seule Flandre, ensuite.

La guerre de Gascogne coûte, entre 1293 et 1297, de deux à trois millions de livres tournois. En Flandre, Guy de Saint-Pol et Raoul de Nesles dépensent, d'octobre 1298 à octobre 1299, la somme de 447 000 livres tournois. Quinze ans plus tard, le clerc des arbalétriers dépense 265 000 livres pour dix mois seulement d'une occupation sans bataille.

Il est donc vain d'espérer financer une politique de cette envergure sur les seuls revenus du domaine royal. L'extraordinaire tend à entrer dans les moyens normaux du gouvernement. Ce peut être l'impôt, ce peut être aussi le profit du « remuement » monétaire.

Le droit du roi sur sa monnaie.

La monnaie est la chose du roi. « Rendez à César ce qui est à César », disait le Christ en montrant un denier à l'effigie de l'empereur. Certes, des centaines de féodaux ont, à travers la France carolingienne, usurpé le droit de frapper monnaie, et nombre de ces ateliers féodaux sont encore fort actifs au XIIIe siècle. Mais l'idée ne s'est pas perdue que la monnaie tient son caractère d'une intervention de la puissance publique. Dès le temps de saint Louis, on a relu certains livres d'Aristote, un peu oubliés depuis l'Antiquité, et notamment l'*Ethique à Nicomaque* :

La monnaie n'existe pas dans la nature. Elle n'existe que par la Loi. Il dépend de nous de la changer, et de la rendre inutile, si nous le voulons.

Que la monnaie tienne sa valeur de l'empreinte frappée sur le métal, autant et peut-être plus que de la valeur marchande du métal, c'est ce que soutiennent les légistes. Signe, mesure, la monnaie est chose arbitraire, que la volonté humaine peut changer. Même si, constatant que la rognure des pièces diminue leur valeur, les philosophes et les juristes conviennent qu'on distingue mal la valeur-métal et la valeur-monnaie, et qu'en fait l'espèce monétaire est aussi une marchandise, la plupart s'accordent pour juger que l'authenticité conférée par le prince à la monnaie procède d'un droit et crée en revanche des devoirs. Thomas d'Aquin l'écrivait déjà vers 1250 :

> Chaque chose a deux usages, qui sont en elle de par elle et non par accident : l'un est le propre usage des choses, l'autre est l'usage commun. Ainsi l'usage des chaussures est double : l'usage propre est de chausser, l'usage commun est l'échange : elles n'ont pas été faites pour être échangées, mais on peut cependant les échanger contre du pain ou de la nourriture [...]
>
> Les monnaies ont été inventées parce qu'on ne pouvait porter au loin les denrées nécessaires à la vie, comme le vin, le blé ou d'autres. Pour ce genre d'échanges lointains, on ordonna de donner et d'accepter en échange quelque chose que l'on pouvait facilement et rapidement transporter, et qui avait cependant une utilité propre.
>
> Ainsi sont les métaux, le bronze, le fer, l'argent et les autres. Ils sont utiles par soi, dans la mesure où l'on peut en faire des vases ou d'autres ustensiles. Et cependant, on peut facilement les transporter au loin parce que, en petite quantité, en raison de leur rareté, ils valent beaucoup d'autres choses.

Mais le prince, pensent les aristotéliciens qui sont la postérité spirituelle de Thomas d'Aquin, n'a de droit sur la monnaie qu'en tant qu'il représente les intérêts de la chose commune. La monnaie appartient à la communauté, pour son usage et sa commodité. Le prince représente et gouverne la communauté : il a donc le droit de toucher à la monnaie, dans les limites qu'impose l'intérêt commun.

Contemporain de saint Louis, contemporain, aussi, du retour

au bimétallisme en Occident, Innocent IV justifie même — par le service que rend à la communauté le prince qui crée le signe monétaire — le profit que l'on peut tirer du monnayage :

> Si le prince a des besoins urgents, il peut prélever quelque gain sur la monnaie, en sorte qu'elle vaille moins que sa valeur matérielle [...]
>
> La monnaie reçoit en effet une valeur supplémentaire en raison de ce qu'elle participe de la juridiction du roi, de son autorité et de sa personne.

Un siècle plus tôt, de tels problèmes ne se posaient guère. Seules en Occident, les contrées méditerranéennes en contact direct avec l'Islam et Byzance usaient vraiment de la monnaie d'or. L'Occident frappait des deniers d'argent, et — depuis le IXe siècle — uniquement des deniers d'argent. Entre cent espèces différentes frappées par cent ateliers différents, le poids de métal fin que contenait chaque pièce suffisait à déterminer un rapport. Quatre « parisis » valaient cinq « tournois », parce que le denier frappé à Paris contenait un quart d'argent de plus que le denier frappé à Tours. Nul ne pouvait jouer là-dessus. On aurait pu, certes, diminuer d'un cinquième le poids ou le titre du parisis ; cela aurait aligné l'un sur l'autre, mais cela n'aurait procuré au Capétien aucun profit supplémentaire.

La monnaie de compte, d'autre part, n'était que le système des multiples du denier. Au lieu de dire douze deniers, on disait un sou, mais un sou ne pouvait être matériellement fait que de douze pièces d'un denier. La livre valait vingt sous, mais ce n'était en réalité que deux cent quarante deniers. Il n'y avait aucun moyen de payer une livre autrement qu'en versant deux cent quarante deniers comptés et pesés au trébuchet.

La révolution monétaire du XIIIe siècle.

Tout avait changé, assez brusquement, vers le milieu du XIIIe siècle, pour faire face à un développement commercial qui s'accommodait de plus en plus mal du paiement en deniers. A l'imitation des villes italiennes — Venise et Florence — on avait frappé des monnaies d'argent plus lourdes et de meilleur aloi, des « grosses pièces » : ce fut en France le « gros » tournois d'argent pur, émis en 1266 par saint Louis. Le gros valait douze deniers. Pour la première fois, il y avait une pièce d'argent valant un sou. Mais ce n'était pas la réalisation concrète de la monnaie de compte : il suffisait d'altérer l'un ou d'améliorer l'autre pour que change le rapport qu'établissait entre le denier et le gros la différence de leur teneur en argent fin.

C'est ainsi que Philippe le Bel peut, en empirant sa monnaie « noire », autrement dit son denier, faire passer en 1295 la valeur du gros de douze à quinze deniers sans changer ni la forme ni le poids du gros. Comme le denier est un peu plus noir — il y a un peu moins d'argent fin — le gros a cessé de valoir un sou.

Dans le même temps, Philippe le Bel émet une nouvelle espèce, un « double », dont la teneur en argent fin est supérieure de moitié à celle du denier ; par un acte de l'arbitraire royal, la valeur du double est fixée à deux deniers. Monnaie faible, donc, que ce double qui devrait ne valoir qu'un denier et demi et qui a cours légal pour deux deniers. Le manque de métal précieux ne cessera de provoquer son empirement au cours des années suivantes. On le sait de mauvaise monnaie, mais il faut bien payer son pain et compter le salaire du manœuvre : malgré sa faiblesse, le double est et demeurera bien accepté de la population.

Ainsi se met en place le premier des éléments de l'instabilité monétaire : le décrochement du rapport simple qui unissait les monnaies en fonction de leur valeur intrinsèque, c'est-à-dire du poids d'argent fin qu'elles contenaient. Le marché monétaire assure ce décrochement : le besoin qu'on a d'une pièce n'est pas nécessairement égal à celui qu'on a d'une autre : on ne paie pas son cresson avec une trop grosse pièce, on ne paie pas une maison avec de trop petites.

La spéculation s'en mêle, jouant de la différence entre le cours légal des espèces et le cours du métal sur le marché monétaire. Pour limiter ce jeu, et faute de pouvoir agir sur ce marché autrement qu'en y réinsérant du numéraire par le décri des anciennes espèces et la frappe de nouvelles, le gouvernement royal se doit d'ajuster de temps à autre les deux cours. Changement de poids et de titre, parfois, simple changement du cours légal le plus souvent, ces mutations sont assez mal comprises : on incrimine la spéculation des changeurs et manieurs d'argent de toutes sortes, et la présence d'hommes d'affaires dans l'entourage royal — les Italiens comme Biche et Mouche, mais aussi les grands bourgeois de Paris, les Barbou, les Cocatrix, les Gencien — incite l'opinion publique à penser que les mutations de la monnaie royale entrent dans la spéculation plus qu'elles n'y obvient. On peut penser qu'il y a, dans cette vue simpliste des choses, pas mal de vrai.

L'autre bouleversement introduit par saint Louis, c'est le retour à la monnaie d'or. Depuis les temps carolingiens, on l'avait oubliée. L'or, c'était le dinar arabe ou le besant byzantin, que l'on voyait rarement compter en France dans les transactions. Mais voilà qu'en 1252, Gênes et Florence lancent chacune sur le marché italien une espèce d'or. En quelques années, le florin est connu dans toute l'Europe occidentale, et la tentation d'imiter les grandes villes italiennes saisit quelques princes, parmi lesquels le roi de France. Henri III d'Angleterre l'a d'ailleurs devancé, qui a fait frapper dès 1257 une pièce d'or, vite disparue de la circulation.

Emis vers 1266, l'écu de saint Louis ne circule guère plus. Mais l'idée est désormais dans l'air. Philippe III à la fin de son règne, à moins que ce ne soit Philippe le Bel au début du sien, émet une «reine d'or». En 1290, Philippe le Bel ordonne la frappe d'un « royal » d'or pur (24 carats), taillé à raison de soixante-dix pièces au marc de Paris de 245 grammes, soit une pièce de 3,50 grammes. Ce royal vaut 10 sous tournois, soit 120 deniers.

Comme, dans le même temps, on taille dans un marc d'argent 58 gros tournois, dont le cours est de 12 deniers, on voit que le marc d'argent donne, en monnaie de compte, 696 deniers et que le marc d'or en donne 8 400 : douze fois plus.

Voilà l'autre cause de l'instabilité monétaire. Le bimétallisme pose le problème du rapport de l'or à l'argent. Et rien, sinon l'état du marché des métaux précieux, ne permet de déterminer ce rapport. Rien ne permet de le fixer. Le marché change chaque jour.

Mais chaque marché est local, et différemment approvisionné du marché voisin. Toute détermination du rapport de l'or à l'argent peut donc mettre en branle le redoutable mécanisme des exportations de numéraire, clandestines ou au grand jour.

Amoureux des nombres parfaits, les philosophes de la fin du Moyen Age ont parfois considéré le rapport d'un à douze comme naturel. En fait, les gouvernants du XIIIe et du XIVe siècles ignorent absolument le rapport des quantités de ces métaux dans la nature — de l'or du Soudan à l'argent d'Europe centrale ! — aussi bien que le rapport des quantités de métaux monnayés ou monnayables dans une large aire économique. Leur seule référence, c'est la cotation chez les changeurs du lieu.

Disposer de pièces d'or ou de pièces d'argent n'est indifférent ni au gouvernement ni à l'homme de la rue. Changer est onéreux, car le changeur prélève sa commission. Changer est aléatoire, car le cours du lendemain peut vous faire regretter d'avoir changé la veille. C'est dire que les cours des métaux précieux sont influencés par le besoin que l'on a, sur une place donnée, de tel ou tel type de moyen de paiement. Il y a, bien sûr, la conjoncture générale qui résulte de la compensation entre les situations locales. Mais un métal surabondant à Montpellier ou à Arras ne résout pas le besoin qu'on en a pour des paiements à Cherbourg ou à La Rochelle. Le transport des espèces est lent, coûteux, et comporte de grands risques. Les mouvements monétaires à longue distance contribuent à l'équilibre des cours, mais ils n'y contribuent que lentement.

Alors, que la guerre conduise à payer des soldes en argent ou à armer des galères qui se paient en sacs d'or, qu'un chantier de construction exige les piécettes d'argent du salaire quotidien du manœuvre ou que de grandes fêtes — mariage, adoubement — mettent sur le marché l'or qui paie les fourrures et l'orfèvrerie, et voilà les cours monétaires qui commencent à glisser, dans une vaine recherche de l'impossible ajustement durable du rapport de l'or à l'argent.

Secoué par des fluctuations à court terme, le marché est aussi perturbé par des phénomènes qui jouent en double sens. Le grand commerce appelle des règlements en or, mais l'insuffisance de l'or disponible conduit à lui substituer d'autres moyens de paiement, fondés sur la compensation des créances. C'est le contrat de change, ancêtre de la lettre de change. C'est l'inscription de comptes ouverts à des tiers en des livres paraphés pour faire foi. C'est tout bonnement le crédit, qui régit tous les niveaux de la vie économique médiévale, mais qui, aux niveaux élevés, peut aboutir à des compensations entre des opérateurs économiques qui sont à la fois acheteurs et vendeurs. Le résultat, c'est que le plus grand commerce provoque les moindres paiements en or. Un drap de laine pourpre se paie d'un écu, mais mille se paient d'un virement.

Le même crédit permet de grouper les règlements, et tel paiement qui se fait en argent dans une petite ville se fera en or dans la grande ville où l'or est abondant. Un pain vaut quatre ou six deniers, mais le pain d'un mois peut se payer d'une pièce d'or aussi bien que de quelques pièces d'argent.

Ni le crédit, ni le change, ni les progrès de la comptabilité ne résolvent, en revanche, les problèmes que fait naître l'insuffisance des petits moyens de paiement, de ceux que la conjoncture locale peut soudain rendre nécessaires.

La mutation.

De la complexité de ces phénomènes conjoints procède l'instabilité monétaire dont, plus que de la dévaluation, souffrent les contemporains de Philippe le Bel. Malhabiles à manœuvrer un bimétallisme encore tout nouveau, les gouvernants se soucient encore peu de trouver le rapport idéal de l'or à l'argent, compte tenu des masses globales de métaux disponibles. Le détermineraient-ils, que l'équilibre s'établirait trop lentement pour apaiser les secousses du marché local. Ce qu'il leur faut trouver, c'est simplement le rapport capable, chaque jour, de retenir l'argent sans enrayer l'arrivée de l'or.

En valeur absolue, l'instabilité monétaire demeure, au temps de Philippe le Bel, d'une ampleur très inférieure à ce que connaîtront les temps qui vont suivre. Le pied de la monnaie d'argent — le rapport de sa valeur intrinsèque à son cours — oscille seulement entre 12 et 15, avec une courte flambée vers le pied 34ᵉ entre 1305 et 1308, alors qu'on verra, vers le milieu du siècle, trente ans d'oscillations entre le pied 12ᵉ et le pied 500ᵉ. Quand ils se plaignent, les contemporains de Biche et Mouche ne savent pas ce qu'est une crise monétaire sérieuse.

Selon tous les moralistes, la pire des mutations est celle qui change le titre du métal — la teneur en or ou en argent fin — sans changer l'aspect extérieur de la monnaie : le changeur a lui-même de la peine à déterminer le titre, et l'homme de la rue s'y perd. C'est, dit-il, une tromperie. Mais aucune des mutations opérées par Philippe le Bel ne peut véritablement passer pour clandestine. Annonçant la première grande mutation, celle de 1295, le roi précise bien, dans son ordonnance, qu'il a décidé de frapper une monnaie qui « pourrait être inférieure en poids ou en aloi » à celle de ses prédécesseurs.

La « masse d'or » frappée à ce moment à 21 carats — 87,5 pour 100 de fin — diffère en tout du « petit royal » d'or pur qui la précède. Le décor qui entoure l'effigie du roi suffirait à caractériser la masse si elle ne pesait d'autre part deux fois plus que le royal : on en taille trente-cinq au marc, et non plus soixante-dix. Lorsqu'en 1310 on frappe de nouveau la masse, on améliore le titre — 22 carats — en sorte que nul ne peut se dire trompé, non plus qu'on l'eût été si la mort du roi n'avait empêché en 1314 l'émission d'une nouvelle pièce d'or à 22 carats.

Quant à l'argent, il est encore pur dans le gros de 1295, comme il l'était depuis les premières émissions de gros, au temps de saint Louis. On a vainement cherché, à notre époque, à mettre en évidence par des analyses chimiques le faible titre que les contemporains ont reproché au « gros de Biche et Mouche » : il est bel et bien d'argent fin. Le gros de 1303 n'a que neuf deniers d'aloi — 75 pour 100 de fin — pour un poids analogue au gros tournois traditionnel, mais c'est là la seule altération véritable de la grosse monnaie d'argent. On verra que cette mauvaise monnaie ne dura que deux ans.

C'est pour les piécettes d'appoint, deniers du début, doubles de 1295, bourgeois doubles et simples de 1311, que la mutation portant sur le titre apparaît systématique. Monnaie usuelle du petit paiement, et donc du menu peuple, la monnaie « noire » pouvait tromper les non-avertis. En un cas, mais en un seul, la duperie semble évidente : le double tournois de 1303 est taillé à 170 au marc, comme celui de 1295, et il a comme celui-ci un cours légal de deux deniers tournois, ce qui peut masquer une dévaluation de 250 pour 100 à ceux qui ignorent — si tant est que quelqu'un peut ignorer la chose — que la teneur en métal fin est tombée de plus de moitié : de 4 deniers 18 grains à 2 deniers d'aloi, soit de 40 à 17 pour 100.

Cette crise de 1303 est vraiment la seule crise grave, et la seule où la bonne foi du gouvernement royal puisse être suspectée. Lorsqu'il faut en 1311 substituer à nouveau au denier de saint Louis une monnaie sensiblement altérée, ce sont des espèces tout à fait nouvelles que l'on frappe, des « bourgeois », dont le titre est aussi léger que le poids et dont le revers, portant ce mot, *bourgeois,* sans doute par flatterie envers les villes, ne peut laisser place à la moindre confusion avec les espèces précédentes.

Dante est probablement sincère lorsque, donnant libre cours à son parti pris antiguelfe et antifrançais, il dénonce Philippe le Bel comme celui qui falsifia la monnaie.

> On verra là le deuil que répand sur la Seine,
> Falsifiant la monnaie,
> Celui qui mourra d'un coup de sanglier.

La sincérité n'excuse pas la confusion. Dante n'a d'ailleurs jamais écrit que Philippe le Bel fit de la fausse monnaie : pour faire de la fausse monnaie, le roi de France aurait dû émettre de faux florins de Florence ou de faux esterlins anglais. Un faux-monnayeur, c'est celui qui bat monnaie alors qu'il n'en a pas le droit. Dante le savait, qui n'accusait le Capétien que d'avoir « falsifié *la* monnaie ». Les pièces de Philippe le Bel ne sont pas de la fausse monnaie, mais il a bouleversé la livre tournois, il a falsifié *la* monnaie, c'est-à-dire la monnaie de compte. Même Dante, avec toute sa haine, en dit moins que ce qu'ont voulu lire en ce chant XIX du *Paradis* ceux qui veulent à tout prix avoir vu le roi faux-monnayeur dans son *Enfer.*

La dévaluation n'est pas, en 1300, un phénomène nouveau. Si les Français de ce temps ne peuvent deviner ce que l'avenir réserve à leurs petits-enfants, ils savent ce qu'est l'histoire pluri-séculaire du denier, qu'il soit tournois, parisis ou tolza. Voilà trois siècles que la monnaie de compte ne cesse de se dévaluer, c'est-à-dire que le denier contient de moins en moins d'argent fin. A cette lente dévaluation, effet direct d'une insuffisance de métal précieux qu'aggrave un besoin accru en temps d'expansion, tout le monde est parfaitement habitué.

Ce à quoi nul ne se fait, c'est l'instabilité à court terme. Le rapport de l'or à l'argent est de 12 au début du règne, de 13,8 en 1295, de 12,9 en 1303, de 15,2 en 1305 et 1306, de 16 en 1309, de 19,6 puis de 15,3 en 1311. Six fois en quinze ans, les Français connaissent une mutation complète de leur système monétaire. Sur le marché, le cours des espèces varie de jour en jour. Les malins veulent spéculer sur les mutations qu'ils croient prochaines, et ils contribuent ainsi à compliquer la situation à l'approche des « remuements ». On a beau les décrier, les anciennes espèces ne disparaissent pas d'un instant à l'autre de la circulation : le marché en tient compte.

Opérateurs économiques ou braves gens en mal de payer leur pichet de vin, la population s'interroge et, très vite, s'indigne. Le gouvernement le fait exprès. Le profit du roi et celui des spéculateurs qui l'entourent passent avant l'intérêt général.

Le profit du roi ? Il est double : dans la frappe d'espèces nouvelles, et dans le nouveau cours des espèces. Le profit de la frappe — le « seigneuriage » — est indéniable. Pour chaque pièce qu'il émet, le roi garde pour lui ce qui est la différence entre la valeur intrinsèque, c'est-à-dire le prix du métal monnayé, tel que l'ont payé les monnayeurs, et le cours légal, tel qu'il résulte de l'ordonnance. L'authenticité qu'il confère à la monnaie, et qui fait d'une parcelle d'or ou d'argent un signe monétaire, suffit à justifier cette différence. Pour un Innocent IV, on l'a vu, l'empreinte du prince ajoute à la valeur du métal.

Ce seigneuriage n'est pas un mince revenu. En 1298, sur un revenu global de 745 800 livres parisis, le roi tire 475 000 livres de sa monnaie. Elle représente, l'année suivante, 416 000 livres sur 802 000. En un trimestre de 1300, la monnaie rapporte 45 000 livres sur un revenu global de 78 000. En ce temps d'intense monnayage, la frappe apporte au roi 58 pour 100 de son revenu.

L'avantage majeur est qu'il n'est pas nécessaire d'obtenir le consentement des utilisateurs, alors qu'il faut plus ou moins celui des contribuables lorsqu'on impose. Mais l'opinion publique établit vite le lien entre l'impôt et la refonte des espèces — non avec la mutation — et voit dans la guerre la seule justification de l'un comme de l'autre. Lorsque le lien s'établit avec la mutation elle-même, elle excuse la monnaie faible du temps de guerre, mais elle implique le rétablissement de la forte monnaie avec le rétablissement de la paix. La conclusion de la paix d'Athis (23 juin 1305) conduit Philippe le Bel à promettre le retour à la bonne monnaie de saint Louis. Aux yeux de ses sujets, c'est une question de simple honnêteté.

Le roi profite des altérations. Les ordonne-t-il à cette fin ? Et les ordonne-t-il quand il veut ? Autrement dit, est-il le maître de sa politique monétaire, et celle-ci est-elle soumise à l'arbitraire ?

Le manque d'argent.

Isoler la France serait ici, pour nous, le moyen de ne rien comprendre. Depuis les années 1260, on l'a vu, l'or est redevenu en Occident l'un des métaux monnayables. Sans cesser d'être matériau de l'orfèvrerie et support de la thésaurisation des grands et des églises, il est devenu moyen de paiement. La masse d'or disponible en Europe s'est vite révélée insuffisante pour ce nouvel usage. Par l'effet du besoin que l'on a subitement ressenti de cet or, les cours ont flambé, exprimés dans la seule monnaie qui pouvait servir de référence, l'argent. Le rapport de l'or à l'argent, le prix de l'or exprimé en argent, a augmenté de trente ou cinquante pour cent, selon les régions, en l'espace de quarante ans.

Voilà qui n'a pas manqué d'engager les négociants vénitiens et génois en relations avec l'Orient, principalement avec Alexandrie d'Egypte, puis avec la mer Noire et Byzance, à doubler d'une importation d'or leur trafic traditionnel, qui était fait d'épices, de produits tinctoriaux et de soie.

L'argent a donc, dès l'abord du bimétallisme, semblé sous-estimé en Europe. Or il n'y a guère de dividendes à espérer si l'on cache son argent en attendant des jours meilleurs pour ce métal. Dans le même temps, l'empire mongol fait payer en argent les denrées précieuses qu'il vend à l'Occident. Les mêmes courants économiques qui supportent l'importation d'or drainent donc vers l'Egypte et surtout la mer Noire le métal-argent.

Cet argent, qui manque finalement à la Monnaie royale quand on veut émettre de nouvelles espèces, n'est pas toujours allé si loin du premier coup. Bien des ateliers seigneuriaux, qui émettent officiellement des deniers déjà bien noirs, achètent pour les fondre des espèces royales. La « blanche monnaie » de bon aloi se transforme ainsi en une monnaie noire de laquelle il serait bien onéreux de retirer ensuite le métal fin.

La fausse monnaie n'attire pas moins le métal. Seuls, les changeurs reconnaissent à de minimes différences dans la gravure les gros et les deniers réellement frappés dans les ateliers royaux et ceux que mettent sur le marché des ateliers clandestins d'importance très diverse. Encore les techniciens du change sont-ils eux-mêmes, alors comme aujourd'hui, incapables d'apprécier exactement les différences de titre sans fondre les pièces. Le public, lui, s'y trompe ; il prend pour un même prix le denier du roi et le denier contrefait qui, moins riche en métal précieux, a laissé un substantiel profit dans la bourse de son fabricant.

Et pourtant, il faut battre monnaie. Même si le roi n'en tirait un revenu, il lui faudrait fournir à la vie économique du royaume ses moyens de paiement. Les pièces s'usent très vite, quand leurs détenteurs ne les rognent pas volontairement pour se procurer un peu de métal. Ce maigre profit du besogneux aggrave l'inévitable usure qui, chaque année, fait partir en poussière irrécupérable de deux à trois pour cent du métal en circulation.

C'est donc à un évanouissement, au rythme très irrégulier, qu'assistent, impuissants, les conseillers de Philippe le Bel. La vie économique du royaume en est à certains égards paralysée, et toutes les mesures prises contre l'exportation du précieux métal blanc ne participent pas du chantage contre les finances pontificales. En 1308, alors qu'aucune préoccupation diplomatique ne sous-tend la fermeture des frontières, le roi écrit au duc de Bretagne :

> Nous défendons étroitement et commandons, sur peine de corps et d'avoir, que nul en notre royaume n'affine ni ne rachète d'argent ou de billon, fors en l'hôtel de nos monnaies.
>
> Nous défendons derechef, pour certaine cause et spécialement parce que notre royaume n'est pas à présent suffisamment garni de petite monnaie, que nul ne tire ni ne porte hors de notre royaume des parisis, des petits tournois, des parisis doubles ou des tournois doubles.

Avec quoi frapper de nouvelles espèces, quand la production minière est notoirement insuffisante et quand tous les manieurs d'argent du royaume, changeurs ou marchands de quelque envergure que ce soit, s'entendent à évacuer le métal — en espèces ou en barres de fin — vers cet Orient où il est mieux coté ? Les Lombards ont ici la part belle, et l'opinion les rend à juste titre responsables. Mais les sujets du roi ne sont pas innocents, et nombre d'entre eux se font prendre la main dans le sac par les officiers du roi. Les lingots de métal fin qui sortent des creusets clandestins partent, via Lyon, Marseille ou Montpellier, vers Gênes et Florence ou vers Barcelone. Des moulins à eau animent, au vu et au su de tous, les soufflets de véritables fonderies industrielles dont l'activité n'est répréhensible que si l'on examine la production. Etablis à deux pas de la frontière royale, près d'Aigues-Mortes, deux moulins ont fondu et exporté quelque cent ou cent vingt mille marcs d'argent fin lorsqu'enfin les agents du roi peuvent mettre un terme à leur activité : cela représente la fonte d'au moins cinquante millions de pièces.

Baillis et sénéchaux ont charge de débusquer de telles fonderies, où qu'elles soient établies : il en est en plein Poitou. A tout le moins doivent-ils canaliser vers les ateliers royaux le métal à fondre — le billon — que le profit de l'entreprise permet aux fraudeurs d'acheter à un prix plus élevé que les monnayeurs du roi.

> Nous avons entendu que plusieurs Lombards, changeurs, orfèvres et autres ont fait et font encore et maintiennent en lieux privés et secrets des fournaises pour fondre, affiner et rechasser le billon, dans lesquelles ils ont, au temps passé, fondu et rechassé frauduleusement et malicieusement nos monnaies noires et blanches, de quoi nous et le peuple de notre royaume avons été grandement dommagés, et serions encore plus si remède n'y était mis hâtivement,
>
> ce pour quoi nous te mandons et commandons étroitement de faire abattre et dépecer les fournaises de cette manière qui pourront être trouvées en ton bailliage, mettant toute la diligence que tu pourras à les faire trouver, en quelque lieu qu'elles soient.

On devine les contrecoups que peut porter au marché monétaire le départ d'un navire ainsi chargé de lingots d'argent. Si la défense de la monnaie royale est un bon prétexte pour contrarier les ambitions fiscales de Boniface VIII et si les interdits promulgués contre les collecteurs pontificaux ont des causes avant tout politiques, il n'en faut déduire que l'idée de sauvegarder la monnaie du roi soit une pure chimère. Quand on veut battre monnaie, il faut du métal.

Le phénomène est général, cependant. Alors, pourquoi la France ? Pourquoi, seul, le royaume capétien est-il à ce point secoué ? Pourquoi le chaos ne règne-t-il pas dans les royaumes voisins ? Faut-il incriminer l'incompétence des conseillers financiers du roi ? Les mutations opérées par Philippe le Bel auraient-elles pour unique fin l'accroissement du revenu royal ?

La réponse tient dans la nature du marché monétaire français. Avec le royaume de France, le seul pays européen qui connaisse vraiment le bimétallisme est alors l'Italie. Mais l'Italie, c'est un complexe de villes exportatrices, pour qui la référence à l'or est très vite devenue déterminante et qui, avantage essentiel, assument elles-mêmes l'initiative et la régulation de ces échanges internationaux où s'évade une partie de l'argent d'Occident. De meilleurs moyens de mesure du marché monétaire, et notamment des réseaux internationaux d'information quantitative, renforcent cet avantage : les marchands florentins établis à Londres ou à Paris s'entendent, mieux qu'un bailli royal, à noter les cours au bas des lettres qu'ils envoient à leurs associés de Florence.

Hors de France et l'Italie, et hors des contrées de cette Espagne du Sud où l'on a de longtemps l'habitude des dinars arabes, le monométallisme règne encore pour plusieurs décennies dans une Europe où le florin de Florence est partout connu mais où il ne pénètre pas les marchés en profondeur. L'Angleterre, où nul monnayage féodal ne fait concurrence aux ateliers royaux, s'est essayée à la monnaie d'or en 1257, mais ces deniers d'or n'ont fait sur le marché qu'apparaître et disparaître. Le monnayage de l'or ne sera vraiment introduit en Angleterre qu'avec le « léopard » d'Edouard III, en 1344, et la grosse monnaie d'argent ne reparaîtra qu'en 1351. Dans le reste de l'Europe, on ne frappe encore que les espèces traditionnelles.

A Florence, à Venise, à Gênes, où l'or est abondant sans que manque pour autant l'argent, l'or ne coûte que treize à quatorze fois son poids d'argent. En Allemagne, où l'on n'a pas encore entrepris d'en faire une monnaie, il vaut à peine dix fois ce poids. En Angleterre, le rapport oscille autour de 12. En France, le rapport 13 est dépassé dès 1295, et l'on atteindra, nous l'avons vu, le rapport 19,6 en 1311. Dans une telle situation, revenir à un système qui coterait le marc d'or à quatorze fois son poids d'argent passe pour un idéal difficile à réaliser, au jugement d'un changeur dont le roi prend l'avis en 1313 et qui préconise un renforcement monétaire :

> Par cette règle, ceux de hors du royaume rapporteront pour un marc d'or quatorze marcs d'argent ou leur valeur ; ainsi s'emplira le dit royaume d'argent à grand planté, et se videra de l'or, en confondant ceux de hors du royaume qui, par leur cautèle, leur ruse et leur manœuvre, l'ont mis dans le dit royaume.

Dans la grande disette d'argent qui caractérise ces dernières années du règne, l'or en arrive à faire figure d'indésirable !

Si le royaume de France est à ce point vulnérable, c'est donc bien parce qu'il fait des expériences dont profiteront les autres, tant mal que bien, un demi-siècle plus tard. Mais il est d'autant plus vulnérable que sa configuration s'y prête et que son économie ne le défend pas. La façade méditerranéenne — si étroite soit-elle encore, sans Montpellier et sans Marseille — et la frontière du Rhône sont autant de portes à l'évasion monétaire vers l'Italie, le Maghreb et l'Orient. Encore ceci serait-il sans danger si la France produisait quelque objet de grande exportation. Les florins qui atteignent l'Angleterre n'y achètent pas l'argent anglais, mais la laine. Avec les draps de luxe, pour lesquels la France est surtout un relais, les produits d'exportation sont de ceux — vin, sel — qu'achète l'Europe du nord. Les pays de la Méditerranée ne manquent ni de vin ni de sel.

Pour peu que la France ait à exporter, le mercantilisme fiscal qui gouverne les esprits, et les gouvernera encore au temps de Colbert, suffit à décourager les vendeurs. Le royaume, croit-on communément, s'appauvrit en perdant de sa substance. Les exportations sont donc contingentées, et elles sont taxées. Dernières à s'acharner en de telles conditions, les quelques compagnies florentins et milanaises implantées à Paris renoncent même, à la fin du règne, à profiter des licences d'exportation que le roi met à trop haut prix. Il n'est pas excessif de dire ici que la fiscalité — et l'ignorance absolue de tout principe économique — contribue sensiblement à un déséquilibre de la balance des paiements sur le marché méditerranéen, déséquilibre qui est la cause première de l'inflation.

La monnaie insuffisante.

Pour monnayer avec peu de métal, on diminue la valeur intrinsèque des espèces. Il y a moins d'argent dans chaque pièce, mais la vie économique est ainsi dotée de moyens de paiement qui valent mieux que rien au chapitre de la commodité quotidienne. Au reste, plus la monnaie est noire, et plus le petit fraudeur a intérêt à l'exporter. La fonte n'est pas à la portée de tous. La monnaie blanche, qui peut s'exporter en espèces ou qui laisse peu de métal commun après la fonte, est une tentation permanente pour les spéculateurs, les gros comme les petits.

La menace est bien réelle. L'histoire monétaire est faite, après les grosses émissions de 1295-1303, de ces demi-succès que sont les ordonnances mal appliquées parce qu'il ne suffit pas d'ordonner une frappe pour que les ateliers royaux trouvent le métal. En 1305, alors que l'opinion réclame instamment un retour à la bonne monnaie, et alors que le roi a dû promettre ce retour aux prélats, dès 1303, pour retirer à Boniface VIII l'avantage qu'il trouvait à offrir aux Français la réforme du royaume, alors, donc, que tous se rencontrent pour souhaiter qu'on en revienne à la monnaie du roi saint Louis et que ce retour, fixé à Pâques 1305, a été la condition acceptée par le roi dans bien des négociations sur l'impôt du temps de guerre, le manque de métal transforme l'assainissement monétaire en une formidable confusion.

Dès mai 1305, les ateliers royaux commencent de frapper des gros d'argent fin et des deniers analogues à ceux que l'on avait avant 1295, ceux que l'on continue d'appeler, en embellissant un peu le souvenir, les deniers de saint Louis. En fait, ce sont des deniers plus légers en poids, mais riches de 38 pour 100 d'argent fin dans le parisis, de 31 pour 100 de fin dans le tournois. Mais les émissions sont à ce point insuffisantes qu'il faut, pour de longs mois encore, laisser courir les anciennes espèces à l'ancien cours et donner aux nouvelles un cours établi au taux de la monnaie faible des années 1303-1305. Le gros tournois, qui contient douze deniers d'aloi d'argent, donc 100 pour 100, alors que le précédent n'en contenait que neuf (75 pour 100), a cours légal pour 42 1/2 deniers tournois, alors que le gros de saint Louis, auquel on fait référence, en valait 12.

Ce qu'on avait annoncé comme un retour à la monnaie forte n'est donc, longtemps, qu'un timide redressement : du pied 54e, la monnaie est passée au pied 41e. Au moins cette esquisse du renforcement qu'ont exigé les contribuables permet-elle au roi d'obtenir le consentement du clergé à un nouveau subside, le « vingtième ». Ainsi le gouvernement royal gagne-t-il du temps pendant que les frappes se poursuivent, d'abord lentement, puis un peu plus vite après la confiscation des biens des Juifs.

On peut alors, en juin 1306, promulguer de nouveaux cours, qui seront applicables à compter de la Nativité de la Vierge (8 septembre). Le gros vaudra 13 1/8 deniers tournois. La monnaie est donc au pied 12e. La réévaluation est, enfin, sensible. Si les prix suivaient, elle serait efficace.

Cinq ans plus tard, le manque d'argent est officiellement constaté. L'affaiblissement de 1311 se fait par l'émission d'une nouvelle monnaie noire, le bourgeois fort de 2 1/2 deniers tournois et le bourgeois neuf de 1 1/4 deniers tournois. Dans ce nouveau système de paiement, il n'y a plus de monnaie blanche. Entre le bourgeois fort et l'agnel d'or — qui vaut 20 sous, soit 240 deniers — il n'y a rien. Le renforcement de septembre 1313, par lequel le roi cherche à faire croire que l'on revient à la bonne monnaie de saint Louis, ne comprend aucune espèce entre le denier parisis et l'agnel d'or, qui en vaut alors 144. Il n'y a rien, cette fois, entre la grosse pièce qui pèse 4,136 grammes d'or et la petite, qui contient 0,44 gramme d'argent.

Dualisme volontaire, d'ailleurs, compte tenu de la disette de métal-argent. Les bourgeois de Tours, de Troyes, d'Orléans et de Poitiers, consultés en 1313 par Marigny, en donnent explicitement le conseil :

> Il nous semble que bon serait, s'il plaisait au roi notre seigneur et à son noble conseil, que l'on fît monnaie noire sur certain pied, de quoi le peuple puisse être rempli, laquelle monnaie soit faite à la valeur de celle qui ores court, ou au plus près, c'est à savoir à l'équivalent de la monnaie d'or et d'argent qui a présent court par tout le royaume, en telle manière que toutes les monnaies qui courent par tout le royaume se puissent convertir en ces monnaies noires, que l'on fasse pour le prix au plus près

qu'elles demandent, afin que le peuple ne puisse être grevé.
Que toutes les monnaies d'or n'aient cours, fors le denier à l'agnel, et qu'elles soient toutes converties en ce denier pour le prix qu'il plaira à notre seigneur le roi et à son noble conseil. Et, ce fait, le royaume serait en bonne paix, qui n'y aurait que deux monnaies, c'est à savoir le denier d'or à l'agnel et la noire monnaie, où toutes autres se convertiraient. Et ainsi serait le peuple riche, et si le peuple est riche le sire est riche.

Au reste, l'argent qui rentre dans les ateliers ne suffit pas, même pour l'émission de ces espèces à faible teneur. Fixé au 22 juillet, le retour à la monnaie forte est reporté au 22 septembre 1313. Les bourgeois forts et les bourgeois neufs continueront de circuler : ce sont les seules espèces que nul ne songe à accaparer, à cacher ou à fondre. Le cours commercial du marc d'argent fin, tel qu'il résulte de l'ordonnance monétaire, soit 54 sous tournois, demeure un cours fictif : nul ne porte, à ces conditions, son métal aux ateliers du roi.

Un peu cachée par le retour à la « bonne monnaie », c'est en réalité la politique du pire. Pour qu'on ne lui vole pas sa monnaie d'argent, le roi n'en fait pas. Il espère que, la vie économique ayant besoin d'un signe monétaire au niveau moyen, ce vide attirera l'argent des pays voisins. On reconnaît bien là le pragmatisme politique d'Enguerran de Marigny. On ne saurait dire s'il faut voir dans la reprise du monnayage d'argent, à partir de 1318, l'effet, heureux mais tardif, de cette politique du vide.

La contrainte.

Quand se révèle inefficace l'action sur le marché, telle qu'on peut l'exercer en « muant » la monnaie, il reste un dernier recours : la contrainte. L'impôt est l'autre terme de l'alternative : impôt ou mutation. Mais les deux termes ne cessent de réagir l'un sur l'autre : souvent consenti à condition d'une stabilisation ou d'un retour à la bonne monnaie, l'impôt est aussi le moyen d'approvisionner en métal précieux le monnayage royal. Pour faire sortir des cachettes l'or et l'argent du royaume, rien ne vaut le zèle des collecteurs armés du droit de saisir les meubles.

Contrainte, encore, que cette interdiction d'exporter le métal, que nous avons déjà vue comme l'une des expressions de la politique royale. A partir de 1295, elle est pratiquement permanente pour la monnaie « blanche », et chaque crise monétaire en voit rappeler les clauses. Si l'ironie est évidente lorsque Philippe le Bel paralyse ainsi la fiscalité du pape en 1296, la défense de la monnaie ne peut être pour autant considérée comme simple prétexte. L'or et surtout l'argent qu'on embarque ou qui passent la frontière sont une hantise pour les gouvernants. L'ordonnance de juin 1313 est à cet égard explicite, qui autorise seulement l'exportation de l'agnel d'or et qui tolère, pour les pèlerins et les voyageurs ayant affaire hors du royaume, le transport d'une certaine quantité — limitée à leur usage personnel — de monnaie noire : quelques deniers pour l'auberge et le maréchal-ferrant.

Les importations ne sont pas moins surveillées : si elles apportent du métal que l'on peut refondre, elles ruinent le monnayage royal si elles inondent le marché d'espèces pires que celles du roi. Le risque est ici de voir la monnaie royale s'échanger, dans le royaume même, contre les mauvaises espèces. C'est dire que le roi surveille étroitement ce qui subsiste du monnayage des barons depuis que saint Louis les a confinés dans la frappe des deniers et a interdit dans le domaine royal la circulation d'autres espèces que les siennes. Face à dix — quinze à la fin du règne — ateliers royaux qui frappent l'or et l'argent, il y a encore une quarantaine — trente à la fin du règne — de barons, d'évêques et d'abbés qui, bien que le roi ne laisse passer aucune occasion de fermer un atelier féodal, jouissent du droit de battre monnaie et émettent une monnaie noire de médiocre qualité mais d'une importance économique non négligeable. Il y a, certes, des ateliers dont la production n'est qu'épisodique. Mais que serait le commerce en Bretagne sans le denier de Nantes ou celui de Rennes ? Que serait-il en Bourgogne sans le denier de Dijon ?

Si l'on craint à Paris de voir les deniers des barons envahir le domaine royal, donc circuler à travers tout le royaume, cependant que les deniers royaux iraient alimenter en métal les ateliers féodaux, on ne craint pas moins la monnaie proprement étrangère. En 1309, une ordonnance interdit expressément d'user pour les paiements d'espèces telles que l'esterlin ou le florin. Une autre ordonnance, en 1313, interdit de copier la monnaie du roi ; traduisons : d'émettre des espèces à moindre teneur de fin. Les changeurs sont officiellement chargés, lors de l'affaiblissement de 1309, de vérifier les pièces avant tout paiement sur les foires et marchés, et de cisailler ou percer les fausses espèces.

> Il y aura, établies de par nous, certaines personnes convenables, une ou deux, ou tant comme on verra qu'il sera nécessaire selon la grandeur de la ville ou la quantité des foires, marchés ou assemblées qui s'y font, à qui toutes manières de gens, de quelque condition ou état qu'ils soient, qui voudront bailler, prendre ou recevoir de la monnaie d'or, pour quelque cause que ce soit, seront tenus de montrer la dite monnaie d'or avant de la bailler, prendre ou recevoir, pour regarder et éprouver s'il y en a nulle qui soit contrefaite ou fausse.

Ces changeurs auxquels il lui faut bien recourir et qui reçoivent de lui leur investiture, le roi s'en méfie à juste titre : c'est par eux que la monnaie disparaît. Ils sont l'instrument du drainage économique du métal précieux. Dès 1294, interdiction leur est faite d'acheter du métal monnayable si ce n'est pour le compte du roi. C'est dire qu'ils doivent porter à l'atelier royal le plus proche tout le métal qu'on leur propose. En 1304, pour mieux les surveiller, on concentre les changeurs parisiens :

> Le change de Paris sera et se tiendra sur notre Grand Pont, du côté de la Grève, entre l'église Saint-Leufroy et la grande arche du pont.

L'année suivante, c'est une véritable réglementation du commerce de l'or et de l'argent que publie Philippe le Bel pour mieux assurer le contrôle d'un trafic dont dépend le destin de la monnaie royale.

> Pour le profit de tout notre royaume et de notre monnaie, nous avons ordonné de faire une Table, qui sera tenue en douze ou quatorze lieux solennels de notre domaine et de notre royaume, et il sera crié qu'il n'appartient de changer

> et tenir change qu'à nos Monnaies et aux changeurs établis de notre autorité et de notre consentement.

Marigny va plus loin, dans les derniers temps du règne. Il tente de ruiner leur négoce en fixant le cours d'achat du métal par les changeurs : un denier pour livre au-dessous du cours d'achat par la Monnaie, soit 0,4 pour 100 de bénéfice brut. Marigny s'essaie même à bloquer tout le marché monétaire : quiconque, recevant en paiement un agnel d'or, le comptera au-dessus du cours légal, sera passible du pilori.

Pour que les espèces anciennes ne fassent pas concurrence aux nouvelles, et pour les acheminer de force vers le creuset des monnayeurs, on les décrie systématiquement. Lorsque trop de contrefaçons circulent sur le marché, c'est une évidente nécessité. C'est ainsi, par exemple, qu'en août 1310 le gouvernement réplique à la circulation de deniers à la reine — c'est une pièce d'or — trop souvent contrefaits ou rognés.

> Que tous ceux qui ont desdits deniers à la reine s'en délivrent avant la fête de Notre-Dame de septembre prochainement venant.
>
> Et, s'il en est trouvé, après ledit terme, qui ne soient percés, ils nous seront acquis, et perdus à ceux à qui ils étaient.

Même lorsqu'en 1313 il limite à l'or et à la monnaie noire son monnayage, le roi n'hésite pas à décrier ses propres monnaies blanches. Elles ne vaudront plus que leur poids de métal, et la Monnaie, seule, pourra, pour les fondre, les acheter.

L'une des formes normales de la thésaurisation métallique, c'est l'orfèvrerie. Elle est, depuis les églises des temps mérovingiens, traditionnelle et dans une certaine mesure inconsciente. Elle offre, dans la vie et le cadre de vie, un agrément que ne procure pas l'enfouissement de jarres pleines de pièces. Il faut donc, ici, exercer une contrainte qui touche à la vie privée des sujets du roi. Mais il n'est pas toujours possible de déguiser les mesures somptuaires en préservation de la morale évangélique. Bien des limitations du luxe métallique ne s'accompagnent d'aucune restriction quant au luxe vestimentaire.

L'exportation de la vaisselle d'or et d'argent est naturellement interdite, depuis mars 1295. Suls, les prélats et les barons en voyage ont droit d'emporter avec eux à l'étranger quelques pièces de vaisselle dont le nombre et le poids doivent correspondre à leur rang. Il n'est pas question, pour un simple prieur, de se faire le passeur d'une vaisselle d'or massif. Le marchand, lui, n'a le droit de sortir, aux frontières du royaume, ni un plat ni une tasse.

Même la fabrication et la détention de vaisselle précieuse sont choses contingentées. Dès 1295, quiconque n'a pas six mille livres tournois de rente se voit dénier le droit d'en acheter. En juin 1313, Marigny fait décréter l'interdiction de toute fabrication de cet ordre pendant une année. Lors de la grande négociation avec les villes, en novembre 1314, on envisage même de faire durer l'interdiction pendant onze ans. Bien plus, on songe à la faire également observer sur les terres des seigneurs hauts-justiciers. Seule, la mort du roi interrompra, en novembre, cette tentative d'élargisement des restrictions au commerce des métaux précieux.

On ne s'en tient pas aux mesures somptuaires, on force à la vente les possesseurs de vaisselle d'or ou d'argent. De temps à autre, on leur enjoint en effet de porter à la Monnaie quelque partie de leur métal « en plate ». Ceux auxquels, en 1295, on interdit d'acheter de la vaisselle précieuse doivent porter à la fonte le tiers de celle qu'ils ont déjà. En 1302, la ponction concerne la moitié de la vaisselle détenue par tout un chacun. Les baillis et les officiers comptables du roi se voient privés du tout, et pas même payés lors de la remise : ils pourront déduire de leur recette à venir le prix de la vaisselle ainsi fondue.

Ponctions locales et ponctions générales s'entremêlent. S'additionnent-elles ? Leur succession manifeste-t-elle seulement leur inefficacité ? On peut se demander ce qui reste dans la huche du bourgeois, après vingt ans de prélèvements, lorsqu'on ordonne encore, en 1313, la vente forcée d'un dixième de la vaisselle que détiennent les habitants de la sénéchaussée de Nîmes. A la veille de la mort du roi, les députés assemblés à Paris proposent de saisir le quart de la vaisselle possédée par chacun. Qui, après tant de prélèvements, en a encore ?

La multiplication des ponctions se conjugue avec ces émissions dont on exclut, à la fin, toute monnaie blanche et qui rapportent si peu au Trésor. Si elle a constitué la moitié du revenu royal dans les dernières années du XIIIe siècle, la monnaie n'est plus, dans la seconde moitié du règne, qu'une ressource problématique. Si le roi « remue » sa monnaie, ce n'est pas pour le gain qu'il en tire.

Mutations et politique sociale.

La raison principale de la dévaluation à moyen terme et de l'échec rapide de toutes les tentatives de stabilisation par le renforcement, c'est le manque de métal-argent. Certaines oscillations à très court terme laissent, en revanche, déceler un expédient de trésorerie. Ne négligeons cependant pas quelques autres facteurs de détermination de la politique financière, facteurs dont l'interférence rend parfois le comportement des gouvernants tout à fait incompréhensible. N'y a-t-il pas, d'ailleurs, interférence constante des causes principales elles-mêmes ? Le besoin de ressources supplémentaires pour le temps de guerre n'est-il pas cause, à la fois, du grossissement brusque du revenu monétaire et d'une aggravation de cette évasion du numéraire qui nourrit l'inflation mais tue le revenu ?

Le jeu politique des différents groupes sociaux n'est pas le moindre de ces facteurs d'incohérence. Selon le besoin qu'il a d'eux en d'autres domaines, le roi cherche à donner l'avantage monétaire aux uns ou aux autres. Ainsi peuvent s'expliquer certaines hausses brusques et simultanées du cours de l'or et du cours de l'argent par rapport à la monnaie de compte.

L'effet des variations monétaires sur les prix, les salaires et les revenus est assez simple pour que les gouvernants les moins portés à l'abstraction sachent et puissent l'escompter. On sait que l'inflation avantage les débiteurs : les locataires, les paysans, les boutiquiers et les artisans endettés. De même sait-on qu'elle ruine lentement les propriétaires, les rentiers, les prêteurs : autrement dit la noblesse et le clergé, dont le revenu vient en grande partie de redevances foncières fixées en monnaie de compte. Tel paysan qui doit un sou à son seigneur depuis deux siècles continue de verser douze deniers à son seigneur, mais le denier a noirci, et son pouvoir d'achat n'est plus le même.

Seul, le grand bourgeois peut équilibrer ses gains et ses pertes. A la fois acheteur à terme de marchandises et prêteur d'argent, payant loyer pour son hôtel et donnant à louer ses immeubles de rapport, il peut spéculer à la hausse comme à la baisse.

L'évolution naturelle du marché suffit donc à alléger les dettes, les cens, les loyers, et à ruiner les propriétaires traditionnels. Ceci met, pour longtemps, le roi à l'abri des révoltes paysannes, mais on grogne dans les châteaux. Lorsque le roi a besoin du soutien politique des grands et de l'Eglise — les paysans sont d'un médiocre secours face à Boniface VIII — le renforcement, même artificiel, de la monnaie s'inscrit dans l'arsenal de son gouvernement. Mais c'est là ramer à contre-courant, et les remous sont inévitables.

La publication, en octobre 1306, des modalités du renforcement promis aux prélats dès 1303 et préparé, comme on l'a vu, depuis un an, c'est-à-dire l'annonce de l'obligation faite aux débiteurs de respecter les termes des contrats provoque un tollé. Le débiteur trouvait normal de payer toujours le denier qu'il devait de longue date, même si ce denier ne valait plus rien, mais il trouve excessif de devoir payer encore, pour l'exécution de contrats passés depuis cinq ou dix ans, le sou dont on était convenu quand il valait peu : ce sou vaut maintenant trois fois plus qu'hier. Presque tous les baux urbains ont été stipulés en monnaie faible : accepter leur paiement en monnaie forte, c'est accepter un triplement des loyers.

Il y a bien quelques atténuations dans l'ordonnance du 4 octobre. Il est notamment dit que les paiements stipulés en monnaie réelle, et non en monnaie de compte, seront faits dans la monnaie prévue. Malheureusement pour les débiteurs, il a été naguère interdit de stipuler en monnaie réelle : tout doit être exprimé en livres, sous et deniers. Au reste, comment payer en une espèce décriée, souvent disparue de la circulation, une espèce dont l'usage même est frauduleux ?

De même le roi a-t-il nuancé le droit quant aux loyers fixés depuis la Saint-Jean, c'est-à-dire depuis l'annonce de la réévaluation. Le paiement se fera en nouvelle monnaie, sauf si une somme exagérée dénote le fait qu'on a négligé, lors du contrat, d'anticiper sur le renforcement comme on était en droit de le faire. Clause difficile à interpréter, au reste, que celle qui fait appel aux arguments d'intention et de vraisemblance. L'intention du roi est excellente. Il en naîtra surtout d'innombrables contestations sur le caractère normal ou exagéré des stipulations.

Le peuple, naturellement, comprend aisément qu'une telle

mesure a pour objet de ramener les revenus du clergé et ceux de la noblesse à leur niveau réel du siècle précédent. Cela signifie le triplement de la plupart des loyers. Le 30 décembre, Paris se soulève. L'émeute gronde sous les fenêtres du roi, qui s'est réfugié au Temple. Quelques grands bourgeois voient leur maison pillée. Gros propriétaire immobilier et assez proche du roi pour être suspect d'avoir influencé la décision royale, Etienne Barbette a la sienne saccagée. Le Conseil se réunit d'urgence. Les loyers seront payés à leur ancien taux réel. Le peuple a eu gain de cause.

Les gouvernants.

Cette histoire d'une mesure pour rien dans le monde des villes, et d'une mesure dont tout le poids pèse finalement sur le monde des paysans, car on n'a rien changé aux dispositions initiales pour les cens, illustre assez bien le dernier facteur de ces oscillations à court terme qui, tantôt exagérant la conjoncture, tantôt la contrariant, perturbent finalement la vie économique bien plus gravement que la lente érosion du tournois et du parisis : c'est la maladresse des gouvernants.

Il n'y a pas au Conseil de véritable financier, et les hommes d'affaires qui gravitent autour du roi — Biche et Mouche, Barbette, Barbou, Cocatrix — sont plus soucieux de servir leurs intérêts personnels que de définir une politique cohérente. Il faut attendre Marigny pour voir un membre influent du Conseil prendre en main les questions financières. Mais Marigny n'est véritablement puissant qu'à partir de 1311, et encore les finances n'entrent-elles alors dans sa compétence que comme le complément logique de ses fonctions domestiques et de ses attributions diplomatiques. Avant Marigny, le Conseil est dominé par les diplomates et par les juristes.

Les avis, certes, ne manquent pas à Philippe le Bel. En 1293, déjà, selon un mémoire rédigé un peu plus tard dans l'entourage du roi, partisans et adversaires de la dévaluation s'affrontent au sein du Conseil. Mutation de la monnaie ? Impôt ? L'alternative est déjà posée.

> Pour ce que Thomas Brichart, maître de la Monnaie, et aucuns du Conseil conseillaient et voulaient que pour avoir chevance (ressources) se fît la faible monnaie, qui depuis se fit, monseigneur Mouche et aucuns autres soutenant le contraire et ne voulant pas que la bonne monnaie se gâtât, pour la gêne qui en résulterait,
>
> et pour ce que la faible ne se fit, par leur conseil, se leva prêt qui fut mis et levé sur les riches bourgeois de toutes les bonnes villes et des bailliages.

Les maîtres des monnaies ne sont pas de simples entrepreneurs de la frappe. Ce sont des professionnels de la finance, changeurs et hommes d'affaires à la fois, que l'on peut suspecter de spéculation, non d'incompétence. Des monnayeurs, comme Mathieu et Bétin Cassinel, qui prennent à bail l'atelier de Paris aussi bien que celui de Toulouse, sont issus d'une famille noble de Lucques. Autre monnayeur, Renier Le Flament est un grand bourgeois de Paris. En 1305, les ateliers de Paris, de Troyes et de Tournai sont gérés par des Florentins de la compagnie des Peruzzi. Jusqu'à sa mort en 1312, Bétin Cassinel intervient dans le monnayage royal, partageant la charge avec quelques autres grands manieurs d'argent, comme le Florentin Donato Brunelli.

C'est le même milieu professionnel qui fournit au roi les maîtres de sa monnaie, ses banquiers et quelques-uns de ses conseillers les plus écoutés. Non seulement ces gens-là savent compter, mais ils sont capables de concevoir une assez large vision des mouvements économiques.

Voilà pour la période des plus fortes mutations. Biche et Mouche disparus — ils sont morts en 1307 — et la plupart des Lombards expulsés en 1309 après l'avoir été déjà en 1301, la place reste aux conseillers français, à Marigny, surtout, qui fait figure de ministre des Finances au cours des deux ou trois dernières années du règne. C'est lui qui anime les débats du Conseil en matière financière.

Chevalier sans formation technique ni culture, Marigny est un empirique en matière financière comme ailleurs. Mais il n'est pas seul. Pour ses affaires personnelles aussi bien que pour celles du royaume, il a pris plus ou moins à son service un marchand italien, Thote Guy, le propre fils de Nicolas Guy. Valet du roi — titre honorifique — et receveur royal en Flandre,

Thote Guy se voit à plusieurs reprises qualifier de « marchand de monseigneur Enguerran de Marigny ». A Paris comme à Londres, en Artois comme en Flandre, nous voyons le neveu de Biche et Mouche flanquer le tout-puissant chambellan du roi.

Pour collaborateurs, Marigny a également pris deux clercs, Geoffroi de Briançon et Michel de Bourdenay, qui semblent ne pas être dépourvus de compétence financière : l'un deviendra trésorier du roi, l'autre maître des comptes. Tous deux demeurent très attachés à leur ancien patron, et ne lui marchandent pas leurs conseils.

On va néanmoins plus loin dans la recherche d'avis représentatifs de la réalité économique. Il ne s'agit pas ici de ces assemblées qui, en 1303 et 1308, comprennent quelques bourgeois faisant quelque figuration aux côtés des nobles et des prélats pour manifester l'adhésion du royaume à la politique menée contre Boniface VIII, puis contre les templiers. Une autre assemblée, au printemps de 1308, est réunie à seule fin d'étudier la situation monétaire et d'y remédier :

> Nous avons récemment mandé et fait venir à Paris de plusieurs bonnes villes deux ou trois prudhommes de chacune, qui mieux se connaissent au fait des monnaies, pour avoir délibération et conseil de mettre et faire revenir nos monnaies au point et en l'état, en la valeur et de l'aloi en quoi elles étaient au temps de monseigneur saint Louis, notre aïeul.

Nous ne savons si les états de 1313 sont légende ou réalité. Nous connaissons en revanche fort bien les avis recueillis en 1313 et 1314 par Marigny, qui savait les limites de sa compétence financière. En 1313, ce sont les consultations écrites des bourgeois de trente à quarante villes, et de quelques notables spécialistes, individuellement sollicités : le Florentin Pepe Bonaprise, le Limousin Pierre Chief de Roy. En 1314, c'est au contraire une assemblée convoquée d'urgence, vu le péril, pour le 1er août. L'affaire est alors de financer la campagne de Flandre qui va s'ouvrir ; suivant l'exemple d'Etienne Barbette, en qui Marigny a trouvé un complice à peine discret, les bourgeois ne peuvent qu'octroyer le subside demandé. Mais en novembre, c'est de sauver l'activité économique, compromise par le renforcement de 1313, qu'il s'agit. L'argent manque sur le marché, l'or demeure cher. L'espèce par excellence, c'est la piécette noire, le bourgeois. Ainsi, on ne va pas loin.

Au nombre d'une centaine, les députés qui donnent alors leur avis représentent quarante-cinq villes. Cet avis tient en deux termes : dévaluation de la monnaie, prohibition de la vaisselle précieuse.

Le roi est conseillé, et l'on ne saurait dire qu'il l'est mal. La vue est courte, faute des moyens d'une analyse dont les milieux d'affaires français sont dépourvus. Le marché réagit rapidement à toute variation, sur une place ou sur une autre, de l'offre et de la demande, mais les gouvernants ne sont que tardivement et imparfaitement informés de cette situation. Les agents locaux ne sont ni formés ni établis pour cela. Baillis et sénéchaux publient les ordonnances de mutation, mais ils sont hors d'état de les expliquer. Ils transmettent les plaintes contre la faible monmaie ou contre la forte, mais aucun d'eux ne songe à faire connaître régulièrement au roi et à son Conseil le cours réel des espèces dans leur ville ou dans leur région.

Les gouvernants constatent le marché financier de l'avant-veille, mais ils ne peuvent connaître celui du jour. Ils naviguent donc à l'aveuglette, cherchant sans cesse, par des a-coups ressentis comme autant d'hésitations, voire comme autant de maladresses, à ajuster un outil politique qu'ils manient encore bien mal à une nécessité qu'ils mesurent encore plus mal.

CHAPITRE VII

Les choix financiers

Considérable après les premières mutations, le revenu que tire le roi de ses ateliers monétaires est donc, après 1300, tout à fait insignifiant. Le roi n'en est plus à profiter de sa monnaie, il en est à éviter purement et simplement l'asphyxie du royaume.

L'autre terme de l'alternative financière, c'est le recours à l'impôt. Tout au long du règne, c'est là le seul moyen, et le moyen constant, de se procurer les ressources extraordinaires qui permettront à la monarchie de faire face aux charges publiques qui s'alourdissent, et en particulier de faire face au coût de la guerre. Depuis un siècle, les rois de France ont eu quelque peine à se suffire de leur ordinaire, de leur domaine. Philippe le Bel, lui, ne peut plus « vivre du sien ».

LE REVENU FÉODAL.

Le roi n'est pas seulement propriétaire d'un domaine, il est aussi seigneur de nombreux vassaux. Ceux-ci lui doivent l'aide et le conseil qui sont l'expression de leur vassalité et la contrepartie de leurs fiefs. Mais le conseil s'estompe, alors que les institutions gérées par des professionnels sortent peu à peu de l'ancienne Cour où siégeaient les vassaux. Il n'en restera bientôt plus que la Cour des pairs.

L'aide, en revanche, demeure une obligation bien vivante, fixée par la coutume quant aux occasions où elle s'exerce et quant à son extension matérielle. Si le roi n'est pas attaqué, le service militaire dû en cas de guerre est limité dans le temps.

La valeur économique du fief conditionne évidemment le nombre d'hommes d'armes que le vassal doit conduire à l'ost de son seigneur. L'intendance elle-même est ainsi assurée : outre un certain nombre de sergents, c'est-à-dire de combattants à pied, bien des villes doivent le service de quelques charrettes afin d'assurer le transport des vivres et de l'équipement, voire celui des machines de siège.

Quant au service financier dû par les fiefs, il est tarifé par la coutume, qui détermine aussi les « cas » dans lesquels cette aide est exigible. Quatre cas sont généralement reconnus à travers tout le royaume : le vassal doit aider de ses propres deniers son seigneur lorsque celui-ci doit verser rançon, lorsqu'il arme chevalier son fils aîné, lorsqu'il marie sa première fille et, sous certaines réserves, lorsqu'il part pour la Croisade. De tels cas sont indiscutables : point n'est besoin de négocier le consentement des vassaux.

Le droit féodal ne reconnaît au suzerain aucune prérogative militaire ou financière à l'encontre de ses arrière-vassaux, non plus que des manants qui vivent dans les fiefs tenus de lui. La seule prérogative du suzerain, c'est la justice d'appel, et nous savons que Philippe le Bel s'entend à l'exercer contre ses grands barons.

De convoquer directement à l'armée les hommes de ses vassaux, ou de les imposer, il ne peut donc être question. Mais le comte qui doit, pour son comté tenu du roi en fief, conduire à l'armée royale cent ou deux cents chevaliers ne peut le faire sans invoquer à son tour le service qu'en cas de guerre lui doivent ses propres vassaux. Le roi convoque son « ban », mais ses vassaux lui amènent son « arrière-ban ». Quant à l'aide financière, le vassal ne peut évidemment la payer, le « cas » échéant, qu'en levant sur ses manants une taille analogue à celle que, dans le même temps, le roi lève sur les habitants du domaine royal.

Lorsque le roi, agissant en tant que suzerain au sommet de la pyramide féodale, invoque le droit féodal pour convoquer ses troupes ou demander de l'argent, c'est en fait la quasi-totalité du royaume qu'il touche, jusqu'aux plus modestes niveaux de la dépendance. Mais il ne peut le faire qu'à travers ses vassaux directs, lesquels s'entendent à prélever au passage leur part, puisque aussi bien personne n'est en droit de leur demander compte de ce qu'ils reçoivent, dès lors qu'ils paient ce qu'ils doivent. Pour l'arrière-ban, pour ceux qui, parce qu'il est le roi, sont ses sujets, le roi n'a ni le droit de les convoquer ni celui de les imposer.

Par trois fois, Philippe le Bel invoque le droit des fiefs en matière d'aide financière. En 1285 il s'agit de sa propre « chevalerie », en 1308 du mariage de sa fille Isabelle, en 1313 de la chevalerie de son fils aîné le roi de Navarre, le futur Louis X.

A chaque fois, on tente bien d'étendre la levée aux arrière-vassaux. A chaque fois, c'est le même concert de protestations. Les vassaux directs se voient tournés, donc amoindris dans leur puissance politique. Les arrière-vassaux se voient, à brève échéance, taxés deux fois.

Devant le tollé de 1285, le jeune roi ordonne de s'en tenir aux vassaux et de rendre aux arrière-vassaux ce qu'ils ont déjà payé. En 1308, le Parlement connaît des conflits qui opposent le roi à certains de ses vassaux, quelques prélats en particulier, qui refusent l'accès de leur seigneurie aux agents royaux. Ceci aboutit à faire du Parlement l'instrument du consentement donné à l'impôt par les sujets du roi. Bien des villes donnent même à leur procureur pouvoir d'agréer l'aide au roi et d'en discuter le montant. On voit même de petites villes se grouper pour limiter les frais : un procureur en représente huit à la fois. Tout ceci pourrait conduire le Parlement vers un destin politique analogue au Parlement anglais, pour peu que les représentants des communautés d'habitants soient intégrés dans la délibération. En fait, malgré un demi-succès, l'entreprise demeurera sans lendemain.

Les concessions faites par les procureurs sont assez substantielles pour que les gouvernants puissent, un temps, se réjouir. Mais l'impôt, en fait, rentre très mal. Trois ans plus tard, les Orléanais n'ont pas fini de payer, et les Parisiens disputent encore de la manière de répartir le poids de la taille de dix mille livres parisis qu'ils ont octroyée, sans trop de peine pouvait-on croire, en 1308.

C'est bien pis en 1313. Les barons objectent que les vassaux directs sont les seuls qui doivent l'aide pour la chevalerie du fils aîné de leur seigneur le roi. Bien des villes se disent, pour un motif ou pour un autre, exemptes. Marigny, qui se prépare à reprendre la guerre contre la Flandre et qui sait ce qu'il en coûtera, cède très vite devant cette hostilité générale.

La décision est prise de différer la levée de l'aide dans les villes qui ont protesté : les bourgeois ne s'y trompent pas, et savent qu'on n'en parlera plus. De même laisse-t-on tranquilles les habitants des seigneuries de tous les hauts-justiciers. En bref, on renonce à percevoir l'aide féodale sur les arrière-vassaux.

On se contente de contraindre ceux qui ne peuvent nier leur devoir et que le roi ne peut tenir quittes sans perdre la face : une petite armée de sergents s'abat sur la Champagne, et on harcèle les Parisiens. Mais, à la fin de 1315, ceux-ci n'auront encore payé que la moitié de leur contribution.

Au vrai, le gouvernement de Philippe le Bel ne croit plus à l'aide féodale. Le réalisme politique d'un Enguerran de Marigny bute sur cette constatation : pour n'être pas négligeable, l'aide doit être étendue aux arrière-vassaux du roi, et elle ne peut l'être qu'au prix de négociations. Or l'intérêt majeur qu'offre le droit féodal, c'est l'automatisme de l'aide. Dès lors que l'extension de l'aide passe par le consentement, cet automatisme disparaît. Du système féodo-vassalique de l'aide financière, il ne reste alors que son inconvénient : la limitation aux quatre « cas ». On voit bien, en 1313, qu'à moins d'être pris par les Flamands ou de partir pour la Croisade, Philippe le Bel n'aura plus de son vivant l'occasion de recourir à l'aide féodale.

Alors, à tant faire que de négocier avec les contribuables, mieux vaut concentrer l'effort du roi sur un autre devoir du vassal, qui n'était pas limité à des cas exceptionnels : l'aide militaire due au seigneur en guerre. L'obligation apparaît là moins personnelle que celle de l'aide financière. Il ne s'agit ni du seigneur, ni de son fils, ni de sa fille, mais de la seigneurie et de la défense commune de son territoire et de ses droits. Quand la seigneurie s'appelle le royaume, tous — et non seulement les grands barons — peuvent se sentir concernés. Au temps de saint Louis, déjà, certains juristes, comme Beaumanoir, en ont admis l'idée.

On peut alors toucher les habitants du royaume, non plus comme les hommes des vassaux du roi-suzerain, mais comme les sujets du roi-souverain. Du droit féodal, la guerre permet de faire glisser la fiscalité vers le droit monarchique.

LE RACHAT DU SERVICE ARMÉ.

Les débiteurs du service militaire pourraient évidemment venir en armes de toute la France, plus ou moins bien préparés et équipés, et plus ou moins décidés à ne pas dépasser leur quarantaine si le royaume est hors de danger. Mieux vaut, et le roi va s'y employer, qu'ils acceptent de racheter ce service.

Le paysan, l'artisan, le boutiquier sont souvent prêts à se dégager d'une obligation personnelle qui les éloignerait des champs au moment des moissons et des vendanges, qui les contraindrait à fermer boutique, qui laisserait leur femme gouverner seule les apprentis. N'oublions pas, cependant, que la France est alors surpeuplée, et que l'ost royal, ce n'est pas la levée en masse. Les bras sont nombreux sur des terroirs qu'on ne peut plus élargir ou multiplier à l'infini. L'envoi à l'armée d'un sergent pour vingt ou trente familles « faisant feu », c'est souvent l'occasion, pour l'un des fils d'une famille trop nombreuse pour l'atelier, de gagner les quelques sous que les autres familles lui donnent en se cotisant. La petite troupe qui part d'une ville pour l'ost royal est généralement le résultat d'une contribution financière qui est le rachat de ceux qui ne partent pas.

Le rachat au roi ne changera donc pas grand-chose, tant que l'impôt sera effectivement dépensé pour la guerre. Les sergents envoyés et payés par les communautés d'habitants deviendront les soldats recrutés et payés par le roi. Pour celui-ci, les avantages de l'armée soldée sont indéniables. C'est la fin de ces contingents disparates, dont rien ne garantit la vigueur ou la bravoure : le soldat, lui, devra mériter sa paie. C'est la fin, aussi, de ces troupes levées à l'autre bout du royaume et parvenant trop tard sur le théâtre des opérations. Et c'est la fin des armées trop nombreuses en droit — rarement en fait — mais étroitement limitée dans leur durée : dans la mesure des ressources offertes par l'impôt, on pourra recruter le nombre d'hommes que l'on voudra pour le temps que l'on voudra.

Et puis, c'est la fin des incertitudes politiques qui pesaient si lourdement sur la composition de l'armée féodale, quand on se demandait jusqu'au dernier moment quel parti prendrait tel baron avec son contingent.

Il en est donc qui perdent, si l'impôt rachète le service: ce sont les barons. Ils perdent d'abord parce que le remplacement du contingent féodal par l'armée soldée les prive de leur premier rôle social. La guerre et le commandement militaire sont l'une des composantes de leur « état » de chevaliers, et voilà qu'on veut les en priver. Certes, le roi n'interdira jamais à un baron de servir en personne, et de se dispenser ainsi de racheter son propre devoir militaire. Mais le baron commandait jusqu'ici, de droit, les hommes qu'il conduisait à l'ost de son seigneur le roi. Il dépendra dorénavant du roi que tel baron commande l'aile droite et que tel autre soit tout bonnement dans les rangs, commandant ou non une troupe qui ne sera, de toute manière, pas la sienne.

Par-delà le temps de la campagne, le rachat du service est une manifestation nouvelle — éclatante aux yeux des populations — de la dégradation des droits du duc, du comte ou du simple chevalier sur les hommes de sa seigneurie. C'est donc dans le rapport des forces entre le roi et la féodalité qu'il faut chercher l'un des facteurs du cheminement qui conduit de la défense du royaume au droit du roi à l'impôt général. L'autre facteur, c'est le jeu très subtil et très divers des villes. Les corps municipaux se comportent volontiers en barons pour affirmer leur personnalité politique. Ils sont surtout habitués, de longue date, à mettre à profit les extensions de l'intervention royale dans le royaume. C'est ainsi qu'ils se sont faufilés à travers le réseau serré d'une féodalité à laquelle les villes étaient, par leur nature et par leur histoire, totalement étrangères. Depuis le XIe siècle, l'alliance des villes et du roi — surtout évidente, on le comprend, hors du domaine royal — a constamment battu en brèche les prérogatives des féodaux.

Selon que l'équilibre des forces est favorable ou non au roi, celui-ci invoque avec une vigueur très différente le principe du rachat. Sûr de sa force, comme il l'est à la veille de la guerre de Guyenne, le gouvernement royal se dispense de ratiociner dans le calcul des rachats : il passe directement de l'obligation militaire à l'obligation financière. Dans certaines régions, c'est l'armée que Philippe le Bel convoque, en 1294. En d'autres, il demande une aide financière, sans la justifier dans le détail. On compose avec les députés du Quercy ou avec ceux du Périgord. On généralise vite, dans tout le Midi languedocien, qui paiera un fouage — tant par « feu » — normalement fixé à six sous tournois, étant entendu que « le fort porte le faible », ce qui signifie que chaque communauté d'habitants paiera autant de fois six sous qu'il y a de feux, mais qu'au sein de la communauté les riches paient plus que les pauvres.

Les années suivantes, le gouvernement ne se sent même plus tenu d'invoquer le rachat : dans les pourparlers qui conduisent les barons du Nord à consentir à l'imposition du « centième » sur les fortunes dans leurs propres seigneuries, de même qu'au cours des négociations avec les assemblées des nobles de plusieurs sénéchaussées méridionales, on ne discute que du montant d'un impôt dont la guerre semble suffire à justifier le principe. Le roi achète assez habilement le consentement des plus hauts barons : le duc de Bourgogne recevra la moitié du produit de l'impôt levé dans son duché. De moindres seigneurs protestent en vain : le comte de Rodez enrage de ne rien obtenir.

Avant la fin de l'année, on peut dire que la plus grande partie de l'impôt est levée. Une taxe sur les transactions et un emprunt forcé particulièrement lourd complètent cette mise en œuvre d'un droit royal qui semble s'établir.

La résistance commence de se manifester lorsqu'on entrevoit une guerre plus longue qu'il n'était prévu. En 1296, il faut partager le profit de tout ce qui est levé en dehors du domaine royal : les comtes et les évêques lèvent le « cinquantième » accordé au roi par une assemblée tenue à Paris en janvier, et ils en gardent pour eux le tiers. De plus modestes seigneurs, hauts-justiciers cependant, font de même et gardent le quart de la levée.

Cela n'empêche pas les Flamands de protester : leur comte n'était pas à l'assemblée : donc il n'a pas consenti à l'impôt. Certaines grandes villes composent pour une somme forfaitaire : ainsi Bruges, Ypres et Douai. Le roi n'obtient finalement la complaisance du comte de Flandre qu'en lui laissant une part exceptionnellement élevée de l'impôt : la moitié.

Pendant ce temps, le comte de Rodez refuse purement et simplement de laisser payer ses hommes, le comte de Foix tergiverse et obtient des délais, et il faut envoyer des sergents sur les terres de l'évêque de Langres. Partout, les gens du roi sont trop heureux de s'accommoder de paiements partiels.

La guerre de Flandre relaie la guerre de Guyenne. Les collecteurs de l'impôt royal passent leur temps à négocier, à composer, à relancer. Chaque paiement procède d'un accord local. Au cinquantième qu'a voulu établir le roi se substituent toutes les formes possibles de la contribution. Mais, en multipliant les négociations locales dont il choisit le niveau, le gouvernement royal évite de devoir s'engager par de durables concessions sur le plan politique.

Certes, une chose disparaît dans de telles conditions : c'est la vue d'ensemble des besoins financiers de la monarchie. Le Midi proteste qu'il a payé plus que sa part pour l'affaire de Guyenne et qu'il entend laisser le Nord assumer la charge de l'affaire de Flandre.

Le cinquantième de 1297 n'est levé qu'avec peine. Il en va de même en 1300. Mais la résistance à l'impôt demeure dispersée, et l'on ne voit se mettre en place aucun organe permanent de contrôle politique de la monarchie qui puisse, de près ou de loin, se comparer à ce qu'est depuis bientôt un siècle le Parlement anglais.

Devant l'âpreté de ces résistances, force est cependant de revenir à une justification plus étroite de l'exigence fiscale. On reparle en 1302 du service armé, et de son rachat. Peu disposés à payer pour la guerre du roi, bien des sujets comprennent mieux qu'ils doivent servir en armes ou se racheter.

L'ARRIÈRE-BAN.

Après les matines de Bruges, et encore plus après le désastre de Courtrai (11 juillet 1302), la position du roi est telle qu'il peut, sans exagérer, invoquer la défense du royaume. Philippe le Bel se trouve bien dans l'extrême nécessité qui est la condition absolue d'une véritable violation de la coutume qui ne lui reconnaît pas le droit d'appeler lui-même à l'armée ses arrière-vassaux. Avec le « ban », qui est l'expression ordinaire de son droit de commandement, il va, en ce cas extrême, convoquer l'« arrière-ban ».

Un siècle plus tôt, la monarchie n'était pas encore dégagée des liens contractuels du système féodal. Bien qu'il fût au sommet de la pyramide, le roi lui était lié. L'arrière-ban, c'étaient les contingents des ducs et des comtes : on n'appelle pas à l'armée les soldats sans passer par les généraux. En ces années 1300, les choses ont changé, et les sujets du roi se définissent bien autrement que par leur place dans la pyramide vassalique. Le bourgeois de Paris n'est vassal de personne, et le bourgeois d'Arras ou du Mans, qui est comme le vassal en nom collectif du comte d'Artois ou du comte du Maine, ne voit pas ce qui le différencierait du bourgeois de Paris. Dès lors que, pour l'un comme pour l'autre, la notion de service ne passe pas obligatoirement par un métier des armes qui est celui des nobles mais non celui des bourgeois, le marchand d'Arras ou l'artisan du Mans combattront peut-être l'impôt, mais non la procédure qui tient leur comte à l'écart du droit d'imposer.

Dans les circonstances dramatiques de 1302 et 1303, la sagesse du roi est de paraître demander peu, alors qu'il est en train de faire, quant au droit, l'un des plus grands pas de l'histoire monarchique. On exempte de l'impôt ceux qui servent en personne et, s'ils sont nobles, leurs hommes. On élève le seuil de non-imposition : de 200 livres de capital et 100 livres de meubles, il passe à 500 livres de capital et 300 livres de meubles. On modère aussi les taux d'imposition : après Courtrai, le roi préfère recevoir peu mais le recevoir vite.

Toutes ces apparentes concessions, de même que la justification par le rachat du service armé, portent leur fruit : Philippe le Bel a très vite les moyens de lever de nouvelles troupes.

Les conditions de l'impôt.

L'habileté du Conseil — cependant décapité à Courtrai — est de ne céder que dans l'épisodique. Le roi promet de rétablir la bonne monnaie, de payer ses dettes, de réformer les usages de l'administration, de ne plus empiéter sur les prérogatives des barons. Le prix de l'impôt accordé en mars 1303 par un Conseil élargi où sont entrés nombre de barons et de prélats, et confirmé dans les provinces par des assemblées d'habitants, c'est un renforcement monétaire qu'il faudra attendre deux ans et ce sont des promesses de modération dans l'usage administratif. Rien, en cela, qui astreigne si peu que ce soit la monarchie de manière vraiment durable.

Mais le roi est alors, dans l'exercice immédiat du gouvernement, obligé de montrer une patte de velours. L'instruction secrète adressée aux receveurs de l'impôt montre à quel point les limites du pouvoir sont resserrées. Il faut négocier, convaincre, ruser. Il faut, surtout, éviter les éclats.

> Vous devez être avisés de parler au peuple par douces paroles et de montrer les grandes désobéissances, rebellions et dommages que nos sujets de Flandre ont faits à nous et à notre royaume, ceci afin de le rendre attentif à notre intention.
>
> Vous devez faire ces levées au moindre esclandre que vous pourrez et à la moindre commotion du menu peuple.
>
> Et soyez encore avisés de mettre des sergents débonnaires et traitables pour faire vos exécutions [...]
>
> En toutes manières, montrez-leur comment, par cette voie de payer, ils sont hors des périls de leur corps, des grands coûts des chevaux et de leur dépens, et comment ils pourront ainsi vaquer à leur marchandise et administrer les biens de leurs terres.

Mais il n'est pas nécessaire d'aller immédiatement aux concessions les plus larges. Les receveurs sont fermement invités à ne pas démasquer inconsidérément leur faiblesse :

> Contre la volonté des barons, ne faites pas ces finances en leurs terres.
>
> Et cette ordonnance tenez secrète, mêmement l'article de la terre des barons, car il nous serait trop grand dommage s'ils le savaient.

Deux mois plus tard, le roi convoque à nouveau le ban et l'arrière-ban. Le taux du rachat et les seuils d'imposition établis pour le nord du royaume sont au plus bas : on n'impose pas en dessous d'un revenu de cent livres tournois, et l'impôt n'est que de dix pour cent. Les hommes des barons ne seront imposables qu'avec le consentement de leur seigneur. Au reste, le roi laisse la porte ouverte à toutes les négociations, c'est-à-dire à toutes les modérations. Quant au Midi, il appartient aux collecteurs de fixer sur place le taux de l'impôt : on va discuter avec les contribuables.

Les années 1303 et 1304 sont celles de la plus grande détresse financière. Le roi est à la veille de perdre la face ou de la sauver dans cette affaire de Flandre qui n'en finit pas. Pour mesurer l'enjeu, et donc la contrepartie politique des concessions qu'il convient de faire pour que l'impôt soit accepté, il faut se souvenir de l'immense rumeur qui, à travers l'Europe, a souligné la victoire des artisans flamands sur le champ de bataille de Courtrai. Si Philippe le Bel reste sur cette défaite, c'en est fini de l'autorité monarchique sur les principautés territoriales. S'il ne peut imposer sa loi dans la partie du comté de Flandre qui appartient au royaume, comment la maintiendrait-il en Bretagne, en Bourgogne, en Guyenne, dans les principautés pyrénéennes ?

Il faut se souvenir, aussi, de ce qui se passe dans la campagne romaine. Au moment où, le 5 octobre 1303, Philippe le Bel réunit son Conseil pour décider de l'impôt qui sera levé en 1304, on vient d'apprendre en France l'échauffourée d'Anagni, mais on ne peut deviner que Boniface VIII va mourir la semaine suivante. Le roi a peut-être sur les épaules la lourde charge de faire juger par un concile œcuménique le pape qu'il vient de citer à comparaître. Une défaite de plus, ou même une erreur, et ce peut-être la catastrophe.

Philippe le Bel doit, d'abord, se faire pardonner la composition d'un Conseil qui est tout, sauf représentatif des contribuables. Il y a là les deux frères du roi, et six fidèles comme le connétable de France Gaucher de Châtillon et le connétable de Champagne Béraud de Mercœur. On s'en excusera sur l'urgence. Mais cela condamne le roi à entamer aussitôt une longue série d'appels au consentement, qui multiplient les assemblées de bailliage ou de ville et qui font de la fiscalité royale, en cet hiver 1303-1304, une infinité de situations particulières. Le roi paie de sa personne : il parcourt les sénéchaussées de Languedoc. Partout, le mot d'ordre des gens du roi est à l'évidence de réduire leurs exigences mais d'obtenir l'adhésion des assemblées. Une ordonnance du 20 janvier diminue même d'un tiers le taux de rachat — quatre sergents pour cent feux, au lieu de six — applicable dans tout le Midi à défaut de convention particulière.

On va plus loin : on accorde aux créanciers du roi le droit de se payer eux-mêmes sur ce qu'ils doivent pour l'impôt.

On atteint même à la concession politique qui pourrait être lourde de conséquences, et qui le sera lorsqu'elle reparaîtra un demi-siècle plus tard : un certain nombre de villes — normandes, en particulier — obtiennent de contrôler l'usage des fonds ainsi recueillis et se font reconnaître le droit de payer directement les sergents qu'elles recrutent pour leur quote-part.

A ce prix, et moyennant la promesse renouvelée de la monnaie forte, l'argent rentre effectivement dans les caisses du Trésor. Le bailliage de Bourges, qui a payé effectivement 10 000 livres sur les 25 000 qu'il devait en 1303, paie 40 000 livres sur les 44 000 qu'il doit en 1304. Au total, l'impôt de 1304 rapporte au roi 735 000 livres tournois : de quoi payer l'armée qui, le 18 août, écrase les Flamands à Mons-en-Pévèle.

La patience du roi et de ses commissaires s'est finalement révélée fructueuse. Contre des concessions temporaires, ils ont obtenu le consentement du pays à ce qu'avait décidé un Conseil fort étroit. Mais la victoire met un terme à la nécessité. Depuis trois ans, la pression fiscale n'a cessé de s'accentuer — elle a augmenté de moitié — et l'on courrait grand risque à la maintenir alors qu'on négocie la paix. Philippe le Bel et ses conseillers le savent fort bien. Quelques tentatives sont faites, en Languedoc, en 1305, pour le motif qu'il faut prévoir une éventuelle reprise des hostilités. Elles se heurtent à une opposition générale de la population. Le roi n'insiste pas.

Une idée demeure, cependant : la guerre justifie l'impôt. Mais elle limite le droit à l'impôt. Le subside demandé en 1313 parce qu'il faut mettre à la raison les Flamands, oublieux des obligations que leur fait le traité d'Athis, n'est que partiellement levé lorsqu'on apprend, en août, que la campagne n'aura pas lieu et que l'on traite avant de se battre. Immédiatement, le gouvernement royal fait interrompre la perception et — chose rare au cours des temps — restituer aux contribuables les sommes déjà levées. Malgré le manque d'expérience des sujets de Philippe le Bel, pour qui l'impôt est encore une nouveauté, de braves gens notèrent l'étrangeté de l'affaire :

Et le roi qui avait mandé
Par tout son royaume et commandé
De prendre argent pour cette guerre
Fit tantôt mander par sa terre
Qu'on ne prît rien mais rendît
Ce que pris avait. Ainsi fut dit
Et commandé de par le roi
Et il fut fait, si comme je crois.

On a pu se demander s'il ne fallait pas inverser les phénomènes. Marigny n'a-t-il pas fait arrêter la campagne en apprenant les résistances opposées à l'impôt ? Il est certain que Philippe le Bel ne pouvait se lancer dans une campagne s'il se savait menacé de devoir l'interrompre faute d'argent.

En 1314, l'affaire est reprise, mais sur d'autres bases. Le 25 juillet, le roi convoque l'arrière-ban. Le 1er août, il réunit à Paris une assemblée au sein de laquelle siègent, avec les barons et les évêques, les représentants des cités — les vieilles villes épiscopales — sans doute convoqués de longue date. Veut-on économiser le temps des négociations avec cent assemblées locales ? Marigny veut-il traiter lui-même le tout ? A-t-il lieu de penser que la procédure de consultation rapide mise en œuvre avec succès contre le Temple en 1308 est en définitive plus efficace que d'interminables négociations menées par des commissaires au talent inégal ? En tout cas, Marigny a le sens du théâtre.

> Iceux au palais de Paris venus et assemblés, Enguerran de Marigny, chevalier, coadjuteur le roi de France Philippe et gouverneur de tout le royaume, monta de son commandement en un échafaud [...]
>
> Icelui Enguerran requit pour le roi aux bourgeois des communes, qui étaient assemblés là, qu'il voulait savoir lesquels lui feraient aide ou non à aller contre les Flamands à ost en Flandre.
>
> Et lors, ce dit, icelui Enguerran fit lever son seigneur le roi de France de là où il séoit, pour voir ceux qui lui voudraient faire aide.
>
> Adonc, Etienne Barbette, bourgeois de Paris, se leva et parla pour la dite ville, et se présenta pour eux, et dit qu'ils étaient tout prêts de faire l'aide, chacun à son pouvoir [...]
>
> Et adonc le roi les en mercia. Et après ledit Etienne tous les bourgeois qui étaient venus là pour les communes répondirent en telle manière que volontiers lui feraient aide. Et le roi si les en mercia.

Pour d'autres raisons que l'année précédente, l'armée fut renvoyée avant tout combat. Cette fois, c'est de la poursuite de la perception que s'étonna le bon peuple. Bien des seigneurs obtinrent que la levée fût suspendue. En novembre, face à la première éclosion des ligues féodales, le roi céda sur l'ensemble, sans ordonner pour autant la restitution des sommes déjà levées. D'un impôt qui devait rendre quelque 350 000 livres tournois, le tiers avait été reçu : exactement 116 516 livres. Pour une guerre qui n'avait pas eu lieu, c'était beaucoup.

C'est ainsi que, composant habilement avec la nécessité d'obtenir le consentement des barons et des villes, Philippe le Bel a pu, en vingt ans, tirer parti d'un impôt dont le droit était encore à créer. Invoquant, lorsqu'il se sent fort, l'obligation — faite à tous les sujets par le droit naturel — de contribuer aux charges communes de la défense du royaume, cherchant, dans les temps plus difficiles, dans une extrapolation de son droit à convoquer l'armée la justification d'un impôt conçu comme rachat de l'obligation militaire, le roi de France parvient à demeurer maître de la manière dont il présente sa requête. Il lui faut négocier, mais il conserve l'initiative.

Assemblées générales et assemblées locales.

On a pu se demander si Philippe le Bel avait esquivé en connaissance de cause l'affrontement de la monarchie et d'une assemblée générale représentative de la nation. Il n'en est probablement rien. Au terme de leur expérience politique, c'est une assemblée de cet ordre — toute question de représentativité mise à part — que réunit Marigny en 1314, et les conseillers savent bien que, le roi de France présent, les bourgeois n'oseraient guère refuser. En d'autres matières, il y a eu les assemblées de 1303 et de 1308 ; on ne saurait dire qu'elles ont été indociles.

C'est l'historien, et lui seul, car il bénéficie du recul des temps, qui peut voir à quel point la négociation avec des assemblées locales — au moment précis où se créait le droit — a préservé la monarchie française de ce qu'une assemblée parlant au nom du royaume fût à coup sûr devenue : un organe de contrôle politique. En France, le royaume, c'est le roi.

Les assemblées locales sont, en fait, dans la logique des structures politiques qui ont été la faiblesse des premiers Capétiens et qui tournent maintenant à l'avantage du dernier des grands Capétiens. La vigueur de l'emprise des ducs et des comtes sur le territoire où s'exerçait leur commandement militaire a été, du IXe au XIe siècle, la cause première de la dilution des prérogatives royales. Toute vie politique s'est inscrite d'abord dans le cadre étroit du comté ou du petit groupement de comtés. Tant mieux pour le roi si les comtés qu'il possédait en propre ne faisaient pas de lui le plus modeste de ces princes territoriaux. Le sacre et la couronne ajoutaient à son prestige, mais bien peu à son pouvoir.

Après l'éviction du Plantagenêt, pratiquement réalisée dès le début du XIIIe siècle, le roi est devenu le premier prince du royaume. C'est alors que ce royaume cesse d'être avant tout un ensemble de fiefs et que, la réalité politique collant à des vues juridiques inspirées d'un droit romain revivifié, la notion d'Etat commence de transparaître derrière celle de royaume. L'unicité s'impose sur la mosaïque.

La noblesse s'unirait-elle, comme l'a fait le baronnage anglais, que c'en serait fait, avant sa naissance, de la monarchie absolue en France. Mais les barons français ne conçoivent le bouleversement qui s'opère dans les rapports politiques — et n'y apportent leur vigilance — que chacun dans le cadre de sa seigneurie. Au lieu de s'unir, et de s'unir aux villes, pour mettre en tutelle la royauté, ils veillent jalousement sur leurs fiefs. Au lieu d'établir le principe du consentement de la nation à l'impôt, les forces vives du royaume tendent à perpétuer les particularismes et à assurer d'impossibles exemptions.

On le voit bien lorsque, au cours de l'été 1314, éclatent les prémisses de ces « ligues féodales » qui vont aboutir à la concession de quelques chartes « provinciales ». Chacun des mouvements naît, se développe et se conclut dans l'horizon féodal de la province.

Beaucoup plus que d'une méfiance royale envers les assemblées générales et les marchandages à l'échelle du royaume, les négociations locales, les consentements locaux, les conditions locales procèdent directement de cette vitalité des structures socio-politiques auxquelles la féodalité a, pendant trois siècles, donné corps.

Mais le roi dispose d'un atout majeur, la charge du « bien commun », que lui reconnaît la coutume et que confirment philosophes et théologiens. La guerre, pourvu qu'elle ne sorte pas des frontières du royaume, est donc l'argument décisif par lequel les négociations locales tournent à l'avantage du roi. Il y gagne l'impôt parce que c'est la guerre, et il n'y laisse aucune parcelle de son pouvoir parce qu'elles sont locales. Dès lors qu'elles divisent la résistance à ce progrès, les mêmes forces, la même vitalité, qui ont si longtemps assuré le morcellement politique de la France, concourent au progrès de la puissance royale.

Les débuts du règne.

De son droit sur la monnaie comme de son droit à l'impôt, qui tiennent tous deux à ce « commun profit », à ce « bien commun », dont le roi est garant, quel usage fait un Philippe le Bel ? Comment fait-il son choix dans l'alternative de la mutation et du subside que lui présentent les assemblées, les conciles provinciaux et, enfin, les ligues ? Et à quoi ressemble cet impôt qui tantôt émerge de l'aide due au seigneur en des cas assez rares et tantôt procède du service le plus ordinaire en cette société dont les structures sont encore, à bien des égards, ordonnées pour une fonction militaire essentielle ?

Sombre présage financier, c'est sur une dette que s'ouvre le règne : la fâcheuse expédition d'Aragon a coûté plus d'un million de livres tournois, peut-être un million et demi. Le revenu du domaine royal ne dépasse pas, à cette date, 450 000 livres. Des officiers, des collecteurs, toutes sortes de gens ayant à compter avec le roi lui ont avancé tout ou partie de leur recette future. Lourde charge, donc, que celle-là, qui pèse sur les épaules du jeune roi avant toute initiative personnelle, alors même que la politique angevine en Italie continue d'obérer le Trésor français et que l'horizon s'assombrit, en Guyenne comme en Flandre et sur les frontières de l'Est.

C'est à un rythme bien inégal que s'effectue le remboursement de cette dépense, en définitive stérile. Il constitue les deux tiers de la dépense du Trésor au terme de la Chandeleur 1288, mais il n'apparaît même pas à certains termes. A la mort de Philippe le Bel, il reste encore des créanciers de Philippe III insatisfaits.

Les cinq ou six premières années du règne sont cependant le temps d'une relative aisance financière. L'aide pour la chevalerie du jeune roi procure des ressources très supérieures à ce que coûtent les fêtes de l'adoubement. Pour rembourser l'affaire d'Aragon, toujours qualifiée de Croisade puisqu'entreprise contre un souverain rebelle à l'autorité pontificale, le roi se fait accorder successivement quatre décimes sur les biens ecclésiastiques. Bien avant l'impôt sur les laïcs, la décime commence de s'inscrire parmi les plus régulières des ressources « extraordinaires » de la royauté.

Jouant tantôt de conciles provinciaux ou nationaux habilement manœuvrés, tantôt d'une concession pontificale que Boniface VIII marchande mais que ni ses prédécesseurs ni ses successeurs ne refusent, Philippe le Bel et ses conseillers s'entendent à assurer non seulement la quasi-permanence de la décime — vingt-quatre années sur trente que compte le règne — mais sa fréquente imposition anticipée. Pour qui doit faire un minimum de prévision budgétaire, indispensable si l'on doit lever une armée, il est précieux de savoir pour combien d'années est accordée la décime. On peut, dans ces conditions, l'escompter.

C'est déjà pour trois ans que Nicolas IV la concède au roi en 1289. Les conciles provinciaux de 1294 l'octroient pour 1295 et 1296. Le concile national réuni à Paris en 1297 fait de même. La double décime de 1307 et 1308 est accordée par Benoît XI dès 1304. En 1312, avec l'espoir que le règlement des affaires européennes favorisera la réalisation de la Croisade, Clément V octroie au roi de France six décimes successives, qui seront levées de 1313 à 1318.

Charge écrasante, donc, que cette fiscalité qui s'abat sur des bénéfices ecclésiastiques déjà touchés par la dévaluation. Le besoin général de la Chrétienté la justifie peut-être, mais bien mal. Au mieux les clercs négocient-ils leur contribution contre d'illusoires promesses de réforme administrative et de rétablissement de la forte monnaie. Mais, quand on mesure ce qu'est pour le Trésor royal la décime, on comprend les risques qu'au temps du conflit avec Boniface VIII Philippe le Bel a osé prendre pour assurer son droit à la lever : elle représente plus de la moitié du revenu global du domaine royal, et les seules charges y attachées sont celles de la perception.

L'impôt sur les exportations.

Dès les temps aisés qui précèdent la guerre anglaise, il est une autre ressource régulière qui s'ajoute à l'ordinaire : la taxation du commerce extérieur, inaugurée par Philippe III. Il est juste de dire que la pensée économique prime ici l'objet financier : c'est l'exportation appauvrissante qu'il faut interdire. Il est du devoir d'un roi de veiller à ce qu'on n'emporte pas hors du royaume ce qui est nécessaire à la vie de ses sujets. Les métaux précieux — on l'a vu — ne sont que l'un de ces objets qu'il importe de conserver. Il est naturellement interdit d'exporter ce qui sert à la guerre : les armes, le fer, les chevaux. Mais c'est, en fait, toute marchandise qu'il est défendu de « traire hors du royaume » sans la permission du roi : une permission qui s'achète, bien entendu.

Philippe le Bel n'innove guère en contrôlant les exportations. Ce qui est nouveau, en France, c'est la pratique systématique des licences qui créent à la fois des monopoles de fait et une ressource fiscale. Dès 1285, le roi autorise la communauté des marchands milanais à exporter pendant six ans de la laine brute, en payant une taxe de 50 sous tournois par sac. Deux ans plus tard, il accorde pour trois ans aux Mozzi, de Florence, le droit d'exporter de la laine languedocienne par Aigues-Mortes : il leur en coûtera 1 030 livres par an et 5 sous par quintal.

En 1291, ce sont les Guidi qui s'introduisent dans le système. Grâce à lui, et moyennant plusieurs renouvellements, ils vont dominer le commerce des laines françaises pendant quinze ans. Le prix du marché, cette fois, nous est inconnu. Les Guidi — Biche et Mouche avant tout — sont les banquiers du roi, et le monopole de fait qu'ils établissent sur le trafic de la laine française nécessaire à la jeune industrie florentine a toutes chances d'être l'un des moyens du remboursement de leurs avances au Trésor. En d'autres termes, les Guidi escomptent au roi le profit qu'il peut attendre de la taxation du commerce extérieur.

Quelques licences, vendues à prix compté, entretiennent cependant le principe de cette taxation : bien des marchands, pour un lot de marchandises ou pour une cargaison, paient au roi l'impôt qui les autorise à sortir du royaume. De telles licences se multiplient après la mort, en 1307, de Biche et de Mouche. D'autres Florentins, les Fini, traitent en 1308 pour 1 000 charges par an, au taux de 70 sous la charge, puis en 1310 pour 1 500 charges par an pendant dix ans, avec un minimum de taxe garanti de 4 250 livres par an. La même année, les Milanais traitent à nouveau pour 2 400 charges par an pour dix ans, avec un minimum de 6 000 livres par an. Pour considérables qu'ils soient, ces chiffres sont, on le voit, très éloignés de ce que rapporte une décime. Il n'empêche que cette taxation finira par contraindre et les Milanais et les Florentins à l'abandon, et cela bien avant que s'établisse véritablement un trafic maritime régulier entre l'Angleterre et l'Italie.

Approche de la crise.

C'est sur le marché monétaire que la crise est ressentie en premier lieu, vers 1290. A peu près stable à 54 sous tournois depuis le temps de saint Louis, le marc — 244,7529 gr. — d'argent fin voit son cours commercial légèrement réévalué, à 55 sous d'abord, à 55 sous 6 deniers ensuite. Le roi doit rattraper ces cours pour qu'on n'aille pas fondre toute sa monnaie : il hausse la valeur nominale de ses espèces, sans altérer en rien leur valeur intrinsèque. Le gros tournois, qui pèse toujours 4,219 grammes « d'argent le roi » à 958 millièmes de fin, et qui valait 12 deniers depuis sa création en 1266, est désormais compté pour 13 deniers.

Le « petit royal » d'or est émis dans le même temps. Il est d'or fin, frappé à l'effigie du souverain en majesté. Pour 3,496 grammes d'or, il vaut 10 sous. Pour la même valeur, l'écu de saint Louis pesait 4,196 grammes.

Pour la première fois, la dévaluation est perceptible pour l'homme de la rue, incapable de remarquer la lente et discrète dégradation de deniers qui n'ont jamais cessé de valoir un denier mais qui, au cours des deux derniers siècles, ont progressivement perdu, en poids et en titre, les trois quarts de leur valeur. Cette mutation de 1290, pour légère qu'elle soit, est d'importance car elle est la première qui frappe le gros de saint Louis et la première depuis que la France vit selon le bimétallisme. Sur le moment, elle est couronnée de succès : elle permet d'activer le monnayage, de vivifier l'économie, et elle procure au roi quelque profit.

La guerre menace déjà. Le Conseil du roi cherche de tous côtés les ressources nécessaires. En 1293, un emprunt forcé sur les riches bourgeois — emprunt qu'on ne remboursera jamais, au contraire des emprunts contractés pour la Croisade d'Aragon — procure 630 000 livres, à quoi s'ajoutent 50 000 livres obtenues des officiers royaux et des prélats, toutes gens qu'on rembourse trois ou quatre ans plus tard, parce qu'on a encore besoin d'eux. Un emprunt qu'on néglige de rembourser est un expédient sur lequel il convient de ne compter qu'une fois. Le roi devra donc, désormais, prononcer le mot d'impôt lorsqu'il voudra prélever sa part du revenu des bourgeois.

Voyant clair dans cette mauvaise foi du royal créancier, bien des bourgeois préfèrent, en 1294 et 1295, proposer des dons qu'il leur est plus aisé de limiter puisqu'ils feignent la générosité. Et lorsqu'en 1302 Philippe le Bel voudra emprunter pour de bon à travers la France des sommes plus importantes que celles qu'on veut bien lui offrir en don, il aura toutes les peines du monde à faire croire à sa volonté de rembourser.

Autre type de prélèvement individuel, la confiscation s'abat sur toutes sortes de détenteurs de numéraire. Une saisie des biens des Lombards — qui composent aussitôt en lâchant du lest pour retrouver le principal — procure au roi, en 1292, outre une certaine popularité auprès des débiteurs des usuriers, quelque 230 ou 250 000 livres tournois. Quant aux Juifs expulsés de Poitou et de Saintonge, ils sont en fait maintenus moyennant le paiement d'une rançon annuelle de 6 sous par feu pendant six ans.

La première expérience de l'impôt indirect est faite en 1292. Jusque-là, taxer le commerce a été le fait de quelques administrations municipales soucieuses de financer l'entretien ou l'agrandissement d'une enceinte, voire — comme Aigues-Mortes sous saint Louis — l'aménagement d'un port. Bien des villes, surtout dans le Nord, n'ont jamais payé un impôt de la sorte lorsque Philippe le Bel frappe les transactions et les contrats d'un « denier de la livre » que les contemporains ont tôt fait de surnommer la « maltôte », autrement dit la mal perçue.

Le taux est faible, pourrait-on penser, en comparant à une fiscalité moderne, que balancent les innombrables prestations de l'Etat à l'individu. Un denier par livre, soit 0,4 pour 100, c'est beaucoup quand le marchand paie d'autre part les taxes d'origine seigneuriale qui frappent l'usage de tout ce qui sert à ses affaires : la route et le pont, la halle et le poids, la justice et la sauvegarde. Rien n'est gratuit, dans le monde médiéval, pas même le droit d'entrer dans une ville ou celui de décharger.

Dans ces conditions, le denier pour livre apparaît comme un abus.

Il suppose la mise en place d'un système de contrôle des affaires, et d'une perception permanente. Deux choses que le roi ne peut improviser à travers tout le royaume : l'impôt rentre donc mal. Comme on n'en est pas encore à lever l'arrière-ban, la maltôte ne peut être imposée sur les terres et dans les villes relevant d'un seigneur haut-justicier. Quant aux villes royales, nombre d'entre elles préfèrent se racheter : le roi y gagne un revenu plus sûr que celui du denier par livre, mais la ville y gagne d'écarter un embarras préjudiciable à la vie économique : tout, plutôt que de voir les marchands porter ailleurs leurs affaires pour n'être pas tracassés. Paris transige à cent mille livres tournois, La Rochelle à douze mille, Reims à dix mille, Provins à trois mille, Saint-Jean-d'Angély à deux mille.

Souvent, le gouvernement doit céder, devant l'opposition croissante de la population. La Normandie excipe des dommages causés sur les côtes par les raids des marins anglais et bayonnais : elle se fait exempter de la maltôte dès 1293. Finalement, le roi prend le sage parti de renoncer : la maltôte cesse en 1297.

Les Parisiens continuent cependant de payer jusqu'à leur terme les huit annuités de leur forfait : ce sont les comptes de ces levées, réparties à peu près au prorata des revenus de chacun, que l'historien connaît comme les « livres de la taille de Paris » et qui constituent la source principale de notre connaissance de la société parisienne et de la topographie de la capitale entre 1293 et 1300.

Quelques impositions à taux élevé — quatre deniers pour livre, 2 pour 100 — rappellent les Normands, en 1299 et en 1302-1303, au souvenir de l'impôt indirect ; les circonstances en sont bien différentes de celles qui ont donné naissance à la maltôte. Etablies pour financer la défense des côtes, ces taxes sont, par leur assignation à des dépenses d'intérêt local parfaitement comprises des populations contribuables, dans la droite ligne des auto-impositions municipales de naguère.

C'en est donc fini, avant 1300, de l'impôt indirect, celui que le siècle qui s'ouvre trouvera à ce point fréquent qu'un même mot, « aides », qualifiera selon les cas l'impôt indirect et l'impôt en général. Pourquoi cet avortement de l'impôt indirect, avant le premier grand déferlement de l'impôt direct ?

D'abord, parce qu'il n'est pas fondé dans la morale politique commune : l'impôt, c'est l'aide au seigneur-roi. Lever un impôt indirect, c'est mettre le droit du roi où il n'est pas, dans les affaires, qui sont relations purement privées entre l'acheteur et le vendeur. Ensuite, parce qu'il atteint tous les consommateurs : les clercs et les nobles, qui ne peuvent en répercuter la charge comme ils le font de l'aide directe ; les plus modestes travailleurs des villes, compagnons ou manœuvres, qui n'y échappent pas lorsqu'ils paient leur pain ou leur vin, alors qu'ils échappent à l'impôt direct pour lequel, on le sait, « le fort porte le faible ». Quant à ceux qui, de toutes manières, sont la masse des contribuables, ces artisans et ces boutiquiers dépourvus du moindre titre à l'exemption, ils sont très sensibles à tout ce qui complique, gêne ou simplement ralentit la pratique des affaires.

Le roi ne renonce pas pour autant à taxer le plus grand courant commercial, celui que son impopularité met à l'abri de la solidarité des contribuables. Moyennant de substantiels privilèges, les « Lombards » établis dans le royaume acceptent, au cours d'une négociation menée par les frères Guidi, de payer le denier pour livre de leurs affaires, c'est-à-dire de la partie la plus considérable des trafics à long rayon. Pour prix de leurs bons offices, et sans doute pour récompenser divers prêts au roi, Biche et Mouche reçoivent un denier sur vingt et un du revenu de cet impôt, qui semble avoir rapporté au Trésor, au cours des années suivantes, de dix à quinze mille livres tournois.

La guerre.

Alors que l'essai d'un impôt indirect n'a pas encore tourné court, voilà que le besoin financier se met à croître avec la guerre. Tout est bon, alors. Aux décimes, qui se succèdent sans interruption depuis 1295, s'ajoute, de 1297 à 1299 et de 1304 à 1306, la réserve au roi des « annates » que les clercs doivent payer lorsqu'ils reçoivent un nouveau bénéfice : une année de leur revenu net. En appelant désormais à l'aide financière de ses vassaux, puis de ses sujets, le roi lève sur les laïcs — et sur la fortune patrimoniale des clercs — un impôt direct taxé en 1295 à un centième de la valeur en capital des fortunes foncières, et à partir de 1296 à un cinquantième de cette même valeur, sauf à modérer le taux pour les patrimoines les plus modestes, ceux qui en 1296 valent moins de 10 livres, ceux qui en 1300 valent moins de 20 livres.

Les sénéchaussées méridionales obtiennent en général de composer et de contribuer à part. Elles ne sont pas toujours favorisées par ce particularisme : elles paient, en 1296, un centième et demi.

Décime, annates, emprunts forcés, denier de la livre, tout cela ne dispense malheureusement pas de dévaluer la livre tournois ou parisis. Tout au plus peut-on penser que l'impôt, en faisant sortir de ses caches une partie du numéraire, concourt à l'approvisionnement des ateliers monétaires et rend plus fructueuses ces mutations, par lesquelles s'établit en France pour plus de dix ans une monnaie faible.

Le premier affaiblissement remet les espèces d'argent à un cours compatible avec la hausse récente des cours commerciaux du métal : le gros passe de 13 à 15 deniers tournois, et le denier est remplacé par une monnaie noire, le « double », compté pour 2 deniers alors que sa valeur intrinsèque n'est supérieure que de moitié à celle de l'ancien denier.

Dans le même temps, la masse d'or tente vainement de faire illusion. Ce « florin à la masse », encore appelé « florin au sceptre », pèse vraiment le double du petit royal, mais chacun sait que le petit royal était l'or fin à 24 carats et que la masse est à 21 carats de fin. Les bons bourgeois ne s'y trompent pas, qui donnent souvent à la masse le surnom de « royal dur » parce qu'à la dent on sent fort bien que le métal est moins malléable que l'or fin du royal. Or la masse vaut 25 sous, alors que le royal en valait 10. Il n'est nul besoin d'être fort en calcul pour voir l'ampleur de l'effondrement : le plus petit porteur de monnaie d'or sait que la masse est une mauvaise monnaie.

La dévaluation ne cesse, cependant, de s'aggraver, aussi bien par rapport à l'or que sur le marché de l'argent. La monnaie noire empire, et l'on n'améliore rien en maintenant de force une espèce blanche, le gros tournois, qui voit son cours monter en flèche chez les changeurs. Alors que les ateliers royaux ont produit, depuis 1296, des quantités considérables d'espèces d'or et d'argent, le métal se fait plus rare après 1300 et les ateliers doivent diminuer leurs émissions. En quinze ans, le prix de l'argent en barre a doublé : le marc de fin atteint 104 sous.

Complexité des finances royales.

En ces années où se joue pour la première fois le droit du roi à financer le gouvernement d'un véritable Etat, les finances extraordinaires sont déjà d'une extrême diversité et d'une complexité qu'aggrave la juxtaposition de revenus périodiques et de ressources occasionnelles. Nous avons à cet égard le témoignage d'un conseiller du roi, peut-être Mouche lui-même, qui rédigea en 1297, pour l'instruction du Conseil, une note sur les négociations menées depuis 1293 avec et contre l'Angleterre ainsi que sur les moyens financiers mis en œuvre pour préparer la guerre de Gascogne et pour la faire.

> La chevance des deniers pour la dite guerre de Gascogne et de la mer et des autres choses dessus dites se fit en cette manière :
>
> Premièrement, l'on trouva au Trésor du Louvre, si comme il peut apparaître par les écrits du Trésor, environ de 200 000 livres tournois bonne monnaie, dont le florin d'or valait dix sous tournois.
>
> Item monseigneur Biche et monseigneur Mouche prêtèrent de leurs deniers — et qu'ils empruntèrent sur eux aux foires de Champagne et à Paris, si comme il apparaît par les écrits — environ 200 000 livres tournois.
>
> Item... se leva prêt qui fut mis et levé sur les riches bourgeois de toutes les villes et des bailliages l'an 1293, duquel prêt se leva des bourgeois environ 630 000 livres tournois, et des prélats et autres du Conseil le roi et des maîtres des Comptes et du Parlement environ 50 000 livres tournois...
>
> Item de la finance en lieu de don et du denier de la livre des villes de Paris, de Châlons, de Reims, de Laon et de Tournai environ 60 000 livres tournois.
>
> Item du centième qui se leva pour subside du royaume environ 315 000 livres tournois.
>
> Item du cinquantième de Champagne 25 000 livres tournois.
>
> Item du subside en lieu de dixième que les prélats et

les clercs payèrent entre deux fois pour cause de la guerre 191 000 livres.

Item de l'ordre de Cîteaux 60 000 livres tournois...

Item de la taille des Juifs et de leurs finances environ de 215 000 livres tournois.

Item du trésor de l'évêque de Vincestre (*Winchester*), qui fut trouvé à Saint-Denis, à Saint-Victor et à Sainte-Geneviève, environ 26 000 livres tournois.

Item des biens des Bayonnais qui furent pris à La Rochelle 14 200 livres tournois.

Item du monnayage de la faible monnaie qui se commença à faire en avril l'an 1296, laquelle ne rendit mie mout grand profit en cette première année, durant la guerre de Gascogne, environ 60 000 livres tournois.

Item de la taille des Lombards singuliers et de la finance de la compagnie des Richards (*Riccardi*) de Lucques environ 65 000 livres tournois.

Item du denier de la livre, que les compagnies et les autres marchands italiens commencèrent à payer cette année de l'an 1295, environ 16 000 livres tournois.

La crise de 1302-1305.

La crise financière atteint à son paroxysme entre 1302 et 1305. La coïncidence avec la chronologie de la fortune militaire du roi n'est pas fortuite. 1302, c'est Courtrai, où Philippe le Bel est plus que vaincu : il est bafoué. 1305, c'est le traité d'Athis par lequel, vainqueur à Mons-en-Pévèle, le roi impose sa loi. Entre les deux, c'est l'incertitude politique — et non seulement militaire — et l'attentisme économique : le gouffre financier procède de tout cela. Il faut gagner une guerre plus dure qu'il ne semblait aux commencements, et il en coûte plus qu'on ne pouvait prévoir.

Vers juin 1302, on esquisse déjà un renforcement monétaire qui doit donner satisfaction au clergé — gros propriétaire et donc rentier du sol — dont l'adhésion est nécessaire au roi dans son combat contre Boniface VIII, un Boniface VIII plus dangereux que jamais. Mais les prélats ne sont pas unanimes, et Philippe le Bel semble, dès juillet, beaucoup moins désireux de les favoriser de la sorte. Tout ceci, quoi qu'il en soit, se voit remis en cause par la défaite de Courtrai. Le besoin militaire l'emporte sur les considérations de politique religieuse. Une nouvelle mutation monétaire, qui officialise une dévaluation constatée sur les marchés, est opérée au printemps de 1303.

C'est une mutation générale, qui n'épargne aucune espèce. Pour la première fois, on touche à la valeur intrinsèque du gros d'argent : s'il est toujours taillé à raison de 58 pièces au marc, ce n'est plus d'un marc d'argent « le roi » à 958 millièmes qu'il s'agit, mais d'un alliage à neuf deniers d'aloi, soit 718 millièmes de fin. Pour une valeur intrinsèque diminuée d'un quart, la valeur nominale est presque doublée : de 15 deniers tournois, le gros passe à 21 deniers parisis, ce qui ne cache à personne qu'il est à 26 1/4 deniers tournois.

Cela n'empêche d'ailleurs pas le marché de coter le gros au-dessus de son cours légal, rendant inévitables de nouveaux rajustements de ce dernier. Ce gros altéré de 1303 est haussé en 1305 à 42 1/2 deniers tournois. Le marc d'argent fin, qui valait 54 sous au début du règne, s'achète maintenant pour 170 sous. Quant à la monnaie noire, elle ne cesse d'empirer : de 4 3/4 deniers d'aloi, le double tournois tombe à 2 deniers d'aloi, soit moins de 2 pour 100 d'argent fin.

Une nouvelle espèce d'or apparaît alors, la « chaise », ainsi nommée parce que le trône sur lequel siège le roi en majesté y est, à la manière gothique, développé en de volumineuses architectures. Là, on revient au métal pur, et le poids demeure celui de la masse. Mais la chaise est émise pour 62 sous 6 deniers tournois. Pour un poids inférieur de moitié, le petit royal de 1290 ne valait que 10 sous : la monnaie a perdu, en treize ans, trois fois sa valeur-or.

La pression fiscale touche, elle aussi, à son paroxysme. De 1296 à 1302, le taux normal de l'impôt a été le cinquantième : 2 pour 100 du capital. L'impôt exigé en mars 1303 est encore de 20 pour 100 du revenu foncier et 2 pour 100 du capital mobilier — ce qui vise les marchands — mais il est doublé en mai 1303 d'un rachat de l'arrière-ban taxé dans le Nord à 50 pour 100 du revenu foncier des nobles, 10 pour 100 du revenu foncier des non-nobles et 2 pour 100 du capital mobilier. Dans l'année, le propriétaire moyen aura payé 30 pour 100 de son revenu, et le noble 70 pour 100 à moins de servir en personne. Le marchand aura payé 4 pour 100 de la valeur de ses biens personnels et des marchandises qu'il détient : c'est là une fiscalité beaucoup plus lourde qu'un impôt indirect comme la maltôte, levée à raison d'un denier par livre sur les seules marchandises vendues, non sur les stocks.

La fraude sur la valeur des fortunes imposables est évidemment très forte. Aussi un autre système est-il préféré en 1304, directement lié à la notion de rachat du service armé : la taxation à tant par « feu », en l'occurrence six sergents par cent feux dans le Nord, deux ou quatre dans le Midi après les négociations que l'on sait. Les nobles doivent un cavalier pour 500 livres de revenu. Le rachat est estimé à 2 sous parisis par sergent et par jour de service, le cavalier étant forfaitairement compté pour 100 livres.

Quel est l'avantage ? En premier lieu, il est de simplifier le travail des agents du fisc : il suffit, pour les non-nobles, de compter les familles faisant feu, c'est-à-dire les unités de vie familiale. En second lieu, et peut-être surtout, il est de mettre en action la responsabilité collective des communautés d'habitants face au fisc. Il suffit en effet aux agents du roi de compter les feux, ce qui est relativement aisé, et de choisir parmi les notables un responsable dont on exigera le paiement de la somme globale due par la communauté. Un village de dix feux, dans le Nord du royaume, cela fait pour quarante jours une somme de 48 sous. Que les habitants se débrouillent entre eux et que les riches paient pour les pauvres !

Le taux de l'impôt n'a jamais été si lourd, et l'impôt n'a jamais touché tant de monde. Les nobles n'y échappent qu'en prenant à l'armée la place de ceux qui se sont fait massacrer à Courtrai. Les clercs eux-mêmes voient en 1303 le subside général se substituer pour eux à la décime : 30 pour 100 du revenu brut au lieu de 10 pour 100 du revenu net. L'année suivante, le roi obtient les annates.

Tout cela n'empêche nullement Philippe le Bel d'anticiper les revenus à venir en empruntant de tout côté. Il engage les revenus du domaine, il promet de rembourser. Avec les villes, il négocie et l'on taxe carrément les habitants d'un prêt forcé, qui s'ajoute à l'impôt.

Les gens du roi doivent traduire en prêts l'expression de leur dévouement. Philippe le Bel frappe ses fidèles, ses proches, ceux qui le servent. Clerc du roi, Jean Clersens reçoit après Courtrai la lettre que voici, où la menace s'allie à la prière et où, pour satisfaire à sa taxation, on lui suggère froidement de s'endetter lui-même pour prêter.

> Vous voyez clairement la grande nécessité et le besoin où nous sommes à présent pour la défense de notre royaume, et comment, afin de défendre le royaume, vous-même et chacun d'icelui royaume, et afin de pourchasser pour vous la paix, nous abandonnons et mettons en avant non seulement nos biens et notre avoir et tout ce que nous avons, mais notre personne, sans esquiver péril ou malheur qui puisse venir.
>
> Et comme, pour si grand nécessaire besogne poursuivre, il nous convient faire dépenses sans compte et sans nombre, lesquelles nous ne pourrions nullement porter ni y suffire sans l'aide de nos féaux, laquelle désire toute manière de hâte, nous requérons plus féablement ceux que nous cuidons trouver plus prêts, plus volonterins et plus abandonnés à nous, spécialement ceux de qui l'état — un ou autre, en prospérité ou en adversité — dépend du nôtre.
>
> Nous, pour ces causes et raisons, vous requérons féablement, prions de si grande affection comme nous pouvons le plus, et voulons que — sur l'amour et la féauté que vous avez à nous et au royaume, et si, comme vous désirez le bon état de nous et du royaume, et avez cher notre amour et notre grâce et désirez esquiver le contraire et encore perpétuellement notre indignation — vous nous secouriez à ce grand besoin de 300 livres tournois en prêt, duquel prêt vous rendre nous voulons que vous soyez assuré et assigné tout à votre devise.
>
> Laquelle somme d'argent vous envoyez tantôt à Paris, à nos gens au Louvre, par certain message qui vienne avec le porteur de ces lettres; ou dites à celui porteur certain jour bref auquel le dit argent soit sans faute.
>
> Et faites cela prestement et libéralement, sans excusations, sans délai et sans escondit, car nous savons de certain que vous le pouvez bien faire, par vous ou par vos amis.
>
> Vous voyez le grand profit qui est en ce que la besogne soit bien poursuivie, et les graves périls, le malheur et le dommage qui pourraient advenir du défaut, qui jamais n'advienne. Et signifions tout apertement que jamais ne

nous fierons ni tiendrons pour ami ni pour féal celui qui nous fera défaut en si grand besoin.

Alors que le budget d'une année de guerre doit atteindre les deux millions de livres, le roi en est à écrire cette longue lettre pour emprunter 300 livres à un clerc qui lui doit tout.

L'APRÈS-GUERRE.

Le mal d'argent vient de la guerre. La paix semble, au premier abord, y mettre fin. On n'a plus à payer les troupes, et les Flamands paieront la paix : une indemnité de 400 000 livres, une rente perpétuelle de 20 000 livres. Le traité d'Athis crée un instant d'euphorie financière. On va enfin tenir la promesse faite depuis 1303, et à laquelle les prélats tiennent plus particulièrement : le renforcement de la monnaie.

Malheureusement, la Flandre ne paie pas. Et si la fin de la guerre sonne la fin de l'impôt, rien n'allège les charges civiles de la monarchie. Il faut toujours gouverner et administrer la France. Avant de renforcer la livre tournois, force est de trouver les expédients qui compenseront le manque à gagner fiscal que l'on doit à la paix.

C'est, en 1306, l'expulsion des Juifs et la confiscation de leurs biens. Déjà, les Juifs ont payé en 1285 un don de joyeux avènement de 25 000 livres. Ils ont ensuite payé au fisc royal la taxe imposée pour le port de la rouelle qui, sur leur vêtement, les désigne à l'attention et parfois à la vindicte de la rue. On les a, ensuite, taxés et pratiquement rançonnés dans les sénéchaussées de Saintonge et de Poitou. Mais l'économie des communautés juives semble connaître des difficultés. En Languedoc, c'est la crise grave. Alors que le fisc aggrave ses exigences, les Juifs paient de moins en moins facilement l'impôt. Mauvaise volonté pour une part. Incapacité, surtout, que les gens du roi savent bien réelle, même si les Juifs l'exagèrent. Les receveurs de l'impôt l'ont fait savoir, aucun recours à la force ne donnera aux Juifs les liquidités dont ils manquent.

Faute d'un prélèvement assuré sur leur revenu, on saisit donc leur capital. On les expulse du royaume. La plupart gagnent les terres d'Empire les plus proches, le Hainaut, la

Lorraine, la Franche-Comté, le Dauphiné et surtout l'Alsace et la Provence. Quelques-uns vont plus loin : on en retrouve en Hongrie. D'autres passent les Pyrénées. Peut-être sont-ils cent mille à s'expatrier de la sorte, cependant que, çà et là, quelques conversions opportunes permettent d'éviter le départ.

Nombre de ces exilés reviendront, en 1315, lorsque Louis X rapportera pour douze ans l'ordonnance d'expulsion.

Les biens saisis sur ces Juifs, ce sont des maisons, des meubles, du numéraire, des créances. Sans doute les gens du roi s'exagéraient-ils l'importance de ce qu'ils allaient saisir, et ressentent-ils de ce fait quelque déception. Quoi qu'il en soit, on tire assez vite quelques centaines de milliers de livres de la vente des immeubles et des meubles. Pour la seule sénéchaussée de Toulouse, le profit du roi sera de 75 000 livres en quelques années. Mais les créances sont une autre affaire : il y faudra vingt ans. Quelques Juifs achèteront même leur retour en offrant au roi leur collaboration pour la poursuite de leurs anciens débiteurs.

Après la saisie des Juifs, c'est en 1307 la confiscation des biens du Temple, dont Philippe le Bel sera le gardien jusqu'à la décision définitive du pape. On verra que cette décision, prise sur l'intervention de plusieurs conseillers du Capétien, et particulièrement de Marigny, sera la dévolution intégrale du patrimoine du Temple à l'ordre de l'Hôpital. Mais, en attendant, le roi a mis la main sur les biens du Temple, actif et passif mêlés.

D'abord et avant tout, ce sont quelque cent commanderies faites de champs et de bois, de cens et de rentes, de marchés et de péages, de pêcheries et de fours banaux. Autant de domaines dont le Temple n'avait que le produit net, les charges étant d'abord supportées, et dont le roi doit assumer la gestion s'il entend percevoir ce produit net, quitte à en compter un jour. Cela ne durera d'ailleurs pas bien longtemps : en 1309, le pape confiera cette gestion à des commissions ecclésiastiques.

Mais les biens du Temple, c'est aussi le numéraire conservé dans les forteresses de l'ordre, et particulièrement au Temple de Paris, par ces frères qui s'étaient faits, tout au long du XIIIe siècle, les banquiers de l'Occident. De ce numéraire, Philippe le Bel n'est évidemment que le gardien, mais cette garde même est chose précieuse, puisque rien n'interdit au roi d'utiliser cet or et cet argent en attendant de les remettre un jour au bénéficiaire final de la décision pontificale.

Le roi, d'ailleurs, a sur ce numéraire des droits, dans la

mesure où il était créancier de ce banquier et de ce trésorier qu'était pour lui le Temple. A chaque arrêté de comptes, le trésorier du Temple de Paris, Jean de la Tour, dressait le bilan des opérations effectuées pour le compte du gouvernement royal, comme de celles qu'il effectuait pour ses autres clients. Une fois sur deux, le roi était créancier : une fois de 140 000 livres, une fois de 23 000 seulement. Quand il était débiteur de son banquier, les débits se tenaient dans le même ordre de grandeur : quelques dizaines de milliers de livres.

Parce qu'il prenait, comme gardien, en charge le passif comme l'actif de ce patrimoine saisi, le roi trouvait en face de lui les autres créanciers de l'ordre, qu'il ne pouvait être question de considérer comme également saisis. Nous voyons donc, très normalement, les trésoriers du roi désintéresser, sur l'actif liquide trouvé dans les coffres du Temple, toutes sortes d'ayants droit.

Lorsqu'on apura, en 1313, la situation, il fut convenu que l'ordre de l'Hôpital paierait au roi de France 200 000 livres tournois pour solde de tout compte. Louis X revint à la charge, trois ans plus tard, estimant que la transaction acceptée par son père et par Marigny avait lésé le Trésor royal d'au moins 60 000 livres : on avait, selon Louis X, simplement oublié de compter ce qu'avait coûté la gestion du séquestre. L'affaire ne se termina qu'en 1317 : l'Hôpital versa au roi Philippe V, en plusieurs termes, la somme de 50 000 livres tournois.

Que les gens du roi aient quelque peu forcé leur note de frais, c'est probable. Que le gain du roi ait été mince dans l'affaire du Temple n'est pas moins certain. Mais Philippe le Bel y a sans doute gagné, pendant quelques semaines, de sérieuses facilités de trésorerie. La saisie des biens du Temple n'est, dans le bilan financier des années 1307 et 1308, qu'un emprunt forcé.

Il fallut ensuite recourir à un expédient d'un autre type : de 1309 à 1311, ce fut une nouvelle vague de confiscations, exercées cette fois aux dépens des Lombards, autrement dit des marchands italiens. Ceux-ci avaient, comme les Juifs, eu déjà bien des occasions de souffrir et de contribuer. Encore l'influence de leurs compatriotes Biche et Mouche les tenait-elle jusque-là à l'abri du pire. Biche et Mouche morts, on ne les ménagea plus. Facilement accusés de tous les crimes, d'usure, de fraude, de malversations, de spéculation monétaire, ils étaient impopulaires. Dans une courte vue des choses, tout le monde se frotta les mains de leur départ.

Nombre d'entre eux trouvèrent le moyen de rester dans le royaume, et d'y poursuivre leurs affaires. Il en coûta cher d'être, selon les termes mêmes des lettres patentes accordées par la Chancellerie :

> ... traité non comme un Lombard mais comme les autres bourgeois et marchands de notre royaume, et, à l'avenir, réputé bourgeois.

Citer tous les expédients de ce temps est chose impossible : tout est bon pour créer un droit, pour obtenir un versement occasionnel. Expédient, par exemple, que cet élargissement de la coutume féodale qui, moyennant une intervention du Parlement, fait contribuer pour l'aide « au mariage de la fille aînée » bien des sujets qui ne tiennent pas du roi le moindre fief.

En ce temps d'après-guerre, la seule ressource régulière du Trésor procède de la complaisance du pape gascon Clément V. Le traité d'Athis, qui fait cesser l'impôt sur les laïcs, ne met pas fin à la décime. Les prétextes les plus divers sont invoqués pour en justifier plus ou moins bien l'imposition. On parle de la Croisade, bien sûr, et du maintien de la paix dans la Chrétienté occidentale, mais on n'hésite pas à fonder l'exigence d'une décime sur la nécessité de rétablir la bonne monnaie : celle-ci entre ainsi, de manière pour le moins singulière, dans l'idéal augustinien du bon gouvernement de la Cité de Dieu !

Cette bonne monnaie s'organise dès mai 1305 par l'émission de gros tournois d'argent le roi, et par celle de deniers analogues à ceux de saint Louis. Elle se manifeste par la frappe d'un « petit royal » d'or semblable à celui de 1290, puis d'une petite « masse », plus légère que l'ancienne mais d'or fin. Le renforcement n'est cependant effectif qu'en septembre 1306, quand le petit royal cote 13 sous 9 deniers et quand le prix de l'argent tombe de 70 pour 100. La valeur en compte du gros tournois passe de 42 1/2 à 13 1/8 deniers.

Mais la réévaluation n'est qu'un leurre si elle n'est le reflet d'un assainissement de la balance économique. Or il n'y a nul assainissement du marché, et le renforcement monétaire apparaît aussi arbitraire que brutal. Les prix ne baissent pas à l'égal de la monnaie : tel, qui voit son argent-métal valoir trois fois moins de deniers, ne voit pas son pain ou son vêtement valoir trois fois moins de deniers. L'émeute gronde ; à Paris, à Châlons, à Laon, elle éclate. On se bat à propos des créances, des loyers, des simples paiements à terme.

Le marc d'argent fin est descendu de 170 à 55 sous au cours légal. Il remonte très vite sur le marché, où l'on cote le gros à 15 deniers, et non plus à 13 1/8.

Retour a la dévaluation.

Trois ans passent. Il faut à nouveau dévaluer. En 1309, le marc atteint 59 sous. Comme on a vu les inconvénients d'une altération du gros tournois, on préfère frapper une nouvelle espèce d'argent fin, mais combien légère : c'est la « maille tierce », qui pèse le tiers d'un gros (1,40 gramme) et vaut quatre, puis cinq deniers. L'année suivante, on revient à la masse d'or de 1296, une masse légèrement améliorée, puisqu'elle est à 22 carats et non plus à 21, mais une masse qui vaut 30 sous, alors que l'ancienne en valait 25.

En bref, la monnaie d'argent demeure bonne, mais elle est rare. La monnaie d'or est surhaussée en valeur, ce qui est une grave maladresse : ce haussement fait disparaître l'argent.

C'est en 1311 que l'on tire les conséquences de cette politique malhabile, peut-être imputable à la mort des conseillers avisés qu'étaient Biche et Mouche. On surhausse encore l'or, et on altère sérieusement la monnaie d'argent. L'or, c'est cette pièce que l'on appelle agnel ou mouton, et qui représente l'agneau pascal, nimbé portant une croix à longue hampe au bout de laquelle flotte la bannière à trois pointes. C'est une pièce plus légère que la masse ou la chaise : elle ne pèse que 4,136 grammes.

Cela n'empêche naturellement pas Philippe le Bel de prétendre qu'il a restauré la monnaie de saint Louis.

> Notre monnaie d'or qui est et sera appelée à l'Agnel, laquelle est du temps de saint Louis notre très cher aïeul, que nous faisons forger à présent, faites prendre et mettre pour seize sous parisis.

Quant à l'argent, c'est, en l'absence de toute pièce blanche, la série des « bourgeois » qui sont une véritable organisation de la monnaie noire en système de paiement. Il y a le « bourgeois fort », ou bourgeois double, petite pièce pesant 1,359 gramme d'un alliage à 479 millièmes d'argent fin, et qui vaut deux deniers tournois et demi. Il y a le bourgeois simple, ou bourgeois petit, un peu plus léger et moitié moins lourd d'argent fin : 1,112 gramme d'alliage à 299 millièmes de fin. Il y a enfin la « maille bourgeoise », piécette de 0,40 gramme.

Cette monnaie dénote une aggravation singulière de la crise sur le marché commercial de l'argent-métal. Le rapport de l'or à l'argent, qui est monté à 15,2 en 1306 et à 16 en 1309, est significatif d'un marché monétaire sur lequel, surévalué, l'or fait fuir l'argent.

La mutation de 1311 est donc à la fois le constat de cette disparition de l'argent — pour la première fois la monnaie blanche est absente du système de paiement mis par le roi à la disposition de l'économie — et une tentative faite pour retenir quelque peu cet argent-métal : cependant que le prix du marc est, en deux ans, remonté de 59 à 75 sous, le rapport de l'or à l'argent redescend à 15,3.

Dans le même temps, on expulse les Juifs et les Lombards, ou tout au moins ce qu'il en restait dans le royaume de France. Pour un temps, leurs biens alimentent le Trésor. Comme chaque fois que l'on a trop pressé un fruit, ce que rend l'opération est insignifiant.

Deux ans plus tard, Marigny tente à nouveau d'infléchir un courant monétaire qui évacue l'argent de France. L'agnel d'or de septembre 1313 voit baisser sa valeur en compte, cependant qu'une émission de deniers tournois et parisis cherche à rappeler le temps de saint Louis. Le rapport de l'or à l'argent est maintenant à 15, et le marc d'argent fin cote 54 sous.

Mais il en faut plus pour ramener la confiance. Comme l'argent ne rentre pas, le cours du marc demeure fictif, en sorte que le renforcement monétaire demeure illusoire. Quelques gros tournois circulent encore, mais l'essentiel des paiements se fait en monnaie noire, en bourgeois ou en deniers. Le conseil donné au roi par les notables assemblés à Paris en novembre 1314 n'est pas moins irréaliste : la fabrication de gros tournois et de mailles blanches répondrait, certes, à un besoin de l'économie, mais le roi ne dispose pas du métal nécessaire.

La pénurie monétaire ajoute au mécontentement que provoque une politique flamande apparemment incertaine. Deux armées convoquées, en 1313 et 1314, et renvoyées avant tout combat, voilà qui déconcerte une population ignorante des arrière-plans financiers et diplomatiques. L'exigence fiscale que la perspective de guerre permet d'énoncer à nouveau est donc vouée au plus maigre des succès. La levée, en 1313, d'une aide féodale pour la chevalerie du roi de Navarre, Louis le Hutin, se heurte à une mauvaise volonté tenace. En 1314, on ne peut guère percevoir plus du tiers du subside. De même faut-il renoncer très vite, tant le produit est faible, à l'impôt sur les transactions que Marigny tente de ressusciter, en cette dernière année du règne, sous une forme optionnelle — les collecteurs peuvent choisir d'imposer ou les transactions ou les fortunes — et qui rappelle fâcheusement à chacun la maltôte de 1292.

Pour payer les frais de la campagne, force est au roi d'emprunter des uns et des autres, des financiers italiens qui subsistent comme des bourgeois de Paris, de l'archevêque Philippe de Marigny comme du maître des arbalétriers Pierre de Galart, du légiste Raoul de Presles comme des receveurs d'Auvergne, les frères Chauchat.

BILAN.

Peut-on, au terme du règne, dresser le bilan d'une politique financière ? Ce qui apparaît d'abord à l'historien, c'est que rien n'est résolu, rien n'est gagné. Malgré le retour à la forte monnaie voulu par la noblesse et par le clergé, l'inflation se poursuit et les ateliers monétaires chôment plus souvent qu'ils ne travaillent. L'impôt indirect a avorté. Et, quelque fondement qu'on donne à l'impôt direct, celui-ci demeure incertain. Enfin, les prétentions du roi à vivre d'autre chose que de son domaine sont étroitement liées à l'état de guerre ou de paix : on est encore très loin d'une reconnaissance des besoins financiers de l'Etat.

Ce qui, en revanche, commence d'être assuré, c'est le droit du roi à invoquer la défense de l'intérêt commun pour effectuer, sur les revenus de ses sujets, une ponction qui laisse bien en arrière le revenu du domaine. L'opportunité se discute. Le taux se négocie. La levée se marchande. Mais nul ne dénie au roi la fonction d'organiser la défense commune avec l'aide de tous.

De tous, et non des seuls vassaux de la Couronne. De tous et non des seuls laïcs. Mais, si l'arrière-ban et la décime s'inscrivent parmi les plus importantes conquêtes politiques de Philippe le Bel, c'est simplement parce que la France s'y accoutume. De droit, il n'est ici pas question. On prend simplement l'habitude de ne plus s'en étonner.

Que Philippe le Bel ait fait admettre une telle conception du financement des charges publiques sans aliéner ses prérogatives politiques et sans devoir accepter la moindre tutelle ou le moindre contrôle, c'est là l'autre aspect du progrès de la monarchie.

CHAPITRE VIII

La guerre

Sur deux frontières, au moins, l'héritage de saint Louis conduisait à la guerre : au nord contre la Flandre, au sud-ouest contre le duc de Guyenne, roi d'Angleterre.

La Guyenne et la Flandre.

La tension ne cessait pas sur la frontière de Guyenne, et les incidents y étaient quotidiens. Souverain en Angleterre, le Plantagenêt admettait mal une situation qui — résultat imparfait du traité de Paris conclu par saint Louis en 1258 et modifié à Amiens par Philippe III en 1279 — faisait de lui le vassal du roi de France pour un duché exigu dans lequel il ne reconnaissait guère l'ancienne Aquitaine de son aïeule Aliénor. En échange d'un abandon total de ses prétentions sur la Normandie, sur l'Anjou, sur le Maine et sur la Touraine, l'Anglais avait seulement consolidé sa possession d'une Guyenne privée du Poitou et de l'Angoumois. Le duché d'Edouard Ier, c'était en gros le pays compris entre la Charente et les Pyrénées occidentales, mais excluant l'Armagnac, et c'étaient quelques droits de suzeraineté qu'avait eus le Capétien en Limousin, en Quercy et en Périgord.

Pour cela, Edouard Ier avait dû, à l'avènement de Philippe le Bel, venir à Paris pour y prêter hommage à son nouveau seigneur. La situation était en droit parfaitement régulière ; politiquement, elle était insupportable pour l'Anglais. L'atmosphère de la rencontre, apparemment cordiale, n'avait trompé personne, non plus que le fait qu'il ait été possible de régler à cette occasion les derniers problèmes que posait l'interprétation des traités, en Saintonge et en Quercy notamment.

Edouard avait beau offrir ses bons offices pour en finir avec l'affaire d'Aragon, cette malencontreuse « Croisade » engagée par Philippe III et dont il fallait liquider les séquelles, et pour en finir au mieux des intérêts propres du nouveau roi de France, qui portait un intérêt assez faible aux ambitions angevines sur la Méditerranée. Philippe le Bel avait beau devoir au roi d'Angleterre d'être provisoirement libéré, en 1287, de cette préoccupation. Rien ne pouvait empêcher, pendant ce temps, les officiers de Guyenne de supporter avec impatience les interventions incessantes des officiers du roi de France. Quant aux nobles aquitains mécontents de leur seigneur le duc de Guyenne, rien ne pouvait les empêcher de faire, très régulièrement, appel à la justice de leur suzerain, c'est-à-dire de leur arrière-seigneur, le roi de France. Que le duc fût lui-même roi leur était, en la circonstance, parfaitement indifférent.

Mais ce qu'un duc aurait déjà supporté avec peine, le roi d'Angleterre ne pouvait le tolérer longtemps. Garantie légitime offerte par le droit féodal aux vassaux en butte à l'arbitraire de leur seigneur direct, le droit d'appel devenait une arme insidieuse aux mains de tout hobereau gascon en mal d'indépendance. Avec un peu d'habileté, on jouait impunément du suzerain contre le seigneur. Tant que le procès n'était pas jugé, l'appelant demeurait sous la sauvegarde du suzerain. Autant dire que le Parlement siégeant à Paris ne se pressait pas de juger, et que les Gascons pouvaient ainsi, à leur seule initiative, se soustraire à l'autorité de leur duc. Il n'était pour cela que de se plaindre.

En Flandre, on ne supportait pas mieux l'action harcelante de l'officier royal le plus proche, le bailli de Vermandois, autrement dit le bailli de Saint-Quentin. Ne voyait-on pas cet officier assister, comme une sorte de procureur du roi, aux plaids tenus par le comte de Flandre dans son propre comté ? Ne suffisait-il pas — le roi en décida ainsi en 1289 — que le bailli ou l'un de ses sergents fût présent pour que l'audience se tînt obligatoirement en langue française ?

Saint Louis avait, pour le plus grand prestige de la monarchie capétienne, rendu en 1246 et 1256 un arbitrage qui réglait pour un temps les difficultés liées à la succession de la comtesse Marguerite. Mais les « dits » de saint Louis n'avaient, au vrai, que retardé un conflit difficilement évitable entre les enfants de Guillaume de Dampierre, second mari de la comtesse Marguerite de Flandre, et ceux qu'elle avait eus de Bouchard d'Avesnes avant une séparation plus ou moins bien fondée en droit canonique.

Comte de Flandre par la grâce de saint Louis, Guy de Dampierre ressentait cependant comme une injustice le fait que son demi-frère Jean d'Avesnes conservât l'essentiel du Hainaut. Comment n'aurait-il pas vu que le Capétien demeurait le véritable vainqueur de cette querelle qu'il avait arbitrée : la grande principauté qui, au Nord, avait à bien des reprises menacé le domaine royal se trouvait ainsi divisée, donc affaiblie. Le maître des affaires flamandes, c'était dorénavant le roi. Le comte, qui avait été la créature du Capétien et restait son protégé, sentait fort bien que la tutelle royale ne lui laissait, même dans la partie du comté « mouvante de l'Empire », qu'une apparence d'autonomie.

Le roi s'entendait à saper l'autorité du comte de Flandre, soutenant ouvertement la fronde des grands bourgeois, qui étaient hostiles à leur seigneur immédiat comme l'étaient, depuis deux siècles, les bourgeois de la plupart des villes françaises. Contre un pouvoir comtal trop proche, trop facilement porté à s'immiscer dans la gestion des finances urbaines et à s'ériger en concurrent éventuel pour le contrôle de l'organisation économique, les patriciens des grands et des petits centres industriels jouaient la carte du suzerain lointain. Parce qu'elles étaient moins fondées en droit féodal, ses exigences étaient plus légères.

L'alliance était notoire. Fabricants de l'industrie drapière, importateurs de laine, marchands de draps et bailleurs de fonds, les bourgeois étaient ouvertement connus comme les « leliaerts », les gens des lis. Le comte ne pouvait donc s'appuyer que sur les ouvriers et les paysans, toutes gens incapables de financer une résistance armée aux empiétements du roi de France.

La conjonction de l'Anglais et du Flamand, c'était la conjonction des mécontentements. C'était aussi l'alliance des princes sans cesse tournés par l'entente du roi et de leurs propres vassaux.

Dès 1298, on voit le duc-roi et le comte de Flandre se rapprocher. Guy de Dampierre va outre-Manche, où Edouard Ier le reçoit avec effusion ; le même Edouard Ier, deux ans plus tôt, soutenait la Hollande et le Hainaut dans leur conflit avec la Flandre. Au cours de ces entretiens de 1292, on dessine les contours d'une vaste coalition, on se jure une éternelle amitié, on se promet monts et merveilles. On parle de marier Philippine de Flandre au futur Edouard II. Le roi d'Angleterre promet de l'argent à son nouvel allié.

La marche a la guerre.

C'est ailleurs, cependant, qu'éclatent les hostilités : sur mer, et presque par hasard. Marins français, normands, anglais et gascons s'affrontaient de temps à autre en des escarmouches navales ou en des rixes sur les quais des ports : c'était pour un lieu de pêche, pour un tour de passage à l'affrètement, pour une affaire de navigation. Tout était prétexte. En 1289, les Bretons fidèles du roi de France et les Bayonnais fidèles de l'Anglais se battaient pour une pêcherie qui eût quand même fourni un motif suffisant si les uns et les autres avaient eu le même roi. En 1292, Normands et Bayonnais s'affrontaient à leur tour près de la Pointe-Saint-Mathieu. Quelques semaines plus tard, venus à Royan charger du vin saintongeais, les Normands trouvèrent au port quatre bateaux de Bayonne et les coulèrent.

A Bordeaux, où l'économie était fondée sur les exportations de vins gascons vers les pays de la Manche et de la mer du Nord et où tout tenait à la tranquillité des routes maritimes, on s'alarma. Châtelain de la forteresse ducale de l'Ombrière, à la fois gouverneur militaire, maître du port et chef des finances de la Guyenne, le « connétable » s'en mêla. Il contraignit les patrons qui relâchaient dans la Gironde à jurer qu'ils garderaient la paix des mers. Les Normands jurèrent tout ce qu'on voulut. Les flottilles de Bayonne quittèrent alors Bordeaux sans inquiétude, par convois de dix ou quinze navires.

Les Normands appareillèrent les derniers, en formation serrée. Leurs quatre-vingts nefs, groupées, rejoignirent l'une après l'autres les flottilles des sujets du duc-roi et les anéantirent.

Philippe le Bel désavoua naturellement ses marins. Cela n'empêcha pas les Normands d'envoyer par le fond, au printemps de 1293, un nombre encore plus élevé de navires anglais et bayonnais qui naviguaient en ordre dispersé. Edouard Ier ne pouvait pas ne pas réagir.

Dans l'hiver, déjà, un prétexte avait suffi aux officiers ducaux de Fronsac pour arrêter et faire décapiter quelques officiers du Capétien. Après le second désastre naval, Edouard Ier réunit à la hâte la « flotte des Cinque-ports » — cinq villes privilégiées du Kent et du Sussex, qui formaient une organisation navale commune — et l'envoya attendre les Normands sur le retour. Les Anglais, cette fois, eurent le dessus.

Le roi de France affecta de voir en cette affaire bien autre chose qu'une querelle entre intérêts privés concurrents. Au reste, s'il est vrai que les marins normands avaient tout fait pour provoquer les Anglais, il faut dire que le roi ne les y avait pas ouvertement incités, alors qu'Edouard avait délibérément lancé sa flotte contre les Français.

Mais le roi de France tenait maintenant un prétexte, et au meilleur moment. Les affaires d'Aragon et de Sicile s'achevaient au mieux, par le mariage du nouveau roi d'Aragon, Jacques II, avec la fille de l'Angevin Charles II de Sicile, dont les droits se trouvaient ainsi consolidés. Par une clause secrète du traité d'Anagni (7 juin 1295), Philippe le Bel se ménagerait même une alliance aragonaise en cas de conflit avec l'Angleterre. Ce n'était évidemment pas ce que pouvait souhaiter Edouard Ier quand, dix ans plus tôt, il offrait ses bons offices pour sortir la France de l'affaire d'Aragon, et Philippe le Bel était assez avisé pour savoir qu'une telle conjoncture politique pouvait se retourner à nouveau. Il convenait d'user d'un tel appui pendant qu'il était sûr.

Pendant que les garnisons françaises étaient renforcées aux frontières de Guyenne, Philippe le Bel exigea de son nouvel adversaire qu'il lui livrât les officiers et les marins coupables. En vain Edouard Ier envoya-t-il à Paris une ambassade hâtive. Le 27 octobre 1293, le roi de France citait le duc de Guyenne à comparaître devant sa Cour. C'était la vieille procédure féodale, celle qui, un siècle plus tôt, avait sonné le glas de l'Etat plantagenêt. S'il se dérobait, Edouard Ier risquait la confiscation de son duché pour manquement grave à son devoir de vassal. S'il venait, il affirmait sa soumission.

Edouard était cité pour la mi-janvier. Il crut pouvoir négocier sans comparaître en personne, et envoya d'urgence son frère

Edmond de Lancastre. Ce prince avait épousé la reine Blanche, la propre mère de Jeanne de Navarre, femme de Philippe le Bel. C'est dire qu'il était devenu le beau-père du roi de France. Malgré l'excellente introduction que lui donnaient ses bonnes relations avec sa belle-fille, le prince Edmond ne put que s'incliner devant les exigences françaises. Cependant qu'à la frontière de Guyenne les incidents continuaient, Lancastre reprit et exploita une idée de mariage politique qui semble bien être venue du pape Nicolas IV.

Aux termes de l'accord ainsi négocié, Edouard Ier livrait à son seigneur le roi de France la personne de vingt officiers gascons coupables envers leur suzerain, offrait en gage de paix six places fortes de Saintonge et d'Agenais et laissait aux gens du Capétien le droit de contrôler le reste de la Gascogne. Pour sceller l'accord, Edouard, qui était veuf, allait épouser Marguerite de France, sœur de Philippe le Bel.

Ce dernier subordonna cette conclusion heureuse à l'exécution d'une saisie que la non-comparution de son vassal suffisait à laisser prononcer. A l'évidence, Philippe le Bel cherchait la guerre.

Seule, lui semblait-il, la guerre pouvait réduire le trop puissant vassal à l'obéissance et faire de la Guyenne un fief comme les autres, c'est-à-dire une partie du royaume de France comme les autres. Il fallait même parvenir à cette guerre avant une alliance de l'Angleterre et de la Flandre que tout laissait prévoir et qu'un voyage du comte Guy de Dampierre en Angleterre avait permis de préciser. A plus attendre, le Capétien risquait d'affronter deux adversaires ensemble. Mais, parce que tous deux étaient ses vassaux, il ne pouvait déclencher la guerre hors des formes du droit féodal. Y manquer eût été justifier une rébellion générale des féodaux, que l'Eglise et le pape n'eussent pas manqué de soutenir.

Les conditions draconiennes qu'il avait d'abord posées à Lancastre ayant été acceptées, Philippe le Bel affecta donc d'exiger plus qu'il n'était convenu. Pour le contrôle de la Gascogne — contrôle dans l'attente d'une entrevue des deux souverains, qui devait avoir lieu à Pâques — il était prévu de dépêcher un ou deux hommes dans chaque ville forte ; c'est une véritable armée que, par détachements successifs, le roi de France se mit à envoyer dans le duché. Marguerite, de son côté, fit offense à l'Anglais en refusant de l'épouser. Enfin, Edouard ayant demandé deux mois de délai et un sauf-conduit pour venir à Arras comparaître devant son seigneur le roi de France, ce sauf-conduit lui fut refusé. Autant dire clairement qu'on arrêterait le duc-roi à son arrivée. Le 21 mars, en présence d'un Edmond de Lancastre impuissant et peut-être trop confiant en de bonnes paroles prononcées en privé par le roi, la Cour du Capétien constatait l'absence du vassal dûment cité. Le 19 mai, pour faute grave envers le seigneur, la même Cour prononçait la confiscation du fief. Restait à conquérir ledit fief.

De part et d'autre, on se prépara activement, cependant qu'Edouard Ier, pour ne pas être en reste, envoyait en France une ambassade chargée de renier l'hommage prêté huit ans plus tôt.

En France, les laïcs, les clercs, les Juifs, les Lombards et bientôt le monnayage procurèrent l'argent, car le Trésor ne contenait guère plus de 200 000 livres tournois. Pour la première fois depuis longtemps, l'impôt frappa lourdement, et c'était la première fois que les effets de la mutation monétaire s'ajoutaient à ceux de l'impôt. On fit ressource de tout, d'une décime sur le clergé, qui rapporta 189 000 livres tournois et d'un centième sur les laïcs qui procura 315 000 livres, aussi bien que d'une saisie des biens des marchands de Bayonne, qui furent vendus pour 14 200 livres, ou de la saisie des fonds (26 000 livres) déposés dans trois monastères parisiens par l'évêque de Winchester. Des Italiens, on tira 16 000 livres, des juifs 215 000 livres. La frappe de nouvelles monnaies laissa un bénéfice de 60 000 livres. Les riches bourgeois des villes prêtèrent 630 000 livres, à quoi s'ajoutèrent 50 000 livres prêtées par les officiers et par les prélats. A eux seuls, Biche et Mouche avancèrent 200 000 livres.

Cet extraordinaire drainage fiscal et bancaire procura sans doute plus de deux millions et demi de livres. Il s'en fallait que tout fût effectivement levé et réuni quand se déclenchèrent les hostilités.

Edouard Ier, pendant ce temps, taxait les églises, détournait vers son Trésor les décimes déjà levées sur le clergé anglais pour le financement de la Croisade, établissait sur les laïcs des impôts pratiquement annuels. Il alla jusqu'à confisquer (avril 1297) les laines et les cuirs prêts à la vente dans tout le royaume. Il fit même main basse sur le trésor de certaines églises.

LA COALITION.

La course aux alliances se fit acharnée. Le réseau tissé par Edouard Ier et financé par l'Angleterre — il en coûta un million de livres — était dominé par l'empereur élu Adolphe de Nassau, par le duc de Brabant et par les comtes de Bar, de Savoie et de Juliers. Le comte de Bar s'engageait d'autant plus volontiers dans l'affaire que le roi d'Angleterre lui donnait sa fille en mariage et lui envoyait, pour couvrir le coût de la guerre, d'importants subsides : le comte de Luxembourg enleva au passage un convoi qui transportait 12 000 livres.

Philippe le Bel trouva l'alliance du dauphin de Viennois Humbert Ier, dont le petit-fils devait, un demi-siècle plus tard, céder au roi de France le Dauphiné. Il eut celle des comtes de Hollande, de Hainaut, de Bourgogne et de Luxembourg. Le roi de Norvège offrit ses services. Le roi d'Ecosse bascula tardivement dans cette même alliance française. Au terme de deux années de marchandage à l'échelle européenne et grâce à l'intervention des cardinaux Colonna, alors puissants dans une Eglise sans pape, le roi de Majorque put convaincre son neveu le roi d'Aragon de rejoindre l'alliance française. Une mission du chambellan Hugues de Bouville y attira finalement Sanche IV de Castille.

Charles de Valois, enfin, sut, avec l'aide de Mouche et de ses arguments sonnants et trébuchants, convaincre le futur empereur que son intérêt propre n'était pas de s'engager dans un conflit qui divisait déjà l'Empire. Adolphe ne se fit pas prier pour vendre aux deux adversaires sa bienveillante neutralité.

Les camps s'équilibraient en apparence, ce qui dissuada les alliés d'intervenir. Le comte de Bar adressa à Philippe le Bel un inutile défi, et le comte de Flandre fit des insolences qui avaient pour fin d'irriter le roi : Guy de Dampierre souhaitait que Philippe le Bel se mît dans son tort en manquant à ses obligations de suzerain, ce dont le roi sut se garder. Aucun n'alla, pour l'instant, plus loin.

Cette paix armée des coalisés favorisa grandement la France. Elle laissait en effet le roi libre d'intervenir en Guyenne s'il prenait de vitesse les préparatifs de guerre du comte de Flandre. Plus ou moins soutenues par la diplomatie secrète de la France, une révolte du Pays de Galles, puis une attaque écossaise paralysaient Edouard dans son royaume insulaire. Il ne pouvait être, dans ces conditions, question de débarquer une véritable armée anglaise sur le continent. Quant au projet français d'un débarquement en Angleterre, à quoi devaient concourir les navires norvégiens, il ne pouvait être poussé à fond : la flotte française se contenta d'escarmouches. On vit les marins des « Cinque ports » sur la côte normande, et les marins français pillèrent quelques ports anglais de seconde importance.

Au contraire d'un Louis VIII, porté, trois quarts de siècle plus tôt, à conquérir l'Angleterre à la faveur des difficultés que rencontrait dans son propre royaume un Jean sans Terre, Philippe le Bel et ses conseillers étaient des réalistes. Le dessein du Capétien, ce n'était que d'assurer sur tout le royaume — et notamment sur le grand fief aquitain dont le duc était lui-même roi — une autorité incontestée. Alors que son regard portait déjà vers les marges de l'Empire, ce qui avait déterminé l'orientation première des sympathies du Nassau, et alors qu'il ne perdait pas de vue les affaires méditerranéennes, Philippe le Bel se souciait fort peu d'épuiser ses forces et son argent en Angleterre. En Guyenne, en revanche, c'est de l'unité monarchique qu'il s'agissait. L'enjeu y était essentiel.

La guerre de Guyenne.

Il put sembler, dans les premiers mois, que l'avantage était à l'armée du duc-roi, que renforçait un contingent venu d'outre-Manche. Le futur duc Jean III de Bretagne, que lésait l'attitude du roi de France, favorable à son demi-frère Jean de Montfort, avait offert ses services ; il reçut le commandement de cette armée, qui prit en 1294 Castillon, Blaye, Bayonne et Saint-Sever.

La situation ne tarda pas à se renverser. Malgré une énergique tentative d'Edmond de Lancastre, dont on sait que la diplomatie avait été vaine deux ans plus tôt, l'armée française de Charles de Valois occupa en 1295 la plus grande partie du duché. Bien qu'ils fussent tous vassaux du duc-roi, les chevaliers gascons et les chevaliers anglais se dissocièrent, chacun cherchant à tirer son épingle du jeu. Des Anglais qui songeaient à rembarquer furent massacrés par les Gascons.

Le 1er janvier 1296, Edouard Ier désignait ses plénipotentiaires pour négocier une trêve. Mais au printemps la Guyenne vit arriver le comte Robert d'Artois, qui engagea de nouveau les opérations et acheva la conquête. Les places tombèrent une à une, sans qu'une défense générale fût véritablement organisée. Débarqué à Blaye avec une petite armée de secours, Edmond de Lancastre tenta vainement de reprendre Bordeaux. Faute de l'armée castillane, trop occupée à en découdre avec les Aragonais, Lancastre dut se réfugier à Bayonne. Il y mourut, au début de l'été. Le comte de Lincoln tenta d'assiéger Dax : Robert d'Artois le mit en déroute.

Poussant son avantage, Philippe le Bel fit alors plus que semblant de porter la guerre en Angleterre. Simple manœuvre d'intimidation, certes, mais suffisante pour ôter à Edouard Ier toute envie d'intervenir de nouveau sur le continent. Dès l'hiver de 1295, la flotte française se constituait, faite de navires transférés des ports méditerranéens et de quelques bâtiments construits à la hâte. Commandée par Mathieu de Montmorency, une petite escadre alla saccager Douvres ; ce raid suffit comme semonce.

L'alliance du duc de Bretagne était précieuse entre toutes pour l'Anglais, car elle lui procurait une tête de pont ouvrant sur tout l'ouest du royaume. Pendant la guerre de Cent Ans, Edouard III saura jouer de cette alliance. En 1296, au contraire, le duc Jean se repentait d'avoir lié partie avec Edouard Ier. Retranché dans Bayonne avec Edmond de Lancastre, il se vit même, à la mort de celui-ci, préférer Lincoln pour la direction des opérations. Quant aux nouvelles qu'il recevait de Bretagne, elles ne contribuaient guère à le mettre en de meilleures dispositions : les marins anglais continuaient de se comporter, sur les côtes bretonnes, comme en pays ennemi.

Le duc Jean rentra donc chez lui et prêta une oreille complaisante aux propositions de Philippe le Bel. Des fiançailles et des privilèges de juridiction scellèrent l'entente. En septembre 1297, Jean de Bretagne était créé pair de France.

Préoccupé qu'il était en Angleterre même, Edouard Ier n'avait pu sauver à temps la Guyenne. Il avait sagement renoncé à une défense qui eût été aussi onéreuse qu'inutile. Cela lui permit de mater les Gallois, d'écraser les Ecossais et d'établir chez eux un gouvernement à ses ordres. Il exigea fermement de nouveaux subsides et brisa pour un temps la résistance des barons et des évêques qui voyaient avec inquiétude la guerre justifier des atteintes de plus en plus nombreuses à leurs libertés bientôt séculaires.

Pressions sur la Flandre.

Surtout, Edouard négociait patiemment une autre alliance, au flanc du royaume de France, celle du comte de Flandre. Dès 1292, on avait parlé d'un mariage qui, unissant le futur Edouard II et Philippine de Flandre, cimenterait l'entente sans constituer vraiment une félonie envers le roi de France. Ce dernier l'avait d'ailleurs entendu autrement et avait réagi avec violence lorsqu'il avait appris, de la bouche même du comte, la conclusion du traité de Lierre par lequel, le 31 août 1294, ce mariage était finalement décidé.

Philippe le Bel saisit en effet l'occasion que lui fournissait ce premier faux pas du comte pour affirmer sa suzeraineté. Se fondant plus ou moins bien sur la coutume féodale qui reconnaissait au suzerain le droit de veiller sur l'éducation et le mariage des enfants de ses vassaux, il se fit remettre dès l'automne la jeune princesse. Elevée au Louvre comme une fille du roi, jouissant d'une maison propre de quelque trente femmes d'honneur, gouvernantes et servantes, Philippine participa à la vie de la Cour et fut de toutes les fêtes. Elle n'en demeura pas moins captive de cette prison dorée, où elle mourut, toujours fille, en mai 1306.

Un temps, on put croire que le Capétien allait ramener le comte de Flandre dans le chemin de l'exacte fidélité. En janvier 1296, alors qu'une diversion dans le Nord aurait tant arrangé les affaires d'Edouard Ier en Gascogne, Guy de Dampierre était à Paris, où il négociait avec Philippe le Bel et obtenait de substantielles concessions. C'est ainsi que le roi limitait le droit de ses officiers à intervenir dans le comté, restreignant en particulier cet appel dont avait tant souffert la justice du comte : les appels des bourgeois de Gand furent cassés. L'autorité du comte sur la ville s'en trouvait considérablement renforcée.

Le roi était soucieux d'épargner à l'économie flamande la ruine qu'aurait certainement provoquée l'adhésion du comté à la guerre contre l'Angleterre : les tissages flamands vivaient de la laine anglaise. Aussi, en même temps qu'il accordait un moratoire aux dettes pour limiter les faillites, décréta-t-il la fermeture des frontières à toute importation de draps étrangers.

Les Flamands ne pouvaient être dupes. Le plus clair de la concurrence faite en France aux draps flamands venait encore, à cette époque, du royaume même. Mais, en compensation de cet avantage illusoire, un impôt, un « cinquantième », était levé en Flandre pour financer la guerre contre l'Angleterre. Toujours impécunieux, Guy de Dampierre trouvait à cet accord un grand intérêt : il gardait les laines anglaises confisquées dans le comté et recevait sa part de l'impôt. Mais il y perdait sa popularité. Il le savait. Il avait fait un choix.

Aussi fut-il particulièrement mécontent lorsque, après quelques semaines de perception, lui parvint la nouvelle d'un arrangement que le roi venait de négocier directement avec les principales villes, Gand exclue parce que le comte gouvernait lui-même la grande cité industrielle. En échange du cinquantième, auquel le roi renonçait et dont il ordonnait au comte de rendre les sommes déjà levées, Philippe le Bel s'était fait concéder par les villes des contributions forfaitaires — Bruges offrit 15 000 livres — dont les municipalités répartirent elles-mêmes le poids sur les contribuables, au prorata des fortunes : ces contributions laissaient intact le principe du consentement à l'impôt.

Le roi passait ainsi pour comprendre les aspirations politiques des bourgeois. Il leur faisait rendre un argent qui avait été levé sur eux, sans leur consentement, par le comte. Il se faisait le garant de l'équité fiscale. Guy de Dampierre était joué : il devait maintenant attendre du roi sa part des contributions, part qu'il ne reçut jamais, et il allait garder la réputation d'avoir trempé dans une violation des libertés communales.

Persévérer dans cette politique de rapprochement lui eût été fatal. Privé du soutien populaire et menacé par une coalition qui, de l'Allemagne à l'Angleterre en passant par la Hollande, l'enserrait complètement et compromettait sa politique en Zélande, le comte de Flandre aurait été en tout dans la main du roi. Pour manifester son revirement, il passa en Hainaut et fit une entrée fracassante dans Valenciennes, ville alors en conflit avec le comte de Hainaut Jean d'Avesnes, qui venait de traiter avec Philippe le Bel. Le 1er avril 1296, Guy de Dampierre recevait l'hommage des bourgeois de Valenciennes. La provocation était accentuée par la garantie qu'il leur donna sur-le-champ : il les aiderait éventuellement contre le roi de France. Puis, afin que nul ne puisse croire à un incident purement local, il s'en prit à d'autres alliés du Capétien : il fit arrêter plusieurs marchands écossais et saisir leurs marchandises.

Philippe le Bel réagit sévèrement. Il déclencha une rafale d'interventions à l'intérieur du comté de Flandre, faisant rappeler à satiété qu'il en était suzerain. Il ordonna l'arrestation du bailli comtal de Douai. Il établit à Gand un garde royal — ce fut Aubert de Hangest — et prit en sa garde les quatre autres grandes villes, Bruges, Lille, Ypres et Douai. Les bourgeois s'enhardirent : ceux de Douai refusèrent l'entrée de la ville au propre fils aîné du comte, Robert de Béthune.

Enfin, Guy de Dampierre reçut une citation à comparaître, le 29 juillet 1296, devant la Cour du roi. Il devait s'y justifier d'avoir violé les coutumes des villes, d'avoir désobéi au roi et d'avoir molesté les Flamands qui demeuraient en l'obéissance due à leur suzerain.

Dans le même temps, le comte voyait un véritable chantage s'exercer contre lui. La Flandre était en partie envahie par les troupes des deux princes d'Empire avec lesquels elle était en conflit, le comte de Hainaut et le comte de Hollande. Prétextant de la préparation des nouvelles campagnes contre l'Angleterre et l'Allemagne, Philippe le Bel interdit à tous ses vassaux et arrière-vassaux — quelques années avant d'oser lui-même convoquer son arrière-ban à l'armée — de sortir en armes du royaume pour quelque raison que ce fût. L'ordonnance fut en premier lieu notifiée aux cinq grandes villes flamandes : les bourgeois ne se firent évidemment pas prier. D'ailleurs, pour que le comte sentît bien le coup, deux envoyés de Philippe le Bel vinrent le prier de faire appliquer la décision dans son fief. C'était à la fois le mettre à la merci de ses ennemis et se moquer de lui. Cela décida Guy de Dampierre : à la fin d'août, il comparut devant la Cour du roi.

Il s'agissait de briser le comte de Flandre, non de le convaincre. Une fois réglées les affaires instantes — Guy fut condamné à payer une amende, à suspendre toutes les procédures engagées contre des « léliaerts » et à rendre Valenciennes au Hainaut — et en présence des bourgeois députés par les cinq bonnes villes, Guy de Dampierre dut transférer au roi le gouvernement et la juridiction de Bruges, de Gand, d'Ypres, de Lille et de Douai. Conformément au rituel féodal, il remit à son suzerain un gantelet, symbole de son dessaisissement.

Affectant alors la générosité, Philippe le Bel ne garda finalement que Gand, où l'on vit désormais flotter sur le beffroi la bannière fleurdelisée. Mais il plaçait dans chaque ville un « gardien », autrement dit un observateur. Le comte n'était plus maître chez lui, et les léliaerts n'étaient pas près d'oublier ce à quoi, même pour un temps, il avait dû consentir en public.

Le comte contre le roi.

Guy de Dampierre tenta une manœuvre assez habile, qui aurait pu coûter cher au roi. Le 28 août, il avait longuement développé des conclusions tendant au renvoi devant la Cour des pairs : il en était membre, il y était juge, il ne pouvait être jugé ailleurs, et surtout pas devant le Parlement, en quoi il feignait de voir le Conseil du roi, non la Cour.

La réponse fut que, les affaires dont on parlait étaient pour la plupart déjà introduites, et qu'il ne convenait pas de changer maintenant de juridiction. Il n'était, lui assura-t-on, nullement question ici de saisir le comté de Flandre, ce qui eût été, en effet, de la compétence exclusive des pairs. Il ne s'agissait que des privilèges des bourgeois et des abus du comte à leur encontre.

Au reste, l'enjeu était autre. Déférer l'affaire à la Cour des pairs, c'était faire de cette Cour le juge ordinaire de tout conflit entre le roi et l'un de ses grands feudataires : le précédent flamand eût été sans cesse invoqué. Les pairs garantissaient la justice féodale ou criminelle appliquée à l'un d'entre eux. Mais ils n'avaient jamais eu pour prérogative de rendre la justice au civil dans les affaires où le roi pouvait être partie, voire de rendre leur arbitrage dans les conflits politiques mettant en cause la Couronne.

Ils ne furent même pas appelés à juger eux-mêmes de leur

compétence : ils n'eussent pas manqué de la proclamer bien haut. Le Parlement suffit à exprimer un refus catégorique. Le Parlement, c'était le roi.

En acceptant la demande du comte de Flandre, Philippe le Bel se serait reconnu des juges. N'importe quel pair aurait, ensuite, pu citer le roi à comparaître.

C'est à son retour en Flandre que Guy de Dampierre reçut la visite du puissant conseiller d'Edouard Ier, Hugues Despenser. L'Anglais offrait un front commun, pour l'indépendance des grandes principautés aquitaine et flamande. Se targuant de ses alliés et de ses ressources, il offrait pour commencer 300 000 livres tournois et promettait 50 000 livres par an pour la durée de la guerre. Pour l'impécunieux comte, qui craignait déjà de devoir rembourser les avances d'Edouard Ier, la tentation était irrésistible.

Cette tentation, c'était celle de l'indépendance, d'abord assurée envers la France avec l'appui de l'Angleterre, puis envers les métiers des grandes villes avec l'appui d'un patriciat que l'on retournerait. C'était aussi celle de la prospérité, fruit possible de la réouverture des routes économiques qui approvisionnaient en laine anglaise les tissages flamands et ouvraient à ces derniers les marchés de la mer du Nord. A une telle perspective, les métiers étaient aussi sensibles que le comte. Riche des promesses anglaises, celui-ci pouvait, d'autre part, acheter des alliés et des soldats : le comte de Hollande et le comte de Bar louèrent à haut prix leur service. Guy de Dampierre se prépara délibérément à la guerre.

Il avait, en vain, demandé le jugement de la Cour des pairs. Encore fallait-il qu'elle ne fût pas, maintenant, réunie pour juger non d'un conflit mais d'une félonie. En droit, la félonie du vassal justifiait la confiscation de son fief.

Le seul moyen d'éviter semblable situation était de se trouver en état de légitime défense. Guy de Dampierre y songea, et multiplia dans ce dessein les frictions qui pouvaient conduire le roi à de nouvelles interventions arbitraires. Il fortifia ses villes. Il exigea du patriciat qui tenait les corps municipaux ces redditions de comptes publiques que les petites gens des métiers réclamaient depuis longtemps. Il menaça de destitution les échevins trop ostensiblement partisans du roi. Il accorda, enfin, sa protection à l'auteur de violences perpétrées au vu de tous contre un notable du parti léliaert.

Ce souci d'en arriver à la guerre sans se mettre dans son tort, Edouard Ier ne l'avait plus, et le pire qui pouvait survenir était la perte totale, en 1297, d'un duché de Guyenne déjà aux trois quarts perdu en 1296. Aussi le roi d'Angleterre poussa-t-il à une alliance de bonne et due forme, dont les actes furent scellés de part et d'autre le 7 janvier 1297. Cette alliance était ouvertement offensive, et fondée sur le comportement arbitraire de Philippe le Bel :

> Parce que aucunes personnes de haut état et de grande puissance ne regardent mie, comme ils le devraient, la raison mais leur volonté, en la confiance de leur pouvoir.

L'un et l'autre s'interdisaient toute paix séparée. C'était une véritable coalition, dont la menace planait, des côtes de Bayonne aux confins orientaux du royaume, sur toutes les frontières françaises.

Le 20 janvier, deux clercs flamands se présentaient au Louvre : l'abbé de Gembloux et celui de Floreffe, un bénédictin et un prémontré. Deux clercs, et non un clerc et un chevalier, comme c'eût été le cas pour une mission diplomatique ordinaire. Déjà en sa forme, l'ambassade valait une déclaration de guerre.

Le lendemain, en présence de la Cour, Pierre Flote lut à haute voix le libelle que les abbés avaient, la veille, remis au roi sans commentaire. C'était un long décompte des griefs, vrais et faux, d'un vassal déçu, brimé et mal jugé par son seigneur. Toute l'histoire des cinq dernières années y passa, où le comte Guy se donnait naturellement le beau rôle. Il imputait au roi des décisions impopulaires qu'il avait lui-même prises. Il revenait sur des affaires jugées depuis longtemps, comme l'appartenance de Valenciennes au Hainaut, cependant acceptée en 1246. Il assurait que le roi avait donné son consentement au projet de mariage anglo-flamand. Tout était déballé, dans ce long ratiocinage, de la politique monétaire du Capétien à son refus de saisir la Cour des pairs.

Dès l'exorde, le comte de Flandre avait abattu ses cartes : il reniait bel et bien son hommage et faisait, souverainement, de son fief une principauté indépendante :

> Par droit il est délié, et absous, et délivré, et se tient pour délié, absous et délivré de tous liens, de toutes

alliances, de toutes obligations, de toutes convenances, de toutes obéissances, de tous services et de toutes redevances en quoi il a été obligé ou tenu envers vous, en quelconque manière et par quelconque cause il ait été obligé ou tenu.

Et se tiendra le comte, avec l'aide de Dieu, de ses amis et des siens, à l'héritage et au droit qui lui est venu de ses ancêtres.

Dans le même temps, il interdisait à ses procureurs à Paris de comparaître désormais devant la justice royale : une telle décision était dans la logique de la déclaration par laquelle il affirmait ne tenir son comté que de ses ancêtres. Tout comme le roi de France, le comte de Flandre entendait n'avoir d'autre juge que Dieu.

Le 25, dans le chœur de Saint-Donatien de Bruges, un notaire instrumenta solennellement, au nom du comte, un appel au pape : c'était le meilleur moyen de suspendre d'avance l'effet d'une éventuelle excommunication. Toutes les églises de Flandre résonnèrent à leur tour du texte de cet appel. Le peuple fut impressionné. Il le fut encore plus quand il assista à l'expulsion, spectaculaire, des officiers royaux.

Le roi répliquait, cependant, par une autre ambassade, elle aussi composée de deux clercs, les évêques d'Amiens et du Puy. Leur lettre de créance était adressée au « marquis de Namur qui se fait passer, dit-on, pour comte de Flandre ». Reçus à Courtrai le 18 février, les envoyés du roi demandèrent d'abord à Guy de Dampierre si le libelle lu à Paris était bien de lui. Le comte acquiesça. Ce fut alors le coup de théâtre : les évêques offraient un jugement par la Cour des pairs.

Le roi et son Conseil croyaient avoir ainsi piégé le comte de Flandre. Au vrai, c'était tout bonnement un faux pas, et le pétard fit long feu. Le comte et ses fils ne pouvaient être dupes : ce qu'on leur offrait, ce n'était pas de faire les pairs juges d'un conflit, mais bien de faire juger par les pairs le comte de Flandre « pour les forfaits commis par lui contre la personne royale ».

Les évêques s'entendirent répondre qu'il était maintenant trop tard, que le refus de juger régulièrement avait été caractérisé, que le comte se trouvait, par ce déni de justice et conformément au droit commun des fiefs, délié de sa fidélité, et qu'au reste le roi ne pouvait plus traduire devant la Cour des pairs quelqu'un à qui il ne donnait plus son titre de comte de Flandre.

Philippe le Bel en Flandre.

Guy de Dampierre avait pour lui la logique, mais il commettait là sa plus grave erreur. Lorsqu'en juin 1297 Philippe le Bel, à la tête d'une forte armée, pénétra en Flandre, le comte s'aperçut qu'il était seul. Le comte Henri de Bar, qui tenta de faire diversion en attaquant la Champagne royale, se lassa de n'être pas suivi ; il abandonna l'affaire, n'y ayant gagné que de voir son comté dévasté par l'armée de Gaucher de Châtillon. Le duc de Brabant, qui avait tant poussé à la guerre, se garda bien d'y intervenir, préférant se réserver pour le rôle fructueux d'arbitre. Adolphe de Nassau se savait mal assuré de l'adhésion des princes allemands : ayant avancé son armée jusqu'à Spire, il s'en tenait là et ouvrait des négociations secrètes avec Philippe le Bel. Les autres membres d'une coalition que cimentait la seule vertu de l'énergie anglaise calquèrent leur attitude sur celle du roi des Romains. Chacun — et Adolphe de Nassau le dit crûment — entendait ne s'engager qu'après avoir vu de ses yeux l'armée anglaise.

La surprise fut amère, si tant est que ce fût pour tous une surprise : Edouard Ier était fort loin de tenir ses promesses. Des 300 000 livres offertes quelques mois auparavant, moins du tiers avait été versé. L'Anglais était aux prises avec ses propres barons, révoltés contre ses exigences fiscales et contre les exactions de ses officiers. Il devait faire face à une nouvelle attaque des Ecossais, qui allaient être, cette fois, vainqueurs le 11 septembre à Stirling. Il était même incapable d'entraîner ceux des barons qui lui demeuraient fidèles mais qui jugeaient les affaires d'Angleterre plus urgentes que celles de Flandre. Pour justifier son absence dans les combats de Flandre, il eut l'audace, en août, d'alléguer la nécessité d'un pèlerinage. Lorsqu'il débarqua à L'Ecluse, le 23 août, avec un maigre contingent, il ne put que constater les débuts du désastre.

Entré en Flandre le 15 juin 1297 entre Douai et Hénin-Liétard, le corps d'armée que commandait Charles de Valois flanqué du connétable Raoul de Nesles avait sans peine franchi la Scarpe et occupé Orchies et Béthune. Puis il avait rejoint devant Lille l'armée du roi, qu'était venu renforcer le comte de Hainaut. Le roi demeurant au siège de Lille, Charles de Valois, Guy de Saint-Pol et le connétable avaient forcé, à Comines, le passage de la Lys, que gardaient les milices d'Ypres et un fort contingent de mercenaires allemands. Du haut de leurs remparts, les bourgeois d'Ypres virent brûler leurs faubourgs et leurs moulins à vent. Quelques jours plus tard, Cassel tombait, en flammes, aux mains de Robert d'Artois, qui venait, sa mission accomplie en Gascogne, de rallier l'armée du Nord. A travers la campagne flamande, les villages étaient rançonnés, les récoltes brûlaient.

C'est seulement le 20 août qu'apparut l'armée réunie à Ypres par Guillaume de Juliers, armée que composaient surtout des soldats allemands et brabançons. Elle se porta au-devant de l'armée française, que commandait désormais Robert d'Artois. L'ayant rejointe au sud de Furnes, elle se fit lamentablement bousculer. Cette victoire, où l'on fit plus de prisonniers qu'on ne tua, ce qui était de bonne guerre et beaucoup plus fructueux qu'un carnage, laissa les Français libres de se réunir pour en finir avec Lille.

Etabli à Bruges, bien que la fidélité des bourgeois y fût incertaine, Guy de Dampierre envoyait de tous côtés des appels au secours. La comtesse elle-même prenait la plume. Ce fut en vain. On apprit l'arrivée à L'Ecluse d'une flotte anglaise, mais elle avait été successivement réduite par les attaques de l'amiral français Pédogre — un bourgeois de Calais — et par une querelle intestine entre les marins des « Cinque ports » et ceux de Yarmouth.

Devant Lille, les combats avaient cessé. Le 25 août, qui était un dimanche, les chevaliers qui défendaient la ville négocièrent leur capitulation pour le dimanche suivant, sauf le cas — chacun savait ce qu'il en était — où un secours leur parviendrait d'ici là :

> S'il est ainsi que nous ne soyons secourus du siège de Lille, où nous sommes assiégés, dedans le samedi après la Décollation saint Jehan prochain venant, durant tout le jour, par le comte de Flandre et ses aidants, avec ledit comte venant le roi d'Angleterre ou le roi d'Allemagne, en telle manière que par effort d'armes et de secours il nous puisse faire ouvrir une porte pour aller à lui et lui à nous,

nous devons, le dimanche matin, tous ceux dessus dits (les chevaliers) partir de Lille et nous issir de ladite ville, ainsi que accordé est, le jour tout le jour.

Si, par nécessité il advenait que tous ne puissent issir le dimanche dessus dit, ceux qui n'isteraient s'en pourraient issir le lundi suivant après, le jour tout le jour, sans mal engin.

Et dès le dimanche matin le roi et ses gens pourront entrer en ladite ville, sauf ce que si nos gens ne fussent tous hors le dimanche, ceux qui en isteraient le lundi n'en fussent mie empêchés.

Les villes flamandes tombèrent en quelques jours : après Lille, ce furent Courtrai, Bergues, Dunkerque et surtout Bruges, où Philippe le Bel eut l'habileté de se comporter en roi dans son royaume et non en conquérant. Il confirma les privilèges des bourgeois, flatta les métiers, échangea des présents. La prise de Damme, dont les bourgeois ouvrirent les portes en laissant à peine aux navires anglais le temps d'appareiller, acheva de couper les relations avec l'Angleterre.

Edouard Ier et le duc de Brabant — celui-ci était venu en hôte, non en combattant — se retranchèrent avec Guy de Dampierre à l'abri de la plus forte enceinte dont disposât le comte de Flandre, celle de Gand. Les Français les laissèrent passer là leur temps en banquets et épuiser leurs réserves de vivres.

L'alliance, déjà, battait de l'aile. Le roi d'Angleterre avait déçu son allié en ne lui apportant pas l'aide promise. Il était lui-même déçu d'avoir cru les villes fidèles à leur comte. Il gardait une vive amertume du refus opposé par les Brugeois à la demande qu'on leur avait faite de contribuer au renforcement de leur enceinte. Il n'était pas moins mécontent d'avoir senti planer sur lui, pendant tout son séjour dans le grand port, la menace de la trahison. Sa rancœur, en particulier, était grande d'avoir dû quitter les lieux en toute hâte, de crainte qu'on ne le livrât purement et simplement aux Français. Vaincu en Guyenne, Edouard Ier était fourvoyé en Flandre.

La trêve de Vyve-Saint-Bavon.

Dans le temps qu'il se préparait à combattre le roi de France, Guy de Dampierre avait demandé l'arbitrage du pape. C'était la meilleure réplique au déclenchement automatique de la procédure que, pour recouvrer sa liberté, le comte Ferrand son oncle — le vaincu de Bouvines — avait été contraint d'accepter en 1226 : l'archevêque de Reims et l'évêque de Senlis avaient pouvoir d'excommunier, sur simple requête du roi, le comte de Flandre qui romprait le traité de paix. Non sans habileté, le comte Guy avait d'ailleurs fait choix de ces prélats, ainsi que de l'évêque de Tournai, pour représenter ses intérêts en cour de Rome.

En se tournant vers le pape, le comte tentait aussi, mais cette fois sans adressc, de reprendre la manœuvre qui avait naguère réussi aux barons anglais. Si Boniface VIII, qui ne demandait pas mieux et avait déjà essayé d'arrêter en 1295 la guerre franco-anglaise, parvenait à s'ériger en arbitre des conflits internes du royaume de France, c'en était fini de l'arbitraire royal. Le recul de l'autorité monarchique eût été manifeste. C'est en cautionnant en Occident les institutions de paix que la papauté du XIe siècle avait assuré le succès d'une réforme — la réforme « grégorienne » — qui faisait du pape, plus que jamais, le maître des Eglises et le juge des politiques. Le nouveau champion de l'augustinisme politique et de la théocratie pontificale ne pouvait manquer une telle occasion : en août 1297, alors qu'il venait de perdre en fait — sinon dans les principes — le combat mené depuis trois ans pour priver le roi du droit à imposer le clergé sans l'autorisation du Saint-Siège, Boniface VIII dépêchait en Angleterre le maître général des dominicains et le ministre général des franciscains. Ils avaient pour mission de décider Edouard Ier à envoyer à Rome des plénipotentiaires ayant pouvoir de négocier la paix avec la France.

Des négociations s'ouvrirent, cependant, en Flandre même, sous la présidence des deux légats. Le résultat en fut rapide, car chacun y avait intérêt. Le roi d'Angleterre venait d'apprendre qu'une armée écossaise envahissait son royaume, et il se sentait de plus en plus mal à l'aise chez les Flamands. Quant à Philippe le Bel, il venait de marquer des points contre les prétentions pontificales dans l'affaire de la décime : quelques semaines plus tôt, le pape l'avait pratiquement laissé libre d'imposer son clergé, pourvu que fussent sauves les apparences du droit du pape. Voilà qui laissait entrevoir de nouveaux revenus pour le Trésor royal.

Le roi de France se trouvait donc bien de gagner du temps. De ce temps, comme de cet argent, il entendait profiter pour consolider la conquête de la Guyenne et préparer celle de la Flandre. Car c'était une chose de réussir une promenade militaire à travers le comté, en y semant la confusion, et c'en était une autre d'occuper un pays aux tensions politiques extraordinairement complexes. Philippe le Bel en était conscient, les Français étaient loin de tenir fermement la Flandre.

L'attitude du roi, traitant alors qu'il avait l'avantage, sinon la victoire, et acceptant une trêve sans profiter complètement du désarroi de son ennemi, s'explique aisément. Que Philippe ait voulu donner un témoignage de bonne volonté au pape, à un moment où celui-ci ne pouvait faire autre chose que de se ranger à son côté, c'est certain. Mais il est une raison financière, et bien suffisante : tenir un pays coûte plus cher que le conquérir, car on improvise encore moins des garnisons permanentes qu'une armée pour le temps d'une campagne. Les perspectives et les échéances de la politique royale étaient profondément modifiées dès lors que le roi pouvait espérer des décimes et même, à titre exceptionnel, la réserve des annates.

Le changement n'était pas moindre quant à la politique impériale. Le négociateur désigné par le roi pour mener, l'hiver précédent, de discrètes tractations avec le roi des Romains — en fait avec son frère, le dominicain Dithier de Nassau — n'était ni un baron, ni un légiste, ni un dominicain. C'était tout bonnement Mouche. Le banquier toscan, le conseiller financier du roi avait de tout autres arguments qu'un Flote. Là encore, après les concessions financières de Boniface VIII, tout pouvait être reconsidéré.

Publiée à Vyve-Saint-Bavon le jour de la Saint-Denis (9 octobre 1297) et renouvelée à Saint-Martin de Tournai en janvier 1298, la trêve allait durer jusqu'en janvier 1300. Le pape était reconnu comme l'arbitre, mais Pierre Flote s'empressa, à peine parvenu à Rome, de faire une déclaration officielle aux termes de laquelle l'arbitre n'était pas Boniface VIII en tant que Souverain Pontife mais bien Benoît Caetani en tant que personne privée. Autant dire que l'arbitre n'avait aucun pouvoir.

Soucieux de se dégager au mieux d'une affaire où chacun des alliés avait passablement dupé l'autre et où ses barons lui reprochaient d'avoir oublié les véritables intérêts de l'Angleterre, c'est-à-dire l'Ecosse, Edouard Ier traitait en son seul nom. Au plus l'accord de Vyve-Saint-Bavon donnait-il une liste de ses alliés, en tête desquels venaient le roi d'Allemagne et le comte de Flandre ; à Tournai, le roi d'Angleterre promettait de faire en sorte que le comte de Flandre et ses enfants jurent de garder la trêve. Mais il n'était nulle part question de demander son avis au comte Guy.

L'ARBITRAGE DE BONIFACE VIII.

A Rome, le pape affecta de juger suffisante la présence des plénipotentiaires anglais, seuls interlocuteurs de l'ambassade française que dirigeait Flote. Après un bref marchandage, les envoyés du comte de Flandre, furent tenus à l'écart. Les Français Aycelin, Flote et Saint-Pol avaient su faire comprendre à Boniface VIII qu'il ne pouvait soutenir des rebelles, les Flamands, alors qu'il avait ses propres rebelles en la personne des cardinaux Colonna. A l'ambassade d'Edouard Ier, que conduisaient l'évêque de Dublin et le comte de Savoie, les Français avaient simplement donné à entendre qu'évoquer l'affaire de Flandre, c'était évoquer celle d'Ecosse. Vainement l'ambassade flamande, que menait le fils aîné du comte, Robert de Béthune, alla-t-elle voir les Anglais : ceux-ci répondirent prudemment qu'il ne convenait pas de se fâcher avec le pape. L'intervention personnelle de Boniface VIII acheva de mettre les Flamands à l'écart de la négociation : il leur demanda de lui faire confiance. Force était de s'incliner.

L'affaire n'était, dès lors, qu'un conflit entre princes souverains, et même sans se payer de mots quant au caractère privé de l'intervention pontificale, l'arbitrage s'inscrivait dans la tradition des médiations offertes par le Saint-Siège dans l'intérêt de la Chrétienté. Le pape se devait de réconcilier des princes chrétiens, et songeait en cela à la future Croisade. Il ne pouvait s'en targuer pour se mêler des affaires intérieures du royaume de France.

La paix fut aussi classique que l'avaient été les moyens d'y parvenir. La sentence arbitrale rendue par Boniface VIII le 27 juin 1298 conduisit à des mariages et au maintien du statu quo territorial. Edouard Ier échouait à obtenir la transformation de tout ou partie de la Guyenne en seigneurie souveraine, qu'il n'aurait tenue de personne. Il n'obtenait même pas que cette Guyenne fût tenue en fief du Saint-Siège. Les territoires qui lui seraient rendus — ce pouvait n'être qu'une partie de l'ancien duché — seraient bel et bien tenus contre hommage au roi de France. Jusqu'à la paix, le pape en avait la garde, comme arbitre : il se dépêcha, le surlendemain, de confier cette garde à des barons français.

Quant aux mariages prévus, c'étaient celui de Marguerite, la sœur de Philippe le Bel, avec Edouard Ier lui-même, dont le traité fut conclu à Montreuil le 19 juin 1299, et celui du futur Edouard II — naguère fiancé à Philippine de Flandre — avec Isabelle de France, fille de Philippe le Bel. Le roi veuf convola dès septembre 1299. Le second mariage ne fut célébré qu'en 1308, quand les fiancés eurent atteint l'âge requis par le droit. Isabelle avait trois frères, et nul ne pouvait alors songer que, trente ans plus tard, le fils né de cette union, Edouard III, serait le seul petit-fils survivant de Philippe le Bel.

L'arbitrage pontifical n'avait fait, le roi de France excepté, que des dupes. La première était le comte de Flandre, sacrifié par l'un à la lutte contre les Ecossais, par l'autre à la répression du schisme des cardinaux Colonna. Guy de Dampierre, et surtout son énergique héritier Robert de Béthune, si vilainement éconduit à Rome, allaient en garder une amertume à laquelle concourait le souvenir d'un traité par lequel, dix-huit mois plus tôt, Edouard Ier s'était engagé à ne pas conclure de paix séparée. La lettre qu'adressèrent au comte, le 28 juin, ses trois fils présents à Rome suffit à donner le ton :

> Le pape, nos paroles ouïes, nous répondit dur, et dit que nous étions mal conseillés, et que pour le comté de Flandre il ne laisserait mie (ne renoncerait pas) à faire la paix des deux rois, et que la paix il ferait et prononcerait entre eux.
>
> Et aucunes choses y avait encore à dire, qu'il dirait en un autre temps. Et les trêves de vous et des alliés il ferait tenir. Et de votre besogne il ne prononcerait nient oren-

droit (rien pour l'instant), car il conviendrait que par autre voie il vous aidât.

Et dit encore, si nous nous repentions de ce que nous avions mis votre besogne sur lui, il s'en ôterait volontiers.

Dupé, Edouard Ier ne l'était guère moins. Ses chances de récupérer la Guyenne dépendaient du bon vouloir de son nouveau beau-frère, dont il demeurait le vassal. Et, cinq semaines à peine après avoir abandonné à leur triste sort ses alliés flamands, le roi d'Angleterre se vit exhorté par le pape à abandonner toute idée de semer en Ecosse « la perturbation ou la guerre » !

L'illusion la plus grande avait été cependant pour Boniface VIII. On sait son rêve d'une paix entre les princes chrétiens : œuvre du Saint-Siège et garantie par lui, cette paix eût contribué à faire du successeur de saint Pierre le maître politique de l'Europe. Permettant de ré-orienter le dynamisme de la Chrétienté occidentale, la paix eût ouvert la voie à une reconquête de l'Orient latin, menée par les rois mais sous l'étendard pontifical. Le rêve de Boniface VIII, c'était, plus politique peut-être mais non moins déterminé, celui de Grégoire VII et d'Urbain II : l'unité de l'Eglise par le pape et à travers la lutte commune contre l'Infidèle.

Or la paix que procurait Boniface VIII était un leurre, et le pape ne pouvait l'ignorer. Rien de ce qui avait contribué au conflit n'avait disparu. Les situations n'avaient fait qu'empirer. La Guyenne demeurait fief du royaume de France, mais on ne savait ce que comprendrait la Guyenne de demain. La Flandre restait en butte aux interventions abusives du roi, mais le roi tenait maintenant le tiers de la Flandre. Guillaume de Nogaret, qui commençait en ces années-là de gravir les échelons de la fonction administrative et qui, ayant plus tard à justifier son action politique, ne pouvait se sentir responsable des événements de 1298, devait porter un jour sur l'arbitrage pontifical le plus sévère des jugements :

Ayant le pouvoir de donner la paix aux adversaires et d'affermir cette paix entre les rois et les royaumes de France et d'Angleterre, Boniface, qui espérait tirer le plus grand profit des charges qu'il avait reçues ou extorquées, organisa quelque chose qui avait la couleur de la paix.

Il ne donna pas, comme il l'aurait pu, une fin efficace à l'affaire, si grave et si dangereuse, qui bouleversait l'Eglise de Dieu.

Nogaret ne manquait pas d'aplomb en reprochant au pape d'avoir cédé au chantage qu'exerçait sur lui la collusion — elle était réalisée, et elle aurait pu se traduire dans les faits — du Capétien et des Colonna. Mais quant à la paix, le jugement du légiste est sain : rien n'était réglé.

La paix avec l'Angleterre.

D'aucuns s'attendaient à voir Philippe le Bel reprendre les armes si l'arbitrage final le condamnait à rendre la Guyenne. Il était en position de force, puisqu'il occupait le duché cependant que les annates accordées par le pape commençaient de renflouer le trésor royal. Il n'en fut rien, et Boniface fit prévaloir sans peine la voie de conciliation. Le 20 mai 1303, alors que les relations entre le pape et le roi s'étaient détériorées à un tel point qu'on ne peut suspecter Philippe le Bel d'avoir cédé aux pressions pontificales, le traité de Paris rendit au Plantagenêt l'ensemble des fiefs conquis par les Français entre 1294 et 1296. La guerre — ou du moins cette guerre-là — avait été gagnée pour rien.

On s'est interrogé sur cette magnanimité d'un vainqueur qui ne pouvait, après 1297, craindre un retour en force de l'Anglais en Guyenne. A l'attitude conciliante de Philippe le Bel, on a opposé la politique sans faiblesse d'un Pierre Flote, mort un an avant cette surprenante conclusion. Au pape, qui lui demandait s'il était dans ses intentions de priver le Plantagenêt de tous ses fiefs dans le royaume de France, Flote n'avait-il pas répondu sur le ton le plus froid : « Sire, vous dites vrai. »

Et d'évoquer l'exemple de saint Louis, semblablement généreux, malgré l'avis de ses conseillers, après sa victoire sur Henri III. Philippe le Bel n'a-t-il pas, en cette occasion comme en tant d'autres, voulu imiter son grand-père ?

Mettre son vassal au pas, certes. Le spolier, non. Edouard était vaincu, mais il était roi. Peut-être étaient-ce là les véritables pensées de Philippe le Bel. Celui-ci semblait perdre en l'affaire. Il y gagnait en revanche une justification d'intégrité qui pouvait opportunément compenser la rigueur de sa politique sur d'autres fronts, en Flandre comme envers Boniface. Il y gagnait aussi un allié dont l'appui ou la neutralité n'allaient lui faire défaut dans aucun des conflits qui s'ouvraient : les relations avec le pape n'avaient jamais été aussi mauvaises et la brusque réconciliation d'Albert d'Autriche et de Boniface VIII mettait la France dans l'embarras. En Guyenne, cependant, la souveraineté du Capétien était affirmée, et c'était l'essentiel. Unir le duché au domaine royal eût sans doute procuré des vassaux aussi difficiles à gouverner pour le Capétien qu'ils l'avaient été pour le Plantagenêt.

La Flandre seule.

Face à son seigneur le roi de France, le comte de Flandre était désormais seul. Trop compromis pour espérer le pardon ou l'oubli, Guy de Dampierre était trop faible pour espérer les égards que l'on réservait au duc de Guyenne. Il n'était pas roi, lui.

Depuis 1297, les Français occupaient toute la Flandre occidentale, sauf Ypres et Douai, dont les garnisons demeuraient fidèles au comte, isolées dans un pays que l'armée royale tenait fermement. Des places qu'il avait perdues dans l'été de 1297, Guy de Dampierre n'avait recouvré que le port de Damme, habilement repris par son fils Robert de Béthune au moment où les Français s'y attendaient le moins, entre la conclusion des trêves et leur entrée en vigueur.

Edouard Ier avait magnifiquement festoyé pendant tout l'hiver. Il avait adoubé de sa propre main, à la Toussaint, deux des fils du comte Guy, les jeunes princes Jean et Guy. Au printemps, il avait repris le chemin de l'Angleterre. Même les Gantois avaient fini par le détester, tant pour l'insouciance avec laquelle il supportait la défaite de son allié que pour le sans-gêne avec lequel ses soldats vivaient à Gand comme en pays conquis. Guy de Dampierre vit partir son hôte sans déplaisir.

L'Epiphanie — 6 janvier — 1300 marquait le terme des trêves de Vyve-Saint-Bavon. On pouvait s'attendre à la reprise des hostilités. Mais le comte de Flandre, dans sa quête d'alliances efficaces, se heurtait partout à l'effet des subsides qu'avait généreusement distribués Philippe le Bel. Après de longs échanges d'ambassades et après une entrevue des deux souverains près de Vaucouleurs, en décembre 1299, le nouveau roi des Romains avait finalement choisi de se ranger dans le camp du roi de France. Jean d'Avesnes, comte de Hainaut et bientôt de Hollande, avait déjà pris le parti du roi, moyennant une rente de 6 000 livres. Inquiet du rapprochement franco-allemand, car il pouvait conduire à l'effacement politique d'une papauté évincée de son rôle d'arbitre des conflits entre princes chrétiens, Boniface VIII avait bien tenté, en juillet 1299, une manœuvre qui eût été défavorable à Philippe le Bel : il prolongea les trêves, de son propre chef, jusqu'en 1301. Le roi de France affecta d'ignorer cette décision, dont les fondements juridiques étaient encore plus incertains que ceux de l'arbitrage de 1298.

Dès janvier 1300, Charles de Valois entra en Flandre à la tête d'une petite armée. Fatigué par l'âge et les malheurs, Guy de Dampierre venait de se retirer dans son château de Ruppelmonde. Robert de Béthune assumait désormais le gouvernement du comté. Il n'eut d'autre ressource que de charger ses procureurs en cour de Rome d'une nouvelle protestation. Boniface ne répondit pas.

Le frère du roi, cependant, entrait à Douai, faisait occuper Béthune et, par Lille et Courtrai, gagnait Bruges. Après trois mois de siège, le port de Damme, dont les remparts étaient solides mais la garnison insuffisante en nombre, capitula à la fin d'avril. Ardenbourg et L'Ecluse firent de même.

Forts des murailles imprenables de Gand mais incapables d'aller dégager Ypres, le comte de Flandre et ses fils voyaient fondre ce qu'ils avaient encore d'argent et de vivres. Les Gantois commencèrent de négocier leur capitulation. Robert de Béthune s'informa des conditions qui seraient faites à son père. La réponse fut des plus vagues, et c'est sans conditions que, début mai, Guy de Dampierre, Robert de Béthune et Guillaume de Crèvecœur se constituèrent prisonniers. On les conduisit à Paris où, nous le savons, le roi refusa de leur adresser la parole et les fit incarcérer au Châtelet. Puis on mena l'un à Compiègne, l'autre à Chinon, le troisième à Issoudun, cependant que les chevaliers qui s'étaient rendus avec eux trouvaient place en divers donjons du royaume, qui à Montlhéry, qui à Loudun, qui à Falaise. Prisonniers, mais non incarcérés en ces cachots où la légende aime à placer les princes captifs, le comte et ses fils vécurent dans les châteaux royaux avec un certain faste. Leurs propres domestiques étaient là pour les servir. Ils recevaient qui ils voulaient. Ils avaient pleine liberté de correspondre. Philippe le Bel les traitait avec rigueur, mais il n'avait aucun intérêt à en faire des martyrs.

LES MALADRESSES DE CHATILLON.

Pas plus que la Guyenne, le roi ne songeait à annexer le comté de Flandre au domaine royal. Il le mit simplement « dans sa main », ce qui est dire qu'il allait le gouverner dans l'attente d'une solution définitive.

L'année suivante, il entreprit un grand voyage afin de visiter les villes flamandes. Mais il commit là une erreur qu'il allait ensuite éviter en Aquitaine : il crut que les rebelles à l'autorité du comte seraient facilement des sujets soumis à celle du roi, voire des agents efficaces de cette autorité royale. Il fit une autre erreur : pour gouverner le comté en son nom, il désigna un proche parent de la reine Jeanne, l'un des membres de cette grande famille de Châtillon qui jouissait d'un si grand prestige parmi les barons français. Jacques de Châtillon était allié aux principaux lignages de Flandre, et il était richement possessionné dans la région de Tournai. Malheureusement, son sens politique n'était que fort médiocre. Le choix d'un tel gouverneur devait se révéler des plus mauvais.

Le bon peuple des villes n'avait pas grand-chose à voir dans les querelles de la famille de Dampierre. Il sentit très vite, en revanche, ce qu'il avait à perdre au gouvernement des nobles et des patriciens. Triomphant sans combat de leur seigneur le comte, les riches entrepreneurs de la draperie urbaine en profitèrent pour apesantir leur domination économique. La victoire du roi sur le comte Guy se traduisait, dans la vie quotidienne, par celle des « léliaerts » sur les gens de métier.

Lille, Tournai, Courtrai, Gand, Bruges, Ypres, les villes flamandes avaient en mai et juin 1301 réservé à Philippe le Bel et à la reine Jeanne un accueil magnifique. Les échevins de

Bruges et ceux de Gand avaient offert aux souverains des cadeaux de prix. Fêtes, banquets, tournois, illuminations avaient marqué le passage du roi. Mais, alors que celui-ci avait, à Gand, supprimé un impôt particulièrement impopulaire parmi les artisans, parce que le système de répartition épargnait les grandes fortunes, il ne put faire de même à Bruges, où les patriciens eurent le temps d'empêcher le peuple d'attirer sur ce point l'attention royale. Puis, le roi parti, ces mêmes patriciens entendirent se faire rembourser par la collectivité le coût de la fête. Ils demandèrent même qu'on leur payât leur costume d'apparat.

Dès qu'on parla de détourner à cette fin le produit de l'impôt déjà contesté en son principe, les artisans de Bruges se soulevèrent. Les échevins se réfugièrent dans le château, mais ils ne purent y résister jusqu'à l'intervention des sergents royaux. Excités par les interminables discours du tisserand Pierre De Coninck, les émeutiers molestèrent les notables qui leur tombèrent sous la main, tuèrent quelques échevins, jetèrent en prison les survivants. Le bailli de Bruges fit arrêter De Coninck et une vingtaine de meneurs. Le peuple attaqua la prison et les délivra.

L'arrivée de Jacques de Châtillon transforma l'affaire. Les artisans n'avaient jusque-là combattu qu'un système municipal et une fiscalité organisés par la bourgeoisie industrielle au mieux de ses intérêts. Ce n'était, au fond, qu'un épisode dans la série des tensions sociales qui bouleversaient depuis vingt ans les villes de la France du Nord autant que celles du Languedoc. Ypres, Bruges, Douai, Arras avaient déjà connu de ces troubles, où la répartition de la charge fiscale jouait presque toujours le rôle d'un détonateur.

En bien des cas, Guy de Dampierre avait trouvé son compte à soutenir les gens de métier dans leur conflit permanent avec les patriciens. Il avait pris parti, à Gand, contre les abus de la gestion quasi familiale des finances municipales par l'oligarchie bourgeoise. Dès 1300, le roi avait eu l'habileté de reprendre cette politique : au risque de décevoir en cette occasion ses partisans les plus convaincus, il avait accordé aux métiers de Bruges plus que n'avait fait le comte. Il leur avait réservé la moitié des fonctions de l'échevinage. L'année suivante, il écartait de l'échevinage de Douai les léliaerts qui en prenaient un peu trop à leur aise avec les règles de la gestion municipale, et il accordait aux Gantois une nouvelle constitution, qui brisait le vieux système de la cooptation des magistrats, si favorable aux familles déjà établies.

L'équilibre politique était donc précaire, mais il s'en fallait encore que le parti populaire tournât au patriotisme antifrançais. La maladresse du lieutenant du roi y suffit. Jacques de Châtillon, en effet, n'arrivait pas à comprendre que la politique du roi à l'intérieur du comté de Flandre ne pouvait plus être la même dès lors que le roi avait le comté en sa main. Avec obstination, il encourageait les Flamands à porter leurs appels à Paris devant le Parlement, comme au temps où il s'agissait de battre en brèche les justices d'appel installées dans le comté. Mal conseillé par deux légistes, Flote et Belleperche, Châtillon s'en tenait à l'alliance des patriciens.

N'étant pas arrivé à temps pour empêcher la révolte des Brugeois, il obtint, par une rapide négociation, que les portes de la ville fussent ouvertes à sa petite armée, moyennant une promesse d'impunité pour les chefs de l'insurrection, qui s'en allèrent librement. Sur ce, les Brugeois apprirent quelle allait être leur punition : la ville perdait ses privilèges, les remparts seraient démolis, une garnison permanente serait placée, pour plus de sûreté, dans une nouvelle forteresse, construite aux frais des habitants. Un appel au Parlement fut vain : en février 1302, les Brugeois étaient déboutés.

La perte des libertés et des murs qui en étaient le symbole et la garantie mit pour une fois d'accord les patrons et les ouvriers. Le conflit social disparaissait. Un parti aux consonances nationales se constituait, et cela ne pouvait que profiter au comte.

A Gand, cependant, le patriciat avait obtenu de Châtillon que fût rétabli l'impôt un temps supprimé par le roi. Apprenant la chose, les artisans cessèrent le travail, sonnèrent le tocsin, assiégèrent les notables retranchés dans le château comtal et molestèrent ceux qu'ils ne massacrèrent pas. Là encore, la maladresse du gouverneur suffisait à transformer le vieux conflit. Les Gantois s'entendirent avec les Brugeois. De Coninck leur promit son aide.

Les matines de Bruges.

Au cours des mois qui suivirent, on vit se renouer, entre De Coninck et ses partisans d'une part, la famille du comte exilé d'autre part, l'ancienne alliance du gouvernement comtal et du menu peuple. Les chefs de cette résistance à la domination française autant qu'au pouvoir du patriciat étaient, avec l'éloquent De Coninck, deux des fils du comte Guy de Dampierre, Jean et Guy de Namur, ainsi que leur jeune neveu, l'impétueux Guillaume de Juliers, dont la foule fit son héros dès qu'il parut à Bruges. Ce prince à l'intelligence vive sut jouer de sa prêtrise — il avait même été étudiant à Bologne et en tirait prestige — et de sa belle prestance pour faire très vite figure d'envoyé de Dieu.

Mais cette fois, malgré la démagogie de Guillaume de Juliers et les outrances verbales de De Coninck, le patriciat cessa de jouer le jeu du roi de France. Face à l'agitation croissante des tisserands et des foulons, c'eût été trop dangereux. De Coninck était ouvertement revenu à Bruges, et personne n'osait plus toucher à sa personne. Le bailli royal prit le parti de quitter la ville. Les grands bourgeois que l'alliance avec le peuple ne séduisait pas le suivirent.

Avec le produit des pillages auxquels Guillaume de Juliers ne dédaignait pas de présider parfois lui-même — pillages en ville et razzias à travers la campagne — les Brugeois firent bombance. Quelques-uns allèrent même saccager le château de Maele, où des notables avaient cru mettre en sûreté des biens et des vivres.

Au début de mai 1302, on put croire à un revirement. Les Gantois, parmi lesquels les léliaerts relevaient la tête, traitèrent avec le roi. Les Brugeois reprochèrent à De Coninck de les avoir entraînés dans une mauvaise aventure et, le malmenant quelque peu, l'amenèrent à s'enfuir.

A l'approche de l'armée que conduisait Jacques de Châtillon, les mêmes Brugeois furent toutefois pris de panique. Leur revirement était bien tardif pour les mettre à l'abri de représailles. Les plus compromis gagnèrent les localités du voisinage pour laisser l'échevinage négocier, en ville, avec le gouverneur. Châtillon déclara qu'il entrait dans Bruges « en ami », mais les léliaerts le prévinrent qu'il courait quelque risque. C'est ainsi que, le 17 mai, on vit dans les rues de Bruges l'affrontement muet d'une population sans armes, prête à acclamer le représentant du roi, et d'une véritable armée royale, dont la force ne correspondait pas à l'idée que l'on pouvait se faire d'un ami entrant dans une ville prétendument confiante. Les plus crédules eux-mêmes se prirent à craindre le pire. Le visage fermé de Jacques de Châtillon n'était pas pour les rassurer.

Curieusement, le plus crédule fut le gouverneur, qui alla se coucher et laissa ses hommes l'imiter, la garde des remparts restant confiée aux Brugeois. Châtillon n'entendit pas la rumeur, qui ne parlait que des éventuelles représailles.

Au petit matin du 18 mai, les exilés et ceux de leurs amis qui n'avaient pas cessé d'attiser dans Bruges les craintes du peuple se retrouvèrent aux portes de la ville. Il leur parut imprudent d'attendre davantage. Bien des soldats du roi de France — une centaine, peut-être — furent égorgés dans leur lit. Certains achetèrent leur salut en payant rançon à leurs logeurs. Beaucoup purent s'échapper, l'épée à la main ou par ruse. Châtillon et Flote furent du nombre ; ils gagnèrent Courtrai.

Le principal effet de ces « matines » de Bruges, perpétrées dans le demi-jour par une conjuration fort habile, ce fut de compromettre toute la ville. Morts, les soldats que l'on redoutait la veille devenaient des hôtes égorgés pendant leur sommeil. Les Flamands eux-mêmes furent effrayés. Le Précieux-Sang conservé à Bruges depuis le XIIe siècle cessa, dit-on, de redevenir liquide le vendredi. Il était vain d'espérer, après un tel crime, le pardon du roi.

Les extrémistes avaient gagné. Guillaume de Juliers fit une entrée triomphale et endossa publiquement l'armure de son grand-père prisonnier en France. Guy de Namur revint à son tour. De Coninck passa au second plan : le parti du comte se dessinait désormais, au-dessus d'une masse populaire que la confiscation immédiate des biens des léliaerts assurait de pouvoir faire à la fois la fête et la guerre sans payer de nouvel impôt. La plupart des villes rallièrent le camp brugeois. Les dernières furent, en juin, Ypres et Courtrai.

Seule, Gand demeura fidèle au roi, malgré un siège et la famine qu'il provoqua dans la ville. Un tel renversement des alliances s'explique peut-être si l'on songe que les deux grandes villes flamandes, Gand et Bruges, étaient en concurrence sur le marché de la draperie.

COURTRAI.

Après la prise de Courtrai par les Flamands, quelques soldats du roi s'étaient retranchés dans le donjon. Pour en finir avec cette résistance, les Brugeois massèrent dans la plaine voisine une assez forte armée, que grossirent les contingents envoyés par la plupart des villes alliées. Les métiers de Bruges supportaient la quasi-totalité du coût de cette campagne, payant les armes, le ravitaillement et surtout la solde des mercenaires embauchés en complément.

Le 8 juillet 1303, cette armée des métiers flamands vit apparaître l'ost royal, que commandait Robert d'Artois. Fils du frère de saint Louis — Robert Ier d'Artois — qui avait trouvé la mort à Mansourah en 1250, ce prince avait conquis son titre de gloire personnel en défaisant, le 26 août 1297, à Furnes, l'armée flamande de Guillaume de Juliers l'aîné.

Plus qu'inégales, les armées affrontées devant Courtrai étaient dissemblables. Ce fut l'erreur fatale de Robert d'Artois que de ne pas s'en rendre compte. Ni le connétable Raoul de Nesles, ni les comtes d'Eu et d'Aumale, ni Jacques de Châtillon, ni le nouveau gouverneur de Flandre, le comte Robert de Boulogne, ne comprirent mieux la situation. Pour la première fois depuis Bouvines — mais à l'envers — des chevaliers armés de lances et d'épées, et rompus à une certaine escrime, se trouvaient en face d'une armée surtout forte de son infanterie. Dès que, le 11 juillet au matin, s'engagea le combat, la lourde cavalerie française s'embourba dans les marécages et dans les fossés que les Flamands avaient astucieusement creusés au cours des journées précédentes. Empêtrés dans leurs lourdes armures, attaquant trop tôt pour ne pas laisser aux simples arbalétriers la chance de gagner seuls la bataille, les chevaliers français tombèrent sous les coups des piques et des couteaux. Peu au fait de l'éthique chevaleresque, et rendus encore plus ardents au combat par le sentiment très net de ce qui les attendait s'ils étaient eux-mêmes pris, les artisans égorgèrent furieusement les chevaliers qui, tombés à terre, offraient de se rendre.

Là put-on voir toute la noblesse de France gésir morte en un profond fossé, dont plusieurs étaient éteints dessous

> leurs grands coursiers, qui gisaient sur eux, leurs pieds contre-mont.
>
> Le comte Robert d'Artois, accompagné de plusieurs barons et chevaliers, qui moult vaillamment combattait contre ceux de Bruges, fut en la fin bouté en renversé sur la croupe de son coursier. Et tantôt un le férit de sa masse au travers du visage, qu'il avait découvert. Et le bon comte Robert criait : « Prenez, prenez le comte d'Artois, il vous fera riches ! » Un s'avança, l'épée tirée, dont il lui abattit le dextre bras tout jusqu'à terre. Puis trébucha le vaillant comte, et tant reçut de coups de glaive parmi le corps qu'il fut illec occis...

Et le chroniqueur auquel nous devons ce récit d'insister sur ce fait insolite : les Flamands tuèrent autant de Français qu'ils purent, sans chercher à prendre « à rançon », ce qui était la règle du jeu chevaleresque. On put, quelques semaines plus tard, tapisser Notre-Dame de Courtrai avec les éperons d'or ramassés sur le champ de bataille. On parla de vingt mille morts. Même s'il n'y en eut que quelques centaines, la perte était sévère. Avec Robert d'Artois, dont l'impatience était largement responsable du désastre, les meilleurs capitaines du roi de France comptaient parmi les morts. Jacques de Châtillon et Pierre Flote, dont les choix politiques avaient si lourdement pesé sur le développement de cette affaire de Flandre, payèrent là de leur vie les erreurs de leur gouvernement.

Menée par Louis de Clermont et Robert de Boulogne, l'arrière-garde française se replia vers Lille. Quant à la garnison qui tenait bon dans le donjon, elle comprit qu'elle n'avait plus d'aide à espérer lorsque les Flamands vinrent faire flotter sous les murs les bannières qu'ils avaient prises pendant la bataille. Ils se rendirent, et eurent la vie sauve.

Pour le roi, la défaite n'était pas seulement sévère, elle était humiliante. Pour les Flamands, c'était le triomphe de Bruges, et le triomphe des métiers. Gand abandonna le parti du roi et offrit une soumission que scellèrent l'exécution ou le bannissement des léliaerts les plus notoires. Lille et Douai tombèrent à leur tour aux mains du parti du comte. On vit même l'armée de Guy de Namur menacer Arras. Partout, sous le couvert d'un gouvernement nominal de Jean de Namur, les Brugeois faisaient la loi, levaient des troupes, établissaient des impôts, organisaient la défense. Ils allèrent jusqu'à légiférer, plaçant la gestion des finances municipales sous le contrôle d'institutions nées des corps de métier, transférant à ces institutions une partie des fonctions judiciaires, modifiant même le droit privé en touchant aux conditions juridiques de la vie économique.

Deux années de guerre indécise suivirent la défaite de Courtrai. Deux années pendant lesquelles le roi vint à plusieurs reprises prendre en personne la tête d'une armée dont il avait confié le commandement permanent au frère du défunt gouverneur, à Guy de Châtillon, comte de Saint-Pol et bouteiller de France. On compta quelques victoires sans lendemain. Le plus souvent, on évita la bataille. Les chefs morts à Courtrai manquaient à l'armée royale : l'ordre de retraite donné en juillet 1303 par le connétable Gaucher de Châtillon — cousin de Jacques et de Guy — à une armée qui semblait cependant prête au combat ne fit que provoquer une débandade telle que les Flamands en profitèrent pour prendre tranquillement la petite ville de Thérouanne et pour la saccager.

La trêve.

Du côté des Flamands, les rivalités s'aiguisaient à la faveur de l'incertitude politique. On avait écrasé l'armée royale à Courtrai, mais cela ne rendait à la Flandre ni son comte ni un gouvernement normal. Philippe de Thiette, le troisième fils du comte prisonnier, avait bien de la peine à contenir sur le côté de la scène politique le turbulent Guillaume de Juliers. Les léliaerts s'étaient faits discrets, mais les excès de leurs adversaires leur procuraient déjà mainte occasion de relever la tête.

Philippe le Bel ignorait encore comment se déroulait la mission de Nogaret en Italie — l'affaire d'Anagni est du 7 septembre — lorsqu'une trêve fut conclue, le 20 septembre 1303. Elle devait durer jusqu'à la Pentecôte prochaine. Sans prévoir la mort de Boniface VIII, le roi pouvait s'attendre à de difficiles manœuvres s'il voulait sortir de la querelle. Un hiver de répit était donc utile. Il permettrait en outre de reconstituer l'armée et, tout simplement, de lever de nouveaux impôts malgré les protestations que souleva, après l'effort financier tout à fait exceptionnel de 1303, cette campagne interrompue, en quelques jours, sans combat. Pour ranimer le zèle de ses sujets, et pour parer à une éventuelle rébellion fiscale, Philippe le Bel fit à travers le royaume un grand voyage qui le mena jusqu'en Languedoc, pays où il multiplia les concessions. Il promit de revenir à la bonne monnaie. Il parla de nouveau d'une réforme administrative.

L'œuvre principale de cet hiver, où la trêve offrait la certitude d'un répit bien défini dans le temps, ce fut un nouveau réseau d'alliances. Une ambassade chargée de négocier au sujet des séquelles du conflit qui avait opposé le roi à Boniface VIII obtint sans peine du nouveau pape Benoît XI, le 28 mars, l'excommunication des pillards de Thérouanne. Dans l'esprit du pape, ceci signifiait le refus du pardon aux pillards d'Anagni, mais c'était, dans l'immédiat, un succès politique pour le roi. Même si leur faute était dans l'excès, non dans l'hostilité contre le roi, la condamnation de quelques partisans du comte de Flandre touchait directement la cause des Flamands rebelles au roi.

Pendant dix ans, les relations de la France et du Saint-Siège allaient inclure l'affaire de Flandre. Au terme, on vit la politique réaliste d'Enguerran de Marigny sacrifier délibérément les avantages théoriques de la vindicte contre la mémoire de Boniface VIII aux avantages tangibles d'une alliance franco-pontificale contre la Flandre.

Le même succès couronna les négociations avec l'Angleterre. Le 9 avril, Edouard Ier annonçait sa participation à la prochaine campagne de Flandre sous la bannière du roi de France. Il expulsait d'Angleterre les marchands flamands. Il entreprenait d'armer vingt bateaux. Le mois suivant, c'est le comte de Hainaut Jean d'Avesnes qui mettait ses forteresses à la disposition de Philippe le Bel : ses intérêts l'avaient conduit à basculer dans le camp français.

L'alliance anglaise, c'était évidemment une aide militaire que Philippe le Bel ne pouvait négliger. Mais c'était surtout un coin enfoncé dans la cohésion politique du parti du comte Guy. La prospérité des métiers flamands — et non seulement celle des riches léliaerts — tenait à l'approvisionnement en laine anglaise. La rupture avec l'Angleterre signifiait l'arrêt des tissages. La démagogie de Guillaume de Juliers allait buter sur la menace de chômage.

Comme le roi ne pouvait s'accommoder du statu quo, la trêve

conduisait à la guerre. On n'avait cependant pas négligé les chances d'une paix définitive. Guy de Dampierre, qui tenait prison à Compiègne depuis six ans, fut renvoyé en Flandre à l'automne, avec son deuxième fils, Guillaume de Crèvecœur : on attendait d'eux un plaidoyer propre à décider les Flamands à la paix, c'est-à-dire à la soumission. Le vieux comte fit la tournée des villes, et le bon peuple pleura de joie. Mais on ne l'écouta guère. Très vite, d'ailleurs, ses propos lénifiants le déconsidérèrent. Fatigué, Guy de Dampierre prit alors le parti de se tenir à l'écart des négociations. En mai, les villes gouvernées par les métiers ayant refusé les conditions que Philippe le Bel mettait à la paix, il revint à Compiègne, où son fils aîné Robert de Béthune l'attendait en prison.

L'intransigeance de ceux qui se recommandaient du comte mais refusaient de le suivre dans la conciliation faisait naturellement l'affaire des léliaerts, autant que les rivalités que favorisait, entre ses fils et ses petits-fils, l'absence du comte.

Mons-en-Pévèle.

Le 22 juillet 1304, Philippe le Bel rejoignait à Arras le gros de l'armée, déjà réuni sous les ordres du connétable Gaucher de Châtillon et des deux maréchaux. Charles de Valois et Louis d'Evreux étaient aux côtés de leur frère. Il y avait aussi le duc de Bourgogne et le duc de Bretagne, le comte de Savoie et bien d'autres grands feudataires. La flotte royale, cependant, s'assemblait au large de Calais. L'amiral génois Rainier Grimaldi la commandait.

Les premières escarmouches laissèrent le résultat incertain. Le 9 août, le roi entrait à Tournai. Le 10, il prenait la route de Lille. Ce même jour, les deux flottes se rencontraient en mer du Nord : Philippe le Bel avait envoyé d'urgence une soixantaine de navires pour débloquer, dans l'une des îles de la côte de Zélande, le port de Zierikzee dont Guy de Namur faisait le siège. Pendant les deux jours que dura le combat naval, Grimaldi et le capitaine calaisien Pédogre manœuvrèrent habilement un Guy de Namur trop confiant en la force de ses navires et de leur artillerie d'arbalètes et de balistes. La flotte flamande alla par le fond, et bien des marins sauvés de la noyade furent impitoyablement massacrés par des Français qui n'avaient pas oublié Courtrai. Guy de Namur fut, au soir du 11 août, parmi les prisonniers.

La défaite maritime des Flamands était lourde de conséquences. La maîtrise du détroit appartenait désormais au roi de France. Déjà isolée sur terre par l'hostilité du Hainaut et du Brabant, la Flandre était maintenant en état de blocus. L'énorme investissement qu'avaient consenti les villes pour se doter d'une flotte était anéanti. L'armée était privée de l'un de ses meilleurs chefs, Guy de Namur. Et trois des fils du comte Guy étaient prisonniers du roi.

Jean de Namur et Philippe de Thiette demeuraient cependant, sur terre, à la tête d'une armée considérable, et rien n'était joué. Cette armée se porta au-devant des Français, qu'elle trouva le 13 août près de Lille, à Pont-à-Marcq. Philippe le Bel avait été instruit, par le désastre de Courtrai, sur les risques que présentait un combat dans les marécages. Il rompit et, commandant lui-même l'arrière-garde, fit retraite en bon ordre. Quand on sait à quel point le roi aimait se tenir à l'écart et laisser faire les autres, le fait qu'il ait ici pris en personne le commandement apparaît des plus significatifs. L'enjeu du combat qui s'annonçait n'était rien de moins que l'autorité royale. Après l'humiliante défaite de Courtrai, le roi de France ne pouvait rétablir son prestige que par la victoire. Une paix de compromis eût elle-même été insuffisante. Ce qui se jouait dans la plaine de Flandre, ce n'était pas la simple revanche de deux belligérants, c'était l'équilibre politique du royaume de France.

Encore accablés par la destruction de leur flotte, dont la nouvelle venait de leur parvenir, les Flamands pensèrent qu'une victoire incertaine sur terre balançait une défaite déjà subie sur mer. Puisque le roi reculait, ils renoncèrent à l'attaquer et lui adressèrent des plénipotentiaires, qui furent éconduits.

Le 17 août, Philippe le Bel marchait vers Pont-à-Vendin, position de grande importance stratégique car elle bloquait les communications avec Arras et Paris, donc l'arrivée du ravitaillement dont l'armée n'allait pas tarder à manquer. Décidés à en finir, les Flamands ne lui laissèrent que le temps de faire une lieue. Ils le rattrapèrent à Mons-en-Pévèle, près de la source de la Marcq. Pressé à courte distance, le roi ne pouvait plus opérer une retraite tactique, il lui fallait choisir entre le combat ou la fuite pure et simple.

Le 18 au matin, les Flamands attaquèrent. Mal leur en prit. Le comte de Boulogne avait eu la nuit pour établir ses cinq balistes, qui pilonnèrent immédiatement les lignes flamandes, cependant que l'infanterie du roi les tournait pour les couper de leurs arrières. Les gens des métiers eurent un moment l'illusion que la cavalerie royale flanchait sous le tir nourri de leurs arbalètes. C'était compter sans la détermination d'une chevalerie sensible à la présence du roi. L'énergie et le courage de Philippe le Bel impressionnaient d'autant plus que l'on avait peu l'habitude de le voir s'exposer au premier rang. Renversé de son cheval et remis sur pied, malgré le poids de son armure, par deux Parisiens de son entourage, le roi se mit à manier la hache.

Sa grande taille l'aidait. Cependant qu'à grands coups de hache il fauchait littéralement ses adversaires, ses chevaliers et ses sergents se regroupèrent autour de lui. Le pennon de soie peint aux fleurs de lis flottait toujours, et les compagnons du roi ne cessaient de crier « Montjoie ». Au petit matin, Philippe le Bel avait eu l'idée ingénieuse de faire porter par tous ses hommes une écharpe blanche, et bien des « piétons » n'avaient eu que la ressource de déchirer leur chemise. Au moment le plus difficile de la journée, on se trouvait bien de ce signe de reconnaissance. Autour d'un roi qui avait dans le combat perdu son heaume — il avait emprunté le bassinet qu'on lui tendait faute de mieux — et qui gagnait à l'incident une plus grande mobilité et une meilleure vision de ce qui l'entourait, une troupe hétéroclite se reconstitua. Il y avait les princes et les chevaliers, de simples sergents, des bourgeois, comme les frères Gencien, qui avaient sauvé le roi lors de sa chute.

La chaleur était épouvantable. Bien des combattants trouvèrent la mort en allant boire à longs traits l'eau boueuse d'un fossé : tête nue et immobiles, ils offraient pour un temps une cible magnifique aux arbalétriers aussi bien qu'aux coutilliers.

Certains artisans pensèrent qu'ils auraient mieux fait de ne pas attaquer et qu'on en reparlerait plus tard. Ils s'éclipsèrent de la mêlée.

C'est alors qu'ayant regroupé toutes ses forces, Philippe le Bel enfonça le front flamand. Le choc fut terrible. Les Flamands rompirent. A la tête de la troupe qui couvrait la retraite, Guillaume de Juliers se fit tuer courageusement. Il fut sur-le-champ décapité et l'on porta sa tête, au bout d'une pique, à Philippe le Bel. Le roi détourna son regard.

Les Français couchèrent sur le champ de bataille. Mais la victoire de Mons-en-Pévèle ne pouvait être décisive que si les villes tombaient aussi au pouvoir du roi. Le roi devait les occuper avant que se reconstituât l'armée vaincue le 18 août. Dès le lendemain, il prit la route de Lille.

Les Lillois savaient qu'ils n'avaient pas grand secours à espérer. Le siège avait commencé le 24 août. Le 14 septembre, un accord était conclu, qui rappelait celui de 1297 : la ville se rendrait le 24, si elle n'était secourue d'ici là. Lorsque Jean de Namur, qui avait passé un mois à regrouper ses soldats débandés et à en lever d'autres, parut enfin devant Lille, il était trop tard. Son frère Philippe de Thiette, qui commandait la garnison, capitula et offrit son hommage au roi. Fidèle à son habitude, Philippe le Bel ne reçut pas en personne cet hommage : Jean de Dreux fut chargé de la chose.

Le traité d'Athis.

Les négociations se poursuivirent, mais le roi était désormais le plus fort, et Jean de Namur le savait. Les villes, en revanche, pouvaient s'inquiéter des lendemains de la défaite, car on n'avait oublié ni les matines de Bruges ni le massacre de Courtrai. Philippe le Bel eut l'habileté de se faire rassurant. Au cours des derniers pourparlers, il fit déclarer que son intention n'était ni de toucher aux coutumes et privilèges des Flamands ni de priver le comte de Flandre de son héritage, c'est-à-dire de son comté. L'exemple donné l'année précédente pour le duché de Guyenne suffisait à garantir une telle détermination. Philippe le Bel entendait être le maître absolu de son royaume, y compris dans les grands fiefs qui « mouvaient » de lui, mais il ne cherchait pas à se les approprier.

La conférence de la paix se réunit à Paris en décembre. La captivité du vieux comte et de ses fils avait, entre-temps, été adoucie. D'emblée, on nota un détail diplomatique qui était plus qu'un symptôme : les quatre négociateurs flamands étaient des chevaliers, et l'effacement politique des gens de métier apparaît déjà dans ce choix. Philippe le Bel, lui, désigna son frère Louis d'Evreux, le diplomate de la famille, le duc de Bourgogne et les comtes de Dreux et de Savoie. Ces quatre princes dominaient quelque peu les quatre chevaliers flamands, issus de bonne mais moyenne noblesse. Le roi aggrava le déséquilibre de la conférence lorsqu'il flanqua, en février, ses plénipotentiaires de deux conseillers juridiques choisis parmi les meilleurs légistes du royaume, Gilles Aycelin, archevêque de Narbonne, et Pierre de Mornay, évêque d'Auxerre.

On tomba d'accord le 20 février sur les clauses d'un traité. A travers toute la Flandre, deux envoyés du roi reçurent les serments par lesquels les nobles et les bourgeois acceptaient ces conditions. Chacun vit qu'elles écrasaient véritablement la Flandre. On s'arrangea pour que le menu peuple, qui allait payer, ne connût ni le détail ni le coût du traité. Bruges et Ypres hésitèrent avant d'accepter. Mais il n'y avait guère d'autre issue. Reprendre les hostilités était impossible. Les deux villes acceptèrent finalement.

Guy de Dampierre mourut sur ces entrefaites, le 7 mars, à Compiègne. Le roi n'attendit pas la conclusion du traité et rendit la liberté au nouveau comte, Robert de Béthune, ainsi qu'à son frère et à la plupart des chevaliers encore prisonniers. Le comte Robert regagna la Flandre, accompagnant la dépouille mortelle de son père, à laquelle les Flamands firent, à Flines, près de Douai, des obsèques dignes d'un souverain.

L'accord se faisait, cependant. A la Saint-Jean, on publia enfin le traité, qui fut scellé à Athis. La Flandre retrouvait, avec son comte, les villes de Lille, Douai et Orchies que le roi avait prises en 1304. Elle payait une indemnité de guerre considérable — 400 000 livres en quatre ans — et devait financer l'entretien d'une armée de 500 hommes pendant une année entière. Une rente de 20 000 livres devait être assise pour le roi sur les biens qu'avait la famille de Dampierre hors du comté de Flandre. Les léliaerts seraient indemnisés des dommages éprouvés pendant la guerre du fait de leur fidélité au roi. Ils seraient exemptés de tout impôt levé pour l'exécution du traité. Les enceintes fortifiées des cinq grandes villes — Gand, Bruges, Ypres, Lille et Douai — seraient abattues.

Les Brugeois devaient expier le crime des matines de 1302. Les gens du roi avaient, pour cela, imaginé une gigantesque punition publique sous la forme de pèlerinages. En lisant le montant des exigences royales, songeons à la ponction démographique qu'elles représentaient pour une ville de trente mille habitants, enfants compris :

> Le devant dit notre sire le roi pourra punir trois mille personnes de la ville de Bruges et du terroir d'icelle, celles qui lui sembleront le plus coupables des méfaits passés, c'est à savoir par voyages et par pèlerinages : mille outremer s'il lui plaît, et deux mille où il lui plaira mieux en deçà de la mer, et tant comme il lui plaira. Lesquelles personnes seront contraintes par le devant dit monseigneur Robert de Flandre et par ses frères, par les nobles, les bonnes villes et les gens de Flandre à faire les voyages ou les pèlerinages dont notre sire le roi les chargera dans les trois mois que le dit monseigneur Robert de Flandre ou ses successeurs en seront requis du dit notre seigneur le roi.

Le pèlerinage, c'était la condamnation morale, ajoutée à la ruine. Les Flamands n'allaient pas tarder à appeler le traité d'Athis « la paix de misère », puis « le traité d'iniquité ».

Jusqu'à l'exécution entière du traité, le roi recevait en gage les châtellenies de Lille, Douai et Béthune et les châteaux de Cassel et de Courtrai. Le comte s'engageait aussi à se soumettre aux sentences d'excommunication s'il manquait à exécuter le traité.

Celui-ci était à la mesure de la rébellion, non des capacités du comté de Flandre. Dès le printemps de 1305, les moins portés à la guerre entrevoyaient les difficultés qu'allaient faire naître certaines clauses. Les villes flamandes, déjà, refusaient de ratifier. On accusa le comte Robert et les nobles d'avoir cédé aux exigences du roi à seule fin de mâter les métiers devenus trop puissants.

Par précaution, on prolongea les trêves jusqu'à la Pentecôte 1307, date à laquelle le comte devait se constituer à nouveau prisonnier si le traité n'était exécuté.

La ratification définitive eut lieu, à Poitiers, en mai 1307. Le roi et le comte étaient là. Venu pour conférer de tout autre chose avec le roi, le pape Clément V assista à l'entrevue et authentifia la promesse faite par Robert de Béthune et par les procureurs des villes de se soumettre aux sentences canoniques. Le 5 juin, à Loches, le comte de Flandre renouvelait son hommage au roi. Contrairement à l'usage, l'investiture du comté ne lui fut donnée qu'avec un effet différé : elle était subordonnée à l'exécution du traité d'Athis. Une commission gagna alors la Flandre pour y recevoir la ratification des communes. Toutes, même Bruges, obtempérèrent. A plus Bruges obtint-elle le remplacement des trois mille pèlerinages par une amende de 300 000 livres.

La guerre était finie. Commençait la longue hsitoire du traité d'Athis. Comme devait le dire plus tard un chroniqueur :

> Et fut la paix criée entre le roi et le comte et le pays de Flandre, laquelle paix ne dura mie longuement.

CHAPITRE IX

Boniface VIII

L'EXEMPLE DE SAINT LOUIS.

Le petit-fils de saint Louis en conflit — un conflit ouvert, et parfois violent — avec le pontife romain ! Il y a là matière à scandale pour qui s'arrête aux apparences. Le roi de France menacé d'excommunication, le Capétien en rébellion contre l'autorité romaine, voilà qui coïncide bien mal avec l'idée qu'on peut se faire du roi chrétien. Qu'un fils de cathare, légiste acharné et sans scrupules, ait plus ou moins battu le pape pour le compte du roi, le 7 septembre 1303, ne fait évidemment que noircir le tableau. Dans les jugements que porte la postérité, la gifle d'Anagni pèse lourd.

L'exemple, cependant, vient de loin. L'histoire capétienne est jalonnée de ces crises où l'établissement de réseaux d'alliances, le droit de disposer de tels ou tels bénéfices ecclésiastiques, voire — pour Philippe Auguste comme pour son trisaïeul Robert II — le problème dynastique d'un divorce, ont une place plus déterminante que les principes de théologie ou de droit ecclésial.

C'est peut-être saint Louis qui, le premier et malgré l'influence qu'exercent sur lui des franciscains tout dévoués au Saint-Siège, met en lumière les incompatibilités fondamentales entre une monarchie de droit divin, ayant dans le royaume une autorité différente de toutes les autres par sa nature — et non seulement, comme celle du suzerain féodal, par son niveau supérieur — et un Siège apostolique qui prétend à l'empire universel et ne se contente pas du gouvernement des âmes. L'affinement des études juridiques dans l'Italie du XIIIe siècle a porté au pouvoir, à Rome, des théoriciens de cet « augustinisme politique » qui tire de la vision, chère à saint Augustin, d'une Cité de Dieu étendue au monde temporel la plupart des arguments dont s'aident le pape et ses légats pour faire du successeur de saint Pierre le juge politique des princes temporels. Dans leurs luttes pour se faire les arbitres des compétitions impériales, les très grands juristes que sont Innocent III (1198-1216) et Innocent IV (1243-1254) fourbissent déjà les armes que brandira leur successeur à l'encontre du Capétien.

Fortifié par deux siècles de succès des réformes « grégoriennes », le pape affermit donc sa mainmise sur l'Eglise, c'est-à-dire sur l'un des éléments principaux de tout état temporel, le clergé. Le roi de France, de son côté, sort de plus en plus du réseau limité des relations contractuelles propres au monde féodal, réseau où les Eglises locales trouvaient le cadre d'une large autonomie. Il situe désormais son autorité au sein d'un état aux fondements naturels, état auquel nul ne peut se soustraire.

Un état, le mot est peut-être fort, compte tenu de tout ce qu'il implique quant aux relations de l'individu et de la collectivité. Mais c'est assurément une sorte d'« ordre laïc de la vie sociale » (Yves Congar) que l'on voit se dessiner et s'organiser dans les années 1250, alors même que Thomas d'Aquin dispense à Paris son enseignement et qu'il concilie dans sa *Somme théologique* l'harmonie du monde conçue à la lumière de la révélation et les structures rationnelles empruntées à la toute récente découverte qu'est pour les contemporains de saint Louis la *Politique* d'Aristote.

Dans la mesure où le pape s'accommodait de ne présider qu'au magistère spirituel et à l'administration des sacrements, les deux autorités pouvaient éviter de s'affronter. Dans le système de solidarités contractuelles et de droits enchevêtrés qui avait régi l'Occident jusqu'au XIIe siècle, il y avait place pour des droits parallèles. Dans le nouveau système, issu de la clarification des idées politiques, il ne pouvait y avoir dans le même royaume qu'un seul maître. La suzeraineté pontificale établie sur le royaume d'Angleterre ou sur celui d'Aragon et la prééminence pontificale reconnue sur l'Empire — dont le pape seul pouvait conférer la couronne — ne suffisaient pas à empêcher les conflits. Dans une France dont la couronne n'était « tenue de personne », ceux-ci n'avaient été retardés que par la faiblesse ou la fragilité du pouvoir royal.

Saint Louis avait lancé la première attaque dans un mémoire adressé à Innocent IV vers juin 1247, à un moment où le pape avait grand besoin de l'alliance capétienne. L'opportunité de cette attaque tenait, en apparence, à une simple affaire fiscale. En fait, le roi se plaçait d'emblée sur le plan des droits de l'Etat.

> Il est inouï de voir le Saint-Siège, chaque fois qu'il se trouve dans le besoin, imposer à l'Eglise de France des subsides, des contributions prises sur le temporel, alors que le temporel des Eglises ne relève, même si l'on s'en rapporte au droit canonique, que du roi et ne peut être imposé que par lui.

Profitant d'une autre pratique abusive, celle des collations pontificales et de l'excessive faveur qu'elles permettaient au pape de manifester à ses compatriotes italiens en les faisant profiter des bénéfices ecclésiastiques français, saint Louis ne manquait pas de souligner vigoureusement le caractère national de l'Eglise de France. Et de rappeler la distinction, combien chère aux pères conciliaires des siècles suivants, qui faisait de l'Eglise de Rome la première des églises au sein de l'Eglise universelle, non la maîtresse de celle-ci.

> Que la première de toutes les églises n'abuse pas de sa suprématie pour dépouiller les autres [...] Les évêques ne peuvent plus pourvoir les clercs lettrés, ni les personnes honorables de leur diocèse [...] Aux gens du pays, on préfère des étrangers, des inconnus, qui ne résident même pas.

A quoi faisait écho, dix ans plus tard, la réplique d'un légat devant le clergé londonien : « Toutes les églises sont au pape ! »

Saint Louis allait plus loin. On était alors au fort de la querelle entre Innocent IV et l'empereur Frédéric II. Bien que ce dernier fût notoirement excommunié, le roi de France lui écrivit sur le ton le plus amical, feignant ostensiblement d'ignorer la condamnation pontificale qui mettait en théorie le Hohenstaufen au ban de la Chrétienté. On ne pouvait dire de manière plus explicite que le spirituel et la politique étaient d'ordre différent.

Trop pieux pour cantonner l'Eglise dans le rôle purement spirituel auquel la vouait Frédéric II et qu'allaient bientôt définir les légistes de Philippe le Bel, saint Louis ne cessait cependant, dans son gouvernement, dans l'administration de la justice, dans la gestion des ressources du royaume, de défendre jalousement sa totale autonomie. Significative est à cet égard l'anecdote, rapportée par Joinville, où l'on voit le roi n'accepter de prêter aux juges ecclésiastiques l'appui du « bras séculier » que dans le cas où, quelle que fût la sentence d'Eglise, la culpabilité du condamné lui semblerait, à lui, établie. Face à ses évêques, comme ailleurs face au pape, saint Louis ne voulait connaître en France d'autre justice que celle du « droit seigneur justicier », c'est-à-dire la sienne et celle de ses vassaux.

> Pour l'amour de Dieu et parce que vous le devez faire, dit au roi l'évêque d'Auxerre Guy de Mello, les seigneurs évêques vous requièrent que vous commandiez à vos prévôts et à vos baillis de contraindre, par la saisie de leurs biens, tous ceux qui seront excommuniés depuis un an et un jour à demander l'absolution.
>
> A ce, rapporte Joinville, le roi répondit qu'il le leur commanderait volontiers pour tous ceux dont on lui donnerait la certitude qu'ils eussent tort.
>
> L'évêque dit qu'ils ne le feraient en aucun cas, car c'eût été se dépouiller de leur juridiction.
>
> Le roi répliqua qu'il ne ferait pas autrement, car ce serait contre Dieu et contre raison s'il contraignait les gens à se soumettre quand le clergé leur ferait tort.

Ne mettons pas au compte des laïcs tout ce courant de pensée politique dont va s'alimenter la lutte de Philippe le Bel contre Boniface VIII. Triomphant à Paris dans les années 1260 et non oublié après sa condamnation en 1270 par l'évêque Etienne Tempier, le thomisme définissait deux fonctions différentes dans le plan divin de la Rédemption, mais deux fonctions dépendant directement, l'une et l'autre, de Dieu. Il n'acceptait que de rares cas où le Christ avait explicitement subordonné l'une à l'autre. L'indépendance des pouvoirs laïcs exercés dans le royaume — celle de la justice comme celle de la gestion matérielle — procédait, dans une réflexion théologique renouvelée, d'une hiérarchie des compétences fondée sur l'analyse des finalités profondes, et non plus seulement sur la glose des textes sacrés.

Les enjeux.

Laissons, pour un temps, les principes. Au cœur de ce conflit séculaire, il y a trois affaires bien concrètes : la concurrence que se font les justices ecclésiastiques et laïques, la collation des bénéfices, la décime.

La collation par le Saint-Siège de bénéfices de tout rang ne porte guère préjudice au roi, dès lors que le pape a l'habileté de ne pas repousser systématiquement les recommandations royales. Evêchés, prieurés, paroisses, prébendes et chapellenies sont le plus économique des moyens qu'offre au prince la société médiévale pour rémunérer les fidélités et les services. On paie mal son conseiller, mais on le fait archevêque. On laisse à son secrétaire des gages insignifiants, mais on le fait chanoine de dix églises. Les seules victimes du système sont les clercs sans relations, qu'eût peut-être élus un chapitre sensible à la bonne renommée ou qu'eût peut-être nommés un évêque au fait des compétences localement reconnues. Les clercs des entourages princiers s'entendent à figurer sur les listes, sur les « suppliques » qu'adressent au pape les grands de ce monde, et les gradués des universités ne sont pas les derniers à glisser leur nom parmi de telles clientèles. Passé le temps des collations abusives en faveur des Italiens, ce à quoi il a suffi de plusieurs papes français pour mettre un terme dans la seconde moitié du XIIIe siècle, les derniers Capétiens n'ont plus à se battre vraiment contre les collations pontificales. On en reparlera plus tard, au temps de la papauté d'Avignon.

Nous avons déjà parlé des affaires de juridiction. Le progrès rapide, au cours du XIIIe siècle, des juridictions ecclésiastiques porte naturellement préjudice au roi et aux autres justiciers laïques. Les affaires matrimoniales, les testaments, la Croisade ont multiplié les cas où la défense de la Chrétienté et le souci des âmes justifient les intrusions du clergé dans les affaires temporelles des laïcs. Philippe Auguste, cependant, ne pouvait lutter sur tous les fronts. Il accepta bien des reculades. Saint Louis ne fit que l'imiter, invoquant cet exemple de son grand-père pour expliquer, dans son testament, une telle conduite politique. La situation dont héritait Philippe le Bel n'était donc pas brillante à cet égard.

La décime, en revanche, opposait directement le pape et le roi, aux dépens du clergé. Impôt levé sur les clercs, ou plutôt sur les temporels ecclésiastiques, la décime avait pour objet le financement de la Croisade, et rien d'autre. On avait trouvé normal, au XIIe siècle, que ceux à qui leur état religieux interdisait d'aller se battre contre l'Infidèle contribuassent, des deniers de leur revenu ecclésiastique, à l'entreprise commune de la Chrétienté, menée à l'initiative du Saint-Siège. La décime, c'était le dixième (*decima pars*) du revenu net, estimé (« taxé ») par déduction des frais d'entretien et de gestion.

Charge légère, donc, si elle était exceptionnelle, mais qui pouvait devenir lourde si elle se renouvelait à trop brève échéance. Depuis le concile de Latran de 1215, il était entendu que le pape, et lui seul, pouvait imposer une décime. La décision était grave : elle équivalait à affecter à la guerre le revenu de biens donnés à l'Eglise pour assurer les moyens de la prière.

Pour partir en Croisade, il fallait se préparer. Pour se préparer, il fallait en finir avec ce qui empêchait de partir. Le raisonnement était à la fois justifiable et dangereux. Car, très vite, les princes temporels avaient compris qu'ils pouvaient se faire concéder par le pape la décime sur leur principauté. Des décimes établies sur le clergé français avaient ainsi favorisé les opérations des Capétiens en Languedoc contre les cathares, puis les entreprises d'Egypte, de Tunisie, de Sicile et d'Aragon. Il s'agissait parfois d'une authentique croisade. De toute manière, la Croisade était mentionnée. Mais il suffisait en fait que le pape eût lui-même besoin d'argent — car on pouvait partager — ou qu'il fût désireux d'être agréable au roi, pour peu que les ecclésiastiques ne fussent pas en état de résister efficacement.

La coïncidence des intérêts du pape et de ceux du roi ne laissait en effet au clergé français que la possibilité de manifester, à l'occasion, sa mauvaise humeur. Innocent IV avait cependant, dans le temps même où saint Louis lui tenait la dragée haute à propos des affaires de l'Empire, rappelé ce principe fondamental du droit canonique : un clerc ne pouvait être tenu à payer s'il n'avait consenti à la décime ou participé à l'assemblée au cours de laquelle s'était exprimé le consentement collectif du clergé. En bref, il fallait l'accord du pape et celui du contribuable.

C'est donc dans la droite ligne des comportements politiques de saint Louis et de Philippe III qu'il faut situer l'extraordinaire série de drames qui compose l'histoire des relations de Philippe le Bel et de la papauté. Dans la ligne, mais avec de nouvelles résonances, de nouveaux enjeux et, surtout, un adversaire hors du commun, Boniface VIII.

Nicolas IV.

Les premières années du règne furent occupées par des escarmouches où se poursuivit la politique de saint Louis. Alors que les forces du parti gibelin se reconstituaient en Italie et que chaque prince chrétien pouvait tirer les ficelles d'une ou plusieurs factions dans l'imbroglio que constituait la vie politique de Rome et de la Campagne romaine, les papes ne souhaitaient nullement s'aliéner systématiquement le roi de France. Celui-ci, dont les visées sur l'Empire s'assuraient sans pour autant se préciser, voyait en Allemagne se fortifier un mouvement anticapétien dont il allait devoir tenir compte : l'arbitrage du pape pourrait bien se révéler un jour décisif. On évitait donc, de part et d'autre, de s'engager à fond en quoi que ce fût.

Elu le 22 février 1288, Nicolas IV n'attendit guère pour manifester à la France ses bonnes dispositions. Elles garantissaient au Saint-Siège la continuation d'une politique méditerranéenne où chacun trouvait son compte. Dès le 15 mars, donc, le nouveau pape intervenait en médiateur dans le conflit qui opposait encore la France à l'Aragon. Il permettait ainsi à Philippe le Bel de tirer profit de ses interventions dans la Péninsule ibérique sans faire pour autant les frais d'une guerre.

Ce succès diplomatique était cependant tempéré par le refus qu'opposait le pape à une demande de décime dont nul ne pouvait croire qu'un projet de croisade la justifiait sérieusement. On négocia. On partagea finalement avec le besogneux Nicolas IV le produit d'une décime triennale que le Capétien avait même le droit de faire lever hors de son royaume, en diverses régions d'Empire plus ou moins limitrophes de la France : les évêchés de Metz, Toul et Verdun, celui de Liège, le Dauphiné, la Comté de Bourgogne.

A la même époque, Nicolas IV nommait archevêque de Lyon un chapelain du roi d'Angleterre, le gascon Bérard de Got. Le nouvel archevêque était fort dévoué au comte de Savoie, lequel ne cessait de s'opposer aux tentatives faites par les officiers royaux pour que Lyon basculât dans l'aire d'influence capétienne.

On put croire, un moment, que les relations allaient s'envenimer à la faveur de deux affaires, au vrai fort limitées, qui portaient en elles toutes les motivations et tous les ressorts du grand conflit qui allait éclater quelques années plus tard. A Chartres, il s'agissait de savoir si le juge laïc avait quelque droit sur les hommes de la seigneurie du chapitre cathédral. A Poitiers, l'affaire était de savoir à qui, du roi ou de l'archevêque de Bordeaux, il appartenait de conférer, pendant une vacance du siège épiscopal, l'investiture des fiefs tenus de l'évêché : donc, qui avait sur ces fiefs la justice d'appel propre à tout suzerain. Tenus en échec sur place par les officiers royaux, les chanoines de Chartres et l'évêque de Poitiers portèrent plainte à Rome et obtinrent de Nicolas IV qu'il intervînt fermement auprès du roi.

Le pape et les clercs confondaient volontairement deux choses : la justice d'Eglise et une justice laïque appartenant à un seigneur ecclésiastique. Les juristes du roi eurent tôt fait de relever l'erreur et d'y donner réplique. Philippe de Beaumanoir, qui avait, comme sénéchal de Poitou, mené à bien pour le roi l'affaire de l'investiture féodale, reçut mission d'aller à Rome porter et commenter deux longs mémoires, chefs-d'œuvre d'ironie autant que de droit public. Peut-être l'ironie avait-elle pour fin de désarmer à l'avance toute réponse qui eût été une condamnation du roi pour irrespect envers le successeur de Pierre.

> Grâces soient rendues à Dieu pour les faveurs qu'il nous accorde à l'improviste. Sans être trop présomptueux et sans imiter le pharisien de l'Evangile, nous pensions favoriser et maintenir les franchises ecclésiastiques avec plus de soin que tous les autres rois et princes chrétiens. Nous croyons être aussi dévoué — sinon plus — que les autres souverains à la paix et à la tranquillité de l'Eglise romaine

> notre mère, nous qui, pour la défendre, étions accoutumé à exposer notre vie et celle de nos sujets.
>
> Le souverain pontife, notre très saint père, a sans doute eu pitié de notre très grande jeunesse. Il nous a exposé, dans ses lettres, les points sur lesquels, pour avoir suivi le rapport mensonger de certains, nous lésions les droits et franchises de l'église de Chartres.
>
> Avec l'affection d'un père et la sollicitude d'un apôtre, il nous a averti de nous réformer sur ce point et de corriger le passé.

A lire les premières lignes, on pourrait croire à une capitulation. Il suffisait d'atteindre seulement la fin de l'exorde pour savoir qu'il n'en était rien, et que Philippe le Bel se moquait du pape :

> Ce nous est une grande joie de voir que, quand il s'agit de nous, notre saint père met plus d'empressement à veiller à notre correction sur un simple ouï-dire, sur un seul soupçon, qu'il ne le fait pour les autres princes.
>
> Personne, en effet, ne doute que la démarche à laquelle il a cru devoir se résoudre ne procède d'une intime et spéciale prédilection.

Après cette phrase cinglante, venait une mise au point qui renversait habilement les rôles et définissait, contre les prétentions des clercs, une souveraineté royale qui ne pouvait se partager ou se limiter.

> Nous ne reconnaissons dans le royaume aucun territoire, fût-il d'un seigneur, pourvu qu'il soit profane, comme exempt de notre juridiction. Nos prédécesseurs ne l'ont pas reconnu. Nous entendons ne pas le reconnaître à l'avenir.

Les terres d'Eglise, les seigneuries tenues par des clercs, ce n'étaient pas des biens laïques, mais c'étaient des biens profanes. Seuls, les églises et les cimetières échappaient donc à la justice souveraine. Et les gens du roi de jongler avec les arguments, combinant avec une diabolique habileté la logique, l'absurde et le ridicule. C'est ainsi qu'ils développaient un syllogisme irréfutable : si le chapitre cathédral de Chartres est exempt, donc il est souverain ; s'il est souverain, sa querelle contre le roi est un acte de guerre ; si c'est un acte de guerre, le roi est tenu de se défendre pour ne pas laisser affaiblir et diminuer son royaume.

Philippe le Bel saisissait l'occasion d'évoquer la situation des nombreux exempts qui, simples tonsurés sans la moindre obligation religieuse et sans la moindre fonction d'Eglise, échappaient à la justice laïque parce qu'ils avaient « reçu la tonsure tout simplement d'un barbier » et ne se privaient pour autant d'exercer aucune des activités lucratives du siècle. Les banquiers italiens étaient, par là, spécialement visés.

> Si les laïcs que sont les libraires, les enlumineurs ou les fabricants de sceaux invoquent le même privilège, celui-ci devrait également s'étendre aux laboureurs et aux vignerons qui produisent le pain et le vin nécessaires au Sacrement de l'autel.

Le mémoire porté par Beaumanoir s'achevait sur une condamnation sans nuance de toute prétention que pouvaient manifester les clercs à être exemptés de la juridiction royale pour leurs affaires temporelles. Le Conseil royal, où le texte avait été mis au point, avait emprunté presque textuellement ce développement à un rapport du procureur royal à Mâcon, maître Jean de Pouilly :

> La juridiction temporelle des corps ecclésiastiques ne peut être qu'une usurpation si elle n'a été l'objet d'une concession du prince [...]
>
> L'Eglise romaine elle-même fait dériver la souveraineté qu'elle a sur le Patrimoine de saint Pierre de la donation de Constantin. La disposition de droit canon que l'on invoque et qui attribue à l'archevêque l'appel des jugements de l'évêque ne peut s'appliquer aux causes temporelles. La pratique le montre tous les jours. La distinction entre l'official et le bailli de l'évêque en sont une preuve.

Nicolas IV n'était pas un sot. Sans donner tort aux plaignants, il s'arrangea pour enterrer provisoirement les affaires de Chartres et de Poitiers. Au siège épiscopal de Verdun, qui représentait l'une des meilleures tribunes pour la propagande royale vers l'Empire, il nomma un clerc tout dévoué aux intérêts du Capétien : Jacques de Revigny, ancien professeur de droit civil à Orléans. Rien ne pouvait plus opportunément favoriser les extensions du droit du roi de France sur la frontière de l'Argonne. Dans le même temps, le pape rappelait aux clercs de quelques diocèses limitrophes du royaume l'obligation dans laquelle ils se trouvaient de contribuer à la décime en faveur du roi de la même manière que s'ils avaient été du royaume.

Enfin, comme Philippe le Bel avait manifesté son étonnement d'être seul accusé de violer les franchises ecclésiastiques « alors qu'en d'autres royaumes les clercs ne peuvent défendre ce qui leur appartient » et d'être ainsi traité par le pape de façon injuste et méprisante, Nicolas IV rétablit l'équilibre en admonestant sévèrement le roi d'Angleterre. Edouard Ier ressentit vivement le coup ainsi dévié.

Les prétentions du roi de France.

Le Capétien pouvait désormais prendre l'initiative et, sans attendre ou sans créer de nouveaux conflits locaux, il s'attaqua à l'ensemble du problème politique posé par le statut particulier du clergé dans la société féodale. A la fin de 1289, il dépêcha à Rome une ambassade. Le chef en était officiellement le bouteiller de France Jean de Brienne. La tête véritable était un légiste, le Périgourdin Gérard de Maumont. Bien qu'aucune assemblée représentative ne les eût, semble-t-il, mandatés, les envoyés du roi assurèrent qu'ils parlaient au nom de la noblesse et des communautés d'habitants du royaume. Déjà, le Conseil royal, peut-être renforcé pour la circonstance de quelques barons et de quelques notables de la bourgeoisie parisienne, se posait en représentant des corps sociaux du royaume, c'est-à-dire de la seule forme que les esprits du temps pouvaient donner à la Nation.

L'ambassade était porteuse d'un document, un rouleau de parchemin où s'inscrivait tout au long la liste des griefs royaux. Le rôle avait de quoi inquiéter la Curie, car il s'ouvrait sur une déclaration de principe lourde de conséquences : les prélats de France, évêques et abbés, étaient liés au roi par hommage ou par serment, et tenus à ce titre de défendre et garder les droits et franchises du roi et du royaume. Tout le reste découlait de cette affirmation liminaire, qui faisait table rase des prétentions des clercs à l'exemption de juridiction aussi bien qu'à l'exemption fiscale. Assimilé au lien vassalique, le lien qui unissait au roi les églises du royaume faisait les clercs fidèles du roi, envers et contre tous. L'Eglise de France était au roi, non au pape.

Nicolas IV, qui entendit bien ainsi le discours, ne pouvait laisser cela sans réponse. Or il ne souhaitait nullement aggraver ses relations avec le Capétien, dont l'alliance était le nœud de toute une politique méditerranéenne à laquelle il était attaché, et dont l'appui demeurait indispensable dans une Italie où les Gibelins représentaient une menace croissante. Il décida donc de négocier l'ensemble, aussi bien les relations du roi et de son clergé que les affaires de Sicile et d'Espagne. Deux légats furent à cette fin dépêchés à Paris : Gérard de Parme et Benoît Caetani.

Le premier fruit de cette légation fut un traité, conclu à Senlis le 19 août 1290 : la France et le Saint-Siège y posaient les bases d'une action conjointe pour la conquête de la Sicile. A charge d'en verser une part au pape, Philippe le Bel pouvait espérer une décime chaque année jusqu'en 1293 — il en percevait depuis 1289 — et il bénéficiait de surcroît d'un appui diplomatique et militaire contre l'Aragon : le Saint-Siège s'entremettait pour qu'Alphonse III traitât et, en cas d'échec, aiderait le roi de France à financer la conquête de l'Aragon, cette conquête que Philippe III avait en son temps entreprise.

Comme Philippe le Bel et Sanche IV de Castille s'étaient rencontrés, en avril précédent, à Bayonne et avaient resserré là leur alliance, le traité de Senlis faisait sérieusement avancer les affaires du roi de France dans la péninsule ibérique. Mais le principal profit en était cependant financier. Les légats avaient acheté l'alliance française avec l'argent des clercs français. Le temporel des églises du royaume allait à la fois contribuer au rayonnement capétien et à la politique guelfe.

Restait à faire accepter par le clergé une intervention pontificale qui lui coûtait si cher. Benoît Caetani entama avec l'un des conseillers du roi, une ultime négociation pour en finir, au mieux des intérêts des clercs mais sans faire perdre la face au Capétien, avec les affaires de Chartres et de Poitiers, ainsi que celle de Lyon, sur laquelle il nous faudra revenir. Il est probable que l'interlocuteur du légat Caetani fut en la circonstance un légiste qui n'était pas encore apparu au premier plan mais qui laissera dans l'esprit de Caetani le souvenir de l'homme par qui tout le mal arriva : Pierre Flote.

Philippe le Bel était prêt aux plus grandes concessions quant aux affaires précises et limitées qui avaient attiré l'attention. A Lyon comme à Poitiers et à Chartres, les clercs enregistrèrent avec satisfaction la reculade royale. Mais les légats voulaient aller plus loin. Caetani était juriste, donc aussi attaché que Flote à la définition de principes généraux.

Ils réunirent donc, à l'abbaye de Sainte-Geneviève, les évêques et les abbés du royaume et procédèrent là, pendant trois semaines (11-29 novembre 1290), à une enquête approfondie sur le comportement du roi et de ses officiers. Puis ils proposèrent au Conseil royal les termes d'une ordonnance réformatrice. Celle-ci, que Philippe le Bel accepta et publia peu après, reconnaissait aux clercs un certain nombre de privilèges judiciaires, qui les plaçaient hors du droit commun des sujets du roi. Mais ces concessions étaient entourées de bien des réserves, et ce qui était pour le roi l'essentiel demeurait : la juridiction royale d'appel s'étendait sur les justices temporelles des prélats, et l'impôt royal était exigible des clercs tonsurés mais vivant d'une profession commerciale ou artisanale. C'était donc, pour clore la querelle des juridictions, une paix boiteuse, dont la durée dépendrait du bon vouloir du roi.

La confusion a Rome.

Pendant que Caetani traitait des affaires de France, puis à Tarascon des affaires de l'Aragon et de la Sicile, la situation ne faisait que s'obscurcir en Italie. Lorsque, le 4 avril 1292, mourut Nicolas IV, la confusion était extrême, et le Sacré-Collège divisé à l'image de l'aristocratie romaine qu'il reflétait plus ou moins. D'un côté, les Colonna, qui dominaient la région située entre Rome et le royaume de Naples. De l'autre, les Orsini, dont la puissance était souvent assise sur le nord-ouest de l'Etat pontifical. Directement ou par le moyen de leurs clients et alliés, les grandes familles qui gouvernaient les factions s'affrontaient aussi bien dans les rues de Rome que dans les nombreuses petites villes qui, telles Anagni, Velletri, Terracine d'une part, Viterbe ou Civitta Vecchia de l'autre, tiraient de cette rivalité le seul moyen de leur indépendance, elle-même troublée par les luttes intestines de leurs citoyens.

Les cardinaux avaient souvent dicté à Nicolas IV une politique locale incohérente. Le pape s'était finalement retrouvé un jouet aux mains du cardinal Jacques Colonna, de son neveu le cardinal Pierre Colonna et de son père Jean Colonna, devenu en 1290 l'unique « sénateur » de Rome. Benoît Caetani ne simplifia rien en faisant remplacer, dès son retour en Italie, Jean Colonna par son propre frère, Loffredo Caetani.

A ces dissensions s'ajoutaient la division de la Curie entre les deux principaux ordres « mendiants » qui dépendaient directement du Saint-Siège, les franciscains et les dominicains. Les ordres étaient rivaux pour le recrutement des frères. Ils l'étaient encore bien plus pour le recrutement de ces « tertiaires » qui constituaient leurs branches laïques et par conséquent les instruments du rayonnement de l'un et l'autre ordre dans le monde. Ils étaient, de surcroît, affrontés depuis vingt ans sur le plan théologique, et la condamnation du thomisme passait aux yeux de beaucoup pour une victoire de l'ordre de saint François, ce qu'elle n'était nullement.

Douze cardinaux étaient en présence lorsque le conclave se réunit pour élire un successeur à Nicolas IV. Aucun ne put obtenir plus de quatre voix. On discuta. On marchanda. L'Eglise était dans l'impasse. Les cardinaux se dispersèrent au début de l'été, la laissant sans chef.

Les deux factions qui s'opposaient au sein du Sacré-Collège se mirent à traiter chacune pour soi des affaires de la Chrétienté, ayant chacune ses propres relations diplomatiques avec tel ou tel prince. Contraintes d'administrer ensemble la Ville et parfois l'Etat pontifical, elles faisaient de ce gouvernement temporel une suite d'embûches, chacune tirant du moindre faux pas de l'autre un avantage bien souvent éphémère. La plus modeste élection municipale était cause d'hostilités. Les échauffourées se succédaient dans les villes, les coups de main dans les villages.

Un temps maîtres de Rome, et forts d'un discret soutien diplomatique des Guelfes, c'est-à-dire de Philippe le Bel et de Charles II d'Anjou, roi de Naples, les cardinaux Colonna furent tentés d'en profiter pour faire seuls le pape. Il va sans dire que l'heureux élu eût été l'un d'eux.

La majorité du Sacré-Collège s'était réfugiée à Rieti. Lorsqu'elle eut vent de l'affaire, elle répliqua en convoquant le conclave pour le 18 octobre 1293 à Pérouse. Ce conclave devait durer jusqu'à l'été suivant, en plein imbroglio. Trois cardinaux allaient le dominer : Napoléon Orsini, Pierre Colonna et Benoît Caetani.

CÉLESTIN V.

Il apparut en définitive que le seul moyen de sortir de l'impasse était de choisir pour pape un homme étranger aux factions. Celui que l'on trouva était même totalement étranger aux arcanes de la politique pontificale. C'était un moine octogénaire, fort réputé pour sa sainteté, qui, après avoir été abbé d'un modeste monastère bénédictin, s'était retiré dans un ermitage des Abruzzes autour duquel s'étaient vite groupés quelques disciples. Gouvernant à peine l'ordre qu'il avait fondé avec l'approbation du pape, ordre que l'on appela plus tard « les célestins » à cause de lui, il vivait surtout, depuis vingt ans, dans la solitude du mont Majella. Apprenant tardivement la triste situation de l'Eglise, il avait réagi avec une certaine naïveté et avait malencontreusement attiré l'attention sur lui et sur ses vertus en écrivant à un cardinal de ses amis pour lui « révéler » la prochaine manifestation de la colère de Dieu.

Le 5 juillet 1294, l'ermite Pierre de Morrone était élu pape sans être ni présent ni pressenti. Il ne refusa pas. Le 25 août, il était sacré et couronné ; la cérémonie se passa dans une petite ville au cœur des Abruzzes, à Aquila. Que le couronnement n'ait pas eu lieu à Rome était déjà révélateur d'une situation fausse.

Ce qui n'est pas moins significatif, c'est que le nouveau pape ne vit pas la nécessité d'aller rapidement s'établir dans son propre état. Jour après jour, il prolongea sa présence dans le royaume de Naples. On avait vu Charles II d'Anjou, roi de Naples, et son fils le futur roi de Hongrie dans l'ermitage de Pierre de Morrone pendant le temps où celui-ci se faisait prier pour accepter le souverain pontificat. Très vite, Célestin V se trouva dans la dépendance politique des Angevins et des Guelfes. Les Colonna et Napoléon Orsini s'entendirent à lui brosser de la tâche qui l'attendait, une telle peinture que le vieillard crut gagner beaucoup à écouter leurs conseils et à accepter leurs services. Dès l'aube de son pontificat, Célestin V apparaissait comme l'homme de paille des Angevins. Cela ne manqua pas de lui créer immédiatement des ennemis.

Son premier acte de gouvernement fut une fournée de cardinaux. Le Sacré-Collège ne comptait plus que sept membres. On en fit douze d'un coup, dont cinq Français. Les autres, dont cinq Italiens, un Provençal et l'archevêque de Lyon Béraud de Got, étaient tout dévoués à la cause angevine.

Le brave homme qu'était Célestin V ne tarda pas à multiplier les erreurs. Pour aider Charles II d'Anjou à financer sa guerre de Sicile, il lui accorda des décimes sur la France, l'Angleterre et une partie de l'Empire. Songeant toujours à la Croisade, que les dissensions internes de la Chrétienté ne faisaient que retarder, il offrit sa médiation entre la France et l'Angleterre au moment précis où Philippe le Bel cherchait à l'évidence la guerre. Ignorant, enfin, les ressorts véritables de la division dont souffrait alors l'ordre franciscain, mais sensible à une doctrine qui condamnait toute compromission avec le siècle, il accorda sa faveur aux « Spirituels » ; ceux-ci firent, dans les couvents dont on les avait expulsés pour leur propos extrémiste, une rentrée tapageuse et vindicative. Cela suffit à justifier l'inquiétude de ceux qui se souvenaient d'avoir vu le nouveau pape, au mépris des convenances, voyager à dos d'âne.

Lorsque, quelques semaines plus tard, Célestin V nomma un ermite de son ordre à la tête de l'abbaye du Mont-Cassin, la plus illustre abbaye bénédictine d'Italie, les exaltés de tout poil se mirent à rêver.

C'est alors qu'entra véritablement en scène Benoît Caetani. Tout le séparait d'un Célestin V, et l'influence prise sur celui-ci par les Colonna et leurs alliés le laissait trop en retrait pour qu'il pût désormais jouer un rôle effectif dans le gouvernement pontifical. Il n'avait d'ailleurs rejoint le pape, à la fin de septembre, dans le royaume de Naples que tout à fait à contrecœur.

Caetani était un juriste. Ses affinités intellectuelles le portaient vers des aristotéliciens comme Gilles de Rome — Gilles Colonna — dont le traité du *Gouvernement des princes* avait nourri, de son côté, la réflexion de Philippe le Bel. Il était naturellement porté à tenir les mystiques pour des esprits embrumés.

Caetani était un politique. Il lui semblait qu'un pape ne devait pas résider chez un souverain, fût-il voisin et allié. Encore moins devait-il suivre ce prince étranger dans ses voyages diplomatiques, ainsi que fit Célestin, qui accompagna à Naples Charles II en route pour Ischia où il devait rencontrer le roi d'Aragon.

Voyant le pape à ce point docile aux vues du roi angevin et pratiquement chambré dans le palais royal de Naples, bien des cardinaux commencèrent de prêter une oreille attentive aux propos de celui dont une attitude réticente depuis le conclave faisait, par contraste, le champion de l'indépendance politique du Saint-Siège. Mais les vues de Benoît Caetani allaient être renforcées par une ultime bévue de Célestin V lui-même. Le pape nomma un nouveau cardinal sans réunir le consistoire, donc sans l'assentiment du Sacré-Collège. Même les cardinaux dont il servait la politique trouvèrent qu'il y allait un peu fort.

Caetani avait déjà remporté deux victoires. L'une avait été d'éviter — sans grand-peine car les Colonna eux-mêmes en avaient dissuadé le pape — une accusation d'hérésie qui tenait à ce qu'il s'était longtemps écarté de la Cour et qui eut surtout pour effet de lui faire sentir à quel point le parti des Colonna l'avait à l'œil. L'autre victoire fut d'obtenir que le cardinal intrus démissionnât et fût à nouveau nommé, dans les règles, après un consistoire.

Le saint ermite se sentait de plus en plus mal à l'aise sur le trône pontifical. Fatigue et découragement ajoutaient à son humilité naturelle. Il se savait incapable. Bientôt il se jugea indigne.

Une première fois, il songea à prendre une sorte de congé, en confiant l'autorité apostolique à trois cardinaux ; il ne souhaitait alors que se retirer dans la solitude pendant le temps de l'Avent. Charles II et les Colonna ne refusaient pas que le pape se mît à l'écart et leur laissât la réalité du pouvoir. Ils se frottaient déjà les mains quand un Orsini fit avorter l'entreprise.

Le parti adverse, parmi lequel le cardinal Caetani savait se faire entendre, voulait un pape qui gouvernât et qui assurât l'indépendance politique du Saint-Siège. Si Célestin V ne pouvait être ce pape-là, il en fallait donc un autre. Dans les dernières semaines de 1294, le pape consulta en confidence quelques cardinaux connus pour leur science du droit. Ils lui affirmèrent que l'idée d'une renonciation n'avait rien de scandaleux. L'abdication était licite. Gérard Bianchi et Benoît Caetani furent les plus convaincants.

Le 13 décembre, malgré les pressions exercées sur lui par les Napolitains, Célestin V décrétait, devant tous les cardinaux réunis à Naples, que le pape pouvait déposer volontairement le souverain pontificat. Sur-le-champ, il se démettait de sa charge. Le 24, Benoît Caetani était pape. Les Colonna eux-mêmes avaient voté pour lui au second tour de scrutin. Le choix allait de soi.

Célestin V sortait de l'histoire pour entrer dans la légende. Il devait mourir dix-huit mois plus tard, dans un château de la campagne napolitaine, à Fumone, où son successeur, après l'avoir fait rattraper de justesse, le tenait pratiquement incarcéré. On était peu désireux, à Rome, de le voir attirer de nouveau vers son ermitage des Abruzzes les hommes épris de simplicité.

De ce vieillard égaré dans un monde qui n'était pas le sien, l'Eglise fit un saint. Reflétant en revanche l'opinion de bien des contemporains, et certainement celle des Gibelins, Dante le plaça dans son *Enfer* :

> Je vis et reconnus l'ombre de celui
> Qui fit par vileté le grand refus.

Le cardinal Caetani.

La reprise en main du pouvoir pontifical fut immédiate et spectaculaire. Le nouveau pape ne tarda pas à collectionner en conséquence les ennemis. A peine élu, et malgré le mauvais temps, Boniface VIII prit en effet le chemin de Rome, où il se fit couronner le 23 janvier. Il avait refusé d'expédier la moindre bulle avant d'avoir quitté le royaume de Naples. Tous les fidèles du parti angevin que Célestin V avait placés dans les hautes fonctions de l'administration et de la cour pontificale furent révoqués. Aux Colonna et à leurs amis succédaient les Caetani et leurs amis. Toutes les concessions faites par Célestin furent annulées. Les évêques nommés sans l'accord des cardinaux furent suspendus, du moins jusqu'à ce qu'une nouvelle provision fût faite dans les formes canoniques. Le cardinal Hugues Aycelin, qui avait présidé à l'élection de Célestin et l'avait sacré, fut officiellement disgracié.

Puis, songeant à la grande entreprise interrompue par la

faiblesse du Saint-Siège, la Croisade, Boniface VIII s'occupa d'en réaliser la condition première : la paix entre les princes chrétiens, et particulièremnet entre la France et l'Angleterre. La politique française, pour la première fois depuis trente ans, allait donc devoir compter avec le pape, aussi bien en France que dans l'Empire et dans le monde méditerranéen.

La personnalité du nouveau pontife était bien connue dans l'entourage de Philippe le Bel. Déjà sexagénaire, ce qui n'était plus jeune à l'époque, Caetani souffrait de la pierre, et la souffrance avait aigri son caractère. Ses emportements étaient redoutés, et la Curie apprit vite à laisser passer ses outrances verbales. Honorablement intelligent, il était médiocrement doué quant au sens de l'opportunité. C'était en revanche un juriste de grand savoir, formé aux écoles de Todi, de Spolète et surtout de Bologne. Il avait été l'élève de Bartole et des plus grands canonistes du temps. On le savait ferme dans la pensée, tenace dans les négociations. D'abord avocat, puis diplomate dans l'entourage d'un cardinal français, le futur pape Martin IV, Benoît Caetani avait connu Paris et s'y était fait connaître en 1264 à la faveur d'une mission dont l'enjeu était l'établissement de Charles d'Anjou à Naples. Cardinal-diacre en 1281, cardinal-prêtre en 1291, il s'était entremis comme légat pontifical dans les affaires napolitaines.

Un incident d'une extrême violence l'avait, au cours de sa légation de 1290, opposé aux maîtres séculiers de l'Université de Paris, c'est-à-dire à ceux qui, pourvus de prébendes et percevant le salaire de leurs leçons, faisaient de leur enseignement un métier — jugeant d'ailleurs immoral de vivre autrement que de son travail — et s'attachaient à défendre leurs intérêts corporatifs contre toute concurrence. Ils gagnaient leur vie à enseigner, ils faisaient dans leur chaire une carrière, et ils faisaient de leur chaire un tremplin vers d'autres carrières, l'épiscopat en particulier. Ces professionnels du savoir ne pouvaient que juger déloyale l'attitude des ordres « mendiants », dominicains et franciscains, pour qui l'enseignement et la prédication étaient au cœur de la vocation religieuse : d'origine divine, la connaissance ne pouvait, à leurs yeux, se monnayer. Sermons gratuits, leçons gratuites, les mendiants étaient vite devenus populaires.

Ajoutons que, si les juristes se tournaient de plus en plus nombreux vers les carrières de professeur et de jurisconsulte, les vocations les plus sincères de théologien portaient plutôt vers cette forme rénovée de vie religieuse qu'offraient les maisons de « prêcheurs » (dominicains) ou de « mineurs » (franciscains). Les plus grands théologiens du XIIIe siècle, Albert le Grand et Thomas d'Aquin, avaient tous deux enseigné — sur les pentes de la Montagne Sainte-Geneviève comme à travers toute l'Europe — sous la robe blanche de saint Dominique ; les dominicains Thomas de Cantimpré et Vincent de Beauvais, et le franciscain Barthélemy l'Anglais avaient, pour leur part, fait dans leurs traités encyclopédiques la somme des connaissances profanes de leur temps.

Ces religieux avaient trois atouts et savaient en jouer : c'étaient de saints hommes, ils brillaient souvent par l'éloquence et ils étaient, de surcroît, à la mode. Ils voyaient donc affluer vers leurs couvents les offrandes des fidèles, véritablement détournés de leur paroisse. La fureur des curés et des chanoines doublait donc celle des maîtres séculiers de l'Université, lesquels étaient d'ailleurs assez bien pourvus de cures et de prébendes.

Que le Saint-Siège, protecteur des universités, fût aussi le maître effectif de ces ordres, exempts de l'autorité « ordinaire » des évêques, voilà qui n'arrangeait rien aux yeux de clercs portés, par ailleurs, à reprocher au pape de réserver pour des gens de sa cour la collation de nombreux bénéfices.

Dès le temps de saint Louis, les séculiers avaient ouvert les hostilités. Guillaume de Saint-Amour composait son *Bref traité sur les dangers des temps nouveaux*. Les mendiants obtinrent son bannissement. Ils échouèrent en revanche à empêcher la rapide diffusion et l'extraordinaire succès de ce *Roman de la Rose* où Jean de Meung fit du frère mineur l'allégorie de l'hypocrisie, le douteux et actif Faux-Semblant. Rutebeuf raillait, dans le même temps, un roi incapable de défendre son royaume et son université contre les entreprises des mendiants, en qui il voyait une sorte de gangrène universelle.

Prononcée en 1270 par l'évêque de Paris Etienne Tempier, la condamnation de la plus radicale des théologies aristotéliciennes auxquelles les dominicains avaient attaché leur nom n'avait été qu'une très éphémère victoire pour les séculiers. Moins intégralement rationaliste que la doctrine condamnée, le thomisme continuait de rayonner depuis les maisons dominicaines. Il était particulièrement florissant dans le couvent parisien des « Jacobins », ainsi nommé parce qu'établi en haut de la rue Saint-Jacques. Il gardait de fortes positions à la Faculté des arts — des arts « libéraux » — c'est-à-dire dans l'enseignement secondaire.

Les évêques tentèrent d'empêcher les mendiants de prêcher hors de leurs propres maisons. Ils s'efforcèrent surtout de les priver du droit le plus rémunérateur, à la fois source d'influence et d'offrandes, celui de confesser. Mais, dès 1268, ces droits étaient affirmés de manière solennelle par le légat Simon de Brie, qui ne manqua pas de les confirmer lorsqu'il devint, en 1281, le pape Martin IV.

Un tollé accueillit en France cette décrétale *Ad fructus uberes :* Martin IV violait les prérogatives des évêques et des curés. Bien des clercs français, particulièrement à Paris, ne songèrent désormais qu'à obtenir la révocation de la décrétale de Martin IV. Il leur fallait pour cela mettre à profit la moindre occasion.

Ils eussent été bien inspirés, en 1290, de n'en pas souffler mot au légat Caetani. Mais les Parisiens connaissaient à peine l'homme et se trompèrent. Après avoir laissé courir le bruit d'une prochaine défaite des frères, ils passèrent à l'attaque directe. Au cours des séances publiques tenues à l'abbaye de Sainte-Geneviève, l'évêque d'Amiens s'enhardit jusqu'à demander à plusieurs reprises au légat de révoquer sur-le-champ le privilège des mendiants. Caetani ironisa sur l'inutilité de tels « aboiements » et passa à la contre-attaque.

> Ces religieux sont le seul membre sain que nous ayons trouvé dans l'Eglise. Au lieu de les persécuter, il faut les favoriser.

Puis, le légat s'en prit à la présomption des maîtres séculiers de l'Université.

> Ils se figurent que nous les considérons comme des savants. Nous les tenons en réalité pour des sots, qui se sont emplis et ont empli le monde de leur pédantisme empoisonnant.

Répliquant enfin à une ultime tentative des maîtres séculiers, Caetani haussa le ton : il leur rappela qu'ils étaient docteurs de l'Université, non docteurs de l'Eglise.

> Vous siégez dans vos chaires, et vous croyez que c'est votre intelligence qui dirige le Christ [...]
>
> Le monde chrétien nous est confié, et nous devons tenir compte, non de ce qui peut vous plaire et satisfaire vos caprices de clercs, mais de ce qui est utile à tout l'univers [...]
>
> Vous vous imaginez que vous jouissez chez nous d'un grand prestige et d'une grande autorité ? Eh bien, non. Vos prétentions nous apparaissent comme pure vanité. C'est de la fumée !

Dominicains et franciscains mis à part, les maîtres parisiens avaient encore ces propos sur le cœur lorsque leur parvint, au début de 1295, la nouvelle de l'élection pontificale. L'ancien légat était pape.

L'INDÉCISION DIPLOMATIQUE.

Dans l'immédiat, cependant, Philippe le Bel n'avait nul besoin de l'Université. Célestin V avait été un jouet aux mains des Guelfes et de Charles II d'Anjou, mais un jouet à ce point privé d'influence et de prestige qu'il ne pouvait être l'instrument d'une politique capétienne dépassant l'horizon napolitain. Pour mener à bien ses affaires européennes, et notamment pour faire pièce à la collusion d'Adolphe de Nassau avec l'Angleterre et la Flandre, Philippe le Bel avait besoin d'un allié, non d'un fantoche. Le rétablissement de l'autorité pontificale pouvait s'inscrire dans cette vue.

On savait le nouveau pape attaché à la Croisade. Or la Croisade passait par la paix entre les princes chrétiens, donc par une attitude compréhensive envers le roi de France. Boniface VIII avait besoin du Capétien. On pouvait d'emblée le ranger parmi les héritiers spirituels des grands papes augustiniens, d'un Innocent IV en particulier, qui avait été face à Frédéric II le dernier champion de la théocratie pontificale : un homme à poigne, énergique autant qu'orgueilleux, qui ne pouvait manquer d'intervenir dans l'Empire. Voilà qui faisait l'affaire du roi de France.

L'effet des bonnes dispositions réciproques du pape et du roi ne se fit pas attendre. Boniface écrivit au roi des Romains Adolphe de Nassau pour lui enjoindre de cesser ses préparatifs de guerre contre la France, tout juste propres à retarder la Croisade. Il prescrivait dans le même temps aux archevêques-électeurs de Mayence, de Cologne et de Trèves de se désolidariser des entreprises de leur souverain à l'encontre de la France.

C'est vers le mois de mai 1295 que, par les légats chargés d'arrêter le conflit franco-anglais, parvint à Paris la nouvelle du mécontentement provoqué à Rome par la sévérité des premières décisions de Boniface VIII. L'un des légats, le cardinal Simon de Beaulieu, avait été l'un de ces docteurs parisiens tournés en dérision cinq ans plus tôt par Caetani. Rencontrant à plusieurs reprises les conseillers de Philippe le Bel, il déballa ce qu'il avait sur le cœur. L'archevêque de Narbonne Gilles Aycelin était le neveu du cardinal disgracié pour avoir consacré Célestin V. Il était au Conseil. Il fit chorus avec le légat.

Le Conseil jugea qu'il convenait de s'assurer quelques appuis à Rome et dépêcha au parti des cardinaux Colonna un diplomate discret, le moine Pierre de Paray, qui allait être en mainte occasion pendant vingt ans l'homme du roi de France dans les intrigues de la Curie.

Dès lors, les relations entre la France et le Saint-Siège allaient se dégrader, et cela d'autant plus vite que Philippe le Bel perdait l'illusion d'avoir trouvé un allié complaisant.

La décime.

La guerre s'annonçait difficile, et l'on pouvait prévoir qu'elle ne serait pas limitée aux opérations de Guyenne. Le roi cherchait donc de nouvelles ressources, et il ne pouvait manquer de chercher à imposer ce capital considérable qu'étaient les biens du clergé. Une fois de plus, on songea à la décime. Y renoncer n'eût pas été seulement se priver d'un revenu, c'eût été accepter que les plus gros propriétaires du royaume fussent exempts du fardeau commun. L'enjeu de la guerre n'était pas l'union au domaine royal de quelques comtés supplémentaires. C'était le droit du roi à gouverner chez son vassal, parce qu'un duc — fût-il ailleurs roi — n'était qu'un seigneur entre autres, alors que, hors de la simple hiérarchie des fiefs, le roi était celui par qui s'exerçait le droit de l'Etat. Le clergé serait demeuré étranger à une querelle concernant le patrimoine royal ; il ne pouvait l'être à un conflit où s'impliquait l'Etat.

La longue vacance du Saint-Siège, après le refus qu'avait opposé, en 1292, Nicolas IV à la demande d'une nouvelle décime, laissait Philippe le Bel libre de négocier avec son clergé. Le roi fut assez habile, en 1294, pour mener cette négociation en des conciles provinciaux plus dociles aux exigences royales que ne l'eût été un concile général de l'Eglise de France. La plupart de ces conciles, non sans rechigner et marchander, accordèrent la décime pour deux années.

Le roi tenta d'aller plus loin. En janvier 1296, il se contenta de l'accord d'une simple assemblée de nobles et de prélats pour lever sur les biens du clergé, comme sur ceux des laïcs, un impôt du cinquantième qui, pour les clercs, s'ajoutait en fait à la décime en cours de perception.

De toutes parts, le clergé protesta. Les chapitres de la province de Reims en appelèrent au Saint-Siège. Le sénéchal de Beaucaire dut procéder à une saisie chez les cisterciens pour les décider à payer leur dû. « Nul n'ose plus défendre librement l'Eglise devant les puissances de ce monde », écrivit à Boniface VIII un clerc mécontent qui garda sagement l'anonymat.

Le champion de l'indépendance ecclésiale ne pouvait manquer de saisir l'occasion. Il convenait de rappeler à Philippe le Bel que le clergé, avant d'être du royaume, était d'Eglise. Le roi de France n'était d'ailleurs pas seul en cause : son adversaire avait obtenu, d'un Parlement tenu à Westminster, en septembre 1295, une décime pour laquelle nul n'avait songé à demander l'avis du pape. Si celui-ci ne réagissait pas, l'usage allait s'établir de négociations directes entre les souverains et les conciles locaux. Que resterait-il, alors, de l'autorité romaine en la matière ?

Précisément soucieux de la connivence des conciles provinciaux, Philippe le Bel entreprenait de devancer les revendications et d'ouvrir les négociations pour faire reconduire les décimes, moyennant des concessions, assez floues et jamais définitives, au chapitre des franchises de juridiction.

CLERICIS LAICOS.

On en était là lorsque deux évêques envoyés par le concile provincial de Narbonne pour négocier directement avec le Conseil du roi exhibèrent vers Pâques 1296, une décrétale, datée du 24 février, que venait de leur faire parvenir par courrier spécial leur archevêque. Affectant de ne pas viser précisément tel ou tel prince, Boniface VIII n'avait pas adressé à Philippe le Bel ce document, notifié en revanche à tout le clergé, dont certains membres en avaient déjà appelé au pape et auquel le Saint-Siège procurait ainsi le moyen de refuser au roi tout subside sans encourir les foudres royales.

Cette décrétale *Clericis laicos* — tels étaient les premiers mots de l'acte — rappelait avant tout les dispositions canoniques anciennes, celle du concile de Latran comme les autres. Le droit canon garantissait en effet les libertés de l'Eglise et subordonnait en particulier au consentement du pape toute contribution des clercs aux charges des principautés temporelles. Mais Boniface VIII allait beaucoup plus loin que ces canons, surtout opposables aux princes. Selon le nouveau décret, les clercs qui paieraient seraient excommuniés, les prélats et les dignitaires déposés. Il était même interdit de payer les contributions auxquelles le clergé avait déjà consenti sans l'accord du Saint-Siège.

Situés sur des plans différents, les points de vue étaient inconciliables. Pour Boniface VIII comme pour la plupart des canonistes du temps, l'impôt était une des formes de la servitude. Pas plus que le noble, le clerc ne pouvait y être soumis. C'était affaire de dignité personnelle, lié au caractère sacré de la cléricature. Il n'était même pas question, selon certains canonistes, que le clerc payât pour ses biens patrimoniaux, c'est-à-dire pour les biens qu'il avait reçus de ses parents et qui auraient fort bien pu échoir à un laïc : *Clericis laicos* dépassait le problème de la finalité des biens donnés à l'Eglise — défense de la Chrétienté ou simple entretien des clercs — pour dramatiser une vision augustinienne de la société chrétienne, où l'ordre des clercs ne pouvait être intégré parmi les deux autres ordres, celui des soldats et celui des travailleurs. Dans cette dramatisation, le pape ne craignait pas de constater, en son préambule, l'historicité du conflit.

> Que les laïcs furent hostiles aux clercs, voilà ce que nous ont rapporté les Anciens et que manifeste l'expérience des temps présents, ces temps où l'on voit les laïcs, non contents de leur domaine propre, s'efforcer d'empiéter sur ce qui leur est défendu et ne pas prendre garde à ce que tout pouvoir leur est interdit sur les clercs, sur les personnes et sur les biens de l'Eglise.
>
> Ils s'efforcent, de diverses façons, de réduire les clercs en servitude et de les soumettre à leur domination.
>
> Ce qui est le plus grave, c'est que, tremblant où il n'y a pas à trembler, cherchant une tranquillité provisoire et craignant plus d'offenser la majesté temporelle que l'éternelle, des prélats et des personnes ecclésiastiques acquiescent à de tels abus sans avoir obtenu l'accord ou la permission du Siège apostolique, et cela moins par audace que par négligence.

Pour le roi de France, au contraire, le clergé n'est qu'un corps au sein de la communauté du royaume, et rien ne saurait dispenser ce corps d'assumer sa part du fardeau commun : il profite bien, comme les autres, de la paix et de la justice dont la force de l'Etat garantit à chacun le bénéfice. Face aux canonistes, les légistes du roi invoquent à ce propos la phrase du Christ : « Rendez à César ce qui est à César ».

Lorsque les deux évêques languedociens lui communiquèrent le texte de la décrétale qui les dispensait même de négocier au sujet de l'impôt, Philippe le Bel conserva son calme habituel. Il remercia les évêques, puis leur proposa des concessions en échange de l'impôt, cela afin de se faire confirmer leur refus de toute discussion. Puis il les laissa repartir, sans ajouter un mot.

La réplique fut subtile. Le 22 juin, à Paris, les quatre archevêques de Reims, Sens, Rouen et Narbonne, flanqués de plusieurs évêques et abbés, donnèrent mission à deux prélats de se rendre à Rome pour y exposer de vive voix au pape les graves inconvénients qui allaient résulter pour l'Eglise de France de l'application de la décrétale *Clericis laicos*. Ne contribuant pas aux charges du royaume, les clercs allaient se trouver, en représailles, privés de la protection que leur assurait jusqu'ici le pouvoir royal. Ceux qui tenaient une partie de leurs biens en fief — c'était le cas de la majorité — allaient se voir dépossédés en vertu du droit féodal, pour non-accomplissement de leur devoir d'aide au seigneur.

Et le 17 août, alors que, pour les besoins de sa politique en Italie, Boniface VIII sollicitait la banque de Biche et Mouche et que, pour favoriser ses propres négociations en Aragon, il faisait virer de fortes sommes de Montpellier sur Barcelone, on publia en France une ordonnance royale qui subordonnait au consentement du roi toute sortie d'or ou d'argent aux frontières du royaume. De même que le pape avait eu l'habileté de ne pas viser officiellement le roi de France par la décrétale *Clericis laicos,* Philippe le Bel incluait la mesure qui frappait Boniface sans le nommer dans un ensemble d'interdictions destinées à mettre le royaume en état de défense : l'exportation des armes et des chevaux n'était pas moins prohibée que celle des espèces et des ordres de change. Pour que nul, toutefois, ne s'y trompât, les gens du roi interdirent sur-le-champ aux banquiers florentins de transférer les sommes qui revenaient au pape à quelque titre que ce fût. Pour les affaires de la Terre-Sainte, arguait-on, le pape demeurait débiteur de la France.

Dans l'immédiat, c'est toute la manœuvre diplomatique du Saint-Siège en Aragon qui se trouvait compromise. A long terme, c'était le revenu de la fiscalité pontificale sur les bénéfices ecclésiastiques de France, celui des annates avant tout, qui pouvait ne plus parvenir à Rome.

Ayant frappé un grand coup et se croyant vainqueur d'un combat terminé, Boniface VIII voyait venir le moment d'une spectaculaire réconciliation. En même temps qu'il prescrivait enfin la publication en France de la décrétale *Clericis laicos,* jusqu'ici communiquée aux seuls prélats, le pape chargeait ses légats d'imposer la trêve entre la France et l'Angleterre, encourageait Adolphe de Nassau à la neutralité et se préparait à présider lui-même à Rome une sorte de conférence de la paix.

Ignorant encore l'ordonnance publiée à Paris la veille, il écrivait même à Philippe le Bel une lettre secrète pour lui demander en termes mystérieux d'envoyer à Rome son propre frère, Charles de Valois. Le prince devait prendre prétexte d'un pèlerinage, voire d'une visite familiale à la cour de Naples. De quoi s'agissait-il ? Sans doute le pape voulait-il faire servir les ambitions de Charles de Valois à ses desseins italiens et lui offrir, dans un remaniement de la carte politique de la pénin-

hilippe le Bel. Le roi en majesté, portant les insignes de la souveraineté. Original de 8 mm.

Guy de Dampierre, comte de Flandre et marquis de Namur. Le comte à cheval, son écu e
la housse de son cheval frappés du lion de Flandre. Original de 92 mm.

hilippe, fils du roi de France, comte de Poitiers. Le futur Philippe V. Le semis de fleurs e lis est «brisé» d'un lambel à trois pendants, visible en haut de l'écu, sur l'encolure t sur la croupe de la monture. Noter l'épaulière, qui protège le bras découvert, et la haîne qui permet de rattraper l'épée en cas d'accident. Original de 90 mm.

Toulouse. Sceau des Capitouls. Le château Narbonnais et l'église Saint-Sernin, symbole des anciens pouvoirs exercés sur la ville. Original de 85 mm.

Bertrand de Got, archevêque de Bordeaux. Le futur pape Clément V. Original de 70 mm.

Bernard Saisset, évêque de Pamiers. Au-dessus de l'évêque, dans une fenêtre gothique une Vierge à l'Enfant. Original de 60 mm.

Guichard, évêque de Troyes. Original de 65 mm.

Pierre de Latilly, archidiacre de Paris. Le légiste allait devenir évêque quelques jour
après la confection de ce sceau. Original de 50 mm.

ean de la Tour. Le templier, trésorier du Temple de Paris et, par là, trésorier du roi. Sceau de 1295. L'aigle et l'autel sont accompagnés de deux tours. Original de 30 mm.

'ordre du Temple. Ce sceau est le huitième de l'ordre. Les précédents représentaient in temple rond. Celui-ci (1298) reprend l'effigie du deuxième (1202 : deux chevaliers ur un même cheval). Original de 31 mm.

Jeanne, reine de Navarre et comtesse palatine de Champagne et de Brie. La femme de Philippe le Bel, quelques mois avant l'avènement royal de celui-ci. La reine est accostée des armes de Navarre et de Champagne. Original de 90 mm.

Louis le Hutin, fils aîné du roi de France, roi de Navarre. Le type de majesté, mais un module inférieur à celui du sceau de Philippe le Bel. Original de 85 mm.

Les tailleurs de Bruges. Comme sur la plupart des sceaux de métier, on voit ici les outil
les plus représentatifs : des ciseaux. Original de 43 mm.

Clément V. Le type de la bulle pontificale – en plomb – n'a pas changé à travers les siècles. A l'avers, les têtes des deux apôtres Pierre et Paul. Au revers, le nom du pontife régnant. Original de 36 mm.

Bruges. Le palais communal et la basilique du Saint-Sang. Original de 80 mm.

Gand. Saint Jean-Baptiste. Le patron de la ville, tenant l'Agneau pascal. Original de 90 mm.

Guillaume de Nogaret. Empreinte d'un anneau : un arbre. Original de 23 mm.

Sceau du secret de Philippe le Bel. L'anneau d'un chasseur : un cerf. Original de 12 mm.

sule, un rôle qui eût été beaucoup plus celui d'un pion que celui d'un prince souverain.

La menace de l'augustinisme.

Le blocage des monnaies fut connu à Rome vers le 15 septembre. Boniface était trop fin pour s'y méprendre. Par une bulle *Ineffabilis amor* datée du 20 et confiée au nouvel évêque de Viviers qui retournait en France, il rappela au Capétien les principes d'un radicalisme augustinien qui soumettait en tout les princes temporels au jugement du successeur de Pierre. Passant habilement de la défense des « libertés » de l'Eglise à un jugement d'ensemble sur le comportement du roi, Boniface VIII s'immisçait dans les affaires intérieures d'un royaume qui, cette fois, était nommément désigné. Par les menaces qu'elle exprimait sans fard, la bulle *Ineffabilis amor* était une véritable déclaration d'hostilité.

> Les sujets du roi ne peuvent que souffrir de ces rigueurs, écrasés qu'ils sont par des charges si diverses que leur obéissance et leur dévouement ordinaires se refroidissent et se refroidiront à mesure qu'ils seront plus accablés. Ce n'est pas une médiocre perte que celle du cœur de ses sujets.
>
> Cet édit n'est pas de ceux qu'une coutume déjà abusive autorise les princes à porter pour empêcher leurs ennemis de tirer des ressources de leur territoire et empêcher leurs sujets de passer sur les terres de leurs ennemis en portant leurs biens.
>
> Par son caractère général, il vise non seulement les gens du pays, mais les étrangers, de quelque pays qu'ils soient. Si l'intention de son auteur a été d'atteindre le pape, ses frères les cardinaux, les prélats et les personnes ecclésiastiques, les églises elles-même, ainsi que les biens du pape et ceux des prélats, qu'ils habitent ou non le royaume, c'est une grande imprudence et même une insanité que de porter ainsi des mains téméraires sur ceux qui ne dépendent ni du roi de France ni d'aucune puissance du siècle.
>
> Une telle violation des franchises ecclésiastiques tombe-

rait sous le coup de l'excommunication prévue par les canons.

Le pape allait plus loin. Comme le roi ne cessait d'arguer de l'évidente nécessité du royaume pour en appeler à l'aide financière du clergé, Boniface VIII répliquait en rapportant à son magistère spirituel une prétention à juger des conflits entre souverains qui dépassait sensiblement l'arbitrage librement sollicité par les parties :

> Cherche, très cher fils, quel est le roi, quel est le prince, qui attaque ton royaume sans avoir été d'abord attaqué ou offensé par toi ! Le roi des Romains ne se plaint-il pas de ce que tes prédécesseurs et toi ayez occupé des cités, des pays et des terres appartenant à l'Empire, en particulier le comté de Bourgogne, qui est notoirement un fief d'Empire et qui doit être tenu de lui ? Notre cher fils d'Angleterre ne porte-t-il pas les mêmes accusations au sujet de certaines terres de Gascogne ? Refusent-ils tous deux d'aller en justice pour ces différends ? Récusent-ils le jugement et la décision du Siège apostolique, qui a autorité sur tous les chrétiens ?
>
> Du moment qu'ils t'accusent de t'être rendu coupable envers eux de péché, c'est à ce juge qu'appartient évidemment le jugement.

Boniface VIII visait haut : il s'affirmait en tout le guide et le juge de la Chrétienté. Si sensible que fût le coup, il ne suffisait plus, cette fois, de porter un coup aux intérêts matériels du Saint-Siège. Philippe le Bel devait répondre sur le terrain choisi par le pape : celui des principes.

La littérature régaliste.

Les légistes du Conseil se mirent à l'œuvre, cependant qu'un courant de réflexion et d'argumentation juridiques se développait au sein des écoles de droit aussi bien que parmi les officiers royaux et les avocats. Le goût pour l'exercice d'école et la spéculation intellectuelle venait à point nommé renforcer la passion politique. Rédigé à la fin de 1296 par un pamphlétaire anonyme, le *Dialogue du clerc et du chevalier* nous a laissé un vigoureux écho des idées qui bouillonnaient alors dans les milieux frottés de droit et d'aristotélisme, idées que le Conseil laissait habilement circuler sans les reprendre officiellement au compte du roi : il eût été dangereux de faire courir à celui-ci, au hasard d'une argumentation trop audacieuse ou d'une phrase insuffisamment mesurée, le risque d'un procès en hérésie qui eût provoqué une franche catastrophe.

> Saint Paul a dit : « Tout pontife est choisi parmi les hommes pour s'occuper de nos relations avec Dieu ; non pour gouverner le domaine temporel mais pour offrir les dons et les sacrifices pour nos péchés. » Et saint Paul a écrit à Timothée : « Que nul de ceux qui se consacrent au service de Dieu ne se mêle aux affaires du siècle ! »
>
> Saint Pierre a dit : « Il n'est pas juste d'abandonner le soin de prêcher la parole de Dieu pour le service des tables. »
>
> Les pontifes peuvent s'occuper de choses temporelles, mais il est évident qu'ils ne peuvent s'absorber dans le gouvernement temporel de royaumes terrestres et de souverainetés qui réclament l'homme tout entier.
>
> Le Christ n'a exercé aucun pouvoir. Il en a même repoussé l'idée. Il a institué Pierre son vicaire pour les choses qui concernent notre salut, non pour le reste. Il ne l'a ni armé chevalier ni couronné roi. Il l'a consacré prêtre et évêque.

Et d'appliquer, avec une ironique naïveté, de telles vues à l'objet de la présente querelle : les églises n'ont pas reçu leur temporel en vertu d'une quelconque souveraineté de l'Eglise, mais bien par la concession des propriétaires laïques et afin d'assurer l'entretien du culte et de ses desservants.

> Les faire servir à consolider et renforcer le pouvoir royal, c'est les garantir contre les dommages que l'affaiblissement de celui-ci ne manquerait pas de leur faire subir. Les consacrer à la défense du territoire, c'est préserver les fidèles de tous les maux que cause la guerre.
>
> C'est, à tous égards, ainsi que l'on reste fidèle aux inten-

tions des donateurs. Ce n'est pas en consacrant ces biens au luxe et à la satisfaction personnelle des clercs.

Les clés confiées à saint Pierre étaient celles du royaume des Cieux, non des royaumes terrestres, et l'origine des biens d'Eglise justifiait le droit éminent que pouvait exercer sur eux le roi : accordée par les constitutions des princes, la franchise ecclésiastique pouvait donc être révoquée en considération de l'utilité publique. Ces derniers mots formulaient, dans la langue du temps, la notion même d'Etat. L'Eglise était une chose, mais le clergé n'était pas l'Eglise, et le clergé était dans l'Etat.

Pendant que s'affinaient de toutes parts les constructions intellectuelles, Pierre Flote entrait en scène au Conseil, où il venait de rejoindre Mornay, Belleperche et Aycelin. De leur réflexion naquit la réplique royale, qui prit la forme d'une simple note, que l'on diffusa sans doute vers la cour pontificale mais que l'on s'abstint d'envoyer officiellement au pape : habileté diplomatique, qui évitait d'insulter le pontife sans laisser croire pour autant que l'on était sans arguments pour lui répondre.

> Avant qu'il y eût des clercs, lisait-on, le roi de France avait la garde de son royaume et pouvait faire des édits afin de se préserver, et son royaume avec lui, des embûches et des dommages.

Voilà qui suffisait à justifier l'interdiction frappant les exportations de numéraire. Au reste, le roi était prêt à accorder aux clercs, comme aux laïcs, des dérogations : il suffirait de révéler l'usage que l'on entendait faire des biens exportés. Autrement dit, le seul fait d'être clerc n'était pas un motif de dérogation. Encore fallait-il prouver qu'on ne complotait pas contre la sûreté du royaume.

Au passage, Boniface VIII se faisait accuser de parti pris : pourquoi ne menaçait-il pas d'excommunication un souverain qui ne se contentait pas de retenir les biens des clercs mais qui mettait aussi leurs personnes en prison, le roi d'Angleterre, le « cher fils du pape », ironisait le rédacteur de la note en reprenant la formule diplomatique de la bulle *Ineffabilis amor*.

Mais, après ces jeux de style, le ton se durcissait, le point de vue se haussait. Le Christ, observait-on, n'est pas mort pour les seuls clercs : c'est à tous les hommes qu'il a donné la liberté — on se rappelle que Boniface voulait voir en l'impôt une servitude — et les libertés des clercs ne sont que des libertés particulières, entre autres. Pour la première fois, les gens du roi opposaient donc au droit divin dont se réclamait abusivement le pape un droit naturel où se reflétait la définition aristotélicienne des fonctions sociales, vue à travers l'enseignement de Thomas d'Aquin. On distinguait le ministre du Christ et l'épouse du Christ, l'Eglise. L'un n'était pas l'autre. Et Flote et ses collègues d'opposer aux actes de la chancellerie pontificale, œuvre humaine, l'œuvre de Dieu qu'est l'Evangile.

> Notre Mère la Sainte Eglise, l'épouse du Christ, écrivaient-ils non sans solennité, ne se compose pas seulement des clercs, mais aussi des laïcs. L'Ecriture l'atteste : de même qu'il n'y a qu'un seul Seigneur, une seule foi et un seul baptême, il n'y a qu'une Eglise, du premier des justes au dernier des fidèles. Elle a été unie au Christ par l'anneau en noces spirituelles. Le Christ l'a, par sa mort, affranchie de la servitude du péché, du joug de l'ancienne loi et de la seigneurie de l'Ennemi.
>
> De cette liberté, il a voulu que tous jouissent, les clercs et les laïcs. A tous ceux qui croient en son nom et ont reçu le sacrement de la foi, il a donné le pouvoir de devenir enfants de Dieu. Le Christ serait-il mort et ressuscité pour les seuls clercs ?
>
> Nombreuses sont les libertés particulières, non pas de l'Eglise universelle, épouse du Christ, mais de ses ministres, chargés du soin spirituel du culte divin pour l'édification du peuple. Elles ont été concédées par les constitutions des pontifes romains, grâce à la bonté ou avec la permission des princes séculiers. Mais les libertés ainsi concédées ou permises ne peuvent être invoquées pour gêner ces rois dans le gouvernement et la défense de leur royaume, non plus que pour les empêcher de faire ce qui, de l'avis des sages, est nécessaire à ce gouvernement et à cette défense. Le Seigneur l'a dit aux prêtres du Temple : « Rendez à César ce qui est à César, et à Dieu ce qui est à Dieu. »

C'est ici que se place l'essentiel. L'Eglise est dans l'Etat, les clercs dans la nation. Ces mots n'apparaissent pas encore, mais l'idée y est, clairement exprimée à travers celle de la communauté.

Une partie du corps est honteuse — puisqu'en désaccord avec l'ensemble — et un membre est comme paralysé, s'il refuse de donner aide au corps. Clercs et laïcs, nobles et non-nobles, tous ceux qui refusent de donner aide, avec leur tête et leur corps, au roi et au royaume se reconnaissent eux-mêmes comme des parties en désaccord, comme des membres inutiles et paralysés.

Si une aide financière leur est demandée, ils ne doivent pas la qualifier d'exaction, d'extorsion ou d'abus, mais bien voir en elle l'aide à leur propre tête, à leur corps, à leurs membres. Pour ceux à qui il ne convient pas de combattre ou qui ne le peuvent, c'est le moyen de rémunérer des défenseurs, des combattants.

Personne n'est tenu de servir à ses propres frais pour le compte d'autrui. Si la rage des ennemis se déchaînait contre le royaume, les biens des clercs seraient évidemment détruits dans leur totalité. Ils ont donc, plus que d'autres, besoin d'être protégés de la violence des ennemis.

C'est une faute contre le droit naturel, doit-on penser en conséquence, que d'interdire à quiconque — serf ou libre, clerc ou laïc, noble ou non-noble — de lever le bouclier protecteur contre le glaive ennemi ou de payer un salaire à celui qui le défend.

Dieu ne voue-t-il pas à la réprobation ceux qui, par caprice, s'efforcent de bouleverser le droit ancien et naturel ? Quand on sait et quand on comprend cela, qui n'est frappé de stupeur en entendant le vicaire du Christ qui interdit de donner le tribut à César et qui fulmine l'anathème afin que les clercs n'apportent pas au roi et au royaume l'aide qu'ils doivent pour leur part contre d'iniques entreprises ?

Il leur est permis de donner aux histrions, ou à leurs amis. Il leur est permis de faire, en négligeant les pauvres, des dépenses superflues : vêtements, chevaux, fêtes, banquets, luxe du monde. C'est un bien fâcheux exemple qu'ils donnent là [...]

Nous rendons à Dieu un culte de foi et d'adoration. Nous honorons l'Eglise et ses ministres. Mais nous ne craignons pas les menaces des hommes déraisonnables et injustes.

LA CONCILIATION.

La position de Boniface VIII n'était pas telle, alors, qu'il pût courir le risque d'un conflit ouvert avec le royaume de France. A Rome, le mécontentement grandissait. L'autoritarisme du nouveau pape était mal supporté. Beaucoup doutaient de la validité du renoncement de Célestin V. Soutenus par Hugues Aycelin, les cardinaux Colonna et Napoléon Orsini ne cessaient de comploter, cependant que Pierre de Paray multipliait entre Paris et Rome les missions de liaison. Charles II d'Anjou dissimulait à peine sa rancune. Si le roi d'Aragon resserrait spectaculairement son alliance avec le Saint-Siège, il ne le faisait qu'à très haut prix, et Boniface avait grand besoin de ses revenus français.

En bref, les deux adversaires avaient besoin d'argent, et chacun ne pouvait recevoir le sien que par la concession de l'autre. Si les principes affirmés bien haut demeuraient saufs, on pouvait transiger en fait. Le pape chargea Charles II d'une mission de bons offices et le flanqua de deux légats, qui apportèrent à Paris des lettres dont le ton était bien changé.

> Lassé d'entendre des prélats et des dignitaires ecclésiastiques se plaindre d'être, au mépris de la franchise de l'Eglise, illicitement grevés d'impôts, nous avons fait une constitution générale pour renouveler la défense portée par les canons contre un tel abus, et nous avons appuyé cette défense de sanctions plus rigoureuses.
>
> Mais combien serait habile et méchant le lecteur qui s'efforcerait, par malice, de faire tourner à ton préjudice cette interdiction perpétuelle !

Pour prix de la conciliation, l'autre lettre n'offrait rien de moins que la dispense grâce à laquelle l'héritière de la Comté de Bourgogne pourrait épouser un fils du roi de France. Et Boniface VIII d'ajouter, comme incidemment :

> Il serait raisonnable que, tout empêchement cessant, la sainte mémoire de ton grand-père Louis, roi de France, soit portée au catalogue des saints.

La troisième lettre était une déclaration solennelle, dont les termes annulaient les effets de *Clericis laicos* sans revenir sur les principes. Par cette nouvelle bulle, *Romana mater Ecclesia,* datée du 7 février 1297, le pape reconnaissait au roi de France le droit d'obtenir — par accord gracieux — des subventions individuelles des clercs, de faire contribuer les clercs à raison de leurs fiefs, de ne pas tenir compte du caractère clérical des clercs mariés ou de marchands trop visiblement intéressés à leur tonsure pour des motifs fiscaux — le roi était laissé juge des motifs — ainsi que de lever des impositions générales sur le clergé sans l'autorisation pontificale prévue par les canons et rappelée par la récente décrétale, ceci dans tous les cas où l'urgente nécessité de défendre le royaume ne permettrait pas de demander à temps cette autorisation. Le roi était naturellement le seul capable d'apprécier l'urgente nécessité.

Le comte de Flandre venait de se déclarer ouvertement contre le roi, et une quinzaine d'évêques réunis à Paris à la fin de janvier avaient jugé bon de demander au pape s'ils pouvaient, sans transgresser la décrétale, contribuer à la défense du royaume mis en danger par cette rébellion. « L'Eglise de France, écrivaient-ils, possède une grande partie du territoire dont la protection exige un secours énergique. » Voilà qui procurait à Boniface VIII l'occasion d'accorder au roi ce que celui-ci ne se serait pas abaissé à demander pour ne pas donner l'impression qu'il capitulait sur les principes. Par la bulle *Coram illo fatemur* (28 février 1297), le pape autorisait la contribution générale envisagée par le clergé.

Le roi avait son impôt sans l'avoir demandé, et semblait, dans le conflit qui s'ouvrait, avoir de son côté l'autorité morale du pape. Les évêques avaient l'autorisation de payer sans l'avoir explicitement demandée, et jouaient ainsi, à la fois, de leur fidélité envers l'Eglise et de leur loyauté envers le roi. Le pape avait réussi à ce qu'on ne lève pas l'impôt sans son accord. Tout le monde fit semblant d'avoir gagné.

Le 3 avril, dans un enthousiasme que le poids de la contribution dont il s'agissait ne peut nous laisser croire absolument sincère, quarante-sept archevêques et évêques votaient l'octroi au roi de deux décimes payables, en cas de guerre, l'une à la Pentecôte et l'autre à la Saint-Michel : au total, les clercs allaient verser, pour la guerre, 20 pour 100 de leurs revenus nets de l'année.

Restaient à préciser certains points que la bulle *Romana mater Ecclesia* n'avait pas évoqués. Boniface VIII ne pouvait combattre sur tous les fronts en même temps, et il était peu soucieux de voir le Capétien donner ouvertement son appui au schisme déclenché en mai par les Colonna. Il lâcha donc du lest, non sans tenter de sauver la face.

L'arrivée à Orvieto, où résidait alors le pape, d'une ambassade que conduisait fermement Pierre Flote sonna, au début de juillet, la fin du conflit de la « décime ». Le 27 juillet, la bulle *Ab olim* déclarait licite tout subside qui serait imposé pour la rançon du roi ou de ses fils. Le pape dépassait ici les concessions coutumières du droit féodal, qui ne touchaient qu'au cas de la rançon du roi. En fait, Philippe le Bel était mis, par cette concession sans objet immédiat, hors de portée d'un éventuel chantage qu'aurait pu exercer sur le royaume le pape, si l'un des princes se faisait prendre au cours de la guerre.

Le 31, la bulle *Etsi de statu* autorisait à l'avance tout subside par manière de prêt et reconnaissait au roi le droit de lever sans autorisation sur les clercs les aides prévues par la coutume pour leurs fiefs. Surtout, interprétant de la manière la plus large les concessions faites six mois plus tôt par la bulle *Romana mater Ecclesia,* Boniface VIII laissait au roi — ou au Conseil si le roi était âgé de moins de vingt ans — la faculté d'apprécier lui-même l'état d'urgence qui pouvait justifier la levée d'un subside sans l'autorisation pontificale.

> Ce qui serait reçu par le roi et ses successeurs au-delà du cas de défense le serait au péril de leur âme.

Boniface pouvait bien manier, comme ici, les formules creuses, il pouvait bien faire insérer *Clericis laicos* dans le Sexte, ce sixième livre du Code de droit canonique qui fut officiellement promulgué le 3 mars suivant et que la Curie adressa à toutes les universités pour y servir de base à l'enseignement juridique, tout cela était vain. Dans la réalité du jeu politique, il venait de rendre à l'arbitraire royal le droit de s'exercer pleinement sur le clergé. *Etsi de statu* effaçait pratiquement *Clericis laicos.*

La victoire du roi était éclatante. Le 8 août, le pape la soulignait en lui concédant de surcroît le produit des annates — la première année du revenu des bénéfices récemment pourvus — pour toute la durée de la guerre. Le roi recevait aussi la moitié des legs faits à l'Eglise dans le royaume sans affectation précise, et la moitié des legs destinés à secourir la Terre-Sainte.

L'archevêque de Lyon recevait des instructions qui équivalaient à un ordre de servir les intérêts du roi de France.

Le 10 août, au terme d'une enquête menée avec rigueur mais dont le moins qu'on puisse dire est que la conclusion en venait opportunément, Louis IX, roi de France, était canonisé.

Prémisses d'une nouvelle politique.

Restait à faire des clercs des sujets comme les autres. Or, depuis qu'en 1290 Philippe le Bel avait donné satisfaction au clergé en lui reconnaissant des privilèges de juridiction qu'il était difficile de récuser en bloc, les clercs se tenaient hors du droit commun des sujets du roi. Les conflits n'avaient jamais vraiment cessé entre les officiers locaux et les officiaux chargés d'exercer la justice des évêques et des abbés, et le roi saisissait le prétexte de toutes les confirmations de privilèges pour réduire ceux-ci en affectant de les délimiter avec précision. Les escarmouches se multipliaient, où le droit des clercs à n'être jugés que par l'Eglise reculait devant la compétence des juges royaux. Les gens du roi s'entendaient à jouer de toutes les rivalités, soutenant contre les évêques et les abbés ici les bourgeois, là les seigneurs laïques. En vain les conciles provinciaux protestaient-ils lorsqu'on les réunissait pour quelque octroi de décime. En vain écrivait-on à Rome.

Boniface VIII avait de plus graves préoccupations. Les Florentins l'affrontaient ouvertement, les Colonna prenaient le maquis. Quant aux « Spirituels » plus ou moins issus de l'ordre franciscain, ils en étaient à prêcher l'Apocalypse à des gens qu'émouvait déjà le proche changement de siècle. Le pape prenait là figure d'Antéchrist. On vit une comète dans le ciel. Le tremblement de terre qui empêcha un jour la messe du pape sembla manifester la colère divine.

Boniface avait capitulé dans l'affaire de la décime et trahi la confiance des Flamands lors de son arbitrage de 1298. Il n'avait pu pour autant empêcher l'alliance du Capétien et du Habsbourg. Pour redorer le blason du Saint-Siège, il se lança dans une entreprise originale qui exploitait les aspirations spirituelles dont les excès lui causaient un si grand tort. Profitant d'un mouvement spontané qui faisait converger vers les tombeaux des Apôtres bien des Chrétiens avides de régénération par la mortification du pèlerinage, il proclama, le 22 février 1300, pour cette année séculaire un « Jubilé » inspiré de l'Ancien Testament. Au prix d'une indulgence, il attirait à Rome les peuples chrétiens. Ce fut un succès. Le pape en fut conforté et, chose non négligeable, sa trésorerie s'en trouva quelque peu renflouée.

C'est en ce même mois de février 1300 qu'apparaît dans l'histoire des relations avec le Saint-Siège l'homme qui va y attacher son nom pour la postérité. Au financier Mouche, chargé d'aller négocier en cour de Rome aussi bien le mariage de Charles de Valois et de Catherine de Courtenay que la reconnaissance de l'élection impériale d'Albert de Habsbourg, Philippe le Bel et Pierre Flote adjoignirent en effet Guillaume de Nogaret, à qui une carrière déjà longue au service du roi venait de valoir l'anoblissement.

Boniface refusait aux envoyés allemands de discuter du couronnement impérial tant que le Habsbourg n'aurait pas cédé au Saint-Siège ses droits sur la Toscane, considérée comme un démembrement de l'Etat pontifical. Ce faisant, le pape faisait involontairement le jeu des Français, trop heureux de montrer aux Allemands à quel point le nouveau roi des Romains, leur maître, avait besoin du roi de France pour atteindre à l'Empire.

Très au fait de la situation dans son pays d'origine, et ayant suffisamment contribué, en passant par la Toscane pour gagner Rome, à l'aggravation de la politique antipontificale du parti « noir », le Florentin Mouche mena à bien cette manœuvre. Brutal comme à son habitude, Boniface VIII ne vit pas clair en l'affaire : il croyait contrer le Capétien en malmenant son allié autrichien, il mettait en réalité le Habsbourg à la merci de la diplomatie française.

Nogaret, cependant, posait les jalons d'une nouvelle politique. Alors que Flote n'avait jamais manqué d'opposer aux droits de l'Eglise tels que les définissait Boniface ceux de l'Etat tels qu'il les concevait, Nogaret allait pendant dix ans affecter d'opposer à un pape indigne un roi de France soucieux du bien de l'Eglise. Mais il s'agissait du bien de l'Eglise défini par les légistes, non par les canonistes. Ajoutons qu'élevé dans un milieu encore très marqué par le catharisme, l'ancien professeur de Montpellier n'était certainement pas fâché de donner une leçon à l'adversaire des « spirituels ». A Boniface VIII, qui lui reprochait les violations du droit des évêques par le pouvoir royal et ses officiers, mais qui, dans le même temps, cherchait à obtenir des églises des subsides qu'eussent en définitive payés les clercs, Nogaret n'hésita pas à répliquer qu'il plaignait les églises écrasées sous les charges financières. Contrairement aux apparences, le légiste n'était sans doute pas ironique.

Il alla d'ailleurs plus loin, et dès ce moment. Sachant à quel point Boniface pouvait se laisser aller aux outrances verbales, et cherchant à exploiter contre lui la brutalité que le pape n'arrivait pas à contrôler, Nogaret feignit de l'encourager à la prudence. Insidieusement, il lui rapporta les bruits qui couraient sur lui.

> Je l'exhortai, rapporta-t-il plus tard, d'abord en privé, à renoncer aux pratiques de simonie, aux extorsions et autres oppressions d'églises et de personnes ecclésiastiques. Je lui répétai le mal que l'on disait publiquement de lui. Je le suppliai respectueusement de prendre soin de sa réputation, des églises et du royaume.
>
> Il voulut réentendre cela en public, devant des témoins qu'il appela. Il me demanda si je parlais au nom de mon seigneur le roi ou au mien propre. Je répondis que je parlais en mon seul nom, mû par mon zèle pour la foi et mon intérêt pour les églises et mon seigneur le roi, patron de ces églises.
>
> C'est alors que, comme un dément, il m'accabla sous un flot de menaces, d'insultes et de blasphèmes.

Triple habileté de Nogaret : il pose le roi en défenseur des églises de France, il pousse Boniface VIII à donner de lui-même la plus triste image, il se garde de compromettre Philippe le Bel dans une mauvaise affaire d'outrages au Siège apostolique. Mais l'essentiel était fait : la menace planait désormais sur le pape.

Celui-ci se contenta d'écrire au roi sur le ton moralisateur : « Puisse Dieu t'inspirer la sagesse, la prudence... » Ecrivant peu après à Edouard Ier, il lui peignit avec condescendance son beau-frère de France comme « poussé par la chaleur de la jeunesse et séduit par de mauvais conseils ». On en était là lorsqu'éclata l'affaire de l'évêque de Pamiers.

CHAPITRE X

L'échiquier européen

Au milieu du XIIIe siècle encore, les ambitions de la royauté capétienne n'avaient guère dépassé les limites d'un royaume où il s'en fallait de beaucoup que le roi fût maître partout et seul maître. Le pouvoir effectif du Capétien s'était cependant affermi et, en un demi-siècle, considérablement étendu. La Normandie, l'Aquitaine, le Languedoc étaient devenus royaux. Ce qui eût fait sourire quand le roi n'était même pas le premier seigneur du royaume — regarder hors des frontières — devenait concevable dès lors qu'il se faisait respecter chez lui.

Le Capétien avait été absent en 1096 de la première croisade, présent mais dupé en 1147 à la deuxième, respecté en 1190 à la troisième. La croisade de 1248 était une affaire nationale : saint Louis en était le chef, et tout le baronnage français se pressait à ses côtés, pour le meilleur et pour le pire. De son petit-fils Philippe le Bel, le pamphlétaire Pierre du Bois pourra faire, vers 1306, avec audace mais sans ridicule, le chef virtuel des princes chrétiens unis pour la reconquête du tombeau du Christ.

Le prestige personnel de saint Louis avait ajouté au rayonnement de la royauté française. Il avait été choisi comme arbitre, aussi bien par les prétendants à la succession de Marguerite de Flandre (« dit » de Péronne, 1256) que par le roi d'Angleterre et ses barons révoltés (« dit » d'Amiens, 1264).

CHARLES D'ANJOU.

L'élection d'un pape français et l'alliance franco-pontificale avaient ouvert, à partir de 1261, à la politique européenne du Capétien de plus vastes horizons. Urbain IV trouvait en effet l'Italie méridionale divisée entre les barons gibelins, fidèles à Manfred, un bâtard de Frédéric II qui demeurait le seul représentant de la dynastie des Hohenstaufen, et les Guelfes que soutenait l'alliance de bien des villes italiennes mais auxquels manquait un véritable chef. Pressenti par le dernier pape, un prince anglais s'était dérobé. Pressenti à son tour pour l'un de ses fils, saint Louis refusa, autant pour ne pas violer les droits du Hohenstaufen que pour éviter un nouvel affrontement avec l'Angleterre.

Mais le pape ne se tint pas pour battu et, passant outre à l'autorité du chef de famille qu'était Saint Louis, il se tourna directement vers Charles d'Anjou. Ce prince était un puissant personnage, que dévorait l'ambition d'être autre chose que le frère du roi et auquel l'aventure ne faisait pas peur. Quinze ans plus tôt, rencontrant à Cluny le pape Innocent IV, que l'hostilité des Gibelins, partisans de Frédéric II, tenait éloigné d'Italie, saint Louis avait réussi à faire passer une terre d'Empire, la Provence, dans l'orbite politique de la France en négociant le mariage de son frère avec la fille et héritière du comte Raymond-Bérenger, la comtesse Béatrice. Comte d'Anjou et du Maine par l'héritage de son père le roi Louis VIII, Charles était donc comte de Provence et de Forcalquier par son mariage. Mais il lui en avait coûté dix ans de lutte pour faire reconnaître son autorité par les seigneurs provençaux.

Frère d'un roi qui ne manquait pas de fils, Charles d'Anjou n'avait aucun espoir d'hériter un jour la couronne de France. L'idée de trouver ailleurs sa propre couronne n'était pas pour lui déplaire, et il ne mit que quelques mois à forcer le consentement de saint Louis.

Ç'avait été ensuite le temps d'une brève illusion. Investi par le pape du royaume de Naples et de Sicile, élu sénateur par la commune de Rome, vainqueur des Gibelins à Bénévent (1266) et à Tagliacozzo (1268), Charles d'Anjou avait, pendant vingt ans, gouverné en maître incontesté l'Italie méridionale. Le reste de l'Italie avait dû compter avec lui. Des villes piémontaises, de même que la Ligue des villes lombardes, l'avaient choisi comme seigneur. Le pape en avait fait un « vicaire impérial » de Toscane, et il s'était vite imposé comme le chef de la Ligue des villes guelfes toscanes. Florence, Sienne, Pise étaient à lui. Gênes et Venise se rangeaient parmi ses alliés.

Dirigeant en 1270 la dernière croisade de saint Louis vers Tunis, en dépit du bon sens et au détriment de la Croisade elle-même, mais au mieux des intérêts économiques italiens, le roi Charles commençait de jouer un rôle politique à l'échelle de la Méditerranée. Acquéreur, en 1277, des droits de Marie d'Autriche sur Jérusalem, il portait avec fierté le titre pompeux de « roi de Jérusalem et de Sicile ». En attendant d'aller porter le fer chez les Grecs de Constantinople, il songeait à occuper l'Albanie.

Toute cette belle construction avait sombré dans la révolte des « Vêpres siciliennes ». Partie de Palerme (30 mars 1282), l'insurrection avait rapidement gagné toute la partie insulaire du royaume. Le dernier champion de la cause des Hohenstaufen s'y établit : c'était le roi d'Aragon Pierre III, qui avait épousé une petite-fille de Frédéric II, la princesse Constance, fille de ce Manfred qui était resté mort sur le champ de bataille de Bénévent.

Il y avait désormais deux Siciles, celle de l'île, aragonaise — puis espagnole — pour un demi-millénaire, et celle du continent, où les Angevins allaient encore connaître de belles heures jusqu'à l'entrée du roi d'Aragon dans Naples en 1438 et à la retraite du dernier des rois de Jérusalem et de Sicile, le célèbre « roi René », prince humaniste et mécène éclairé, qui entretint dans ses domaines de Provence et d'Anjou l'une des plus brillantes cours de la première Renaissance française. Entre-temps, l'un des petits-fils de Charles Ier d'Anjou aurait régné sur le Péloponnèse et un autre sur la Hongrie.

Effet de rivalités pour l'hégémonie politique et commerciale dans la Méditerranée occidentale, mais aussi de vieilles rivalités pour la Provence — Pierre III d'Aragon avait songé pour lui-même à la main de Béatrice — et des incessantes interventions françaises dans les affaires espagnoles, le conflit entre la France et l'Aragon avait débouché sur l'entrée en scène des Aragonais dans la politique italienne. Mais cela provoquait à son tour un sérieux bouleversement de l'échiquier politique européen. Parce qu'il avait donné à Charles d'Anjou l'investiture de son royaume, le pape tenait Pierre III d'Aragon pour rebelle à l'Eglise. Ceci allait être lourd de conséquences.

Aragon et Castille.

Le roi de France — c'était alors Philippe III, le fils de saint Louis — avait à l'encontre de Pierre III des griefs d'ordre dynastique : Pierre III avait réussi à faire écarter de la succession de Castille les enfants du fils aîné d'Alphonse X, lesquels étaient — par leur mère — les petits-fils de saint Louis. Il n'en fallait pas plus pour que le roi de France se posât en défenseur de ses neveux.

Pierre III, pour sa part, reprochait au Français de l'avoir évincé de la succession de Navarre : on sait que le futur Philippe le Bel avait épousé la reine de Navarre. La France avait également fait pièce à la politique aragonaise dans la Méditerranée occidentale, aussi bien à Majorque qu'en Sardaigne.

Lorsqu'il choisit de sanctionner Pierre III et, après l'avoir excommunié, de faire procéder à la confiscation d'un royaume d'Aragon qui était lui aussi tenu du Saint-Siège, le pape Martin IV — encore un Français — n'eut aucune peine à trouver un bras séculier et un successeur au fautif. Le bras, ce fut le roi de France : Philippe III s'ennuyait de n'avoir, après quinze ans de règne, ajouté nulle gloire à celle de son père. De plus, son entourage était formé de quelques barons passablement désœuvrés, groupés autour de la jeune reine Marie de Brabant, et tout ce monde-là poussait à l'aventure afin de mieux secouer le joug des vieux conseillers de saint Louis et de la trop sage et trop autoritaire reine-mère, Marguerite de Provence, veuve de saint Louis.

Quant au successeur, ce fut Charles de Valois. On ne pouvait trouver mieux, comme roi d'Aragon, que ce fils du roi de France et de sa première femme, qui était précisément Isabelle d'Aragon. Charles était à demi Aragonais. Certes, la couronne était à conquérir, mais, après tout, Charles d'Anjou régnait sur un royaume — bien diminué mais bien réel — qu'il avait semblablement fallu occuper les armes à la main vingt ans plus tôt.

La « croisade » d'Aragon fut un complet échec. Charles

d'Anjou mourut avant le début des opérations, le 7 janvier 1285 ; son fils Charles II venait d'être fait prisonnier, près de Naples, par les Aragonais. Martin IV mourut à son tour, le 28 mars. Avant même de passer les Pyrénées, l'armée française rencontra en Catalogne des résistances que le massacre des habitants d'Elne ne fit qu'exacerber. Le siège de Gérone, qui occupa tout l'été, procura à Philippe III une victoire à la Pyrrhus, car les Aragonais coupèrent le ravitaillement de la ville dans laquelle le roi de France et son armée se trouvèrent finalement bloqués. Sa flotte détruite, ses soldats épuisés, Philippe III ordonna la retraite le 13 septembre. Il n'atteignit pas son royaume : la maladie l'emporta, le 5 octobre, à Perpignan. Pierre III d'Aragon le suivit dans la tombe le 10 novembre.

Si l'on excepte le bénéficiaire virtuel — et déçu — de l'opération, Charles de Valois, tous les protagonistes étaient morts. Cette situation devait, sinon faciliter le règlement de l'affaire aragonaise, du moins pousser à une volonté tacite et commune d'en finir. Cependant que devenait roi de France son frère Philippe IV, qui avait désapprouvé l'aventure et le lui avait vertement dit, Charles de Valois demeurait seul avec le souvenir d'avoir failli régner et d'avoir quelque temps porté le titre de roi.

Plusieurs années durant, Philippe le Bel laissa voir qu'il demeurait présent sur les Pyrénées. La reine de France, d'ailleurs, régnait à Pampelune, et Philippe ne pouvait se désintéresser des tracés litigieux de la frontière entre Aragon et Navarre. Mais le Capétien cherchait à ne s'engager que le moins possible dans des conflits où la France avait peu à gagner. C'est ainsi qu'il ne se fit guère prier pour accepter dès l'abord la médiation pontificale, puis une trêve. Renversant son système d'alliances, il accepta en 1288 par le traité de Lyon, puis en 1290 au cours de l'entrevue de Bayonne, l'amitié que lui offrait Sanche IV de Castille. Mais, s'il fit semblant de reprendre en 1289 les hostilités contre l'Aragon, ce fut seulement afin de justifier les décimes qu'il demandait à Nicolas IV de lui accorder aux dépens du clergé français.

Le nouveau roi était peu porté à l'aventure, et il savait, d'autre part, que ses relations avec l'Angleterre se détérioraient. Il ne pouvait donc que souhaiter le maintien du statu quo dans les affaires de Sicile, afin de n'être contraint ni à s'engager dans une longue guerre aux côtés de son cousin Charles II d'Anjou, ni à donner à penser qu'il laissait dépouiller, sans intervenir, un prince de son sang.

L'EMPIRE.

Toujours en quête d'alliances, Charles II offrit sa fille pour femme à Charles de Valois. Le concert des princes européens — le pape, Philippe le Bel, Edouard Ier — fut d'accord pour laisser faire ce mariage à la condition expresse que Charles de Valois renonçât à toute prétention sur l'Aragon. Comme le Valois n'avait jamais eu le moindre début de règne, il ne rechigna guère. Il reçut en revanche ce qui avait été l'héritage de Charles d'Anjou, les deux comtés d'Anjou et du Maine. Comme les apanages récents — le sien en premier — ne valaient pas ceux de la génération précédente, ceux des frères de saint Louis, le comte de Valois ne pouvait mépriser l'arrangement : l'Anjou valait deux fois le Valois. Surtout, Philippe le Bel venait de réussir un coup double : les Angevins de Naples n'étaient plus possessionnés en France, et une partie du domaine royal, démembré par Louis VIII en faveur de ses fils, reviendrait à la Couronne si — on sait l'ironie du destin — le comte de Valois mourait sans postérité.

L'épisode espagnol s'achevait. Le roi de France, époux de la reine de Navarre, recevait à Paris la veuve du frère aîné de Sanche IV de Castille, Blanche, parce qu'elle était fille de saint Louis ; mais il refusait d'engager à nouveau la France dans un combat incertain pour soutenir les droits de Blanche et de ses enfants contre leur oncle Sanche IV, puis contre leur cousin Ferdinand IV. Malgré l'éviction des petits-fils de saint Louis, l'alliance franco-castillane fut solide ; assurée en 1295 par une mission du chambellan Hugues de Bouville, renouvelée en 1306 par le traité de Lyon, elle assura au roi de France la tranquillité sur les Pyrénées et l'aide précieuse d'une flotte sur l'Atlantique.

A la conférence de Tarascon (1291), cependant, Alphonse III d'Aragon s'était réconcilié avec le Saint-Siège. Quatre ans plus tard, par un traité qui résultait d'un arbitrage pontifical et fut conclu à Anagni le 7 juin 1295, le nouveau roi d'Aragon Jacques II renonçait à se mêler des affaires de Sicile. Il recevait en compensation l'investiture pontificale pour la seigneurie des îles de Corse et de Sardaigne. Charles II, sur le continent, et un frère d'Alphonse III et de Jacques II, Frédéric, dans l'île, se partagèrent l'ancien royaume de Sicile. Un article secret assurait Philippe le Bel de l'alliance aragonaise en cas de guerre contre l'Angleterre.

Quant au roi de Majorque, il n'avait cessé de soutenir la cause française. On le vit bien lorsque les bourgeois de Carcassonne commirent l'erreur d'offrir à son fils leur fidélité : le roi Jacques prévint Philippe le Bel. De l'imbroglio espagnol, le Capétien avait finalement tiré, en dix ans, le plus paradoxal des profits : l'alliance de tous les adversaires.

Avec la même prudence, Philippe le Bel s'était longtemps tenu à l'écart des compétitions pour la couronne impériale. Présentée par Charles d'Anjou mais contrariée par un pape peu soucieux de voir régner sur l'Empire un prince à l'assise territoriale trop large, la candidature de Philippe III avait été, en 1273, un échec. Ni en 1291 à la mort de Rodolphe de Habsbourg, ni en 1298 à la chute d'Adolphe de Nassau, il n'y eut l'ébauche d'une candidature capétienne. Evincé en 1292, vainqueur en 1298, Albert de Habsbourg — Albert d'Autriche — fut l'allié constant du roi de France. Tout l'effort de ce dernier se borna à acheter la neutralité d'Adolphe dans le conflit franco-anglais.

Flandre et Hainaut.

Il y avait un autre foyer d'intrigues et de conflits : l'ensemble de principautés qui, nées de l'ancienne Basse-Lotharingie, devaient un jour former les Pays-Bas.

Evincée de la Flandre par l'arbitrage qu'avait rendu saint Louis en faveur de la maison de Dampierre, la famille d'Avesnes avait reçu en partage le Hainaut et y jouait systématiquement la carte impériale contre les prétentions capétiennes. Certes, Philippe le Bel ne souhaitait pas se mettre sur les bras une nouvelle affaire, et jamais il ne chercha à conquérir le Hainaut ; mais, de même qu'à Lyon, en Savoie ou à Montpellier, il s'efforça de faire basculer cette principauté d'Empire dans l'orbite politique de la monarchie française.

Le premier prétexte fut, en 1296, une affaire bien modeste en apparence : la compétition de deux moines bénédictins pour le trône abbatial d'Anchin. Ce monastère était situé dans cette région, entre Valenciennes et Douai, que la Flandre venait de céder, bien à contrecœur, au Hainaut et que l'on appelait l'Ostrevent. L'un des moines en appela au roi de France, l'autre à l'empereur. Les légistes du Capétien remontèrent jusqu'au partage de Verdun (843) pour justifier l'appartenance de l'Ostrevent au royaume de France. Jean d'Avesnes, comte de Hainaut, refusa ce qui aurait ruiné une indépendance qui n'avait d'autre fondement que la faiblesse du seul souverain que connût le Hainaut, c'est-à-dire l'empereur.

A partir de ce moment, toutes les querelles internes de l'Ostrevent offrirent au roi l'occasion de se mêler des affaires du Hainaut. Toutes les oppositions au comte de Hainaut se traduisirent — comme en Flandre — par des appels au roi. Les bourgeois de Tournai et ceux de Valenciennes, l'abbé de Femy et celui d'Hasnon firent le roi juge de leurs conflits avec leur seigneur le comte. Une vague démonstration militaire, en 1290, contraignit à la concession un Jean d'Avesnes à la fois menacé par l'armée royale et repoussé par la troupe des Valenciennois. Le 16 septembre 1290, le comte prêtait hommage au roi pour l'Ostrevent. L'année suivante, le comte de Flandre — encore en bonnes relations avec le roi — garantit Valenciennes d'une attaque venue du Hainaut. Aux prises avec une armée flamande et une armée française que conduisait Charles de Valois, et malgré un appui tardif et inefficace du nouveau roi des Romains, Adolphe de Nassau, le comte de Hainaut céda sans combattre : en février 1293, il se reconnut définitivement, pour l'Ostrevent, comme le vassal du roi de France.

Celui-ci eut la sagesse d'éviter ces abus du vainqueur qui allaient, grâce aux maladresses de Jacques de Châtillon, lui coûter si cher en Flandre quelques années plus tard. Contraint d'être le vassal du roi — sinon son sujet, car le Hainaut demeurait d'Empire —, Jean d'Avesnes finit par s'aviser qu'il avait avantage à être de surcroît l'allié du Capétien. Sur l'échiquier des principautés du Nord, le Hainaut devint la pièce maîtresse de Philippe le Bel. Le hasard qui fit alors de Jean d'Avesnes un comte de Hollande étendit par là même jusqu'aux rivières du Zuidersee l'aire d'influence de la royauté capétienne. En concluant avec l'évêque de Liège en 1304, avec le comte de

Luxembourg — fidèle allié déjà en 1296 — en 1305 des traités d'alliance et de protection mutuelle qui fondaient en droit toutes les intrusions royales dans les pays de la Meuse, Philippe le Bel acheva de constituer le Nord de l'ancienne Lotharingie en une véritable marche de l'influence française.

LES FRONTIÈRES DE L'EST.

Les progrès du rayonnement capétien étaient donc sensibles au Nord, et ce au point d'engendrer une guerre. C'est cependant sur les marges orientales du royaume que l'extension s'inscrivait de la manière la plus lisible sur la carte. La frontière de la France atteignait, certes, la Meuse dans les Ardennes, mais l'autorité royale butait, au temps de Philippe III encore, sur un comté de Champagne fort d'une longue tradition d'autonomie politique. A Troyes comme à Provins, on était hors de portée des officiers royaux. Les comtes de Champagne avaient été, du XIe au XIIIe siècle, de dangereux rivaux pour une royauté faible, riche seulement d'un domaine royal exigu et mal composé au regard de la géographie. Saint Louis avait dû compter avec le comte poète Thibaut le Chansonnier. Et la fortune des foires de Champagne, en grande partie due à l'intelligente politique des comtes, faisait de Troyes, de Lagny, de Bar-sur-Aube et de Provins des pôles économiques auprès desquels Paris faisait piètre figure. Certes, au sud, la Bourgogne était toujours tenue par les descendants d'un Capétien, petit-fils de Hugues Capet. Au reste, le duc Robert de Bourgogne était gendre de saint Louis. Mais sur la Loire le comté de Nevers était dans la famille de Dampierre, autant dire lié à la Flandre. Quant à l'influence royale sur les bords de la Saône, elle était des plus limitées, malgré la présence des gens du roi à Mâcon.

En épousant Jeanne de Navarre, le futur Philippe le Bel faisait, en 1284, deux acquisitions de première importance. Car, depuis qu'en 1234 Thibaut le Chansonnier avait hérité la Navarre du dernier roi, son oncle maternel, la maison de Champagne régnait sur les Pyrénées. L'administration de la Champagne demeura distincte de celle du domaine royal, mais on vit de plus en plus le même personnel politique et administratif agir indifféremment en Champagne et dans le domaine royal. Les Grands-Jours qui assuraient à Troyes une justice propre au comté étaient tenus par des conseillers du Parlement venus de Paris, comme l'étaient à Rouen les sessions de l'Echiquier de Normandie.

Dans le même temps, les développements de la fiscalité royale tendaient à faire de Paris une place financière, cependant que déclinait le rôle proprement commercial des foires champenoises. Ce qui avait été un grand fief autonome passait purement et simplement sous la coupe d'une royauté déjà fortement parisienne.

Le Capétien devenait ainsi le voisin direct de la mosaïque politique que constituaient autour de la Meuse et de la Moselle les diverses seigneuries lorraines, pour la plupart situées en terre d'Empire. Il y avait le duché de Lorraine, dont le duc Ferry III achevait son long règne — il dura cinquante-trois ans — et qui, tenu de père en fils depuis 1048 par la dynastie d'Alsace, jouissait d'une position politique très indépendante. Le roi de France n'avait jusque-là rien à voir en Lorraine, et l'empereur était désormais hors d'état d'y jouer quelque rôle que ce fût.

Il y avait aussi le comté de Bar, plus menacé par le voisinage français depuis que le roi disposait de la Champagne : On sait que les comtes de Bar furent parmi les plus fermes soutiens de la politique continentale d'Edouard Ier. Il y avait aussi les évêchés de Toul et Metz, très soumis à la pression lorraine. Il y avait celui de Verdun, sur lequel s'exerçait l'influence du Barrois. L'imbrication des droits était telle dans cette région qu'aucune véritable frontière politique ne se laissait discerner. Chacun grignotait la seigneurie des autres, le comte de Bar cherchait à s'étendre vers l'Argonne, le duc de Lorraine vers la Sarre. Quant aux évêques, ils voyaient leur autorité battue en brèche par la puissance montante de la bourgeoisie : l'évêque de Metz siégeait à Vic-sur-Seille, cependant que les bourgeois régnaient sans partage à Metz.

En une région si divisée, Philippe le Bel ne pouvait que jouer des opportunités. Le duc de Lorraine était, pour plusieurs de ses fiefs, le vassal du comte de Champagne ; devenu maître de la Champagne, le roi s'entendit à exploiter cet avantage. Prenant sous sa garde les villes et les établissements ecclésiastiques — le chapitre de Toul, l'abbaye de Montfaucon, celle de Chéhéry, celle de Beaulieu — qui lui demandaient protection en lui offrant le « pariage », c'est-à-dire l'exercice conjoint d'une seigneurie, il créait ainsi autant de prétextes à de futures interventions qu'il donnait d'occasions aux hommes du comte de Bar ou à ceux des évêques de Toul ou Verdun d'en appeler pour un motif ou pour un autre à la justice royale. Le Parlement se trouva saisi d'affaires qui se déroulaient hors du royaume.

Une manœuvre maladroite de Thibaut de Bar sonna le glas de son indépendance. Comme il avait refusé de comparaître à Paris pour un procès qui l'opposait à l'abbaye de Montfaucon-en-Argonne, il fut condamné à une forte amende. Au lieu d'ignorer délibérément une sentence dont il contestait le bien-fondé, il demanda au roi d'infirmer le jugement de sa cour. Philippe le Bel n'attendait que cela : il donna raison au comte et prit note de ce qu'il avait reconnu la justice royale.

Le nouveau comte, Henri de Bar, prit parti pour l'Angleterre et épousa une fille d'Edouard Ier. Il n'en fallait pas plus pour que Philippe le Bel réitérât sa condamnation. C'était la guerre.

Le comte de Bar fut l'un des rares coalisés de 1296-1297 à prendre vraiment les armes contre le roi de France : le connétable de Champagne Gauthier de Crécy le défit sans peine à Vaubécourt et le fit prisonnier. Pour recouvrer sa liberté, Henri de Bar dut accepter, en 1301, les conditions mises par le roi. L'appui d'Edouard Ier, sur lequel il comptait bien, lui fit alors défaut : de même qu'il laissait le comte de Flandre seul face à leur adversaire commun, le roi d'Angleterre laissa son gendre s'arranger seul. Henri de Bar n'avait qu'à s'incliner : il prêta hommage au roi de France pour la moitié de son comté située à l'ouest de la Meuse. Ce qu'on appela désormais en France le « Barrois mouvant », c'est-à-dire mouvant de la couronne de France, passait ainsi sous la suzeraineté du Capétien, pour la première fois seigneur d'un fief étranger au royaume.

Le traité de Bruges stipulait aussi que le comte de Bar se croiserait. Comme il avait été le seul à respecter sa promesse envers l'Angleterre, il fut l'un des rares barons de ce temps qui ne s'en tinrent pas à parler de la Croisade. Il partit en 1301, mais la Sicile avait entre-temps remplacé l'Orient, et c'est à Naples qu'il mourut, sur le chemin du retour, après s'être battu, pour le compte du pape et celui des Angevins, dans l'armée de Charles de Valois.

Philippe le Bel fit venir à Paris le comte Edouard, qui était un enfant, et le fit élever à sa cour. Dès lors, le comte de Bar fut un instrument fidèle de la politique française.

Les autres princes lorrains ne prirent pas les risques qu'avait volontairement et fâcheusement courus le comte de Bar. L'arrivée du Capétien en Champagne mettait le duc de Lorraine en position inconfortable. Ferri III crut s'en tirer en transférant à son fils Thibaut les fiefs champenois de leur patrimoine, mais Thibaut devint duc en 1303 et ne jugea pas utile de feindre : il fit hommage au roi pour les fiefs en question. Au reste, Ferri avait su éviter d'être vassal du roi de France, mais il n'avait jamais nié être à plusieurs titres baron français, donc sujet du roi. Comme le duc de Bourgogne ou le comte d'Artois, il avait à Paris son hôtel. Il était à Notre-Dame ou au Louvre, quand le roi y convoquait ses barons pour les exhorter contre Boniface VIII. Thibaut avait combattu en Flandre dans l'armée royale. Nul ne mettait en doute que la Lorraine fût d'Empire, mais le duc de Lorraine prenait l'habitude de considérer le roi de France comme son seigneur.

L'influence française s'étendait de même, sans éclat mais en profondeur, dans les évêchés de Toul et de Verdun. Sous couleur d'une alliance défensive, le traité de 1305 normalisa plutôt les interventions royales sur les terres de l'évêque de Verdun : faute de pouvoir les empêcher et pour n'en être pas toujours la victime, l'évêque leur donnait ainsi son aval.

Le mariage champenois avait évidemment facilité les choses sur ces marges orientales de l'ancien domaine royal. Rejeté trente ans plus tôt sur la Haute-Seine et sur la Marne, le rayonnement politique du Capétien atteignait après 1300 les bords de la Moselle.

La situation était bien différente du côté de la Saône, où il ne s'agissait pas d'influence, mais d'une pure et simple prise de possession. Dès le temps de saint Louis, les bourgeois de Lyon, en perpétuel conflit avec le chapitre cathédral, avaient pris l'habitude de recourir au roi. Les interventions du bailli de Mâcon se multipliaient donc dans la cité archiépiscopale, malgré les protestations du pape. Le roi alla jusqu'à placer, en 1302, une garnison sur la rive droite, garnison que l'archevêque expulsa huit ans plus tard, provoquant ainsi la venue d'une armée française, commandée par le roi de Navarre Louis le Hutin. L'archevêque ne pouvait résister à la fois à la France, à la Savoie et à ses propres bourgeois. Il céda, en 1312, lorsque le pape lui-même l'abandonna : il se reconnaissait vassal du roi de France et lui laissait toute juridiction temporelle sur le Lyonnais.

La comté.

Dans la comté de Bourgogne — la Franche-Comté de l'époque moderne — où s'affrontaient de longue date le comte et ses grands vassaux, le roi l'emporta presque sans coup férir. L'équilibre politique était, en cette terre d'Empire, radicalement différent de ce qu'il était dans une terre à demi française comme la Flandre. C'est de l'Empire que venait, pour le comte de Bourgogne, la menace d'une aide aux rebelles. Malgré les faiblesses de l'Empire, le comte Othon IV avait besoin d'une alliance qui compensât cette menace : la France fut pour lui ce qu'était l'Empire pour le comte de Flandre.

L'empereur Rodolphe n'avait pas ménagé son soutien à la féodalité comtoise, dont le chef était traditionnellement un membre de la puissante famille de Chalon. Othon IV tenta de résister, fut vaincu en 1289. Il se jeta alors dans l'alliance française à laquelle tendaient de leur côté les bourgeois de Besançon, désireux de garder libre la route des foires de Champagne.

Comme Ferri de Lorraine, Othon de Bourgogne n'était pas vassal du roi de France pour sa principauté d'Empire, mais il l'était tout de même : il avait épousé en 1285 une petite-nièce de saint Louis, Mahaut d'Artois, et devait hommage au roi pour les fiefs de sa femme.

Le traité d'Evreux, en 1291, scella l'alliance franco-comtoise au prix d'un mariage et d'une dévolution successorale. La fille d'Othon et de Mahaut, Jeanne, était fiancée à l'un des fils du roi, institué d'avance comme héritier éventuel de la comté de Bourgogne pour le cas où Othon mourrait sans héritier mâle — ce qui devait être le cas — et comme héritier de l'Artois si d'aventure ce fief venait à Mahaut. Certes, rien ne paraissait destiner à un rôle politique la petite-fille de ce Robert d'Artois qui avait trouvé la mort dans le combat téméraire de Mansourah. Mahaut avait un frère, Philippe, à qui devait revenir l'Artois. La mort de Philippe sur le champ de bataille de

Furnes, en 1298, puis celle de leur père Robert II sur celui de Courtrai en 1302, firent de Mahaut un pair de France et d'Othon de Bourgogne l'un des plus grands barons du royaume.

La clé de voûte de l'alliance de 1291 était le mariage de Jeanne de Bourgogne — dite aussi Jeanne d'Artois — qui était héritière et le resterait si Othon n'avait pas de fils. Il y avait donc une incertitude, comme il y en avait une à propos de l'Artois. Robert II d'Artois était alors en excellente santé, et rien ne disait que Mahaut n'aurait pas un jour un frère. L'essentiel du traité d'Evreux, c'était donc le fait qu'Othon IV, petit-neveu de saint Louis par son propre mariage, allait devenir, par celui de sa fille, le beau-père d'un fils de France, peut-être même de l'aîné.

Dès qu'ils connurent ces clauses, les barons comtois virent le danger qu'elles représentaient pour eux. C'était la mainmise française sur la comté de Bourgogne, une mainmise autrement sensible que la lointaine souveraineté de l'empereur. Une ligue, animée par Jean de Chalon-Arlay, tenta en 1294 de forcer Othon à revenir sur son alliance.

Othon était las des querelles et fatigué de ses barons. Il lâcha tout, mais en faveur du roi. En mars 1295, par le traité de Vincennes, le comte de Bourgogne cédait tout son bien en dot à sa fille, et désignait le roi de France comme administrateur de la dot. Un don de cent mille livres et une rente de dix mille lui assuraient, aux frais du trésor royal, une vie tranquille.

Cependant qu'Othon s'établissait à Paris, Philippe le Bel gagnait à sa manœuvre le seul qui pouvait vraiment y faire obstacle, le duc de Bourgogne Robert II, dont le vaste duché séparait la comté du domaine royal. Le roi eut l'habileté de ne donner pour mari à Jeanne que son deuxième fils, Philippe de Poitiers, et de choisir la fille du duc Robert pour épouse de l'aîné, Louis le Hutin. Ce prince était héritier de la France par son père et de la Navarre par sa mère : le duc de Bourgogne se vit beau-père d'un roi à deux couronnes et trouva excellent le mariage comtois. Bien mieux, il prit lui-même les armes, au nom du roi, contre les barons de la comté qui avaient juré de refuser l'hommage au Capétien. Nommé par le roi garde de la comté de Bourgogne, le duc Robert se montra excellent administrateur de cette principauté qu'il aurait volontiers, dix ans plus tôt, prise pour lui-même.

La trêve de Vyve-Saint-Bavon s'étendit aux barons comtois

révoltés contre le roi. Lorsque la guerre reprit en Flandre, les choses avaient bien changé dans la comté de Bourgogne. La plupart des féodaux avaient négocié leur fidélité au roi contre une place dans le gouvernement de la principauté, voire dans celui du royaume. On vit au Conseil royal celui qui avait été l'âme de l'hostilité à Othon IV et de la résistance au roi, Jean de Chalon-Arlay. Philippe le Bel eut l'idée de lui confier, en 1306, la garde de la comté. Cela suffit à convaincre l'ancien résistant.

Adolphe de Nassau.

Depuis les temps carolingiens, le royaume de France et l'Empire avaient coexisté sans jamais s'affronter vraiment. L'empereur n'avait joué qu'un rôle épisodique dans les deux grands conflits où s'était jouée l'indépendance royale, voire la survie des Capétiens : contre la maison de Blois-Champagne au XIe siècle, contre les Plantagenêts au XIIe. Le vaincu de Bouvines, Otton de Brunswick — battu en brèche dans son propre royaume allemand — mis à part, jamais empereur n'avait vu ses intérêts essentiels l'opposer au roi de France.

Dès lors que celui-ci jouait à l'arbitre des conflits européens, soutenait en Italie le parti guelfe et venait tisser sa toile dans l'ancienne Lotharingie, le successeur des Ottons se devait d'être vigilant. Candidat malheureux à l'Empire en 1273, Philippe III n'avait pas insisté, mais il convenait que les princes allemands tinssent compte de l'éventuel appétit des Capétiens.

C'est à cette époque que, pour faire pièce à une politique assez évidente depuis l'établissement de Charles d'Anjou en Provence, l'empereur Rodolphe de Habsbourg, le roi d'Angleterre et le comte de Savoie songèrent à restaurer, sur les Alpes et le Jura, le Rhône et la Saône, le vieux royaume d'Arles qui avait été l'un des avatars de la Lotharingie carolingienne et avait été démembré entre le IXe et le XIe siècle. Pour roi d'Arles, on songea au fils cadet de l'empereur, Hermann de Habsbourg. Il pourrait épouser une fille d'Edouard Ier. C'est de justesse que le pape réussit à faire avorter l'affaire.

Malgré cette histoire du royaume d'Arles, Rodolphe avait maintenu d'assez bonnes relations avec la France. Adolphe de

Nassau, au contraire, marqua dès son avènement (1292) qu'il entendait mettre fin aux progrès du rayonnement politique du Capétien dans l'Empire. Il prit le contre-pied systématique de toutes les entreprises françaises, soutenant Jean d'Avesnes contre les gens de Valenciennes, entretenant Jean de Chalon-Arlay dans sa lutte contre Otton IV et exigeant de ce dernier l'hommage qui rappelait la véritable mouvance de la comté de Bourgogne : elle était d'Empire, et Adolphe ne le laissait pas oublier.

Membre, dès la première heure, de la coalition formée contre Philippe le Bel par Edouard Ier, il y trouva, outre des alliés, les subsides dont il avait grand besoin pour consolider au sein même du royaume allemand une position qui, depuis l'élection, n'avait cessé d'être fragile.

La chance de Philippe le Bel était qu'Adolphe de Nassau fût un imbécile cupide. Au lieu d'utiliser à la guerre contre la France les 240 000 livres que lui avait versées l'Anglais, le roi des Romains — il n'était toujours pas couronné empereur — les dépensa dans l'achat d'une seigneurie en Misnie. Puis, à peine avait-il adressé au roi de France un défi solennel qu'il accepta, à l'automne de 1295, de négocier avec l'ambassade que Philippe lui dépêcha. On connaît le récit que rédigea plus tard de cette affaire, à l'intention du roi, le financier florentin Mouche :

> Notre seigneur le roi envoya au roi d'Allemagne, qui était déjà leur allié, et autres d'entour lui, ses messagers, c'est à savoir l'évêque de Bethléem et le prieur des frères prêcheurs de Paris, lesquels eurent petite audience pour ce qu'ils n'allèrent pas bien fondés (munis de fonds).
>
> Mais après eux alla monseigneur Mouche, qui alla si bien fondé et garni qu'il eut bonne audience, et fit tant que le frère du roi vint secrètement à Lille en Flandre, où monseigneur Mouche alla à lui et parfit le traité qu'il avait pourparlé et accordé à lui en Allemagne, en sorte qu'il s'en alla apaisé.
>
> Et retourna le dit monseigneur Mouche en Allemagne au roi et aux autres d'entour, et mit à bonne fin tous les traités, ainsi qu'ils promirent qu'ils ne se meuvraient, ni ne se murent.

Ils avaient promis de ne pas se mouvoir. Ils tinrent parole.

Le roi des Romains vendait sa neutralité à l'un après avoir vendu son alliance à l'autre. A ce jeu, on se fait peu d'amis durables. Adolphe de Nassau tenta cependant un nouveau retournement lorsqu'en 1296 éclata le conflit de la décime, où se dégradait brusquement une entente du Saint-Siège et des Capétiens qui durait depuis trente ans.

Il avait en effet besoin du pape : en le couronnant empereur, celui-ci pouvait le mettre hors d'atteinte de la contestation. Or les partisans des Habsbourg ne désarmaient pas et l'élection de 1292, acquise grâce à la connivence de l'archevêque de Mayence, avait laissé insatisfaits bien des princes d'Empire. L'Autriche et la Bohême, en particulier, ne reconnaissaient pratiquement pas l'autorité du roi des Romains. Un service rendu au pape était donc de nature à faciliter un couronnement après lequel toute insurrection serait sacrilège. Adolphe de Nassau renia donc ses protestations d'amitié envers le Capétien, fomenta des troubles dans la Comté de Bourgogne, mais n'eut même pas l'intelligence de les soutenir les armes à la main, non plus que d'empêcher le roi de France de mettre la main sur la Flandre. Au reste, le Nassau avait peut-être été de nouveau acheté.

Les princes d'Empire se lassèrent d'un fantoche. Déposé par la diète de Mayence le 23 juin 1298, Adolphe de Nassau fut vaincu et tué le 2 juillet, près de Worms, par l'armée d'Albert d'Autriche. Philippe le Bel perdait là, sans coup férir, celui qui aurait pu être, surtout en ce temps de conflit avec la papauté, le plus dangereux des adversaires.

L'ALLIANCE DU HABSBOURG.

Connue à Paris au début d'août, l'élection du fils de Rodolphe de Habsbourg fit autant de plaisir à Philippe le Bel que de déplaisir à Boniface VIII, qui avait déjà eu maille à partir avec le duc d'Autriche. Adolphe de Nassau n'étant plus dangereux pour les prétentions théocratiques du pontife, celui-ci prit tardivement son parti. On s'amusa de voir Boniface mettre plus de conviction à défendre un mort qu'il n'en avait mis à songer seulement à le couronner. Albert d'Autriche fut excommunié : il était félon à son seigneur légitime le roi des Romains disparu.

Les relations des Habsbourg avec la France avaient toujours

été excellentes. Celui-ci, Albert, avait grand besoin d'une solide alliance : il dépêcha une ambassade au roi de France et lui proposa de sceller leur accord par le mariage d'une princesse capétienne et de son propre fils, Rodolphe.

Une première conférence eut lieu, en juin 1299, à Neufchâteau. Le roi de France était représenté par plusieurs membres de son Conseil : un grand baron, le duc de Bourgogne, et trois légistes de haut rang, l'archevêque Gilles Aycelin, l'évêque Pierre de Belleperche et le garde du sceau Pierre Flote. On y détermina les conditions du mariage et on y traita des quelques affaires contentieuses qui subsistaient entre la France et le royaume d'Allemagne. On y mit surtout en œuvre la diplomatie de la livre tournois. Les ambassadeurs impériaux devinrent d'ardents propagandistes de l'alliance capétienne.

Le 8 décembre, le roi de France et le roi des Romains se rencontraient sur leur frontière lorraine, à Quatrevaux, non loin de Vaucouleurs. Deux mois plus tard, Blanche de France épousait Rodolphe. On put un temps croire que l'alliance impériale était solide. L'hostilité commune envers Boniface VIII n'en était-elle pas le plus sûr ciment ?

Philippe le Bel semble n'avoir vu dans ce rapprochement avec l'Empire qu'une garantie de non-belligérance. En bref, il avait eu peur de voir le Nassau intervenir dans les affaires de Flandre, il n'aurait pas à craindre semblablement le Habsbourg. Pour le reste, il n'avait à l'égard de l'Empire qu'une politique vraiment déterminée, et c'était de repousser constamment vers l'est les limites du royaume capétien. On voit mal comment l'alliance aurait pu, dans ces conditions, durer longtemps. Albert avait espéré l'aide de la France, car il fallait que le pape le reconnût et validât son élection en le couronnant empereur. Quand il vit que Philippe le Bel et Pierre Flote se souciaient peu de la chose, il rompit : il est de fait qu'on ne parla guère de couronnement impérial dans le difficile dialogue franco-pontifical de ces années-là. D'ailleurs, le roi de France avait été vaincu à Courtrai, poussé aux concessions de réformes qu'exigeait son clergé, menacé lui-même des pires sanctions canoniques. Il était devenu négligeable.

Au printemps de 1303, alors que les agents de Guillaume de Nogaret cherchaient de tous côtés des adhésions à la manœuvre entreprise contre Boniface VIII, l'appel au concile universel, le pape n'était pas moins demandeur d'une alliance temporelle capable d'intimider la France. Il lui parut alors opportun de reconnaître l'élection d'Albert, et de prévoir le couronnement. Pour mieux asseoir l'autorité du futur empereur, le pape alla jusqu'à casser tous les engagements vassaliques qui pouvaient gêner, dans leur fidélité à l'Empire, les clercs et les laïcs des régions sur lesquelles s'étendaient les prétentions capétiennes. C'était inciter ouvertement à la rébellion contre le roi de France les Provençaux et les Comtois, les Lorrains et les Barrois.

La mort du pape et les incertitudes de l'histoire pontificale jusqu'à l'installation de la Curie à Avignon firent du couronnement impérial d'Albert d'Autriche un problème secondaire. La France et l'Empire se tournaient le dos. Le Capétien s'occupait de la Flandre, le Habsbourg de la Hongrie. Dans la grande bande méridienne de l'ancienne Lotharingie, le grignotement politique se poursuivait. Les barons comtois se sentaient de plus en plus français, et l'on allait voir en 1307 le duc de Brabant, le comte de Juliers et l'archevêque de Cologne faire arrêter les templiers sur simple demande du roi de France. Une demande de Philippe le Bel, fit un jour observer l'archevêque-électeur, était un ordre.

Charles de Valois.

Un personnage bien encombrant avait repris place sur l'échiquier européen après avoir rongé son frein pendant quinze ans. Le 28 janvier 1301, Charles de Valois commençait d'oublier son royaume d'Aragon et se mettait à songer à une couronne impériale, celle de Constantinople. N'épousait-il pas ce jour-là, dans l'église du prieuré de Saint-Cloud, la petite-fille et héritière du dernier empereur latin, Baudouin II ?

Depuis qu'en 1285 un légat insensible au ridicule l'avait précipitamment couronné roi d'Aragon en utilisant, faute de couronne, son chapeau rouge, le comte de Valois gardait quelque amertume d'être passé si près d'un trône prestigieux. Ses procureurs avaient officiellement renoncé, en 1295, devant le pape, à toute prétention au titre royal. Son chancelier avait cessé d'utiliser le grand sceau royal gravé en 1285 à l'imitation de tous les sceaux capétiens, ce sceau qui le représentait en majesté, assis sur un trône aux accoudoirs en tête de lion, tenant le sceptre et le fleuron. Il n'usait plus que d'un sceau — magnifiquement gravé, d'ailleurs — sur lequel on le voyait à cheval, l'épée haute, housse et lambrequins fleurdelisés flottant au vent. A la finesse de gravure près, c'était le sceau de tous les grands barons.

Celui qui s'intitulait désormais, en tête de ses actes, « fils de roi de France » et dont le frère régnait sur la France, la belle-sœur sur la Navarre, le beau-père sur Naples et la sœur sur l'Angleterre avait peine à se satisfaire des quelques comtés reçus de son père (le Valois), de son frère (Alençon et Chartres) et de son beau-père (l'Anjou et le Maine). C'étaient de beaux fiefs, mais une mosaïque de fiefs ne constitue pas un Etat.

On l'appelait « l'Aragonais », mais c'était par dérision, de même qu'on l'appelait parfois « le roi du chapeau ». Les Italiens n'allaient pas tarder à dire « Charles sans Terre ».

A son retour de Lorraine, où il avait accompagné le roi pour l'entrevue de Quatrevaux, Charles de Valois s'était trouvé veuf. Marguerite d'Anjou lui laissait, outre l'Anjou et le Maine, deux fils et quatre filles : l'aîné, Philippe, devait un jour régner.

Quelque temps, le commandement de l'armée royale en Flandre suffit à occuper un prince qui était aussi bon capitaine que médiocre politique. Mais c'était là travailler pour autrui, et travailler gratis. Or deux opportunités se présentaient, en 1300, d'où pouvait venir la fortune. L'une s'adressait au capitaine libre de son temps : le pape cherchait un bras séculier pour les affaires de l'Italie. L'autre était pour le veuf : il y avait un beau parti à prendre.

Le parti n'était autre que Catherine de Courtenay, une princesse mal dotée — quelques terres en Gâtinais — mais de très ancien lignage et, surtout, petite-fille de l'empereur Baudouin II. Epouser Catherine, c'était relever les droits des Courtenay sur l'Empire latin d'Orient. Certes, les Grecs tenaient fermement Constantinople, depuis la reconquête de 1261, et Catherine ne devait qu'aux Angevins de Naples l'enfance princière dont elle avait joui. Mais un titre impérial était un titre impérial, même si l'Empire n'existait plus. De surcroît, le titre de Constantinople était pratiquement incontestable en Occident, ce que n'était pas l'ancien titre aragonais. Quant aux prétentions réelles, si elles pouvaient difficilement s'étendre sur le Bosphore, elles justifiaient fort bien de faciles expéditions à travers les terres grecques ou dalmates de l'ancien empereur, voire dans les îles.

Le fils de l'empereur byzantin, Michel Paléologue, avait songé à épouser Catherine de Courtenay ; le pape s'y opposa. Elle avait été presque fiancée à un prince aragonais ; elle l'avait finalement refusé parce qu'il n'était pas plus riche qu'elle. On l'avait ensuite fiancée au « primogénit » du roi de Majorque, mais ce futur roi s'était fait franciscain. On en était là quand la mort de Marguerite d'Anjou mit sur le marché des prétendants un prince tel qu'on n'osait plus l'espérer chez les Courtenay : il était de sang royal, bien pourvu de terres, et capable de tout pour conquérir une couronne. Charles de Valois n'hésita pas, les Courtenay non plus.

Comme les futurs étaient évidemment cousins, il fallut des dispenses canoniques : le pape les marchanda. Mais il promit en définitive son aide politique et financière pour la reconquête de Constantinople. C'est donc bien l'ombre d'une couronne impériale qu'épousait Charles de Valois ce 28 janvier 1301. Il y gagnait dans l'immédiat les domaines des Courtenay, si modestes fussent-ils, et une rente sur le Trésor que donna Philippe le Bel en cadeau de mariage.

Boniface VIII n'avait mis qu'une condition : que Charles de Valois vînt en Italie. Moyennant le produit d'une décime, le frère du roi devait tout simplement pacifier les Etats du pape et chasser les Aragonais de la Sicile. Charles était encore le gendre du roi angevin de Naples quand Boniface VIII avait en 1298 songé à lui pour la première fois. Prétendant désormais à l'Empire latin d'Orient, il n'était pas moins dans son rôle en restaurant le royaume de son ancien beau-père.

Il ne pouvait d'ailleurs lui déplaire de tenir en Italie, comme vicaire général du pape, une place de protecteur des intérêts temporels du Saint-Siège normalement dévolue à l'empereur. Il profitait là de ce que le pape refusait encore de reconnaître la légitimité d'Albert de Habsbourg.

Charles de Valois accepta donc sans se faire prier une mission où l'on pouvait faire fortune, tergiversant seulement pour retarder son départ : il lui importait de s'assurer des avantages qu'une telle affaire lui procurait, autrement dit d'épouser d'abord Catherine et de laisser aux receveurs le temps de lever la décime.

Philippe le Bel avait déjà montré, en bien des occasions et

notamment à propos de l'affaire d'Aragon, que les aventures lointaines l'enthousiasmaient peu. Il s'était dégagé de l'Espagne et n'avait point voulu prétendre à l'Empire germanique. La seule chose qui comptât, c'était le royaume de France. Les seules interventions militaires justifiables lui paraissaient être celles qui agrandissaient la terre du roi ou élargissaient le droit du roi. Ajoutons le fait que Charles de Valois était un excellent capitaine, qui avait fort efficacement joué en Flandre, à deux reprises, un rôle que Philippe le Bel n'aimait pas tenir en personne. Le voir s'éloigner souriait donc peu au souverain, qui savait la fragilité de la trêve de Flandre.

Mais le roi de France avait le sens du lignage, et Charles II d'Anjou — Charles le Boiteux — était de son sang : il ne pouvait donc refuser à son frère le droit d'aller, par mandat du Siège apostolique, porter aide à l'Angevin. Il se contenta de mettre ses propres conditions au choix de Charles de Valois comme libérateur de la Sicile angevine et à l'octroi d'une participation financière de cent mille livres aux frais de l'expédition : Charles reviendrait dès que l'affaire serait finie, et plus tôt, même, si la France était en danger. Le comte de Valois était donc autorisé à reconquérir la Sicile, mais son royal frère ne lui accordait nullement, on le voit, le droit d'aller sur sa lancée pourfendre l'Empire byzantin.

Le futur empereur quitta Paris en avril 1301. Le 12 septembre, il était à Anagni, où Boniface VIII l'attendait avec impatience. Charles avait pris son temps, arbitrant au passage un conflit entre la Savoie et le Dauphiné, et profitant largement à Modène de la fastueuse hospitalité du marquis d'Este.

Parfaitement au courant de l'imbroglio politique de l'Italie, doué d'une vive intelligence et oublieux de ses intérêts propres, Charles de Valois se fût sans doute fort mal tiré d'affaire, tant trois siècles de haines et de conflits familiaux, politiques et économiques avaient embrouillé la situation. Les clans se partageaient les villes, les villes se battaient pour dominer la campagne. Les ports poursuivaient en haute mer leur rivalité, et les villes de l'intérieur cherchaient à s'assurer d'un port. Les uns étaient contre l'empereur parce que l'empereur était le souverain. Les autres se recommandaient de l'empereur parce qu'il était absent. Sauf la famille du pape régnant et les familles alliées, tout le monde était plus ou moins contre le Saint-Siège parce qu'il exerçait une souveraineté temporelle à laquelle se heurtaient les prétentions à l'autonomie des villes et des seigneurs. L'argent des banques siennoises ou florentines tissait des réseaux politiques qui ne recouvraient pas toujours les réseaux apparents que nouaient les alliances de seigneurie à seigneurie. Conséquence de tout cela, mais aussi parachèvement de l'imbroglio, chaque ville avait ses exclus, ses exilés, qui vivaient dans l'une des villes voisines et n'y travaillaient guère pour la paix.

Or Charles de Valois n'avait aucune des qualités nécessaires. Des affaires italiennes, il ne connaissait que l'affrontement, relativement simple, des Angevins et des Aragonais. Médiocrement pourvu d'intelligence, il était à vendre au plus offrant. « Il ne connaissait pas la malice des Toscans », écrira de lui le chroniqueur Dino Compagni. Biche et Mouche, qui l'accompagnaient, s'employaient plutôt à le manipuler qu'à l'éclairer. Quant aux barons de son entourage, la plupart ignoraient tout à la fois l'Italie, l'italien et les Italiens.

Depuis qu'en 1293 la moyenne bourgeoisie d'affaires, le « Peuple », avait éliminé du pouvoir la noblesse et la haute bourgeoisie des grands propriétaires, Florence connaissait la lutte incessante des partis. Ville guelfe par excellence, systématiquement hostile à ce pouvoir impérial qui faisait obstacle à son indépendance, la grande cité toscane n'était pour autant décidée ni à subir une trop étroite sujétion au pape ni à accepter la trop ferme domination d'un vicaire pontifical chargé de faire de l'Italie guelfe un domaine angevin. Florence n'était pas unanime, et les difficultés de la haute banque ne faisaient qu'aggraver une crise consacrée en mai 1301 par la scission du parti guelfe en deux tendances dont les chefs furent, les uns et les autres, expulsés par la Commune, soucieuse de préserver la paix. Les « Blancs », parmi lesquels le poète Dante, étaient les plus portés à l'entente avec les Gibelins et à la lutte à outrance pour l'indépendance florentine. Les « Noirs », autour de Corso Donati, étaient plus ouverts à l'influence politique du Saint-Siège. Une nouvelle génération de banquiers — ceux qui, trente ans plus tard donneront à la papauté d'Avignon son armature financière — soutenait le parti noir.

Lorsque Charles de Valois vient s'établir à Sienne afin d'amorcer une négociation avec la Commune de Florence, il est déjà flanqué de Corso Donati : celui-ci a payé soixante-dix mille florins l'adhésion du prince capétien à la cause des Noirs. Erreur manifeste, d'ailleurs, que cette compagnie trop ostensible. Les modérés qui gouvernent Florence en tirent immédiatement les enseignements : le Valois pourrait bien être l'instrument de la vengeance des Noirs et du retour à Florence des Guelfes ultras, non l'homme de pacification que souhaite, de bonne foi, un Boniface VIII.

La Commune prend ses précautions : le comte de Valois doit, avant d'entrer dans la ville, jurer qu'il respectera les privilèges et les usages de Florence. Cela ne suffit cependant pas à faire cesser l'excitation qui règne au sein de la petite cour formée à Sienne autour du vicaire pontifical.

Charles ne peut plus, dès lors, retarder encore sa marche sur Florence. Au matin de la Toussaint, il fait son entrée solennelle au milieu d'une population en apparence unie.

Quatre jours plus tard, Corso Donati et les bannis du parti noir le rejoignent et occupent en quelques heures les points forts de la ville. Charles de Valois, qui a protesté de son impartialité et juré de ne pas laisser entrer les exilés, n'a que la ressource de feindre qu'il n'y est pour rien et de retenir chez lui, pour préserver la paix, les chefs du parti blanc.

Maîtres de Florence, les Noirs se livrent alors à un véritable carnage, que Dante ne pardonnera jamais au Valois. En vain Boniface VIII enjoint-il à son vicaire de modérer l'ardeur du parti guelfe. La ville est mise en coupe réglée, tant par le pillage des uns que par la rançon qu'exigent les autres. De longues colonnes de citoyens s'en vont, proscrits. Les maisons des vaincus sont rasées, après avoir été dûment vidées. Se faisant payer tout, et de tous côtés, Charles de Valois fait en quelques jours un tel profit personnel que le pape, plus tard, pourra répondre à l'une de ses demandes de fonds qu'il devrait lui suffire d'avoir été placé « à la source de l'or ».

A Florence comme à Prato et comme à Sienne, Charles de Valois compromit ainsi, d'entrée de jeu, par sa faiblesse envers les pires éléments du parti guelfe et par sa cupidité personnelle, la cause qu'il avait à défendre et qui était celle de l'autorité pontificale en Toscane. Il compromettait aussi, envers les modérés, la cause du parti guelfe et celle de la monarchie angevine. Enfin, en laissant ses amis se comporter à Florence comme jadis les croisés latins à Constantinople, il entachait pour longtemps en Italie la réputation capétienne. Il allait falloir toute la sagesse du roi Robert d'Anjou, successeur en 1309 de Charles le Boiteux, pour en restaurer l'image.

En attendant, Dante ne raterait pas une occasion de placer, au long de son chemin en Enfer et dans le Purgatoire, les différentes personnalités de la descendance d'Hugues Capet, Philippe le Bel en tête.

Boniface VIII pouvait regretter l'allié qu'il s'était choisi, non le renvoyer en France. Charles le Boiteux attendait pour reconquérir la moitié perdue de son royaume, et ce service avait été pour une part payé d'avance. En mai 1302, l'armée du Valois quittait Naples et, après une brève traversée, faisait en Sicile sa jonction avec les forces du duc de Calabre, le futur roi Robert.

L'affaire tourna aussi mal que celle de Toscane. Entre l'entourage de Charles et celui de Robert, la mésentente fut rapide. Le grand capitaine qu'on attendait dirigeait admirablement le pillage d'une campagne où les Aragonais avaient l'habileté de refuser le combat découvert, mais il se révéla incapable de prendre les deux petites villes qu'il tenta d'assiéger. Dans son armée, même, il avait toutes les peines du monde à se faire obéir.

L'appui pontifical devenait moins sûr depuis que Boniface VIII et Philippe le Bel prenaient, à travers Bernard Saisset, le chemin d'un second conflit. Au moment où Charles de Valois assemblait son armée à Naples, son frère réunissait à Paris l'assemblée des barons et des prélats devant laquelle il faisait faire par son Conseil le procès du pontife romain. La situation n'était donc tenable, en Italie, ni pour Boniface ni pour Charles. Ni l'un ni l'autre ne souhaitait un affrontement direct, mais Charles était vassal du roi de France avant d'être capitaine du pape.

La nouvelle de la défaite de Courtrai (11 juillet 1302) précipita les choses. Philippe le Bel n'avait autorisé son frère à servir en Italie que sous condition d'un prompt retour en cas de danger pour la France. Alors que le pape faisait sonner à toute volée les cloches d'Anagni pour célébrer la défaite de son plus terrible adversaire, Charles de Valois ne pouvait demeurer, en porte à faux, le soldat du pape. Il précipita la paix, laissant finalement la Sicile à l'Aragonais Frédéric III, mais en viager : cela laissait espérer que le royaume angevin serait reconstitué à sa mort. A l'évidence, c'était un marché de dupes. Le chroniqueur florentin Giovanni Villani put ironiser :

Charles était venu en Toscane pour faire la paix, et il la laissa en guerre. Il alla en Sicile faire la guerre, et il y fit une paix honteuse.

La pause des ambitions.

Le comte de Valois regagna le continent. A Rome, en novembre, il trouva l'ambassade française que conduisait l'évêque d'Auxerre. Il rencontra aussi les quelques prélats français qui, malgré l'interdiction du roi, déféraient à la convocation du pape. Comme il était éloigné de France depuis de longs mois, il avait mal suivi les récents développements de la brouille entre le pape et le roi. Aussi ne s'occupa-t-il guère, pendant ce bref séjour romain, que de ses propres affaires. Promettant vaguement à Boniface de s'employer, dès son retour à Paris, à assouplir quelque peu l'attitude de son frère, il réussit à obtenir divers privilèges au moment même où le pape fulminait contre Philippe le Bel la bulle *Unam Sanctam.*

Ne s'étant fâché avec personne et s'étant mis toute l'Italie à dos, le frère du roi regagna la France, voyageant peut-être de concert avec le cardinal Jean Le Moine, que le pape venait de charger d'une ultime négociation. On les vit l'un et l'autre à Paris pour la Chandeleur. C'est vers cette époque que l'on commença de colporter à la cour de France les rumeurs qui couraient depuis longtemps à Rome sur les mœurs et la religion de Boniface VIII. La politique de Nogaret, qui fut d'attaquer Boniface, pape indigne, au nom de l'Eglise, et non plus Boniface et la papauté au nom de la monarchie française, comme l'avait fait Flote, doit peut-être beaucoup aux informations apportées par Charles de Valois et par Jean Le Moine.

Les événements de 1302-1303 suffirent à bouleverser la vue qu'on avait, dans l'entourage du roi, de l'échiquier politique et des moyens par lesquels on pouvait assurer en Europe l'hégémonie capétienne. La couronne chancelait à Courtrai, et elle pouvait tomber à Rome. Pour obtenir une armée, le roi devait réformer son gouvernement. La monnaie s'effondrait. A peine dégagée des liens féodaux où s'étaient, pendant trois siècles, diluées les prérogatives du pouvoir souverain, la monarchie devait s'appuyer sur la nation.

Pas de grand dessein, en ces années où l'on prépare simplement la revanche de Courtrai. L'essentiel est de sortir au mieux des querelles où le roi a failli perdre plus que sa mise et qui ont nom la Guyenne, la décime, la juridiction sur les clercs, la réforme de l'administration. Le roi ne peut à la fois mécontenter les clercs et les laïcs, les inquisiteurs et les hérétiques, les Guelfes et les Gibelins, les riches et les pauvres, les débiteurs et les créanciers. Se battre sur tous les fronts, c'est aller à l'échec. Une politique est morte à Courtrai, avec Pierre Flote.

La stratégie royale est ici évidente : sortir des impasses sans perdre la face, et étaler dans le temps la reprise de la progression politique. La réforme conduit à la monnaie, la monnaie à l'impôt, et l'impôt à la victoire de Mons-en-Pévèle. L'heure est à l'opportunisme. Le royaume capétien, lui-même, est-il vraiment sûr ?

CHAPITRE XI

Juges et inquisiteurs

La reculade du pape dans l'affaire de la décime et l'appui donné, avec une scandaleuse mauvaise foi, à la politique flamande du Capétien ne signifiaient nullement que Boniface VIII et Philippe le Bel fussent d'accord sur ce qui était le fondement de tout conflit entre la France et la papauté. Il n'y avait pas place en France pour deux souverains. La moindre affaire où se trouverait impliqué le droit de l'un et celui de l'autre sur la personne ou les biens d'un clerc pouvait être le détonateur d'un nouvel épisode de cet éternel conflit.

Le Languedoc.

Or deux affaires se préparaient, presque en même temps, l'une dans le secret du couvent des franciscains de Carcassonne, l'autre à l'abri du palais épiscopal de Pamiers. Le fait tient au hasard, mais deux heures de route séparaient ces deux villes. Il allait suffire pour que les deux affaires finissent par sembler conjointes.

Aucun trait commun, cependant, entre ce que tramait l'évêque et ce que cherchait le lecteur du couvent des frères mineurs. Le hasard, seul, qui les rapproche dans l'espace, les rapproche aussi dans le temps. Peut-être doit-on penser, toutefois, que l'un et l'autre n'eussent pas trouvé ailleurs la résonance que leur donnait ce Languedoc jadis écrasé, ce Languedoc où les haines s'unissaient dès qu'on parlait de l'Inquisition et où l'alliance avec les inquisiteurs n'était pas la moindre faiblesse de l'administration royale.

Nul n'avait encore oublié l'ancienne carte du Languedoc féodal, où s'inscrivaient des particularismes politiques et juridiques infiniment plus sensibles que ce qu'en gardait la France du Nord. En importance absolue, le comte de Foix ou la vicomté de Narbonne, cela valait le Vermandois ou le Perche. Mais les contemporains de Philippe le Bel ne se souvenaient plus, dans leur grande majorité, de ce qu'avait été la puissante maison de Vermandois, et l'idée aurait fait rire d'une politique percheronne. Alors que le comte de Foix était un prince, sur son rocher fortifié. Alors que le vicomte de Narbonne tenait l'une des places stratégiques du royaume...

A qui lui parlait indépendance, respect de ses droits, recul de l'Inquisition, le vieux pays cathare était un bon auditoire. Sans doute le catharisme était-il mort comme religion — et pour l'essentiel bien avant la chute de Montségur — mais il en subsistait ce qui avait fait du catharisme religieux un phénomène politique. Dans l'un et l'autre cas, les passions et la magie du verbe allaient donc amplifier les incidents et les porter au niveau où le pape et le roi s'y trouveraient engagés.

Le premier conflit entre Boniface VIII et Philippe le Bel avait eu pour témoin une Eglise de France soucieuse d'un compromis grâce auquel elle pût vivre dans le royaume. Le deuxième allait avoir pour témoin une région où le pape et le roi perdaient la face s'ils composaient.

Hors de toute affaire particulière et dans une négociation d'ensemble où il lui fallait céder pour n'être pas tourné, Boniface VIII avait fait au roi une concession d'importance. En même temps que l'abrogation — en pratique — de la décrétale *Clericis laicos,* Pierre Flote avait en effet obtenu une bulle par laquelle trois prélats français, choisis parmi les plus dévoués au roi, recevaient le pouvoir de faire arrêter et emprisonner tout clerc suspect d'espionner le royaume, d'y fomenter quelque sédition que ce fût et, plus généralement, de chercher à causer au roi quelque préjudice. C'était, grâce à des hommes de paille, organiser le viol pur et simple du privilège du for. Ce que le roi ne pouvait faire sans péché grave à l'encontre des clercs, les trois prélats à sa dévotion le feraient au nom du pape. On ne s'était jamais servi de cette bulle, mais on avait gardé l'idée que le pape consentait à aménager — en pratique sinon en droit — le privilège du for en matière de trahison.

BERNARD SAISSET.

Or l'attitude de l'évêque de Pamiers Bernard Saisset devenait inquiétante. A leur retour d'une mission en Languedoc, deux clercs du roi, Jean de Vassogne et Jean de Marigny, firent un rapport que confirma peu après l'évêque de Toulouse : un complot se tramait à Pamiers contre la souveraineté du roi.

Encore abbé de Saint-Antonin, Saisset avait violemment protesté contre la manœuvre du roi qui, pour acheter l'alliance du comte de Foix, transférait à celui-ci la seigneurie de la ville de Pamiers en feignant d'oublier que cette seigneurie ne lui appartenait qu'à moitié : l'abbé de Saint-Antonin avait l'autre. Pis encore, le roi ne tenait sa part que d'un accord avec l'abbé qui, trente ans plus tôt, avait abandonné la moitié de sa seigneurie à seule fin de la partager avec le Capétien et de s'assurer ainsi d'une protection contre le comte de Foix ! Le roi agissait donc en sorte que le comte tînt Pamiers sans la moindre obligation envers l'abbé.

Saisset était de haute lignée, et il avait de bonnes relations en cour de Rome. Pour faire pièce au roi, il obtint du pape, en juillet 1295, la création d'un nouveau diocèse, dont le siège était précisément à Pamiers et dont le territoire comprenait les terres du monastère de Saint-Antonin et quelques paroisses prises sur le diocèse de Toulouse. Bernard Saisset, abbé de Saint-Antonin, devint Bernard Saisset, évêque de Pamiers.

Boniface VIII manifestait, à la limite de l'ironie, son soutien à un prélat obligé de lutter pour défendre, contre les empiétements du roi, sa seigneurie et sa juridiction. En décembre de cette même année 1295, il érigeait à Pamiers rien de moins qu'une université, dont il faut dire que nul ne songea sérieusement à l'organiser.

Le comte de Foix avait en définitive cédé et reconnu le partage des droits sur la ville. Le nouvel évêque, cependant, avait pris fort au sérieux les menaces que l'attitude royale faisait planer sur les juridictions épiscopales. Il avait été des plus prompts à se plaindre à Rome lorsqu'il s'était aperçu que les officiers royaux encourageaient ouvertement les consuls de Pamiers à ne reconnaître qu'un seul seigneur, le comte.

Parce que sa femme était héritière du Béarn, Roger-Bernard de Foix constituait une pièce maîtresse du jeu politique dans le Sud-Ouest du royaume, et son alliance pouvait être précieuse au revers de la Guyenne. Entre le comte de Foix et l'évêque de Pamiers, le roi n'hésitait pas.

Bernard Saisset faisait donc figure de victime et d'opposant systématique. Il apparaissait à certains comme le chef de file des résistances à l'arbitraire royal. On colportait les propos qu'il tenait publiquement contre le roi, le pouvoir royal et les officiers royaux. Les plus graves dislocations pouvaient se produire en Languedoc s'il se savait qu'un évêque traitait impunément le roi de bâtard et de faux-monnayeur.

Roger-Bernard de Foix n'avait aucun intérêt à se brouiller avec Philippe le Bel. Il n'en désirait pas moins apurer le contentieux local, fût-ce au prix d'un renouvellement du partage de la seigneurie de Pamiers. Il fit à l'évêque des propositions en ce sens, obtint sans peine que le pape les approuvât et, au printemps de 1300, vint à Pamiers pour sceller l'entente. En bref, le comte cherchait une voie diplomatique vers une solution moyenne et honorable qui le réconciliât avec son ennemi local sans faire de lui, à l'échelle du royaume, un vassal félon.

Sa stupéfaction fut donc grande lorsqu'il s'entendit proposer la souveraineté sur le Languedoc. Le roi et ses gens étaient détestés, assurait l'évêque, et l'on avait bien assez d'amis, nobles et puissants, à Toulouse, pour « expulser les Français de ce pays ». Au reste, Saisset était prêt à laisser Pamiers au comte, et Pamiers n'appartenait pas au royaume : c'était en soi un royaume, au même titre que la France. Pour une telle entreprise, on aurait naturellement l'alliance de l'Armagnac. On trouverait celle de l'Aragon au prix d'un mariage, Gaston de Foix, fils aîné du comte, épousant une princesse d'Aragon au lieu de la Capétienne, petite-fille de Robert d'Artois, à laquelle il était fiancé. Pour négocier tout cela, il fallait de l'argent : Saisset en avait.

Philippe le Bel n'était pas de la droite lignée des rois de France, celle de Charlemagne. L'argument développé par Saisset fait sourire, surtout si l'on note que les Capétiens régnaient alors depuis plus de trois siècles, alors que les Carolingiens n'avaient guère duré que deux siècles, déclin compris. Dans les années

1300, il n'y avait pas de quoi sourire. Tout le monde savait que Charlemagne avait transporté en Occident la royauté chrétienne par la grâce du Siège apostolique, et que le pape avait eu part au changement de dynastie. Hugues Capet n'aurait pu en dire autant. L'argument de l'évêque de Pamiers était de ceux que pouvait entendre, un jour, un Boniface VIII. Quant à la noblesse, elle se nourrissait encore de la lecture des grands poèmes épiques où Charlemagne tenait un rôle de premier plan. Si la matière s'en était organisée depuis le XIe siècle, les chansons de geste étaient encore à la mode au XIIIe, et l'on ne cessait d'en écrire de nouvelles versions. Pour les esprits bercés par la geste du roi, le roi de France, c'était par excellence celui dont les maîtres d'œuvre de Chartres avaient fait, vers 1220, le héros d'une verrière entière : Charlemagne.

Non seulement Philippe le Bel ne descendait pas de Charlemagne, mais encore sa mère était une bâtarde. Quant au roi lui-même, il se révélait incapable de gouverner. Il laissait toute l'autorité à ses courtisans. Le seul moyen d'en obtenir quelque chose était de leur distribuer des cadeaux. Tout, à la Cour, était pourri.

Et l'évêque de rappeler ce qu'il répétait à qui voulait l'entendre mais qui prenait une particulière résonance pour le comte de Foix : saint Louis l'avait prédit, après son petit-fils, la couronne de France passerait en une autre famille.

Vers la même époque, semble-t-il, Saisset faisait proposer au comte de Comminges un héritage auquel il pouvait prétendre comme rejeton de l'ancienne maison de Saint-Gilles : ce n'était rien de moins que le comté de Toulouse. Avec l'aide du pape, assurait encore Saisset, on se débarrasserait aisément de l'évêque de Toulouse, Pierre de la Chapelle-Taillefer, un Parisien qui parlait la langue d'oil et que, pour cette raison entre autres, les Toulousains haïssaient cordialement.

Pour désireux qu'ils fussent d'agrandir leur bien et d'aller vers un grand destin, Bernard de Comminges et Roger-Bernard de Foix comprirent — sans se concerter — que tremper en de telles affaires pouvait les mener plus bas que le comte de Flandre. Roger-Bernard raconta tout à l'évêque de Toulouse, et Pierre de la Chapelle-Taillefer se chargea de prévenir le roi. Lorsque cette information parvint à Paris, les dénonciations s'accumulaient déjà contre Saisset. L'évêque de Pamiers avait trop parlé, et avait mis une ardeur aussi visible que désordonnée à unir les princes languedociens — Foix, Comminges, Armagnac — en une vaste coalition anti-française. C'étaient les grands-parents de ces princes qui avaient subi le déferlement des Français du Nord, croisés contre les cathares. Le souvenir de la conquête et de ses violences était encore vivace, et Saisset pensait qu'il allait être facile de l'exploiter.

L'enquête royale.

Pierre Flote vit dans l'affaire une occasion de frapper à la fois plusieurs coups, dont chacun devenait urgent : anéantir une menace déjà très réelle, prévenir d'éventuelles imitations, faire pièce aux Anglo-Gascons en fixant Foix dans son rôle de champion du roi en Languedoc.

Deux conseillers du roi, Richard Le Neveu et Jean de Picquigny, prirent le chemin de Toulouse. Selon l'usage, fondé sur les nécessités de la procédure, on avait désigné un clerc et un chevalier. En mai 1301, ils étaient à pied d'œuvre et montraient les lettres qui les instituaient « enquêteurs royaux » et les chargeaient de veiller à la réformation des abus de l'administration et de la justice. On avait déjà vu des enquêteurs-réformateurs. Nul ne soupçonna ceux-ci d'être en réalité porteurs d'un acte d'accusation en dix articles contre l'évêque de Pamiers.

Cependant que Saisset était cité à comparaître devant eux pour une banale affaire de juridiction et que le sénéchal prenait toutes dispositions pour placer sous séquestre royal les domaines de l'évêque, une quinzaine de témoins se succédaient devant les enquêteurs pour confirmer et préciser l'acte d'accusation. Seuls, deux dominicains, le prieur et l'ancien inquisiteur de Pamiers, tentèrent de disculper l'évêque, du moins quant à certains griefs. C'est ainsi qu'ils déclarèrent que tels propos, dont on ne pouvait nier la réalité puisqu'ils avaient été tenus en public, étaient tout bonnement le fait de l'après-boire...

Saisset réagit avec une promptitude qui bouleversa tout ce que les gens du roi avaient prévu quant à la procédure. Il vint à Toulouse, protesta contre le séquestre — un peu hâtivement mis à exécution — et contre l'arrestation de ses procureurs, déclara qu'il ne comparaîtrait en personne devant les enquêteurs que si ces derniers venaient dans le diocèse de Pamiers. Puis il rentra chez lui. Aussi bien sa décision était-elle prise, et il n'en fit aucun mystère : il allait se rendre à Rome pour y exposer ses doléances à Boniface VIII, qui l'avait toujours eu en amitié.

Imprudence ou provocation ? Saisset eut en tout cas la maladresse de dépêcher à son supérieur hiérarchique l'archevêque de Narbonne Gilles Aycelin et au roi lui-même l'un de ses familiers, l'abbé du Mas d'Azil, afin de les informer de ce prochain voyage. Mieux encore, Saisset demandait au roi s'il avait quelque commission pour le pape !

On hésite entre trois explications, dont aucune ne satisfait vraiment. Volonté de narguer le roi ? Précaution contre une éventuelle accusation de fuite ? Naïveté ? A moins que l'évêque, se croyant bientôt cardinal et pensant que tout lui était déjà permis, n'ait été saisi de vertige ?

Il faut cependant songer à la dissociation entre le procès qu'on allait faire à l'évêque de Pamiers et celui qu'il faisait au roi, entre le conflit de juridiction qu'on lui mettait sous le nez et l'affaire de trahison, qui dictait sa haine mais dont il ignorait qu'elle était la vraie raison de la machine montée contre lui. Il savait cependant que l'attention des enquêteurs était spécialement fixée sur lui : de tous les prélats languedociens, qui avaient tous des conflits de juridiction avec les officiers royaux, il était le seul dont on eût séquestré le temporel, prélude évident à une affaire sérieuse. Peut-être doit-on penser que Bernard Saisset, agacé par une attaque dont il n'entrevoyait pas la portée, cherchait par une feinte naïveté à faire se démasquer le roi et son Conseil. Au reste, s'il était parti pour Rome sans rien dire, les sergents à cheval du roi l'eussent rattrapé sans peine avant le Rhône.

Maladresse, précaution ou feinte, la manœuvre apporta sa réponse. Dans la nuit du 12 au 13 juillet 1301, Jean de Picquigny arrivait à Pamiers, faisait ouvrir, à force de l'ébranler, la porte du palais épiscopal et, ordonnant à l'évêque qui dormait déjà de se lever sur-le-champ, lui notifiait une citation — verbale, l'évêque protesta là-contre — à comparaître un mois plus tard devant la Cour du roi.

On peut être sûr que, dans ce temps, le roi n'avait pu être prévenu de l'insolence de son adversaire et donner de tels ordres. Picquigny et Le Neveu prenaient seuls leurs responsabilités.

L'évêque de Pamiers se ressaisit rapidement. Dès le surlendemain, il envoya à Picquigny trois de ses familiers — son camérier, son trésorier et son viguier — pour l'inviter à déjeuner. Leur maître souhaitait, précisèrent-ils, obtenir un délai de comparution plus long : il se faisait vieux et infirme — il devait être sexagénaire — et la route était longue jusqu'à Paris. Picquigny oublia de plaindre l'évêque et fit arrêter ses émissaires. Pendant ce temps, les sergents occupaient le palais épiscopal et procédaient à une perquisition minutieuse, fouillant les meubles et les bagages, soulevant la literie, retournant les archives. Hors de la ville, on fit de même dans les maisons que possédait l'évêque dans ses différents domaines.

Saisset changea d'avis : aller devant le roi devenait chose urgente. Ne parlant plus de délai, il demanda à Picquigny de lui laisser au moins l'argent du voyage. Il obtint cinq cents livres : ce qu'aurait à peu près reçu un sénéchal pour une mission de six mois. L'évêque avait une autre idée de sa dignité et de son train de vie : il jugea la somme insuffisante. Pendant qu'il y était, il exigea qu'on lui rendît ses archives — séquestrées en même temps que le trésor — et en particulier les pièces qu'il souhaitait produire à Rome. Toutes ces protestations demeurèrent vaines. Au plus Saisset eut-il la possibilité d'envoyer à Paris un courrier chargé de rattraper l'abbé du Mas d'Azil et de le mettre au courant des développements dramatiques de l'affaire.

Envoyés à Toulouse, où ils furent bientôt rejoints en prison par un jeune noble de leurs amis, les prisonniers furent « questionnés » selon la procédure du temps, c'est-à-dire soumis à cette sorte d'épreuve judiciaire qu'était la torture, variante de l'ordalie, ou jugement de Dieu. Le damoiseau se tut et mourut des suites de l'interrogatoire. Les trois clercs n'avaient aucune vocation au martyre : ils avouèrent tout ce que voulurent les gens du roi. On les expédia, sous bonne garde, à Paris.

Jean de Picquigny prit alors le chemin du retour. Il rapportait au roi le procès-verbal des vingt-trois dépositions à charge, un long document qui faisait écho à l'acte d'accusation dont le même Picquigny était chargé à l'aller.

Les enquêteurs furent devancés auprès du roi par l'archevêque de Narbonne, que l'abbé du Mas d'Azil avait réussi à prévenir. Gilles Aycelin était des plus écoutés au Conseil royal, même si l'on suivait peu ses avis. Il était aussi l'archevêque dont dépendait le diocèse de Pamiers. Devant le Conseil, cet excellent juriste, qu'un sincère dévouement au roi ne privait pas de sens critique et qui jugeait sévèrement les risques encourus par le roi en raison du zèle excessif de ses serviteurs, osa prendre la parole contre une procédure irrégulière, où l'on avait passé outre aux privilèges de l'archevêque autant qu'à ceux de l'évêque fautif.

Le roi assura Aycelin qu'il n'avait pas de plus cher désir que de savoir Saisset innocent. C'est pourquoi il le citait à comparaître pour la fin de septembre — on était fin juillet — et révoquait jusque-là les mesures de contrainte, c'est-à-dire les arrestations et la saisie. Des lettres furent remises, en ce sens, à l'abbé du Mas d'Azil.

Vaine générosité, d'ailleurs, car Picquigny, que l'abbé rencontra en route, déclara n'obéir aux ordres que s'il entendait de ses oreilles le roi les lui donner. Quant à Richard Le Neveu, qui demeurait à Toulouse, il trouva moyen d'atermoyer pour ne pas s'exécuter. Les enquêteurs avaient d'ailleurs fort bien interprété la pensée du roi, sans doute perceptible pour des membres du Conseil à travers le vague des formules de chancellerie obtenues à grand-peine par Aycelin : dans le même temps, en effet, que l'abbé du Mas d'Azil regagnait Toulouse avec ces lettres apparemment favorables à l'évêque de Pamiers, le maître des arbalétriers Jean de Burlas prenait le chemin du Languedoc pour ramener à Paris Bernard Saisset. Le voyage, qui se fit, sous bonne garde, au fort des chaleurs de l'été, laissa comprendre à tous que l'évêque était pratiquement prisonnier.

Le procès de Senlis.

Dès lors, l'affaire se joua rapidement, en trois actes. Le premier eut lieu à Senlis, où était le roi, le 24 octobre. Sous couleur de garantir les droits de l'évêque et la rectitude de la procédure, Flote avait été assez habile pour s'assurer de la présence de deux témoins : Gilles Aycelin et le légat pontifical en Angleterre, Nicolas Alberti, qui s'était arrêté chez Philippe le Bel sur le chemin du retour et plaidait au nom du pape pour l'élargissement de Bernard Saisset.

La Cour du roi était constituée, sans beaucoup de rigueur dans sa définition. Evêques, abbés, clercs de la Chancellerie et de l'Hôtel voisinaient là avec les princes capétiens, avec quelques grands barons, avec de nombreux « chevaliers du roi ». Il y avait même quelques bourgeois. Philippe le Bel présidait.

Un porte-parole — Flote, peut-on penser — donna lecture d'un long acte d'accusation, fondé sur les crimes d'hérésie, de trahison et de lèse-majesté. Pour mettre le légat dans l'embarras, on insista sur les propos qu'avait tenus Saisset contre le pape — traité par lui de « diable incarné » — malgré la protection pontificale dont il était patent que l'évêque de Pamiers avait toujours bénéficié. On rappela qu'il avait un jour déclaré que saint Louis était en enfer et que Boniface VIII l'avait canonisé au mépris de Dieu et de la vérité.

Les témoins furent appelés : du moins, quelques-uns d'entre eux. Ils prêtèrent serment, et maintinrent leur témoignage. Certains en rajoutèrent même.

Le roi consulta son entourage, puis, rapidement, l'assemblée. L'affaire était à ce point connue du public — et, pourrions-nous ajouter, le danger était à ce point considérable — qu'il n'était plus possible de dissimuler le tout et de s'arranger. En attendant de poursuivre la procédure, c'est-à-dire de le priver de ses bénéfices ecclésiastiques et de le faire condamner par la Cour royale, l'évêque de Pamiers devait être incarcéré. Gilles Aycelin était son archevêque : le roi lui signifia qu'il eût à se charger de cette garde. Il appartenait à son office archiépiscopal, ajouta le roi, de concourir à la manifestation de la justice. Naturellement, Philippe le Bel savait fort bien qu'Aycelin n'avait à Senlis ni forteresse ni garnison. Il s'offrait donc à procurer l'un et l'autre à l'archevêque de Narbonne.

Aycelin n'avait pas perdu le sens. Emprisonner à Narbonne un évêque de sa province convaincu d'hérésie eût été une chose. C'en était une autre d'emprisonner à Senlis, donc en une ville où il n'avait nulle compétence ecclésiastique, un évêque accusé de trahison et déféré par un prince séculier devant une justice laïque. Il y avait deux hommes dans le légiste : l'archevêque l'emporta sur le conseiller royal. Peu soucieux de servir de caution ecclésiastique à une prison royale, Aycelin répondit fermement au roi qu'il devait au préalable consulter les évêques de la province et le pape.

Saisset n'était encore que spectateur du drame où se jouait son destin. Ce que l'assemblée prit pour une collusion de l'évêque et de son archevêque, et qui pouvait justement passer pour le plus sûr moyen d'enterrer l'affaire, déclencha un tumulte au cours duquel, menacé de mort par quelques chevaliers excités, Saisset prit le parti de demander lui-même la prison archiépiscopale. Au moins pensait-il que son archevêque lui épargnerait le pire. Aycelin maintint son refus, et l'assemblée se sépara sans avoir pris d'autre décision, laissant le maître des arbalétriers placer des gardes à la porte du logis de l'évêque de Pamiers. Aycelin vint seulement demander qu'aucun soldat ne couchât dans la chambre même du prélat captif.

Le deuxième acte se joua quatre jours plus tard, le 28 octobre, chez le roi. L'archevêque de Narbonne et le légat représentèrent à Philippe le Bel que le seul juge possible, c'était le pape. En attendant que la question fût tranchée, Aycelin s'offrait à garder Saisset, pour peu qu'on le conduisît dans la province de Narbonne. Visiblement, il ne voulait toujours ni se brouiller avec son maître le roi, ni violer le droit canonique en usurpant une fonction de justice hors de sa province. Le roi refusa sèchement. Avec une ironie glaciale, il demanda au légat s'il se chargeait de garder Saisset. C'était un temps pour rien.

LE CONCILE DE COMPIÈGNE.

L'évêque de Senlis n'avait, en tout cela, pas bronché. On était chez lui, et ses prérogatives semblaient oubliées de tous. Mais qu'y pouvait-il ?

En revanche, l'archevêque de Reims ne l'entendit pas ainsi. Apparenté à toutes les familles princières d'Europe, y compris, on l'a vu, à la famille capétienne, Robert de Courtenay se faisait de son siège archiépiscopal une trop haute idée pour tolérer longtemps qu'on violât dans sa province son privilège de juridiction. Il convoqua d'urgence ses suffragants en un concile provincial, qu'il affecta de tenir à Compiègne, c'est-à-dire à deux heures de route de la cour établie à Senlis.

Là, le 22 novembre, il promulgua deux canons qui frappaient automatiquement d'interdit tout lieu où serait arrêté ou détenu par la justice laïque quelque clerc que ce fût. L'interdit, c'était l'interdiction de tout culte, de tout baptême, de toute sépulture religieuse. La peine était redoutée des princes car, en frappant les populations, elle faisait courir le risque politique d'un grave mécontentement. Celui dont les terres étaient frappées d'interdit, c'était celui par qui le scandale arrivait.

Parvenant à Senlis dans la soirée, la nouvelle plongea la Cour dans le désarroi. C'était bien ce qu'avait espéré Robert de Courtenay. On allait maintenant vers une épreuve de force entre le roi et une partie de l'épiscopat. La personne de Saisset s'estompait. Le véritable enjeu de l'affaire, c'était désormais la raison d'Etat, le droit du roi à passer outre aux fondements du droit de l'Eglise.

Les canons conciliaires sont des actes immédiatement exécutoires. Philippe le Bel et Flote n'avaient que quelques heures pour réagir, c'est-à-dire pour perdre la face en libérant Saisset ou pour trouver le moyen de placer dans une prison ecclésiastique de la province de Reims un évêque de la province de Narbonne, ce que, les crimes imputés à Saisset ayant été commis à Pamiers, le droit canonique condamnait autant que le maintien de l'évêque dans une prison laïque.

Les légistes du Conseil trouvèrent dans cette même soirée une réplique qui tenait du tour de passe-passe. Puisqu'on ne pouvait, sauf à le libérer, renvoyer Bernard Saisset en Languedoc pour y être canoniquement incarcéré, on allait faire d'un lopin de terre du diocèse de Senlis une partie fictive de la province de Narbonne. Par une concession purement formelle, qui ne les menait pas à céder sur les principes, les évêques pouvaient éviter le conflit ouvert, sans se renier pour autant. Fermement prié de laisser tomber ses derniers scrupules, Aycelin se retrancha derrière l'avis de ses pairs.

Assemblés d'urgence le lendemain, hors de la présence du roi mais énergiquement admonestés par le comte d'Artois, une quinzaine d'évêques présents à la Cour et de clercs du roi donnèrent l'avis favorable qu'on attendait d'eux. Il ne s'en trouva qu'un, l'archevêque d'Auch, pour prôner le renvoi à Narbonne. Les autres opinèrent que l'archevêque de Narbonne devait, dans l'intérêt de la justice, assurer la garde et par conséquent la protection de l'évêque de Pamiers en un territoire à lui cédé, et cela en attendant la décision du pape. Tout le monde avait envie de sortir de l'impasse : l'archevêque de Reims et l'évêque de Senlis cédèrent à la province de Narbonne le territoire sur lequel s'élevait l'hôtel où Saisset tenait prison. Aycelin l'accepta, et y mit ses propres gardes.

La notion d'enclave territoriale n'était pas étrangère aux

hommes de ce temps, et la carte ecclésiastique en montrait d'aussi remarquables que la carte féodale. Mais on n'avait jamais vu une enclave aussi lointaine. Il est difficile de penser que l'ingéniosité de la solution ne fît pas rire aux dépens des prélats ceux que la mauvaise foi du roi et de son Conseil ne mettait pas en colère. Philippe le Bel triomphait : loin du terrain de ses complots, Bernard Saisset était en prison. L'affaire, maintenant, pouvait durer.

BERNARD DÉLICIEUX ET L'INQUISITION.

En Languedoc, cependant, les esprits étaient beaucoup plus préoccupés d'un nouvel épisode de l'histoire, déjà séculaire, de la chasse aux hérétiques. Le catharisme, qui n'en finissait pas de renaître de ses cendres, offrait, à la faveur d'une circonstance fortuite, un nouveau terrain à la vieille rivalité des deux grands ordres « mendiants ». Les dominicains, qui avaient le monopole de l'Inquisition contre les hérétiques, s'en étaient malencontreusement pris à la mémoire d'un riche bourgeois de Carcassonne, Castel Fabri, que les franciscains avaient assisté dans sa dernière maladie. De surcroît, Castel Fabri s'était montré tout à fait généreux envers l'ordre de saint François, et les frères mineurs l'avaient, par reconnaissance, enterré dans leur propre cimetière. Autant dire que l'ordre franciscain se jugeait, à Carcassonne, diffamé par le procès d'hérésie fait à la mémoire d'un de ses fidèles, et cela en un temps où une fraction importante de leur ordre — les « spirituels » — donnait dans une théologie aux relents de catharisme.

L'éviction de Célestin V avait mis à mal les tendances « évangéliques » auxquelles se rattachaient plus ou moins tous les franciscains, même lorsqu'ils n'approuvaient pas les excès des spirituels. En bref, dans ces années 1300, les franciscains se sentaient brimés. En Languedoc, où les dominicains parlaient haut et faisaient trembler quiconque savait ce qu'il en coûtait d'être convaincu d'hérésie, les franciscains songeaient aux moyens de briser le monopole de leurs rivaux. Pourquoi, se demandaient-ils, n'auraient-ils pas part à la défense de la foi par l'Inquisition, autrement dit pourquoi n'auraient-ils pas, eux aussi, le droit de définir ce qui est orthodoxe et ce qui ne l'est pas ?

C'est alors qu'on vit partir en guerre contre l'Inquisition quelques esprits ardents. Contre l'Inquisition, cela signifiait contre le Saint-Siège, contre le roi, contre les Français du Nord et contre les dominicains, tous unis en une même haine. Au premier rang de ces esprits ardents, un jeune franciscain : le frère Bernard Délicieux.

C'était un religieux vif et indépendant, dont le couvent de Carcassonne avait fait son « lecteur ». Dans l'affaire Fabri, que ses frères le chargèrent de suivre pour y défendre les intérêts moraux de l'ordre, Bernard Délicieux vit immédiatement l'occasion de pourfendre l'ordre rival. Il se fit le défenseur du bourgeois suspect, un défenseur que l'inquisiteur refusa rapidement d'écouter. Indigné, le jeune franciscain se forma alors de toutes les calamités qui s'abattaient sur le Midi un ennemi commun, où il confondit l'Inquisition et la monarchie de langue d'oil, l'inquisiteur de Carcassonne Nicolas d'Abbeville et celui de Toulouse Foulque de Saint-Georges. Il alla vite trop loin dans son exaltation : à force d'attaquer, il devint lui-même suspect.

Dès lors, c'était la fuite en avant. Protégé par la complicité des franciscains qui l'avaient fait lecteur au couvent de Narbonne, soutenu par une fraction du clergé séculier que lassait l'arrogance des dominicains et la faveur dont ils jouissaient à Paris comme à Rome, Bernard Délicieux alla au-devant des enquêteurs-réformateurs envoyés par le roi en Languedoc. Jean de Picquigny et Richard Le Neveu avaient déjà Bernard Saisset sur les bras ; ils se méfièrent de ce qui leur apparut dès l'abord comme une inutile complication de leur mission.

Mais le frère Bernard leur racontait des choses étranges : l'évêque d'Albi, avec la complicité de l'inquisiteur de Toulouse, mettait l'Inquisition au service de ses intérêts politiques, naturellement opposés à ceux que servaient les officiers royaux. Picquigny et Le Neveu ne purent éviter de dresser l'oreille. L'Inquisition était nécessaire pour maintenir l'ordre, mais les excès des inquisiteurs ne faisaient qu'entretenir les troubles. A maintes reprises, déjà, les gens du roi avaient dû s'en mêler pour calmer l'ardeur des dominicains. Picquigny et Le Neveu n'hésitèrent donc pas : ils réprimandèrent l'inquisiteur de Toulouse. Et Foulque de Saint-Georges de protester qu'on encourageait ainsi, au nom du roi, les hérétiques.

Bernard Délicieux se trouva conforté par ce premier succès. Aussitôt, le voilà qui réunit dans chaque ville les mécontents. Il se fit l'avocat des femmes des bourgeois d'Albi emprisonnés pour hérésie — on disait « emmurés », tant leur cachot est sombre — et convoqua finalement à Toulouse les notables d'Albi et de Carcassonne pour qu'ils pussent témoigner devant les enquêteurs royaux de tout ce qu'on reprochait à l'Inquisition.

A ce moment, Picquigny et Le Neveu commencèrent de sentir la conspiration. Mais qu'y pouvaient-ils ? L'affaire leur parut trop sérieuse pour être traitée sur-le-champ : ils allaient faire rapport au roi.

Qu'à cela ne tînt : les villes de Languedoc désignèrent des procureurs pour les accompagner dans leur voyage. Tout ce monde prit le chemin de Paris et rejoignit finalement le roi à Senlis, en octobre 1301, alors que les esprits n'étaient préoccupés que d'une chose : le procès fait et à faire à Bernard Saisset. Pour la cour, Pamiers, Albi et Carcassonne, ç'allait être bientôt tout un.

LE ROI FACE A L'INQUISITION.

On sait à quel point Philippe le Bel réprouvait tout ce qui ressemblait à de l'agitation. La véhémence de Bernard Délicieux avait de quoi l'agacer, mais le roi ne pouvait négliger la caution qu'apportait aux principales accusations l'enquêteur-réformateur Jean de Picquigny. Picquigny n'était ni languedocien ni franciscain. C'était le vidame d'Amiens, l'un des plus nobles chevaliers du royaume. Face à cette coalition, que soutenait discrètement frère Durand, le confesseur franciscain de la reine Jeanne, et face à des témoins aussi précis que nombreux, Foulque de Saint-Georges baissa la tête.

Philippe le Bel était indigné des abus qu'on lui rapportait, comme il allait être, quelques années plus tard, indigné des révélations qu'on lui ferait à l'encontre des templiers. Le roi s'indignait d'autant plus facilement que son intérêt coïncidait avec son sentiment.

Quelques cathares de plus ou de moins ne mettaient pas en péril l'autorité royale en Languedoc, surtout lorsque ces cathares l'étaient fort peu. On les voyait mal faisant le jeu du duc-roi de

Guyenne. On voyait en revanche fort bien quel parti pourraient tirer les Anglo-Gascons d'une rébellion languedocienne, également propre à susciter des convoitises en Aragon et en Castille. La solution de l'affaire de Guyenne passait donc par une très ferme surveillance de tout ce qui constituerait une provocation à l'égard des populations de l'Albigeois et du Toulousain. Or les deux causes, totalement étrangères l'une à l'autre en leur début, n'en faisaient plus qu'une si les excès de l'Inquisition dénoncés par les Bernard Délicieux, apportaient aux Bernard Saisset une justification et une clientèle.

Philippe le Bel se rangeait donc dans le camp des adversaires de l'Inquisition. Toute sa colère tomba, en une algarade publique, sur son confesseur dominicain, frère Nicolas, le futur cardinal de Fréauville.

Au vrai, le roi n'était pas fâché de brider un peu le pouvoir des inquisiteurs, représentants intouchables de l'autorité pontificale : leur influence éclipsait trop souvent, en Languedoc plus qu'ailleurs, celle des officiers royaux.

Pour la bonne forme, il condamna l'évêque d'Albi à une amende. A l'évêque de Toulouse, qui venait de fournir dans l'affaire Saisset la démonstration de sa loyauté, il donna ordre de rogner au plus près les prérogatives de l'Inquisition. Vexation suprême pour les dominicains, il soumit l'arrestation de tout suspect d'hérésie à l'avis d'une commission dogmatique composée de franciscains autant que de dominicains. C'était entamer gravement le monopole de la défense de l'orthodoxie, cependant confié par le Siège apostolique aux dominicains et à eux seuls.

Philippe le Bel n'était pas mécontent, non plus, de se présenter en défenseur de l'orthodoxie alors même qu'il violait ouvertement, à travers tout le royaume, les privilèges de juridiction des clercs : à la longue liste d'accusations portées contre Bernard Saisset, liste que Pierre Flote se préparait à faire porter à Rome, on ajouta en dernière minute des articles qui faisaient de l'évêque de Pamiers un hérétique, un simoniaque et un blasphémateur. Comme cela, nul ne pouvait s'y tromper, ni en France ni à la Curie : l'inquisiteur de France, c'était bel et bien le roi.

L'évêque de Toulouse, qui était à Paris, crut de son devoir de rappeler à Philippe le Bel que l'inquisiteur de Toulouse avait toujours la confiance de son ordre. Lors d'une assemblée tenue aux Jacobins, le couvent parisien de la rue Saint-Jacques, le chapitre des frères prêcheurs en avait même délibéré : les dominicains faisaient, consciemment, un affront au roi. Celui-ci le prit bien ainsi, et l'écrivit à son chapelain, lui-même dominicain :

> Les auteurs de cette résolution se sont plutôt proposé notre déshonneur et la flétrissure de tout un peuple que le profit de l'Eglise et la punition des excès.

Philippe le Bel était homme à n'oublier jamais l'injure. Mais le pape était derrière les prêcheurs, et le roi savait refréner ses passions. Il proposa un compromis. Que l'on changeât simplement d'inquisiteur à Toulouse. L'ordre refusa. Le roi, cette fois en colère, fit interdire à Foulque de Saint-Georges l'exercice de sa fonction : pour tous les mécontents, l'inquisiteur de Toulouse — qui n'en pouvait mais — était devenu le vivant symbole de l'opposition à l'autorité royale. Dans son dessin général, le front était simple, s'il était sinueux dans le détail : d'un côté le roi, qui soutenait les populations languedociennes, de l'autre le pape, qui soutenait l'inquisition dominicaine.

L'affaire dura jusqu'en juin 1302, date à laquelle tout le monde s'avisa des avantages d'un compromis. Le roi ne tenait pas à s'aliéner une notable partie du clergé français, et les dominicains jugeaient imprudent de demeurer dans une hostilité systématique au roi alors que le soutien pontifical risquait de n'avoir plus, à brève échéance, la moindre efficacité. Le chapitre général révoqua Saint-Georges, et le roi rendit à l'Inquisition l'appui du bras séculier. L'appui et le contrôle, car l'exécution des sentences dépendit désormais de Jean de Picquigny, lequel laissa emprisonner mais s'arrangea pour ne laisser brûler personne.

La population du Languedoc crut qu'elle avait éliminé une tyrannie. Les dominicains furent conspués en chaire. Les consuls d'Albi firent, par dérision, remplacer sur une porte de la ville le portrait de saint Dominique par celui de Jean de Picquigny et de Richard Le Neveu. Les inquisiteurs en entendirent de toutes les couleurs et se dirent qu'à composer ils n'avaient rien gagné. Ils redoublèrent de vigueur dans leur action.

Picquigny et Bernard Délicieux s'entendirent pour en appeler de nouveau au roi. Mais le franciscain manqua de discrétion et l'enquêteur royal fit un fâcheux effet en soutenant contre l'Inquisition de prétendus hérétiques. Parcourant le Languedoc, l'infatigable prédicateur finit par inquiéter même ceux qui se sentaient une foi pure de toute hérésie et n'avaient jamais songé que l'Inquisition pût un jour frapper à leur porte. A Gaillac, à Rabastens, à Cordes, à Alet et en bien d'autres villes, Bernard Délicieux constitua une sorte de conjuration de l'anxiété, dont il fit même cotiser les membres. Lorsqu'il reparut devant Picquigny, il était entouré d'une véritable foule.

L'enquêteur-réformateur donna des apaisements, des bonnes paroles. Mais il s'inquiéta de la tournure que prenaient les événements. On savait que le franciscain prêchait désormais, très ouvertement, l'insurrection et qu'il excitait, de sa chaire, le peuple contre les dominicains et tout ce qu'ils représentaient.

A Carcassonne, en août 1303, une émeute suivit sa harangue, et l'on pilla avec fureur la maison de quelques notables plus ou moins liés avec l'Inquisition. Le « roi » des bourgeois de Carcassonne, un homme riche et considéré, nommé Elie Patrice, assumait en fait, sans droit ni titre, le gouvernement de la ville. La milice urbaine qu'il commandait s'était substituée aux sergents royaux. Tout cela laissait craindre le pire.

Le retournement.

Les dominicains saisirent l'occasion d'une telle cascade d'impudences. Il n'était que temps : l'opinion publique se dressait, dans son ensemble, contre eux. De surcroît, les actions du Languedoc montaient au Conseil royal, avec l'accession au pouvoir de Nogaret, ce petit-fils de cathare que l'on savait peu porté à la tendresse envers les dominicains et envers le pape qui les soutenait. Mais ni Philippe le Bel ni Nogaret ne souhaitaient encourager un mouvement qui poussait au désordre. L'autorité royale avait tout à gagner quand elle jouait des concurrences locales pour mieux s'asseoir, tout à perdre si elle cautionnait l'anarchie.

Une visite de Picquigny et Le Neveu à Carcassonne, où la surexcitation populaire faisait à chaque instant frôler le drame, les convainquit qu'on était allé trop loin en aidant au déclin de l'Inquisition. Le peuple voulait avant tout la libération des bourgeois retenus dans la prison des inquisiteurs. On pouvait craindre qu'il ne forçât les portes de la prison si les commissaires royaux ne libéraient sur-le-champ les « emmurés ».

Le plus urgent était d'éviter une insurrection qui eût mêlé dans une commune hostilité le roi et l'Inquisition. Picquigny prit alors des risques : malgré les sommations d'un dominicain qui lui rappelait que là s'arrêtait la justice du roi et commençait celle de l'Eglise, il fit ouvrir de force la prison et libéra les captifs.

On était alors à la fin d'août 1303. Nogaret était en Italie, cherchant à voir Boniface VIII ; il ne devait le trouver qu'à Anagni, dans le drame que l'on sait. Dans ces mêmes jours où Nogaret tentait de forcer le palais pontifical, Picquigny violait à Carcassonne la justice d'Eglise et, sans les mettre pour autant en entière liberté, transférait dans une prison hâtivement aménagée dans les tours de l'enceinte urbaine des gens que le droit considérait toujours comme des hérétiques condamnés par l'Inquisition. Du point de vue du roi de France, l'incident de Carcassonne est peut-être plus grave que celui d'Anagni. On aurait, en tout cas, sans le second, parlé longtemps du premier.

L'escalade de la violence ne cessa pas. Début septembre, le portail de l'église des prêcheurs de Carcassonne fut enfoncé. Les vitraux furent brisés. Même les moins timorés parmi les bourgeois eurent peur.

On se prit à espérer l'intervention du roi. Mais Picquigny, que l'inquisiteur de Toulouse, Geoffroi d'Ablis, avait excommunié, n'était plus en état d'agir efficacement. Il faisait désormais figure de partisan. C'est d'ailleurs comme un véritable conseiller de Bernard Délicieux que nous le voyons continuer de s'employer : c'est à cette époque que, dans une évidente ignorance de ce qui se passait à Anagni, Picquigny confia au bouillant franciscain le soin de rédiger un appel au pape.

A cette date, Philippe le Bel ignorait, lui aussi, ce qui se passait à Anagni. Mais il ne lui déplaisait pas de laisser la population du Languedoc se concerter — et cotiser — pour intenter à Rome un double procès d'appel contre l'Inquisition dominicaine : l'un en faveur des prétendus hérétiques, dont on affectait de penser qu'ils seraient en grand danger si Picquigny les faisait sortir de leur nouvelle prison, l'autre en faveur de Picquigny lui-même. Le ton d'une lettre des Albigeois à la reine Jeanne, dont le confesseur était, rappelons-le, franciscain, suffit à indiquer la communauté d'intérêts dont pouvait jouer la politique royale :

Nous le clamons tous, hommes et femmes, jeunes gens et jeunes filles, vieillards et enfants, à vous qui êtes tout notre espoir, la douce piété de la majesté royale nous a envoyé ces hommes vénérables (Jean, vidame d'Amiens, seigneur de Picquigny, chevalier du roi, et Richard Le Neveu, archidiacre d'Auge dans l'église de Lisieux, clerc du roi) afin que cette terre, qui a souvent ressenti votre amour, soit par leur ministère de plus en plus élevée dans la dilection de notre seigneur le roi, que la bonne réputation soit rendue aux innocents et que paix et concorde soient accordées à tous, et afin qu'un pays aussi vaste, et qui vous est aussi fidèle, ne soit pas exposé à la calomnie et aux troubles les plus dangereux.

Le voyage du roi en Languedoc.

Le tout était donc, pour le roi, de mesurer avec sagacité le temps de l'intervention en Languedoc. Philippe le Bel ne savait pas, avant novembre, qu'il n'avait plus besoin d'un levier politique contre Boniface VIII. Si Boniface avait encore été là, il eût été malencontreux d'apaiser trop tôt le Languedoc. Il n'eût pas été moins fâcheux d'arriver trop tard. La décision fut prise d'un voyage — le seul du genre en trente ans de règne — qui mènerait le roi et la Cour à Toulouse pour les fêtes de Noël.

Dans l'esprit de Philippe le Bel, l'objet du voyage était bien d'aller mettre au pas les dominicains. Bernard Délicieux, Elie Patrice et tout leur état-major, venus à la cour en octobre, l'en avaient supplié avec véhémence. La reine Jeanne l'y poussait, que poussait son confesseur, rival en influence du confesseur dominicain du roi. Peut-être Jeanne de Navarre cherchait-elle, aussi, à jouer pour une fois un rôle politique.

Surtout, le roi et son Conseil s'avisaient qu'il y avait là une merveilleuse occasion de combattre, dans l'ordre qui en était l'agent et le porte-parole, l'influence pontificale au sein du royaume. Que les causes profondes des conflits fussent diverses était secondaire : le roi ne pouvait, alors qu'il était aux prises avec la papauté, laisser inemployé le dynamisme antipontifical des ennemis de l'Inquisition.

L'incident d'Anagni ne changea rien, du moins sur le moment.

Nul ne pouvait deviner ce qu'il en serait du prochain pontificat. Dès que l'on apprit l'issue de la mission italienne de Nogaret, ordre fut donné au légiste de gagner directement le Languedoc, où sa connaissance des hommes et des mentalités pouvait être précieuse. On s'y retrouverait.

Dire que les jeux étaient faits serait cependant négliger le caractère du roi. Philippe le Bel écoutait, et parlait peu. Il n'était pas homme à s'engager d'avance. On lui avait montré les inquisiteurs dominicains comme ceux qui causaient scandale en Languedoc. Encore fallait-il que leurs adversaires ne manquassent pas à leur tour de retenue dans le triomphe. Car le roi pouvait réviser son jugement. Il n'avait pas tempéré l'Inquisition pour fortifier l'hérésie. Quelle qu'en fût l'origine, le trouble de la société n'était pas pour satisfaire le roi de France.

La campagne d'agitation menée par Bernard Délicieux à travers le Languedoc, campagne dont l'objet était de préparer les esprits à la venue du roi, ne pouvait en de telles conditions que se retourner contre son auteur. Philippe le Bel tomba, à Noël, dans un milieu excité, qui correspondait mal à l'idée qu'on se faisait à Paris des victimes de l'Inquisition. Il y avait là le roi et la reine, leurs trois fils, l'archevêque Gilles Aycelin, l'évêque de Béziers Bérenger Frédol, qui allait être bientôt au Sacré-Collège l'homme le plus influent de la Curie — et quelques conseillers du roi, comme Plaisians et Nogaret. Tout ce monde eut tôt fait de voir que la manifestation organisée sur leur passage était un coup monté.

Quelques jours plus tard, le roi reçut les ambassadeurs de Carcassonne et d'Albi. Ils choquèrent par leurs outrances verbales. Ils accusèrent le confesseur du roi, protecteur notoire des dominicains, de faire connaître aux Flamands les secrets du Conseil royal. L'accusation s'appuyait sur un propos du cardinal Le Moine, que l'on savait fâché avec Fréauville. L'affaire en resta là, et porta tort aux dénonciateurs.

Plus qu'un plaidoyer pour les victimes de l'Inquisition, l'audience royale fut un déballage assez extraordinaire d'accusations lancées en vrac contre quiconque n'était pas ennemi déclaré de celle-ci.

Le roi changea de théâtre. Il convoqua Bernard Délicieux à son Conseil, élargi pour la circonstance par la présence des capitouls de Toulouse. Là, on vit que les rôles étaient inversés. Le véhément franciscain dut se défendre. Il le fit maladroitement en protestant qu'il n'y avait plus un seul hérétique en Languedoc. Aycelin et Frédol s'écrièrent qu'il n'en était rien. Délicieux répliqua qu'au tribunal de l'Inquisition les saints apôtres Pierre et Paul eux-mêmes seraient dans l'incapacité de se justifier. C'était un mot de trop : frère Bernard choquait à nouveau le roi. La conclusion fut digne de l'exorde : les précédentes interventions du roi et de son Conseil, assura Délicieux, n'avaient rigoureusement rien changé. Cette fois, Philippe le Bel fut vexé.

Depuis octobre, le monde avait tourné. La politique royale envers l'Eglise n'était plus la même. Le temps était à la conciliation : par lettres patentes du 13 janvier 1304, Philippe le Bel affirma la souveraineté du pape sur l'Inquisition. Il s'interdisait par là de juger lui-même en appel des inquisiteurs. Tout au plus s'autorisait-il à attirer l'attention du Saint-Siège sur les excès commis en son nom. Les délégués des villes languedociennes furent terriblement déçus.

Le roi quitta Toulouse en février. A Carcassonne, il fit une entrée solennelle qu'Elie Patrice avait soigneusement mise en scène pour le convaincre de la fidélité de la ville. Le « roi » de Carcassonne en fit trop. Il ne lâchait pas d'un pied son souverain, que cette sollicitude fatigua. Au pied du grand degré du château, il se lança dans une harangue tout à fait propre à indisposer Philippe le Bel.

> Roi de France !
>
> Détournez-vous, et contemplez cette misérable ville, qui est de votre royaume et que l'on traite si durement !

« On », ce pouvait être le roi. Or le roi de France n'aimait pas qu'on lui fît la leçon. Il fit un geste. Le fâcheux fut écarté par les sergents, et Philippe le Bel monta l'escalier sans le secours de quiconque.

Elie Patrice se répandit à travers les rues, donnant pour consigne aux bourgeois médusés de détacher les bannières de fête et de mettre la ville en deuil. Le roi les abandonnait. Ceux qui ignoraient que le roi avait simplement repoussé les assauts d'un bavard purent croire que Philippe le Bel se rangeait parmi les ennemis, vrais ou imaginés, de Carcassonne.

Quelques jours plus tard, à Béziers, un événement sembla donner raison à ceux qui commençaient à désespérer du roi. Bernard Délicieux, qui ne lâchait pas le souverain d'une semelle, demanda à Guillaume de Nogaret de hâter l'envoi à Rome des suppliques dirigées contre l'Inquisition. Nogaret n'était pas suspect de complicité avec les inquisiteurs, mais il avait de la politique royale une vue d'ensemble. Il répliqua sèchement qu'on y songerait en son temps. Le roi avait de plus urgentes affaires — le mot était dur — et il était d'ailleurs vain d'espérer que le nouveau pape, lui-même dominicain, ne favorisât pas son ordre. « Attendez, conclut Nogaret, des circonstances plus favorables. »

Le légiste avait pris ses responsabilités à Anagni, et sans faiblesse. Mais une fois suffisait. Pas deux. Ce que les ennemis de l'Inquisition, assemblés peu après autour de Bernard Délicieux, traduisirent : « Le roi nous abandonne. »

Au vrai, le roi en avait assez. Lorsque des bourgeois de Carcassonne survinrent, porteurs de deux vases précieux que l'on n'avait pu offrir aux souverains lors de leur séjour à Carcassonne parce que l'ouvrage n'en était pas achevé, Philippe le Bel refusa le présent. Les gens de Carcassonne reçurent le camouflet comme une déclaration de guerre : le roi était contre eux.

Les consuls voulurent s'expliquer. Ils joignirent le roi, à la mi-février, à Montpellier. Philippe le Bel n'accepta même pas de les entendre, mais il profita, en revanche, de leur venue pour leur faire rendre le vase que la reine Jeanne avait imprudemment été heureuse de recevoir la semaine précédente. Ils étaient ridicules.

La trahison.

C'est alors que les notables de Carcassonne, Elie Patrice en tête, cédèrent à la tentation de la trahison. Ils offrirent leur fidélité à Fernand de Majorque, troisième fils du roi Jacques II, que sa couronne de Majorque faisait curieusement, pour la seigneurie de Montpellier, vassal du Capétien. Jacques II était venu faire à son seigneur le roi de France le service de cour prévu par la coutume, service dont l'occasion ne se présentait évidemment pas tous les jours. Fernand l'avait accompagné et profitait de la circonstance pour s'informer des possibilités qui s'offraient à lui de trouver un autre destin que celui, assez peu exaltant, de fils puîné du plus petit roi d'Occident. Des puînés de plus haute fortune, comme Charles de Valois et bientôt Philippe de Poitiers, n'étaient-ils pas en quête d'une principauté, voire d'une couronne ?

Fernand de Majorque et Elie Patrice s'entendirent vite. Le vieux rêve d'un Languedoc indépendant, déjà cher, quelques mois plus tôt, à l'évêque de Pamiers Bernard Saisset, surgissait à nouveau dans ces conciliabules tenus au couvent des franciscains de Nîmes, dans la propre chambre de Bernard Délicieux.

Celui-ci, il est vrai, se tenait à l'écart, ayant assez fait en nouant les fils du complot. Un peu plus tard, il favorisa les entretiens entre consuls de Carcassonne et consuls d'Albi.

L'affaire prenait de l'épaisseur : on allait soustraire le pays à l'autorité d'un roi incapable de le défendre. Bernard Saisset eut un sursaut de prudence : il empêcha le complot d'aller trop loin. Le franciscain était un homme religieux, non un homme politique. Un exalté, non un séditieux. Mais il ne contrôlait plus les gens de Carcassonne qui, derrière Elie Patrice, voulaient aller jusqu'au bout.

Frère Bernard poursuivait toutefois sa prédication contre le roi de France. Pour que ses troupes ne le taxent pas de lâcheté, il était même contraint au radicalisme. Philippe le Bel, disait-il dans son sermon du dimanche de Quasimodo, manque à tous ses devoirs de roi en laissant l'Inquisition faire la loi en France. Le crime de lèse-majesté, cette fois, était public.

C'est cependant de Jacques II que vint le coup de théâtre. Le roi de Majorque avait appris le dessein de son fils. Il fut prévenu lorsque Bernard Délicieux vint à Saint-Jean-Pla-de-Cors, au sud de Perpignan, étudier avec Fernand la stratégie d'une prise de pouvoir en Languedoc. La chose lui sembla monstrueuse. Il fit venir son fils et, devant témoins, le rossa de sa propre main. Puis il convoqua Bernard Délicieux et tenta de le faire parler. Ce fut en vain. Expulsé du royaume de Majorque, le franciscain rentra sans gloire à Carcassonne, où il avoua à ses complices l'échec complet de sa mission.

La répression.

Il ne se tenait cependant pas pour battu, et se lança dans une campagne de prédications où tous les coups qu'il portait étaient pour l'Inquisition. A Toulouse, il la nargua publiquement. A Albi, il appela les chrétiens à la révolte. Mais on le prenait de moins en moins au sérieux. A Limoux, les bourgeois marquèrent leurs distances. A Carcassonne, on l'écouta, mais nul ne le suivait plus.

C'est le moment que saisirent les inquisiteurs pour lui régler son compte. Du pape dominicain Benoît XI, ils obtinrent, le 16 avril 1304, que fût donné ordre au provincial des franciscains d'arrêter Bernard Délicieux et de l'expédier sous bonne garde à Rome.

L'opération fut un remarquable fiasco. Un vicaire du provincial se crut obligé d'obtempérer et prit sur lui d'arrêter le célèbre prédicateur. Il se fit proprement mettre à la porte du couvent. Peu après, le provincial se rangeait officiellement au côté du rebelle, contre le pape. La nouvelle de la mort de Benoît XI, qui parvint en Languedoc dans l'été, provoqua une explosion de joie en chaire. Celle de la mort de Jean de Picquigny, à l'automne, fournit le prétexte d'innombrables messes de requiem qui furent autant de démonstrations contre l'Inquisition.

On laissait Bernard Délicieux libre, et libre de prêcher. Mais sa prédication n'avait plus aucune portée. Même Elie Patrice s'était lassé de lui. Un temps complice, Philippe le Bel basculait à nouveau dans le camp de l'Inquisition. La chose fut flagrante lorsqu'en juin 1305 il renouvela les ordonnances de saint Louis contre les hérétiques. Vaine mesure, en réalité, mais le geste était symbolique. C'est bien ainsi qu'on le prit à Albi et à Carcassonne.

Le dénouement vint de ce qui avait été la plus grande audace du véhément franciscain. L'affaire de Majorque avait été sue de trop de gens. Le roi Jacques ne cachait pas sa fureur, son fils Fernand ne cachait pas son amertume. Il était, dans ces conditions, inévitable que Philippe le Bel apprît le tout. Ceux qui, à Paris, souhaitaient éviter le pire tentèrent un contre-feu : Guillaume de Picquigny, fils de Jean, et frère Durand firent savoir à Bernard Délicieux qu'il avait à se laver sur-le-champ de l'accusation qui planait sur lui, celle de haute trahison. Malheureusement pour Bernard, il n'y avait pas grand-chose à nier : toute l'histoire était vraie, et l'on commençait de le savoir à la Cour.

L'élection de Clément V avait, d'autre part, enlevé à frère Bernard et aux rares amis qui lui restaient tout espoir d'un pontificat franciscain après celui du dominicain Benoît XI.

L'accusé prit cependant, en juin 1305, le chemin de Paris. Il avait pour compagnons de voyage six consuls — deux d'Albi, deux de Carcassonne, un de Cordes et un de Castres — qui devaient éclairer le roi et, à tout le moins, le calmer.

Philippe le Bel n'était ni de ceux qu'on doit calmer, ni de ceux qu'on fléchit aisément. Sa religion était éclairée. Il refusa de recevoir les consuls. Bernard Délicieux fut consigné sous bonne garde aux Cordeliers, le couvent de son ordre, où il logeait normalement à Paris.

En août, Elie Patrice et une vingtaine d'artisans du complot furent arrêtés par le sénéchal de Carcassonne. On en arrêta quarante autres à Limoux. Les gens d'Albi, que le roi souhaitait épargner parce qu'ils avaient refusé de suivre Bernard Délicieux dans sa trahison, se trouvèrent quittes au prix d'une forte somme qu'ils versèrent au sénéchal pour se le concilier. Le 28 septembre, Elie Patrice et quinze autres bourgeois de Carcassonne étaient pendus : mené par le sénéchal et par le vicomte de Narbonne, le procès avait été rapide, et les aveux du courrier avaient suffi à confondre les fautifs. Deux mois plus tard, les quarante bourgeois de Limoux étaient à leur tour exécutés.

Bernard Délicieux, lui, était justiciable de l'Eglise. Les gens du roi le transférèrent à Lyon, où il fut remis au nouveau pape, venu là se faire couronner. Dans le tourbillon des affaires qui accaparaient une cour pontificale déjà perturbée par le fait qu'elle n'arrivait ni à regagner l'Italie ni à se fixer en France, on oublia très vite de s'occuper de l'encombrant franciscain. Clément V l'emmena à Bordeaux, le fit transférer à Limoges. C'est là qu'en novembre 1307 on le libéra presque, afin qu'il pût comparaître devant le roi. En bref, faute de savoir qu'en faire, on se renvoyait l'accusé.

Lorsqu'il comparut devant Philippe le Bel, à Poitiers, en 1308, il s'entendit signifier qu'il était pardonné mais qu'il se tînt tranquille. Au vrai, c'est le roi qui était tranquille : les pendaisons de 1305 suffisaient à décourager quiconque de suivre dorénavant Bernard Délicieux dans ses grands desseins politiques.

Le pape avait chargé d'une enquête deux prélats, Pierre de la Chapelle-Taillefer et Arnaud Nouvel. Le premier avait beau s'être souvent fait reprocher son origine parisienne, il avait été, depuis 1291, comme évêque de Carcassonne puis comme évêque de Toulouse, au fait du comportement des inquisiteurs. Le second était abbé de Fontfroide : il en savait long, lui aussi, sur l'Inquisition. L'enquête tournait donc à la confusion de celle-ci, et le Languedoc s'en réjouissait. Le roi ne risquait donc rien à pardonner au frère Bernard : nul, du côté de Carcassonne ou d'Albi, ne songeait plus à l'insurrection.

Délicieux n'était en rien découragé. Il porta plainte contre le sénéchal qui avait présidé le procès de Carcassonne. Puis il regagna le Languedoc afin d'y rassembler des témoignages et, peut-être, d'y profiter du discrédit temporaire de l'Inquisition.

Lorsqu'on le revit à la cour du roi, il y fut franchement traité d'importun. On était en pleine affaire du Temple. Il fut éconduit. Il gagna Avignon, où le pape ne le reçut pas mieux. Prenant ses désirs pour des réalités, Délicieux retourna à Carcassonne, trouva le moyen d'atteindre son couvent et crut qu'il allait faire éclater la vérité. Il découvrit là ce qu'il ne soupçonnait pas : la fatigue des survivants de son équipée. L'Inquisition relevait la tête, Clément V s'étant avisé entre-temps qu'il ne pouvait désavouer ses plus dévoués serviteurs. De ceux qui, à Carcassonne, à Albi, à Castres, à Cordes, avaient lutté contre les inquisiteurs, beaucoup étaient morts. Les autres aspiraient à la paix. Ils avaient demandé leur « réconciliation », fait pénitence. Ils ignorèrent Bernard Délicieux.

Celui-ci obtint du roi, en 1310, la permission de vivre dans un couvent de son choix. On le trouve à Béziers en 1315. C'est là qu'il reprit de l'activité lorsque s'opposa à l'ensemble de l'ordre franciscain une tendance dure, celle de ces « spirituels » qui voulaient vivre la pauvreté évangélique dans son absolue pureté.

Bernard Délicieux prit en 1318 la tête d'une délégation envoyée au pape Jean XXII. A Avignon, on se souvint de lui. On le fit arrêter et, pour les fautes de l'ensemble de sa vie, on le jugea. Condamné à la prison perpétuelle, il mourut dans son cachot deux ans plus tard.

CHAPITRE XII

L'offensive pontificale

AUSCULTA FILI.

Au moment où Philippe le Bel portait au Saint-Siège un coup sensible, quoique indirect, en rognant les prérogatives de l'Inquisition, la chancellerie pontificale scellait de la bulle de plomb au nom de Boniface VIII une série de lettres dont la lecture fit en France, peu après Noël 1301, l'effet d'une bombe.

Le pape venait en effet de s'aviser que le temps jouait contre lui et qu'à laisser faire il discréditait le Siège apostolique, au plan ecclésial comme au plan politique. Ceux qui avaient entendu Benoît Caetani humilier publiquement les universitaires parisiens riaient de voir la casuistique des légistes ridiculiser le droit canonique en étendant la province de Narbonne à une maison de Senlis. Ceux qui gardaient souvenir des méchants propos que tenait cinq ans plus tôt le même Caetani contre un pape pusillanime et trop dévoué aux intérêts du roi de Naples s'étonnaient des faux-fuyants dont il usait dans l'affaire de Flandre au seul profit de la France.

Le champion de la souveraineté pontificale pouvait faire le bilan de cinq années où il avait été de toutes les grandes affaires européennes. Partout, on se passait maintenant de lui, aussi bien en Flandre qu'en Ecosse. Vassal du Saint-Siège, le roi d'Angleterre ne repoussait pas moins vivement la décrétale *Clericis laicos* que le roi de France. Tenu du Saint-Siège, le royaume de Hongrie refusait un roi choisi par le pape. Les Colonna avaient trouvé en France un asile contre les foudres pontificales. Albert d'Autriche tenait maintenant l'Empire et s'entendait avec Philippe le Bel, après avoir tué en combat le malheureux Adolphe de Nassau, pour qui le soutien du pape avait été d'un maigre réconfort. Quant à la Croisade, qui s'en souciait vraiment ? On était loin de l'unité des princes chrétiens, réalisée sous la bannière pontificale pour la libération des Lieux-Saints.

Et voilà que le roi de France, non content d'avoir marchandé l'abrogation presque totale de *Clericis laicos,* faisait publiquement la preuve qu'il pouvait emprisonner un évêque et tournait en dérision les fondements de la juridiction ecclésiastique. Faisant passer la paix du Languedoc avant la défense de l'orthodoxie, il encourageait même un exalté en guerre contre les meilleurs agents de l'autorité pontificale dans le royaume, les dominicains et l'Inquisition à eux confiée par le Saint-Siège. Ce frère Bernard Délicieux, aux relents de catharisme aisément perceptibles, n'apparaissait-il pas comme le nouveau héros d'une cause réprouvée, celle de ces spirituels et de ces joachimites naguère favorisés par Célestin V. L'idéal évangélique de cette sorte de gens conduisait à sortir du siècle. L'idéal de Boniface VIII était de dominer le siècle.

On se moquait trop ouvertement du pape, et le roi de France, en arrêtant un évêque, s'était mis dans un trop mauvais cas pour n'être pas la cible de ce coup d'éclat. L'ambassade qui portait au pape l'acte d'accusation contre Bernard Saisset croisa, sans le savoir, celle qui portait au roi la bulle *Ausculta fili.*

La trentaine de bulles données au Latran du 4 au 6 décembre 1301 formait, en un ensemble remarquablement cohérent, une véritable et explicite déclaration de guerre. La manœuvre s'articulait en quatre temps, qui suffisaient à poser les principes et à organiser les moyens de l'intervention pontificale dans les affaires du roi. En premier lieu, le roi, rappelé au respect des immunités ecclésiastiques, était prié de laisser libre l'évêque de Pamiers. Par la vigueur du vocabulaire employé, cette demande s'inscrivait dans un autre contexte que celui, qui eût été plus diplomatique, des simples conséquences du compromis de Senlis. De l'exhortation à l'ordre, le passage était rapide :

> Nous prions et exhortons Ta Grandeur, t'ordonnant par ces lettres apostoliques de laisser cet évêque, que nous voulons avoir près de nous, libre de s'en aller, de lui permettre de venir en notre présence en toute sécurité, de lui faire restituer ses biens meubles, se mouvant (le cheptel)

et immeubles qui sont occupés, saisis et détenus par toi et les tiens, de le dédommager pour ceux qui auraient disparu, et de ne jamais étendre ainsi à l'avenir tes mains cupides, mais de te comporter toujours de telle manière que la divine Majesté ou la dignité du Siège apostolique n'en soient pas offensés.

La leçon était sévère. Gardien de l'évêque, Gilles Aycelin recevait pour sa part l'ordre de libérer son prisonnier et de veiller à ce que le roi obéît.

Philippe le Bel jugea inopportun d'engager le fer sur une affaire qu'il valait mieux terminer au plus tôt. A peu de frais, il se donna le beau rôle : il ne libéra pas Saisset, il le chassa du royaume. L'évêque de Pamiers prit à petites étapes le chemin de Rome, où il parvint au printemps. Il était déjà loin de la Cour lorsque parvint une bulle, datée du 13 janvier, par laquelle Boniface VIII — qui avait entre-temps reçu l'acte d'accusation rédigé ou inspiré par Flote — prescrivait à Aycelin et aux évêques de Béziers et Maguelonne une enquête sur les agissements de l'évêque de Pamiers.

Bernard Saisset devait demeurer à la cour pontificale, se faisant peu à peu oublier. Lorsqu'il mourut, en 1311, Philippe le Bel lui avait, depuis trois ans, accordé un pardon quelque peu ironique : le roi s'était en effet permis de recommander le vieil évêque, malade et infirme, à la bienveillance du pape. Clément V avait dû sourire.

Le deuxième élément de l'offensive pontificale était autrement préoccupant. Boniface VIII convoquait un concile de l'Eglise de France. Archevêques, évêques, chapitres, abbés, docteurs en théologie et professeurs de droit étaient convoqués pour la Toussaint 1302. Mais ils l'étaient à Rome. Le concile se tiendrait donc hors du royaume. Les prélats et les docteurs devaient venir en personne, les chapitres devaient envoyer un procureur. Le roi avait le droit, s'il jugeait qu'il y allait de son intérêt, de venir ou de se faire représenter.

Ainsi pourrons-nous avoir votre conseil, vous dont le roi n'a aucune raison de se méfier, vous qui êtes dévoués à sa personne et au royaume, vous qui aimez le roi.

Nous pourrons ainsi discuter, diriger, statuer, procéder, faire et ordonner ce qui Nous semblera utile à l'honneur de Dieu et du Siège apostolique, au progrès de la foi catholique, à la conservation de la franchise ecclésiastique, à la réforme du roi et du royaume, à la correction des abus et au bon gouvernement du royaume.

Jamais la théocratie pontificale n'était allée aussi loin dans ses prétentions. En s'entourant du clergé, le pape s'arrogeait tout bonnement le droit de juger du gouvernement de la France. Il était bien dépassé, le temps où l'Eglise pouvait constituer un Etat dans l'Etat. C'est de la mainmise de l'Eglise sur l'Etat qu'il s'agissait désormais. Bernard Saisset, lorsqu'il offrait au comte de Foix la couronne de France, n'avait fait qu'anticiper.

Une troisième manœuvre renforçait l'efficacité du coup terrible que portait au roi la convocation d'un concile national appelé à examiner son gouvernement. Toutes les concessions faites à Philippe le Bel et à ses successeurs, ainsi qu'à son Conseil, et y compris celles qui avaient pour objet la défense du royaume, étaient suspendues jusqu'à leur confirmation par le concile. En d'autres termes, le roi se voyait retirer la décime. Les concessions faites en 1297 étaient de la sorte révoquées sans nouvelle négociation, et l'on en revenait à la situation créée par la bulle *Clericis laicos*.

Si le roi pouvait garder quelque espoir d'amener les prélats français à consentir à ses exigences financières — ce qui était douteux dans un concile tenu loin du royaume et en présence du pape — les intérêts de son Trésor le poussaient à ne pas entraver la réunion de ce concile. Mais ses intérêts politiques en appelaient évidemment le report. Philippe le Bel était enfermé dans un dilemme : l'argent ou la souveraineté.

Boniface VIII contraignait son adversaire à jouer gros jeu. On n'en était plus aux grignotements et aux empiétements dont chaque partie accusait l'autre. La couronne de France était en cause. Le roi allait devoir riposter de manière autrement directe et énergique qu'à l'époque de *Clericis laicos*. Là encore, une étape était franchie, celle où l'on soutenait de Paris les intrigues romaines et où l'on interdisait les transferts de fonds.

Enfin, par-delà les manœuvres immédiates, un corps de doctrine venait appuyer et justifier l'offensive. Les perspectives en étaient tracées tout au long dans une bulle *Ausculta fili* directement adressée au roi de France sous forme de « lettre close » ; on sait que l'auteur de la bulle *Clericis laicos,* expédiée sous forme de « lettre patente », c'est-à-dire ouverte, affectait de ne viser personne en particulier. Ce temps-là, lui aussi, était passé.

Définissant les droits de l'Eglise sur les gouvernements temporels, cette bulle *Ausculta fili,* datée du 5 décembre 1301, exprimait clairement des griefs précis et la menace de graves sanctions.

> Ecoute, fils, les préceptes d'un père et, quant à la doctrine, d'un maître qui tient sur terre la place de Celui qui est seul maître et seigneur.

Dieu, poursuivait le pape, a placé le Siège apostolique au-dessus des peuples et des royaumes. Pasteur universel à qui le Christ a confié les clés du royaume des Cieux, il a charge entière de l'unique épouse du Christ, l'Eglise. Il est donc juge des vivants et des morts. Comme Noé était le seul maître dans l'arche, le pape est le seul maître dans cette arche qu'est l'Eglise, arche dans laquelle le roi navigue comme les autres fidèles.

> Que personne, fils très cher, ne te persuade que tu n'as aucun supérieur et que tu n'es pas soumis au chef suprême de l'Eglise.

L'énoncé des griefs pontificaux n'apprenait rien à personne. Collation des bénéfices, immunités et privilèges des églises et des clercs, revenus en régale, fiscalité, c'était le catalogue habituel des terrains de discorde entre clercs et officiers royaux, entre cour de Rome et cour de France. Entre autres abus du roi et de ses gens, le pape rappelait l'intervention à Lyon, les restrictions à l'exportation de biens meubles, la mutation des monnaies.

En bref, le royaume était opprimé, l'Eglise de France persécutée, la Croisade abandonnée. Juge des âmes, le pape se posait en directeur de conscience du roi, donc en juge des comportements politiques.

Boniface VIII avait ménagé au roi un moyen de capituler sans perdre la face : tout le mal venant évidemment, non de l'oint du Seigneur qu'était le souverain, mais de ses mauvais conseillers, il n'y avait qu'à renvoyer ceux-ci. C'eût été folie que de garder près de soi des hommes injustes et voleurs, infidèles et prévaricateurs, des faux prophètes soucieux de leurs seuls intérêts.

Manœuvre du pape, certes. Mais non modération. On a voulu voir dans l'envoi de la bulle sous pli fermé, lisible par son seul destinataire, le moyen offert à Philippe le Bel de ne pas laisser diffuser à travers le royaume l'énoncé de ses fautes. Et il est vrai que le notaire pontifical Jacques des Normands, qui apportait la bulle, avait pouvoir de la publier et faire publier, et de la présenter à ses destinataires où et quand il lui semblerait bon. Est-ce à dire que le notaire du pape avait mission de négocier et de n'user qu'en cas d'échec de cette arme terrible qu'était la bulle ?

On a peine à le croire. D'abord parce que les griefs exposés couraient la rue : une charge de plus contre les exactions royales ne représentait qu'une médiocre diffamation. Ensuite parce que le texte d'*Ausculta fili* était, dans le même temps, transcrit tout au long en des bulles expédiées sous forme de lettre patente à tous les archevêques et évêques, aux abbés de Cîteaux, Cluny, Prémontré, Saint-Denis et Marmoutier, à tous les chapitres cathédraux et aux docteurs. Même si Jacques des Normands avait ordre de les retenir et de les transmettre à son gré, le texte en était d'emblée accessible. Enfin, parce que la mesure la plus grave, celle qui bouleversait les fondements du droit politique et plaçait le roi dans une situation irréversible, c'était la convocation du concile. Elle n'était ni secrète ni conditionnelle, et l'on y parlait des « excès, fautes, insolences, torts et dommages » causés aux églises et aux clercs par le roi et ses officiers. Il est difficile de croire à une volonté de ménager le roi.

Celui-ci prit d'ailleurs la démarche de Jacques des Normands et le texte de la bulle *Ausculta fili* pour ce qu'ils étaient : un défi. La bulle fut lue au Conseil. L'un des princes — Robert d'Artois, pense-t-on — se leva brusquement, saisit la bulle et la jeta au feu. Puis on fit parvenir aux gardes des frontières l'ordre de ne laisser entrer aucun document pontifical et de fouiller au besoin les voyageurs, sans excepter les évêques.

LA PIECE SCIRE TE VQLUMUS.

En convoquant un concile français, Boniface cherchait à dresser contre le roi un clergé sensible à tous les arguments tirés du peu de cas que l'on faisait des libertés ecclésiastiques. Philippe le Bel et ses conseillers retournèrent le front : ils en appelèrent aux mêmes de l'intrusion du pape dans les affaires françaises.

Cependant qu'une assemblée extraordinaire, en laquelle on a parfois vu les premiers « états généraux » du royaume, était convoquée pour la Semaine sainte, Pierre Flote recourut à l'un des moyens dont la scolastique usait volontiers pour caractériser une pensée et la soumettre au jugement : on ramena la bulle *Ausculta fili* à six propositions, qui furent soumises à des théologiens et à des juristes de l'Université de Paris.

Cette pièce *Scire te volumus* est un artifice aussi effronté que normal : la même procédure devait servir peu après contre les templiers, plus tard contre Jeanne d'Arc, et encore, quatre siècles plus tard, contre les jansénistes. L'habileté de Flote s'y dénote à l'absence de propositions outrancières, qui eussent attiré la suspicion des docteurs. Tout est, ici, inflexion et gauchissement des véritables propos du pape, tels que les enregistrements de la chancellerie pontificale nous les font connaître malgré la disparition des bulles.

> Nous voulons que tu saches que tu nous es soumis au spirituel et au temporel.

Boniface n'avait pas exactement dit cela. Il avait seulement rappelé au roi que le Souverain-Pontificat ayant été constitué pour assurer le salut du peuple chrétien, le roi ne pouvait se soustraire au magistère et que, de ce fait, ses actes tombaient sous le coup des jugements spirituels portés par le chef de l'Eglise. C'est en raison de ses péchés que Boniface réputait le roi justiciable, non en raison de son autorité temporelle. Le roi pécheur était plus pécheur qu'un autre parce qu'il était roi, mais c'est comme pécheur qu'il devait recevoir les admonitions pontificales.

Flote ne forçait cependant que bien peu la pensée du dernier champion de l'augustinisme politique. Convoquant le concile,

Boniface VIII ne lui avait-il pas assigné pour mission de réformer le royaume... et d'en assurer le bon gouvernement ? Flote martelait la formule, et la durcissait. Il n'inventait pas.

Les autres propositions de la pièce *Scire te volumus* touchaient la collation des bénéfices. Le pape déniait au roi tout droit en la matière, ne lui reconnaissait la régale qu'à charge de verser les revenus vacants au nouveau bénéficier, et révoquait toutes les collations déjà faites par le roi. Là encore, le pape avait à peu près dit cela, mais de manière moins sèche et moins catégorique.

Dans ces propositions brutales, il y avait tout ce qu'il fallait pour dresser contre le pape et les clercs et les laïcs. Les docteurs, en particulier, qui se souvenaient de l'algarade de 1290, avaient plus de prébendes à attendre de la collation royale que de la collation pontificale. Quant au monde laïque, il pouvait craindre — et l'on s'employa à alimenter cette crainte — que la prétention du pape à la souveraineté temporelle ne conduisît vers des prétentions à une nouvelle fiscalité. L'arrière-pensée de la formulation pontificale était bien connue, et Jacques de Viterbe venait d'en rédiger en Italie la somme très vigoureuse, le traité *Du gouvernement chrétien :* on y voyait l'autorité temporelle soumise à l'autorité spirituelle par le fait même que toute autorité, pour s'exercer, a besoin de la grâce. Bien des théoriciens, depuis un siècle au moins, avaient répété, à l'appui des thèses théocratiques, la phrase de saint Augustin :

> Un état ne peut être gouverné sans vraie justice, et il n'y a pas de vraie justice là où le Christ n'est pas le chef.

Il n'y avait donc pas à s'y tromper, même si le style de la chancellerie pontificale enrobait quelque peu les affirmations : Boniface VIII voulait bel et bien placer le royaume de France sous la souveraineté du Saint-Siège.

Une campagne antipontificale se déclenchait très rapidement, que favorisait la propagande menée par les conseillers du roi afin de préparer l'assemblée de Paris. L'un des délégués à cette assemblée, Pierre du Bois, qui représentait Coutances, offrit à cette occasion au roi un libelle qui n'est autre chose que la mise au net de la réfutation des propositions pontificales. Réfutation de maigre intérêt quant aux arguments développés qui doivent tout à une dialectique superficielle fondée sur quelques cas empruntés à l'histoire. Le fait notable, c'est que Pierre du Bois amorçait, sans doute inconsciemment, un grand tournant dans l'évolution du conflit : le passage d'une défense des intérêts de l'Etat contre les prétentions dissolvantes de l'Eglise à une véritable offensive contre la papauté. On avait vu s'esquisser une telle attitude six ans plus tôt, lorsqu'il s'agissait de démontrer que les rois avaient, dans le dessein du Créateur, précédé les clercs. Cette fois, Pierre du Bois appelait franchement les choses par leur nom : pour de tels écrits, le pape doit être réputé hérétique. Au reste, ajoutait-il insidieusement, les papes devraient être pauvres : ainsi seraient-ils des saints. Car ce n'est pas avec leur orgueil et leur avidité qu'ils gagneront le Ciel.

Le Capétien n'était plus l'ennemi de l'Eglise. Il en devenait, contre un pape indigne, le défenseur. Quelques mois plus tard, Guillaume de Nogaret allait reprendre au compte du roi une telle attitude.

Les choses ne tardèrent pas à se précipiter. Le 10 avril 1302, à Notre-Dame de Paris, l'assemblée des prélats, des docteurs, des barons et des représentants des chapitres et des villes se réunissait en présence du roi : un millier de personnes, peut-être, sinon plus.

Pierre Flote fit un récit des événements de l'hiver, retournant la manœuvre pontificale par une description complaisante des abus par lesquels le Saint-Siège ne cessait de violer les droits de l'Eglise de France et d'en léser les intérêts. Il était aisé de raviver le mécontentement des clercs en rappelant les collations faites par la Curie en faveur d'Italiens. Il ne l'était pas moins d'inquiéter la noblesse en faisant des réserves de bénéfices à la collation pontificale une violation des droits légitimes des fondateurs de ces bénéfices et de leurs sucesseurs, c'est-à-dire des seigneurs patrons. La convocation d'un concile s'inscrivait fort bien, soulignait Flote en flattant l'assemblée, dans cette regrettable politique.

> Cet ordre exorbitant n'est qu'un moyen d'attirer hors du royaume l'incomparable trésor qu'est la sagesse des prélats et de tous les hommes de savoir qui concourent par la fidélité de leur conseil au gouvernement de ce royaume, à la défense de la foi, à la distribution des sacrements et à la justice.

Il ne suffisait pas de répondre à la manœuvre. Il fallait répliquer aux affirmations de principe. La doctrine royale, telle que l'exprimait Flote, était simple :

> Le pape a fait savoir que le roi lui était soumis au temporel pour son royaume, et que celui-ci était tenu de lui, le pape. Le roi et ses prédécesseurs n'ont cependant été connus, de tout temps, que pour le tenir de Dieu seul. Le roi n'a pas de supérieur au temporel, pas plus que n'en eurent ses ancêtres. Le monde entier le sait.

L'ASSEMBLÉE DE NOTRE-DAME.

Il n'était pas question de nier les accusations portées à tous les échos du royaume par le pape et ses partisans : trop de plaintes s'étaient élevées vers Rome, dont les auteurs se trouvaient à Notre-Dame ce mardi 10 avril 1302. Plutôt que de réfuter les griefs, on alla au-devant. Flote annonça que le roi se préparait à prendre les mesures les plus efficaces pour préserver les franchises et l'intégrité du royaume, pour remédier aux excès des officiers, pour réparer les torts causés aux églises et aux clercs. Le pape convoquait un concile pour y traiter de la réforme du royaume, le roi répliquait en proposant la « réforme du royaume et de l'Eglise gallicane ». Le terme apparaît ici, dans le sens qu'il conservera : une Eglise nationale, qui marque ses distances envers Rome et en qui la première place est au roi.

Dès lors, l'intervention de Boniface VIII contrariait la réforme au lieu d'y aider. Il était aisé de voir que le roi de France ne pouvait sembler aux ordres du pape et qu'il ne prendrait aucune de ces mesures, déjà prêtes, tant que le pape menacerait. Le pape allait à l'encontre de l'intérêt du royaume. On avait en revanche grand besoin de conseils et d'aide : c'est de l'assemblée de Notre-Dame, et non du pape, que le roi les attendait.

Les barons et les procureurs des villes se retirèrent pour délibérer. Le roi n'avait rien à craindre d'eux : sa proposition leur donnait un rôle que ne leur offrait évidemment pas un concile, où les clercs, seuls, eussent siégé.

Lorsqu'ils firent, quelques heures plus tard, leur rentrée dans la cathédrale, ils apportaient — en deux versions, sans doute très proches — le texte d'un projet de réponse des deux « ordres » laïques aux propositions contenues dans la bulle *Ausculta fili*. Sous forme de lettre au Sacré-Collège, c'était un long tissu de protestations de bonne volonté, d'actes de confiance en l'Eglise de Rome et de revendications presque traditionnelles, comme les plaintes à l'encontre des collations pontificales.

Plus que le fond, qui n'ajoutait rien aux dires de Flote et dont la vigueur s'altérait quelque peu dans le développement, c'est la formulation qui attirait l'attention. Le propos des barons et des bourgeois, en effet, empruntait peu à l'onction verbale des clercs.

La politique pontificale, c'était « la mauvaise volonté et l'inimitié longuement nourrie sous ombre d'amitié par les tortionnaires et déraisonnables entreprises de celui qui, à présent, est sur le siège du gouvernement de l'Eglise ». Lorsqu'on se souvient des conditions exceptionnelles de l'avènement de Boniface VIII, on comprend quelle menace faisait planer sur celui-ci le seul fait de ne pas appeler « pape » le pape. De même cette réponse à une bulle pontificale était-elle adressée aux cardinaux, priés de refuser leur consentement aux « folles entreprises » de Boniface et de le « châtier en telle manière que l'état de la Chrétienté soit et demeure en son bon point et bon état ». Louis d'Evreux et trente autres barons mirent leur sceau au bas de ce texte.

A peine les barons avaient-ils repris place dans la nef de Notre-Dame que, déjà, c'était la surenchère. Robert d'Artois, toujours prompt à s'enflammer, déclara que la noblesse combattrait jusqu'au bout pour la liberté de la Couronne, dût-elle combattre seule si jamais le roi venait à se lasser. Le propos fit certainement sourire Flote et ses amis.

Les clercs demeuraient sur la réserve. Sauf quelques docteurs, qu'animait encore le souvenir de l'apostrophe du légat Caetani, ils voyaient bien les risques d'une affaire qui conduisait au schisme. Ils savaient que la concorde ne se rétablit pas dans l'Eglise à coups d'épée. Réticents envers Boniface, ils ne l'étaient pas moins envers une politique ecclésiale menée par un noble, Flote, avec l'adhésion aussi rapide que suspecte d'une noblesse plus agitée que compétente. Pour étudier sérieusement les propositions du Conseil royal, le clergé demanda un délai de réflexion. Le propos du pape, suggérèrent les prélats, ne pouvait être de violer la liberté du royaume ou d'attenter à son honneur. Au fond, il faut le rappeler, nul d'entre eux n'avait vu la bulle.

Poussé par ses conseillers, Philippe le Bel refusa. Il fallait en finir, et ceux qui n'étaient pas avec lui seraient contre lui. Les prélats ne se le firent pas dire deux fois : ils assurèrent le roi de leur fidélité.

Cela posé, ils pouvaient ne manquer ni à ce devoir de fidélité ni à leur devoir d'obéissance au pape. Ils demandèrent la permission d'aller au concile. Là encore, le roi refusa, cependant que, semble-t-il, les barons s'énervaient.

Le clergé ne pouvait que céder. Il promit de ne point aller à Rome et rédigea séance tenante une lettre au pape — les barons et les bourgeois avaient adressé leur lettre au Sacré-Collège — qui est une longue palinodie : la harangue de Flote était transcrite tout au long, les prélats s'arrangeant pour ne dire nulle part qu'ils en reprenaient à leur compte les griefs. Ils faisaient du déroulement de l'assemblée un récit qui était une véritable excuse de leur faiblesse. Pour ne pas donner aux laïcs une occasion d'attenter de nouveau aux intérêts de l'Eglise de France, ils concluaient à la dernière ligne qu'il était opportun de révoquer la convocation du concile.

La lettre était médiocre, mais le gouvernement royal n'en triomphait pas moins : le clergé suppliait le pape de renoncer à sa plus grave prétention. Si l'on allait au schisme, la faute en serait à Boniface VIII. Mais il faut noter que, pour en arriver à ce résultat, Philippe le Bel s'était fait fort de réformer lui-même les abus dont souffraient clercs et laïcs.

L'AMBASSADE ET LE CONSISTOIRE D'ANAGNI.

Après avoir désigné les ambassadeurs qui prirent peu après le chemin de l'Italie, l'assemblée s'était séparée. Ces ambassadeurs trouvèrent, fin juin, le pape et les cardinaux à Anagni. Ils remirent alors les trois lettres qui, se présentant comme une réponse, directe ou indirecte, à la bulle *Ausculta fili,* répondaient en fait à la pièce *Scire te volumus.*

Au consistoire au cours duquel les ambassadeurs français étaient reçus, le doyen des cardinaux présents, le théologien

Mathieu d'Aquasparta, commença par affirmer la complète identité de vues entre le pape et le Sacré-Collège. Les cardinaux avaient lu, à plusieurs reprises, la bulle avant qu'elle fût expédiée : tous l'avaient trouvée « pleine de charité ». Naturellement, il n'était pas dit dans la bulle que le roi devait tenir de quiconque son royaume, ainsi qu'il était peut-être écrit dans une autre lettre, venue d'on ne sait où...

Le cardinal jouait avec facilité de ce que le texte soumis aux prélats français était en effet autre que celui de la bulle proprement dite. Flote ayant forcé la pensée du pape, Aquarsparta pouvait affecter de ne pas reconnaître celle-ci à travers la réponse. Nul n'allait cependant jusqu'à faire relire en public la bulle authentique, dont la teneur, dûment enregistrée, était pourtant à portée de la main. Il eût été aisé, si l'on avait voulu, de faire avouer aux Français que Flote avait déformé la doctrine pontificale. Si Flote l'avait déformée...

En réalité, l'entourage de Boniface VIII savait fort bien que les prétentions exprimées dans la bulle trouvaient dans la formulation de Pierre Flote un reflet exagérément simplifié mais relativement fidèle. « Que nul, écrivait Boniface, ne te persuade que tu n'as pas de supérieur. » Le roi, en avait conclu Flote, devait donc être soumis au pape, au spirituel et au temporel.

Pour le reste, le discours du cardinal était un long plaidoyer pour la souveraineté pontificale et pour l'unité de l'Eglise. Cela impliquait que le pape fût juge des causes temporelles « à raison du péché ». Tout acte humain engageant la conscience de son auteur, c'était faire le pape juge de tous les comportements. Le pouvoir « des clés » conduisait au pouvoir politique. Au plus Aquarsparta reconnaissait-il que le pape n'usait pas lui-même de son droit à la justice temporelle et que l'exercice en était confié aux princes. La phrase du Christ disant à Pierre : « Remets ton glaive au fourreau » était habilement invoquée pour rassurer le monde laïque : l'Eglise avait le glaive, mais elle ne le tirait pas elle-même.

« Il apparaît ainsi que le roi de France n'a pas lieu de se plaindre », concluait le cardinal, avant de lancer un appel à la réconciliation qui était l'offre d'un échange : l'affection du pape contre la soumission du roi. Il y avait peu de chances pour que Philippe le Bel acceptât d'être traité en fils prodigue.

Le pape prit alors la parole. Il rappela l'étroite alliance de l'Eglise et du royaume de France, alliance dont les Capétiens avaient tiré grand profit. Puis il passa à l'attaque, prenant comme cible la personne de Pierre Flote. Comme, à la fin de la bulle *Ausculta fili,* le pape avait ouvert au roi une possibilité de négociation, il suffisait de trouver un bouc émissaire, et le garde du sceau en était un de qualité :

> C'est le diable, ou un possédé du diable. Dieu l'a déjà puni en partie, en aveuglant son corps comme est aveugle son esprit. C'est Pierre Flote, homme plein d'acide et de fiel, hérétique à corriger et à condamner comme tel. Il est la ruine de son propre frère. Il est conseiller du roi, et depuis ce temps-là le roi et le royaume n'ont rien fait que détériorer leurs relations avec l'Eglise.

L'attaque était très personnelle, rendue plus méchante encore par l'allusion à l'infirmité de Flote, qui était borgne. Mais les « satellites » du garde du sceau n'étaient pas épargnés : les comtes d'Artois et de Saint-Pol étaient comptés parmi les mauvais barons, alors que les ducs de Bourgogne et de Bretagne voyaient reconnaître leur loyauté. Pour Flote, le pape souhaitait qu'il fût puni — et surtout le punir lui-même — au spirituel et au temporel. Et de rappeler que la bulle en question avait été envoyée au roi, non à Flote, qui l'avait cependant prise et falsifiée. A entendre le pape, on aurait pu croire que Philippe le Bel avait été tenu dans l'ignorance du véritable contenu de la bulle.

Le pape et Flote se livraient, autour d'*Ausculta fili,* à une étonnante partie de cache-cache. Boniface accusait Flote d'avoir détruit la bulle pour pouvoir en présenter une version trompeuse. En fait, on se disputait autour d'une chose : ce que Flote avait voulu lire dans la bulle et que le pape niait y avoir écrit, à savoir que le roi de France était son vassal. Mais Boniface se gardait bien de faire lire le texte litigieux. Nul n'alla chercher le registre où il était couché tout au long.

Boniface VIII reprit alors l'argumentation du cardinal d'Aquasparta. Nul ne prétendait que le roi fût, pour les choses temporelles, soumis à l'autorité du Saint-Siège, mais il était indéniable que, comme tout chrétien, Philippe le Bel fût justiciable du pape pour ses péchés.

L'opinion des docteurs pouvait être déterminante, à la fois parce qu'ils comptaient à côté des prélats parmi le haut clergé et parce que nombreux étaient les prélats sortis de leurs rangs. Boniface VIII ne manqua pas de leur faire un clin d'œil :

> L'église de Paris est une illustre et noble église. Nous étions donc prêt à concéder au roi la collation des prébendes dans cette église, à condition qu'il y nommât des maîtres en théologie, des docteurs en droit canonique ou civil, des savants, des lettrés, non le neveu de tel ou tel, ou n'importe qui à la requête de tel ou tel.
>
> Le roi dit que nous conférons les bénéfices à qui bon nous semble. C'est vrai, nous pouvons le faire. Mais, qui avons-nous pourvu de la sorte ? Des maîtres en théologie !
>
> L'évêque de Paris, Matifas de Bucy, lui, qu'a-t-il fait ? Il a nommé ses neveux, deux enfants !
>
> Vous n'avez jamais entendu dire, ou vu, que le roi ou l'un des prélats français ait pourvu décemment de bénéfices un maître en théologie. Ce sont toujours des neveux, ou des gens qui ne valent pas cher.

Soudain, Boniface changea de ton. Des querelles ecclésiastiques, il se haussait au plan politique. Si le roi voulait un procès, il trouverait un adversaire prêt à la réponse. On accusait le pape de brimades envers l'Eglise de France, alors que, avant comme après son avènement, il s'était montré plus ami que quiconque de la France.

> J'ai été Français. Mes frères cardinaux romains me l'ont assez reproché !

Et de manier avec fermeté les allusions aux circonstances, encore présentes à la mémoire de chacun, dans lesquelles l'intervention pontificale avait profité au roi. Celui-ci ne pouvait nier que, sans la complaisance de Boniface, la double affaire de Flandre et de Guyenne se fût conclue moins commodément à l'avantage du Capétien. Pour faire bonne mesure et laisser planer une claire menace sur la paix intérieure du royaume, le papa alla jusqu'à mêler, parmi les ennemis du roi jusqu'ici contenus par le Saint-Siège, les Languedociens et les Bourguignons aux Allemands et aux Flamands. C'était aller un peu loin : on savait en France à quel point le pape était incapable d'arbitrer les compétitions pour l'Empire, et comment il avait dû laisser écraser Adolphe de Nassau. L'allusion au Languedoc, certes, touchait un point faible de la position française, mais on savait aussi que nul ne s'était soulevé en Languedoc pour empêcher l'arrestation de l'évêque Bernard Saisset.

La péroraison du pape était terrible, car elle lui interdisait de revenir en arrière. Boniface rappelait que ses prédécesseurs avaient déposé trois rois de France — ce qui était inexact — et se disait prêt à déposer Philippe le Bel « comme on congédie un valet » (*sicut unum garcionem*). Il n'y avait pas seulement menace, il y avait insulte publique. Quant à la convocation à Rome de tous les prélats français, le pape la confirmait. Les évêques et abbés qui refuseraient de venir pouvaient se considérer comme dès maintenant déposés et dégradés.

Le jugement de Dieu sembla, deux semaines plus tard, porter le coup de grâce aux prétentions capétiennes : l'armée royale était écrasée par les rebelles flamands à Courtrai, la bannière aux fleurs de lis était en déroute, nombre de ceux qui avaient trempé dans l'hostilité au pape et à ses fidèles gisaient sur le champ de bataille. Pierre Flote était parmi les morts, de même que Jean de Burlas, qui avait assumé le rôle difficile de geôlier de l'évêque de Pamiers. Apprenant en pleine nuit la nouvelle, Boniface VIII ne chercha même pas à cacher sa joie. L'heure de la revanche sonnait, et le pape allait pouvoir fédérer les haines que valait à la France cinq années de demi-succès mal consolidés.

Dans l'incertitude politique des jours qui suivirent Courtrai, on vit se multiplier les initiatives qui tendaient à éviter la crise en cherchant une voie moyenne. Toutes ces médiations échouèrent. Envoyé à Rome par le duc de Bourgogne, le templier Hugues Le Catalan fut éconduit en septembre par Boniface et par les cardinaux romains : le roi avait « outragé, calomnié et déshonoré » le pape ; c'était donc à lui de demander pardon. D'ailleurs, précisèrent les cardinaux sans justifier leur dire, le roi était excommunié. Toute concession, tout geste d'apaisement était à l'évidence impossible.

Le concile de Rome.

Philippe le Bel recevait dans le même temps avec une certaine rudesse la délégation d'évêques venus, Gilles Aycelin en tête, demander la permission de se rendre au concile. Celui qui passerait outre à l'interdiction royale ne serait plus considéré comme le fidèle du roi. La menace d'une confiscation des temporels planait ; un siècle plus tôt, elle avait suffi à ranger les évêques de France dans le camp de Philippe Auguste.

On voyait approcher la date fixée pour la réunion du concile. Décapité par la mort de Flote, le Conseil royal tenta de gagner du temps. Une ambassade fut dépêchée à Rome, afin qu'on sache s'il était possible de lâcher du lest sans perdre la face. Pierre de Mornay, qui passait pour l'un des meilleurs diplomates du Conseil et qui avait déjà mené à bien les délicates négociations de 1295 avec l'Aragon et de 1299 avec l'Angleterre, dirigeait lui-même cette ambassade au double titre d'évêque et de légiste. Mouche l'accompagnait, moins comme homme d'affaires que comme connaisseur des affaires impériales et italiennes. La négociation sur le concile s'intégrait par là dans un règlement de l'ensemble des affaires auxquelles le pape et le roi de France portaient intérêt. Délégués par l'assemblée que venaient de tenir à Nîmes quelques prélats français, les trois évêques de Noyon, Coutances et Béziers formaient une ambassade distincte de celle du roi.

Un report de la convocation, voilà ce que les uns et les autres devaient obtenir avant tout. Il s'agissait d'éviter l'épreuve de force qui s'annonçait pour la Toussaint 1302. Mornay et les barons qui l'accompagnaient — le comte de Porcien et le sire de Harcourt — avaient une autre mission, moins urgente mais non moins importante : dissuader le pape de réintroduire son arbitrage dans le litige franco-anglais, alors en voie de règlement direct.

Boniface crut triompher. Au jour dit, la moitié des évêques français étaient présents. Les évêques des grandes principautés — Guyenne, Bretagne, Bourgogne, Anjou, Valois — avaient gagné Rome avec l'accord du roi. On voyait là en particulier un prélat déjà familier de la Curie, l'archevêque de Bordeaux Bertrand de Got : le futur Clément V. Les légistes pouvaient ainsi développer l'argument selon lequel les fidèles du roi, et eux seuls, au sens féodal du terme, avaient été retenus en France pour que la Cour ne fût privée ni de leurs conseils ni de leur compétence. Quelques prélats du domaine royal étaient également à Rome, pour diverses raisons : ainsi l'évêque de Toulouse, toujours occupé en Curie avec l'affaire de Pamiers. Il y avait naturellement celui par qui tout était arrivé, et que l'on commençait d'oublier, tant le conflit avait dépassé sa personne. Il y avait enfin Pierre de Mornay et les délégués des évêques. Au total, trois archevêques, trente-six évêques et six abbés — parmi lesquels les chefs d'ordre, Cluny, Cîteaux et Prémontrés — formaient une assemblée suffisamment nombreuse pour que Boniface pût faire croire à un succès.

Les lettres de créance de l'ambassade royale étaient rédigées dans les formes traditionnelles : on pouvait croire à un recul des menaces de schisme qu'avaient naguère exprimées les périphrases utilisées pour qualifier le pape. Là encore, le roi semblait reculer.

Unam Sanctam.

Au lieu de poursuivre tambour battant la réalisation du programme esquissé en décembre précédent, c'est-à-dire la réforme du royaume de France et par conséquent la soumission du roi, le vieux pape crut donc habile de frapper un grand coup quant à la doctrine, sans craindre de reporter à plus tard le détail de l'opération politique.

Le principal fruit de ce concile, théoriquement voué aux affaires intérieures du royaume de France, ce fut la bulle *Unam Sanctam,* publiée au Latran le 18 novembre 1302. C'était la plus énergique et la plus complète formulation que l'on eût donné de la théocratie depuis la condamnation de Frédéric II par Innocent IV, un demi-siècle plus tôt. Affirmant sans réserve l'autorité suprême du pontife romain, la déclaration de Boniface VIII frappait aussi bien les princes temporels que les clercs — les cardinaux, les « spirituels » — dont l'attitude mettait en danger l'unité de l'Eglise. Le pape ne se contentait pas d'être le chef de l'Eglise hiérarchique et le juge des consciences, il se posait en maître de la Jérusalem terrestre, c'est-à-dire de la société chrétienne.

Faisant sortir les relations des princes et du pape d'un contexte historique en quoi bien des sujétions trouvaient en fait leur racine — ainsi pour l'Empire, pour l'Angleterre, pour la Sicile — la bulle *Unam Sanctam* fondait la souveraineté universelle du successeur de Pierre sur la nature même du pouvoir à lui confié par le Christ. L'Eglise est une, et hors d'elle il n'y a point de salut. Le pape a pouvoir sur toute l'Eglise. L'Eglise est au-dessus des princes. Tout le raisonnement de Boniface VIII tient en ces trois termes.

> L'Eglise est la tunique sans couture du Seigneur, celle qui ne fut pas divisée mais fut tirée au sort. Cette Eglise est une et unique ; elle n'a donc qu'un corps et une tête, non, comme un monstre, deux têtes qui seraient l'une le Christ et l'autre le vicaire du Christ, Pierre, et son successeur.
>
> Le Seigneur a dit à Pierre lui-même : « Pais mes brebis. » Il a dit en général « mes brebis », et non telles ou telles, ce qui laisse comprendre que toutes lui étaient confiées.

Boniface VIII développait alors la théorie, déjà énoncée au XIIe siècle par saint Bernard, des deux glaives. Dans cette vision augustinienne de l'ordonnance des pouvoirs au sein de la Cité de Dieu, toute œuvre concourt au salut des âmes et il n'y a donc pas place pour deux pouvoirs suprêmes.

> Les deux glaives sont au pouvoir de l'Eglise : le spirituel et le temporel. Celui-ci doit être tiré pour l'Eglise, celui-là par l'Eglise. L'un par la main du prêtre, l'autre par celle des rois et des chevaliers mais sur l'ordre et avec la permission du prêtre. Il faut en effet que l'un des glaives soit sous l'autre, et que l'autorité temporelle soit soumise au pouvoir spirituel.
>
> L'apôtre l'a dit, il n'est de pouvoir que de Dieu, et ce qui est de Dieu est dans un ordre. Or il n'y a d'ordre que si l'un des glaives est sous l'autre.
>
> Il n'est pas selon l'ordre que toutes choses soient égales et immédiates. Les petites trouvent leur place dans l'ordre à travers les moyennes, les inférieures à travers les supérieures. Or, par la dignité et la noblesse, le pouvoir spirituel l'emporte sur le pouvoir terrestre.
>
> Le pouvoir spirituel doit donc établir le pouvoir terrestre et le juger s'il défaille. C'est à l'Eglise et au pouvoir de l'Eglise que s'applique la prophétie de Jérémie : voici que je t'ai constituée sur les nations et les royaumes. Donc,

> s'il sort du droit chemin, le pouvoir temporel sera jugé par le pouvoir spirituel ; de même le pouvoir spirituel mineur par le supérieur. Le pouvoir supérieur ne peut être jugé que par Dieu, non par l'homme, car l'Apôtre a dit : « L'homme spirituel juge toutes choses, il n'est lui-même jugé par personne. »

Les allusions étaient transparentes. L'évêque ne peut être jugé que par le pape, mais le roi peut être jugé par le pape, et non seulement en tant que pécheur. L'autorité du pape sur le roi s'exerce bien sur la conscience du roi et sur la part spirituelle — le péché — de l'action politique. Mais elle s'étend aussi sur l'usage que fait le roi de son pouvoir temporel puisque ce dernier est, pour le tout, soumis à l'autorité spirituelle. Le pape juge le roi parce que le gouvernement du royaume charge la conscience du roi, mais aussi et surtout parce que le gouvernement du royaume procède de l'autorité spirituelle confiée à Pierre. L'argument « en raison du péché » s'effaçaient donc, avec *Unam Sanctam,* devant l'argument « en raison de l'ordre universel voulu par Dieu ».

Et Boniface de rappeler enfin le commentaire de saint Augustin sur la Genèse : ce n'est pas « dans le commencement » que Dieu créa le ciel et la terre, c'est « dans le principe », c'est-à-dire dans le Christ et par lui. Dans le principe, non le ciel et la terre chacun dans son principe. Il n'y a qu'un principe.

La conclusion tombait alors, ramassant en une définition solennelle le dogme développé tout au long de la bulle :

> Pour cela, nous déclarons, affirmons et définissons que toute créature humaine est en tout, par la nécessité du salut, soumise au Pontife romain.

Six jours plus tard, Boniface VIII désignait le cardinal Jean Le Moine comme légat pour aller à Paris négocier avec Philippe le Bel le règlement des affaires intéressant l'Eglise de France. Le concile réformateur se résolvait en une ambassade. Persuadé des intentions conciliatrices du roi et surestimant l'effet qu'allait produire en France la bulle *Unam Sanctam,* le pape donnait au légat le pouvoir d'absoudre Philippe le Bel, que « certaines personnes dignes de foi » disaient être sous le coup d'une excommunication.

Discret rappel du concile de Compiègne ? Pure et simple esbroufe ? Le pape savait fort bien à quoi s'en tenir. Si son adversaire avait été réellement excommunié, Boniface n'eût pas manqué de poser ses conditions sur un autre ton. Sans doute voulait-il, sans excommunier le roi de France et prendre ainsi le risque d'un schisme, laisser sonner le mot aux oreilles de l'intéressé.

Philippe le Bel savait ce que les succès remportés par Flote et par Mouche sur l'échiquier diplomatique européen devaient à la connivence du pape et de ses légats. L'excommunication, c'était la fin de toute politique dans l'Empire, la fin de toute intervention — si limitées fussent les visées méditerranéennes du Capétien — dans les affaires d'Espagne ou de Sicile, la fin de toute prétention en Flandre. Même si la menace d'une saisie des temporels retenait les évêques de France aux côtés de leur roi dans un schisme éventuel, ce qui n'était nullement assuré, l'excommunication conduisait, au sein du royaume, à des lendemains difficiles.

Le pouvoir royal.

On avait appris à Paris dans les tout derniers jours de novembre la double nouvelle d'une prochaine déclaration dogmatique et d'une nouvelle négociation sur les affaires de l'Eglise de France. Sans doute Mornay et ses collègues avaient-ils informé le roi dès que s'était dessinée la manœuvre pontificale et sans attendre la publication des bulles. Toujours est-il que, convoquée en décembre, une assemblée de barons et d'évêques se tenait à Paris lorsqu'en février survint le cardinal Jean Le Moine. On avait entre-temps connu la bulle *Unam Sanctam*, et les craintes exprimées par le roi dans les lettres de convocation au sujet de « l'honneur et franchise du royaume » ne pouvaient sembler vaines.

Si le clergé était assemblé, c'était pour discuter des réformes en présence du roi. Il était assez habile de souligner le fait que le concile convoqué à Rome à l'automne précédent pour traiter de la réforme du royaume avait finalement renoncé à évoquer cette question. On en traitait à Paris, avec le roi, et sans avoir l'air de déférer à un ordre pontifical. Au reste, les évêques du domaine royal étaient les premiers concernés, et la plupart d'entre eux n'étaient pas à Rome.

Flote avait dénié au pape le droit de se mêler des affaires intérieures du royaume. Nogaret, reprenant sur ce point la politique du défunt garde du sceau, allait faire au roi l'honneur de la réforme.

Rien n'était cependant joué en ces premiers mois de 1303. Nombreux étaient les théologiens soucieux d'un compromis, d'une « voie moyenne » dans la définition des pouvoirs. Rédigeant son traité *Du pouvoir royal et papal* à l'époque où parvenait dans la capitale le texte de la bulle qui formulait un augustinisme politique sans nuances, le maître dominicain Jean de Paris prônait l'entière indépendance de l'un et l'autre pouvoirs. L'Etat — ou, si l'on préfère, la royauté — était une institution naturelle. On revenait à des notions perdues de vue depuis l'Antiquité : celle de chose publique et celle de droit naturel. Invoquant à la fois l'autorité de Platon et celle de saint Augustin, s'inspirant du docteur de l'Eglise Thomas d'Aquin autant que du bailli royal Beaumanoir, Jean de Paris définissait ainsi la royauté :

> Le gouvernement d'un groupe parfaitement ordonné, assumé par un seul, pour le bien commun.
>
> Le roi n'est autre que celui qui dirige seul, selon la parole du Seigneur parlant à Ezéchiel : « Mon serviteur David sera sur tous, et il sera l'unique pasteur de tous. »

La référence faite par Jean de Paris au bien commun du groupe naturel s'oppose à la référence faite par le pape au salut de l'humanité, constituée dans l'ordre voulu par Dieu. De la diversité de la nature vient la diversité de la hiérarchie : le spirituel ne l'emporte pas nécessairement sur le temporel. Le théologien répond ici, directement, à *Unam Sanctam.*

> Le pouvoir séculier n'est pas un pouvoir mineur, soumis au pouvoir supérieur dont il serait issu et dérivé. En un domaine bien précis, le domaine temporel, le pouvoir séculier est supérieur au pouvoir spirituel, et il ne lui est en rien soumis puisqu'il n'en est pas issu. L'un et l'autre procèdent directement de la puissance supérieure, celle de Dieu.

> Le pouvoir royal ne dépend du pape ni dans sa nature ni dans son usage. Il dépend de Dieu, et du peuple qui choisit soit la personne du roi soit la famille royale.

La voie moyenne conduisait à légitimer deux procédures, dont l'une garantissait le roi contre l'arbitraire pontifical, et dont l'autre offrait au roi une arme redoutable en un temps où Rome était divisée.

> Le pape peut agir sur le peuple en sorte que celui-ci prive le prince de son honneur séculier et le dépose. Ainsi, en cas de crime contre l'Eglise, le pape agirait-il en excommuniant ceux qui obéiraient au prince comme à leur souverain, en sorte que le peuple déposerait le prince.
>
> Si le pape commettait un crime, scandalisait l'Eglise et ne voulait se corriger, le prince pourrait indirectement l'excommunier et le déposer en agissant de lui-même et par l'intermédiaire des cardinaux, et enfin — si le pape ne voulait se soumettre — en agissant sur le peuple qui forcerait le pape à céder.

Vue de l'esprit, que tout ceci. Et qui touchait plus les théologiens que l'homme de la rue. Mais les prélats assemblés à Paris en février 1303 étaient au fait des spéculations des théologiens, et les juristes du Conseil royal ne les ignoraient pas. A égale distance de la théocratie et du césaropapisme, Jean de Paris reflète sans doute l'opinion de bien des modérés — prélats aussi bien que docteurs — à qui une balance égale entre le pape et le roi devait sembler la plus sûre garantie d'une certaine indépendance. Un siècle plus tard, l'effacement du pouvoir pontifical consacrera l'autorité absolue du roi sur l'Eglise de France. Bien des contemporains de Philippe le Bel entrevoyaient clairement le danger et l'attitude modérée d'un Gilles Aycelin au Conseil royal s'explique autant par le souci des intérêts de l'Eglise de France que par la loyauté à deux maîtres difficilement conciliables.

Ce même « bien commun », qui fonde le pouvoir royal selon Jean de Paris, était pour Beaumanoir la pierre de touche du droit du roi à légiférer. La coutume s'impose au roi, mais le roi peut faire des ordonnances, pourvu que ce soit en vue du bien commun et « par grand conseil ».

L'assemblée de Paris était bien un « grand conseil » — oublions ici le sens précis que les historiens des institutions donneront à ces mots — et l'on allait légiférer, pour le bien commun. En faisant droit au désir de réformes exprimé par le peuple autant que par le pape, le roi affirmait l'indépendance de sa souveraineté et mettait de son côté les partisans de la conciliation.

Avec ses lettres de créance, le cardinal Le Moine avait apporté un mémorandum en douze points, où s'affirmait le droit éminent du Saint-Siège sur le clergé français et sur les biens des églises. Avec prudence, le pape ne s'entremettait des affaires séculières que dans la mesure où les temporels ecclésiastiques étaient concernés : ainsi, au neuvième article, pour les deux récentes mutations de la monnaie, faites « au grand dommage des prélats, églises, barons et personnes ecclésiastiques et séculières ». Le dernier article était un ultimatum : si le roi n'obtempérait, le pape procéderait contre lui au spirituel et au temporel. Il n'y avait rien là de bien nouveau. Le ton était beaucoup plus mesuré que dans la bulle *Ausculta fili.* Les prétentions pontificales allaient beaucoup moins loin que dans *Unam Sanctam.*

La grande ordonnance réformatrice promulguée le 18 mars 1303 en présence du légat et de l'assemblée des prélats et barons donnait satisfaction au pape sur plusieurs points, comme l'immunité du clergé et la limitation des prérogatives des officiers royaux.

Pour le reste, Le Moine reçut douze articles en réponse à ceux du pape : c'étaient autant de protestations de bonne foi. On n'avait, envers l'Eglise ou les clercs, ni innové ni abusé. L'interdiction faite aux prélats de se rendre à Rome n'était motivée que par le danger où la guerre de Flandre et les rébellions urbaines mettaient le royaume. La mutation des monnaies n'avait d'autre fin que d'assurer la défense commune.

Beaucoup plus qu'une réponse au pape, l'ordonnance réformatrice était la manœuvre initiale d'une lutte dans laquelle le gouvernement royal s'engageait en sachant que l'issue n'en pouvait plus être un compromis. Le ton modéré de la note remise par le légat ne trompait pas plus le Conseil à Paris que n'avait trompé Mornay, à Rome, l'absence de coup d'éclat à la date prévue pour le concile. Le roi et ses conseillers avaient lu la bulle *Unam Sanctam*. Le pape s'était déclaré souverain sur le roi.

Croyant peut-être que le garde du sceau était son pire ennemi et que, Flote mort, le roi céderait, Boniface avait différé de mettre en œuvre une politique dont il avait posé les principes. Le roi en profitait pour retirer au clergé français les raisons d'un mécontentement qui eussent retenu les clercs d'adhérer pleinement à une action énergique contre le pape. Par son ordonnance du 18 mars, Philippe le Bel plantait le décor de la campagne systématique d'action psychologique qui s'amorçait.

CHAPITRE XIII

L'offensive royale

NOGARET.

Boniface VIII se trompait fort s'il croyait Pierre Flote irremplaçable dans son rôle de stratège de la politique royale à l'égard du Saint-Siège. Depuis huit ans que Guillaume de Nogaret siégeait au Conseil, il était au fait de tous les dossiers. La décime et la décrétale *Clericis laicos,* les complots de l'évêque de Pamiers, le conflit des ordres mendiants, la révolte contre l'Inquisition, tout cela lui était connu. Aux côtés de Mouche, il avait parcouru l'Italie, et il savait la complexité du jeu politique toscan, napolitain ou romain. Assez naturellement, il prit les rênes.

On a souvent, et facilement, opposé le comportement passionné de ce petit-fils de cathare — ou réputé tel — à l'attitude plus froide du Dauphinois Flote. En fait, l'un prolonge l'autre. Flote a mené la politique royale en un temps où le pire semblait évitable, où le conflit paraissait limité par ses causes, où le pape ne menaçait pas les fondements même de la royauté. Flote, en qui Boniface voyait le diable en personne, a été l'homme d'un temps.

Nogaret prend la succession — mais non encore le sceau — alors que le conflit s'est généralisé et que le pire est certain. La volonté du pape a porté l'affaire sur le terrain qu'avait préparé, tout au long du XIIIe siècle, le développement des idéologies : celui des principes. Au moment où Nogaret apparaît dans la politique pontificale du roi, celle-ci n'a plus que trois issues possibles : le recul du pape, l'humiliation du roi, le schisme. Briser le pape, le roi ou l'Eglise, voilà les perspectives qu'a ouvertes la bulle *Unam Sanctam*.

Reprendre l'initiative fut la première tâche de Nogaret. Le 7 mars 1303, alors que la rédaction de l'ordonnance réformatrice suffisait à retenir l'attention des prélats et des barons assemblés à Paris, mission était donnée à « Jean Mouchet », Guillaume de Nogaret, Thierry d'Hirson et Jacques de Jasseines de se rendre « en certaine région pour certaines affaires ». Mouche était encore en Italie, nouant depuis l'automne les fils de ses intrigues toscanes. Hirson était un familier de Robert d'Artois, très au courant des affaires napolitaines. Jasseines était un clerc du roi.

Le 12, devant un Conseil discrètement assemblé au Louvre, Nogaret proposa les lignes directrices d'une nouvelle politique. Il ne s'agissait plus, cette fois, de défendre le royaume contre le pape, ou même l'Eglise de France contre l'Eglise de Rome. Cette position, qui avait été celle de Flote, laissait au pape l'argument dernier, celui du jugement quant au péché.

Philippe le Bel et ses conseillers, parmi lesquels on remarquait ses frères — Valois et Evreux — et le duc de Bourgogne, entendirent Nogaret développer, tout au long d'un véritable réquisitoire dont il demanda l'enregistrement à la Chancellerie, une attaque personnelle qui renouvelait le ton du conflit. Boniface VIII était un usurpateur, dont les manœuvres insidieuses avaient amené Célestin V à une renonciation illicite. Comme tel, il devait être traité comme un larron. On devait également le tenir pour hérétique et pour simoniaque : les preuves en seraient données en temps voulu.

De ces accusations à la violence inhabituelle, la conclusion était apparemment conforme aux vues modérées de Jean de Paris. Nogaret requérait le roi de contraindre les prélats, les docteurs et les princes — et particulièrement les cardinaux — à convoquer un concile. Le concile en question jugerait le pape, le déposerait et en élirait un autre. En attendant, Boniface serait considéré comme suspendu par le fait même des accusations portées contre lui. En attendant la sentence, le roi et les cardinaux assumeraient la protection de la personne pontificale, et les cardinaux placeraient un vicaire à la tête de l'Eglise.

Nogaret allait fort loin. Il ignorait délibérément l'empereur, les autres rois, bref toute la Chrétienté qui n'était pas le royaume de France. D'un revers, il balayait toutes les causes du conflit, c'est-à-dire les torts, vrais ou supposés, du roi. Des excès commis par les officiers royaux, des franchises ecclésiastiques violées, des abus de la régale, il n'était plus question. On était loin du droit du roi à faire contribuer les clercs aux charges communes du royaume. Contre un pape indigne, le roi se posait en défenseur de l'Eglise universelle. Boniface allait payer cher les conditions de son élection.

A porter de telles accusations, il y avait des risques. Nogaret les prenait délibérément pour lui. Peut-être était-il heureux de dénoncer pour hérésie celui qui avait maté les « spirituels » après avoir pris la place du plus humble des pontifes. Quoi qu'il en fût, Philippe le Bel n'aurait pas laissé développer un tel réquisitoire s'il n'avait été politiquement justifié, et l'on peut penser que certains conseillers — Gilles Aycelin, par exemple, qui était présent — eussent protesté si la manœuvre n'avait eu leur assentiment. L'appel au concile, au fond, n'était que le moyen le moins violent de sortir de l'impasse sans entraîner dans un schisme l'Eglise de France.

Le caractère personnel de l'intervention de Nogaret s'inscrivait parfaitement dans cette stratégie très fine : si Boniface excommuniait Nogaret pour l'avoir outragé, un autre prendrait le relais, et l'affaire serait néanmoins engagée. Si le roi avait lui-même lancé de telles accusations, ou si Nogaret avait parlé au nom du roi, le pape pouvait aisément bloquer toute la machine en excommuniant le roi. De toute manière, l'acte d'accusation était une précaution, consignée devant deux notaires dont l'un était Jacques de Jasseines et l'autre Guillaume de Plaisians, cela pour le cas où il faudrait ultérieurement justifier les initiatives prises en Italie. Précaution, certes, mais non publicité : on s'employa, pour le moment, à ne point divulguer la scène.

En Italie, Mouche voyait avec plaisir se dégrader la position politique de Boniface VIII. La noblesse de l'Italie moyenne supportait mal la puissance croissante des Caetani en Campanie et en Sabine, et le pape, déjà en butte aux menées des Colonna, avait réussi à se fâcher avec leurs ennemis héréditaires les Orsini. Cependant que Mouche était en Toscane, les cardinaux Colonna se cachaient à peine, non loin de Rome. C'est dire que les mécontents de toute sorte trouvaient aisément une oreille attentive. Le cardinal Napoléon Orsini, que la déception rapprochait des Colonna, écrivit à Philippe le Bel pour lui demander de venir à Rome. A la cour pontificale, on se mit, au printemps de 1303, à comploter presque ouvertement.

Le pape gardait toutefois l'espoir d'une relative soumission du Capétien. Ce qu'il avait, en novembre, pris pour des marques de bonne volonté, tant dans les lettres du roi que dans les propos de Charles de Valois, et ce dont Mornay l'avait assuré quant aux motifs des empêchements mis au concile de Rome, tout cela l'entretenait dans l'idée que le roi de France préparait son recul. Boniface connaissait à peine Nogaret, et avait à ce point pris Flote en haine que tout lui semblait aisé dès lors que la Providence avait laissé Flote raide mort sur le champ de bataille de Courtrai.

Le piège pontifical.

Un courrier du cardinal Le Moine brisa net, vers le 10 avril, ces illusions. Les réponses du roi aux douze articles qu'avait apportés à Paris le légat, réponses dont on se souvient qu'elles avaient été rédigées en même temps que l'ordonnance réformatrice, étaient une manœuvre dilatoire presque avouée. Boniface avait formulé des griefs précis. Philippe le Bel s'estimait content et répondait aux accusations en niant tout simplement qu'elles fussent fondées. Si la réponse avait été l'unique effet de la légation de Jean Le Moine, et l'unique réplique aux articles du pape, c'eût été de la légèreté. On sait qu'il n'en était rien et que, dans le même temps, une terrible machine se mettait en marche.

Irrité, Boniface VIII écrivait à Charles de Valois — qu'il croyait compter encore parmi ses amis — pour lui dire combien sa confiance était déçue. Pour que nul n'en ignorât à la cour de France, le pape annonçait son intention de procéder au spirituel et au temporel « si le roi ne corrigeait et amendait les dites réponses ». C'était perdre son temps.

De nouvelles instructions furent envoyées, le 13 avril, à Jean Le Moine. Le point essentiel en était que le pape proposait de rencontrer — à charge pour eux de venir à Rome — quelques hauts barons fidèles à l'Eglise autant qu'au roi, afin d'examiner avec eux les articles et recevoir leur conseil. Le duc de Bretagne et le duc de Bourgogne étaient nommément cités parmi ces barons impartiaux. La ficelle était grosse : le pape cherchait à prendre des vassaux du roi pour juges de la bonne foi de leur seigneur. En fait, il estimait que, devant témoins, les ducs ne pourraient soutenir la position du roi, selon qui tout allait pour le mieux dans le royaume. Il reprenait donc la manœuvre, avortée en novembre, qui consistait à traiter hors de France, et sans le roi, des affaires du royaume. Mais il s'agissait maintenant de barons, et non plus de prélats.

La situation personnelle de Philippe le Bel faisait l'objet d'une autre lettre. Le pape y rappelait à son légat que, pour avoir mis obstacle à la libre communication des fidèles avec le Siège apostolique, et principalement à la volonté des évêques qui souhaitaient se rendre à Rome pour déférer à la convocation pontificale, Philippe le Bel ne pouvait être considéré comme ayant échappé aux peines canoniques. Il était excommunié de fait, sans qu'il eût été nécessaire de publier la moindre sentence.

Certes, le roi jouissait d'un privilège assez fréquent dans la Chrétienté médiévale, où un jour de retard pour le paiement des annates ou la plus légère violence contre le moins religieux des clercs pouvait faire immédiatement surgir la menace d'excommunication : son confesseur avait reçu pouvoir de le relever, dans la plupart des cas, de l'excommunication. Mais tous les privilèges accordés au roi et à ses conseillers avaient été suspendus, on s'en souvient, le 4 décembre 1301. Ces privilèges ne pouvaient être rétablis, aux termes de la bulle *Salvator mundi*, qu'après examen et approbation par le concile. Or ce concile, le roi l'avait empêché. Nul ne pouvait donc, sinon le pape, absoudre le roi. Au reste, le légat avait mission de citer le confesseur royal à comparaître en personne à Rome dans les trois mois pour y prouver sa propre innocence ou « être reçu selon ses mérites ».

Le confesseur en question était un dominicain normand, frère Nicolas de Fréauville, homme discret et entièrement dévoué à Philippe le Bel, qui devait à la fin de son règne tenter d'en faire un pape. Comme on pouvait s'y attendre, Fréauville se garda bien de bouger.

Restait à régler le cas des évêques qui, trop facilement, s'étaient dispensés d'aller au concile de la Toussaint. Boniface les citait aussi à comparaître, dans le même délai et aux mêmes fins. Mais il en profita pour tenter de dissocier l'épiscopat français : cependant que la plupart avaient à comparaître en personne ou par procureur, six évêques étaient dispensés de tout pour leur vieillesse ou leur maladie, un pour la constance de sa fidélité au pape — c'était un Italien que Boniface avait fait évêque d'Arras — et un, l'évêque de Laon, comme victime des exactions royales. Une autre liste, en revanche, était dressée de ceux auxquels la faculté de se faire représenter par des procureurs était refusée : devaient se présenter en personne, sous peine de révocation, l'archevêque de Narbonne — Gilles Aycelin — et celui de Sens, les évêques de Soissons, Meaux et Beauvais, et l'abbé de Saint-Denis.

Dès lors, les choses se précipitèrent. Les lettres du pape furent saisies à Troyes sur le nonce qui les apportait. On était à la fin de mai. Elles confirmèrent à Nogaret qu'il importait de prendre le pape de vitesse. On venait de conclure à l'amiable le conflit avec l'Angleterre, mais la guerre de Flandre était encore bien incertaine et l'on venait d'apprendre l'accord intervenu entre Albert d'Autriche et Boniface VIII. A nouveau, Nogaret convoqua une assemblée.

L'ASSEMBLÉE DU LOUVRE.

Celle-ci se tint au Louvre, en présence du roi et de Louis d'Evreux, le 13 juin. En fait de laïcs, il y avait une dizaine de membres du Conseil et de l'Hôtel. Pour l'essentiel, l'assemblée comprenait une quarantaine d'archevêques, évêques et abbés. La moitié sud du royaume était pratiquement absente (deux prélats, dont Aycelin), de même que la Bourgogne (deux) et la Bretagne.

Parlant au nom d'un petit groupe de plaignants parmi lesquels on comptait le comte d'Evreux, frère du roi, le comte de Saint-Pol et le comte de Dreux, Guillaume de Plaisians joua le rôle qu'il avait, comme simple notaire royal, vu jouer à Nogaret trois mois plus tôt dans l'enceinte plus discrète du Conseil royal.

Le discours de Plaisians tenait les promesses faites en mars par Nogaret. Les accusations étaient les mêmes : hérésie, bougrerie, simonie, à quoi s'ajoutait la sodomie. Peut-être parce qu'à défaut de véritables preuves Plaisians multipliait exemples et détails, le ton était cependant tout autre que celui de Nogaret. L'impression qui se dégage de ce long discours ne tient cependant pas seulement à la violence des propos. On sent qu'au cours de leurs entretiens italiens, les ambassadeurs du roi de France avaient fait le plein de ragots et de mesquineries. Derrière le réquisitoire long et haineux de Guillaume de Plaisians, il est aisé de deviner les commérages du parti Colonna et les jalousies de la noblesse romaine.

N'opposons pas Plaisians à Nogaret. Plaisians a toujours joué, derrière Nogaret, le rôle d'un efficace second que l'on met en avant lorsque le besoin s'en fait sentir. Et Plaisians n'a su ce qui se disait à Rome qu'à travers ceux qui revenaient d'Italie, les Mouche, les Mornay, les Nogaret.

Ce qui avait changé entre mars et juin, c'est l'auditoire et c'est le degré d'évolution de la crise. On en était, en juin, à vider le sac en public. Ces accusations contre la foi et les mœurs de Boniface peuvent prêter à sourire, et l'on peut se demander si les auditeurs crurent réellement que le pape était athée ou qu'il forniquait. Ce serait oublier quelle résonance avaient dans la société médiévale de telles accusations. Elles allaient emporter, quelques années plus tard, les templiers, de même que Marigny.

L'homme du Moyen Age est crédule, même s'il est savant, et l'on fait mieux le départ entre des doctrines qu'entre des comportements. Derrière la plupart des griefs exprimés contre Boniface par la bouche de Plaisians, il y a quelque vérité, que l'on reconnaît parfois. Nul doute que, portés par la haine à des excès verbaux, Nogaret et Plaisians fussent pour l'essentiel de bonne foi. Dans leur indignation, les auditeurs l'étaient aussi.

Boniface VIII avait été dénoncé, c'est l'évidence même, et ses ennemis avaient sans doute retouché ses plus notables erreurs avant de les livrer aux gens du roi de France. Qu'il ait un jour dit qu'il préférerait être « un chien ou un âne plutôt que Français » prouve un mouvement de colère, non l'oubli de l'âme, qui distingue l'homme de l'animal ; c'est pourtant le mépris de cette différence qu'on lui reprochait. De même avait-il été malheureux de dire devant témoins que serait frappé d'anathème quiconque — fût-ce un ange venu du Ciel — dénierait au Saint-Siège le pouvoir souverain sur le royaume de France : mauvaise plaisanterie d'un homme trop sûr de lui, mais plaisanterie dont l'exégèse pouvait être funeste. Non moins fâcheux, le pari stupide de détruire la Chrétienté plutôt que de renoncer à ruiner la superbe des Français : une preuve d'obstination, un propos en l'air, aisément présenté comme intention criminelle.

C'était un jeu que d'exploiter contre Boniface ce qui était su de tous et que Plaisians s'entendait à dramatiser. Le pape avait finalement approuvé une version à peine remaniée — et tout aussi fautive que la première — d'un livre déjà condamné par l'Université de Paris et, en appel, par lui-même : hérésie. Il avait multiplié les statues d'argent à son portrait dans les églises de Rome : idolâtrie. Il avait comblé les siens de terres et de châteaux : dilapidation du patrimoine de saint Pierre, voire des fonds destinés à la Croisade. Il avait fait cardinaux trois de ses neveux, que ne distinguait ni la piété ni la science : népotisme.

Naturellement, on n'oubliait pas les circonstances de l'avènement. Boniface était accusé d'avoir « traité de manière inhumaine, incarcéré et fait mourir rapidement et secrètement » le saint pape Célestin.

Pour son action politique, les procès d'intention ne manquaient pas, dont Plaisians déchargeait sa conscience en usant d'un procédé vieux comme la calomnie : la référence à la notoriété publique. On avait dit que Boniface voulait mettre la guerre partout, qu'il avait dressé l'Allemagne contre la France, qu'il avait expulsé de Rome la noblesse. On lui imputait des assassinats politiques. N'avait-il pas également — Plaisians dépassait ici la mesure — concédé la décime au roi d'Angleterre contre promesse de faire la guerre à la France ? N'avait-il pas, ensuite, financé les obstacles mis à la paix franco-anglaise ? Du moins le disait-on...

La stratégie de Nogaret et de ses proches était désormais fixée : attaquer le pape dans sa personne, afin de recueillir l'adhésion d'un clergé français plus disposé à sanctionner l'indignité d'un pape qu'à prendre délibérément parti pour la royauté contre le Saint-Siège.

L'agitation des Colonna entrait dans la manœuvre, de même que celle des « spirituels » : l'un et l'autre concouraient à la justification externe de la lutte.

En fait, l'incertitude qui continuait de planer sur le droit d'un pape à se démettre, donc sur la validité de l'élection de son successeur, suffisait à fonder le doute défavorable avec lequel étaient passés au crible les comportements d'un homme que ses partisans eux-mêmes ne pouvaient dire désintéressé. Mais l'appel au concile passait par l'adhésion des clercs, et celle-ci passait mieux par le scandale quant à la foi et quant aux mœurs de Boniface. « Venir au secours de l'Eglise », ainsi que les y invitait Plaisians en reprenant un argument déjà développé à Rome, dès les débuts du pontificat, aussi bien par les Colonna que par le cardinal Napoléon Orsini, était un propos que pouvaient entendre les évêques.

La harangue de Nogaret avait été prononcée à huis clos. Celle de Plaisians l'était en public, et le pape ne pouvait manquer de riposter durement. Aussi Plaisians, en bon juriste, prenait-il ses précautions : en même temps qu'il demandait la convocation du concile chargé de juger le pape, il en appelait à ce concile de toutes les sentences que porterait contre lui et les siens le dit Boniface. La procédure était normale, puisque Boniface ne pouvait être à la fois juge et partie. Mais elle signifiait clairement que l'on tiendrait pour nul tout usage que ferait le pape de ses moyens canoniques de défense.

On était allé trop loin pour s'en tenir à des pamphlets. Le roi prit la parole et, protestant de son respect envers l'Eglise, approuva en bloc Nogaret et Plaisians. Il promit de faire tout ce qui était en son pouvoir pour que le concile, auquel il annonçait déjà qu'il assisterait en personne, pût siéger et mener à bien son œuvre.

Philippe le Bel énonça fort adroitement les fins du concile, mêlant aux scandales en cours les tâches de longue haleine auxquelles nul évêque ne pouvait refuser de collaborer et que retardaient les fautes de Boniface : salut de l'Eglise, défense de la foi, Terre-Sainte. Comme l'avait fait Plaisians, mais en dépassant le cas personnel, le roi en appelait, pour lui et ses fidèles, du pape au concile. Ceci avait pour premier objet d'empêcher les manœuvres dilatoires.

Les prélats pouvaient difficilement se dérober. Poussés par ce qu'ils avaient entendu, et aussi — était-ce une précaution pour se justifier éventuellement de leur rébellion contre le pape ? — par « une sorte de quasi-nécessité », ils adhérèrent aux engagements du roi et à son appel. La seule condition qu'ils y mirent était que tout fût fait dans les règles canoniques. Seuls bronchèrent l'évêque d'Autun et l'abbé de Cîteaux. Le roi fit un exemple : l'abbé fut arrêté.

ADHÉSIONS A L'APPEL.

Rédigé le surlendemain, un acte en forme de lettres patentes précisa l'attitude des prélats, « le droit de l'Eglise étant sauf et à l'exclusion de toute conspiration ou conjuration ». On en profita pour joindre les noms de Charles de Valois et de Robert de Bourgogne, absents de Paris, à la liste des barons « que l'on dit adhérer à l'appel ».

Restait à toucher la masse des clercs, opération indispensable si l'on voulait éviter un démenti général à l'action de quelques prélats. Nogaret et Plaisians amorcèrent donc une vaste campagne de propagande dont le seul but était de dresser le clergé de France contre le pape. Le 21 juin, une délégation des quatre facultés fut reçue au Louvre et mit le sceau de l'Université au bas d'une copie du procès-verbal du 13. Le 24, les Parisiens furent appelés à une assemblée, qui se tint dans le jardin du roi. Philippe le Bel, les princes, les évêques étaient là. Les moines vinrent aussi, en procession. Un évêque prêcha en latin, un clerc traduisit les accusations portées contre Boniface. Un dominicain exhorta le peuple à aider le roi. Un bourgeois se chargea, un peu rapidement, d'annoncer l'adhésion de tout le clergé de France aux actes du roi et demanda à la foule si elle approuvait. Ce qui fut fait par acclamations.

Philippe le Bel et son Conseil avaient d'autres ambitions que l'adhésion rapide de quelques centaines d'hommes peu portés à la résistance dans les jardins du roi. Dans les jours qui suivirent, il envoya à travers la France quelques-uns de ses clercs les plus sûrs. Il s'agissait, cette fois, de recueillir les adhésions écrites et scellées de la masse du clergé. A convaincre les clercs de cloître en cloître, les commissaires royaux passèrent tout le début de l'été. Bien des chapitres et des couvents firent ce qu'on leur demandait, certains discutant seulement pour le principe. Rares furent ceux qui osèrent affronter la colère du roi : les franciscains étrangers du couvent parisien des Cordeliers, qui refusèrent de demander la convocation du concile, furent expulsés sur-le-champ du royaume.

Le 1er juillet, anticipant quelque peu sur des adhésions que l'on s'employait à recueillir, Philippe le Bel considérait l'affaire comme officiellement engagée. Il dépêcha donc vers Rome deux de ses chevaliers pour demander au Sacré-Collège de prêter la main à la convocation du concile. Leurs lettres de créance faisaient état d'une consultation générale du clergé, et l'on jouait sur les mots pour ne pas avouer que la majorité des accords était encore attendue. Dans le même temps, le roi envoyait en Espagne, au Portugal et en Italie des ambassadeurs chargés de convaincre les souverains, les clercs, les nobles et les villes. Le succès de cette entreprise diplomatique fut des plus modestes. On n'obtint guère que l'adhésion de la noblesse et des monastères navarrais : la reine de Navarre était reine de France. Mais les actes qui consignaient les adhésions navarraises ne parvinrent à Paris qu'au printemps de 1304. La situation avait eu le temps de changer.

Le 28, prenant pour prétexte l'aggravation d'une menace flamande qui n'était nullement inventée, le roi interdit à tout ecclésiastique de quitter le royaume. Le pressant besoin que l'on pouvait avoir, en cas de danger, de l'aide et du conseil de chaque clerc se voyait à nouveau invoqué, comme il l'avait été pour empêcher le concile romain de novembre 1302, afin de légitimer cet empêchement mis par le roi à la libre communication des églises avec Rome. Les conseillers de Philippe le Bel savaient leur droit canonique, et le cardinal Le Moine le leur avait rappelé en mai : le roi risquait, pour cela, l'excommunication. En réalité, la frontière du royaume passait bien en arrière des positions de l'armée flamande, et le clergé de l'un et l'autre partis n'avait pas à quitter la Flandre pour conspirer contre le roi et les léliaerts. L'interdiction n'avait qu'un sens : faire que nul clerc français ne puisse prévenir la Curie des conditions dans lesquelles se collectait l'adhésion à la politique royale.

La mission de Nogaret.

Nogaret était en Italie. Il avait quitté Paris vers la fin de mars, ayant formulé dans le secret du Conseil l'appel que l'on sait. Au-delà des Alpes, sans doute installé dans le château de Staggia, près de Sienne, qui appartenait à Mouche, il se tenait dans une relative obscurité que favorisait le fait qu'on le connût assez peu. Qu'un chevalier du roi ait rejoint Mouche en Italie n'était pas pour étonner. Nul ne savait, au début du printemps, que Nogaret avait pratiquement pris la relève de Flote dans la conduite de la politique ecclésiastique du roi de France. Se mettant au fait des intrigues romaines du parti Colonna, il attendait simplement qu'on lui fît savoir l'adhésion générale du clergé français.

Il préférait ne se présenter devant le pape pour lui notifier les volontés du roi de France qu'une fois acquis le succès de la campagne de propagande à laquelle il n'avait fait que donner l'impulsion initiale et que dirigeait en son absence son *alter ego* Guillaume de Plaisians. Les chaleurs de l'été romain venaient. Boniface VIII avait quitté Rome début mai pour passer l'été, ainsi que les années précédentes, dans le palais qu'il avait fait aménager dans sa ville natale d'Anagni.

Anagni, c'était un roc fortifié, sur un éperon qui domine, à une cinquantaine de kilomètres au sud-est de Rome, la vallée du Socco. La cour pontificale s'était dispersée, chacun cherchant l'air et la fraîcheur où il en avait l'occasion. Le pape n'avait autour de lui que quelques cardinaux, parmi lesquels son neveu François. Ils seront les seuls témoins de l'attentat du 8 septembre, avec les braves gens de la ville.

Toujours informés avec un grand luxe de détails par les ambassadeurs qu'ils entretenaient à la Curie, le roi d'Angleterre et le roi d'Aragon n'apprendront l'affaire qu'indirectement, comme l'apprendront les dirigeants des grandes banques toscanes, qui se faisaient ordinairement informer au jour le jour des événements capables d'affecter la situation économique et financière. Le monde entier saura qu'il s'est passé quelque chose à Anagni, mais les témoins seront rares. Notre meilleur témoin est un clerc bien modeste, William de Hundleby, venu à la Curie comme procureur de l'évêque de Lincoln.

Les observateurs étaient, comme le pape lui-même, en vacances. Or Nogaret avait besoin de témoins pour que la citation à laquelle il devait procéder devant le pape eût quelque retentissement. Le risque était grand — et Philippe le Bel y songea — que le pape fît arrêter Nogaret, pour calomnie ou pour hérésie, et qu'il escamotât purement et simplement le concile. Affecter d'ignorer une procédure était, entre souverains fort éloignés dans l'espace, chose tout à fait aisée si l'entourage politique y prêtait la main. C'est d'ailleurs ce que faisait avec succès Philippe le Bel pour l'excommunication *de facto* dont le pape le disait frappé. Boniface pouvait en faire autant d'une citation à convoquer le concile et à comparaître devant lui.

Pour rendre impossible la manœuvre, il fallait que la notification fût faite en présence d'un Sacré-Collège divisé et d'une Curie rapide à saisir les occasions d'intrigue. Le succès de sa mission, Nogaret le savait, passait par une certaine publicité. Il savait aussi qu'à intervenir trop tôt il se jetterait dans la gueule du loup sans le moindre profit pour son maître. Il lui fallait donc attendre le début d'octobre, date à laquelle le pape regagnait ordinairement Rome.

Rien ne permet d'affirmer, comme l'ont fait quelques historiens, que Nogaret se soit vu refuser à plusieurs reprises l'audience qu'il demandait au pape. Ce qu'il attendait, ce n'était pas une audience, c'était le bon moment.

Familière aux Romains, l'idée d'une pause estivale était étrangère au roi de France. A la mi-août, Philippe le Bel s'inquiétait de n'avoir aucune nouvelle de Nogaret. Craignant le pire, car le pape pouvait avoir emprisonné le légiste du roi, on envoya d'urgence vers Rome un autre homme de confiance, le bénédictin Pierre de Paray, que nous avons déjà vu sur les chemins de la diplomatie discrète. Paray avait en particulier, dès 1295, établi le contact entre le roi de France et les milieux romains hostiles au nouveau pape. Sa nouvelle mission doublait en fait celle de Nogaret : signifier à Boniface VIII l'exigence d'un concile et l'appel à ce concile. S'il ne pouvait atteindre le pape, Paray devait afficher l'acte royal aux portes de diverses églises d'Italie.

A cette date, le pape en savait assez long sur les dispositions de son adversaire. Les nouvelles avaient filtré, montrant assez que le temps des admonestations et des menaces était fini, de même que celui des déclarations doctrinales. Le 15 août, Boniface VIII ripostait à l'adhésion du clergé français aux entreprises de Philippe le Bel : la disposition des bénéfices était, dans tout le royaume, réservée au Saint-Siège, toutes les élections aux bénéfices majeurs étaient différées, la collation des grades universitaires était suspendue.

Le pape en profitait pour protester contre les accusations formulées contre sa personne. Ironisant à bon droit sur le fait qu'on ne l'accusait d'aucun crime jusqu'au jour où il avait voulu corriger le comportement d'un pécheur, il soulignait les variations de l'attitude royale. Puis il s'en prenait aux prétentions du roi. Il rappelait l'hospitalité accordée en France à Etienne Colonna et l'évidente collusion du roi et du parti rebelle au

Saint-Siège : cela suffisait à dénoncer la mauvaise foi d'un souverain qui organisait une conspiration contre le pape et recourait à cette fin au procédé extravagant d'un appel au concile. Boniface VIII ne manquait d'ailleurs pas de rappeler que lui seul avait qualité pour convoquer le Concile.

> L'Eglise s'effondrerait, et le Pontife romain perdrait son autorité si une telle voie et une telle échappatoire s'ouvraient aux rois, aux princes et aux autres puissants. Chaque fois que le Pontife romain, successeur de Pierre, par qui s'impose à tous la voix de Pierre, voudra corriger un prince ou un puissant, il se fera traiter d'hérétique et de criminel public notoirement scandaleux. Il n'y aura plus de correction possible des fautes. Le pouvoir suprême de l'Eglise sera tourné en dérision.

La conclusion du pape était précise, et Nogaret, qui en eut sans doute connaissance vers le 20 août, bien avant que les bulles parvinssent à la cour de France, ne pouvait se tromper sur la signification du propos pontifical : cet appel frivole, disait en substance le pape, n'empêche nullement de faire le nécessaire quant aux fautes du roi et de son entourage. La chancellerie pontificale entreprit de fignoler les formules d'une bulle d'excommunication.

Nogaret savait son droit. Le pape pouvait toujours nier que l'appel eût valeur suspensive, mais on aurait toujours le temps de plaider ensuite la chose devant le Concile. De même pouvait-on ergoter au sujet de l'excommunication *ipso facto* de quiconque interdisait à un clerc d'aller à Rome, car rien ne permettait de prouver les intentions du roi quant à la fermeture des frontières. Mais à la possibilité de plaider, il y avait une condition : que l'appel fût notifié à la personne du pape pendant qu'il en était temps, c'est-à-dire avant une excommunication explicite et nominative. Excommunié, le roi de France aurait vu tous ses vassaux et fidèles relevés par là même de leur obligation d'obéissance.

Excommunié, Philippe le Bel n'aurait plus que le choix entre s'humilier et combattre à la fois le pape et une partie de l'Europe. A tous les mécontents, dans le royaume et hors du royaume, la sentence qui mettrait le Capétien au ban de la Chrétienté offrirait une occasion merveilleuse. Au reste, rien n'assurait que le pape n'y prêterait pas la main en prononçant la déposition du roi : le royaume pouvait être à l'encan.

La procédure se présentait désormais comme une course de vitesse. Nogaret apprit, dans la journée du 2 septembre, que la bulle *Super Petri solio* serait publiée le 8 lors de la solennité de la Vierge : rapidement mis au point, le texte en était déjà prêt, et portait cette date.

Avec ses deux écuyers, Nogaret partit pour Anagni. Il donna rendez-vous sur la route d'Anagni au podestat de Ferentino, Rinaldo da Supino, qui fournirait une escorte de sécurité.

Dans ses bagages, le conseiller du roi de France transportait une bannière et quatre panonceaux aux fleurs de lis. La décision avait été prise en mars : ses pouvoirs étant suspendus par l'appel, le pape serait, en attendant la décision du concile, placé sous la protection du roi. Nogaret avait donc deux actes juridiques à accomplir : une citation et une garantie personnelle. Pour la citation, il lui fallait se trouver en face du pape le temps de notifier l'acte. Pour la garantie, les panonceaux seraient placés aux angles du logis pontifical, et la bannière du Capétien flotterait sur le palais d'Anagni comme elle avait flotté à Gand et dans tant de villes en signe de la protection royale.

L'IMBROGLIO.

Nogaret avait à instrumenter, non à brutaliser. Il était venu pour des actes de droit, non de violence. D'ailleurs, on peut penser qu'il était assez avisé pour ne pas songer à la violence : venu en Italie avec pour toute compagnie ses deux écuyers, dépendant étroitement pour sa sécurité d'un capitaine à la fidélité mal assurée, Guillaume de Nogaret allait se trouver au sein d'une ville étrangère dont Boniface VIII était, de surcroît, natif. Mais il y avait une circonstance nouvelle : cette citation qui était l'objet de son voyage, Nogaret savait maintenant qu'il lui fallait la prononcer devant le pape avant le 8 septembre.

Bien des adversaires de Boniface et des Caetani songeaient depuis un certain temps que l'on n'éviterait pas le recours à la force. En plein Conseil, et en présence du roi, un prélat n'en avait-il pas donné avis à Pierre de Paray ? On n'en finirait avec cet hérétique têtu et coléreux qu'en le tuant. Philippe le

Bel avait apaisé les esprits en plaisantant : « A Dieu ne plaise, le prieur n'en fera rien. Il risquerait de devenir évêque... ou pape. » Mais Philippe le Bel n'était pas les Colonna, et ceux-ci songeaient sérieusement à l'épreuve de force.

Réfugié en France avec son frère Etienne, Sciarra Colonna était revenu en Italie au début de l'été et se préparait à prendre, tant à Rome qu'en Campanie, la tête d'une véritable insurrection armée. Quelques intelligences à la cour pontificale lui permirent d'escompter une entrée facile dans la ville d'Anagni. Dans la journée du 6 septembre, il fit mouvement vers Anagni. Il était à la tête d'une troupe de deux ou trois cents hommes ; toujours portés à exagérer les effectifs, les contemporains ont dit deux mille.

Nogaret n'a jamais caché qu'il s'était fait accompagner d'une escorte armée, celle de Rinaldo da Supino. Il a toujours nié avoir eu rendez-vous devant Anagni avec les rebelles romains de Sciarra Colonna. Il a même mis tant d'ardeur à le nier qu'il a fini par le laisser croire. Une escorte pour ne pas aller en prison, certes, une armée pour perpétrer un coup de force, non. Voilà la version de Nogaret.

Au vrai, nous n'en savons rien. Pas plus que nous ne savons si c'est à Sciarra Colonna ou à Nogaret que des complaisances — groupées autour d'Adinolfo di Matteo di Papa — ouvrirent sans combat, vers minuit, l'une des portes de la petite ville. La suite de l'histoire peut laisser penser que c'est à Nogaret.

On peut en effet donner trois explications de la collusion de barons turbulents, avant tout préoccupés des intérêts seigneuriaux que menaçait la politique italienne de Boniface et de son neveu, le comte de Caserte Pierre Caetani, et d'un légiste chargé d'une mission diplomatique au succès de laquelle il importait d'éviter le moindre faux pas. Et cependant, en cette nuit du 6 au 7 septembre 1303, Nogaret et les barons étaient ensemble au cœur d'une mêlée qui grimpait en vociférant vers les parties hautes de la ville, vers la cathédrale et vers le palais où reposait le pape en vacances.

La vue la plus traditionnelle de cet événement, c'est celle qui conduit à la gifle dont tout le monde parle et dont aucun contemporain n'a jamais parlé. Pas même Dante, dont on sait quelle haine il vouait aux Capétiens :

Pour que semble moindre le mal à venir
[et celui qui est fait,
Je vis dans Anagni entrer l'homme aux fleurs de lis
Et, dans son vicaire, le Christ être captif.

Dans ces vers, qui sont au vingtième chant du *Purgatoire,* on ne peut trouver la plus petite allusion au soufflet sacrilège. C'est au XIXe siècle que l'affaire s'est trouvée dramatisée, en particulier par Ernest Renan, qu'inspirait sans doute Boutaric. Les historiens d'Ancien Régime, comme Pierre Dupuy, prenaient a priori le parti du roi et du gallicanisme naissant. Les historiens républicains prenaient le contre-pied. Dans cette vue, qui prévaut encore dans bien des récits, Nogaret aurait organisé lui-même l'action armée et appelé pour cette date les troupes de Sciarra Colonna. Il est de fait que, seul, le représentant du roi de France avait quelque raison de tenir précisément à cette date : le lendemain, il eût été trop tard.

Une autre interprétation des mêmes faits — c'est celle de Robert Fawtier — nous montre un Sciarra Colonna habile à exploiter la mission de Nogaret. Celui-ci serait entré dans Anagni sans la moindre peine : on voit mal la ville fermer ses portes à un ambassadeur du roi de France, fort, pour toute escorte, de deux écuyers français et de quelques barons italiens, parents du pape. Mais Sciarra Colonna savait que Nogaret allait devoir se poster sur le passage du pape, et qu'il y aurait de toute manière à ce moment un incident sérieux : belle occasion pour les Colonna de s'y joindre et d'aggraver l'incident pour en finir enfin avec Boniface, sous couleur de défendre les intérêts de l'Eglise. En cas d'échec, Sciarra Colonna aurait partie liée avec le roi de France : c'était un gage de protection.

Quant à Nogaret, à qui le tumulte ouvre les portes du palais pontifical quelques heures plus tôt que prévu, il profite de l'opportunité pour s'acquitter de sa mission. Il n'est plus question de faire autour de la citation, à Rome, une publicité tapageuse, il faut s'acquitter le jour même d'une opération de procédure. La publicité est alors pour plus tard.

Les Colonna exploitant Nogaret, celui-ci profitant d'eux un moment et cherchant ensuite à éviter le pire, tel serait l'imbroglio d'Anagni.

Ne peut-on faire une synthèse, et celle-ci ne conduit-elle pas à nuancer les jugements sur l'attitude de Nogaret ? Responsable selon les uns, innocent mais compromis selon les autres, peut-être Nogaret s'est-il comporté différemment selon l'heure. Nous savons assez ce qui s'était dit au Louvre pour exclure que le légiste ait organisé la violence. Trop menacé par l'excommunication *de facto* à propos de la fermeture des frontières, Nogaret en connaissait parfaitement les conditions et les mécanismes : il savait qu'une violence faite au pontife — même s'il était illégitime comme pape, Boniface était évêque — vouait le coupable à une excommunication pour un crime que le sage et froid Philippe le Bel excuserait mal. Nogaret se retrouverait seul. « Religieux jusqu'au fanatisme » (Fawtier), il était capable de haine, mais le professeur de droit avait les idées claires, et l'on peut difficilement lui attribuer des comportements irréfléchis.

Qu'à un moment, cependant, la violence voulue par d'autres soit entrée dans son plan n'aurait rien pour nous surprendre. Voir Boniface humilié et saisir l'occasion pour lui porter dans les formes légales le coup fatal, ce pouvait être tentant. Il semble que Nogaret, au cours de la journée, ait songé au magnifique retournement de la situation : le roi de France avait sauvé le pape. Au vrai, à condition de n'y être pour rien, Nogaret n'aurait pas plus pleuré la mort de Boniface que celui-ci n'avait pleuré la mort de Flote.

La nuit d'Anagni.

Suivons la troupe qui, aux cris de « Vive le roi de France ! » et « Vive Colonna ! », pénètre dans Anagni avant l'aube. Boniface VIII dort. Son frère Pierre, comte de Caserte, se retranche dans son palais, tout proche du palais pontifical. La cloche sonne, les maisons s'ouvrent. Une foule bruyante envahit en un instant les rues. On s'interroge, mais il n'y a, dans la petite ville mal réveillée, ni crainte ni panique.

Assez vite, chacun apprend ce qui se passe, et comprend le risque de troubles. Et voilà ces braves gens, assemblés en pleine nuit sur une place publique, qui s'empressent d'élire un podestat capable de prendre en main les intérêts de la ville et d'assurer la sécurité. Ce podestat, c'est ce proche parent du pape dont Nogaret avait fait son complice, Adinolfo di Matteo di Papa. Les choses étaient jusque-là bien préparées. Nogaret était en ville, la population était rassurée, l'ordre régnait en attendant le moment où la bannière aux fleurs de lis flotterait sur le palais du pape. On restait dans les limites du programme établi à Paris : prendre le pape en garde. Il y fallait la connivence de la population d'Anagni ; cela semblait chose faite, avant même le lever du jour.

Cependant que les bonnes gens d'Anagni commentent l'événement, sans songer à se barricader ou à se porter au secours du pape, Sciarra Colonna suit une idée bien différente de celle qui guide Nogaret. Le Colonna veut occuper le palais pontifical. Au point où il en est, sans doute songe-t-il à enlever le pape, ou à lui imposer de force une abdication d'avance justifiée par celle de Célestin V. Tout est prêt. Dans quelques jours, barons et villes se révolteront de-ci de-là dans les provinces de l'Etat pontifical. En ce petit matin du 7 septembre, l'atout de la partie se joue : s'assurer de la personne du pape. Certains, dans l'entourage de Sciarra Colonna, disent même à voix haute tout ce qu'on gagnerait à l'exécuter sans autre forme de procès.

Les soldats sont entrés en ville par la porte du nord, celle qui donne immédiatement accès à la partie haute de la cité, et ils ont immédiatement pris position autour du palais pontifical. Le gros de la population est ailleurs, dans les quartiers qui s'étagent de part et d'autre de la grand-rue montante. L'inquiétude qui naît alors est donc fort localisée : c'est dans la ville haute que quelques timorés, quelques marchands en peine pour des denrées précieuses et peu encombrantes vont s'enfermer à l'abri de la franchise ecclésiastique : on trouvera dans la cathédrale un coutelier avec toute sa collection de couteaux de poche !

Quant à Boniface, il est pour un temps à l'abri de murs épais et de portes fort solides, qu'à cette heure de la nuit on n'a pas eu à barricader. Il suffit de ne pas ouvrir et d'attendre. Le comte de Caserte est également protégé par la robustesse austère du palais Caetani, dont un angle touche presque celui de son oncle le pape. Moins solides, les portes des hôtels cardinalices craquent dès les premiers coups : François Caetani et deux de ses collègues ont tout juste le temps de s'échapper. Boccasini, lui, loge chez le pape.

Nogaret apparaît, dès ce moment, suffisamment débordé pour qu'on ne s'aperçoive plus guère de sa présence dans la ville en effervescence. Apprenant qui menait l'affaire, Boniface n'y vit d'abord qu'un coup des Colonna. Il crut à un règlement de comptes, comme ceux dont Rome était si souvent le théâtre. Il y avait là, conduisant le siège du palais pontifical, le frère et neveu des cardinaux rebelles. L'enjeu de l'échauffourée, c'était la restitution des fonctions, des biens et des seigneuries dont Boniface VIII avait privé les Colonna. D'ailleurs, dans le soleil levant, on voyait maintenant, aux côtés de Sciarra Colonna, nombre de ces barons de la proche région, que Boniface avait plus ou moins lésés, spoliés et violentés pour enrichir les Caetani et renforcer leur position. Adinolfo di Matteo était du nombre, comme l'était Rinaldo da Supino, lequel avait en outre à venger son honneur : sa sœur avait été mariée à François Caetani avant que le pape n'imposât le divorce pour élever son neveu à la pourpre.

Il est six heures du matin quand le pape comprend qu'il ne tiendra pas toute la journée contre une troupe bien armée, à laquelle les habitants d'Anagni apportent visiblement leur aide. Or ce qui semble en cause, c'est la fortune des Caetani, non la tiare. Boniface VIII pense donc qu'à négocier il gagnera du temps et que dans les tumultes romains le vent tourne souvent très vite. Il demande une trêve. Les assiégeants l'accordent, jusqu'au milieu de l'après-midi. A tout cela, Nogaret n'a rigoureusement aucune part. Où est-il, d'ailleurs ?

S'il avait pour propos d'obtenir quoi que ce fût par la violence, c'est à cet instant qu'il poserait ses conditions. Ce qu'il veut, c'est citer le pape devant le concile, non lui imposer des capitulations qu'il serait aisé de casser en droit, et dès le lendemain, parce qu'imposées par la force. Pendant les pourparlers qui occupent le plus long de la journée, Nogaret n'apparaît pas. C'est avec Sciarra Colonna que le pape négocie, cependant qu'il tente en vain de retourner en sa faveur les gens d'Anagni, liés par le serment qu'ils ont prêté le matin même à Adinolfo.

Les enjeux de la négociation n'ont de surcroît rien à voir avec l'augustinisme politique. Ce qu'exige Sciarra, sous peine de mort, c'est une entière réparation, morale et financière, des torts faits aux cardinaux Colonna. C'est aussi la remise du trésor pontifical aux plus anciens des cardinaux. Rien qui concerne les intérêts du roi de France. Rien qui implique Nogaret.

Sciarra Colonna va plus loin. Il pose des conditions à la sauvegarde du pape, sinon à sa survie : Boniface abdiquera sur-le-champ, et se constituera prisonnier. Jamais, on le sait,

Philippe le Bel n'a songé à anticiper sur la sentence de déposition dont il ne cache cependant pas qu'il l'attend du Concile. Quant à la garde du pape traduit devant le Concile, c'est sa propre garde qu'il offre, non celle des Colonna.

« Ces paroles sont dures. » Tel est le commentaire que fait Boniface avant de refuser les conditions qu'on lui a faites. A trois heures de l'après-midi, les choses en sont toujours au même point.

L'ASSAUT.

C'est alors que l'assaut reprend. La cathédrale gêne les soldats ; qu'à cela ne tienne, on met le feu aux vantaux pour ouvrir la porte, barricadée tant bien que mal par quelques habitants d'Anagni réfugiés là. Les marchandises mises en sécurité par divers commerçants de la ville haute sont immédiatement dispersées, leurs propriétaires étant trop heureux de prendre la fuite.

Le passage des assaillants par la cathédrale bouleverse tout le plan de résistance du comte de Caserte, dont le palais se trouve ainsi découvert. Pierre Caetani, se disant qu'une bonne capitulation vaut mieux qu'une prise d'assaut, choisit alors de capituler. Ne voulant admettre l'évidence, le pape refuse d'imiter son neveu. Le feu a cependant raison de la lourde porte. Le palais pontifical tombe, sans autre résistance que l'attente d'une longue journée.

Dans l'adversité, Boniface trouve heureusement la dignité qui force le respect d'une partie des vainqueurs. Cependant que les plus excités des hommes de Sciarra Colonna et de Rinaldo da Supino l'injurient, le pontife demeure dans son lit, presque serein. A quelques exceptions près — notamment deux cardinaux, dont Boccasini, qui devait lui succéder quelques semaines plus tard — il a perdu son entourage, en fuite à travers la ville. Il est là, un reliquaire de la Vraie Croix à la main, répétant qu'il est prêt au martyre. L'orgueilleux vieillard se laisserait tuer plutôt que d'abdiquer, mais sa résignation le sauve. S'il s'emportait, sa vie ne vaudrait pas cher.

Le pillage de l'appartement pontifical ne prend que quelques instants : les soldats — et sans doute quelques habitants d'Anagni — brisent les coffres et les armoires où sont conservés aussi bien la monnaie d'or et d'argent que les reliquaires et les vases liturgiques, les plats à servir et les aiguières précieuses. Les livres sont dispersés, les documents d'archives disparaissent. Un tel saccage pèsera lourd dans les jugements de l'histoire.

Nogaret, cependant, est en ville, à l'écart du théâtre du drame. Face à Pierre Caetani, fait prisonnier quelques minutes plus tôt, il négocie la possibilité d'accéder à la personne du pape. Une nouvelle trêve, à laquelle il est prêt à s'employer, si Boniface accepte de le recevoir, offrirait à l'assiégé un répit non négligeable. Et cette trêve permettrait au légiste de faire son office. Car Nogaret voit passer le temps. Que le pape soit assiégé, qu'il soit en grave difficulté, voilà qui ne change rien au fait que le lendemain matin approche, où la bulle *Super Petri solio,* déjà datée, aura sa pleine valeur. Pour voir le pape avant la nuit, Nogaret est prêt à tout.

Lorsqu'on vient lui dire que le palais pontifical est tombé et que Boniface est en danger, Nogaret plante là son interlocuteur et court vers la ville haute.

Lorsqu'il pénètre dans la chambre, c'est pour entendre Sciarra Colonna qui parle d'exécuter le pape. Tout peut se jouer en quelques minutes. Le premier souci du légiste est donc d'éviter les sottises. Il parle raison, il calme les esprits échauffés par une journée trop chaude, où la plupart des acteurs n'ont pas dormi depuis la veille. Et soudain, il va au fait.

S'adressant à Boniface malgré le tumulte, l'ambassadeur de Philippe le Bel lui expose en deux mots la procédure qui s'ouvre. Il convient que l'Eglise puisse reconnaître et déclarer solennellement les crimes du pape, puis qu'on exécute la sentence, une sentence dont on peut prévoir qu'elle sera la mort.

L'attitude de Nogaret est parfaitement cohérente. Il sauve le pape et le voue au bourreau. Le bûcher, oui ; l'assassinat, non.

On ira jusqu'au bout. Mais en attendant, et pour pouvoir le présenter au Concile, le coupable aura la vie sauve.

Nogaret a accompli sa mission. Il a cité le pape à comparaître. Boniface n'a rien répondu. Qu'aurait-il pu répondre ? Quant aux témoins de la scène, ils se retirent dans l'antichambre. Là, on discute de la garde à placer aux portes. Rinaldo da Supino et ses hommes s'en chargeront. Boniface reste seul, pour une nuit d'angoisse.

Refluant du palais pontifical vers la ville, les soldats songent un instant à poursuivre leur fructueux pillage. Leurs chefs interviennent à temps pour les empêcher de mettre à sac les maisons des notables, mais l'incident est suffisant pour donner à réfléchir aux gens d'Anagni. Craignant à la fois d'être victimes de la violence et d'être tenus pour complices des malfaiteurs s'il arrive que le pape soit mis à mal, beaucoup commencent de se demander comment se dégager de l'affaire.

Nul n'a touché à la personne du pontife vaincu. Mais Sciarra Colonna et quelques autres ont effectivement parlé de le tuer sans jugement, et la journée du dimanche 8 septembre se passa en conciliabules, dont le premier effet fut qu'on oublia presque complètement la Nativité de la Vierge. D'aucuns tenaient pour qu'on exécutât le pape sur place. D'autres songeaient à faire cadeau du captif au roi de France.

La fin de Boniface VIII.

Les gens d'Anagni se souciaient peu de voir couler le sang d'un pape. Le dimanche, déjà, ils avaient manifesté contre la bannière fleurdelisée, non parce qu'elle était celle du roi de France mais parce qu'elle couvrait un attentat qu'ils réprouvaient. Vers le milieu de la matinée du lundi, ils se réunirent à l'insu du podestat qu'ils s'étaient donné deux jours plus tôt, et ils décidèrent de jeter hors tous les fer-vêtus, qu'ils fussent au roi de France ou à ses alliés Colonna. Ce qui fut fait en quelques heures. Comme dans tout combat de rues, l'avantage alla naturellement à ceux qui occupaient les fenêtres. En deux ou trois heures, les troupes de Sciarra Colonna et de Rinaldo da Supino étaient en fuite. Quelques morts restèrent sur le pavé, généralement assommés.

Nogaret jugea à propos de s'éclipser. Il ne prit même pas le temps de récupérer la bannière royale, que le peuple mit en lambeaux. Sa mission était de citer le pape, non de l'arrêter. Encore moins avait-il envie de se faire inutilement écharper.

Désormais protégé par les habitants, Boniface VIII allait-il fulminer contre ses ennemis, qui auraient pu être ses assassins ? Il n'en fit rien. Au vrai, on reconnaît mal, dans le vieillard brisé par l'humiliation subie sous les yeux des siens, l'orgueilleux pontife qui prétendait à la souveraineté universelle. Choc émotionnel ? Examen de conscience prolongé en une journée passée face à la haine et à la mort ? Le pape qui se montre au peuple en cette soirée du 9 septembre est-il sincère, ou joue-t-il, pour mieux riposter ensuite, la comédie du pardon ? Attend-il d'être à Rome, où il sera mieux protégé ? Sa mort trop proche nous prive de toute réponse à ces questions.

Devant les braves citoyens d'Anagni ravis de leur héroïsme, Boniface se compare à Job et demande à manger et à boire. Il se contentera d'eau, dit-il, si l'on n'a pas de vin à lui donner. Il parle à chacun, il bénit les enfants. Il fait libérer Rinaldo da Supino, qui n'avait pu s'échapper à temps. Il pardonne à tous ceux qui ont mal agi, même aux voleurs, s'ils rapportent ce qu'ils ont pris pendant le sac du palais. Il promet de se réconcilier avec ses ennemis, de rendre aux Colonna leurs dignités spirituelles et temporelles.

Du roi de France, pas un mot, non plus que de Nogaret. Boniface est avant tout soucieux de sa sécurité, et il la sait beaucoup plus menacée dans l'immédiat par les Colonna et leurs alliés romains que par Philippe le Bel et ses légistes.

Les propos de Nogaret n'ont rien pu lui apprendre qu'il ne sût déjà. Ils n'ajoutaient guère à la menace du moment. Alors qu'on parlait devant lui de l'exécuter, Boniface ne devait guère se soucier du Concile. La citation à comparaître ne l'a certainement pas bouleversé. Qui sait si l'apparition de l'envoyé du roi de France n'a pas pris, pour le pape en désarroi une valeur tout autre que pour la postérité : celle d'une garantie, précaire certes, mais combien précieuse sur l'instant ? L'ennemi, mais l'ennemi raisonnable.

Lorsque, sur la place de la Commune, Boniface VIII multiplie les protestations d'humilité — ou les palinodies — à l'intention des bonnes gens, il est possible que Philippe le Bel et Nogaret soient, pour un temps, sortis de son esprit.

Malgré le retournement des habitants, Boniface ne se sent plus en sécurité derrière les portes d'Anagni. Dès le vendredi, il part pour Rome, avec une forte escorte. Escorte utile, car on rencontre en route Sciarra Colonna, et force est d'ouvrir la route au pape les armes à la main. Après cinq jours de petites étapes, qu'explique certainement la fatigue du pape, la cour pontificale s'établit au Latran le 18 septembre. Elle se transfère quelques jours plus tard au Vatican, dont la forteresse, hors la ville, est plus aisément défendable.

Otage des Orsini, sans lesquels il eût été à la merci de ses adversaires, Boniface tenta de revenir sur ses générosités verbales d'Anagni et refusa de réhabiliter les Colonna. Ceci ne lui rendit pas son autorité. Il n'était plus qu'un vieil homme malade, rongé par l'amertume et le découragement. De sa politique ambitieuse, il ne restait rien. L'échec était public. Prêt, la veille, à disposer des trônes temporels, le pape avait vu chanceler son propre trône.

Le plus curieux est que le remarquable canoniste qu'il était n'ait pas souligné à quel point sa défaite était insignifiante. Il n'avait à Anagni cédé sur aucun point essentiel. Nul ne lui avait demandé la moindre amputation du magistère pontifical. Ceci corrobore d'ailleurs les observations déjà faites sur le rôle marginal de Nogaret quant à l'épreuve de force. De ce qui préoccupait le roi de France et son légiste, on parlerait au Concile. Anagni n'était pas le lieu d'une réfutation de la bulle *Unam Sanctam.* La concession majeure de Boniface avait été, après la fuite de ses ennemis, la promesse d'un pardon. Ç'avait été une absolution. Mais il demeurait en pleine possession de ses droits et prérogatives.

Le vrai est sans doute que Boniface VIII se voit mourir, et qu'il sait que le temps lui manque pour le combat. Parce qu'il est trop tard, il sait qu'il a perdu.

Sauf à admettre que la citation devant le concile lui apparaît bien — une fois sorti du danger — comme ce qu'ont voulu Philippe le Bel et ses légistes : une suspension des pouvoirs pontificaux. Ce pape sans volonté, qui ne paraît plus en public et dont la chancellerie ne rédige plus une lettre, ce pape qui se laisse mourir, n'est-ce pas un grand juriste qui sait que tout tient à des délais, et que Philippe le Bel a gagné ?

Dans la course contre le temps ouverte par la première ébauche de la bulle *Super Petri solio,* Guillaume de Nogaret est arrivé le premier. Des quelques heures dont il a devancé la publication de l'excommunication du Capétien, le légiste a assuré le succès de la stratégie juridique conçue en mars au Louvre. Les quelques mots qu'il a pu prononcer devant le pape et en présence de témoins — pas même ceux qu'il eût souhaités — ont suffi à paralyser le dernier champion de la théocratie : à l'aube du jour suivant, il eût été trop tard.

Boniface VIII mourut le 11 octobre. On l'enterra en hâte, pendant un violent orage. Elu le 22, le cardinal dominicain Nicolas Boccasini prit le nom de Benoît XI. Il savait qu'il lui fallait compter avec Philippe le Bel. La présence à Rome de Charles II d'Anjou, venu de Naples à seule fin de rétablir l'ordre dans la Ville éternelle, et tombé fort à point pour assurer la sécurité du conclave, suffit à calmer pour un temps les ardeurs des partisans comme des adversaires des Colonna.

Au lendemain du tumulte d'Anagni, Nogaret avait trouvé refuge à Ferentino, une petite ville toute proche, dont Rinaldo da Supino était le podestat. Il y resta jusqu'à la mi-octobre. Puis il gagna la région romaine, où il rejoignit Pierre de Paray, arrivé sur ces entrefaites pour constater que sa mission n'avait plus d'objet. Un temps, les deux conseillers du roi de France songèrent probablement à poursuivre sur place l'abaissement du Saint-Siège, déjà mal en point, et la condamnation définitive de la politique de Boniface VIII. Les mauvaises nouvelles venues du Languedoc, où Bernard Délicieux entretenait un climat de révolte aussi dangereux pour l'Eglise que pour l'Etat, en firent décider autrement.

Laissant à l'évêque de Toulouse, qui ne s'était jusque-là guère compromis, le soin de mener la négociation sur un autre ton, Nogaret quitta l'Italie avec discrétion et gagna précisément ce Languedoc où il savait retrouver le roi. Il profita du temps libre pour s'occuper, entre Nîmes et Montpellier, de mieux asseoir sa propre fortune foncière. D'ailleurs, la mission accomplie méritait récompense, et Philippe le Bel n'y manqua pas. En février, le chevalier Guillaume de Nogaret reçut un titre de 500 livres de rente sur le Trésor pour les services qu'il avait rendus « en des affaires importantes et difficiles ».

CHAPITRE XIV

Clément V

Benoît XI.

On avait frôlé la catastrophe. Qui peut dire ce qu'auraient été les lendemains d'Anagni si Boniface VIII s'était physiquement rétabli ? De *Clericis laicos* à *Unam Sanctam,* la royauté française n'avait cessé d'éprouver la menace des prétentions théocratiques d'un pape à l'intransigeance outrancière. Mais l'appui, tacite ou ostensible, donné entre-temps par le même Boniface VIII à la politique flamande du roi de France suffisait pour maintenir présents à l'esprit de Philippe le Bel et de ses conseillers les profits substantiels que l'on pouvait tirer de l'alliance pontificale. Ils savaient fort bien que l'on n'eût pas aussi aisément dissocié la coalition formée contre le Capétien si l'on n'avait bénéficié de la connivence de Rome.

Lors de l'élection pontificale de 1295, la cour de France avait laissé Charles le Boiteux manœuvrer seul, au mieux de ses propres intérêts. Le roi de France avait laissé jouer les Guelfes. A partir de 1303, il fit d'une certaine mainmise sur la politique pontificale l'un des enjeux fondamentaux de sa diplomatie.

L'élection de Benoît XI, qui succéda sans tarder à Boniface VIII, ne devait rien à la France. Elu sans peine par un Sacré-Collège cependant divisé, Nicolas Boccassini était un modéré, et les cardinaux virent en cet ancien maître général des dominicains l'homme qui sortirait l'Eglise d'une situation à tous égards difficile. On était allé trop loin, de part et d'autre, et l'apaisement passait par le compromis. Boccasini était connu pour sa douceur, pour son calme. Au cours du conflit qui venait

Béraut, lui-même nommé Béraut : d'abord archidiacre de son oncle à Agen, Béraut de Got était archevêque de Lyon en 1289. Il était mort cardinal en 1297.

Bertrand, qui portait le nom de son oncle l'évêque, avait préféré consacrer quelques années à de solides études juridiques. Il était né dans cette génération — celle de Flote, de Nogaret, de Plaisians — qui voyait s'ouvrir la carrière, alors nouvelle, de l'administration aux jeunes gens rompus à l'exercice de la dissertation juridique. Au-dessus des médiocres profits du clerc chargé de noircir du parchemin, la faveur des princes et ses profits semblaient être pour ceux qui savaient défendre ou poursuivre un droit, hâter une affaire ou atermoyer, fignoler une mémoire ou fonder une plaidoirie.

Pour ceux qui souhaitaient une étude de droit qui ne fût pas simple spéculation de clercs, il y avait alors deux universités en France : Montpellier et Orléans. Nogaret et Plaisians fréquentèrent tout naturellement la première ; c'est à Orléans qu'après des études « secondaires » à l'école monastique des Deffends, près d'Agen, et après quelque temps d'initiation au droit dans la meilleure école qui fût alors, celle de Bologne, Bertrand de Got alla conquérir ses grades.

L'université d'Orléans était en quelque sorte le négatif de la Sorbonne. Les maîtres en théologie, les « artiens » philosophes et les docteurs en droit canonique qui dominaient à Paris s'étaient entendus à tenir écartée des programmes une discipline, le droit civil, dont les applications immédiates et les profits temporels eussent détourné les jeunes esprits de l'enseignement spéculatif, celui qui — avant comme après Thomas d'Aquin — avait assuré la renommée de Paris. Les maîtres de l'école d'Orléans avaient donc développé l'enseignement du droit civil, du droit romain, jugeant plus opportun de profiter des lacunes parisiennes que d'affronter la capitale dans une rivalité sans espoir.

Il en résultait sur les bords de la Loire un grand concours de jeunes gens ambitieux, et les écoliers parisiens n'étaient pas les derniers. Les juristes de l'université de Paris interrompaient un ou deux ans le cours de leurs études normales afin d'acquérir à Orléans un complément de formation. Ce séjour dans le droit civil sembla vite essentiel, sans que l'on osât vraiment introduire cette discipline dans les écoles de Paris. On préféra intégrer presque officiellement Orléans dans le cursus des études parisiennes.

Ceci éclaire la personnalité du futur pape. Bertrand de Got est a priori l'homme du duc de Guyenne, roi d'Angleterre. Sa famille est vassale des Plantagenêts. Sujet du roi de France, il a pour seigneur un duc qui est également un roi. Voilà qui sépare Bertrand de Got de Philippe le Bel. Mais à Orléans, il n'y a qu'un roi, et c'est le Capétien, même si l'école fronde volontiers le bailli ou le prévôt.

Or pour des juristes pénétrés du droit romain de l'Etat, la force du lien qui unit le sujet à son souverain n'est pas diluée dans la complexité des relations féodo-vassaliques. Bertrand de Got se sent français comme il se sent gascon. Il est déjà l'homme des nuances politiques, des subtilités juridiques. Il sera à l'aise dans le compromis.

Il y a d'autres liens, qui sont ceux de la camaraderie. De même que s'exerce autour du roi l'amicale solidarité des Montpelliérains, de même qu'on discerne un groupe des Normands prompt à faire venir un neveu ou à pousser un cousin, de même y a-t-il dans l'administration royale — à Paris, mais aussi dans tous les bailliages — de ces juristes à qui des études orléanaises ont laissé des souvenirs communs. A travers la France qu'il parcourra jusqu'à son installation en Avignon, le pape trouvera souvent sur son chemin ses anciens condisciples.

Ses études terminées, Bertrand de Got s'était tourné vers le milieu familial, qui lui procura ses premiers bénéfices ecclésiastiques, en même temps qu'il exploitait au mieux sa compétence de juriste gascon introduit parmi les légistes du Capétien. Conseiller juridique du duc de Guyenne, il s'établit à Paris pour y suivre les affaires qui venaient devant le Parlement. Son frère Béraut l'appela à Lyon, où il en fit son vicaire général : excellente école d'administration ecclésiastique. Devenu cardinal, l'oncle emmena le neveu à Rome, où il en fit un chapelain du pape.

On ne manquait pas de juristes à la cour pontificale, mais un juriste connaissant aussi bien l'administration du Plantagenêt que celle du Capétien pouvait être un utile négociateur, surtout s'il était par nature et par formation porté au compromis. A l'heure où le pape cherchait à se faire l'arbitre du conflit qui montait, Bertrand de Got devint diplomate. A deux reprises, à partir de 1294, il franchit les Alpes et la Manche, participant pour le compte de Saint-Siège aux négociations franco-anglaises. Ce fut en vain, mais les parties en présence purent apprécier la souplesse du chapelain pontifical.

Cette souplesse se trouva mise à l'épreuve dès que Bertrand de Got obtint de son maître la récompense normale de tels services : en mars 1295, le nouveau pape Boniface VIII le créait évêque de Comminges. Quatre ans plus tard, il était archevêque de Bordeaux.

La situation était, en l'un comme en l'autre siège, tout à fait inconfortable. Bertrand de Got se tira merveilleusement d'affaire. Payant au roi ses décimes mais demandant la permission au pape, respectueux de l'autorité royale lors de la confiscation du duché mais négociant cette attitude pour obtenir la protection du roi contre les empiètements des officiers royaux, obtempérant à la convocatoin du roi en avril 1302 mais aussi à celle du pape à Rome en novembre, il sut passer sans s'y engager vraiment dans le plus bel imbroglio auquel ait dû faire face un évêque.

Le conclave de 1305 cherchait un diplomate et un neutre. L'archevêque de Bordeaux était tout cela. L'un et l'autre partis pouvaient s'accommoder d'un prélat auquel ses liens politiques avec l'Anglais avaient évité la tentation de jouer un rôle dans le conflit du Capétien et de Boniface VIII. Neutre, il avait su l'être en ne récusant aucun de ses devoirs envers son roi, sans prendre parti de manière irréversible dans quelque querelle que ce fût. Il avait manifesté son hostilité aux premières déclarations augustiniennes de Boniface VIII, mais nul n'avait pu le faire adhérer à l'appel au concile orchestré par Nogaret. Loyal envers Philippe le Bel, il avait eu pour premier maître Edouard Ier et pour dernier maître et bienfaiteur Boniface VIII. Il n'avait trahi aucun d'eux.

On pouvait espérer de lui l'apaisement. Les plus fervents admirateurs de Boniface pouvaient attendre, de surcroît, qu'il réalisât le vieux rêve d'une Chrétienté pacifiée et prête pour la Croisade...

Au cours des longues négociations qui précédèrent la détermination des cardinaux français, Philippe le Bel a-t-il marchandé son appui à l'archevêque de Bordeaux ? Que des engagements formels aient été pris par le futur pape, c'est peu probable. Ils eussent épargné aux gens du roi bien des pourparlers ultérieurs. Que, connaissant le caractère de l'homme, fait de droiture et de faiblesse, le roi et son Conseil en aient espéré et même escompté la reconnaissance, c'est certain. Ce qui eût été dangereux avant la paix franco-anglaise devenait un pari raisonnable.

Privés par la maladie de leur chef Mathieu Orsini, les cardinaux du parti bonifacien négocièrent à leur tour un revirement qui les mettait à l'abri des vengeances du clan Colonna. Moyennant un compromis sur la répartition territoriale des influences en Italie centrale, Colonna et Caetani affectèrent de se réconcilier. Le cardinal François Caetani se déclara prêt à voter pour le candidat de Napoléon Orsini. Que ce candidat fût l'ancien chapelain de Boniface VIII et qu'il n'eût pas suivi la politique de Philippe le Bel dans ses outrances leur était de bon augure. Habileté, médiocrité ? Duplicité, faiblesse ? Nul ne savait au juste, mais Bertrand de Got était l'homme nécessaire dans une situation difficile. Le 5 juin 1305, il était pape. Les envoyés du conclave le trouvèrent en juillet à Bordeaux, et c'est à Lyon qu'on le couronna, le 14 novembre. Il prit le nom de Clément V.

Les idées de Pierre du Bois.

A ce moment, la Flandre vaincue avait déjà traité. Avec un Clément V sur le trône de saint Pierre — un Clément V qui parlait souvent de gagner son « siège propre », comme il aimait appeler Rome, mais qui ne se résolvait pas à franchir les Alpes — le temps pouvait être venu, pour le roi de France, des grandes entreprises à la mesure de la Chrétienté.

Pierre du Bois en dessinait les perspectives dans quatre traités où il est difficile de démêler le réalisme et l'utopie. Qui sait, même, quelle est la part de l'inspiration propre et quelle est celle de la suggestion officielle ? Ce que cherchait avant tout Pierre du Bois, c'était à faire valoir son talent, avec l'espoir qu'on l'employât enfin. Il y avait longtemps que l'avocat des causes ecclésiastiques de Coutances proposait ses idées et offrait, toujours en vain, son conseil. Mais son originalité est-elle d'avoir conçu ses idées, ou d'avoir couché sur le parchemin des idées qui traînaient en l'air ? En d'autres termes, Pierre du Bois est-il un frelon qui fait du bruit quand on ne lui demande rien, un flatteur qui écrit au roi ce que le roi peut être heureux de lire, un opportuniste qui se fait le miroir d'une pensée politique ambiante ? Ou est-il, après Thomas d'Aquin et avant Machiavel, l'un des créateurs de la science politique moderne ?

Dès 1300, avec son traité *De l'abrègement des procès,* il dédie à Philippe le Bel un art d'assurer la concorde entre les hommes et entre les princes. Il veut éliminer ce qu'il tient pour les deux fléaux de la société : les guerres et les procès. Déjà, Pierre du Bois y professe que le roi de France n'a pas, sur terre, de supérieur quant à sa seigneurie temporelle.

La réconciliation du pape et du roi l'incite à composer, entre 1305 et 1307, un traité *De la récupération de la Terre-Sainte* qui est un catalogue précis des mesures à prendre pour ordonner à nouveau la Chrétienté en une sorte d'empire constantinien dont le Capétien serait le maître. La mort d'Albert d'Autriche vient ensuite lui donner l'occasion de faire parvenir au roi, dans l'été de 1308, un mémoire *Pour le fait de la Terre-Sainte* dans lequel il engage Philippe le Bel à se faire créer lui-même empereur par Clément V. Peu après, il rédige une *Opinion* pour inciter le roi à acquérir pour son deuxième fils le royaume de Jérusalem et de Chypre, ou ce qu'il en reste.

De ce qu'on prend au premier abord pour un fatras d'idées simples et de conseils faciles, énoncés dans une totale méconnaissance des obstacles politiques, quelques vues ordonnées ressortent cependant, qu'il est bon de dégager car elles sont sans doute ce qu'une partie de l'opinion entrevoyait plus ou moins clairement. Pierre du Bois est peut-être un rêveur et un thuriféraire. Ce n'est ni un ignare ni un imbécile, et l'on ne saurait accuser ce légiste provincial d'être isolé du monde par la vie de cour.

L'idée force de cette construction politique, c'est la souveraineté universelle du Capétien. Elle n'implique rien de moins que la mise à l'écart du Saint-Siège, la soumission des Etats chrétiens à la couronne de France, le contrôle de l'Empire. Tout cela se couvre naturellement du grand prétexte auquel les Européens du Moyen-Age ne peuvent trouver à redire : la Croisade.

Au XIe siècle, aux mains de la papauté, la Croisade a été l'instrument d'une unité de la Chrétienté occidentale sous la bannière pontificale, le moyen d'un renforcement de l'autorité des pontifes romains et, partant, du succès de la réforme grégorienne. Cette même Croisade, qui est en train de devenir prétexte à toutes sortes de fiscalités, passe aux mains des princes temporels, et particulièrement du Capétien, comme l'instrument d'une hégémonie politique. Quinze ans plus tôt, la chute de Tortose et d'Acre a provoqué en Occident plus d'émotion que leur défense n'a suscité de vocations. Une génération n'a pas encore passé, qu'on se soucie déjà fort peu de reconquérir vraiment les Lieux-Saints. Mais nul n'ose se dire — et n'ose dire — qu'on n'entreprendra plus jamais cette conquête. Quelques hommes sont sincères lorsqu'ils en parlent, Boniface VIII et Clément V étant sans doute du nombre. Mais tout le monde a le mot sur les lèvres : il justifie tant de choses !

La Croisade justifie en particulier la condamnation de ceux dont les rébellions ou les luttes intestines retardent l'entreprise. Comme Guillaume de Nogaret, Pierre du Bois mêle à cet égard dans la même réprobation les Flamands qui discutent la paix d'Athis, les villes gibelines de Lombardie qui se déchirent, les cités toscanes en proie à la guerre et à la révolte, les grands ports italiens — Gênes, Pise, Venise — qui se font concurrence et guerre sur mer, les princes allemands incapables de s'unir pour élire un empereur et ensuite lui obéir.

Dans une ignorance remarquable des choses de l'Orient, Pierre du Bois fait un tout du royaume latin de Jérusalem occupé par les Sarrazins et de l'Empire latin de Constantinople occupé par les Grecs. Philippe le Bel et ses conseillers dans leur politique — et Charles de Valois dans ses ambitions de gendre — ne raisonnent pas différemment.

Certes, on sait ce qu'est Byzance. Mais on ne soupçonne pas en France la profondeur et la diversité des différences entre la Chrétienté occidentale et l'Empire grec. L'avocat de Coutances croit avoir trouvé le sésame en recommandant l'étude du grec et des langues orientales ; Innocent III y avait déjà songé, et l'on allait reparler au concile de Vienne, en 1312, de cette nécessité d'enseigner le grec à la future élite latine de l'empire d'Orient.

La paix entre les Etats chrétiens et la paix en leur sein, voilà la condition nécessaire de la Croisade. Pas plus que Nogaret, Pierre du Bois ne mâche ses mots : la discorde entre les seigneurs italiens suffit à distraire le pape du soin de l'Eglise, la guerre entre les royaumes et les villes paralyse toute tentative d'entreprise vers l'Orient, la division de l'Empire prive la Chrétienté romaine d'un empereur digne de sa vocation. Cette paix ne peut procéder que d'un arbitrage international, lequel ne saurait venir que d'un concile où s'exprimerait le *consensus* des nations. L'échec de Boniface VIII montre qu'une papauté trop engagée dans les conflits pour se placer d'elle-même au-dessus de la mêlée ne peut établir un tel arbitrage.

Pour ce concile, Pierre du Bois propose un siège inattendu, et dont il n'explique pas le choix : Toulouse. Il imagine en revanche une peine logique et encore originale pour ceux qui enfreindraient l'interdiction des guerres : mieux que l'excommunication, qui jette inutilement en enfer des chrétiens, ce serait la déportation en Terre-Sainte, où ces pécheurs se rachèteraient en peuplant la nouvelle conquête. Le choix serait simple : se réconcilier avec son prochain, ou aller faire des enfants en Orient !

Le meilleur garant de la paix, le bras armé de la Chrétienté, c'est évidemment le roi de France. Pierre du Bois n'en voit pas d'autre, et l'on vient ici au véritable objet de la démonstration. Le Capétien doit s'assurer de la souveraineté universelle en se servant pour cela de la papauté avant de réduire celle-ci au rôle d'adjuvant spirituel. On pourra soumettre les Lombards par la force, et, ce faisant, on purgera le monde des usuriers et des spéculateurs : Pierre du Bois confond ici les Gibelins qui ne sont pas toute la Lombardie, les usuriers qui ne sont pas tous Lombards, et les Lombards, qui sont souvent des Toscans ! On aidera le roi angevin de Naples à soumettre la Hongrie — la chose est en train — et l'infant Alphonse, petit-fils de saint Louis, à régner sur la Castille. Tous ces Etats, les villes italiennes comme les royaumes, tiendront le roi de France pour leur suzerain.

Le même roi se substituera au pape dans les suzerainetés qui l'encombrent et le détournent du spirituel : tenus jusqu'ici du Saint-Siège, l'Angleterre, la Sicile, l'Aragon le seront désormais du Capétien. Ne parlons pas du Patrimoine de saint Pierre, autrement dit de l'Italie moyenne, où le pape use des forces à ne pouvoir maintenir la concorde : le roi de France y fera merveille.

Viciée par un trop long exercice du pouvoir temporel, la papauté retrouvera ses forces en se cantonnant dans le soin des âmes et la défense de l'orthodoxie. Une pension largement calculée dédommagera le pape de la perte des Etats : on croit lire le préambule des futurs accords du Latran ! Quant aux cardinaux, ils seront de même rétribués par un traitement fixe, qui remplacera avantageusement leurs innombrables commendes qui sont autant de bénéfices ecclésiastiques sans charge d'âme, donc sans justification.

Comme il s'agit de financer la Croisade, quoi de plus naturel que de mettre à contribution les biens donnés à l'Eglise pour les besoins de la Chrétienté ? Pierre du Bois va très loin, suggérant même la confiscation pure et simple des temporels des évêchés et des monastères. C'est là son idée maîtresse en matière financière : saisir les revenus et assurer, sur une partie de ceux-ci, un traitement convenable au desservant, qu'il soit pape ou simple prieur.

La fusion des ordres de chevalerie trouve naturellement place dans ce plan. L'affaire du Temple n'a pas encore éclaté, mais l'inutilité des ordres est déjà flagrante lorsque Pierre du Bois, reprenant une idée qui traîne à travers l'Occident depuis dix ans, écrit en 1306 ce que dira Nogaret quelques mois plus tard : la fortune des ordres de chevalerie n'a d'autre raison d'être que la défense ou la reconquête des Lieux-Saints.

En attendant la Croisade, on en partage déjà le gouvernement, A Charles II d'Anjou le royaume de Jérusalem, dont il porte déjà le titre. A Charles de Valois l'empire Constantinople, auquel lui donne droit l'héritage des Courtenay. L'un et l'autre auront pour suzerain le roi de France.

Et l'empereur ? En 1306, le Habsbourg est très sûr de sa couronne, et Albert est de surcroît le beau-frère de Philippe le Bel. Pierre du Bois n'hésite donc pas : il prône l'hérédité en faveur des Habsbourg : bien des gens, en France, croyaient que Philippe le Bel s'était déclaré favorable à ce principe d'hérédité impériale lors de l'entrevue de Vaucouleurs. L'avenir donne à cette idée une curieuse résonance.

L'hérédité, seule, mettrait fin à ces guerres fratricides qu'occasionne à chaque succession l'incertitude de l'élection. Pierre du Bois n'y met qu'un correctif, qu'il présente comme léger : les enfants de la famille impériale seront, comme les princes de Castille, d'Aragon, de Sicile ou de Hongrie, élevés à la cour de France.

Mais le légiste ne cache pas que ses préférences véritables vont à un autre type d'empire : le frère ou le neveu du roi de France serait empereur, avec un titre vidé de tout son contenu non germanique — donc de toute valeur universelle — par la suzeraineté du Capétien sur les autres Etats occidentaux. Il fallait décidément une couronne impériale à Charles de Valois, et la couronne du Saint-Empire romain germanique n'était pas plus chimérique que celle de Justinien.

La mort d'Albert d'Autriche bouleverse la situation et fait évoluer la pensée de Pierre du Bois. Nul ne songe à élire Rodolphe de Habsbourg, l'époux de Blanche de France. C'est Henri de Luxembourg qui l'emporte, et qui va tenter de rétablir, contre le pape, contre les Guelfes et contre le roi angevin, les prérogatives impériales en Italie. Le légiste de Coutances n'a pas attendu : dans l'interrègne impérial, il glisse l'idée d'un empire capétien. On sait bien, certes, que les princes électeurs ne donneront pas la couronne d'Allemagne à un souverain aussi puissant que le roi de France. Pour que Philippe le Bel soit empereur, il faut tourner les électeurs, et le pape seul peut le faire. En imposant son arbitrage en faveur du Nassau, Boniface VIII n'a-t-il pas manifesté le droit du pape à choisir le « défenseur de l'Eglise », c'est-à-dire l'empereur ?

Pourquoi ne pas recourir à l'autorité pontificale, dit crûment Pierre du Bois, alors que le pape réside en France ? Le pape est chez le roi, qu'il serve le roi. Les électeurs seraient mal fondés à se plaindre, eux qui ont une si lourde responsabilité dans le désordre de la Chrétienté, qui ont si souvent mis leur voix à l'encan et qui ont multiplié les guerres pour préparer ou pour ruiner les élections impériales. Au reste, pour les faire taire, on les dédommagera, soit en terres, soit en argent sur le produit de la décime. Philippe le Bel empereur, c'est la Croisade assurée, et la décime est faite pour assurer la Croisade.

Par-delà le détail de ce qui est réaliste et de ce qui ne l'est pas, il y a dans ce programme quelques vues raisonnables qui ne sont certainement pas propres à l'avocat de Coutances. Elles rappellent étonnamment la politique de Charlemagne. Se servir du pape, pour le cantonner ensuite dans le rôle de chapelain en chef de la Chrétienté, mettre la main sur les royaumes pour les fédérer plus que pour les annexer, affaiblir les Eglises pour faire des clercs les serviteurs de l'Etat, confondre l'expansion du royaume et le combat pour la foi. Pierre du Bois a bien lu l'histoire de Charlemagne.

L'ENTREVUE DE POITIERS.

Le 26 mai 1308, Philippe le Bel rencontrait à Poitiers, pour la troisième fois depuis son élection, un Clément V qui ne cessait de parcourir la France méridionale, flanqué d'une cour trop légère pour constituer vraiment un gouvernement et trop lourde pour la capacité des cantonnements : quelque quatre cents personnes, clercs et notaires, valets et sergents, médecins et pénitenciers, cuisiniers et palefreniers.

Le roi arrivait avec tout son train. Il y avait là ses frères de Valois et d'Evreux, son fils cadet le comte de Poitiers — un adolescent de quinze ans qui ne pensait pas être un jour le roi Philippe V et qui, pour l'heure, tirait grande fierté de recevoir le roi son père dans le palais des comtes de Poitou rénové par lui — et même le roi de Navarre, Louis le Hutin, qui les rejoignit avec leur cousin le roi de Naples. Il y avait la cour habituelle de barons, de prélats, de grands officiers, mais aussi quelques-uns de ces délégués des villes assemblés une semaine plus tôt à Tours et dont la présence aux côtés du roi permettait à celui-ci de parler au nom de la nation.

Le pape et son entourage comprirent très vite qu'ils n'étaient plus en position de force. Dès l'arrivée, le médiocre logement offert aux cardinaux — le chambellan Marigny dut arranger l'affaire — avait donné le ton. On réunit le consistoire, mais il se tint au palais du roi, non dans un bâtiment d'Eglise. Au reste, les gens du roi étaient plus nombreux que les prélats, et ils parlaient haut.

C'est Guillaume de Plaisians qui ouvrit la séance et prononça le discours d'introduction. Ce discours était rédigé sur le mode savant, et nul ne pouvait le prendre pour une improvisation. Or Plaisians affecta de le prononcer en français, alors qu'il était docteur et savait son latin : tout le monde comprit que l'on était à la cour du Capétien plus qu'au consistoire du pape.

La grande affaire à l'ordre du jour, c'était le Temple, et le discours de Plaisians fut d'abord, et avant tout, un long réquisitoire contre les templiers. Mais, à mesure que le temps passait, le légiste du roi haussait le ton.

> Ne vous déplaise, Père saint, le roi de France a fait plus que vous pour l'Eglise de Dieu. Nombre de ses ancêtres

> rois de France ont versé leur sang pour la foi au Christ et pour l'Eglise de Dieu. Ne cherchons pas plus loin : son grand-père de sainte mémoire, saint Louis, est mort en poursuivant l'exaltation de la foi. Le roi Philippe, père du roi, est mort au service de l'Eglise.

S'il était exact que saint Louis était mort à Tunis sous la Croix, on ne pouvait prétendre que Philippe III ait été, dans l'affaire d'Aragon, parfaitement désintéressé. Quant à reprocher au pape le fait que ses prédécesseurs n'aient pas couru les champs de bataille, c'était proprement ridicule. Personne, cependant, n'avait envie de rire. Devant un consistoire interloqué, et sans rompre les apparences d'une rencontre amicale, Plaisians continuait, réglant un vieux compte, celui des maîtres jadis humiliés par le légat Caetani :

> Dans ce royaume très glorieux, fleurit également l'étude de la science divine, je veux dire la théologie, par quoi toute l'Eglise de Dieu est illuminée.

La péroraison fut brutale. Au-delà de l'enjeu, qui était l'ordre du Temple, Guillaume de Plaisians définissait dans une menace non déguisée le rapport des forces :

> Puisque le roi, les prélats, les barons et les populations de ce royaume insistent pour que cette affaire soit rapidement expédiée, qu'il vous plaise, Père saint, de l'expédier au plus tôt.
>
> Autrement, il nous faudrait vous parler un autre langage !

Il s'agissait des templiers. Nul ne parla publiquement, à Poitiers, d'autre chose que de l'ordre. Mais on voit à quel point cette affaire du Temple, que tout annonçait depuis au moins cinq ans — sinon sous la forme dramatique qu'elle prit — et qui opposait un pape décidé à gagner du temps et un roi décidé à vider l'abcès, entrait pleinement dans le grand plan d'hégémonie capétienne, plan certainement plus élaboré dans l'esprit d'un Pierre du Bois que dans celui de Philippe le Bel, mais plan réaliste, et fait d'éléments non chimériques. On a trop dit que le roi détruisait le Temple pour s'emparer de ses biens, et l'on verra qu'il n'en fut rien. Il serait moins inexact de dire que la destruction du Temple était l'une des étapes, marquées d'avance, de l'ambition royale. Le Temple, la Croisade, le pape, l'Empire, tout s'imbriquait dans le dessein d'une Europe capétienne.

Autant pour servir le roi que pour faire reconnaître son bon droit dans l'histoire d'Anagni, Guillaume de Nogaret maniait pendant ce temps dans les coulisses de Poitiers la menace d'une reprise de l'action judiciaire intentée contre la mémoire de Boniface, action dont, on s'en souvient, le concile devait être juge. Assez adroitement, Nogaret persuada le roi de demander au pape Clément de canoniser Célestin V — le pauvre ermite Pierre de Morrone — et d'en profiter pour faire déterrer et brûler les os de l'usurpateur Boniface.

Après un geste de stupeur, Clément V se donna le temps de la réflexion. Sa réponse ne vint que le 12 août, trois semaines après le départ du roi : il prescrivait une enquête sur les accusations formulées à l'encontre de son prédécesseur. Nogaret enregistrait là une victoire considérable, même si elle apparaissait comme très en deçà de demandes vraiment exorbitantes : l'Eglise renonçait à un principe, qui était qu'on ne pouvait mettre en cause la mémoire de Boniface. Mort, celui-ci allait devoir se défendre. La voie s'ouvrait, qui conduisait au concile juge du pape.

Une autre enquête commençait, qui allait être le faire-valoir de la précédente : elle portait sur les vertus de celui dont les légistes français et tous les Guelfes d'Italie faisaient la victime de l'ambition sans scrupules de Benoît Caetani. Cinq ans plus tard, Célestin V serait proclamé saint.

L'affaire de l'évêque Guichard de Troyes venait d'éclater fort opportunément pour entrer dans l'arsenal de Nogaret. Au vrai, les crimes de l'évêque rappellent étrangement ceux du pape Boniface, et l'on a pu se demander si Nogaret n'avait pas tout forgé : l'évêque était sodomite, pratiquait la sorcellerie, tenait en privé des propos hérétiques, projetait de faire empoisonner le comte de Valois. Victime de jalousies locales et de dénonciations peu recommandables — son principal accusateur, le marchand toscan Arnolfo Deghi, connu à Paris comme Noffo Dei, sortait de prison — l'évêque de Troyes devint en un tournemain le dédoublement de l'ordre du Temple : ou bien le pape en faisait justice, et prompte justice, ou bien le roi ferait justice à la place du pape. Mais qu'on n'allât pas ensuite reprocher au roi de juger les clercs !

Philippe le Bel fit plus : il demanda à Clément V de réparer les torts faits au royaume par l'évêque. Si le pape se dérobait, le roi se devrait d'agir pour conserver l'honneur de l'Eglise et éviter le scandale.

Clément V désigna une commission d'enquête. Pour lui, c'était enterrer l'affaire. Pour Nogaret, c'était une certaine caution pontificale à la vraisemblance des accusations portées. Il suffisait maintenant que le roi accusât pour déclencher le mécanisme d'une enquête pontificale.

Le Temple offrait un excellent prétexte pour la convocation de ce concile dont on voulait faire le juge de la mémoire abhorrée de Boniface. Pierre Du Bois, déjà, l'avait suggéré. Clément V finit par se rendre aux arguments de Philippe le Bel et, là encore, le faible caractère du pontife se laisse facilement entrevoir : il n'ose pas refuser, mais il gagne du temps. Le concile se réunira à la Toussaint 1310 — ce fut en réalité un an plus tard — à Vienne, donc dans cette principauté d'Empire qu'est le dauphiné de Viennois, mais aux portes du royaume de France.

Le choix de Vienne conduisit lui-même Clément V, peu soucieux d'aller en Italie mais désireux de n'être plus chez le Capétien, à l'idée d'un établissement en Avignon. La seigneurie d'Avignon appartenait à la maison d'Anjou, qui régnait à Naples et était pour cela vassale de l'Eglise. Sans être le moins du monde chez lui, le pape était à Avignon chez son vassal. La seigneurie d'Avignon était d'autre part environnée de ce Comtat venaissin qu'avait acheté, en 1274, le pape Grégoire X. Surtout, elle était au débouché d'un pont sur la frontière : en terre d'Empire mais en deçà des Alpes, le pape serait libre de ses mouvements sans se priver de la ressource qu'offrirait en cas de besoin la proche protection du roi de France. Au printemps de 1309, Clément V s'installait à Avignon, dans le couvent des dominicains. Pour tous, cela ne devait durer que jusqu'au départ pour Vienne. Nul ne pensa que ces deux ans allaient devenir un siècle.

La succession du Habsbourg.

Pendant que le roi, Nogaret, Plaisians et Aycelin négociaient avec succès le devenir du concile, du Temple et de Guichard de Troyes, un événement fortuit leur offrait un nouveau terrain de manœuvre : on apprit l'assassinat d'Albert d'Autriche. Le Habsbourg était mort le 1er mai. La nouvelle toucha ensemble le pape et le roi, à Poitiers.

Le moment n'était-il pas venu pour le Capétien de tenter sa chance dans la compétition qui s'ouvrait pour ce trône dont le royaume était d'Allemagne comme les électeurs étaient allemands, mais dont le roi était « des Romains » et dont la possession demeurait la condition nécessaire du couronnement impérial ?

Philippe le Bel sur le trône germanique, c'eût été plus que l'union personnelle de la France et de l'Allemagne. C'eût été sur l'Italie une souveraineté que le Habsbourg n'avait pu véritablement exercer à cause d'Anjou et de Valois, et à laquelle, cependant, ceux-ci ne pouvaient efficacement prétendre en raison de la force des traditions gibelines de fidélité au Saint-Empire romain germanique. C'eût été sur les principautés de l'ancienne Lotharingie, sur le Hainaut, le Brabant, le Luxembourg, la Lorraine, la Comté et tant d'autres, une mainmise française d'autant plus ferme que, depuis quatre siècles, les princes de ces terres d'Empire jouaient, pour sauvegarder leur quasi-indépendance, de l'Empire contre la France et de la France contre l'Empire.

L'intérêt du pape était douteux. L'Occident pacifié sous la houlette d'un empereur maître à la fois de la Bretagne et de la Calabre, de la Navarre et des villes hanséatiques, et l'on pouvait espérer la reconquête des Lieux-Saints. Mais on pouvait aussi entrevoir ce qu'il adviendrait de la puissance pontificale, une fois Philippe le Bel couronné à Rome. Rien n'assurait d'ailleurs qu'une élection et deux couronnements — royal et impérial — suffiraient à la paix. Les derniers rois germaniques, Rodolphe de Habsbourg, Adolphe de Nassau, Albert de Habsbourg, avaient passé leur règne à combattre des rébellions. Les deux derniers en étaient morts. Quant à l'Italie, on se souvenait du bain de sang qu'avait été en Toscane la paix selon Charles de Valois, et l'on pouvait craindre que le Capétien n'ait à la fois contre lui les Gibelins par tradition et les Guelfes par opportunité.

Le Conseil royal était, à Poitiers, suffisamment fourni d'hommes au fait de ces situations. Charles le Boiteux et Charles de Valois, aussi bien que Nogaret, savaient ce qu'il en coûterait d'établir Philippe le Bel dans l'Empire, même si la connivence du pape favorisait l'élection et assurait du couronnement.

Vis-à-vis du pape, le roi de France n'avait jamais été en telle position de force. Le pape était chez le roi, mais il n'était pas pour autant ce réfugié politique, privé de toute autorité dans le reste de la Chrétienté, qu'avaient été le plus souvent les pontifes hôtes de la France. Clément V, d'autre part, pouvait être heureux de monnayer son influence dans l'Empire. Et, s'il défendait la mémoire de Boniface VIII, c'était par décence et par raison, mais il n'était guère à l'aise dans cette défense et cela se sentait. Il n'était guère plus convaincu par le bon droit des templiers ou par celui de Guichard. En bref, le roi rencontrait sur tous les points un interlocuteur porté à temporiser, non à réfuter vigoureusement et au fond ses propos.

Si le pape marquait quelque bienveillance à une candidature éventuelle à l'Empire, il ouvrait sur l'échiquier politique une nouvelle case, où le roi se trouvait en position de quémandeur. Tout pouvait alors être l'objet d'un vaste marchandage. Il est à cet égard significatif que Philippe le Bel ait, à la fin de juin, laissé entendre un désir de compromis dans l'affaire du Temple, et cela au moment où le pape intervenait auprès des princes électeurs en faveur des prétentions françaises.

D'un Pierre du Bois reconstruisant le monde chrétien sur son écritoire de Coutances à un Philippe le Bel se tenant par principe à l'écart de toute aventure et sachant à la fois les faiblesses et les limites de la monarchie française, il y avait fort loin. Mettre la main sur l'Europe était tentant, mais c'était conduire à l'ébullition tout l'Occident. Ni l'Aragon ni l'Angleterre ne l'eussent accepté. Philippe le Bel vit le risque, et se garda de la démesure. Un empereur capétien, oui. Le roi lui-même, non.

Il eut d'autant moins de peine à ce choix que son frère Valois était là, tout gaillard de savoir une nouvelle couronne à portée de qui la prendrait. Le roi avait souffert du remariage de son père, et gardait de ses années d'enfance une visible complaisance pour son seul frère germain, le seul autre fils d'Isabelle d'Aragon. Se faisait-il des illusions sur un tel choix ? Le fait que Valois eût commandé l'armée de France et celle de Naples lui semblait-il gage d'efficacité ? Qu'il connût l'Allemagne et l'Italie pour y avoir voyagé lui paraissait-il gage d'expérience ? On a peine à croire que des hommes comme Mouche, comme Nogaret ou comme Le Moine, qui avaient leur franc-parler, n'aient jamais ouvert les yeux du roi sur les erreurs du prince diplomate en Allemagne, et sur celles de l'homme de gouvernement en Italie. Et l'on a peine à penser qu'un souverain capable de choisir comme conseillers des hommes aussi remarquables mais aussi différents de lui que Flote, Nogaret, Mouche ou Marigny fût incapable de voir que son frère était un sot.

Deux explications viennent à l'esprit, qu'il est impossible d'étayer. Peut-être Philippe le Bel, qui savait l'entreprise longue et hasardeuse, a-t-il voulu éviter d'entacher la couronne de France d'un échec. Il serait assez dans le comportement habituel du roi d'avoir sacrifié les ambitions extérieures aux réalités politiques de l'intérieur : cinq ans seulement après l'affaire Saisset, où l'on avait vu un évêque offrir la couronne royale à l'un des vassaux du Capétien, la sagesse était peut-être de ne pas risquer les effets en France d'une déconfiture en Allemagne. Cent ans plus tôt, Philippe Auguste n'avait pas raisonné différemment en laissant son fils partir pour la conquête de l'Angleterre, quitte à le désavouer publiquement si l'affaire tournait mal.

Peut-être, aussi, Philippe le Bel pensait-il qu'un Capétien léger mais entouré de bons conseillers ferait, pour la France, un meilleur empereur que le candidat germanique auquel sa propre candidature apporterait en réaction le soutien de tous les princes — qu'ils fussent ou non d'Empire — qui craindraient pour leur indépendance. Charles de Valois ferait moins peur, et aurait donc plus de chances. Son talent politique était maigre et le roi pouvait, s'il en était conscient, ne voir en lui qu'un fantoche ; maître de l'Empire sans l'être de la France, Charles de Valois aurait de tels besoins d'argent qu'il ne pourrait survivre seul : il n'y avait aucun domaine impérial, et le Habsbourg n'avait vécu que de ses revenus rhénans et autrichiens. La diplomatie de la livre tournois mettrait l'empereur valois à la merci de son frère le roi de France.

Les deux explications tiennent donc en une qualification qui demeure incertaine : Valois, homme de paille. Devait-il l'être en cas de succès ? En cas d'échec ? En tout cas ?

Nul ne pouvait s'y tromper : c'est Philippe le Bel qui, le 27 mai 1308, écrivit aux princes électeurs une première lettre, très vague dans ses termes, pour leur demander de surseoir à l'élection et d'attendre qu'en accord avec le pape il leur fasse connaître sa volonté. Anticipant sur la décision du pape, il chargeait en même temps trois ambassadeurs d'aller en Allemagne offrir aux électeurs des rentes et du numéraire : des cadeaux sans lendemain et des promesses révocables. Puis, précisant ses intentions, il écrivit à chacun, le 9 juin, pour recommander son frère.

Clément V n'intervint qu'à ce moment-là, et sans se compromettre : il souhaitait l'élection d'un prince prêt à la Croisade. Son neveu le cardinal Raymond de Got écrivit à son tour à l'archevêque de Cologne — et peut-être aux autres électeurs — pour faire savoir que le prince capable de mener la Croisade n'était autre que le Valois. Avis personnel, sans doute, d'un cardinal soucieux de se ménager les bonnes grâces du roi. Le pape, lui, ne s'engagea pas plus avant. On le vit même, en octobre, manier l'ironie en rappelant à Philippe le Bel que les titres de Charles à l'empire des Courtenay suffisaient à lui fournir un motif pour aller en Orient.

Les électeurs allemands accueillirent plutôt mal ce qui, ils le comprirent dès l'abord, menaçait leur indépendance. L'archevêque de Cologne et celui de Mayence répondirent par de bonnes paroles aux cadeaux qu'on leur faisait, et s'en tinrent là. Le comte de Luxembourg, cependant, offrait mieux que de l'argent : des concessions politiques. L'habileté de son frère l'archevêque de Trèves fit le reste. Prié, en octobre, par Philippe le Bel d'intervenir contre cette candidature, Clément V rappela au roi de France qu'il pouvait s'arranger seul puisque, pour son fief, Henri de Luxembourg était son vassal. C'était plaisanter.

Lorsqu'il apprit l'élection du comte de Luxembourg, élu à l'unanimité roi des Romains le 27 novembre, Philippe le Bel ne put se consoler d'un échec aussi flagrant qu'en songeant qu'il avait évité le pire en ne se présentant pas lui-même, et qu'après tout l'élu était un ami de longue date. Luxembourg avait vécu à Paris. Il avait siégé, au Louvre, parmi les barons français. Il ne parlait d'autre langue que le français. Son clerc comptait en livres tournois.

De part et d'autre, malgré les rancœurs que laissait la manœuvre manquée, et malgré l'échec d'une ultime tentative faite auprès de Clément V pour que l'élection du roi des Romains ne fût pas ratifiée, ou ne le fût pas tout de suite, on affecta quelque temps la cordialité.

L'Orient.

Une fois de plus, Charles de Valois venait de manquer une couronne. Il se reprit à songer à l'Orient. Il négociait avec le pape, avec les Grecs, avec les Serbes, avec Venise. Il projeta le mariage de son fils Charles avec la fille du roi de Serbie, pour peu qu'elle devînt catholique. Il envisagea de céder à l'Aragon, le val d'Aran en échange des services d'une troupe de mercenaires, pour l'heure à la solde de Frédéric III de Sicile, la « Compagnie catalane ».

Philippe le Bel ne fit rien de plus qu'ordonner une enquête sur le val d'Aran, et s'en trouva bien. Les Catalans refusèrent en effet de combattre pour le Valois. Celui-ci n'avait plus qu'à se défaire des charges de l'Orient, sans renoncer à ses droits sur Constantinople. Il était d'ailleurs découragé par l'échec d'une expédition menée en Grèce par Thibaut de Chepoy, le maître des arbalétriers du roi son frère, expédition dans laquelle il n'avait cependant investi que les velléités de sa diplomatie. Il ne l'était pas moins par le peu d'enthousiasme avec lequel son frère soutenait les entreprises orientales.

Il y avait une dernière raison à l'abandon de Charles de Valois, et ce n'était pas la moindre : il venait de se remarier, et sa troisième femme, Mahaut de Saint-Pol, marquait de l'impatience à voir Charles se consacrer à une couronne impériale qui ne pourrait en aucun cas aller aux enfants qu'ils auraient ensemble. De Catherine de Courtenay, morte en octobre 1307 — c'est à ses obsèques que Jacques de Molay parut pour la dernière fois à son rang, la veille du drame —, Charles de Valois avait eu des filles, et l'aînée, Catherine de Valois, était naturellement héritière des droits de sa famille sur Constantinople. Puisque Catherine de Courtenay avait cédé ses droits à son mari, le comte Charles ne perdait rien, mais en mariant Catherine de Valois, sa fille, il pouvait donner à un prince toutes les raisons de combattre pour une couronne qui lui reviendrait un jour. En bref, Charles de Valois ne renonçait à aucun de ses droits sur l'empire d'Orient, mais il en cédait le fardeau. Le gendre idéal fut promptement trouvé : Philippe de Tarente, l'un des fils du roi de Naples Charles le Boiteux. Philippe de Tarente était au fait des affaires méditerranéennes, c'était un bon chevalier, et il n'avait, parce que puîné, guère d'espoir de régner un jour à Naples.

Pour le royaume de France, ce mariage était une mauvaise affaire. Catherine de Valois avait été fiancée au fils du duc de Bourgogne, dont les fiançailles furent cassées — il en coûta cinq ans de négociations avec le pape — parce qu'il était trop pauvre pour reconquérir l'héritage des Courtenay. Hugues de Bourgogne, qui avait toujours été fidèle au roi, en garda quelque amertume.

De la Croisade, on continua de parler, mais juste ce qu'il fallait pour laisser croire au pape que la France n'y était pas indifférente. Eclairés par l'affaire du Temple sur ce qu'il en coûtait d'oublier sa vocation et les raisons de sa fortune, les hospitaliers se préparaient à passer la mer avec un zèle que leur grand maître, Foulque de Villaret, soulignait en toute occasion et qui procura finalement à l'ordre de l'Hôpital un singulier accroissement de fortune.

Les décimes se succédaient, toutes pour la Croisade. Le Trésor royal en bénéficiait en définitive. En avril 1312, au concile de Vienne, Clément V put annoncer solennellement que le roi de France, ses fils et ses frères se croiseraient dans l'année. Ils partiraient pour la Terre-Sainte avant six ans à compter du mois de mars suivant : avant mars 1319 !

Clément V tentait de forcer la main du roi. Les envoyés aragonais le soulignent dans un rapport confidentiel sur le concile, adressé à leur maître.

> Le pape donna lecture des lettres patentes avec le sceau pendant du roi de France, en lesquelles il était contenu que le dit roi ferait le Passage, et le promettait simplement.
>
> Il n'était en cette charte fait mention ni des fils, ni des frères du roi, ni de poursuivre la chose de la manière qu'avait dite le pape en sa narration.

Autrement dit, le pape en avait rajouté...

Pour un Philippe le Bel avant tout soucieux du royaume de France et qui n'avait jamais pris au sérieux les prétentions de son frère à la couronne de Justinien, le dessein d'hégémonie européenne demeurait bien vivant. Mais il passait moins par la conquête territoriale — Philippe avait, bien avant l'échec, désapprouvé son père d'entreprendre la « Croisade » d'Aragon —

que par la mainmise sur l'Eglise. A Poitiers, Clément V s'était montré un interlocuteur difficile, même s'il ne brusquait rien. Pour toutes sortes de raisons, le pape était l'allié du roi de France ; il n'était pas à ses ordres. Que la cour pontificale s'établît et que le concile fût convoqué sur le Rhône, mais sur la rive gauche et non en terre royale, voilà qui illustre bien la situation politique.

L'ALLIANCE PONTIFICALE.

Le contentieux avec l'Angleterre était réglé et l'entente scellée par le mariage d'Edouard et d'Isabelle, célébré en grande pompe à Boulogne en janvier 1308. La Navarre avait sans peine reconnu Louis le Hutin pour roi à la mort de la reine Jeanne. Le litige à propos du val d'Aran n'était pas de nature à obscurcir véritablement l'horizon politique sur les Pyrénées. Il restait, cependant, quelques affaires pour lesquelles le roi se trouvait bien d'une alliance pontificale.

Le couronnement impérial en était une. Cherchant à ne pas se donner un maître au temporel, et ayant fait pièce à la politique capétienne en n'empêchant pas l'élection de Henri de Luxembourg, puis en la validant avec un empressement que Philippe le Bel lui reprocha, Clément V n'était guère pressé d'offrir à Henri VII une couronne impériale qui eût renversé les rôles. Jusqu'au couronnement, le roi des Romains était un solliciteur. Ensuite, il serait un empereur. Incapable de mettre la main sur l'Empire, Philippe le Bel allait s'employer à retarder le couronnement du Luxembourg.

Une autre était le traité d'Athis, que les Flamands récusaient comme trop cher. Le fait que la Flandre ne payât pas son dû mettait le Trésor dans l'embarras, car l'impôt était à demi mort de la paix, et l'on avait au Conseil pensé que la Flandre vaincue compenserait le retour à la nécessité de vivre des revenus ordinaires.

Pour le Temple, enfin, rien n'était résolu, et le roi de France était allé trop loin, comme on le verra, pour reculer. Il fallait que le concile, convoqué pour traiter du Temple en même temps que de la Croisade et de la réforme de l'Eglise, ne désavouât pas l'initiative du Capétien.

Les affaires impériales se compliquèrent des séquelles de la lutte contre Boniface VIII. Quelques cardinaux créés par ce pontife, et en particulier Jacques Stefaneschi, tentaient de réconcilier, dans un mouvement vaguement nationaliste, les Guelfes et les Gibelins pour faire pièce à l'influence française en Italie. L'avènement du roi Robert d'Anjou, homme modéré mais énergique, offrait une occasion de dégager le royaume de Naples d'une tutelle capétienne sentie comme pesante par bien des barons italiens. L'alliance de Robert et de Henri VII de Luxembourg aurait naturellement facilité un couronnement impérial qui, comme les précédents, supposait un difficile voyage à Rome, au milieu des embûches de la politique péninsulaire, et en tout premier lieu des intrigues guelfes que soutenaient à Florence et à Lucques les agents du roi de France.

Henri VII avait commencé par faire bonne figure au Capétien qu'il avait évincé de l'échiquier allemand. Philippe, de son côté, savait cacher son mécontentement. On échangea des politesses. On songea à une rencontre, à un nouveau Vaucouleurs. On s'en tint finalement à une conférence diplomatique, qui eut lieu à Paris en juin 1310. Jean de Namur, l'aîné des enfants de Guy de Dampierre et d'Isabelle de Namur, conduisait l'ambassade impériale. Le fait que les intérêts opposés à ceux du Capétien fussent ici défendus par le frère du comte de Flandre suffit à montrer quelles étaient en 1310 les dispositions de ce dernier : il tentait à nouveau ce que l'éphémère alliance franco-pontificale avait fait échouer dix ans plus tôt, c'est-à-dire l'insertion de l'affaire de Flandre dans l'ensemble des règlements politiques européens.

Le roi de France tenait le comte de Flandre pour un vassal ramené à l'obéissance. Fort de sa double mouvance, à la fois prince français et prince d'Empire pour deux parties d'un même comté, le vaincu de Mons-en-Pévèle se posait désormais en prince indépendant. Le choix de Jean de Namur — lui-même mouvant de l'Empire — était en soi, à l'heure des amabilités, un avertissement que perçut très bien le Conseil du roi. La non-exécution des clauses financières du traité d'Athis, cependant adoucies grâce à la médiation pontificale en avril 1309, n'était plus seulement l'effet de la mauvaise volonté des Flamands — des Brugeois en particulier — et des difficultés économiques de l'industrie drapière, elle participait d'un contentieux global où intervenait normalement l'empereur.

Pour recevoir Jean de Namur et ses collègues, le roi de France avait désigné deux diplomates aux qualités complémentaires : Louis de Clermont et Pierre de Latilly. Fils du comte Robert de Clermont, le dernier survivant des fils de saint Louis, Louis de Clermont venait, à trente ans, d'hériter de sa mère cette seigneurie de Bourbon dont, trois siècles plus tard, ses descendants allaient donner le nom à une dynastie royale. De caractère égal, fort éloigné des courses chimériques où s'usait un Charles de Valois, Clermont était le serviteur discret et dévoué de son cousin le roi. Latilly, en revanche, avait au cours de sa déjà longue carrière manifesté une énergie que justiciables et contribuables tenaient, on l'a vu, pour particulièrement brutale. C'était un homme à poigne, qui ne transigeait pas sur l'intérêt du roi.

Le 26 juin, l'accord était réalisé. Le roi des Romains reconnaissait comme comte de Bourgogne Philippe de Poitiers, deuxième fils du roi et gendre du comte Othon de Bourgogne. Philippe reconnaissait en revanche la comté de Bourgogne comme terre d'Empire et ferait pour cela hommage au roi des Romains. Mais cet hommage était différé : on en reparlerait après le voyage en Italie, un voyage où Philippe de Poitiers suivrait le futur empereur.

Dans l'immédiat, les Capétiens triomphaient. Pour ce qui était de la contrepartie, Philippe le Bel allait, malgré les interventions pressantes de Clément V, s'abstenir de ratifier le traité. Comme, dans le même temps, il écrasait la rébellion des Lyonnais soulevés contre la domination française à l'instigation de leur archevêque, et comme il intervenait de plus en plus ouvertement dans les affaires des principautés d'Empire qu'étaient la Savoie et le Dauphiné, les relations se détériorèrent vite. Soucieux de maintenir sur le Rhône un équilibre politique qui garantissait l'indépendance de la cour pontificale établie depuis un an à Avignon, Clément V tenta d'éviter la rupture. Ce fut en vain.

Le pape était pris dans un imbroglio dont les éléments s'appellent Boniface VIII, le Temple, la Flandre, la couronne impériale. Vaste marchandage, où l'on voit le roi rappeler ou bien relâcher son exigence d'une condamnation de la mémoire de Boniface afin d'obtenir, selon le moment, la suppression du Temple, l'excommunication des Flamands — pour ce parjure, la non-exécution du traité d'Athis — ou l'ajournement du couronnement de Henri VII.

Clément V, de son côté, jouait plus ou moins bien de la temporisation dans l'affaire de Flandre et de bons offices entre les partis italiens — c'est-à-dire entre Henri VII et le roi de Naples — pour amener le Capétien de France à renoncer à sa vindicte contre Boniface. Il y gagna au moins de placer à nouveau la papauté en position d'arbitre.

Dès 1308, Latilly puis Plaisians avaient joué des projets de Croisade pour que, dans les termes les plus vagues, le pape menaçât les Flamands de la terrible peine qu'était l'interdit : la suspension de toute vie cultuelle et de tous sacrements. Pendant cinq ans, ç'allait être l'un des arguments majeurs de la diplomatie française : la rébellion flamande empêchait le roi de songer à la Croisade.

Malgré l'insistance des Flamands, Clément V avait, en juin 1309, refusé d'annuler l'article qui stipulait, contre ceux qui violeraient leur engagement, une excommunication *ipso facto* dont ils ne pourraient être relevés qu'à la demande du roi. En août, il s'était réservé d'annuler cet article si les gens du roi — Marigny menait alors la négociation — ne pouvaient trouver un précédent à invoquer pour une telle stipulation. Comme dans tout marchandage, les variations de l'offre et de la demande déterminaient la variation des attitudes.

La manœuvre italienne des cardinaux ennemis du roi de France échoua de peu. Le roi Robert saisit la perche qu'on lui tendait et accepta, à la fin de 1310, l'alliance impériale. Mais il en attendait trop. Henri VII était à la tête de l'Empire, mais il n'en était pas l'un des grands princes territoriaux. Son maigre patrimoine ne lui permettait pas de mettre d'importantes ressources personnelles au service de la politique impériale : sans un véritable domaine royal, la couronne d'Otton le Grand et de Frédéric Barberousse n'était riche que de prestige. Robert d'Anjou demanda à Henri VII la main de sa fille, avec une dot que l'impécunieux roi des Romains ne pouvait payer. Robert, pour sa part, était trop endetté pour offrir gratuitement au candidat à la couronne impériale le moyen d'établir en toute tranquillité sa domination sur la Péninsule. On parlait de ressusciter le royaume d'Arles, mais Robert le voulait pour lui, alors que le roi des Romains souhaitait en faire un contrepoids à l'influence capétienne, non un renforcement de ces Capétiens qu'étaient les Angevins de Naples-Provence. Philippe le Bel, lui, ne voyait dans le royaume d'Arles qu'un moyen d'unifier des principautés que, l'une après l'autre, il entendait faire passer dans l'aire d'influence française.

Clément V, au fond, se trouvait bien d'un statu quo qui faisait de lui le seul véritable souverain sur les bords du Rhône, même s'il n'y était au vrai qu'assez légèrement possessionné. L'alliance des Guelfes et des Gibelins en resta donc là, et Philippe le Bel put continuer d'affirmer en toute circonstance la solidarité de son lignage. « Le roi Robert est du sang du roi de France », répéteront au concile de Vienne les conseillers du Capétien.

Henri VII cherchait, cependant, à s'assurer au plus vite de l'avantage que devait lui procurer la couronne impériale. Les Gibelins italiens l'y incitaient, qui avaient grand besoin de sa venue pour rétablir leur position. Clément V avait proposé de consacrer l'empereur à Rome pendant les fêtes de la Chandeleur 1312. L'élu suggéra d'avancer la cérémonie à la Pentecôte 1311. Si le pape ne pouvait aller à Rome, on se contenterait d'un légat. Et Henri de Luxembourg de reprendre à son compte l'argument bien connu de Philippe le Bel : plus tôt l'empereur serait couronné, plus tôt il pourrait s'occuper des choses importantes, en particulier de la Croisade.

Le pape crut habile d'écrire à Philippe le Bel pour lui exposer les raisons qui lui paraissaient rendre souhaitable le prompt couronnement de Henri VII ; ces raisons manifestaient surtout la faiblesse d'un roi des Romains en mal d'affermissement politique. Ceci permit au roi de France et à son Conseil de voir jusqu'où ils pouvaient aller. Pierre de Paray — que l'on a vu en Italie au temps de Boniface VIII — et Enguerran de Marigny — que l'on a vu à Poitiers — s'en allèrent à Avignon, où ils négocièrent ouvertement un accord avec les ambassadeurs des villes guelfes de Toscane. Naturellement, ils s'arrangèrent pour ne s'engager en rien, mais les Gibelins flairèrent le danger. Une nouvelle ambassade, en décembre 1310, vint à nouveau parler au pape, de la part du roi de France, des crimes de Boniface VIII.

C'est en se moquant un peu des Français que Clément V prit la chose. Mais la lettre qu'il adressa peu après à Philippe le Bel, aussi bien que la mission verbale dont il chargea Nogaret ou les propos qu'il laissa tenir aux ambassadeurs royaux par le cardinal Pierre de la Chapelle-Taillefer, offrait une solution conforme au marchandage : que le roi abandonnât l'affaire de Boniface — le seul à y perdre vraiment était Nogaret, qui multipliait les plaidoyers personnels — et l'on pourrait s'entendre sur le reste.

Désormais plus sensible aux arguments de Marigny — à quoi servait cette longue vengeance ? — qu'à ceux d'un Nogaret incapable de composer sur les principes, le roi accueillit avec empressement l'ouverture que lui faisait le pape. Dès février 1311, il s'en remettait au pape et au futur concile pour juger Boniface. Le même concile mettrait un terme à l'affaire du Temple, et l'on parlerait alors sérieusement de la Croisade.

Dès lors, Clément V fit diligence. A la mi-avril, une commission entendait les témoins, qui attestèrent la bonne foi du roi et de ses conseillers dans leurs relations avce Boniface VIII. Nicolas de Fréauville — ce cardinal dominicain, cousin de Marigny, que l'on a vu confesseur du roi — et Napoléon Orsini firent chorus avec les Colonna : le roi n'avait agi que pour le bien de l'Eglise, « mû par un juste zèle ». Les gens du roi, Marigny et Paray entre autres, ne les contredirent évidemment pas. Le 27 avril, par la bulle *Rex gloriae,* Clément V annulait tous les actes mettant en cause le roi de France. Le « bon et juste zèle » était affirmé. Lié pour l'éternité à ses complices d'un jour, Sciarra Colonna, Rinaldo da Supino et quelques autres, Guillaume de Nogaret recevait une absolution « pour le cas de besoin », sous condition d'un pèlerinage qu'il ne fit d'ailleurs jamais. Les seuls auxquels le pape refusait tout pardon étaient les receleurs, inconnus, des objets volés à Anagni et non encore restitués au Trésor pontifical.

Le garde du sceau était pardonné, mais par là même il se voyait traité en coupable. Il en demeura ulcéré.

L'ÉQUILIBRE SELON MARIGNY.

En tout cas, s'il n'était pas désavoué par le roi, sa politique était bel et bien abandonnée. L'heure n'était plus aux intransigeances juridiques, elle était au réalisme. L'homme fort, au Conseil, c'était désormais Marigny. Le désir d'avoir raison contre un mort s'effaçait devant les avantages que l'on trouvait à la concession. On passait au pape le vain procès à la mémoire de son prédécesseur, on attendait de lui un appui efficace contre les Flamands et contre l'Empire. Comme, pour en finir tranquillement avec l'affaire de Flandre, la neutralité impériale était indispensable, Marigny prit le contre-pied de Nogaret et songea à faire ratifier le traité de 1310 pendant que le roi des Romains, toujours en l'attente de son couronnement, ne pouvait se permettre de parler trop haut au pape.

Les résultats ne se firent pas attendre. Clément V argua du prochain concile pour refuser d'avancer le couronnement impérial. Henri VII s'avisa du changement d'attitude et refusa à son tour de ratifier le traité conclu avec la France. Les rôles étaient renversés. Le pape dut protester de ses bonnes intentions, de celles du Capétien et même, chose exorbitante, garantir celles de Marigny, qui avait pourtant tout fait pour retarder le couronnement.

Autant il avait souhaité rééquilibrer la Chrétienté en alliant Guelfes et Gibelins italiens contre la France, autant Clément V craignait désormais un conflit de la France et de l'Empire. Un tel conflit ne pouvait que le contraindre à des choix difficiles, et renverrait la Croisade à un avenir incertain. Il n'y eut pas, au printemps de 1311, de partisan plus ardent de la ratification du traité de Paris que ce pape sans qui l'affaire avait été menée. Le renversement des alliances et des attitudes fut complet lorsqu'en avril Clément V, remonté par Marigny, menaça de refuser le couronnement à Henri de Luxembourg si celui-ci ne ratifiait pas le traité.

Le roi des Romains n'avait qu'à céder. Il venait de s'engager dans l'aventure italienne, et il savait qu'en s'aliénant le pape il se condamnait à ne point recevoir à Rome la récompense de son entreprise. Le 8 mai, à Crémone, il ratifia le traité. Il n'y mit qu'une réserve : elle portait sur les droits de l'Empire sur lesquels Philippe le Bel avait empiété.

Lorsque, à Avignon, Guillaume de Plaisians reçut du pape l'acte impérial qui venait en échange de la ratification française, il fit un beau scandale : ou le roi des Romains ratifiait le traité tel que conclu à Paris en juin 1310, ou tout était brisé. On fit savoir à Henri VII que la France pourrait aider les villes guelfes.

Pour l'heure, laissa-t-on dire, les conseillers de Philippe le Bel refusaient de recevoir les ambassadeurs des villes toscanes. C'était d'ailleurs faux : Marigny avait déjà conféré, à Avignon, avec les Lucquois. Mais, continuait-on à l'intention de Henri VII, les Français se laisseraient sans doute fléchir si le roi des Romains persistait à refuser son amitié. Admirons la manœuvre de Marigny, qui savait fort bien ce qu'il en coûtait au Trésor royal d'intervenir en Italie et qui, sans s'engager et sans promettre un sou à qui que ce fût, jouait de la seule possibilité d'une alliance guelfe comme d'une menace contre le roi des Romains. Pour achever d'intimider Henri VII, Clément V menaçait à son tour de rompre.

Henri VII tenait à son couronnement, et rentrer chez lui sans la couronne lui assurait à peu près le sort du Habsbourg. Il ne pouvait se laisser déconsidérer au vu de toute la Chrétienté. Dans la situation où il se trouvait du fait de son voyage en Italie, il ne pouvait que s'incliner. Le 23 septembre, devant Brescia, il faisait sceller un nouvel acte de ratification, conforme, cette fois, au traité original. Le pape avait conservé la ratification française : c'est donc à lui que le roi des Romains adressa la sienne.

Sur un front diplomatique renversé, Philippe le Bel, Marigny et Plaisians venaient de remporter une victoire aux côtés du pape. On n'avait rien promis aux Guelfes. Le prix serait payé par le Temple et par la Flandre.

Sans doute ce prix eût-il été autre si Henri VII, fort de son titre impérial, avait pu régler ses comptes en regagnant l'Allemagne. Couronné à Rome, par un légat, le 29 juin 1312, mais aux prises avec une ligue guelfe plus forte qu'il n'avait cru, il ne put quitter l'Italie. Il mourut en Toscane, en août 1313, au moment où il allait porter la guerre contre Naples.

Allait-on recommencer l'aventure d'une candidature française à l'Empire ? Philippe le Bel songea un instant à son deuxième fils, Philippe le Long, comte de Poitiers et de Bourgogne, celui-là même que son comté de Bourgogne faisait déjà prince d'Empire. Le froid réalisme de Marigny eut vite raison de cette pensée chimérique : l'affaire coûterait cher et rapporterait peu. Il y avait mieux à faire.

CHAPITRE XV

Le Temple

UN ORDRE MENACÉ.

Revenons à ce 12 octobre 1307 où, veuf pour la deuxième fois, Charles de Valois conduisait le deuil de Catherine de Courtenay. Le roi était là, et tous les princes aussi. Un autre grand personnage, parmi les plus indépendants, tenait son rang, à deux pas du roi : Jacques de Molay, grand maître de l'ordre du Temple.

L'histoire de l'Eglise avait vu se créer successivement les formes les plus diverses de vie religieuse, adaptées aux objets les plus divers qu'avait successivement eus l'engagement pour la foi. Le monachisme était allé de l'ermite ou cénobite, l'ascèse bénédictine avait peu à peu pris la place des ascèses orientales et de l'ascèse irlandaise. Le succès de l'ordre de Cluny avait stupéfié le monde occidental, mais il avait engendré la fortune clunisienne ; la réaction contre ce monachisme riche avait fait naître Cîteaux, Prémontré, la Chartreuse et tant d'autres. La Croisade, cependant, appelait une œuvre plus directement liée aux besoins séculiers de la Chrétienté ; c'étaient les ordres militaires, le Temple, l'Hôpital, Calatrava, Alcantara, les teutoniques... Le développement des villes et l'enrichissement de la pensée occidentale avaient suscité, aux dépens du monachisme d'isolement et de contemplation, une vie religieuse sans propriété mais en contact étroit avec le dynamisme du monde nouveau, celui des marchands et des artisans, celui des universitaires et des serviteurs de l'Etat : c'étaient les mendiants, dominicains, franciscains, carmes, augustins.

Les ordres étaient successivement apparus. Jamais un seul

n'avait été officiellement supprimé. On avait cessé d'invoquer la règle de saint Colomban et celle de saint Pacôme, on avait cessé de se précipiter vers tel monastère passé de mode. Mais on n'avait ni cassé, ni abrogé, ni fermé, ni interdit. Se faisait clunisien qui le voulait, et Célestin V avait pu restaurer pour un temps un érémitisme digne du christianisme ancien. Un ordre, c'était quelque chose d'indestructible.

Peut-être un jour y aurait-il moins de templiers, mais il y aurait toujours un Temple. En tout cas, l'idée ne pouvait effleurer personne, et surtout pas Molay, qu'il pourrait ne plus y avoir de grand maître. La position de Molay, comme celle de Foulque de Villaret, le nouveau grand maître de l'Hôpital, était quelque chose d'assez original, une sorte de synthèse entre la position d'un prince et celle d'un cardinal, à la fois chef d'ordre religieux et chef d'armée, prince sans limites territoriales mais non sans domaine foncier, élu comme un empereur mais absolu comme un roi de France.

Certes, Molay avait connu, quelque temps auparavant, de ces difficultés que l'on savait inhérentes au gouvernement de toute communauté ; il avait dû s'expliquer, tant devant le roi que devant le pape, sur certaines pratiques de l'ordre, dont la singularité appelait la méfiance de l'extérieur. Le grand maître avait des comptes à rendre au pape, son seul supérieur en ce monde, mais il en rendait peu. Il n'en devait pas au roi, mais la prudence n'était pas de se fâcher avec un roi dans le royaume de qui se trouvait une bonne part de la fortune territoriale de l'ordre. Les commanderies, ces domaines fonciers dont le Temple tirait le plus clair de son revenu en Occident, maintenant que la générosité des fidèles oubliait un peu la Terre-Sainte, eussent été en difficulté si les baillis royaux avaient entrepris de les persécuter systématiquement. Face à des officiers mal intentionnés, Molay n'avait même pas ce dont disposait le plus modeste des évêques les plus démunis : l'arme de l'excommunication.

L'ordre était menacé. Tout le monde le savait, et l'on avait plusieurs fois parlé de le supprimer. Mais nul n'y croyait vraiment. Un ordre, c'était impérissable.

Il y avait, dans le Temple, des chevaliers plus lucides que Jacques de Molay. Le visiteur de France, Hugues de Pairaud, qui était un homme courageux et intelligent, interprétait sans doute mieux que son grand maître les symptômes que l'on percevait et les bruits qui couraient : n'avait-il pas, la semaine précédente, déclaré qu'il était bien décidé à défendre sa vie si les menaces qui planaient sur le Temple se précisaient ?

La plupart pensaient comme Molay : le danger était écarté. Tout au plus reparlerait-on indéfiniment de cette fusion des ordres de chevalerie en quoi certains, qui n'étaient ni hospitaliers ni templiers, voyaient la panacée. Dans un mémoire au pape, un an plus tôt, Molay avait fait justice de ce vain projet. Pour l'heure, c'est Catherine de Courtenay que l'on portait en terre. Le Temple, lui, était bien vivant.

Le lendemain, à l'aube, tous les templiers de France étaient arrêtés. Dans l'exécution de cette opération de police préparée par Nogaret depuis le début de septembre — depuis une nouvelle réponse dilatoire du pape au sujet du Temple — il n'y eut pas une bavure. A travers tout le royaume, baillis et sénéchaux arrêtèrent des templiers qui ne songèrent même pas à opposer la force à la force. Une douzaine, seulement, parvinrent à s'enfuir.

Quant à l'opinion publique, elle fut stupéfaite, et quelques-uns s'interrogèrent : le roi avait-il raison ? Mais les templiers étaient impopulaires. Nul ne les défendit vraiment.

Le manteau blanc frappé de la croix couleur de sang couvrait surtout de glorieux souvenirs. L'ordre s'était peu à peu constitué en Terre-Sainte, au début du XIIe siècle, autour du petit groupe de chevaliers réunis par le Champenois Hugues de Payns pour assurer la défense des routes qu'empruntaient les pèlerins. En 1119, ils étaient neuf, sans autre règle que leur bonne volonté et sans autre ressource que leur courage. En 1128, le concile de Troyes en faisait un ordre régulier, organisé et hiérarchisé. Saint Bernard avait lui-même inspiré une règle qui alliait les obligations du soldat et celles du moine. L'exercice physique et le risque tenaient lieu de mortification. Le combat s'intégrait dans la prière. Soldats mais non vassaux, les templiers étaient par excellence, selon un type que la société féodale pouvait aisément comprendre, les chevaliers du Christ. A l'image de cette même société, et pour recevoir les hommes venus de toutes les couches sociales, le Temple offrait trois degrés, qui étaient trois fonctions : les chevaliers qui combattaient à cheval, les sergents qui se battaient à pied et assumaient l'intendance, les chapelains qui priaient et distribuaient les sacrements.

Dans l'enthousiasme des Croisades, le peuple chrétien fut généreux pour les templiers. Rois et papes, princes et prélats rivalisèrent pour les doter. Bien des seigneurs ou des bourgeois assurèrent le salut de leur âme en s'épargnant le voyage de Terre-Sainte : leurs donations firent du Temple l'un des plus grands seigneurs fonciers d'Occident. A travers toute la Chrétienté d'Europe, les commanderies se multiplièrent. Elles étaient particulièrement nombreuses en France.

Tout le malheur du Temple vint de ce que ces revenus étaient en Europe occidentale alors que l'objet des dépenses était l'Orient. Non seulement l'ordre était riche, mais il avait à transférer ses revenus. Sa raison d'être était en Terre-Sainte, mais c'est en France, en Espagne, en Angleterre qu'il lui fallait gérer des domaines.

Tant qu'il y eut à se battre en Syrie et en Palestine, les commanderies européennes demeurèrent des centres de recrutement et des lieux de retraite. Vieux templiers que la maladie rendait impropres à la vie active en Terre-Sainte, soldats blessés, jeunes écuyers ou jeunes paysans à peine enrôlés et se préparant au voyage, cela s'équilibrait. Certes, les vieux chevaliers ne se défaisaient pas aisément de modes de vies plus compréhensibles au long des routes menacées que dans la tranquillité d'un manoir d'Occident. On jurait ferme et l'on buvait d'abondance dans ces commanderies qui n'étaient bien souvent faites que d'une petite chapelle et d'un bâtiment d'exploitation, au cœur d'un domaine. Trois ou quatre templiers suffisaient à former une commanderie. Leur rayonnement était faible, mais l'Orient parlait pour eux. Nul, sinon Frédéric II qui avait chassé en 1229 tous les templiers de Sicile et avait confisqué leurs biens, n'était vraiment jaloux de la fortune d'un ordre dont on voyait surtout, en Europe, les éclopés. On savait que la bannière « baucent », noire et blanche, flottait sur tant de forteresses au pays du Christ !

Ces forteresses, c'étaient l'avant-poste de Gaza, élevé dès le milieu du XIIe siècle contre Ascalon, dernier bastion de la puissance égyptienne en Terre-Sainte, le fort de Saphiet, d'où l'on dominait la plaine de Galilée et le passage obligé de la route d'Acre à Damas, Tibériade aussi, dont la citadelle avait été au temps de saint Louis le couronnement d'un système défensif. C'était surtout Chastel-Pèlerin, au nom significatif de la première vocation de l'ordre. Chastel-Pèlerin, dressé, avant même que l'ordre eût sa règle, contre le Mont-Thabor. Chastel-Pèlerin dont la puissante enceinte rectangulaire suffisait à occuper, au sud d'Acre, la presqu'île stratégique d'Athlit.

Le Temple les avait construites, ces forteresses puissantes et exemplaires. Il y avait investi le produit de la générosité des chrétiens d'Occident. Il en avait fait des modèles, que l'architecture militaire d'Europe ne manque pas d'imiter. Il avait fait de leurs noms les symboles de la chrétienté de Terre-Sainte.

Mais l'ordre s'était, par là même, fait puissance financière. Il avait dû créer et entretenir, d'un bout à l'autre de la Méditerranée, un courant financier à la mesure de ses dépenses de Terre-Sainte et de ses revenus d'Occident. Parce que ses forteresses étaient imprenables, ses coffres passèrent vite pour sûrs. Parce qu'il était riche, il se présentait comme un créancier possible, pour ceux qui souhaitaient partir en Croisade comme pour ceux qui n'y songeaient guère. Bons administrateurs, les templiers devinrent banquiers. D'une place à l'autre, ils se mirent à effectuer les opérations de virement que leur incomparable réseau de « maisons » les mettait à même d'assurer mieux que les plus grandes compagnies italiennes, encore très loin du développement qu'elles connaîtront un siècle plus tard, et toujours plus ou moins cantonnées dans les villes bien situées sur la carte des routes économiques.

En France comme ailleurs, on prit l'habitude de confier au Temple le numéraire qu'on n'osait conserver chez soi. Ainsi déposé, il constituait en quelque sorte l'ouverture d'un compte courant. Le roi, on l'a vu, n'agissait pas autrement qu'un particulier lorsqu'il établissait au Temple de Paris son Trésor : le Temple, c'était ce gros donjon, au nord de la ville, tout près de la porte qui, ouvrant dans l'enceinte de Philippe Auguste, donnait accès à la route de Bondy.

Parce qu'ils se mettaient à trafiquer de l'argent, les templiers cessaient d'être eux-mêmes généreux. Le sénéchal de Champagne Jean de Joinville — nous en avons son propre récit — dut en 1250 monter à bord de la galère du Temple la hache à la main pour se faire ouvrir les coffres du trésor de guerre sur lequel les templiers refusaient d'avancer la somme nécessaire pour la rançon de Saint Louis. Quinze ans plus tard, le pape leur reprochait déjà de s'être attiré par leur comportement l'inimitié des princes et des prélats. Quant aux ordres mendiants, franciscains et dominicains, ils acceptaient mal la concurrence que leur faisaient auprès des fidèles les quêteurs de l'ordre du Temple.

En Orient comme en Occident, la réputation de l'ordre se dégradait. Leur règle avait fait les templiers autonomes, sous la seule autorité du pape. Ils en tiraient argument pour récuser l'autorité du roi de Jérusalem. On les avait même vus organiser un coup de main contre le roi Henri de Lusignan.

Dans la défense du royaume latin, soumis à la pression de l'Islam, chacun tirait de son côté, et l'insubordination constante des templiers n'était pas le moindre des maux dont souffrait cet état ambigu né de la Croisade. Méprisant les « poulains », ces chrétiens nés en Orient et quelque peu accommodés de celui-ci — combien avaient épousé des Syriennes ou des Palestiniennes ! — mais facilement taxés par ces poulains d'une totale incompréhension des problèmes locaux, parlant haut et querellant pour tout, les templiers étaient supportés parce qu'ils se battaient et qu'ils constituaient le noyau permanent d'une gendarmerie du royaume latin. Mais on savait qu'ils évitaient volontiers d'affronter l'Infidèle et qu'ils avaient, en revanche, été en guerre ouverte avec l'ordre rival, l'Hôpital.

Plus héroïques qu'efficaces, valeureux mais indisciplinés, les templiers défendirent jusqu'au bout les derniers vestiges du royaume latin. La chute d'Acre, le 28 mai 1291, fut la leur. Aux côtés du grand maître Guillaume de Beaujeu, nombre de chevaliers du Temple trouvèrent une mort glorieuse. D'autres, déjà, se trouvaient à Chypre. Qu'ils fussent à Chypre ou en Occident, tous les survivants avaient perdu leur raison d'être.

Le chrétien moyen crut, un temps, que l'on allait partir à la reconquête des Lieux-Saints. L'illusion fut courte. Le pape parlait de la Croisade, mais le curé du village s'en souciait peu, cependant que les prédicateurs dominicains trouvaient en Occident même suffisamment d'hérétiques pour animer leur ardeur. Il devint évident que la plupart des templiers oubliaient très vite leur vocation. Malgré tant de chevaliers morts à Acre et ailleurs pour le Christ, certains parlèrent de la « trahison » des templiers. C'était d'abord injuste, cela le fut de moins en moins. Un troubadour marseillais chantonna :

> Ils ont souffert que la fausse gent turque
> Reste en possession de Jérusalem et d'Acre,
> Ils sont plus fuyants que le faucon sacré.
> C'est grand tort, ce me semble,
> Qu'on n'en purge pas le siècle !

Dans le bon peuple, « Templier ! » tournait au quolibet. On

buvait en France « comme un templier ». En Allemagne, on allait « au Temple » quand on allait chez les catins.

Quinze ans à peine après la perte de l'Orient latin, l'orgueil et l'âpreté au gain caractérisaient mieux l'ordre que la bravoure et la générosité. Les templiers n'étaient plus des preux.

La fusion des ordres.

Nul ne voulait, certes, leur mort. La société médiévale connaissait d'autres moines propriétaires, et d'autres fondations devenues inutiles. On n'avait ni supprimé les ordres ni condamné les hommes. On songea, en revanche, à rendre à sa destination première la fortune des ordres militaires. L'Hôpital était aussi riche que le Temple, et peut-être était-il mieux possessionné ; mais il était moins impopulaire, parce qu'il demeurait plus fidèle à sa vocation et qu'il ne pratiquait pas la banque. Quant aux teutoniques, ils n'étaient guère moins riches. La fusion des trois ordres aurait permis de reconstituer une force militaire digne de la première Croisade. Saint Louis, puis Charles II d'Anjou, Grégoire X, puis Nicolas IV et enfin Boniface VIII y avaient songé. On en avait parlé en 1274 au concile de Lyon, en 1291 à celui de Salzbourg.

On écrivait aussi là-dessus. Le grand philosophe catalan Raymond Lulle consacrait d'importantes pages à ce problème. Pierre du Bois faisait, en 1306, de cette fusion des ordres l'objet d'un traité dans lequel il esquissait, à son habitude, la réorganisation de tout un pan de la Chrétienté. Les points essentiels de ce projet — où la valeur et les mœurs des templiers demeuraient hors de cause — étaient l'affermage des biens des ordres situés en Europe et le renvoi en Orient de tous les frères capables de combattre.

On commença, dans l'entourage de Philippe le Bel, d'élaborer un projet qui faisait de Louis de Navarre, fils aîné du roi de France, le chef de l'ordre unique constitué pour la prochaine croisade.

Clément V ne se décidait pas à abandonner l'idée de Croisade, chère à ses prédécesseurs. Il s'en était entretenu avec le roi de France dès leur première rencontre, à Lyon, en 1305. Dans l'été de 1306, il avait convoqué les deux grands maîtres du Temple et de l'Hôpital, Jacques de Molay et Guillaume de Villaret. Occupé qu'il était en Méditerranée orientale, ce dernier ne put venir. Lorsque son frère et successeur, Foulque de Villaret, arriva en France, l'année suivante, les jeux étaient faits.

Molay, lui, était en France. Il se présenta rapidement devant le pape et lui remit un mémoire dans lequel il pesait longuement les avantages et les inconvénients de la fusion des ordres. Il y concédait qu'une telle opération créerait un ordre plus fort, et donc capable de mieux défendre... ses droits contre leurs ennemis, les clercs, les prélats, les laïcs. De même la compression des établissements et des administration permettrait-elle de substantielles économies : où l'on tenait deux hospices, on n'en tiendrait plus qu'un. A lire l'ahurissant mémoire de Molay, on croirait que le nombre de nécessiteux irait aussi diminuant ! Mais le grand maître du Temple ne faisait nulle part la moindre allusion à l'efficacité du combat pour les Lieux-Saints.

Les inconvénients de la fusion étaient au contraire détaillés en quinze articles, dont l'argumentation a de quoi confondre le lecteur moderne et ne manqua pas d'indigner Clément V :

> Il ne serait pas honorable d'unir maintenant deux ordres aussi anciens, qui ont fait tant de bien en Terre-Sainte et ailleurs, parce qu'il est à craindre qu'il n'arrive le contraire de ce qu'ils ont fait jusqu'ici, et cela parce qu'on ne fait jamais — ou rarement — une innovation sans engendrer de grands dangers.

On mettrait les âmes en péril, poursuivait Molay, si l'on obligeait des religieux à changer d'habit et de règle. Les chevaliers issus de l'un et de l'autre ordres fusionnés rivaliseraient en parlant de leurs hauts faits passés : cette rivalité de gens armés serait périlleuse. Au reste, la fortune des ordres était inégale, et la fusion élèverait le niveau de vie des hospitaliers en abaissant celui des templiers, ce qui mettrait les âmes en péril.

Les œuvres de charité diminueraient, estimait le grand maître, puisqu'il n'y aurait plus qu'un ordre pour nourrir les pauvres, alors qu'il y en a deux à présent : l'ordre unique ne pourrait faire que ce que faisait chacun des ordres séparément. Des maisons qu'avaient les deux ordres dans les principales villes, une sur deux serait désaffectée : les frères en viendraient à se battre pour que la maison supprimée ne soit pas la leur.

Vision réaliste des choses, que cette peinture des catastrophes qu'engendrerait la fusion des ordres ? Si l'on s'en tenait là dans la lecture du mémoire, on pourrait créditer Molay de cette hypothèse. Ce serait lui reconnaître la lucidité, mais ce serait en faire un témoin accablant du peu de religion des templiers.

Mais le grand maître continuait : on ne supprimerait pas seulement une maison sur deux, mais aussi un précepteur sur deux. Celui qui serait soumis à l'autre parce qu'inutile pour le gouvernement de la commanderie unique, celui-là serait porté à la jalousie : la discorde naîtrait de telles opérations, et à tous les niveaux de la hiérarchie. Car chacun voudrait conserver ses fonctions. Et Molay de détailler en s'arrêtant au bord de l'aveu : il n'y aurait plus place pour deux maréchaux... Tous ceux qui lurent le mémoire comprirent : il n'y aurait plus qu'un seul grand maître.

Quant à la rivalité actuelle des deux ordres, que l'on pouvait comparer à celle des dominicains et des franciscains, Molay n'y voyait qu'avantages : elle suscitait un plus grand zèle, donc un meilleur service. Chaque ordre voulait surpasser l'autre. Les chrétiens y trouvaient leur compte, et les sarrasins en souffraient davantage.

> Si les deux ordres n'en avaient été qu'un, je ne crois pas qu'ils eussent fait un tel effort.

Ce lamentable plaidoyer d'un homme aussi timoré que jaloux de sa place s'achevait dans le ridicule : en cas de guerre contre les sarrasins, l'un des ordres marche en avant-garde et l'autre en arrière-garde, en sorte que la fusion en un ordre unique priverait les futurs chrétiens de la Terre-Sainte reconquise soit de leur avant-garde, soit de leur arrière-garde.

DÉNONCIATIONS.

Pendant que le grand maître du Temple manifestait ainsi en pleine Curie sa médiocrité, la dénonciation et la calomnie sapaient sourdement la forteresse.

C'est en Languedoc, dans un pays déjà ému par la prédication de Bernard Délicieux et par l'agitation politique de l'évêque Saisset, que les gens commencèrent de murmurer contre ce qui se passait dans les maisons du Temple. Réunions et rites propres à l'ordre se tenaient à huis clos, hors de toute présence étrangère, et il n'en fallait pas plus pour qu'on prêtât aux frères d'étranges pratiques. Quelques templiers sortis de l'ordre avaient sans doute multiplié les racontars. Toujours est-il qu'un bourgeois de Béziers nommé Esquieu de Floyran crut faire fortune en exploitant ce que les hasards de la vie — et peut-être de la prison — lui avaient appris : il demanda audience au roi Jacques II et vida son sac.

Jacques II était un homme prudent, qui se garda bien d'ajouter foi aux dires du dénonciateur mais qui ne coupa pas les ponts : la somme qu'il offrit à Esquieu de Floyran — 3 000 livres comptant et 1 000 livres de rente annuelle — pour le cas où ses propos seraient vérifiés est à ce point considérable qu'il est évident que le roi estimait n'avoir jamais à la payer. On se rappelle qu'à son retour d'Anagni, Nogaret avait reçu, pour récompense de son dévouement, une rente de 500 livres.

Floyran interpréta la réponse du roi comme une fin de non-recevoir, et alla porter ses informations à Philippe le Bel. Celui-ci était porté à écouter favorablement tout témoignage hostile au Temple : d'abord parce que l'ordre était, au sein du royaume, un corps étranger encore plus indépendant que le clergé, et ensuite parce que le Capétien s'était posé, contre Boniface VIII, en défenseur des intérêts supérieurs de la Chrétienté et qu'il avait pris ce rôle très au sérieux. L'attitude du Temple envers la Croisade, et le mémoire de Molay sur le projet de fusion ne faisait que la confirmer, n'était pas propre à inciter le roi de France à un préjugé favorable.

Enfin, Philippe le Bel était et se voulait un homme vertueux, veuf austère et chrétien fidèle aux obligations que lui faisait le sang de saint Louis qui coulait dans ses veines. Or ce qu'on vint lui raconter dans ces années 1305 et 1306 — Floyran fut peut-être le premier, sûrement pas le seul — était cause de scandale : les templiers étaient des hérétiques, des idolâtres, des renégats. Ils étaient sodomites.

Discrètement menée, au printemps de 1307, sur l'ordre du roi et de Nogaret, une première enquête trouva sans peine les jaloux et les mécontents qui, sortis ou non de l'ordre, le chargèrent avec plaisir. Pour mieux s'informer, et sans doute pour prendre au piège les templiers, on imagina de faire rentrer dans l'ordre quelques anciens templiers — une douzaine, reconnut plus tard Plaisians — que l'on chargea d'espionner leurs frères.

Rencontrant le pape à Poitiers en mai et juin 1307, le roi pressa Clément V d'en finir au plus tôt avec les ordres et d'enquêter en particulier sur le comportement des templiers. Le pape hésita d'abord à croire ce qu'on lui disait. Il fallut une nouvelle démarche, faite par deux conseillers du roi, le protonotaire apostolique Geoffroi du Plessis et Guillaume de Plaisians, pour que Clément V décidât, en août 1307, après une rapide consultation du consistoire des cardinaux, qu'une enquête officielle serait ouverte.

Jacques de Molay fut prévenu, sans doute par quelques membres de l'entourage pontifical. Il déclara qu'il était prêt à répondre à toute enquête que prescrirait le pape. Le grand maître se croyait encore dans le prolongement logique des pourparlers antérieurs, relatifs au devenir des ordres. Il avait répondu sur le point de la fusion. Il était disposé à fournir des éclaircissements sur la situation présente du Temple. De même avait-il déjà répondu à quelques questions précises du roi. Il se croyait vraiment tranquille en cette journée du 12 octobre, alors qu'il suivait, à un rang de prince, la pompe funèbre de la belle-sœur du roi.

Par sa nature, Clément V était peu porté aux décisions rapides. L'affaire était ennuyeuse, et l'on pouvait prévoir que la Curie, toujours divisée, ne ferait rien pour hâter l'enquête. Lorsque parvint à la cour du roi la lettre par laquelle, le 24 août 1307, le pape faisait connaître sa décision d'informer sur ce qui était déjà l'affaire du Temple, on eut au Conseil le sentiment que l'on s'enlisait.

> Nous nous disposons, ne craignait pas d'écrire Clément V, à prendre des potions préparatoires, puis à nous purger vers le début de septembre. Ne vous pressez donc pas : ne nous envoyez vos émissaires que vers le milieu d'octobre.

On devine aisément l'effet que put produire pareille lettre sur des hommes aussi décidés que Philippe le Bel et Nogaret. Nogaret, de surcroît, n'était guère porté à encourager la politique temporisatrice d'un pape qui lui faisait toujours attendre son absolution pour l'affaire d'Anagni. A la menace d'un procès contre la mémoire de Boniface VIII se joignait maintenant, dans l'arsenal de la politique pontificale du roi, l'exigence d'une décision quant au Temple.

Le roi ne se décida cependant à prendre l'initiative qu'après de longues délibérations au cours desquelles Nogaret fit peu à peu prévaloir son point de vue. Il sembla finalement que le pape allait multiplier les atermoiements, et que le premier effet serait de donner aux dignitaires du Temple le temps de se disperser : une telle dispersion rendrait impossible le coup de filet général qui pouvait, seul, favoriser la manifestation de la vérité. Le roi était, dès lors, fondé à agir comme bras séculier de l'Inquisition : agir, c'était s'assurer de la personne des accusés, pendant qu'il en était encore temps.

L'ARRESTATION.

Des lettres closes furent scellées, le 14 septembre, qui notifiaient à tous les baillis et sénéchaux l'ordre d'arrêter les membres de l'ordre du Temple résidant dans leur circonscription.

Le 22 septembre, à Maubuisson, Nogaret recevait la garde du sceau royal.

Le même jour, le dominicain Guillaume de Paris, inquisiteur de France et nouveau confesseur du roi, régularisait la procédure en faisant à son tour parvenir aux baillis et sénéchaux des réquisitions pour l'arrestation des templiers.

Il faut bien parler ici des « trésors » du Temple. Surpris comme le furent les templiers au matin du 13 octobre, ils n'eurent évidemment ni temps ni motif pour enfouir quelque trésor que ce fût. Le numéraire que détenaient les maisons de l'ordre était en des coffres, solidement fermés et bien gardés. Certes, il y avait, là comme ailleurs, des caches, généralement pratiquées dans les murs, où tout ou partie des sommes conservées se trouvait à l'abri des curiosités indélicates. Ces caches n'étaient pas à l'épreuve de fouilles systématiques. Nulle part les officiers royaux n'eurent à se plaindre d'avoir en vain cherché le numéraire.

On verra que le roi ne gagna finalement rien à l'affaire du Temple. Qu'il ait cependant trouvé un profit immédiat à gérer les biens de l'ordre et à en conserver le numéraire n'est pas douteux. Autant il est peu probable que l'appât du gain ait joué dans la détermination royale un rôle déterminant, autant il est assuré que l'on craignit au Conseil l'enfouissement ou l'exportation du métal précieux détenu par le Temple : c'est là l'une des raisons des précautions prises pour que les frères ne puissent voir à temps se préciser une menace autrement grave que celle d'une fusion des ordres.

L'opération de police montée par Guillaume de Nogaret réussit à merveille. Dans les derniers jours de septembre, tous les baillis et sénéchaux de France reçurent la visite de commissaires royaux qui leur firent lire un exemplaire de l'ordre d'arrestation et leur en fournirent le commentaire. La date de l'opération ne faisait en effet partie que des instructions verbales.

Puis, avec une discrétion que couvrirent les prétextes les plus divers, en particulier celui de la préparation d'une décime, et que cautionnèrent de feintes inspections d'autres établissements ecclésiastiques, le commissaire et le bailli ou le sénéchal se mirent à recenser les maisons du Temple afin d'en connaître par le menu la disposition topographique et les effectifs. Il fallait, au bon moment, ne perdre ni une minute ni un templier.

Notons ici l'extraordinaire emprise du roi sur ses officiers. Des dizaines de personnes, à travers tout le royaume, étaient au fait de ce qui se préparait, et cela quinze jours avant l'événement. Des dizaines de copies avaient été faites, à la Chancellerie, d'une lettre fort longue pour laquelle on avait dû mobiliser tous les notaires du roi. Et rien n'avait transpiré.

Au matin du 13 octobre, les officiers royaux, qui s'étaient partagé la besogne et avaient parfois recruté des lieutenants, faute de pouvoir se trouver partout en même temps, requirent en chaque lieu quelques notables et prirent avec eux de robustes sergents, cela pour le cas où les templiers se défendraient. C'est donc une troupe de trente ou quarante hommes, peut-être plus dans les grandes villes, qui se fit ouvrir les maisons de l'ordre et y pénétra sans coup férir. Les templiers ébahis s'entendirent annoncer qu'ils étaient en état d'arrestation. Pas un chevalier du Temple, pas un sergent du Temple n'opposa de résistance.

Dans la journée, les commissaires royaux firent l'inventaire des biens saisis, mirent les scellés sur les meuble, et commirent la gestion de domaines à des notables du voisinage.

Le lendemain, le roi fit publier une sorte d'acte d'accusation, rédigé par Nogaret : on y passait en revue les crimes imputés aux templiers, et l'on y rappelait, de manière volontairement confuse, la consultation du pape et la requête de l'Inquisition. Comme l'espérait Nogaret, le peuple crut à la connivence du pape et du roi, ce qui sembla rassurant. Dans le même temps, le garde du sceau reprenait contre le Temple les moyens de propagande dont l'efficacité s'était naguère avérée contre Boniface VIII.

Une première assemblée se trouva réunie, dès le 14 octobre, dans la salle capitulaire de Notre-Dame de Paris. Nogaret y prononça une harangue, destinée aux chanoines et aux maîtres de la faculté de théologie. Le 15, qui était un dimanche, on attira le peuple dans le jardin du Palais, où des orateurs — des dominicains au nom de l'Inquisition, des conseillers au nom du roi — se chargèrent d'expliquer l'arrestation des templiers. Le 16, on commença d'écrire à l'étranger. La première lettre fut pour le roi Jacques d'Aragon, qu'il fallait inciter à mener semblable opération. On envoya un émissaire à Edouard II.

L'accueil réservé par l'Europe à l'initiative du roi de France fut plutôt frais. La plupart des souverains marquèrent leur scepticisme quant aux accusations et déclarèrent qu'ils attendraient les instructions du Saint-Siège. Le duc de Brabant et l'archevêque de Cologne furent les seuls à suivre Philippe le Bel sans plus attendre.

Clément V était à Loches lorsqu'il apprit l'arrestation des templiers comme tout un chacun : en voyant arrêter ceux du lieu. Le seul fait qu'on mît le pape devant le fait accompli était un affront. Que l'ordre d'arrestation des templiers précisât bien que les prisonniers seraient réservés au jugement de l'Eglise ne suffisait pas à atténuer cet affront : pendant près de deux semaines, Clément V s'interrogea et interrogea les cardinaux sur la réplique à donner.

Lorsque vint cette réplique, elle était digne de Clément V. Il reprochait au roi d'avoir agi précipitamment. Il lui annonçait l'envoi de deux légats, les cardinaux Frédol et de Suisy. On était le 24 octobre, et la procédure suivait son cours depuis trop longtemps pour que la Curie pût caresser l'espoir d'un retour en arrière.

Les templiers arrêtés avaient en effet commencé d'avouer, et ces premiers aveux ne laissaient plus au pape le choix qu'entre les modalités de son intervention. Nier l'affaire n'était plus possible. Le 22 novembre, Clément V ordonnait l'arrestation des templiers dans toute la Chrétienté romaine. Tous les princes étaient chargés de séquestrer les biens de l'ordre, en attendant qu'on les affecte à la réalisation de la Croisade, ou qu'on les rende au Temple.

La veille de Noël, en témoignage d'une parfaite identité de vues, Philippe le Bel déclarait spectaculairement aux deux légats qu'il leur remettait la garde des templiers prisonniers à Paris. Le roi et son Conseil avaient escompté la faiblesse du pape : ils avaient gagné.

L'interrogatoire des prisonniers avait commencé dans tous les bailliages dès septembre. Les commissaires royaux opérèrent les premiers, offrant aux templiers le choix entre le pardon — après aveu — ou la mort. La véracité des crimes passait pour suffisamment démontrée par les témoignages que l'on avait recueillis avant l'arrestation. Dûment torturés, presque tous les templiers avouèrent tout ce qu'on voulut. On les fit alors comparaître devant les inquisiteurs, mais, bien que ce nouvel interrogatoire ne fût pas précédé de la « question », les prisonniers virent que les commissaires royaux assistaient à l'audience et préférèrent ne pas se rétracter prématurément. Pas un ne prit le risque, certes mortel, de proclamer alors l'ineptie de certaines accusations et l'innocence de l'ordre. Face à la cruauté de la procédure médiévale — trente-six frères moururent à Paris des suites de la torture — aggravée par le fait que le roi avait fait devancer l'Inquisition par ses propres officiers, le Temple manquait de héros.

Les aveux.

Les contemporains furent effarés de l'extraordinaire déballage qu'étaient les aveux des frères, aveux que la propagande royale s'entendait à faire connaître rapidement à l'opinion publique. Parmi les dignitaires, certains ne tentaient même pas de résister : on put faire répéter par Jacques de Molay, le 25 octobre, devant l'Université de Paris, tout ce qu'il avait la veille déclaré aux inquisiteurs. D'autres cherchaient dans le faux-fuyant le moyen de leurs rares réticences. Requis d'avouer qu'il avait renié Dieu et craché sur la Croix au cours de sa réception dans l'ordre, le précepteur de Normandie Geoffroi de Charnay jura ne se souvenir de rien. Au lieu de proclamer qu'il n'était pas entré en religion pour cracher sur la Croix, il assura qu'il n'avait aucun souvenir mais que ce devait être parce qu'il fallait se dépêcher. La bêtise ne doit évidemment rien, dans une telle réponse, à la crainte des tortures. Quant aux « baisers impudiques » qu'on leur reprochait, il avait entendu le précepteur d'Auvergne préconiser la sodomie plutôt que la débauche avec les femmes, mais il ne l'avait, naturellement, jamais pratiquée lui-même...

Presque tous adoptèrent le même système d'aveu absolutoire : ils le savaient, ils l'avaient entendu dire, mais ils n'avaient, pour leur part, jamais rien fait. Jacques de Molay, qui nia avoir eu commerce charnel avec les frères de l'ordre, jura qu'il avait reçu les jeunes templiers selon le rite accoutumé :

> Après les avoir reçus, rapporte le procès-verbal, il ordonnait à quelques assistants de les conduire à l'écart et de leur faire ce qu'ils devaient.
>
> Il dit aussi, sous serment, que son intention était qu'on leur fît et fît faire ce qui avait été fait pour lui-même.

Quant au visiteur de France Hugues de Pairaud, il avait renié le Christ, mais « de bouche et non de cœur ». D'ailleurs, il n'avait renié qu'une seule fois, non trois...

> Il dit aussi, sous serment, qu'il disait à ceux qu'il recevait que, si quelque chaleur naturelle les poussait à l'incontinence, il leur donnerait licence de se calmer avec d'autres frères.
>
> Mais il dit qu'il ne leur ordonnait pas ceci de cœur, mais seulement de bouche.

Le scandale fut énorme, et il emporta le Temple. Si tout ce qui suivit fut possible, c'est à la faveur de l'écœurement suscité dans tous les milieux de la Chrétienté par de tels aveux. Parmi les causes que la postérité a attribuées à la détermination de Philippe le Bel et de Nogaret, peut-être a-t-on sous-estimé leur propre indignation. Le roi avait cru les dénonciations, si incroyables fussent-elles, et voilà que les aveux les confirmaient. Que ces aveux — du moins les premiers — fussent obtenus après torture suffit à nous faire douter de tout. Philippe le Bel n'était pas un homme du XXe siècle, et la torture faisait partie de l'arsenal normal de la justice. Il ne venait à l'idée de personne que des aveux étaient viciés par les moyens grâce auxquels on les obtenait.

Mais il ne s'élevait pas une seule voix pour jurer, en bloc, que tout ce qu'on reprochait au Temple n'était qu'un tissu de calomnies. Plus que des « crimes » eux-mêmes, sur lesquels il nous faut bien nous attarder maintenant, le Temple mourait de lâcheté.

La foi des templiers.

Au fait, que reprochait-on aux frères ? D'abord d'être des renégats, ensuite des idolâtres, enfin d'être des sodomites. Par-dessus tout, planait l'inquiétude que font toujours naître chez ceux qui n'y ont pas accès le secret et l'hermétisme.

Les crimes contre la foi sont évidemment les plus graves. Ils sont aussi les plus surprenants, s'agissant d'hommes voués au combat pour cette même foi. Or deux pratiques sont reprochées aux templiers, toutes deux liées au secret des liturgies internes de l'ordre, et particulièrement des cérémonies initiatiques que sont les réceptions de nouveaux frères. Ceux-ci auraient été contraints de cracher sur la Croix et de renier le Christ, cependant que, dans les chapitres ordinaires des provinces du Temple, l'idolâtrie aurait été la règle. Le buste d'un homme barbu, que devaient adorer les templiers, n'est pas l'élément le moins pittoresque des descriptions qui figurent aux procès-verbaux de l'interrogatoire.

De la triple déclaration « Je renie Dieu, je renie Dieu, je renie Dieu ! » ainsi que du crachat sur la Croix, que tant de templiers avouent en s'excusant généralement par la réserve qu'ils ont agi « de bouche et non de cœur », une explication sans doute loyale a été fournie dès son premier interrogatoire par l'un des accusés, et non des moindres, le précepteur d'Aquitaine Geoffroi de Gonneville :

> Il y a vingt-huit ans que j'ai été reçu dans l'ordre, au Temple de Londres, par frère Robert de Torteville, maître

d'Angleterre, en présence de frère Henri de Torteville et de plusieurs autres dont les noms m'échappent.

Le frère Robert me fit d'abord jurer que j'observerais les statuts et les coutumes de l'ordre, qu'il m'énuméra de vive voix. Puis il m'imposa le manteau et me montra, dans un missel, une croix avec l'image de Jésus-Christ, m'enjoignant de renier le Christ qui fut mis en Croix. Je refusai, épouvanté, et lui dis : « Seigneur, pourquoi ferais-je cela ? Je ne le ferai certainement jamais ! » Il me répondit alors ces mots : « Fais-le hardiment. Je te jure, au péril de mon âme, qu'il n'en coûtera ni à ton âme ni à ta conscience. C'est là un usage de notre ordre. Il a été introduit par la promesse que dut faire un mauvais maître de l'ordre qui, prisonnier du sultan, n'obtint sa libération qu'après avoir juré d'imposer cet usage à nos frères. Tous ceux qui seraient dorénavant reçus chez nous devraient renier au préalable Jésus-Christ. On a ainsi agi depuis, et tu n'as qu'à faire de même. »

Je refusai de plus belle et demandai où étaient passés mon oncle et les autres hommes honnêtes qui m'avaient amené. Il me répondit : « Ils sont partis. Fais ce que je te dis. » Je refusai encore. Ce que voyant, il me dit : « Je suis prêt à t'en faire grâce si tu me jures sur les Saints-Evangiles que tu diras, à tous les frères qui t'interrogeront là-dessus, que tu as fait ce que je te demandais. » Je promis la chose, et il me tint quitte.

Il me fit toutefois cracher sur sa main, après l'avoir placée au-dessus de la Croix.

A l'inquisiteur qui poussait plus loin la curiosité quant aux raisons d'être de telles pratiques, Geoffroi de Gonneville donna trois explications entre lesquelles il ne pouvait choisir : l'histoire du sultan, la bizarrerie d'anciens dignitaires de l'ordre, le souvenir de saint Pierre et de son triple reniement.

Gestes de commémoration, symboles moraux ou jeux stupides de soldats plus sincères dans leur foi que délicats à l'égard de celle-ci ? Ce qui frappe, en tout cas, dans cette déposition d'un homme droit qui avoue ses fautes en même temps que sa gêne, c'est que l'un des principaux chefs de l'ordre ait pu à ce point officier lui-même sans savoir ce qu'il faisait. Moins de deux siècles après la fondation du Temple, les rites en étaient à ce point déviés, truffés et obscurcis que pas un templier, assurément, ne pouvait les comprendre. Hommes rudes, vivant en Orient trop près d'autres civilisations pour n'être pas contaminés par des osmoses où le pire passait souvent avant le meilleur, insuffisamment instruits pour discerner dans tout cela le vrai et le faux, l'inoffensif et le criminel, les templiers avaient fini par mêler dans leurs rites d'initiation, sans s'en rendre bien compte, la profanation religieuse et le bizuthage.

Cette confusion apparaît encore dans le récit, très significatif, que fait aux commissaires pontificaux un ancien templier lorrain, reçu au Temple de Chypre à l'époque de la chute d'Acre. L'esprit de foi n'est nullement absent d'un tel propos, et les exhortations finales sont celles d'un bon chrétien. L'excuse théologique qu'il donne aux outrages à la Croix vaut ce qu'elle vaut. Mais on ne peut s'empêcher de penser que la casuistique grossière du précepteur de Nicosie rejoint l'argumentation des iconoclastes byzantins du VIIIe siècle. Sans bien s'en apercevoir, des hommes prêts à mourir pour le Christ étaient passés d'une pratique de mise en garde contre l'idolâtrie à de grotesques sacrilèges :

> On me montra une croix de bois en me demandant si je croyais que c'était Dieu. Je répondis : « C'est l'image du Crucifié. » On me dit de n'en rien croire : ce n'était qu'un morceau de bois, Notre-Seigneur étant dans les cieux. On m'ordonna alors de cracher sur la Croix et de la fouler aux pieds ; je crachai mais refusai de fouler la Croix aux pieds, sinon dans sa partie inférieure, ceci par respect pour la Croix.
>
> Deux frères relevèrent alors le vêtement de celui qui me recevait, et je le baisai sur le dos, entre les braies et la ceinture.
>
> Puis ils m'enseignèrent les règlements de l'ordre, me recommandèrent de réciter cinq *Pater noster* chaque matin pour les trépassés, et autant pour les vivants, d'en dire soixante pour les Heures de la journée, et cinq pour tout frère dont j'apprendrais la mort.
>
> On me fit aussi jurer que je ne quitterais jamais la clôture que par la bonne porte, faute de quoi je serais jeté en prison.

> On me prescrivit enfin d'observer les jeûnes en usage dans l'ordre.

Les dernières prescriptions ne laissent guère penser que les premières pouvaient procéder d'une volonté consciemment sacrilège. Dans ces mêmes maisons où l'on crachait sur la Croix lors des réceptions — et dans ce seul cas — les frères adoraient en commun la Croix le Vendredi-Saint, les pieds nus en signe d'humilité. Quelle confusion, mieux que celle-ci, peut montrer que le Temple n'était pas peuplé de renégats ! Le malaise qui régnait au-dedans, et qui aggravait la perte de considération sensible à l'extérieur, n'est pas une invention des gens du roi. Gérard du Passage, le templier de Metz dont on vient de parler, avait quitté le Temple vers la fin de 1305 « en raison des dépravations qu'il y voyait et devait servir ». Hommes médiocres, incapables de réagir, la plupart des templiers se demandaient tout simplement ce qu'ils faisaient là.

L'idolâtrie n'entre pas moins dans un complexe où l'inintelligence des rites le dispute à la volonté de brimade. La tête barbue n'est pas une invention des inquisiteurs. On en parlait déjà bien avant le procès, et Clément V s'était ouvert de cette inquiétude lorsqu'il avait reçu à Poitiers Jacques de Molay. Cette tête barbue, le visiteur de France Hugues de Pairaud l'avait tenue dans ses mains à Montpellier, de même que l'avaient vue aux quatre coins de la France de plus modestes templiers. L'un la disait de bois argenté et doré, l'autre n'avait gardé le souvenir que d'une tête peinte sur un morceau de bois. On la croyait en or, en argent, en cuivre. Chacun avait son idée.

> Sa figure est terrible, déclara le précepteur d'Orléans. Il semblait que c'était celle d'un démon.

Pour s'interroger longuement, il faudrait n'avoir jamais vu ces reliquaires en forme de buste dont la piété médiévale faisait si grand cas et dont le regard fixe, fait d'émail, de saphirs ou de lapis-lazuli sertis d'or et d'argent doré, ne laissait pas, au dire des témoins les plus maîtres d'eux-mêmes, d'impressionner profondément les fidèles.

Qu'une pareille pièce d'orfèvrerie ait en Terre-Sainte joué un rôle dans les liturgies des chapitres de l'ordre, et qu'on ait gardé en Occident la pratique en perdant peut-être la mémoire des limites qu'imposaient à une telle vénération le droit canon, la théologie et le bon sens, c'est l'évidence même. A ces religieux qui n'étaient pas théologiens, la différence entre adoration et vénération échappait certainement.

L'affaire de la tête barbue n'est donc, selon toute vraisemblance, qu'un épisode de la longue histoire des difficultés rencontrées par le christianisme pour donner à la piété des supports concrets sans laisser l'image ou la relique se muer en talisman. Là encore, l'ignorance du templier moyen est effarante. Celle du dignitaire l'est bien plus.

Au reste, nul ne sait ce qu'est « la tête ». Un vieux templier parisien croit savoir que les frères l'adoraient en l'appelant « leur Sauveur » : on en était encore à la piété. Mais le précepteur d'Orléans situe l'adoration de la tête dans la droite ligne des reniements :

> On avait fait bien pis en reniant Jésus-Christ. On pouvait bien, à présent, adorer la tête !

L'ignorance s'étendait naturellement au surnaturel, et nous ne pouvons nous étonner que les templiers aient vécu en plein « flou » théologique. Leur liturgie nous apparaît comme bien altérée, mais l'idée qu'ils s'en faisaient était encore plus stupéfiante. Les chapelains de l'ordre omettaient-ils les paroles de la consécration ? Croyaient-ils en la Présence réelle ? On en était à se poser de pareilles questions. Simple pratique de discipline morale à l'origine, l'aveu des fautes au grand maître — qui n'était ni prêtre ni même clerc — finissait par passer, aux yeux de bien des frères, pour une véritable confession, comportant l'absolution.

Le dernier des chefs principaux d'accusation, c'est l'homosexualité. Il y a d'une part ces fameux « baisers impudiques » qui firent tant pour la ruine du Temple et qu'il faut sans doute mettre au compte du mauvais goût et de la brimade initiatique. Sottises d'anciens portés à s'amuser aux dépens des « bleus », que ces baisers sur la bouche, sur le nombril, sur le « bas de l'épine dorsale », sur les organes sexuels, même. Mais sottises de gens qui se prennent finalement au sérieux. A la fin, et loin des combats, personne ne distinguait plus vraiment le jeu de l'essentiel. Personne, au vrai, ne se demandait sérieusement le pourquoi de telles pratiques. Un templier limousin l'avoue avec une simplicité touchante :

> Tout le monde était stupéfait. On atermoyait jusqu'à ce qu'il nous fût dit que c'était le règlement. C'est ce que j'ai fait.

D'autres témoignages, heureusement, laissent penser que certains templiers se souvenaient des épreuves pénibles qu'on leur avait fait subir et se souciaient de les épargner à leurs successeurs. De jeunes frères s'offrant à distribuer les baisers traditionnels, dont on les avait informés, s'entendirent dispenser de cette formalité. Présidant une réception, le trésorier du Temple de Paris interrompit même la cérémonie des baisers par un sec : « Cela va comme cela, allons manger. »

Parfois, un geste qui procède d'un relatif sentiment d'humanité nous montre un templier conscient du caractère superflu de toute cette paraliturgie, aussi scabreuse que confidentielle. Ecoutons un vieux prêtre picard, reçu dans l'ordre alors qu'il approchait de ses soixante-dix ans :

> Me montrant une Croix peinte dans un missel, avec l'effigie de Jésus-Christ, le frère Robert me dit de cracher sur elle. Tout terrifié, je m'écriai : « Ah ! sainte Marie, et pourquoi donc ? Je vous ai apporté tous mes biens, soit quarante livres de revenu foncier, et vous voudriez me faire commettre pareil péché ? Jamais ! »
>
> Alors le frère Robert me dit : « Comme vous êtes vieux, on vous en fera grâce, ainsi que du reste. » Et je n'eus rien à subir.

LES MŒURS.

Les « baisers impudiques » sont de la même farine que les reniements et les crachats. Les rapports homosexuels, en revanche, sont autre chose qu'un jeu. Absence de femmes, influence de l'Orient, tout concourait à ce que la sodomie fût entrée profondément dans les mœurs du Temple. L'ennemi du templier, ce n'était pas Sodome, c'était la maison close. Plutôt qu'à recourir aux prostituées, ce qui était punissable de prison, on encourageait les frères à forniquer entre eux « si quelque chaleur les aiguillonnait ». Au jour de sa profession, chacun entendait cela.

Au procès, naturellement, nul n'avoua qu'il avait profité de l'autorisation. Nombreux furent cependant ceux qui rappelèrent qu'on leur avait, lors de leur réception, fait obligation d'accepter les invites de leurs frères. Certains, en revanche, jurèrent qu'ils n'avaient jamais entendu parler de choses semblables.

Tout se mêle donc, l'ignorance et la brimade, pour étayer les accusations portées contre l'ordre. Ceux que l'on qualifie couramment de « templiers renégats », et qui portèrent les premières de ces accusations, ne sont pas toujours des défroqués ayant quitté leur ordre par goût de la vie du siècle. Il en est qui ont vraiment cédé à l'écœurement. La plupart, pour ne pas perdre leurs avantages matériels et sociaux, demeuraient dans le Temple. Au vrai, en sortir n'était guère facile : il eût fallu passer des aveux pénibles, pour se justifier aux yeux du monde, et le Temple était redoutable. Après une initiation qui avait, semble-t-il, comporté un véritable viol, Hugues Marchant ne put s'ouvrir qu'à l'un de ses parents, lui-même templier. Encore en dit-il bien peu :

> Il fut amené en la maison de Toulouse, où je le pris à part, lui demandant s'il était consolé de sa réception, qu'il avait pourtant souhaitée avec tant d'ardeur. « Pourquoi, lui demandai-je, étais-tu si bouleversé hier, et le parais-tu encore aujourd'hui ? »
>
> Il me répondit : « Je ne pourrai plus jamais être joyeux, ni en paix avec moi-même. »
>
> A ce moment, et bien des fois ensuite, je lui demandai la cause de son trouble. Jamais il ne voulut me l'avouer. Jamais plus je ne le vis joyeux, avec un bon visage. Et pourtant, il était auparavant de tempérament fort gai.

A quoi fait écho le propos désabusé du précepteur d'Aquitaine :

> L'ordre me déplaisait si fort que j'en serais volontiers sorti, si je l'avais osé. Mais je redoutais la puissance des templiers. Je vins un jour à Loches, où était le roi, et je m'entretins avec lui en présence du frère Ythier de Nan-

> teuil, prieur de l'Hôpital en France. J'avais alors l'intention de révéler au roi la manière dont se passaient nos réceptions et de le supplier afin qu'il me conseillât et me donnât sa protection. Je pensais ensuite quitter l'ordre. Mais je considérai que plusieurs précepteurs et d'autres frères de l'ordre m'avaient confié bien des choses pour mon voyage en France : je disposais d'argent et de biens appartenant à l'ordre, et il me sembla qu'il serait fâcheux de les perdre en quittant l'ordre des templiers.

On conçoit que de tels hommes n'aient pas voulu, après 1307, prendre de risques pour défendre l'ordre !

La réaction du pape.

Quant au pape, c'est en entendant le récit de tels aveux qu'il avait, dès novembre 1307, réagi comme l'avait espéré le roi de France. Philippe le Bel n'avait plus qu'à obtenir de Clément V que, les personnes étant jugées selon leurs crimes et en vertu de leurs confessions, l'ordre fût supprimé de la manière la plus simple, c'est-à-dire par voie de « provision ». Une telle suppression était, à tous égards, préférable à une condamnation, qui supposait un procès public auquel il n'était pas impossible que se présentassent des clercs ou des laïcs décidés à défendre l'ordre. Les fautifs condamnés, l'ordre — en tant que personne morale — ne pouvait être tenu pour responsable de la dépravation et de la stupidité de ses membres. On risquait de le voir maintenu, ce que Philippe le Bel et ses conseillers voulaient à tout prix éviter.

Il allait en effet de soi que l'ordre du Temple, dûment repeuplé de gens à la religion plus assurée, tiendrait une place de choix dans la future Croisade. Or cela laisserait subsister un ordre riche et indépendant, c'est-à-dire précisément ce que l'on souhaitait voir disparaître. Le scandale provoqué, pensaient donc les conseillers du roi, suffisait pour justifier la pure et simple suppression. Et l'intérêt du roi, étranger au déclenchement de l'affaire, suffirait à ce qu'on poursuivît en ce sens.

A d'autres templiers, enfin, il eût fallu rendre sur-le-champ les biens de l'ordre. Que le roi n'ait, plus tard, rien conservé des propriétés et des revenus du Temple ne prouve pas qu'en 1308 il n'ait été fort aise de les faire gérer et de les faire lever.

Clément V, malheureusement, n'inclinait guère en ce sens. Les décisions prises en novembre avaient rendu l'espoir aux templiers — en même temps que satisfait le roi — et particulièrement à Jacques de Molay. Apprenant que le roi allait remettre ses prisonniers aux légats pontificaux, le grand maître eut en effet le courage tardif de révoquer ses aveux et d'inciter, par des messages plus ou moins clandestins, ses frères à faire de même. Bérenger Frédol et Etienne de Suisy, qui avaient accepté sans enthousiasme leur charge de légat, encouragèrent à ce point les rétractations que les officiers royaux jugèrent à propos de faire traîner la remise des prisonniers. Au printemps, sauf quelques exceptions, les templiers étaient toujours dans les geôles du roi.

Clément V était décidé à prendre en main l'affaire. Il cassa les pouvoirs des inquisiteurs diocésains, trop soumis à la volonté du roi dans la plupart des cas et notamment à Paris, où étaient détenus les principaux dignitaires de l'ordre. Puis il ordonna une nouvelle enquête, qui devait être directement menée en son nom.

Philippe le Bel répliqua avec une fermeté qui rappela les prémisses de la querelle avec Boniface VIII. Il commença par demander à l'Université de Paris une consultation, que l'on se trouva bien d'avoir préparée, dès le mois d'octobre, en montrant aux maîtres et aux écoliers un Molay pitoyable et repentant, dont les aveux faisaient trembler les bases de l'ordre.

En février 1308, le Conseil adressa aux docteurs un questionnaire en sept points, qui tendait à affirmer en la cause l'indépendance juridictionnelle du roi à l'égard du pape. Les légistes ne cherchaient pas à nier le droit du pape à juger ; ils affirmaient le droit du roi à juger sans attendre le jugement du pape. Pouvait-on juger les templiers sans l'aveu de l'Eglise, dès lors que leur culpabilité notoire les plaçait, tels des hérétiques, au ban de l'Eglise ? Le raisonnement des gens du roi n'était pas si spécieux qu'on pourrait le croire : le roi avait charge de l'ordre dans la partie de la Jérusalem terrestre qui s'appelait le royaume de France, et rien ne justifiait qu'on attendît le résultat de l'enquête pontificale à travers toute la Chrétienté pour procéder contre des criminels qui mettaient en péril cet ordre même.

Intenable si la question avait été l'orthodoxie ou l'hérésie des templiers, car les juges du roi n'avaient aucune compétence en matière de dogme, la position de Philippe le Bel était très forte dès lors que les templiers avouaient blasphèmes et reniements.

Tout à fait portée à soutenir le roi contre Boniface, l'Université n'avait plus, contre le Temple, les mêmes raisons de se faire l'alliée d'un pouvoir royal dont le renforcement ne laissait pas d'inquiéter bien des esprits indépendants. Le 25 mars 1308, la consultation des maîtres tomba comme un couperet, sous la forme d'un acte solennel, scellé des quinze sceaux des quinze docteurs, enseignant ou non, qui composaient à ce jour la faculté de théologie : le roi pouvait, par provision, arrêter l'hérétique, non le juger. Que l'hérésie fût patente, qu'elle fût avouée ne changeait rien à l'affaire. Il n'appartenait pas au juge laïque de dire qu'un accusé, même s'il était indubitablement coupable, avait perdu sa qualité de religieux et les privilèges de juridiction qui s'attachaient à celle-ci.

Les théologiens retournaient même contre le roi l'argument tiré de l'évidence du mal : les crimes imputés aux templiers touchaient l'ordre trop profondément et trop généralement pour qu'on pût juger les hommes sans mener au préalable une enquête sur l'ordre.

Quant à ce qu'il convenait de faire des biens du Temple, l'Université évitait de se compromettre : qu'on en fît ce pour quoi le Temple les avait reçus, et qu'on les gérât au mieux en attendant...

Appel au royaume.

Nogaret et ses collègues savaient depuis quelques jours à quoi s'attendre. Le 24 mars, à Melun, un Conseil mettait au point contre Clément V et le Temple une stratégie qui avait fait ses preuves contre Boniface VIII. Le 25, le roi publiait un appel au royaume, qui le posait à nouveau en défenseur de la foi catholique.

La pièce maîtresse de l'opération dessinée par les lettres du 25 mars était la convocation d'une assemblée représentative — les assemblées de 1303 en étaient loin — à laquelle chaque ville devait déléguer deux hommes « d'une foi éprouvée » avec pleins pouvoirs pour délibérer de l'affaire et adhérer aux décisions royales. Des nobles et des prélats également convoqués le roi précisait qu'il attendait, selon les termes mêmes du droit féodal, aide et conseil.

Les leçons de 1303 n'étaient pas perdues. D'avance, le roi faisait l'économie de la campagne d'adhésions à ses initiatives, campagne qui avait naguère semblé nécessaire mais qui avait retardé la notification de l'appel au concile. De l'assemblée de Tours on n'attendait pas d'éphémères acclamations mais un consentement valable en droit.

Les légistes ne cherchaient pas à obtenir des députés, au sujet de la procédure, la reconnaissance d'un droit que l'Université avait dénié au roi. Ils voulaient, sur le fond de l'affaire, une consultation juridique inattaquable : un Conseil élargi ou une convocation de la foule parisienne dans les jardins du Palais ne l'eût pas procurée. Une telle consultation ne pouvait, certes, fonder le droit du roi à juger le Temple, mais elle suffirait à renforcer la pression que, désormais, l'opinion publique allait exercer sur le pape. Elle était le prélude à la rencontre de Philippe le Bel et de Clément V, une rencontre que tout annonçait comme prochaine mais que le roi faisait tarder afin que la campagne portât ses fruits.

La propagande s'amplifia. Les initiatives royales étaient souvent relayées, voire devancées, par le zèle des hommes de plume. Certains, que nul n'avait sollicités, cédaient au désir d'avoir une opinion et de l'exprimer. D'autres, sans doute plus nombreux, songeaient à faire valoir leur talent et leur fidélité. De toutes parts, en ce printemps de 1308, ce fut une éclosion de traités, de factums, d'avis... On ne défend pas l'erreur, disait l'un, on l'extirpe. Le pape n'a pas, affirmait l'autre, à priver les juges ecclésiastiques ordinaires, c'est-à-dire les évêques et les inquisiteurs diocésains, de leur fonction essentielle qui est de veiller à la pureté de la foi ; à moins que le pape ne souhaitât encourager les hérétiques... On allait jusqu'à accuser Clément V d'atermoyer afin que l'affaire s'enlisât.

Accusation fondée, nous le savons. A la même époque, un ambassadeur aragonais écrivait au roi qu'un cardinal ami des templiers — ce devait être Bérenger Frédol — jouait la temporisation en attendant que meure le roi, ou même le pape. Pour certains, cette temporisation était un calcul. Pour la plupart elle était le fruit de l'indécision.

La menace d'un nouveau conflit entre le pape et le roi planait donc sur l'Eglise, et cela à un moment où Clément V, errant à travers le royaume et craignant de gagner l'Italie, semblait infiniment plus vulnérable que ne l'avait jamais été Boniface VIII.

Pierre du Bois, naturellement, est de la partie. Cependant qu'il propose une fois de plus le roi de France comme coordinateur des forces chrétiennes pour la reconquête de la Terre-Sainte et qu'il pose publiquement, à peine connue la nouvelle de l'assassinat d'Albert d'Autriche, la candidature de Philippe le Bel à l'Empire, l'avocat de Coutances prend à partie le pape qu'il dénonce comme un défenseur insuffisamment zélé de la foi et de la Chrétienté. Anticipant sur la procédure, il voue les templiers à la peine de mort et promet au roi la récompense éternelle de cet acte de justice.

> Ce qu'il faut faire, le prince des fils d'Israël nous l'a montré. Je veux dire Moïse, l'ami de Dieu, celui qui parlait à Dieu face à face.
>
> Les fils d'Israël s'étant rendus coupables, en adorant le Veau d'or, d'une apostasie digne de celle-ci, il leur dit : « Que chacun prenne son épée et qu'il tue son prochain. » Il fit ainsi tuer vingt mille personnes afin que la postérité s'en souvienne et en ait crainte.
>
> Il fit cela sans avoir pris l'accord de son frère Aaron, qui avait été, sur l'ordre du Seigneur, constitué grand prêtre.

En trois ans de règne, Clément V s'était fait connaître, et Pierre du Bois savait le défaut de la cuirasse : l'incroyable avidité d'un petit lignage gascon auquel l'ancien archevêque de Bordeaux ne voulait rien refuser. Le népotisme de Boniface VIII s'était exercé dans l'Etat pontifical : il s'agissait de comtés et de forteresses, et la fortune des Caetani contrariait surtout celle des Colonna. Le népotisme de Clément V, lui, s'exerçait dans le royaume de France, et la fortune des Got portait préjudice au clergé français.

Il faut séduire les clercs et renverser l'attitude des docteurs. Avec habileté, Pierre du Bois rappelle donc que plus de deux cents maîtres, qu'ils soient théologiens ou juristes, n'ont pas, à eux tous, autant de bénéfices ecclésiastiques que Raymond de Got, ce neveu qui n'était rien avant 1305 et que Clément V a élevé à la pourpre dès le premier consistoire du pontificat. Et Pierre du Bois de s'exclamer : quarante papes n'ont pas, au total, donné tant de temporels ecclésiastiques à leurs parents. Certes, Pierre du Bois exagère quant au nombre, non quant à la gravité du népotisme. Les deux plus riches bénéfices ecclésiastiques du royaume, l'archevêché de Rouen et l'évêché de Toulouse, sont déjà aux mains des neveux du pape, Bernard de Fargues et Gaillard de Preyssac. Son oncle Bertrand de Got, un temps évêque de Langres pendant que Bernard de Fargues est évêque d'Agen, revient à Agen où il mourra en 1313 ; Amanieu de Fargues lui succédera. Au Sacré-Collège, Raymond de Got sera à peine mort qu'un autre neveu du pape, Raymond de Fargues, lui succédera dans la même diaconie de Sainte-Marie-Nouvelle, avec une dispense parce qu'il ne sera même pas sous-diacre.

Les privilèges de tous ordres que Clément V confère à ses neveux occupent une page sur quatre des registres de la chancellerie pontificale. La faveur est voyante. Elle ne l'est pas moins à travers le pays, car les parents du pape, plutôt que d'administrer de lointains bénéfices et d'en percevoir difficilement le revenu en passant par les exigences financières des intermédiaires italiens, jettent leur dévolu sur les évêchés, les prieurés, les archidiaconés, les décanats, les prébendes, les paroisses du royaume de France. C'est donc un jeu pour Pierre du Bois que d'exciter sur ce point l'indignation des Français.

Plus tard, après cinquante ans d'un alourdissement constant de l'administration pontificale et de la cour avignonnaise, les Italiens reprocheront aux Français les profits de la cour pontificale. Mais ces profits sont encore inconcevables au temps de Clément V, alors que quatre cents personnes forment tout l'entourage d'un pape qui n'a même pas de palais et qui ne peut songer à doter la Curie de cette forte structure administrative qui fera, trente ans plus tard, la force des grands papes d'Avignon. A avoir le pape chez eux, les clercs français n'ont, dans ces années 1308-1310, aucun profit évident. Dans leur esprit, rien ne fait contrepoids aux neveux du pape.

Philippe le Bel se gardera bien d'attaquer Clément V sur ce terrain. Il profitera, en revanche, de telles dispositions pour obtenir lui-même privilèges et bénéfices pour ses meilleurs serviteurs, mettant ainsi la fortune de l'Eglise en œuvre pour la rémunération du service royal. Mais il laissera sourdre le mécontentement du clergé français. Ce qu'écrit Pierre du Bois, d'autres le pensent sans l'écrire. De cela, Nogaret et Plaisians s'entendront à jouer.

CHAPITRE XVI

La fin du Temple

GUICHARD DE TROYES.

Pendant que les gens du roi laissaient voir ce que pourrait être une campagne d'opinion contre un pape qui serait insuffisamment docile, une autre affaire laissait entrevoir ce qui pouvait arriver à un prélat insuffisamment coopératif. Guichard, évêque de Troyes, allait en faire les frais.

Ce fils de paysan avait jusque-là fait une assez belle carrière dans l'Eglise : il avait été prieur de Saint-Ayoul de Provins, puis abbé de Montier-la-Celle, près de Troyes, et avait enfin, sans quitter la Champagne, accédé en 1298 à l'épiscopat. Sa carrière à la cour n'était pas moins brillante, et il y avait la faveur des deux reines : il avait été le principal conseiller de Blanche de Champagne, reine douairière de Navarre, et l'un des intimes de la jeune reine de France, Jeanne de Navarre. Bien avant d'être évêque, il avait siégé au Parlement, et c'est librement que les chanoines de Troyes l'avaient élu à l'unanimité : un tel évêque pouvait être utile à la Champagne. A Troyes il était l'homme de confiance de la comtesse-reine ; à Paris, on voyait en lui le plus notable représentant de la Champagne.

La fortune ne tarda pas à lui tourner la tête. Riche et puissant, Guichard devint autoritaire, insolent même. Il s'aliéna vite la sympathie du clergé champenois. La faveur royale, pendant ce temps, commençait de tourner : les reines se fatiguèrent de l'évêque.

Un clerc champenois qui avait été trésorier du comte et que l'on devait juger pour diverses malversations, Jean de Calais, réussit, en 1300, à s'évader de la prison épiscopale, où il était détenu. Guichard l'avait-il laissé partir ? Avait-il, comme on l'en accusa vite, été payé pour cela? Toujours est-il qu'on le dénonça à la reine Jeanne.

L'affaire était menée par celui qui, dans la faveur de Jeanne de Navarre, venait de remplacer l'évêque de Troyes : Simon Festu, archidiacre de Vendôme. C'était un théologien fort savant, estimé du roi ; mais c'était aussi un intrigant des plus habiles, et dont l'ambition était grande. Festu avait en l'occurrence partie liée avec un homme d'affaires italien, correspondant aux foires de Champagne d'une compagnie florentine de moyenne envergure : Arnolfo Deghi, plus connu en France sous le nom de Noffo Dei. Ce « Lombard » avait été compromis avec Jean de Calais et tirait son épingle du jeu en accusant l'évêque de complicité, non seulement dans l'évasion, mais aussi dans les indélicatesses du trésorier.

L'official de l'archevêque de Sens ouvrit une enquête. Chassé de la cour où sa présence devenait scandaleuse, Guichard se retira à Troyes, où le clergé — qu'il avait traité avec hauteur du temps de sa puissance politique — le reçut assez mal. La mort de la reine Blanche, en 1302, ne mit fin ni à sa disgrâce ni à ses tourments : la reine Jeanne faisait siennes les querelles de sa mère, et le roi celles de sa femme.

Son comportement avait valu à l'évêque de Troyes bien des ennemis en Champagne. Tous les ragots du diocèse vinrent alimenter l'enquête. Comme Guichard menait une vie peu édifiante au regard des canons de l'Eglise, la liste de ses « crimes » dépassa très vite la simple complicité d'une malversation financière comme il en était tant. Il avait eu, au su de tous, plusieurs maîtresses, qu'il battait à l'occasion.. La dernière, Jaquette des Vinets, était la femme d'un boucher de Provins. On en parla beaucoup. Dans un autre domaine, on accusa l'évêque de spéculer avec les Lombards établis aux foires. Comme évêque, il était coupable de se faire payer pour l'administration des sacrements. Comme notable, il avait embauché des hommes de main pour faire rosser ceux qui le gênaient. Tout était à l'avenant.

Les ennemis de Guichard tentèrent même de le charger d'un crime qui l'eût envoyé au bûcher : l'assassinat de la reine Blanche. On trouva l'épicier florentin qui avait vendu le poison, on forgea une lettre de l'évêque qui prouvait le complot. Mais toutes ces preuves étaient inconsistantes, et l'on n'osa aller plus loin.

L'affaire née des fautes de Jean de Calais se laissa peu à peu oublier. D'autres événements retenaient l'attention du public : la lutte contre Boniface, la guerre de Flandre, la crise financière, l'instabilité monétaire firent oublier Guichard. L'archevêque de Sens rendit, en août 1304, une sentence d'arbitrage par laquelle on put croire qu'était clos un dossier dont tout le monde, sauf Simon Festu et Noffo Dei, était las : l'évêque de Troyes paierait 40 000 livres pour prix des fraudes dont il avait été complice. Mais on ne parlait plus de condamner l'évêque. Guichard avait encore quelques amis — et Noffo Dei bien des ennemis — et ceux-ci lui avaient au moins, en manœuvrant aussi bien à Paris qu'à Rome, épargné une véritable condamnation.

Là encore, une lettre douteuse joua le rôle décisif : la confession de Jean de Calais qui, à son lit de mort, déclara l'évêque innocent de toute complicité dans son évasion. A croire cette lettre, Festu et Noffo Dei auraient menacé l'ancien trésorier de la prison perpétuelle s'il n'accusait pas l'évêque de Troyes. Deux ans plus tard, se croyant au plus mal, Noffo Dei avoua à son tour qu'il avait accusé Guichard pour sauver Jean de Calais. Qui croire ? On peut penser que ces manieurs d'argent sortis de prison, Noffo Dei et Jean de Calais, furent tous deux des jouets aux mains d'un manœuvrier sans scrupule comme Simon Festu. Pour un clerc de la reine-comtesse, il y avait une place à prendre, et c'était celle de Guichard : à Troyes, peut-être ; au Conseil de la reine, en tout cas. Toute cette affaire semble bien n'être, à l'origine, que l'effet d'une jalousie.

Depuis 1304, Guichard coulait à Troyes des jours paisibles mais amers. Ceux qui avaient dû le craindre ne le ménageaient guère maintenant. A la cour de France, la mort de la reine Jeanne, le 2 avril 1305, ne suffit pas à rendre quelque faveur à l'évêque de Troyes. Il en eût trop coûté à Festu et à Noffo Dei de laisser croire que, Guichard écarté, les crimes qu'on lui imputait n'existaient plus. Héritier de sa mère — aussi bien en Champagne qu'en Navarre — le jeune Louis le Hutin était soigneusement entretenu par son entourage dans la haine de l'évêque qui s'était si mal conduit.

A la cour pontificale, en revanche, les perspectives étaient meilleures : Clément V finit, le 3 juin 1307, par reconnaître officiellement l'innocence de l'évêque de Troyes, toute affaire financière mise à part. Comme Guichard avait, bon gré mal gré, commencé de payer ce à quoi l'avait taxé l'arbitrage de 1304, on put une nouvelle fois croire l'affaire terminée.

C'est alors que, dans l'hiver 1307-1308, Guillaume de Nogaret sentit le besoin de donner à l'épiscopat français un avertissement. On avait besoin pour assurer la poursuite du procès des templiers, d'un épiscopat aussi solidaire de son roi contre Clément V qu'il l'avait été en d'autres circonstances contre Boniface VIII. Mais Boniface avait inquiété bien des prélats français, et l'on n'avait rien demandé à ceux-ci qu'un appel au Concile. Jamais Philippe le Bel n'avait songé à faire condamner le pape par les évêques de France. Pour les templiers, au contraire, il fallait que l'épiscopat fût non seulement docile mais docilement actif.

Guichard faisait admirablement l'affaire. Réhabilité selon le droit canonique, il demeurait coupable au regard du droit civil, de la morale chrétienne et de l'opinion. Il était déconsidéré, et même ceux qui voyaient en lui la victime d'une machination n'étaient guère prêts à se compromettre pour un prélat aussi peu recommandable.

En février 1308, un ermite champenois vint à Sens se confesser : il avait vu, vers le temps où était morte la reine Jeanne, l'évêque Guichard s'adonner à des pratiques de sorcellerie. Guichard avait même tenté de confier à l'ermite du poison destiné à Charles de Valois, à Louis le Hutin et à quelques autres princes.

Apprenant que l'ermite était à Sens, Guichard le cita à comparaître à Troyes. L'official de Sens en conçut l'idée que l'ermite pouvait bien n'avoir pas eu de visions. C'est certainement sur l'avis de l'official, autrement dit du juge archiépiscopal, que l'ermite alla tout raconter au bailli de Sens, Guillaume de Hangest. Celui-ci mena une brève enquête, puis alla tout raconter au roi.

Il est difficile de dire si la dénonciation contre Guichard tombait opportunément au moment où l'on avait besoin de tirer un coup de semonce, ou si cette dénonciation fut fabriquée de toutes pièces à cette fin. Toujours est-il qu'on ne tarda guère à exploiter la confession de l'ermite. Les affaires de sorcellerie n'étaient pas rares, et on n'hésitait pas à en monter pour perdre ceux qu'on ne pouvait perdre autrement. Il y avait une bonne part de sorcellerie dans ce qu'on reprochait aux templiers, comme dans les accusations naguère portées contre Boniface

VIII, et c'est pour sorcellerie qu'on finit par pendre en 1315 un Enguerran de Marigny que l'enquête administrative ne pouvait confondre quant à sa gestion financière.

Dès lors, tout était possible. L'évêque était né du commerce de sa mère avec un démon — ce genre de démon porté au viol s'appelait un incube — et on l'avait lui-même vu en commerce avec des démons. Voilà qui suffisait, s'ajoutant à ce dont on avait déjà parlé quatre ans plus tôt, pour confondre Guichard et l'envoyer au bûcher. Naturellement, Nogaret et ses proches mêlaient le vrai et le faux, sans qu'il nous soit toujours possible de discerner l'un et l'autre — la joie de Guichard à l'annonce de la mort de la reine est tout à fait vraisemblable — et sans qu'on sache vraiment quand les conseillers du roi étaient de bonne ou mauvaise foi.

A ces histoires de sorcellerie, les théologiens les plus éminents et les critiques les plus subtils ajoutaient en grande partie foi. Les praticiens, eux, savaient s'en servir. Sans doute bien des gens ne mentaient-ils pas lorqu'ils attribuaient à l'action des esprits ce qui leur échappait, à commencer par la faveur et la fortune des autres.

Le 15 août 1308, Guichard de Troyes était arrêté sur ordre de Clément V par les sergents de son archevêque. Les gens du roi se saisirent de lui peu après et le transférèrent au Louvre. Guillaume de Hangest mit la main du roi sur le temporel de l'évêché de Troyes. Nul ne fit remarquer que tout ceci était du ressort de la justice ecclésiastique.

C'est le dimanche 6 octobre que s'ouvrit véritablement le procès, dans ces jardins du Palais où s'étaient déroulées tant d'assemblées contre Boniface et, récemment, contre les templiers. Le peuple de Paris avait été, une fois encore, assemblé pour entendre l'orateur royal, qui n'eut guère de peine à soulever la foule d'indignation contre un évêque capable de tels crimes.

Guichard comparut ensuite, à Sainte-Geneviève, devant les commissaires pontificaux. Là encore, l'histoire semblait se répéter. On avait torturé la sorcière et le valet de chambre de l'évêque, qui firent d'excellents témoins : ils racontèrent tout ce qu'on voulut.

Nogaret s'était réservé de rapporter lui-même les crimes passibles de mort. Tout y passa, de même que pour les templiers. Guichard était sodomite, mais il avait eu un enfant d'une religieuse, qu'il avait ensuite assassinée. Il était hérétique. Il crachait sur la Croix. Naturellement, il pratiquait l'usure. Comme pour tout accusé politique, quel que fût le crime réel, on sortait tout le catalogue des crimes possibles contre la religion et les bonnes mœurs. Les juges, assurément, n'étaient pas dupes.

L'évêque de Troyes nia tout, non sans protester contre la procédure. Il y avait, malheureusement, quelque vraisemblance dans bien des témoignages à charge. On avait vu l'ermite, à de nombreuses reprises, dans la maison de l'évêque, et celui-ci refusait de révéler la vraie raison de ces visites. On avait vu l'évêque, de nuit, du côté de l'ermitage. Ses absences nocturnes ne plaidèrent pas pour lui.

Festu et Noffo Dei firent parvenir à Nogaret de nouveaux factums, et en appelèrent à des témoins proches du roi, notamment à son chambellan Enguerran de Marigny, dont l'étoile commençait de monter.

L'affaire s'enlisait, et c'est bien ce que voulaient les gens du roi. A Clément V qui demandait qu'on lui envoyât l'évêque pour le juger, on répondait inlassablement que l'instruction n'était pas achevée. Lorsqu'il fut enfin transféré à Avignon, au printemps de 1311, Guichard était devenu un trop petit enjeu : il passa en prison, aux soins du pape cette fois, le temps du concile de Vienne. Il fallut, en 1313, la pendaison de Noffo Dei, condamné pour faillite frauduleuse, et le tardif aveu que fit le misérable de la machination ourdie contre l'évêque de Troyes pour que celui-ci fût enfin remis en liberté sans autre forme de procès.

Personne n'avait envie de le voir revenir en Champagne. Lui, n'y tenait pas. Marigny obtint de Clément V qu'on l'éloignât définitivement : Guichard devint évêque de Diakovar, en Bosnie. Il mourut en 1317, dans l'oubli.

L'entrevue de Poitiers.

Pendant que se mettait en marche la machine qui devait broyer l'évêque de Troyes et gêner Clément V, Philippe le Bel continuait de mener l'affaire du Temple comme il l'entendait. La solidarité du pape et de l'épiscopat français avait été suffisamment entamée pour que le roi et son Conseil pussent dorénavant dicter leurs conditions.

L'assemblée qui se réunit à Tours vers le 15 mai 1308 était en particulier bien préparée à jouer le rôle qui lui était dévolu dans le plan du roi. Certes, quelques réticences s'étaient manifestées. Certains clercs souhaitaient éviter un nouveau conflit avec le Saint-Siège, et certains barons voyaient clairement que tout renforcement de la puissance royale portait un préjudice direct à ce qui subsistait d'autonomie féodale. Mais les plus réticents avaient choisi de se faire représenter, et l'on entendit sans doute fort peu leur avis. Le ton était donné par les députés des villes — Pierre du Bois était l'un d'eux — et bien des villes avaient donné de véritables mandats impératifs de soumission à la volonté royale. De tels « états généraux », Nogaret et Plaisians obtinrent ce qu'ils voulurent, c'est-à-dire un incroyable jugement préalable, dont les légistes du roi allaient désormais jouer comme d'une mission sacrée confiée au Capétien par le peuple de France. Sur le vu des aveux déjà passés, l'assemblée déclara en effet, comme si elle en avait compétence, que les templiers méritaient la mort.

> Le peuple du royaume de France, écrit encore Pierre du Bois, qui a toujours été et sera toujours, par la grâce de Dieu, obéissant à la Sainte-Eglise plus que nul autre, requiert son seigneur le roi de France, qui peut avoir accès à notre Saint-Père le pape, montre à celui-ci qu'il a trop fortement courroucé le dit peuple et fait esclandre contre lui, pour ce qu'il se contente de faire semblant, en parlant de punir le reniement des templiers, non leur bougrerie.

L'heure n'était plus aux paroles, mais au châtiment. Le 26 mai, Philippe le Bel arrivait à Poitiers, où l'attendait Clément V. Trois jours plus tard, devant le consistoire et la cour du roi réunis, Guillaume de Plaisians abattait publiquement les cartes : que le pape condamnât l'ordre, sinon il serait son complice.

Aycelin, que sa modération dans le conflit avec Boniface VIII avait distingué parmi les légistes du Conseil, mit le pape en garde contre les effets d'une négligence coupable. Gilles Colonna, archevêque de Bourges, renforça le dire de l'archevêque de Narbonne. On fit parler un baron, un bourgeois de Paris, un bourgeois de Toulouse. Tous conclurent de même : le pape devait frapper fort, et vite.

Mi-figue, mi-raisin, Clément V répondit que tout le monde avait raison, qu'il se dépêcherait et qu'il allait commencer par réfléchir.

Deux semaines passèrent. Le 14 juin, Plaisians harangua de nouveau le pape, mais sur un autre ton : la foi était maintenant en danger, et ce par la faute du pape. Il appartenait donc au peuple chrétien de la sauver.

> Au feu ! Au feu ! Au secours ! Au secours ! Que la torpeur ne vous tienne pas, non plus que le sommeil, non plus que les filets du diable, c'est-à-dire le nœud d'arguments des sophistes. En de telles affaires, les discussions sont le nœud du diable [...]
>
> Tous ceux que touche une telle affaire, tous sont appelés à la défense de la foi !

Le roi ne pouvait revenir en arrière. Le pape le savait, et joua de cette situation pour tenter de mettre la main sur les biens du Temple. Il subordonna toute décision à la remise préalable du séquestre au Saint-Siège. Faute de quoi, on laisserait subsister l'ordre, et l'on ne jugerait que la personne des coupables. Quelques concessions, faites par Plaisians au cours de conversations privées, ne changèrent rien à la détermination du pape. On risquait de n'en pas sortir.

A l'évidence, Clément V n'était guère convaincu de la culpabilité des templiers. Philippe le Bel le prit à contrepied et, changeant brutalement d'attitude, remit à l'Eglise, par lettres patentes du 27 juin 1308, la personne des templiers français. Clément V allait pouvoir se faire une idée. S'il continuait de temporiser, le pape porterait la responsabilité de la prison préventive, celle-là même qu'il était enclin à reprocher au roi.

Pendant huit jours, la cour pontificale ne s'occupa que d'entendre les templiers qui, incarcérés à Poitiers même, avaient été sur-le-champ remis aux gens du pape. Se partageant la tâche, Clément V et quelques cardinaux purent entendre, en cette seule semaine, soixante-douze templiers. Tous confirmèrent les dires du roi de France.

Certes, aucun des dignitaires de l'ordre n'avait été entendu. Molay et les quatre précepteurs de France, d'Aquitaine, de

Normandie et d'Outre-Mer avaient bien été convoqués mais n'avaient pu, sur le chemin de Poitiers, dépasser Chinon où les clouait une maladie trop opportune pour qu'on n'y puisse voir une tricherie du roi ou de ses gens. De même est-il assuré que, des soixante-douze frères qui se trouvaient à Poitiers ou parvinrent en cette ville à temps pour être entendus, quelques-uns avaient été manipulés par les gens du roi.

Les aveux étaient cependant trop nombreux et trop précis — sans que la moindre torture les viciât — pour ne pas laisser dans l'esprit du pape une profonde impression. Philippe le Bel avait gagné.

Le 2 juillet, les templiers de Poitiers comparurent à nouveau devant Clément V, en consistoire public cette fois. On lut en français le résumé de leur confession. Ils confirmèrent tout.

Les fautifs se repentaient. On ne condamne pas des pécheurs qui sont prêts à faire pénitence. Le pape fit consigner leur abjuration et chargea quatre cardinaux de procéder solennellement à leur réconciliation. Les frères tiraient leur épingle du jeu, mais Plaisians triomphait, car l'affaire, en ce qui concernait l'ordre, tournait à l'avantage du roi de France : son zèle était justifié.

Pour être trop efficacement entrés dans les vues du roi à l'automne précédent, les inquisiteurs diocésains avaient été suspendus par le pape. Ils recouvrèrent leurs pouvoirs, ce qui impliquait leur intervention dans les procès à venir contre les personnes. Ces procès seraient préparés, dans chaque diocèse, par l'évêque assisté de chanoines, de franciscains et de dominicains. Autant dire que les procès seraient menés, dans l'isolement de chaque diocèse, par un clergé le plus souvent livré à toutes les pressions des officiers royaux. Quant au jugement, il serait prononcé, dans chaque province, par le synode des évêques et des abbés, naturellement présidé par l'archevêque.

La dispersion géographique des délibérations, qui réussissait si bien aux gens du roi quand il s'agissait d'obtenir l'impôt de contribuables pourtant peu enclins à la chose, ne pouvait qu'avoir raison, là encore, des velléités de résistance au roi. Les archevêques, dont le rôle allait ainsi se révéler décisif, n'avaient guère été nommés contre le gré du roi. La plupart lui étaient tout dévoués, comme Aycelin à Narbonne, comme Regnaut de Montbazon à Tours, comme Robert de Courtenay à Reims. Le siège de Sens vint à vaquer, en 1309. Or l'archevêque de Sens devait présider le tribunal qui jugerait tous les frères détenus à Paris, les dignitaires de l'ordre compris. Philippe le Bel obtint que fût nommé à ce siège un prélat de toute confiance : ce fut le propre frère germain de son chambellan Enguerran de Marigny, Philippe, jusque-là évêque de Cambrai. Grâce à Philippe de Marigny, Paris allait donner à la France l'exemple du zèle.

Pendant six mois, le pape avait réclamé la garde des templiers. Il les conserva huit jours. L'ordre de remettre à la justice du pape les prisonniers n'était pas encore parvenu dans la plupart des geôles de France que, déjà, le pape choisissait de confier la garde des templiers et celle des biens du Temple à celui qui venait de lui en faire cession, au roi. Celui-ci devait, dans chaque diocèse, partager avec l'évêque le soin de l'administration des biens. Selon la tournure que prendrait l'affaire, ce patrimoine serait restitué au Temple ou, si celui-ci était dissous, affecté au financement de la Croisade.

Car Clément V n'écartait plus l'hypothèse d'une suppression de l'ordre. Pendant que l'on informait contre les frères, une autre enquête devait être menée, par des commissaires pontificaux, en vue de constituer sur l'ordre lui-même un dossier que le pape entendait soumettre au concile.

Ce concile, Philippe le Bel l'appelait de ses vœux depuis cinq ans. En faisant droit à la requête jadis formulée devant l'assemblée parisienne, on semblait faire droit à celle que Nogaret était venu notifier dans les formes juridiques à Boniface VIII. Le pape ne pouvait ignorer ce que le roi de France et ses conseillers attendaient du concile : la condamnation de Boniface. Bien sûr, les pères conciliaires pourraient refuser de condamner, mais ils ne pourraient refuser de juger, et cela même était pour le Saint-Siège une terrible épreuve.

Sans doute Clément V avait-il, en parlant du concile, l'arrière-pensée que l'on gagnerait ainsi du temps. Mais en remettant à un concile le jugement du Temple, il savait qu'il créait le marché d'un vaste marchandage. Plaisians ne parlait-il pas, à Poitiers encore, de faire brûler les os de l'hérétique Boniface ? N'évoquait-on pas, pour faire bonne mesure, la canonisation de Célestin V ? A Vienne — puisque le concile était convoqué en cette ville — il serait bien difficile d'éviter le déballage général de tous les ragots qui couraient l'Europe et particulièrement la

Curie, déballage que justifierait l'inévitable enquête sur la foi et les mœurs de l'avant-dernier pape.

L'Eglise avait tout à perdre à un tel marchandage. Elle ne pouvait espérer y rien gagner. Dès l'instant où l'on convoquait le concile, la sérénité de l'Eglise était donc au prix de certaines concessions. D'avance, l'ordre du Temple était sacrifié.

Jacques de Molay eut alors l'occasion du sursaut qui, encore à temps, eût sans doute sauvé l'essentiel. Avant de quitter Poitiers, en août 1308, Clément V dépêcha en effet à Chinon trois cardinaux qu'il chargeait de recevoir en son nom la déposition des cinq dignitaires toujours immobilisés par une maladie que l'on peut croire avoir été provoquée mais qui n'était certainement pas feinte. Le choix du pape s'était porté sur trois hommes connus pour leur influence : Frédol, Suisy et Brancacci.

Molay et le précepteur de France Hugues de Pairaud avaient, six mois plus tôt, vu Frédol et Suisy lorsque ceux-ci étaient venus à Paris se faire remettre par le roi — en droit mais non en fait, nous l'avons dit — la personne des templiers captifs. A cette occasion, et hors de la présence de tout témoin, les deux dignitaires avaient, sans entrer dans le détail, laissé entendre que leurs premiers aveux étaient extorqués et qu'en présence du pape ils défendraient l'ordre. Voyant, en août, Nogaret et Plaisians à côté des trois cardinaux, le grand maître du Temple préféra ne prendre aucun risque. Par le menu, il confirma les aveux qu'il avait faits à Paris. Les quatre précepteurs firent de même.

Prenant acte de la contrition manifestée par les dignitaires du Temple, les cardinaux écrivirent à Philippe le Bel pour lui recommander de pardonner aux coupables. La lettre était d'une portée considérable, car les cardinaux semblaient ainsi considérer que le roi était juge en l'affaire. A Paris, les légistes notèrent le faux pas avec intérêt.

Puis, Frédol, Suisy et Brancacci regagnèrent la Curie et rendirent compte au pape d'une culpabilité qu'il était désormais difficile de mettre en doute. Peu après, les prisonniers de Chinon furent ramenés à Paris.

L'ENQUÊTE PONTIFICALE.

L'enquête commença, lentement, trop lentement au gré du roi. Non sans mauvaise foi, car il en était en partie responsable, Philippe le Bel se plaignit au pape, en 1309, de cette lenteur. Il ne convenait pas, écrivit-il, de laisser croire qu'on cherchait à étouffer un scandale public et que toute l'opération n'avait été montée que pour mettre la main sur le temporel de l'ordre.

Pour mener en France cette enquête sur les fautes de l'ordre, ce qui signifiait interroger à Paris les principaux accusés, Clément V désigna des commissaires qui étaient, pour la plupart, des prélats tout dévoués au Capétien. Mais on ne pouvait revenir sans cesse sur les mêmes témoignages, et il ne convenait pas de donner l'impression que la commission confirmait ou infirmait l'œuvre du pape : il fut donc précisé que les templiers entendus par Clément V en personne ou par Frédol, Suisy et Brancacci au nom du pape ne seraient plus entendus. Tout au plus devrait-on, par souci de procédure, leur notifier le procès-verbal de leurs précédents interrogatoires. C'est pour cela que, le 26 novembre 1309, les commissaires pontificaux à Paris firent comparaître Molay et lui donnèrent lecture des déclarations qu'il avait faites à Chinon.

Coup de théâtre : Molay s'indigna des aveux qu'on lui prêtait. Il se déclarait disposé à défendre l'ordre.

On a peine à croire que le procès-verbal dressé à Chinon par les cardinaux ait été délibérément truqué. Il y eût fallu l'accord des trois cardinaux et des gens du roi présents à Chinon, Nogaret et Plaisians en particulier. Or les cardinaux n'aimaient guère Nogaret, et Plaisians avait publiquement menacé Frédol pendant le consistoire de Poitiers, ce qui ne laisse pas penser que le cardinal ait pu se faire le complice du légiste. D'ailleurs, si Molay avait eu à Chinon le courage de révoquer publiquement ses aveux d'octobre 1307, comme il l'avait déjà fait à Paris devant les seuls cardinaux, comment Nogaret et Plaisians auraient-ils pu croire que ce même Molay accepterait un procès-verbal falsifié ? Le fait que ce procès-verbal ait été transmis à la commission pontificale pour figurer dans un dossier destiné à une certaine publicité ne peut s'accorder avec l'idée d'un Molay défendant l'ordre devant les cardinaux venus à Chinon.

D'ailleurs, ce n'est pas contre un faux que protestait Molay en novembre 1309. C'est contre une tromperie :

> Plût à Dieu, dit-il aux commissaires, qu'on observe ici l'usage des Sarrasins qui coupent la tête des pervers en la coupant par le milieu.

Le grand maître aurait donc été dupé ? C'est la thèse du pieux subterfuge : les cardinaux, émus par les rétractations de l'hiver précédent, auraient conseillé à Molay l'aveu et la contrition qui pouvaient conduire à une absolution, non l'obstination qui conduisait au bûcher des relaps. On a en effet quelque peine à imaginer Frédol, que l'on sait avoir été favorable au Temple, suggérant des aveux à seule fin de perdre les dignitaires de l'ordre. Le pieux subterfuge, en revanche, se comprend. Il expliquerait même le dialogue de Molay et de Plaisians, ce même 26 novembre 1309 :

> Je vois bien dit Molay, que, si je ne délibère pas, je pourrais courir des dangers.

L'aveu de Chinon serait alors une feinte sagesse, et l'indignation manifestée à Paris tiendrait à quelque manque de droiture dans l'attitude des cardinaux, ou dans l'attitude que leur prêtait Molay. Les cardinaux auraient-ils promis à Molay de ne pas laisser utiliser de tels aveux lorsque se poursuivrait la procédure ? Molay n'a-t-il pas perdu tout sens de la prudence en voyant que le temps passait — quinze mois depuis Chinon — et que l'affaire n'en finissait pas ?

La thèse du pieux subterfuge se heurte cependant à deux évidences. La première est que nul de ceux qui, au début de 1308, avaient suivi Molay dans sa première rétractation n'avait été poursuivi comme relaps. A Chinon, alors que le pape s'était réservé le droit de juger et qu'il ouvrait cette procédure de justice réservée par l'envoi de trois cardinaux, rien ne pouvait laisser penser que défendre l'ordre scellait l'arrêt de mort des défenseurs. Quelques mois plus tard, encore, l'évêque de Paris assimilait dans sa procédure les frères qui revenaient sur leurs aveux à ceux qui n'avaient rien avoué. A ce stade de l'instruction, on ne pouvait être relaps. Un homme comme Molay le savait certainement.

La deuxième évidence est que le grand maître, à peine son humeur manifestée, demanda à parler à Plaisians, qui assistait à la scène. Comme à Chinon, Plaisians était là. Si la prudence avait fait taire Molay à Chinon, encore plus l'aurait-elle fait taire à Paris.

Alors, que croire ? Qui Molay visait-il en regrettant de ne pouvoir fendre la tête des pervers ? Que les cardinaux lui avaient-ils laissé espérer en échange de ses aveux ?

Il reste que Molay a avoué ses fautes en octobre 1307, qu'il les a niées vers janvier 1308, qu'il les a probablement confessées de nouveau en août 1308 et qu'il les a implicitement niées en novembre 1309. Or on sait que le maître du Temple, à la différence de tant de frères, ne fut jamais torturé et qu'il ne se plaignit jamais d'avoir personnellement subi des violences. La seule mention de tortures subies par Molay figure dans un récit dont l'auteur n'avait par lui-même rien vu. Qui pourrait croire, d'autre part, que le grand maître fût plus en sûreté à Paris, devant Aycelin et ses collègues, qu'à Chinon devant Frédol et les siens ?

Dans cette série d'énigmes, la seule chose sûre est la faiblesse de Jacques de Molay. Bouleversé par le coup de tonnerre de 1307, il avoue tout. Il se reprochera plus tard, face à sa propre condamnation, non d'avoir commis des crimes, mais d'en avoir avoué de faux. L'intervention d'un pape porté à ensevelir l'affaire le détermine à défendre l'ordre. A Chinon, la vue de Nogaret et celle de Plaisians suffisent sans doute à lui faire perdre courage ; peut-être l'aveu lui procurera-t-il la tranquillité ? Il avoue derechef. Mais un an passe, et l'on peut espérer que le pire ne viendra plus, cependant que l'on a vu le maigre profit des aveux. Alors, devant les commissaires du pape, et bien que Plaisians soit là, Molay proteste. Mais il ne clame pas son innocence et celle de l'ordre. Il ne crie pas que tout cela est vain et que les prétendus hérétiques sont prêts à mourir pour leur foi. Il conteste le procès-verbal. Il pèse le danger.

C'est bien le même homme qui, quand il s'agissait de la Terre-Sainte et de la défense de l'Orient latin, voyait surtout que deux grands maîtres valaient mieux qu'un seul. Le Temple était en train de mourir de la médiocrité des hommes, et le maître du Temple était un pauvre homme ballotté par un destin trop dur.

La fausse manœuvre de Molay a vraiment sonné le glas de

l'ordre. L'occasion ne se présentera plus. Revenant peu après devant les mêmes commissaires, le grand maître crut habile de refuser de répondre aux articles de l'acte d'accusation. Il parlerait, dit-il, devant le pape. Savait-il que Clément V, s'étant réservé d'interroger les dignitaires de l'ordre et ayant finalement commis la chose aux trois cardinaux pour ne pas attendre que les cinq malades de Chinon fussent guéris, avait finalement délégué aux conciles provinciaux le droit de prononcer la sentence ? Alors que Jacques de Molay continuait à espérer tout du pape, son sort était déjà dans les mains de Philippe de Marigny.

Le grand maître voulut cependant dire quelque chose sur le fond. Mais, au lieu de répliquer aux accusations, il se lança dans un historique des services rendus à la Chrétienté par le Temple. Face à des gens qui savaient distinguer les templiers du XIVe siècle de ceux du XIIe, c'était un bien mauvais argument. Nogaret lança vertement que les templiers avaient prêté hommage à Saladin. Interloqué, Molay répondit que ce n'était qu'une simple trêve, et qu'au reste il désapprouvait l'affaire.

La commission pontificale entendit, en février 1310, les cinq cent quarante-six templiers que l'on avait fait venir à Paris de toutes les provinces voisines. On leur suggéra, pour simplifier l'enquête, de désigner des porte-parole. Ce furent deux chapelains de l'ordre, Renaud de Provins et Pierre de Boulogne, qui développèrent surtout l'argument selon lequel les templiers, gens frustes pour la plupart, étaient hors d'état de comprendre la procédure où ils se trouvaient soudainement impliqués.

Pendant ce temps, les notaires de la commission firent le tour des prisons. Ce fut un concert de lamentations, qui donna raison aux procureurs : les prisonniers demandaient qu'on les conseillât. Mais, pour l'essentiel, ils ne voyaient pas en quoi l'ordre avait mérité un tel sort. C'étaient pour la plupart des braves gens qui n'avaient pas cru commettre un crime en devenant templiers.

Philippe de Marigny.

Le 7 avril 1310, une délégation de neuf templiers s'offrit à défendre l'ordre. Ils demandaient simplement aux commissaires les garanties les plus élémentaires, comme la sauvegarde des témoins et le secret des dépositions. Le 2 mai, on dénombrait cinq cent soixante-treize frères — chevaliers ou chapelains — prêts à témoigner sous serment de leur commune innocence : ils n'avaient, disaient-ils, avoué que par crainte de la torture. La commission pontificale commença d'entendre les témoins, mais les gens du roi s'arrangèrent pour faire passer d'abord ceux qui, à Poitiers naguère, à Paris maintenant, accusaient le Temple. On gagnait ainsi le temps que Philippe de Marigny allait employer à décourager les défenseurs de l'ordre.

La manœuvre du nouvel archevêque de Sens était simple : utilisant au mieux un principe incontestable de la procédure médiévale, mais introduisant ici une hâte qui n'était pas nécessaire en droit, il allait s'en prendre à la personne des défenseurs. Parmi ceux qui avaient déjà comparu devant l'Inquisition diocésaine et qui y avaient protesté de leur innocence, il en était qui, lors des premiers interrogatoires, à l'automne de 1307, avaient chargé l'ordre. En jurant maintenant l'innocence du Temple, ils se faisaient relaps, c'est-à-dire parjures. C'est pour éviter cela que les délégués des frères s'obstinaient à demander que les dépositions faites devant la commission pontificale fussent couvertes par le secret.

Le 10 mai, les templiers furent prévenus : le concile de la province de Sens siégerait le lendemain à Paris. Quatre d'entre eux purent aller jusqu'aux commissaires et leur demandèrent, en vain, qu'un ordre de surseoir fût donné à l'archevêque Marigny.

Celui-ci tenait du pape lui-même, on l'a vu, le pouvoir de faire juger les personnes. A aucun moment Clément V n'avait songé à préciser que de tels procès ne pourraient avoir lieu avant l'enquête sur l'ordre. La commission pontificale n'avait, d'autre part, aucune autorité sur un archevêque dans sa province. A Paris, l'archevêque de Sens était chez son suffragant l'évêque de Paris, donc chez lui. Gêné, l'archevêque de Narbonne Gilles Aycelin, qui était à la fois membre de la commission pontificale et du Conseil royal, se rappela qu'on était dimanche et s'en alla dire la messe.

Le lundi 11, le concile provincial eut tôt fait de condamner à mort les cinquante-quatre templiers qui avaient précédemment reconnu les fautes de l'ordre et les avaient, depuis, niées.

Il peut sembler paradoxal que fussent condamnés ceux qui

ne reconnaissaient pas les crimes du Temple et qu'on ne fît rien à ceux qui n'en disconvenaient pas. En fait, c'est le parjure qu'on condamnait chez les relaps. Les crimes du Temple seraient jugés plus tard. Le principe était qu'un péché avoué était à demi pardonné et qu'on ne pouvait en revanche pardonner à celui qui, en se parjurant, revenait à ses mensonges d'avant l'aveu.

La commission pontificale tenta une ultime manœuvre pour n'être pas jouée. Au matin du mardi 12, elle demanda qu'on n'exécutât pas les condamnés tant que le jugement au fond ne serait pas prononcé ; alors, seulement, on pourrait envoyer en enfer ceux qui ne se repentiraient pas. Pour l'heure, on enlevait à tous les relaps, si on les exécutait, l'occasion de racheter les fautes pour lesquelles ils étaient en prison. Mais il y avait une autre raison à cette démarche de dernière heure, et elle n'était pas moins déterminante : les commissaires voyaient bien que l'exécution des cinquante-quatre relaps enlèverait à quiconque l'envie de défendre le Temple. Il eût fallu, pour le faire sans risque, n'avoir pas avoué n'importe quoi à la première heure. Le Temple avait été, en 1307, victime de la médiocrité. L'héroïsme des médiocres de 1307 était en 1310 trop tardif : il tombait sous le coup du droit canonique.

Les gens du pape tentaient encore l'impossible que, déjà, les condamnés commençaient de mourir sur les bûchers que l'on avait en hâte construits hors des murs de Paris, à l'est, au-delà de la porte Saint-Antoine.

Quelques jours plus tard, cinq condamnés tardifs étaient à leur tour exécutés. Neuf autres furent brûlés vifs à Senlis.

Le concile parisien s'achevait. Cette fois, on jugeait au fond. Les rares templiers qui, depuis le début de l'affaire, avaient eu le courage de ne rien avouer furent condamnés à la prison perpétuelle : ils étaient impénitents. La grande masse, qui avait avoué en 1307 tout ce que voulaient les gens du roi et qui n'avait pas varié, demanda pardon, fut réconciliée et s'en alla libre. Le pardon dû au pécheur repentant tournait à la tranquillité des lâches. Les plus médiocres de tous avaient eu tristement raison.

Lorsque, le 12 mai, les commissaires apprirent qu'il n'y avait plus rien à faire pour retarder le supplice des cinquante-quatre, ils surent que leur mission était terminée et que le procès contre l'ordre était désormais impossible. Le premier témoin qu'ils entendirent le lendemain osa dire le Temple innocent, mais il tremblait de terreur. La commission comprit. On interrompit l'enquête. La présence des gens du roi rendait vaine la promesse du secret des auditions.

Ce fut la débandade. Plusieurs frères firent savoir, une semaine après le supplice des relaps, qu'ils renonçaient à défendre l'ordre comme ils l'avaient annoncé en avril. Le 30 mai, la commission s'ajourna.

Elle se retrouva le 17 novembre — malgré le roi, qui voulait retarder cette reprise — pour constater que la situation avait empiré. Les frères accusaient maintenant l'ordre, comme en 1307, ou bien faisaient tout simplement défaut. Ceux qui, réconciliés et acquittés en mai, revenaient ou seraient revenus comme témoins libres n'avaient aucune envie de remettre en jeu leur destin personnel. Les gens du roi, en revanche, avaient eu le temps de trouver — et peut-être d'acheter — à travers tout le royaume de nouveaux témoins à charge. La commission enregistra leurs tristes déclarations. Quant aux dignitaires de l'ordre, Molay et les autres, ils refusaient toujours de parler. Ils attendaient de comparaître devant le pape.

Tenu au courant de la tournure que prenait l'enquête, Clément V tomba d'accord avec les commissaires : cela suffisait. Le 5 juin, à Maubuisson, ces mêmes commissaires firent part au roi de leurs observations. Puis ils se séparèrent. Restait à faire ce qui, en théorie était le plus important au regard de l'avenir : prendre une décision quant à l'ordre lui-même.

Le concile de Vienne.

Que l'ordre en tant que tel fût innocent, cela allait de soi. Le Temple n'avait pas été fondé pour lutter contre la foi et les frères n'y entraient pas pour se rebeller contre l'Eglise. Les fautes à peu près certaines sont celles des hommes, non celles de l'ordre. Elles sont le fruit du laxisme, de la faiblesse, de l'oubli, voire de l'ignorance, non d'une volonté d'aller à l'encontre des desseins initiaux.

On avait au cours des siècles réformé le monachisme pour d'autres erreurs de comportement, mais on n'avait jamais condamné un ordre. Ni le pape ni les pères conciliaires assemblés à Vienne en octobre 1311 ne pouvaient s'y tromper : il ne pouvait être question de condamner le Temple, mais celui-ci avait été trop sali, trop compromis, trop mal défendu pour que l'abolition n'en fût pas politiquement nécessaire. Peut-être l'était-elle aussi d'un simple point de vue moral.

Nul n'avait, de l'extérieur, affirmé qu'il servait encore à quelque chose. Le roi de France voulait la suppression parce que l'ordre avait été objet de scandale avant 1307. Le pape et bien des cardinaux semblent avoir pensé que le Temple était devenu, depuis 1307, l'objet d'un scandale. Comme on avait une dizaine d'ordres militaires et que la nécessité de chacun n'était pas évidente, on pouvait en supprimer un.

Au reste, et cette considération dut peser lourd dans la balance pontificale, nul en Occident n'avait plus envie d'être templier. Principal concurrent du Temple au XIIIe siècle, en Terre-Sainte comme en Europe, l'ordre de l'Hôpital recrutait à l'envi.

Si Clément V avait songé à faire devant le concile un véritable procès, c'est pour une simple raison de forme. Il fallait un acte d'accusation, des interrogatoires, des témoignages, des réquisitoires, des plaidoyers. Face à la résolution de Philippe le Bel, il céda cependant sans grand-peine. La principale de ces concessions pontificales fut qu'il n'exigea pas qu'on envoyât à Vienne les dignitaires du Temple, dont la présence eût peut-être permis d'y voir clair. La crainte, qu'avait certainement le pape, d'une intervention violente du roi de France n'est pas seule responsable de cet abandon. Clément V était las de tout ce qu'on avait entendu depuis quatre ans. Bien des prélats, peu portés à croire le Temple coupable en soi et les templiers coupables en tout, étaient quand même écœurés d'aveux qui, même interprétés en tenant compte de la torture, donnaient de l'ordre une image peu flatteuse.

Et puis, tout ce qu'on avait dit et écrit sur le Temple avant 1307 demeurait vrai : sa richesse, son indiscipline, son inutilité. Clément V devait noter, quelques mois plus tard, qu'aucun jurisconsulte n'avait offert ses services à l'ordre. Or un étranger, qui n'aurait naturellement rien avoué des crimes imputés aux templiers, aurait pu soutenir la thèse de l'innocence du Temple sans prendre le moindre risque.

Tout semble donc indiquer qu'en 1311 Clément V souhaitait avant tout en finir.

A proximité de Vienne, il y avait quelques dizaines, voire quelques centaines, de templiers venus pour défendre l'ordre après avoir été absous. Clément V en avertit le roi de France par une lettre du 4 novembre. Peu après, le pape posait à une commission composée de cardinaux un certain nombre de questions qui semblaient toucher à la procédure et étaient en réalité des questions préjudicielles : les prélats admirent le droit des templiers à défendre l'ordre.

Dans le même temps, et sans attendre qu'une décision fût prise quant à l'ordre, le pape consultait sur la destination possible des biens séquestrés. Clément V était hostile à la création d'un nouvel ordre — il y en avait assez comme cela — et cherchait à privilégier une affectation qui eût fait concourir les biens donnés au Temple à une éventuelle reconquête de l'Orient latin. C'est dire que, de préférence aux ordres nationaux occupés au Nord-Est comme les teutoniques, ou au Sud-Ouest comme Calatrava et Alcantara, le pape songeait à l'Hôpital.

A la mi-janvier, malgré l'avis donné par les cardinaux, Clément V pensait que l'affaire allait être bientôt terminée. Aussi bien Philippe le Bel avait-il convoqué une assemblée de barons, de prélats et de représentants des bonnes villes, qui devait se tenir à Lyon le 10 février. Le précédent de 1308 laissait deviner que le roi, aussitôt après cette assemblée, gagnerait Vienne.

Clément V n'avait aucune envie de voir resurgir le spectre du procès contre la mémoire de Boniface. Il lui fallait en sortir, et très vite.

Le roi était à Mâcon dans les derniers jours de février 1312. A la mi-mars, il était à Lyon. L'assemblée prévue eut-elle lieu à ce moment ? Nous ne le savons pas, mais nous savons qu'à cette date les envoyés de Philippe le Bel négociaient déjà à Vienne. Il y avait Louis d'Evreux, Guy de Saint-Pol, Guillaume de Nogaret, Enguerran de Marigny. Leurs interlocuteurs n'étaient pas pour s'opposer à la politique royale : aux côtés du pape, c'étaient les cardinaux français, parmi lesquels Bérenger Frédol et Nicolas de Fréauville, l'ancien confesseur du roi.

On pouvait voir s'affronter deux politiques : l'absolutisme de Nogaret, l'opportunisme de Marigny. Mais déjà Marigny l'emportait, marchandant un abandon pour un autre. On s'accorda. Le pape acceptait de supprimer le Temple. Les Français renonçaient à aller plus loin, à faire condamner l'ordre, ce qui aurait supposé l'audition des défenseurs. Marigny poursuivit seul la négociation, cherchant à mettre le pape et le roi d'accord, non seulement sur la suppression de l'ordre mais sur ce que l'on ferait ensuite de ses biens.

Lorsque, le 20 mars, Philippe le Bel fit son entrée dans Vienne, tout était prêt pour la conclusion. Le roi était entouré de ses frères et de ses fils, et suivi de toute la cour. Il y avait, à l'arrière-plan, une véritable armée.

Le 22, Clément V consulta les cardinaux et la commission conciliaire réunis en consistoire secret : il leur demanda ce qu'ils pensaient d'une suppression pure et simple du Temple. Les prélats avaient vu le roi de France et son armée : la grande majorité fut favorable à la suppression. L'évêque de Valencia fut le seul à tenir le propos, après tout raisonnable, qu'il était injuste de punir l'ordre pour des fautes qui n'avaient jamais cessé d'être individuelles. Aussi bien Clément V ne songeait-il pas à justifier une condamnation. Comme il avait pouvoir de créer un ordre, il avait pouvoir d'en supprimer un.

L'acte final se joua, avec solennité, le 3 avril. Le concile était réuni en séance plénière. Le pape présidait. Le roi de France était à la droite du pontife, assis sur un trône un peu moins élevé. Toute la cour de France était là, face aux cardinaux, aux évêques et aux abbés. On devine les sentiments d'un Nogaret.

Clément V fit lui-même l'historique de l'affaire. Il annonça que l'ordre du Temple était supprimé « par provision », c'est-à-dire par décision administrative. On lut à haute voix la bulle *Vox in excelso.* L'ordre du Temple avait cessé d'exister. Le pape reprit la parole, pour annoncer une prochaine Croisade, à laquelle prendrait part le roi de France en personne.

L'affaire des biens du Temple occupa encore plusieurs mois. Contrairement à ce qu'écrivent périodiquement des auteurs qui n'ont pas lu les documents, Philippe le Bel n'avait jamais songé à confisquer les biens de l'ordre. Ce qu'il avait à plusieurs reprises réclamé, c'est la constitution d'un ordre unique, fort et bien structuré, riche des biens du Temple et — pourquoi pas, si ceux-ci y consentaient ? — de ceux des autres ordres. Ainsi ferait-on la Croisade, cette Croisade à laquelle Philippe le Bel était plus attaché qu'on ne croit communément parce qu'il n'entendait pas la faire aux dépens du seul royaume de France, et parce qu'il lui semblait inutile d'aller perdre son temps et son argent, c'est-à-dire celui du royaume, comme l'avait fait par deux fois saint Louis.

On irait en Terre-Sainte quand on aurait les moyens —

politiques, financiers, militaires — d'y aller : cela supposait un royaume en ordre. Cela supposait aussi une armée permanente, qui ne pouvait être faite de croisés, engagés temporaires. Ç'aurait dû être, au XIIIe siècle, la raison d'être du Temple. Ce pouvait être celle d'un autre ordre.

Naturellement, le roi de France aurait volontiers vu l'un de ses fils à la tête d'un tel ordre. Mais le fait que saint Louis eût laissé son frère conquérir le royaume de Sicile ne signifiait pas que les revenus de la Sicile allassent au trésor français.

Certes, Philippe le Bel était séquestre des biens du Temple dans le royaume, et il entendait bien donner son avis sur leur affectation. Il en profitait pour l'heure, mais il les faisait gérer et entretenir. Il lui faudrait un jour rendre ses comptes.

Le roi d'Aragon tirait de son côté, cependant, demandant sans relâche au pape d'attribuer tous les domaines aragonais du Temple — sinon tous les biens situés en Espagne — à une future branche aragonaise de l'ordre de Calatrava. Lui aussi tenait un fils prêt à gouverner l'ordre en question.

Le pape et la majorité des cardinaux avaient déjà fait leur choix, et celui-ci était en faveur de l'ordre de l'Hôpital. A peu de choses près, c'était la solution française, celle qui prévilégiait les chances de la future Croisade. Mais on faisait, avec l'Hôpital, l'économie de la création d'un nouvel ordre. Inutile de recruter, de rédiger des statuts, de choisir un grand maître. L'Hôpital était là, tout prêt. Il était déjà organisé. Il était riche. Nul n'avait jamais dit de lui le centième de ce qui avait entraîné la perte du Temple.

Il fallut composer. Le pape amadoua les évêques, dont la majorité — il y avait là les Italiens hostiles aux Français et les Aragonais favorables à l'Aragon — ne concordait pas avec celle du Sacré-Collège des cardinaux. Clément V avait créé beaucoup de cardinaux à sa dévotion ; il n'avait pas eu la même facilité pour les sièges épiscopaux.

Le pape eut la sagesse d'offrir aux Aragonais de disjoindre le cas de l'Aragon, où il était assez logique que les biens offerts au Temple pour la défense de la Chrétienté fussent affectés à la défense de l'Espagne chrétienne contre l'Islam. Puis, désespérant de faire céder les prélats italiens, il procéda le 3 mai à un coup de force comparable à celui du 3 avril. Il était fort, alors, de l'acquiescement d'un Enguerran de Marigny que les hospitaliers avaient peut-être intéressé à leur fortune et qui avait su retourner en leur faveur le Conseil de Philippe le Bel.

Devant tout le concile, le pape déclara en effet le 3 mai qu'il remettait à l'ordre de l'Hôpital les biens du Temple, exception faite de ceux qui se trouvaient situés dans la Péninsule ibérique, et qui étaient dévolus aux ordres militaires locaux. Tout le monde s'inclina. Philippe le Bel se contenta d'exiger que l'ordre de l'Hôpital fût réformé. Dans la ligne des demandes naguère insatisfaites quant au Temple, la politique royale était remarquablement cohérente. On était toujours dans le cadre défini par Guillaume de Nogaret pour la réalisation de la Croisade : la réforme de l'Eglise et principalement des ordres militaires, et la réaffectation des ressources procurées par la générosité des fidèles.

La mort de Nogaret et celle du roi, deux ans plus tard, firent qu'on ne parla plus de réformer l'Hôpital.

Le Temple n'existait plus, mais il y avait encore des templiers. Le pape maintint sa confiance aux conciles provinciaux — on sait que celui de Sens en avait déjà fini — et précisa qu'il faudrait, sur les biens de l'ordre, donner aux anciens templiers de bonne foi les moyens de refaire leur vie. Ceux qui, à travers toute la France, avaient échappé au coup de filet de 1307 qui drainait vers Paris tant de templiers obscurs choisirent chacun pour soi de demander pardon, sans savoir très bien de quoi. Libérés, ils cherchèrent ensuite à se faire oublier.

Le supplice de Molay.

Avant de fermer son dossier, Clément V avait affirmé de nouveau qu'il se réservait le soin de juger les dignitaires de l'ordre. Il avait délégué l'instruction à l'inquisition diocésaine, mais il n'avait jamais renoncé à se prononcer lui-même. Ce pouvait être la chance de Jacques de Molay et de ses compagnons, le visiteur de France Hugues de Pairaud et les quatre précepteurs d'Outre-Mer, de Provence, de Normandie et d'Aquitaine-Poitou. Avec un pape moins velléitaire, ce pouvait être l'occasion d'y voir clair dans le comportement de Molay.

Le grand maître attendait sa comparution devant le pape, et il avait laissé mourir son ordre sans vouloir parler devant un autre que le Souverain Pontife. Or celui-ci ne voyait plus — et ne voulait plus voir — dans le jugement des dignitaires que la liquidation d'une affaire pour lui terminée. Le 22 décembre 1313, il chargea trois cardinaux — Nicolas de Fréauville, Arnaud Nouvel et Arnaud d'Auch — de juger à sa place les dignitaires : il affirmait une fois encore que l'enquête menée par la commission pontificale devait suffire à les éclairer.

C'était enfermer Molay dans son mutisme. Les trois cardinaux — faut-il rappeler que Fréauville était l'homme du roi ? — vinrent à Paris, mais ils se contentèrent d'y organiser la cérémonie au cours de laquelle devait être publiée la sentence.

Le 19 mars 1314, Molay et ses compagnons montèrent sur le podium dressé au milieu du parvis, devant Notre-Dame. Ils entendirent Arnaud Nouvel exposer l'accord profond du pape, du roi et de l'archevêque Marigny. La conclusion était qu'ils étaient condamnés à la prison à vie. C'était tout.

Le visiteur Hugues de Pairaud et le précepteur Geoffroi de Gonneville avaient tout fait pour sauver leur vie. Ils avaient gagné, si l'on peut dire. Ils se turent. Jacques de Molay et le précepteur de Normandie Geoffroi de Charnay eurent au contraire le sursaut d'héroïsme que l'on n'attendait plus. Le grand maître se voyait dupé. Depuis sept ans, il était en prison, et la perpétuité ne faisait sans doute pas peur à cet homme déjà âgé. Le geste de Molay, ce n'est pas celui de Jeanne d'Arc s'entendant à vingt ans condamner à une vie de prison. C'est l'indignation de celui qui a cru que tout s'éclairerait le jour où il serait devant le suprême garant de la Chrétienté.

Depuis sept ans, Molay n'avait misé que sur un entretien avec Clément V. Il avait, sans un mot, laissé périr l'ordre et tant de ses frères. Il pensait, hors de la puissance du roi et sous la protection de l'Eglise, sauver l'honneur. Et soudain, tout était consommé. Molay se voyait jugé, sans appel possible, en 1314, par trois prélats en tout point semblables à ceux devant lesquels, de 1309 à 1311, il avait refusé de parler.

Molay n'était pas un naïf. Il savait ce que relaps voulait dire. Mais sept ans de prison avaient mûri l'homme, l'avaient rendu indifférent à la souffrance, au désespoir. Non au déshonneur.

Il comprit qu'à se taire par tactique après avoir avoué par faiblesse il serait le grand maître qui n'avait pas défendu le Temple. Il obtint le droit de parler. Devant les cardinaux et devant la foule, il dit alors ce qui était le pure vérité : l'ordre était innocent — il dit « saint » — et son crime, à lui, Molay, n'était que d'avoir trahi le Temple pour sauver sa vie. Charnay fit écho au grand maître.

Etonné d'un incident qui troublait l'ordonnance prévue pour la cérémonie, les cardinaux renvoyèrent les dignitaires en prison. Le prévôt de Paris en prit livraison et les boucla. On verrait le lendemain. Sans doute les cardinaux voulaient-ils voir le roi. Peut-être songeaient-ils à gagner un peu de temps et à en référer au pape.

Nogaret contre-attaqua avec une promptitude qu'explique pour une part l'exaspération d'un homme âgé, sentant sa fin proche et voyant n'en pas finir une affaire qui traînait en fait depuis bientôt dix ans. Le jour même, le Conseil royal fut convoqué au Palais. On y constata les rétractations de Molay et de Charnay. L'incident avait été public, la peine semblait donc fondée *ipso facto,* et point n'était besoin d'un nouveau jugement. Celui du concile parisien de 1310 suffisait à faire jurisprudence. Au reste, s'il fallait juger, le roi était juge. Nogaret avait assez lutté, onze ans plus tôt, pour le dire défenseur de la foi. Le Conseil décida l'exécution des deux dignitaires.

Le soir tombait. On dressa en hâte un bûcher double, dans une île qui prolongeait en aval les jardins du Palais, à la pointe occidentale de la Cité. Dans le soleil couchant, Jacques de Molay et Geoffroi de Charnay montèrent courageusement vers leur supplice. Le grand maître se dévêtit lui-même, ne gardant qu'une chemise de toile. « Dieu vengera notre mort », dit-il. Il demanda qu'on le tournât, sur le bûcher, le visage vers les tours de Notre-Dame qu'on apercevait à peine au-dessus des maisons. Molay d'abord, Charnay ensuite, ils moururent en regardant l'Orient.

CHAPITRE XVII

Les marchandages de Marigny

L'IMPOSSIBLE TRAITÉ D'ATHIS.

Le traité d'Athis avait mis fin à la guerre, mais il n'avait nullement mis au pas les Flamands. En premier lieu, le traité avait semblé, dès le temps des négociations d'Athis, d'une exécution difficile. Le comte de Flandre Robert de Béthune et ses deux frères s'étaient engagés à se constituer prisonniers si le traité n'était pas exécuté à la Toussaint 1305, mais on avait jugé prudent de proroger les trêves jusqu'à la Pentecôte 1307, cependant que sept arbitres étaient désignés d'avance pour régler les litiges qui ne pouvaient manquer de surgir à la faveur des obscurités du traité.

En deuxième lieu, les Flamands étaient peu portés à accepter allègrement un traité dont les clauses financières signifiaient une charge fiscale écrasante, aboutissant à la paralysie de l'activité économique. La position de Robert de Béthune était d'ailleurs des plus délicates, car la bourgeoisie et le menu peuple se trouvaient d'accord pour dénoncer un traité scandaleux et pour taxer purement et simplement leur comte de trahison. Mais comme Robert de Béthune ne pouvait faire que le roi n'eût été vainqueur, la sagesse lui commandait de manifester au roi quelque bonne volonté et d'atermoyer.

C'est alors qu'apparaît un troisième élément de cette histoire : la froide détermination d'Enguerran de Marigny, qui devient vers 1307-1308 une sorte de ministre des affaires flamandes, celles-ci étant fort étroitement liées aux affaires financières pour la double raison que l'on ne fait pas la guerre sans argent et que le traité pouvait rapporter de l'argent. Le chevalier madré mais peu lettré qu'est Marigny se trouve sans doute plus à l'aise dans les négociations avec le comte Robert et avec les bourgeois que les villes flamandes constituent procureurs pour parler places fortes, garnisons, et impôts, que dans les arcanes de la politique ecclésiastique où les légistes font merveille.

Même au concile de Vienne, Marigny n'a que deux choses en tête : les finances et la Flandre. Tout le reste s'y rattache, ou demeure pour lui secondaire.

A peine le traité conclu, les négociations avaient été rouvertes, les villes y étant conviées par la nécessité que rien ne pouvait se faire sans les contribuables. La complicité pontificale faussa d'abord la balance en faveur du roi, et le traité fut ratifié le 1er juin 1307, pendant l'entrevue du pape et du roi à Poitiers. Comte en titre depuis la mort de son père, Robert de Béthune prêtait hommage au roi pour la partie de son comté qui mouvait du royaume, et il acceptait que l'investiture du comté ne porte effet que du jour où le traité serait accompli.

Les villes entérinèrent les serments de leurs procureurs. L'émotion de 1305 était passée, et l'on se faisait à l'idée d'une lourde charge financière, dès lors qu'on ne savait pas très bien quand on paierait.

Les Brugeois, seuls, s'agitèrent un peu, parlèrent d'insurrection, et obtinrent finalement que leur traitement fût adouci : ils rachetaient pour 300 000 livres les trois mille pèlerinages — dont un tiers en Terre-Sainte — qui ajoutaient à la peine financière l'humiliation de la pénitence publique et l'inconvénient économique d'une perte temporaire de main-d'œuvre.

Rien n'était réglé, puisque rien n'était payé. Le traité avait été dur, trop dur pour que les Flamands pussent raisonnablement s'acquitter. L'eussent-ils pu que la majorité n'en avait nullement l'intention. Mais le comte devait gager la rente promise au roi — jusqu'à ce qu'elle soit assise en terre — par la livraison de trois châtellenies, Lille, Douai et Béthune, et de deux châteaux, Cassel et Courtrai. Toute l'affaire de ces années qui suivent la conférence de Poitiers allait donc être de ne pas payer et de ne rien gager, et cela sans manifester ouvertement une mauvaise volonté qui pouvait déclencher les sanctions canoniques — l'excommunication et l'interdit — prévues pour la violation des serments.

L'impôt avait été immédiatement impopulaire auprès des Flamands et, dès les premières levées, en 1306, les receveurs avaient rencontré une forte résistance. Les listes d'arrérages impayés s'allongeaient. L'hostilité au prix de la défaite s'aggravait d'un conflit de répartition qu'entretenait en chaque ville le refus opposé par les anciens léliaerts, que le roi avait voulu exempts de cet impôt mais que les gens du comte ne manquaient pas de taxer. Autant de brimades, autant d'appels, autant d'égratignures faites à la paix. Comme dix ans plus tôt, le roi devait intervenir dans les affaires intérieures des villes flamandes et son intervention soulignait les clivages sociaux. Voilà qui n'était pas pour apaiser l'agitation.

Une « grande peur » saisissait la Flandre, faite dans les villes des prodromes de la crise économique d'inadaptation qui allait bientôt emporter la draperie traditionnelle, faite dans le menu peuple de la crainte d'une réaction des patriciens plus ou moins liés au roi, faite chez tous de l'accumulation des fausses nouvelles et des conciliabules de carrefour. On vit Gand et Audenarde s'allier pour « remettre le pays de Flandre en bon état ». L'insécurité s'emparait des campagnes, le pur et simple banditisme se couvrant commodément des apparences partisanes.

Un mince incident, le mécontentement des frères convers cisterciens et la révolte de l'un d'eux, qui assomma son abbé, tourna à l'émeute dans Bruges où Pierre De Coninck, fils du tisserand dont Jean de Namur avait fait un chevalier avant d'engager le combat à Courtrai, s'exerçait à son tour à l'art de mener les foules.

Le comte et le roi virent quel risque ils prenaient en maintenant la Flandre dans une situation qui n'était ni guerre ni paix. Le comte n'entendait pas laisser croître la prétention politique des métiers. Le roi n'avait aucun intérêt à pousser le peuple au désespoir. A la fin de 1307, on rouvrit les négociations. Robert de Béthune était résolu à faire un effort, le roi à réduire ses exigences. Les représentants des villes souhaitaient à la fois profiter des dispositions nouvelles du roi et gagner du temps. Comble du paradoxe, on vit Robert de Béthune se porter fort devant les Brugeois de la bonne foi du roi de France !

LE TRAITÉ DE PARIS.

C'est de la rente de vingt mille livres tournois — prévue outre l'indemnité de quatre cent mille livres — qu'on discuta dès janvier 1308, à l'occasion des fêtes données à Boulogne pour le mariage d'Edouard II et d'Isabelle de France. Marché fut conclu entre Nogaret et les gens du comte pour un rachat partiel : la moitié de la rente était remise, moyennant paiement de deux cent mille livres tournois, ou six cent mille livres de la faible monnaie tournois qui courait au temps du traité d'Athis. Comme une rente se négociait normalement, à la même époque, à dix fois son revenu, le rachat était ici estimé à très haut prix. On frôla de surcroît l'incident grave pour une simple étourderie, car les receveurs exigèrent six cent mille livres fortes...

Tout le problème pouvait se résumer en une constatation : nul n'avait songé, en 1305, à indexer sur le métal précieux le montant d'une indemnité payable une seule fois. Cette difficulté quant à l'exécution des contrats après les mutations monétaires, qui allait empoisonner toute la vie économique au XIVe siècle, faisait trébucher, dès l'aube de ce siècle, les gouvernements eux-mêmes.

Au vrai, en cette année 1308 où l'on sent la guerre terminée mais où l'on s'enlise dans des négociations sans cesse rouvertes et jamais satisfaisantes, croit-on à ces clauses financières ? Les Flamands n'acceptent sans doute un tel taux de rachat qu'avec le dessein d'ergoter ensuite sur les paiements. Après tout, racheter une rente à dix fois sa valeur est d'un extraordinaire profit si l'on met dix ans à payer le prix : c'est troquer gratuitement une rente perpétuelle contre une rente décennale. Quant à Philippe le Bel et à ses conseillers, parmi lesquels le pragmatique Marigny commence de se faire entendre, ils souhaitent surtout ne pas rouvrir des hostilités onéreuses pour tous et politiquement dangereuses en raison de l'impopularité des charges fiscales que crée la guerre. Mieux vaut mettre à profit la paix pour assurer la mainmise politique du roi sur le comté de Flandre.

Le réalisme de Marigny ne fait ici que renforcer le sentiment des légistes, qui dominent encore le Conseil : il est plus important de soumettre à un hommage lige au roi tous les officiers du comte et des villes — c'est-à-dire tous les administrateurs de la vie politique et économique — que de faire payer la Flandre, quand on sait qu'elle paiera mal.

Les deux cent mille livres fortes stipulées en 1308 semblent donc une arme de dissuasion, non un prix. Lorsque l'enjeu est véritable, le roi ne cherche ni à écraser ni à léser les Flamands : c'est ainsi qu'il arbitre en faveur de Jean de Namur, frère du comte Robert, et contre son propre frère Charles de Valois, un conflit né des droits de Catherine de Courtenay sur Namur. Jean de Namur épouse une Capétienne, fille de Robert de Clermont, cependant qu'Isabelle de Valois est promise à l'aîné des petits-fils de Flandre. Robert de Béthune, cependant, prête la main à la levée de l'impôt qu'il faut bien établir pour payer l'indemnité ou ce qu'il en restera. Empressement intéressé, notons-le, car le comte s'arrange assez habilement pour conserver une partie des sommes qu'il perçoit à l'intention du roi.

Amorcée en janvier, la négociation générale reprit à Paris en octobre 1308. On vit arriver les procureurs des villes, qui parlaient haut, trop haut pour le roi, que leurs prétentions agacèrent dès l'abord. Les Flamands jugeaient que la démolition des enceintes, bien qu'expressément stipulée, était contraire à la promesse, faite par les gens du roi pendant les préliminaires d'Athis, de laisser les villes de Flandre dans l'état antérieur à la guerre. Ils voulaient que les léliaerts fussent jugés par les tribunaux flamands, envers lesquels ces anciens partisans du roi nourrissaient évidemment une suspicion légitime. Ils demandaient que les amendes dues pour toute violation de la paix fussent versées au trésor comtal. Ils fixaient enfin la limite de leurs concessions financières : rachat total de la rente, calcul des indemnités en monnaie du temps de guerre, c'est-à-dire en monnaie faible, et annuités égales au plus à cent mille livres, « car n'ont pouvoir de plus payer ». A ce rythme, le roi en avait pour quinze ans, si tout allait bien.

Philippe le Bel trouva que ces bonnes gens allaient un peu fort. Il les renvoya. Quant à Robert de Béthune, l'attitude de ses sujets l'exaspéra, et il leur donna carrément tort. La situation achevait donc de se renverser : les procureurs des villes se retrouvèrent à Courtrai où, laissant les Brugeois reprendre l'initiative et le gouvernement du parti populaire, ils concertèrent leur action contre le roi, le comte et le patriciat. Lorsqu'en mars 1309 l'un des fils du comte Robert demanda de nouveau aux Brugeois de confirmer leur adhésion au traité en échange de quelques sensibles concessions faites par le roi, les gens des métiers s'insurgèrent. Appelé à la rescousse par Philippe le Bel, Clément V menaça les Flamands de jeter l'interdit sur le comté, mais il refusa de laisser le roi maître des excommunications prévues par le traité.

En avril, une nouvelle conférence réunit à Paris anciens et nouveaux adversaires, mais les Brugeois refusèrent d'y venir et leur absence diminua la portée de la négociation. Quoi qu'il en fût, Robert de Béthune joua là les conciliateurs et poussa les procureurs des villes à accepter d'avance l'excommunication et l'interdit pour le cas où ils violeraient le traité, qu'on ne manqua pas de ratifier une fois de plus. Le roi donna des preuves de bonne volonté, et sa concession la plus appréciée fut qu'il renonçait à la destruction des enceintes. La seule enceinte qui devait disparaître était celle de Bruges. Après tout, les Brugeois n'étaient pas là.

Bien des bourgeois de Flandre avaient eu, au moment de la défaite, le sentiment qu'ils payaient très cher pour une affaire où ils avaient été menés par les Brugeois. Tirant peu à peu leur épingle du jeu, ils laissaient les Brugeois seuls face au roi. La bourgeoisie marchande des villes concurrentes, en particulier celle d'Ypres, n'était pas mécontente de l'occasion qui lui était ainsi donnée de rééquilibrer la géographie économique de la Flandre.

Cependant que l'on annonçait l'éventuelle reprise des hostilités par le roi contre ceux qui lui demeureraient rebelles, tous les bourgeois du comté — Brugeois exceptés — prêtèrent entre les mains de Guillaume de Plaisians, de mai à juillet 1309, un serment qui ratifiait le traité de Paris, autrement dit le traité d'Athis modifié.

Les gens de Bruges comprirent ce qu'ils risquaient. Ils députèrent à Paris leur bourgmestre et quelques notables. Le 4 juillet, cette ambassade jurait à son tour la paix. Le roi acceptait d'étendre à Bruges le bénéfice du nouveau traité, mais il demeura intraitable sur un point : celui des fortifications. Bruges devrait ramener son enceinte à ce qu'elle était un siècle plus tôt, après la défaite du comte Ferrand à Bouvines.

Le 27 juillet, Plaisians reçut enfin à Bruges le serment de chaque bourgeois. Les évêques — celui de Thérouanne et celui de Tournai — publièrent l'excommunication *ipso facto* des éventuels rebelles. Tout était en ordre. Pour sceller l'amitié retrouvée, le roi confia à Robert de Béthune la garde de l'un des châteaux qui garantissaient l'exécution des clauses financières du traité, celui de Cassel.

Le comte et les villes députèrent alors auprès du pape pour qu'il confirmât le traité de Paris. Ce qui fut fait par une bulle du 13 juin 1310. Philippe le Bel avait obtenu ce qu'il souhaitait : la garantie du pape à la soumission de ses sujets rebelles.

On avait trouvé au problème flamand une solution politique. Mais le problème flamand n'était que secondairement politique. La colère des travailleurs de l'industrie drapière ne désarmait pas contre les patriciens, qui s'entendaient plus que jamais à profiter de leur position dans les échevinages pour exploiter les villes et se dérober à leur part des charges communes. Que le comte de Flandre fît désormais cause commune avec les patriciens, déjà alliés traditionnels du roi, ne faisait qu'exacerber la haine des tisserands, des foulons, des teinturiers, des bouchers. Les émeutes se succédaient. Un échevin de Bruges fut massacré. Le comte Robert lui-même n'échappa que de peu à la colère des tisserands gantois. Les revendications des populaires ne trouvèrent qu'un seul appui dans l'aristocratie, le propre fils aîné du comte, Louis de Nevers, qui arbitra contre les patriciens et leur gestion financière la fin d'une véritable guerre municipale née, à Ardenbourg, de la levée d'un impôt que l'échevinage avait, comme à l'accoutumée, établi en sorte que les plus riches fussent relativement épargnés.

L'entente du comte et du roi était trop artificielle pour ne point tarder à se détériorer. Lui-même taxé pour l'exécution financière du traité, Robert de Béthune ne mettait aucun empressement à faciliter la tâche des receveurs. Pis encore, l'impécunieux comte prélevait sa part des sommes levées pour le roi. Enguerran de Marigny, qui commençait de prendre la direction des affaires financières, ne manqua pas de s'en offusquer.

Nouvelles interventions royales.

Les circonstances favorisaient, d'autre part, de nouvelles interventions du roi dans les affaires intérieures du comté de Flandre, et l'on voyait se dessiner une fois de plus le clivage qui opposait aux bénéficiaires de telles interventions le parti des évincés et des déboutés. A moins d'applaudir à ces atteintes portées à son autonomie féodale, Robert de Béthune ne pouvait que soutenir les victimes du roi. On revenait à l'affrontement de 1297.

On le vit bien en 1309 lors de la cocasse affaire de Mortagne. Marie de Mortagne était veuve, et son bien faisait d'elle un parti des plus intéressants : elle était dame de la seigneurie de Mortagne — au confluent de la Scarpe et de l'Escaut — et de surcroît châtelaine de Tournai. Négligeant un premier prétendant, l'un des fils du comte de Flandre Guy de Dampierre, elle avait en 1297 épousé un prince de la maison de Brabant, Jean de Vierzon. Celui-ci étant resté avec bien d'autres sur le champ de bataille de Courtrai, Marie le pleurait depuis six ans.

Parmi tant de morts, nul ne pouvait vraiment dire si l'on avait, ou non, vu le corps de Jean de Vierzon à Courtrai. Le merveilleux ne tarda pas à s'emparer de l'affaire, naissant comme toujours de l'incertitude. Il y eut des gens pour refuser de croire que tant de têtes couronnées avaient pu trouver la mort en une seule bataille. Un prédicateur ambulant passablement exalté s'en vint consoler Marie de Mortagne : son époux n'était pas mort, il faisait pénitence, et, après sept années de retraite et de mortifications, il reparaîtrait au monde.

Et voilà que, le 23 février 1309, Jean de Vierzon faisait son entrée solennelle dans Tournai. Il avait à son côté Louis d'Evreux, à la fois frère du roi et fils de la reine Marie de Brabant, dont le châtelain ressuscité était le neveu. Les deux cousins étaient flanqués d'Enguerran de Marigny. La caution royale était flagrante.

Le sire de Mortagne reprit ses activités, reçut l'hommage de ses vassaux, gouverna les terres de sa femme. Il retrouva même les joies de la vie conjugale.

Il fallut quelques semaines pour qu'on éventât la supercherie. L'usurpateur était un nommé Jacques de Ghistelles. Le roi le fit pendre. L'histoire en dit long sur la rapidité du vieillissement des hommes en ce XIVe siècle : après six ans, la veuve elle-même avait été dupe.

Bien des Flamands pensèrent alors que Louis d'Evreux et Marigny avaient machiné l'affaire. On le crut encore plus lorsque Marie de Mortagne mourut : dans la retraite à laquelle l'avait poussée l'humiliation publique, elle avait préparé la cession au roi de toutes ses seigneuries.

Le roi a-t-il volontairement soutenu un imposteur ? Les

ambassadeurs aragonais témoignent du contraire : Philippe le Bel et son Conseil ont été, eux aussi, dupés. Au reste, monter une telle affaire eût été bien périlleux, car nul ne pouvait être assuré que la veuve s'y tromperait. En tout cas, avant de la savoir piégée, le roi et ses conseillers ont visiblement sauté sur l'occasion : la présence à Tournai du comte d'Evreux et du chambellan du roi manifeste assez une volonté délibérée d'intervenir en l'affaire. La suite, d'ailleurs, dit bien pourquoi. On comprend que Robert de Béthune, avant de savoir ce qu'il en était du sire de Mortagne ressuscité, ait manifesté quelque humeur de voir Philippe le Bel se comporter à Tournai comme si la ville avait été du domaine royal.

Le rachat des pèlerinages dus par les Brugeois ne dressa pas moins le comte de Flandre contre le roi. Incapables de payer à la fois l'indemnité de guerre et le prix du rachat des trois mille pèlerinages à eux imposés, les Brugeois avaient demandé aux bourgeois des autres villes un partage équitable de toutes les charges. Bien entendu, les autres avaient refusé. Les pèlerinages, jugeaient-ils, n'étaient pas liés à la guerre dans son ensemble, mais à la révolte des matines de Bruges, en particulier. C'était d'ailleurs exact, et, lorsqu'on se tourna vers les ambassadeurs qui avaient négocié pour la Flandre à Athis, ils confirmèrent le fait. Mais ils n'en donnèrent pas moins raison aux Brugeois : les pèlerinages sanctionnaient la révolte de Bruges, mais on était convenu de répartir sur tous les charges financières. Autrement dit, les Brugeois étaient seuls tenus d'aller en pèlerinage, mais, dès lors qu'on rachetait cette obligation, le caractère particulier de la peine disparaissait.

Les gens de Gand et d'Ypres furent indignés : ils ne voyaient pas pourquoi la faute de Bruges leur tombait dessus pour la seule raison qu'on dispensait les Brugeois d'accomplir leur peine au sens propre. Ils en appelèrent au roi de cet arbitrage flamand.

Philippe le Bel ne cessait de recevoir des plaintes de ses anciens partisans, dont l'épiderme était chatouilleux pour peu que le comte ou ses officiers s'occupassent d'eux. Il saisit avec empressement l'occasion offerte par l'appel des deux villes. Une fois encore, il cita Robert de Béthune à comparaître.

Cette fois, le torchon brûlait. Un incident de pure forme, survenu à Avignon au moment où les plénipotentiaires flamands allaient ratifier leur acceptation anticipée des excommunications *ipso facto,* provoqua en avril 1310 une protestation solennelle quant aux circonstances dans lesquelles les Flamands avaient accepté la chose. Le procureur flamand à Avignon, Daniel de Thielt, accusa nommément Guillaume de Plaisians d'avoir, au cours de sa tournée de 1309, fait consigner par des notaires complices autre chose que le texte lu en public et juré par les bourgeois. Clément V flancha : il retira ses sentences. Venu en août à la cour pontificale pour tenter de fléchir le pape, Enguerran de Marigny essuya un refus catégorique. Le roi répliqua en multipliant les vexations contre le comte de Flandre et contre les villes. Au cours de l'été, la fièvre monta dans les rues de Bruges.

Les conférences de Tournai.

Mais nul ne désirait une guerre dont l'issue n'eût dépendu que de l'attitude des métiers. Enguerran de Marigny partit pour la Flandre ; le maréchal Jean de Grès et le maître des arbalétriers Pierre de Galart l'assistaient. Robert de Béthune chargea son fils aîné, Louis de Nevers, de le représenter dans un premier temps. L'instabilité du caractère de ce prince, sa constante opposition à la politique de son père et sa réputation de débauche laissaient mal augurer de la négociation qui s'ouvrit, d'abord de manière confidentielle, dans l'été de 1311.

Marigny, pour sa part, n'y allait pas de main morte : ce qu'il demandait, sans ambages, c'était l'abdication du comte de Flandre. Il offrait tout juste le choix de la forme. Le comte Robert, suggérait le chambellan, pourrait céder la Flandre à son fils, qui la transférerait au roi ; Louis verrait en échange son comté de Nevers accru d'un fief en Bourgogne ou en Berry, serait pour le tout reconnu comme pair de France et recevrait en don une somme de cent mille livres. Louis refusa. Marigny suggéra alors un mariage entre Philippe d'Evreux, neveu du roi, et Jeanne de Flandre, à qui la Flandre serait donnée en dot. Devant un nouveau refus, Marigny dut se rabattre sur la moins avantageuse des solutions : le mariage de Louis, fils de Louis de Nevers et héritier de la Flandre, avec la sœur de Philippe d'Evreux. Là encore, le comte de Nevers refusa. On se sépara donc sans être parvenu au moindre accord, si ce n'est qu'on prit date pour une conférence, publique celle-là, en septembre à Tournai.

Sans doute le chambellan de Philippe le Bel crut-il impressionner les Flamands en arrivant à Tournai avec un train royal. Escorté de sergents à masse et d'écuyers, suivi de ses collègues de l'ambassade royale et de leurs clercs, accueilli aux approches de la ville par les échevins, Marigny se fit surtout en la circonstance un ennemi mortel de Charles de Valois. Le frère du roi était à Tournai pour des affaires privées — le règlement de la dot d'Isabelle de Valois, belle-fille de Louis de Nevers — mais il était prince du sang et il jugea que l'ambassadeur extraordinaire l'éclaboussait quelque peu. Il devait s'en souvenir.

Marigny avait à Tournai une double mission : arbitrer et prolonger les trêves entre la Flandre et le Hainaut, et traiter des difficultés que l'on rencontrait dans l'observation de la paix entre la France et la Flandre. Louis de Nevers n'attendit pas, pour attaquer, qu'on en vînt à la seconde affaire : parlant au nom de son père — très hésitant sur ce point — autant qu'au sien propre, il accusa le roi d'être un arbitre partial : le comte de Hainaut avait été l'allié du roi de France contre la Flandre. Marigny répliqua vertement que la rébellion flamande en était seule responsable :

> Sire comte, vous ne devez pas vous émerveiller des alliances entre le roi et le feu comte de Hainaut, pour eux et pour leurs hoirs, contre monseigneur Guy, votre père, et ses enfants. Le dit monseigneur Guy, votre père, étant en la foi et en l'hommage du roi de France qui règne à cette heure, et son homme lige pour toute la comté de Flandre, fit, sans nulle raison et sans avoir trouvé nulle faute de justice ou de droiture à l'encontre du roi, une alliance et confédération contre le roi son seigneur avec le roi d'Angleterre, qui était alors ennemi et en guerre ouverte avec le roi de France. Il reçut celui-ci dans le royaume et dans la terre de Flandre. Il prêta aide et confort à ce roi d'Angleterre et à plusieurs autres qui étaient notoirement et publiquement ennemis et en guerre ouverte avec le roi de France.

On en vint au traité d'Athis, ou plutôt au traité de Paris.

Robert de Béthune protesta que le roi lui faisait à ce propos « aucunes rudesses ». Marigny explosa :

> Sire comte, ni vous ni votre fils le comte de Nevers ne devriez tirer ou reprocher les faits et les œuvres du roi de France à mauvais entendement, et vous ne devriez pas donner occasion au peuple de le croire.
>
> Ni vous ni d'autres ne pouvez dire du roi autre chose que tout bien et toute loyauté. Il vous a fait tant de grâces que vous devriez mieux les reconnaître, et non mie défier de lui.
>
> Il tenait en prison, tout à sa volonté, votre père et vous et ses autres enfants, comme forfaits de corps et d'avoir, pour perdre par la voie de justice la tête et la vie, ou subir quelque vengeance qu'il lui plût, spécialement s'il voulait regarder les grands méfaits de vous-même et de vos frères, et ceux de vos gens pendant que vous étiez en prison.

Et le chambellan d'insister sur le fait que bien d'autres eussent tout simplement confisqué le comté de Flandre pour l'annexer au domaine royal. L'allusion à Philippe Auguste et à la fin de l'Etat continental des Plantagenêts n'était guère voilée.

Il en était à exhorter les Flamands à conserver la paix, conformément à leurs serments passés, lorsque les deux comtes, revenant sur les propos précédents, l'interrompirent. Robert de Béthune protesta qu'il n'avait été emprisonné ni de son plein gré ni comme forfait. Louis de Nevers, plus brusque, souligna le caractère déraisonnable de l'emportement de Marigny. C'était évidemment un bon moyen d'attaquer les propos tenus au nom du roi sans outrager le roi absent.

> Je crois que les paroles que le seigneur de Marigny a dites n'étaient ni du commandement ni de la conscience du roi...

Marigny rétorqua qu'il avait des preuves de la trahison du comte de Flandre : ses propres actes, scellés de son propre sceau. A haute voix, Louis de Nevers demanda d'où sortaient ces actes. Comment avaient-ils été scellés ? Pour lui, c'étaient évidemment des faux. Marigny bondit, lançant au comte, avec une insolente ironie :

> Ni le roi ni son Conseil n'ont été votre chancelier !

Les témoins de cette joute oratoire s'impatientaient. Les procureurs des villes déclarèrent que, malgré sa dureté, ils observeraient la paix. Devant un Marigny en colère, c'était encore un mot de trop, que releva le chambellan :

> La paix n'a pas été dure, mais débonnaire et gracieuse. Elle devrait bien sembler telle à tous ceux du pays, en considération des méfaits qui sont advenus.

Les deux comtes déclarèrent à leur tour qu'ils ne demandaient qu'à respecter la paix. Mais Marigny tenait à avoir le dernier mot : il conclut que les paroles ne suffisaient pas à prouver la bonne foi, et qu'il y faudrait des actes. On se sépara, pour se retrouver le mois suivant.

Prévue pour le 14 octobre, cette deuxième conférence de Tournai s'ouvrit avec une journée de retard. L'ambassade française s'était étoffée, et l'on y comptait en particulier le garde du sceau, le connétable et l'avocat du roi Raoul de Presles, l'un des meilleurs légistes du royaume. Marigny gardait la direction de la négociation.

On commença par un incident de procédure : les deux comtes se tenaient à quatre lieues de Tournai, refusant d'entrer dans la ville sans un sauf-conduit. Les légistes jugèrent la prétention abusive : la convocation royale valait sauf-conduit. Au reste, Marigny leur avait envoyé un sauf-conduit spécial et deux sergents d'armes pour les escorter, toutes mesures que les comtes estimaient insuffisantes. Les Français délibérèrent, se trouvèrent d'accord pour ne reconnaître aucune excuse au comte de Flandre et à son fils, et ouvrirent la séance. Le connétable Gaucher de Châtillon présidait, laissant à Marigny le rôle de porte-parole.

Le début de la séance fut de pure routine. On résuma le passé, on constata le défaut du comte. Puis, comme on pouvait croire que l'essentiel était dit, un clerc du roi donna lecture d'une déclaration doctrinale inspirée par Marigny, sinon rédigée sous sa dictée. Les principes fondamentaux du droit monarchique, tel que le voyait le Conseil du roi, y étaient mis à la portée du commun. A ces bourgeois plus familiers des réalités quotidiennes que du droit politique, on exposait les bases de la souveraineté royale. A ces hommes de commerce et de métier que bien des choses éloignaient de leur comte, on disait en clair ce que pouvait être pour eux le roi, leur seigneur suprême. On leur rappelait ce qu'ils pouvaient en attendre :

> Ils doivent toujours la souveraine et droiturière seigneurie devers le roi, car il n'y a si pauvre homme en Flandre pour qui, si le comte lui voulait faire tort et s'il s'en plaignait au roi, le roi ne soumettrait le comte à justice et à droiture. Et, s'il ne voulait obéir, le roi et tout son royaume contraindraient le comte par force d'armes.

On sait le rôle joué par la procédure d'appel au roi dans la multiplication des interventions royales à l'intérieur des grands fiefs. La déclaration du 15 octobre était une pure et simple provocation. Mais, cette fois, devant les procureurs des villes, c'est vraiment le procès du comte qu'instruisait le Conseil du roi : tous les malheurs de la Flandre venaient du comte qui manquait à sa parole, qui levait l'impôt pour le roi et le gardait pour lui, qui retardait la paix au risque de compromettre la prospérité du pays, qui laissait le peuple payer pour sa déraison. Il y perdrait son comté. Ainsi s'étaient perdus, jadis, le comté de Toulouse et le duché de Normandie. Il était cité à comparaître devant la cour du roi à la prochaine Chandeleur. L'intérêt des villes était de ne pas demeurer solidaires d'un seigneur à ce point menacé.

Les bourgeois ne répondirent rien. La séance fut levée. Chacun rentra chez soi.

Marigny avait fait bonne mesure en profitant de son séjour en Flandre pour aller à Douai traduire dans les faits les droits souverains du roi sur le comté de Flandre. Occupée sans mal par l'armée royale en 1300, engagée au roi en 1305 pour l'exécution du traité, Douai demeurait le théâtre d'affrontements politiques et sociaux que ne pouvait cacher une tendance, cependant bien affirmée dans la majorité de la population, à adopter le plus souvent le parti du roi contre le comte. Marigny imposa un accord aux factions et réorganisa l'administration municipale. Il amorça l'assainissement de la gestion financière et équilibra les charges d'une dette publique considérable. Ce faisant, il mettait pratiquement la ville en tutelle. Pour le comte et pour ses partisans, la leçon de cette paix civile était sévère.

Captivité de Louis de Nevers.

Robert de Béthune et Louis de Nevers étaient cités à comparaître devant la Cour. Louis se présenta, à la fin de décembre, et le prit tout de suite de très haut. On lui avait enlevé ses enfants et saisi ses comtés de Nevers et Rethel. Le roi lui faisait tort. De là à déclarer que le roi se comportait en seigneur félon, il n'y avait qu'un pas. Philippe le Bel ne le lui laissa pas faire : l'avocat royal Raoul de Presles développa tout de suite un réquisitoire aux termes duquel le comte de Nevers était coupable de parjure et lèse-majesté.

« Tout ceci est faux », répliqua le comte. Ce fut en vain. Le roi décréta l'arrestation du vassal criminel, qui se retrouva en prison, à Moret, où il passa un triste Noël.

Peut-être songeait-il au dire des légistes selon qui une convocation du roi valait sauf-conduit, lorsqu'il reçut dans sa prison la visite d'Enguerran de Marigny, venu lui dire en substance qu'il aurait bien de la chance s'il sauvait sa vie. Le comte fit proposer au roi le duel judiciaire. Il pouvait s'attendre à la réponse qu'on lui fit. De part et d'autre, on n'avait évidemment pas la même vue de la situation : le comte s'estimait en conflit, le roi en train de juger un criminel.

Le 2 janvier 1312, cependant, on parlait déjà d'otages pour cautionner la libération du comte. Celui-ci fut amené à Paris. Puis le Conseil décida de le transférer à Montlhéry. A ce que lui dit alors Enguerran de Marigny, il devrait s'estimer content s'il y demeurait jusqu'au Jugement dernier. Cela, c'étaient des paroles. Nul ne croyait vraiment Louis de Nevers en péril. Dans son hôtel parisien, il attendait sous bonne garde que l'état des routes, alors très enneigées, permît le voyage à Montlhéry que rien, en vérité, ne rendait urgent.

Les gens du roi ne s'étonnèrent pas de voir le comte de Nevers festoyer avec des amis. On le savait grand buveur. Le soir où l'on fêta les rois, les gardes ne manquèrent pas de s'enivrer également. Mais Louis de Nevers et ses proches avaient bu, ce soir-là, moins que de coutume. Le comte profita de l'assoupisssement des soldats pour s'évader par la porte. L'affaire avait été bien montée : le relais était en place à Compiègne.

Le roi prit très mal la chose. Il tenait déjà, en garantie du traité, Nevers et Rethel ; faute de tenir la personne du comte Louis, le procès devenait illusoire.

Restait la possibilité de faire payer au père l'écart du fils, et cela malgré la brouille que manifestaient à travers toute la Flandre les discours enflammés de l'évadé : son père, assurait-il, avait aidé le roi à l'accuser. Le Conseil royal soupçonna — sans doute était-ce pour une part à juste titre — que la brouille était feinte. Robert de Béthune fut cité à comparaître, non plus devant la cour du roi, le futur Parlement, où il risquait une simple condamnation, mais devant la Cour des pairs, c'est-à-dire devant la juridiction capable de prononcer la confiscation du comté de Flandre. Dans le même temps, le roi envoyait à Arras le connétable et une forte armée, prêts à entrer en Flandre.

Le transport de Flandre.

Le comte Robert ne pouvait que céder. En juillet, il était à Pontoise où l'attendaient le roi et les pairs. Il eut la bonne inspiration de plaider coupable et de s'excuser sur les circonstances. La Cour l'acquitta. Le roi ne voulait pas le comté, mais la soumission du comte.

Enguerran de Marigny profita de l'occasion pour en finir avec l'exécution du traité. L'heure lui paraissait venue de cueillir les fruits des intimidations précédentes. Abandonnant le ton dont il avait usé à Tournai, il offrit un troc.

Le roi renonçait à sa rente de vingt mille livres. On sait qu'il avait déjà accepté le rachat de la moitié de cette rente, et qu'il n'avait en définitive ni perçu la rente ni touché le prix du rachat. La seule chose qu'il eût reçue était une partie de l'indemnité, payée par l'impôt. Le comte, en échange, cédait au roi les trois châtellenies de Lille, Douai et Béthune qui lui étaient déjà engagées pour l'exécution du traité ; le revenu, pendant que durait cette hypothèque, en était d'ailleurs laissé au roi en déduction de la rente. Le roi et le comte faisaient chacun « transport » à l'autre de ses droits, qui sur sa rente, qui sur ses seigneuries.

Le « transport de Flandre » fut scellé par le traité de Pontoise, le 11 juillet 1312. Le roi se montra généreux à bon compte en adoucissant quelques clauses secondaires des précédents traités et en rendant à Robert la place de Cassel. De même débouta-t-il définitivement son frère Charles de Valois de ses prétentions sur Namur. L'affaire de Flandre était finie. Du moins Marigny pouvait-il le croire, cependant que Philippe le Bel se voyait reconnu comme l'arbitre de tous les conflits qui, sur les frontières septentrionales de la France et de l'Empire, agitaient la Flandre et le Hainaut. Le domaine royal s'agrandissait de trois châtellenies qui étaient aussi trois grandes villes industrielles. Le comte de Flandre faisait vraiment figure de client du Capétien.

On raconta que le chancelier de Flandre avait refusé de sceller le traité. Le comte, aurait-il dit, se déshéritait de la sorte. L'incident a de fortes chances d'être inventé, mais ce qu'on inventait dans le peuple en dit long sur ce que l'on pensa du marché de dupes fait par Robert de Béthune.

Marigny et Clément V.

Pendant que la question de Flandre semblait trouver sa solution, la politique européenne s'insérait tant bien que mal dans le jeu conciliaire. Non, certes, comme l'avait espéré un Clément V qui n'avait pas craint d'inviter à Vienne, parmi deux ou trois cents personnes, le roi des Romains, le roi d'Angleterre et le roi de France. On sait que, des princes, aucun ne se dérangea ; lorsqu'on vit, tardivement, Philippe le Bel pendant quelques jours, nul n'eut l'impression qu'il était venu par déférence.

C'est dans les coulisses du concile que se traitèrent donc, le plus souvent, les affaires. Là, les agents des princes étaient nombreux, ne cessant d'intriguer auprès des prélats influents et de glaner les informations quand ils ne les mettaient pas en circulation. Français, Aragonais, Anglais, Napolitains s'observaient et se contournaient dans un jeu complexe que la correspondance permet seulement d'entrevoir.

De février à juin 1312, Marigny avait passé là cinq mois, à veiller sur les intérêts de son maître et à ne pas oublier les siens propres. On sait que, prenant au premier rang la place que devaient abandonner un Nogaret trop compromettant et un Plaisians embarrassé par son échec de décembre, le chambellan du roi sut imposer un règlement d'ensemble des affaires qui avaient nom Boniface VIII, le Temple, le val d'Aran, la Comté de Bourgogne, la Toscane. Inattentif aux arguties du droit — Plaisians le gardait efficacement de ce côté — mais capable d'un pragmatisme éventuellement cynique, Marigny jugeait sans importance que le dossier du Temple ne fût pas bon, pourvu qu'on eût d'autres dossiers à mettre dans la balance. On parlait à la fois de Boniface, des finances pontificales, des Guelfes...

Les ambassadeurs français avaient dans la place de précieux alliés. On ne comprendrait rien à la connivence du pape et du roi si l'on ignorait le dévouement de principe de bien des prélats à la cause capétienne. Parmi leurs interlocuteurs quotidiens, les ambassadeurs français trouvaient un Bérenger Frédol, qui avait naguère interrogé les dignitaires du Temple, et un Nicolas de Fréauville qui, aujourd'hui cardinal mais hier encore confesseur de Philippe le Bel, avait joué en coulisse le rôle que l'on sait dans les affaires languedociennes et avait, au hasard des recommandations qu'on ne refusait normalement pas à sa famille, fait venir à Paris un cousin nommé Enguerran de Marigny. Parmi les pères conciliaires, les comparses étaient légion : les trois archevêques qui votèrent en décembre 1311 contre l'acceptation de la défense du Temple n'étaient autres que le beau-frère de Charles de Valois, Robert de Courtenay, le frère d'Enguerran, Philippe de Marigny, et le conseiller du roi Gilles Aycelin.

On saisit l'agacement des envoyés étrangers, ceux du roi d'Aragon en particulier, qui attendaient vainement de savoir ce qu'en secret on se disait dans la chambre du pape, alors que, par ses fidèles, le roi de France se trouvait dans cette chambre.

On comprend aussi Dante, que le passage de Charles de Valois par Florence avait définitivement fait basculer dans le camp des ennemis de la race capétienne, et qui place dans son *Purgatoire* une Eglise qu'il voit comme la prostituée acoquinée au géant français.

> Sûre comme une citadelle sur une haute montagne,
> Siégeant dessus, une putain débraillée

M'apparut, prompte à jouer des cils ;
Et comme pour qu'on ne la lui prît,
Je vis à côté d'elle, tout droit, un géant,
Et ils se baisaient ensemble aucunes fois.

Dans les marchandages du Normand Marigny et du Gascon Clément V, il est douteux qu'il y eût des dupes. Marigny savait fort bien, pendant qu'on annonçait que le roi allait se croiser, que la Croisade était pour l'instant impossible. Le sage évêque d'Angers Guillaume Le Maire n'estimait-il pas, à la même époque, qu'il fallait de dix à douze ans pour préparer le « Passage » ? Philippe le Bel avait quarante-quatre ans, et tout le monde avait jugé qu'à cinquante-six saint Louis aurait pu s'abstenir d'aller mourir à Tunis. Le même Guillaume Le Maire précisait d'ailleurs, dans un avis écrit, qu'il doutait « que vienne jamais le temps de la libération de Jérusalem ». Quant à Clément V, qui feignait d'y croire pour affermir la position politique de la papauté, il ne cessa d'affecter à de tout autres dépenses l'argent qu'il eût constitué en trésor de guerre s'il avait cru en ses projets de Croisade. Ce qui avait été la forme la plus haute de l'idéal du chevalier chrétien devenait en fait, pour le pape comme pour le roi, un élément de politique fiscale.

Quant à la réforme de l'Eglise, elle aurait supposé une mise au pas des princes temporels, du Capétien en premier lieu. Le pape se sortait tant bien que mal d'affaire, et ce n'était pas pour ouvrir sciemment un nouveau conflit. On fit le catalogue des abus, et l'on édicta des canons qu'on n'avait pas les moyens et guère l'intention d'appliquer. Le bon peuple ne s'y trompa pas plus que Dante. On ironisa, dans les rues, sur ce concile qui accouchait d'une décime.

Vidé ont leurs bourses farcies ;
Or pensent que soient remplies.
Je crois, la cause du concile
Fut pour attirer croix et pile,
Mais vidés en furent alors tous,
Et si grattés que bien leur cuit.

A ces vers du chroniqueur Geoffroi de Paris répond bien mal le discours prononcé le 6 mai par Clément V, avant que d'entonner le *Te Deum* final : « J'ai mis des gardes, Jérusalem, sur tes murs », s'écriait le pape en citant l'Ecriture. La Croisade, déjà, semblait s'ébranler.

En fait, jusqu'à la fin de 1313, le pape demanda au roi de France de contribuer au financement des galées qu'il fallait armer pour la Croisade. Marigny fit observer au roi qu'une telle dépense ne pouvait être assumée par la France sans une nouvelle décime : autrement dit, si le pape voulait ses galées, il n'avait qu'à les faire payer par l'Eglise. La tentative pontificale aboutit à ce que le pape prêta au roi cent soixante mille florins et qu'on ne parla plus des galées.

Avec la suppression du Temple, le principal résultat du concile était une alliance très ferme de Clément V et de Philippe le Bel. Chancelante à bien des reprises depuis 1305, elle était désormais scellée. Le pape y trouvait une sécurité contre l'empereur et la faction gibeline, sécurité qui tenait pour une bonne part à la présence du Saint-Siège en deçà des Alpes. L'alliance consacrée en 1312 conduisait donc à la papauté d'Avignon. Clément V ne s'était établi à Avignon que pour être plus près du siège du futur concile. Le concile passé, la logique voulait que la Curie se transférât enfin en Italie. Le velléitaire Clément V ne choisit ni d'aller en Italie ni de se fixer par-deçà. Deux années durant, il alla de château en prieuré, d'une rive à l'autre du Rhône, jamais bien loin d'Avignon et de Carpentras, où était le plus clair de l'administration pontificale. Celui qu'on appelle bien improprement le premier pape d'Avignon renâclait devant les mesures propres à une installation définitive. Lorsqu'il résidait à Avignon, il se contentait du palais de l'évêque, ou du couvent des dominicains. Mais l'administration de l'Eglise commençait à s'établir durablement : l'avenir allait tenir compte de cette réalité.

De cette alliance du pape et du roi, le plus grand profit revenait au Capétien. Clément V le laissait mettre la main sur Lyon sans vouloir entendre les appels de l'archevêque. Il empêchait l'entente de l'empereur et du roi de Sicile contre les Angevins de Naples. Il cassait les sentences rendues en Italie par le nouvel empereur au détriment des intérêts capétiens et angevins.

Le seul terrain sur lequel l'aide pontificale se révélait insuffisante — et volontairement insuffisante — était celui de l'élection impériale. Clément V faisait aux électeurs un vague portrait de l'empereur idéal, où l'on devait reconnaître le candidat français, Philippe de Poitiers. Mais il ne s'engageait guère. Il savait que là était la limite entre l'alliance et l'asservissement.

Surtout, et c'était là ce que Marigny avait obstinément recherché, le pape mettait désormais la puissance spirituelle au service de la politique flamande du roi. Le traité de Pontoise et le « transport de Flandre » avaient bien mis un terme à la longue histoire du traité d'Athis, mais Louis de Nevers ne s'était pas incliné et soulevait sans peine, contre son père et contre le roi, l'enthousiasme des foules. Pour peu que Robert de Béthune fît cause commune avec son fils — ou qu'il mourût — alors que les métiers de Bruges se préparaient déjà à une nouvelle récolte, le roi pouvait se retrouver dans la situation de 1302. Convoquant d'urgence une commission prise au sein du Conseil et formée d'hommes sûrs comme Nogaret et Marigny, il fit condamner en hâte le comte de Nevers, par contumace, comme félon.

Puis il convoqua le comte de Flandre et les procureurs des villes, et leur enjoignit d'accélérer aussi bien le paiement de l'indemnité que la destruction de l'enceinte de Bruges. Afin de dissocier le front commun des villes industrielles, Philippe le Bel affecta de favoriser Gand — qui gardait son enceinte — et surtout Ypres, à qui il fit rendre ce que les gens du comte avaient eu l'audace d'y lever pour le rachat des pèlerins de Bruges.

Louis de Nevers contre-attaqua avec vigueur. Le 14 avril, dans l'église des dominicains de Gand, il protesta publiquement qu'il ignorait le contenu du traité d'Athis lorsque son sceau y avait été, par ruse, apposé sans son accord. Nul ne lui fit remarquer qu'il aurait pu le dire plus tôt. Puis il fit publier, à travers la Flandre et le Brabant, au cours des semaines suivantes, l'appel qu'il adressait au pape et à l'empereur. Les Brugeois se sentirent soutenus dans leur volonté de résistance. Ils décidèrent de ne pas toucher à leur enceinte. Ce qu'apprenant, et constatant que l'indemnité n'était toujours pas payée, le roi fit à son tour appel au pape. Comme quinze ans plus tôt Boniface VIII, Clément V se trouvait en position d'arbitre.

La conférence d'Arras.

C'est alors que Philippe le Bel put sentir tout le prix de la politique menée à Vienne par Marigny et soigneusement entretenue depuis, car Enguerran avait dépêché un homme de confiance au pape dès qu'on avait constaté la rapide détérioration de la situation politique en Flandre. Le légat pontifical que Robert de Béthune, son fils Robert de Cassel et son frère Jean de Namur, les barons flamands et les procureurs des villes virent arriver à Arras, où devait se dérouler, le 20 juillet 1313, la conférence de l'ultime conciliation, c'était tout simplement le cousin de Marigny, le cardinal Nicolas de Fréauville. D'ailleurs, pour bien manifester la répartition des forces politiques, Fréauville arrivait avec Philippe le Bel, ayant pris part aux fêtes données à Paris lors de la Pentecôte et prêché à cette occasion la Croisade devant toute la cour. La connivence de Fréauville et de Marigny n'avait pas à être démontrée.

Philippe le Bel était venu à Arras, mais, laissant faire les princes et ses conseillers, il dédaigna de se montrer. Il montrait en revanche sa détermination : l'ost royal avait été convoqué, et une forte armée se tenait sur la Somme, autour de Péronne. Edouard II, cependant, qui venait d'être à Paris l'un des héros des fêtes de la Pentecôte, se rangeait par avance dans le camp de son beau-père et manifestait son zèle en faisant bloquer par sa flotte les côtes de Flandre, arrêter en Angleterre les marchands flamands et saisir leurs marchandises.

Les procureurs des villes comprirent qu'ils risquaient pis qu'en 1305. Les Brugeois en tête, ils protestèrent de leur bonne foi. La destruction de l'enceinte de Bruges serait entreprise dans les six mois. Le 22 juillet au soir, tout était, une fois de plus, terminé.

Robert de Béthune avait eu un mouvement d'humeur lorsqu'on avait exigé de lui que, comme vassal du roi, il envoyât son contingent à l'ost, cet ost étant précisément convoqué contre la Flandre. « Le roi est bien mal conseillé », lança-t-il avant de quitter la salle. En fait, Robert était surtout dépité de voir une nouvelle fois le roi refuser de traiter directement avec lui. Il tenta de répliquer sur le même mode et, puisque le roi ne faisait que lui envoyer ses conseillers, il envoya à Philippe le Bel ses procureurs. Le roi les fit éconduire : le comte était cité à comparaître en personne. S'il voulait voir le roi, c'était autre chose, et il devait demander audience pour lui-même. Le comte de Flandre s'en abstint, jugeant sans doute qu'on avait suffisamment vu que le conflit entre France et Flandre n'était pas un conflit entre princes égaux, mais bien, comme l'entendait Philippe le Bel, un procès entre le roi jugeant et le vassal jugé.

L'affaire de l'audience tournait court, comme avait tourné court, à Paris, la proposition d'un duel judiciaire faite au roi par Louis de Nevers. On ne se bat pas avec son juge.

Fréauville intervint pour apaiser les esprits. Robert de Béthune jura la paix, offrit Courtrai en caution, et donna son fils Robert de Cassel en otage. Du début à la fin de la conférence, le légat pontifical n'avait été que le premier des diplomates royaux.

On allait se séparer lorsque trois chevaliers du Conseil — Marigny ? Galart ? Saint-Pol ? — entourèrent Robert de Béthune pour lui glisser à l'oreille quelques conseils, soigneusement rédigés à l'avance. On lui conseillait, naturellement, une observation scrupuleuse du traité. Pour maintenir en Flandre une paix à laquelle il avait tout intérêt, on lui suggérait de bien choisir échevins et officiers, de destituer les agités, d'employer rigoureusement le produit des « deniers de la paix » au paiement de l'indemnité due au roi, et pour ce qu'il en resterait, à l'allégement de la dette publique des villes. Le ton du document écrit qui fut remis au comte de Flandre afin de soulager sa mémoire quant à ce qu'on venait de lui dire, était apparemment naïf :

> S'il a nul à son Conseil, de quelque état qu'il soit, qui conseille contre la paix ou qui, par corruption ou autre faveur, voudrait soutenir nul de céans qui empêcherait la paix, qu'il l'ôte de son Conseil et qu'il en fasse telle punition que les autres y prennent exemple, et que sa disgrâce soit connue de tous [...]
>
> Il fera crier partout, solennellement, que nul ne soit tant hardi qu'il dise de vilaines paroles du roi ni de ceux qui ont été de son parti. Il punira ceux qui feraient le contraire, en telle manière que les autres y prennent exemple.

Méconnaissance de la véritable nature et de la profondeur des clivages politiques ? C'est probable. Dans cette Flandre divisée, agitée depuis trente ans de soubresauts où l'amour et la haine du roi n'avaient qu'une faible part, et où le comte lui-même avait quelque peine à se situer, dans ce pays industrialisé et touché avant les autres par la crise où allaient se remodeler les économies médiévales, dans ce comté mouvant par moitiés de la France et de l'Empire en un temps où le sentiment national prenait substance et vigueur, les conseillers de Philippe le Bel s'attardaient à voir, avant tout, un fief touché par la félonie.

Par leur âge, et peut-être surtout par leur éducation, ces chevaliers du roi étaient, comme Philippe le Bel lui-même, des hommes du XIIIe siècle. La vision qu'avait Marigny des choses, c'était à peu de choses près celle de Jean de Châtillon et celle de Pierre Flote. Hommes bien différents, cependant, que ce petit chevalier, ce grand baron et ce légiste ! Ce qui laisse penser que nul ne pouvait vraiment, en ce temps, analyser le drame de la Flandre.

Le trouble de la situation politique dans les villes et dans les campagnes — que l'on oublie trop souvent — de Flandre ne s'inscrivait plus dans le monde féodal, mais dans un monde nouveau, régi par la loi du profit dans une économie de marché. La notion de sécurité publique, comme celle d'intérêt collectif, était à redéfinir. Il appartenait à d'autres qu'à des barons de le faire.

Méconnaissance, certes. Naïveté ? C'est moins sûr. Si l'on tient les propos des trois chevaliers pour des conseils, ils peuvent prêter à sourire. Si l'on veut bien, au contraire, lire entre les ligne la menace que reflète chaque avis, toute naïveté disparaît. Le comte sera tenu pour responsable de ses amis et de ses conseillers. Il le sera des échevins qu'il aura laissé gouverner les villes et des receveurs qu'il aura chargés de lever les « deniers de la paix ». Il sera responsable des mouvements de rue, comme des cris séditieux.

Ce que le comte de Flandre s'entendait dire par les trois chevaliers du roi de France était en bref fort clair, et le ton qu'ils y mirent dut rendre la chose plus claire encore : le temps n'était plus où Robert de Béthune pouvait sauver son comté en louvoyant. Il ne s'en tirerait plus en protestant de sa bonne foi personnelle, cependant que le roi devait faire face à des villes qui ne cessaient de se dérober. Il en coûterait au comte de Flandre s'il n'assurait la loyauté de la Flandre.

L'affrontement de 1313 tournait donc court. Le maître des arbalétriers Pierre de Galart alla prendre possession de Courtrai, la ville-gage. Le légat fit savoir à Clément V qu'il pouvait relever les Flamands des peines encourues pour violation des traités. Pour que le peuple ne murmurât pas trop d'une armée qui avait coûté cher et n'avait pas combattu, on rendit aux contribuables ce qu'on avait exigé d'eux quelques semaines plus tôt. Le peuple empocha, et murmura.

Philippe le Bel ne s'y trompait pas : l'affaire n'était pas terminée. Le comte Robert ne pouvait empêcher son fils aîné d'exciter les Flamands contre le roi. Robert de Cassel, otage pour son père et pour cela prisonnier — très au large — à Pontoise, puis à Verneuil, avait même eu la prudence de faire préciser qu'il ne demeurerait pas otage pour son frère aîné si leur père venait à mourir. Quant au frère de Robert de Béthune, Jean de Namur, il resserrait son alliance avec le roi et déclarait que ses fiefs seraient directement tenus de la Couronne, et non du comté de Flandre, si son neveu Louis héritait ce comté. Louis de Nevers, comte de Flandre, c'était la guerre. Tout le monde le savait. Philippe le Bel n'attendit pas et renforça ses garnisons.

Pour plus sage qu'il fût, Robert de Béthune n'était pas moins irrité quand il voyait la paix servir aux progrès de l'autorité royale. Le roi avait en deux ans fortement avancé ses positions sur la Lys et sur l'Escaut. La bannière royale flottait sur Lille, Douai, Béthune, Cassel et enfin Courtrai. Une habile transaction avec les héritiers de Marie de Mortagne, la veuve adultère et ridiculisée de Jean de Vierzon, faisait passer au pouvoir du roi l'importante seigneurie de Mortagne. Chaque fois qu'il y avait doute sur le fait qu'une terre appartînt aux dépendance de l'une des châtellenies ainsi venues au roi, les légistes du Capétien faisaient merveille, et le comte enrageait.

A céder sans cesse, Robert de Béthune risquait tout simplement d'être tourné en dérision. La résistance spontanée désavouait sa soumission, mais il ne pouvait désavouer la résistance. Le bailli comtal de Cassel faisait jeter en prison, puis marquer au fer rouge, pour outrage au comte, un pauvre homme de sergent qui n'était coupable que d'avoir, dans un village que Flandre et Artois se disputaient, fait proclamer le ban royal et la levée de l'ost contre la Flandre. Le roi fit citer à comparaître le bailli de Cassel, qui refusa tout net. Quand on connaît les « conseils » donnés au comte de Flandre, à Arras, par les trois chevaliers du roi, on ne s'étonne pas que Robert de Béthune fût à son tour convoqué devant la Cour. Dès la Noël, les relations se détérioraient à nouveau. Le comte trouva des prétextes pour ne point venir à Paris. De part et d'autre, on s'attendit à une reprise de la guerre. Beaucoup le pensèrent en France : tant qu'à faire la guerre, on aurait pu la faire l'été précédent, quand on avait à grands frais levé une armée.

La diplomatie de Louis de Nevers.

C'est alors que Louis de Nevers manqua de peu l'occasion d'une terrible revanche sur Philippe le Bel. Henri VII était mort en Toscane, le 24 août 1313, et la candidature de Philippe de Poitiers avait fait long feu. Au reste, le roi l'avait assez mollement soutenu. Peut-être s'était-il aperçu — ou ses conseillers l'avaient-ils avisé — après tant d'échecs que la couronne impériale était vraiment germanique et qu'il était vain de vouloir placer un prince français — fût-il, pour la Comté de Bourgogne, prince d'Empire — à la tête d'un Empire auquel les Capétiens se voulaient extérieurs. Mais on apprit avec émotion, à Paris, la candidature de Louis de Nevers. L'émotion céda le pas à l'inquiétude lorsqu'on sut que cette candidature avait quelque chance d'aboutir.

Marigny fit face avec le réalisme audacieux et dénué de scrupules qu'on lui connaît. Prenant à contrepied le démagogue qu'était Louis de Nevers, il renversa ce qui avait été l'orientation fondamentale de la politique royale en Flandre depuis trente ans : il soutint les populaires contre les notables, et les Brugeois contre les gens d'Ypres et de Gand. Ceux-ci apprirent avec stupéfaction qu'ils devaient contribuer pour leur part au rachat des pèlerinages imposés pour l'expiation des matines de Bruges. Les échevins de Gand eurent beau manifester leur humeur, les tensions sociales au sein de la population profitaient désormais — et pour un temps — au roi de France.

Vers le début de juin, Marigny se rendit lui-même en Flandre. Dans le plus grand secret, il rencontra à Helchin Louis de Nevers. Puis il revint à Arras, où il eut un entretien avec l'homme de confiance de Louis de Nevers, un étonnant personnage couleur de muraille qui s'appelait frère Simon de Pise et qui était officiellement le chapelain du cardinal Napoléon Orsini.

Robert de Béthune se sentit tourné. Le 26 juin, il fit publier une protestation solennelle : le roi n'avait jamais fait que le tromper, renier ses engagements, violer le droit. Sur bien des points, le comte ajoutait à la réalité et son propos peut prêter à sourire : ainsi de confuses histoires d'actes scellés en blanc ou de menaces de mort contre les otages. On s'étonne que tant de crimes — le roi n'avait-il pas, selon le comte Robert, fait mourir le comte Guy, son père, en prison ? — n'aient été à aucun moment évoqués dans les précédentes déclarations, aussi bien à Tournai qu'à la Curie. Sur l'ensemble, cependant, Robert de Béthune était d'une extrême lucidité :

> Le roi circonvient le peuple par des promesses et des flatteries, cherchant ainsi à le détourner de l'obéissance due au comte.
>
> Il exige du comte qu'il ordonne aux villes de détruire leurs fortifications, et, quand le comte a obtempéré, il accorde aux villes des délais et des rémissions, en sorte qu'il acquiert l'affection des bourgeois et leur inspire de la haine pour le comte.
>
> Cette politique met à profit les conflits et les tensions qui affligent la Flandre. Ces tensions, le roi les couve. Il souffle dessus ! Il excite le peuple contre son seigneur. Il dresse une ville contre l'autre et les métiers contre le patriciat.

Quelques jours plus tard, Robert de Béthune et Louis de Nevers, aussi bien que Gand et Bruges, se trouvaient enfin d'accord, et c'était pour rouvrir les hostilités. Les Français furent chassés de Courtrai, assiégés dans Tournai et dans Lille. Dans le parti du roi, la bourgeoisie d'Ypres demeurait seule, sans doute sensible aux arguments économiques d'Enguerran de Marigny, qui n'avait cessé de protéger Ypres et sa draperie pour en alimenter à Ecouis la foire de sa baronnie normande.

Dès la fin de juillet, Philippe le Bel convoquait l'ost pour septembre. La fiscalité s'abattit de nouveau sur le royaume. L'enjeu de la campagne qui s'ouvrait était considérable : le prestige que tireraient les Flamands d'une victoire consolidée — le roi véritablement jeté hors de Flandre — ferait plus que toutes les négociations pour porter Louis de Nevers sur le trône impérial. Marigny pouvait bien, dans une dernière lettre à Simon de Pise, ironiser sur la détermination belliqueuse des Flamands :

> J'ai reçu vos lettres et vu ce que vous m'avez écrit, comme ces gens de Flandre, nobles et non-nobles, sont

> ardents et émus, et ont plus grand désir de la guerre que jamais, et cela tout spécialement parce qu'ils ont reçu d'Allemagne de bonnes nouvelles pour monseigneur Louis, votre maître.
>
> Je vous fais savoir, frère Simon, que si votre maître et ces gens de Flandre ont été si ardents, je ne m'en émerveille pas, pour la chaleur qu'il a fait, si grande, comme la saison le devait !
>
> J'ai espérance que viendra, vers la mi-août, le moment où le temps commence volontiers à refroidir. Leur chaleur s'en abaissera plutôt, et ils ne seront mie si ardents d'avoir guerre, comme ils sont maintenant.

Marigny pouvait bien menacer — les Français aussi étaient échauffés — et mettre en doute la capacité du comte de Nevers à acheter les électeurs allemands, il savait qu'un échec français devant Lille ferait basculer l'équilibre européen.

Clément V n'était plus là pour arbitrer en faveur du roi. Il était mort, à Carpentras, le 20 avril 1314. Les gens du comte avaient même pris argument de cette mort pour dénier à l'avance toute valeur à des sentences portées en vertu d'un accord donné par le pape défunt. Ce qui n'empêcha d'ailleurs pas le roi de recourir à la clause qui condamnait *ipso facto* la violation du traité. Trois prélats parcoururent les villes les plus proches du « front » — Arras, Douai, Saint-Omer — pour y publier la sentence d'interdit qui frappait le comté de Flandre. Toute vie cultuelle devait être suspendue. Les Flamands, clergé en tête, n'en tinrent aucun compte.

L'armée royale s'ébranla à la mi-août. Afin de ne pas excéder les ressources des pays traversés et de ne pas multiplier ainsi les occasions d'impopularité, elle était divisée en quatre colonnes qui empruntèrent des routes différentes. La colonne que commandait le plus jeune fils du roi, Charles de la Marche, atteignit et débloqua Tournai le 20 août ; Charles de Valois et Marigny assistèrent, en cette ville, à la publication de l'interdit. Quatre jours plus tard, Jean de Namur se présentait et offrait ses bons offices. Il eut immédiatement une entrevue avec Marigny. On parla, dès ce moment-là, d'une trêve.

Cependant que l'armée flamande levait le siège de Lille avant l'arrivée de l'armée de secours française, le roi s'établissait à Orchies, où il convoqua son Conseil.

La convention de Marquette.

La séance fut orageuse. Elle fut surtout lourde de conséquences pour l'avenir d'Enguerran de Marigny, que d'aucuns accusèrent plus tard d'avoir été circonvenu par les Flamands. Mais il est juste de rappeler que le roi n'avait qu'un désir très modéré d'en découdre. Le diplomate de la famille, Louis d'Evreux, penchait aussi pour des solutions négociées. En vain Charles de Valois et ses neveux de Navarre et de la Marche — tous deux futurs rois de France, et l'un d'eux trois mois plus tard — observèrent-ils qu'il ne servait à rien de traiter avec des gens qui ne respectaient pas les traités. Contre l'avis de la majorité des conseillers, on décida de traiter.

Une brève conférence réunit, à Marquette, près de Lille, Jean de Namur et les plénipotentiaires français, Evreux, Saint-Pol et naturellement Marigny. Le 3 septembre, l'accord était conclu. On porta l'acte à Charles de Valois, qui attendait à Tournai. Il le confirma. Le roi devait ratifier la convention de Marquette, le 10 octobre, à Saint-Denis.

A travers toute la France, ce fut une explosion de colère. Les nobles regrettaient la gloire de Mons-en-Pévèle — oubliant Courtrai — et les contribuables regrettaient l'impôt que, cette fois, nul ne songeait à leur rendre.

> Sans rien faire, écrit l'auteur des *Grandes Chroniques de France,* ils furent déboutés à eux en revenir non glorieux et sans honneur.

Marigny avait sauvé de justesse la présence des draps flamands, et en particulier des draps d'Ypres, aux foires d'Ecouis qui se tenaient en septembre, autour de la fête de la Nativité de Notre-Dame. Il avait le profit de ces foires, qu'il avait fondées l'année précédente. Il n'en fallait pas plus pour qu'on racontât qu'il avait le profit de la paix et que le comte de Flandre lui avait versé deux cent mille livres pour prix de sa trahison. On raconta plus tard à Paris que le roi était mort de honte pour avoir fait une trêve « qui ne lui était pas honorable ».

Il est inutile de s'attarder sur le fait que Marigny, engageant une campagne dans la deuxième quinzaine d'août, pouvait s'attendre à ce qu'elle mît en danger les foires prévues pour le début de septembre. Si toute sa politique avait eu pour fin le profit des foires, le plus simple eût été de ne point aller en Flandre.

Les Français qui s'indignaient en cet automne 1314 parce qu'ils étaient privés de leur victoire ne voyaient pas ce qu'avait compris Philippe le Bel et qu'avait soutenu au Conseil le sage Louis d'Evreux : aucune victoire ne pouvait régler définitivement la question flamande, et le traité négocié à Marquette était avantageux pour le roi. Certes, Louis de Nevers recouvrait Nevers et Rethel, où l'autorité royale n'avait jamais connu le moindre risque. De même relâchait-on l'otage pris un an plus tôt, Robert de Cassel. En revanche, le roi redevenait maître de Courtrai et se voyait confirmer la possession des châtellenies transférées en 1312, Lille, Douai et Béthune. Deux mariages, enfin, allaient consolider la paix : Louis d'Evreux et Louis de Nevers seraient bientôt compères. Une génération plus tard, le comte de Flandre serait un descendant de Saint Louis.

Quand on sait ce que furent, pour les relations entre France et Angleterre, les conséquences du mariage d'Edouard II et d'Isabelle de France, ou quand on sait ce que furent les relations entre le royaume des Valois et le duché Valois de Bourgogne, quand on pense à ces petits-fils de France que furent le Prince Noir ou le Téméraire, on est tenté de se dire que Marigny s'illusionnait grandement et que Philippe le Bel était mal conseillé. Mais si l'on évite l'anachronisme que sont les leçons du futur antérieur, on voit que la même politique avait, depuis Blanche de Castille, valu aux Capétiens des succès difficilement discutables en Provence, en Languedoc, en Navarre, en Champagne, en Franche-Comté. Les fruits des mariages heureux déjà conclus ne permettaient pas de considérer l'alliance de Nevers et d'Evreux comme une erreur. Nul ne pouvait prévoir Charles le Mauvais.

Sur un point, mais un point essentiel, Charles de Valois avait toutefois raison. Louis de Nevers ne respecta pas l'accord. Comme en 1313, on pouvait regretter d'avoir préféré le traité au combat. Si l'affaire de Flandre avait été la seule à préoccuper alors le roi et son Conseil, la convention de Marquette eût été une erreur. Elle laissait une trop grande place à la bonne volonté de Louis de Nevers.

Il ne s'ensuit pas que Marigny ait négligé les intérêts du roi, ou, à plus forte raison, qu'il ait trahi son maître. Le récit qu'a fait de la négociation Louis de Nevers lui-même suffit à montrer qu'il s'est estimé joué, et son commentaire dit assez qui était perdant en l'affaire :

> Le troisième article obligerait à ratifier le transport au roi des châtellenies de Lille, Douai et Béthune. A cela nous ne nous résoudrons jamais. Ce serait créer d'interminables difficultés. Ce serait morceler la Flandre.

A la volonté évidente du roi et de Marigny, volonté d'en finir avec cette campagne et volonté d'en finir vite, il y avait cependant une autre raison que l'intérêt du roi en Flandre. On avait convoqué l'armée quinze jours plus tôt que prévu, on avait traité à la hâte. Qu'y avait-il qui ne pût attendre un mois ?

Nicolas de Fréauville.

Il y avait un conclave, où l'une des cartes maîtresses du jeu européen était en train de changer de visage. Carte doublement maîtresse : on sait quel rôle avait joué le pape, sinon dans l'élection, du moins dans la prise de pouvoir effective des derniers empereurs et rois des Romains. Alors que, depuis un an, les électeurs d'Empire ne pouvaient se mettre d'accord pour donner un successeur à Henri VII, et alors qu'on allait vers la double élection d'octobre 1314 — le Bavarois et l'Autrichien — il était capital pour le roi de France de peser sur le choix des cardinaux.

Au conclave, les vingt-trois cardinaux avaient très vite constaté leur incapacité à s'unir sur un nom. Les Italiens proposaient Guillaume de Mandagout, un Languedocien d'esprit assez indépendant, qui s'était tenu à l'écart des principales affaires politiques et avait surtout, en excellent juriste, participé, sous Boniface VIII comme sous Clément V, à l'élaboration des décrétales qui complétaient le code de droit canonique. Français et Gascons n'en voulurent pas. Trois mois passèrent ainsi. Le ton monta, plus encore entre leurs familiers qu'entre les cardinaux eux-mêmes. A la fin de juillet, Gascons et Italiens se battaient dans les rues. On compta des morts. Les Gascons appelèrent à l'aide le vicomte de Lomagne, un neveu de Clément V, qui vint mettre à la raison les Italiens : ses Gascons pillèrent et massacrèrent si bien que les cardinaux italiens, effrayés, firent une brèche dans le mur du palais épiscopal et sortirent subrepticement par-derrière. Dans le tumulte, chacun s'en alla. Le seul point commun était qu'aucun des partis n'accepterait un pape auquel il n'aurait point donné ses voix.

Le temps était venu des tractations particulières. Avant même de trouver un pape à élire, il fallait maintenant s'accorder sur la date et le lieu de la reprise du conclave. Les Italiens refusaient Avignon, où leur sécurité leur semblait insuffisamment assurée. Les Gascons refusaient Lyon, devenue ville française. Nul ne voulait revenir à Carpentras.

Un cardinal pouvait servir de médiateur : Nicolas de Fréauville, le seul Français que les Italiens acceptassent à peu près. Le roi pensa que son ancien confesseur ferait un excellent pape. Il avait surtout conscience de l'avantage politique que procurerait à la France l'élection d'un pontife aussi lié au gouvernement capétien. La chose était tellement évidente que certains contemporains, entendant dire qu'on allait élire un pape qui avait pratiquement sa place au Conseil du roi, prêtèrent à Marigny une autre ambition : on colporta qu'il voulait faire pape son frère Philippe, l'archevêque de Sens qui avait mené avec tant de zèle le procès des templiers parisiens et qui s'était fait, parmi les archevêques du Concile, l'avocat des intérêts du roi.

Philippe le Bel saisit la première occasion pour faire comprendre aux cardinaux — et surtout aux Gascons, qui n'étaient guère favorables à ce choix — avec quelle satisfaction il apprendrait l'élection de Fréauville. Vers la mi-août, il proposa au Sacré-Collège de s'en remettre, pour le choix d'un lieu de réunion, à une commission de trois cardinaux, un Français, un Italien et Fréauville. Le dosage était pour le moins curieux.

Nicolas de Fréauville, précisait la lettre, partageait avec le roi une même volonté. Il pouvait, bien sûr, ne s'agir que de la volonté d'aboutir, mais les cardinaux étaient fins, et comprirent ce que parler voulait dire.

A ce moment, d'ailleurs, les choses étaient déjà claires pour qui fréquentait la Curie. Le 14 août, l'observateur d'Edouard II écrivait à son maître pour lui conseiller de prendre vite et ouvertement parti en faveur de Fréauville : l'appui donné au cardinal par Philippe le Bel était de notoriété publique, et il vaudrait mieux que Fréauville parût élu à l'instance du roi d'Angleterre plutôt qu'à celle du seul roi de France. On commençait déjà à se demander de qui le futur pape serait l'obligé. On volait déjà au secours de la victoire.

Mais Philippe le Bel savait la fragilité des certitudes acquises au début d'un conclave. On pouvait brusquer la paix de Flandre, car rien n'y pouvait, de toute manière, être résolu d'un trait de plume, et force serait de revenir sur la situation politique en Flandre. On ne pouvait, en revanche, brusquer l'élection pontificale : si la manœuvre tournait court, si les Gascons ne cédaient pas et si les Italiens changeaient d'avis, bref, si un autre était élu, il serait à l'instant même trop tard.

On décida d'envoyer en Curie une ambassade, formée d'un fils du roi et d'Enguerran de Marigny. L'ambassade partirait dès que serait terminée cette campagne de Flandre, désormais inopportune car de plus grands intérêts étaient en jeu ailleurs. Alors que l'ost royal chevauchait vers Lille, Marigny savait qu'il fallait en finir au plus tôt. Non pour que les draps d'Ypres fussent à Ecouis, mais pour qu'un fidèle du roi montât sur le trône de saint Pierre.

Marigny fit demander au Sacré-Collège de différer l'élection jusqu'à la Toussaint. A la fin d'août, alors que l'ost royal était devant Lille, prêt à se battre, la commission cardinalice composée comme l'avait suggéré le roi de France se réunissait pour faire choix d'une ville. Le conclave allait reprendre.

On donnait pour certaine l'élection de Fréauville. Les Gascons étaient enfin disposés à voter pour lui, pour peu qu'on les en priât fortement de la part du roi et que le roi sût ce qu'ils faisaient pour lui...

Mais la date du 1er octobre, choisie par la commission cardinalice pour la reprise du conclave, interdisait à Marigny les atermoiements en Flandre. Il lui fallait gagner les rives du Rhône. Le vote des Gascons était au prix de cette ultime négociation, qui s'annonçait facile dès lors qu'on y mettrait les formes.

Tout cela était vain. Les cardinaux ne purent, en septembre, se mettre d'accord pour la reprise du conclave. Virent-ils venir le prince annoncé et le chambellan du roi ? C'est peu probable. A Paris, la situation était préoccupante, le rapport des urgences avait encore changé, et le principal conseiller du roi ne pouvait s'absenter longtemps de la cour alors que les bourgeois protestaient contre le gaspillage de l'impôt, que les barons commençaient de s'agiter à travers tout le royaume et que l'Empire allait vers une double élection qui pouvait mettre le Capétien dans l'obligation d'intervenir.

La rapide maladie du roi, puis sa mort, et la disgrâce de Marigny sonnèrent le glas des ambitions de Nicolas de Fréauville. L'Eglise ne devait avoir un pape que deux ans plus tard. Mais ce fut quand même un Français.

CHAPITRE XVIII

Des ombres sur un siècle nouveau

Malgré la splendeur des fêtes qui, autour de la Pentecôte 1313, ont réuni dans le nouveau palais de la Cité tout le baronnage de France aux côtés de trois rois, malgré la force politique d'une dynastie que rien ne semble diviser et qui, riche de cinq princes « fils de roi de France », vivants et actifs, semble ne jamais devoir poser le moindre problème successoral, des ombres passent, en cette fin de règne d'un roi que l'on voit vieillir.

LES MÉCONTENTS.

Pour qualifier le mouvement politique qui éclate dans l'été de 1314, on a vite fait de parler de réaction féodale, voire de réaction nobiliaire. Il faut en réalité distinguer plusieurs mouvements de mécontentement, qui remontent pour certains à dix ou quinze ans — que l'on se souvienne des plaintes de Guillaume Le Maire — et que le despotisme de Marigny, le regain de l'exigence fiscale et l'amertume des lendemains de guerre sans combat ont aidé à cristalliser dans le même temps. Il faut sans doute ajouter ceci que le roi prend de l'âge, et qu'il prend des distances avec la plupart des affaires. A quarante-six ans, Philippe le Bel est, pour son temps, un vieil homme. Quelques cas de nonagénaires ne doivent pas tromper sur la longévité des hommes du Moyen Age : la cinquantaine est incertaine.

Le premier de ces mécontentements, c'est celui de la petite

féodalité qui voit s'user, plus que s'écrouler, la société dont elle était le pivot. Le rachat du service armé, c'est le glas de la prééminence du militaire. L'érosion monétaire, qui ruine le revenu foncier, rend de plus en plus difficile le seul fait de « tenir son état ». C'est un mécontentement qui se manifeste de loin, contre les bourgeois qui achètent des fiefs, contre les parvenus qui sont bien vêtus et qui gouvernent, contre le roi lui-même, qui favorise les parvenus, et qui s'exerce de près contre les prévôts et les sergents.

Le deuxième, c'est celui de la haute féodalité, qui voit l'autorité royale empiéter sur ses prérogatives politiques et judiciaires. Les princes territoriaux se sentent de plus en plus à l'écart de la nature profonde du pouvoir royal. Autrement dit, le roi est de moins en moins l'un d'entre eux. Si fort qu'il se sente, aucun d'eux n'ose s'arroger un sceau qui le représenterait assis sur un trône ; le sceau du duc de Bourgogne et celui du chevalier sans titre, d'Hugues de Bouville ou de Guillaume de Varennes, ne diffèrent que par la taille : l'empreinte est la même, celle d'un chevalier à cheval, passant de gauche à droite, l'épée dans une main et le bouclier à l'épaule. Ce fossé de différence qui sépare un duc du roi plus que d'un hobereau sans terre, le duc ne songe ni à le nier ni à le combler. Au roi il n'en veut pas. Mais il en veut à ceux qui, de rang inférieur, traduisent dans les faits ce décalage croissant du pouvoir politique et de la hiérarchie féodale. Le mouvement des grands barons prend pour cibles les baillis et les sénéchaux, les légistes de la Cour, bref tous ceux qui représentent le roi-souverain et qui, parlant au nom du roi-souverain, se permettent de donner des ordres dont nul n'ose demander s'ils viennent bien du roi.

Le troisième, c'est celui de l'entourage royal. C'est celui des princes. C'est celui des hommes qui ont fortune, rang et part au pouvoir. Car Charles de Valois, lui aussi, est mécontent, comme l'est Louis le Hutin, comme l'est Mahaut d'Artois. Comme les Châtillon. L'un a perdu sa couronne, l'autre l'a vue passer, un autre l'attend avec impatience. Ils songent au destin de Charles d'Anjou. Ils rêvent qui de l'Aragon, qui de Jérusalem, qui de Constantinople, qui de Rome... Ils prétendent en vain au pouvoir politique, et ils n'ont même pas, sur le roi de France, l'influence à quoi leur donne droit leur rang. Leur hostilité est pour ceux qui tiennent leur place grâce à la faveur du roi, pour les conseillers venus de rien : Marigny et tous ceux qui, tel

Michel de Bourdenay, sont à la fois ses hommes de confiance et ses prête-noms.

Il est un dernier mouvement, encore larvé. Le roi vivant, nul ne discute ouvertement ses choix. Mais le roi vieillit, et l'on songe sans le dire aux comptes que l'on réglera et aux orientations politiques que l'on révisera. En attendant, on fronde. Dans l'été de 1314, les fils du roi s'amusent, dans la cour du château de Vincennes, sous les fenêtres de leur père, d'un théâtre de marionnettes où l'on voit le chambellan bien connu éconduire successivement tous ceux qui veulent aller au roi. On rit. Mais cela aura son épilogue à Montfaucon, en avril 1315.

Les petits féodaux de province étaient plus préoccupés de leurs cens et des amendes de leur justice que des rivalités pour l'antichambre royale. L'impôt, qui frappait leurs hommes et amoindrissait ainsi leur seigneurie, venait aggraver leurs inquiétudes. Que la trahison s'en mêlât, et la charge fiscale devenait intolérable : or on sait que la trahison fut l'explication couramment donnée de l'interruption de la campagne de 1314. L'année précédente, on avait arrêté l'ost et rendu l'impôt. Cette fois, on ne rendait rien. Pis encore, on poursuivit la levée. Les consuls de Nîmes refusèrent de payer ; on les mit en prison.

Les ligues.

Plusieurs barons des régions du Nord s'assemblèrent, mirent en commun leur mécontentement et s'en allèrent l'exposer loyalement au roi. Ils s'en prenaient aussi bien à l'impôt qu'aux incessantes violations des coutumes. La faute de tout ceci était aux mauvais conseillers, qui s'enrichissaient durant que le roi, comme toute la fleur de la noblesse française, s'appauvrissait.

Qui était de la manifestation ? Picards, Normands, Poitevins, Angevins, Bretons, Auvergnats, Gascons même, s'il faut en croire Geoffroi de Paris. Nous ne saurons sans doute jamais combien ils étaient, ni qui avait pris l'initiative. Sans doute l'ignorera-t-on toujours. On peut seulement penser que l'occasion du conciliabule fut offerte par le roi lui-même, lors de l'expédition de Flandre. Pendant qu'on négociait devant Lille, les chevaliers avaient le temps de s'interroger.

Une chose, cependant, est sûre : le ton monta, et les barons menacèrent le roi à mots à peine couverts :

Ainsi lui fut dit pleinement
Qu'il allait contre le serment
Que il avait à Reims donné
Quand eut été roi couronné.

Philippe le Bel vit le danger d'une sédition armée. Les souvenirs du règne de saint Louis étaient encore très vivants, et l'on savait que des barons coalisés pouvaient faire trembler le trône sur ses bases. Pour ôter à cette sédition toute occasion, le roi réitéra l'interdiction des tournois, interdiction dont la raison avouée était que les joutes et tournois provoquaient « grand destruction et mortalité de chevaux et aucunes fois de personnes », et dont la véritable raison était que l'on passait trop vite du tournoi à la guerre privée. Le roi ne tenait pas à ce que la noblesse s'assemblât n'importe où, sans surveillance, avec armes et armures.

Le 1er novembre, ordre était donné aux baillis de dresser des listes nominatives de ceux qui avaient protesté contre l'ost de Flandre, et d'arrêter ceux qui avaient appelé le peuple à la révolte. Peu après, apprenant l'ampleur du mouvement, le roi décidait d'ajourner les protestataires devant le Parlement.

De tous côtés, en cet automne de 1314, les manifestations se multipliaient, unissant parfois la petite noblesse, le bas clergé et le peuple. La noblesse, en prenant l'affaire en main, lui donna la couleur d'un mouvement féodal.

La noblesse de Bourgogne se donna, la première, une structure et un programme d'action. Après une réunion à Beaune, où le comte Jean d'Auxerre et quelques autres furent reconnus comme chefs, ce fut, à Dijon, une assemblée générale qui discuta d'un véritable traité d'alliance. Il y avait là cent dix seigneurs, dont quelques femmes, et les procureurs de dix-huit abbayes et onze chapitres. Pour être exact, il ne manquait guère que le duc et l'épiscopat pour que tout ce que comptait la Bourgogne comme gens importants fût présent. Signe des temps, la noblesse considéra qu'elle parlait au nom des villes.

Les conjurés se donnèrent une véritable constitution, organisèrent leur travail, précisèrent la fréquence de leurs assemblées. Ils désignèrent une commission permanente. Si la chose allait plus loin, la France était sur le chemin d'un système assez proche de celui qui, depuis un siècle déjà, régissait l'Angleterre.

Les Champenois ne tardèrent pas à imiter les Bourguignons. Les nobles du Forez suivirent. Le temps était venu de confédérer les ligues provinciales. Ceux du Vermandois, du Beauvaisis, du Ponthieu et d'Artois créèrent une de ces confédérations, ceux de Champagne, de Bourgogne et de Forez une autre. Le 24 novembre, au cours d'une assemblée tenue quelque part entre la Champagne et la Bourgogne, toutes les ligues formèrent une véritable coalition, que soudèrent de nombreux accords d'aide mutuelle.

La faiblesse de ce mouvement était qu'il ne pût déclencher dans le même temps une revendication commune de tout le royaume. Normandie, Bretagne, Languedoc, Auvergne se tinrent à l'écart tant que les Bourguignons, les Champenois, les Picards et les autres du Nord négociaient, et n'entrèrent dans le conflit, en ordre dispersé, qu'au moment où les premiers avaient déjà, sur le parchemin, reçu satisfaction. Alors que le mouvement était général, la stratégie lui manqua, qui aurait contraint le roi à une négociation générale. Philippe le Bel et bientôt Louis X pouvaient traiter avec les ligues, les unes après les autres.

Bien plus, les ligues se privèrent du soutien de la puissance économique que représentaient les villes. Celles du Nord furent censées représentées par la noblesse, celles du Midi traitèrent chacune pour soi. L'incapacité de la noblesse à se donner une organisation à l'échelle du royaume se renforçait certainement, en pareil cas, d'une méfiance ancestrale envers les dynamismes politiques étrangers au système féodo-vassalique. Les chevaliers français se dressaient contre l'appareil monarchique, mais ils avaient gardé le souvenir de Courtrai.

Les mauvais conseillers.

En apparence, d'ailleurs, nul ne s'attaquait au roi, nul ne songeait à déposer Philippe le Bel. Au reste, nul n'était candidat à la Couronne. La prudence du comte de Foix, au temps de Bernard Saisset, ne laissait pas d'être imitée. Mais le ton était très ferme à l'encontre des abus, des exactions, des empiétements. Et c'est bien contre l'impôt royal, précisément celui de

1314, que les ligueurs juraient de se prêter main-forte. Le roi ne pouvait s'y tromper, on ne s'en prenait pas seulement à la mauvaise exécution de ses ordres, on attaquait directement son comportement politique.

Geoffroi de Paris a traduit le sentiment simple et net du contestataire moyen de 1314 : on a tant payé, et le Trésor royal est vide. Additionnant mentalement en une litanie les entrées d'une décennie — et y joignant quelques illusions —, le chroniqueur ne voit qu'une explication : les malversations des conseillers, qu'illustrent leurs fortunes immobilières.

Roi, de l'autrui tant as déjà pris
Que de Dieu ni d'homme n'as pris.
Or as-tu eu le centième,
Et puis après le cinquantième,
Et pris tant de subventions ;
Devant Dieu en est mention.
Et pourquoi aurais-tu maison
En Ciel, qui donnes occasion
A tes gens, qui n'est de coutume ?
Toute France d'ire allumes.
Roi, encore as-tu eu
— Au moins l'ont tes gens reçu —
Des templiers et l'argent et l'or
Qui doit être en ton trésor,
Des Juifs et des usuriers
Et des Lombards les grands deniers.
Tôtes et tailles as levées
Qui toutes ont été payées ;
De ta fille le mariage.
Un tel ne semblable outrage
Onques mais nul temps ne levèrent
Les rois qui avant toi régnèrent.
Et de ta monnaie chargé
As-tu toute ta gent mangé.
Puis après, t'a dit ton Conseil
Que rien n'y a, dont me merveille :
Non pas pour tant, car bien les crois
Ne de rien ne les en mescrois,
De ce les en croit-on moult bien
Quand ils disent qu'il n'y a rien

Car devers eux l'ont-ils saqué
Et en leurs grands manoirs caché.

La dernière allusion n'était pas le fruit de l'imagination populaire. Bien sûr, la commission chargée d'examiner la gestion de Marigny se préparait à rendre, dans les conditions les plus défavorables au chambellan, un jugement de quitus. En d'autres termes, Marigny n'avait pas mis frauduleusement dans sa poche l'argent du roi. Alors, le Trésor vide ?

L'intéressé a lui-même répondu à la question lorsque, au Conseil, trois mois après la mort du roi, Charles de Valois l'apostropha violemment : les dépenses avaient été faites avec l'aveu du roi, pour la politique du roi et même, à l'occasion, pour celle de Charles de Valois.

Entendons-nous bien. Marigny n'avait point puisé dans les coffres du roi, mais lui et ses semblables avaient en quelques années réalisé des fortunes qu'il était difficile d'expliquer. Le public ne pouvait ne pas les mettre au compte de la malversation. Les seigneuries acquises par échange avec le roi valaient sans doute plus que leur contrepartie, les rentes assises en terre étaient sans doute de meilleur revenu après des estimations de complaisance, les ouvriers travaillant dans les châteaux normands ou l'hôtel parisien étaient probablement pris sur les chantiers du roi. Après s'être en dix ans rendu maître de la moitié du pays de Caux et d'une bonne part du Vexin, Marigny venait, en décembre 1313, de faire ériger le tout en baronnie. Au sud de Paris, il se constituait une nouvelle seigneurie, autour de Chilly. Il avait fondé un chapitre de chanoines et fait reconstruire l'église d'Ecouis, ornée de statues — le plus bel ensemble conservé des années 1310 — dont nul ne pouvait ignorer qu'elles étaient nées du même atelier que les statues du Palais royal de la Cité. Il avait créé une foire. Il avait fondé une villeneuve. Son revenu dépassait 15 000 livres tournois par an — quinze fois la rétribution officielle de sa fonction — sans compter le profit d'opérations occasionnelles, celui des prêts au roi d'Angleterre, celui des foires d'Ecouis ou celui de la participation aux affaires de Tote Guy, le neveu de Biche et Mouche.

Il avait fait construire les derniers bâtiments du Palais. Voilà qui avait coûté cher, et les regrets tenant au coût de l'ouvrage se mêlaient dans l'opinion publique à l'émerveillement que suscitait un tel ensemble monumental. Le roi, rapportaient les *Grandes Chroniques* de même que la plupart des chroniqueurs,

> fit faire par Enguerran de Marigny, son coadjuteur et gouverneur de son royaume, un neuf palais de merveilleux et coutable œuvre, le plus très bel, si comme nous créons, que onques nul si bel ne vit.

En fait, Marigny n'avait fait construire que la partie nord et est, mais il en avait profité pour placer, à l'entrée d'un palais dont il lui plaisait qu'on lui imputât la conception, et son portrait peint à la fresque sur un mur, et sa statue en haut des grands degrés qui précédaient la galerie mercière de saint Louis. Pour agenouillé qu'il y fût, à la droite du roi, la statue semblait à beaucoup abusive, et bien des princes se seraient mieux vus à une telle place. Maître du mécénat royal, le chambellan l'avait fait concourir à sa propre gloire.

La successsion a la couronne.

Cependant qu'éclatait de toutes parts le mécontentement, celui de la Cour et celui des barons, le roi était au plus mal. Transporté à Fontainebleau, il luttait contre la mort alors que parvenaient à la cour les nouvelles de la rébellion contre son fils. Marigny était là, rentré d'urgence si tant est qu'il fût allé au conclave vers la Toussaint. Il n'eut que le temps de réitérer, trop tard et incomplètement, la décision prise un an plus tôt : des lettres patentes du 28 novembre arrêtèrent la levée de l'impôt. Mais on n'eut pas le temps de notifier la décision à tout le royaume, et l'on n'alla pas jusqu'à rendre les sommes levées.

Quoi qu'il en fût, les coalisés ne pouvaient se contenter d'une demi-mesure. Louis X allait devoir, dans les mois suivants, leur donner — par une série de chartes accordées aux nobles des diverses provinces — les garanties souhaitées contre l'arbitraire fiscal et plus généralement contre l'arbitraire royal.

Philippe le Bel, croit-on, avait ce jour-là perdu l'usage de la parole. Le lendemain, 29 novembre, le garde du sceau scellait un dernier acte, commandé par Marigny devant toute une cour qui n'eût certainement pas laissé faire si l'on n'avait su que telle était la volonté du roi mourant : le comté de Poitiers, déjà donné au deuxième fils du roi, le prince Philippe, reviendrait à la Couronne en cas de défaut d'hoir mâle. Philippe le Bel mourut quelques instants plus tard.

Le dernier des grands Capétiens disparaissait en prenant une décision qui conforterait, peu d'années après, les tenants de la succession masculine à la Couronne. De cette succession, cependant, quelle vue pouvait-on avoir à l'heure où Philippe le Bel quittait ce monde après un règne de trente ans ? Etait-elle aussi bien assurée qu'on pouvait le croire, et surtout qu'on avait pu le croire un an plus tôt ?

Depuis Hugues Capet, jamais roi de France n'avait manqué d'un fils. Ç'avait été, toutefois, la constante préoccupation de la dynastie, et l'on avait vu Philippe Auguste prendre le risque de terribles sentences canoniques, qui eussent ruiné son pouvoir, afin de légitimer les fils qu'il avait eus d'un mariage contestable. Philippe le Bel, lui, avait pu demeurer veuf sans mettre en péril l'avenir de sa dynastie : Jeanne de Navarre lui laissait trois fils et une fille. L'aîné, Louis, régnait sur la Navarre en attendant la couronne de France. Philippe avait le Poitou, Charles la Marche. Isabelle était reine d'Angleterre, et semblait là hors de toute compétition.

Charles de Valois avait si bien renoncé à régner sur la France qu'il avait chassé à travers le monde toutes les couronnes possibles. Fils de roi, frère de roi, presque roi — en Aragon — et presque empereur, il ignorait qu'il serait, à titre posthume, père de roi de France. Pour l'heure, son ambition se bornait, en France, à gouverner sous le règne de son neveu Louis et à régler quelques comptes, en particulier avec Enguerran de Marigny.

Le droit des femmes à succéder à la couronne de France n'avait jamais été évoqué. Il n'avait d'ailleurs pas été davantage nié. Mais il était bien assuré que les femmes succédaient à d'autres royaumes et dans bien des fiefs, de tout rang. Héritière, la reine Blanche avait apporté la Navarre dans la maison de Champagne ; sa fille Jeanne avait apporté Navarre et Champagne dans la maison de France. Héritière, Mathilde avait, un siècle et demi plus tôt, apporté l'Angleterre dans la maison d'Anjou ; héritière aussi, Aliénor avait apporté l'Aquitaine dans la maison d'Angleterre. Le comte Foulque d'Anjou, cependant, avait régné sur Jérusalem pour avoir épousé l'héritière de Beaudouin II, et l'on avait vu Pierre d'Aragon épouser Constance pour relever les droits des Hohenstaufen sur la Sicile, cependant que Charles d'Anjou recevait de sa femme Béatrice l'héritage des comtes de Provence et de Forcalquier.

Guy de Dampierre et Jean d'Avesnes tenaient l'un la Flandre et l'autre le Hainaut de leur mère Jeanne, fille du comte de Flandre et de Hainaut. Si la loi salique devait imposer en un pays, c'était bien en des principautés du Nord, dans cette région d'où les Francs saliens de Childéric et de Clovis s'étaient élancés pour conquérir la Gaule. Mais la loi salique était bien oubliée, et aucun article de cette loi — loi civile et non politique — ne pouvait d'ailleurs s'appliquer.

La succession d'Artois.

Et puis, il y avait Mahaut. Si les droits de la petite-nièce de saint Louis sur l'Artois étaient mis en doute, ce n'était en aucune manière parce qu'elle était femme, mais parce qu'elle était cadette. Il y avait, en tout cas, une affaire d'Artois. Sans prévoir qu'elle allait conduire à un véritable conflit au temps de ses fils, Philippe le Bel, qui savait ce qu'il en coûtait encore d'avoir dû faire trancher par saint Louis la succession de Flandre, ne pouvait qu'être préoccupé par l'Artois.

Il est toutefois difficile de dire si cette affaire d'Artois est, dans l'histoire du règne, chose essentielle ou purement marginale. Certains en ont fait l'une des causes de la guerre de Cent Ans. D'autres y ont vu l'un des multiples procès dont la Cour du roi était encombrée, et rien de plus. Le personnage lui-même de Robert III d'Artois ne se laisse pas aisément appréhender, non plus que celui de sa tante Mahaut, comtesse d'Artois et comtesse palatine de Bourgogne, la petite-nièce d'un roi de France qui allait être, en quelques années, la belle-mère de deux autres rois de France.

C'est pour obéir à la volonté de leur père Louis VIII que saint Louis avait donné à son frère Robert cet apanage d'Artois. Cet apanage présentait toutes les apparences d'un don pur et simple, sans aucune clause particulière, propre à rappeler que le comté avait été démembré du domaine royal. C'était un fief, tenu du roi, comme bien d'autres.

Tué à Mansourah après une charge aussi folle qu'héroïque à travers les rues de la vieille ville, Robert avait eu pour successeur son fils Robert II, un fils posthume qui vécut et régna sur l'Artois pendant cinquante-deux ans. Sa première femme lui donna deux enfants, Philippe, que l'on tint naturellement pour son héritier, et Mahaut, mariée au comte de Bourgogne Othon IV. On pouvait, vers 1300, envisager sans inquiétude la succession du comte Robert II.

La guerre contre la Flandre bouleversa tout. Philippe d'Artois fut mortellement blessé à Furnes en 1298, Othon de Bourgogne le fut en 1303 à Cassel. Robert II d'Artois tomba, la même année, à Courtrai.

Qui allait succéder ? Le fils du fils aîné mort en 1298, c'est-à-dire le jeune Robert III ? La fille cadette, c'est-à-dire Mahaut ? Le petit-fils représentait-il les droits du fils ? C'est autour de ce principe de la représentation que, Robert II n'ayant rien prévu, allaient tourner les spéculations des juristes pendant quelque vingt ans.

Ce n'était évidemment pas la première fois que le cas se présentait en France. Un siècle plus tôt, le droit du prince Arthur, fils du fils aîné de Henri II Plantagenêt, avait été nié pour le duché de Bretagne par un Jean sans Terre finalement vainqueur par la force, non par les voies du droit.

Ce qui était nouveau, c'est que le problème se posait à propos d'un apanage, autrement dit d'un comté dont on avait, deux générations plus tôt, amputé le domaine royal.

Sur le moment, nul ne s'occupa de quelque principe que ce soit. Mahaut fut investie de l'Artois parce qu'elle fit sur-le-champ valoir son droit et que nul ne s'y opposa. Philippe le Bel et son Conseil virent-ils la difficulté ? Il est peu probable qu'ils aient oublié l'existence de Robert III. Sans doute jugea-t-on qu'une comtesse dont l'énergie s'était déjà employée avec succès pour faire passer la Franche-Comté sous l'influence royale valait mieux, en cette année de crise que fut 1303, qu'un jeune homme impétueux. Nul ne songeait alors à ce que serait bientôt la succession à la couronne de France : le roi avait trois fils. Peut-être, en revanche, pensa-t-on à la Navarre et à la Champagne, qu'une femme apportait dans le patrimoine capétien.

Lors de l'ultime revendication de Robert III, le neveu évincé en 1303 par Mahaut, on parla beaucoup des « convenances », c'est-à-dire d'un contrat fait et lu publiquement lors du mariage de Philippe d'Artois en 1281. Il y aurait été dit — et ratifié par le comte Robert II — que les enfants de Philippe le représenteraient s'il mourait avant le comte son père. Ces convenances, que Robert d'Artois accusa plus tard sa tante Mahaut d'avoir fait détruire, auraient été conservées en double exemplaire : l'un à Saint-Martin-des-Champs, sous la garde du clerc Thierry d'Hirson, l'âme damnée de Mahaut, et l'autre au Trésor des chartes du roi.

Ces précisions suffisent à ruiner l'argumentation de Robert d'Artois. Philippe le Bel n'aurait pu négliger des convenances lues en public lors d'un mariage célébré à Saint-Eustache devant toute la Cour, non plus qu'un document conservé au Trésor des chartes au su de tous.

Aussi bien, lorsqu'en 1308, Robert d'Artois ayant atteint sa majorité, sa mère Blanche de Bretagne et lui s'adressèrent au roi pour exiger ce qu'ils disaient être leur droit, c'est-à-dire le comté d'Artois, nul ne parla encore de ces convenances comme d'un fondement juridique de la dévolution du fief. Robert invoquait son droit de représentation, et rien d'autre : il représentait son père, héritier indiscutable. Et les juristes de s'interroger. Dans l'incohérence d'un droit féodal excessivement compartimenté, certaines coutumes donnaient le fief au plus proche parent, d'autres au fils aîné du fils aîné. De l'accord matrimonial de 1281, Robert d'Artois ne retenait qu'une chose : si sa tante Mahaut avait le comté, lui, Robert, devait recevoir une compensation en terres. Ce qu'il demandait, c'était donc ou l'Artois ou quatre mille livres de rente assise en terres, en Artois.

L'enquête laissa apparaître que la coutume locale était plutôt favorable au plus proche parent. Le 9 octobre 1309, la Cour du roi, siégeant en formation réduite aux seuls « pairs », confirmait à Mahaut la possession de l'Artois et allouait aux autres ayants droit des compensations faites d'argent et de terres. Jusqu'à la mort de Philippe le Bel, nul ne souleva plus le problème de la succession d'Artois, et l'on ne parla pratiquement plus de Robert d'Artois.

Le fait qu'il épousât une fille de Charles de Valois ne sembla pas, sur le moment, prêter à conséquences. Une nouvelle tentative, faite en 1316, devait avoir le même résultat que le procès de 1309. C'est cependant ce mariage qui fit, à l'avènement de Philippe VI, de Robert d'Artois le propre beau-frère du roi. Une telle circonstance allait à la fois raviver son amertume de n'être qu'un petit seigneur et lui donner à croire que tout lui était permis. Il s'embarqua, en 1329, dans l'aventure qui devait le perdre.

Les brus du roi.

Revenons en novembre 1314. Le roi a trois fils et une fille. Autant de drames que d'enfants. Isabelle a pour époux un Edouard II qui se montre mari empressé, au point qu'on s'amuse de leur lever tardif un jour de fête, mais dont l'homosexualité ne fait mystère pour personne. Déjà, la reine d'Angleterre doit se contenter avec des amants. Les princes ses frères, au contraire, délaissent un peu leurs femmes, qui se consolent en des aventures dont le Parisien s'étonnera.

De l'affaire des brus du roi, ôtons les détails qu'a, depuis Alexandre Dumas, ajouté la littérature d'imagination. Trois princesses s'ennuyaient, que deux chevaliers « jolis et gais » vinrent distraire. Marguerite de Bourgogne, fille du duc Robert et sœur du duc Hugues V de Bourgogne, avait épousé le roi de Navarre Louis le Hutin, un homme de caractère difficile qui la lassa rapidement ; Gautier d'Aunay devint un jour son amant. Sa belle-sœur Blanche d'Artois, fille d'Othon IV de Bourgogne et de Mahaut d'Artois, était la femme de Charles de la Marche, un joli garçon qui eût été insignifiant s'il n'avait été le fils du roi de France. Sans doute entraînée par sa belle-sœur Marguerite, Blanche d'Artois devint la maîtresse de Philippe d'Aunay, frère de Gautier et son compagnon de fredaine. On était en 1311 ou 1312. L'une et l'autre étaient mariées depuis quatre ou cinq ans, et Blanche avait une fille.

La sœur de Blanche, Jeanne d'Artois, avait épousé Philippe de Poitiers, un prince qui ne manquait ni de finesse ni de caractère. Sans participer au coupable divertissement de ses sœur et belle-sœur, elle était au courant de tout. Elle se garda bien de se mêler d'une affaire qui ne la touchait pas.

Et voilà qu'en mai 1314, la chose s'éventa. Philippe le Bel

était alors à Maubuisson. Immédiatement, il ordonna l'arrestation des coupables, qui ne firent aucune difficulté pour tout avouer. On devine l'ampleur du scandale : les trois brus du roi en prison, pour adultère !

> Et de Navarre la reine
> Prise comme garce et méchine
> Et en prison emprisonnée
> A Gaillard où elle fut menée,
> Dont le royaume était troublé.

Les frères d'Aunay furent rapidement jugés, à Pontoise même, et exécutés sur-le-champ, pour lèse-majesté, avec un raffinement de cruauté qui confond : on les écorcha vifs, on les mutila, on donna leur sexe aux chiens. Leur cadavre fut traîné, puis pendu au gibet. Le bon peuple voyait mal le danger qu'un tel comportement faisait courir aux principes mêmes d'une monarchie héréditaire : l'incertitude des filiations. En revanche, il avait quelque peine à penser que tromper un mari fût un crime passible de mort. Il trouva la sentence un peu rapide et un peu dure.

Jeanne d'Artois avait été menée à Dourdan, où elle demeura quelques mois, surveillée sans relâche mais traitée avec égards, le temps qu'une enquête mette en évidence sa relative innocence. Soutenue par sa mère Mahaut, disant très haut qu'elle n'avait rien à se reprocher, elle parvint à faire admettre qu'il lui était difficile de dénoncer sa sœur. Le Parlement finit par l'acquitter, et le comte de Poitiers accepta de la reprendre. A Noël, elle rentra à la cour, où tout le monde lui fit fête.

Le cas des autres était moins défendable. Marguerite et Blanche furent conduites à Château-Gaillard, tondues, vêtues d'une robe grossière et mises au cachot. La reine de Navarre était tout en haut d'une tour, dans une geôle ouverte à tous les vents, où sifflait en ces mois d'hiver un vent glacial. Accablée, convaincue de son indignité, Marguerite de Bourgogne ne cessait de pleurer et de répéter son repentir. Elle mourut de froid, dans sa prison, vers la fin de l'hiver.

Un peu mieux abritée dans une chambre inférieure, Blanche pleurait aussi, mais de rage. Elle ne devait sortir de Château-Gaillard que dix ans plus tard, pour mourir religieuse à Maubuisson.

On devine ce que pouvaient être les pensées de Philippe le Bel, en ce mois de novembre 1314 où il se voyait mourir. Ses trois fils étaient sans femme, et rien ne permettait même d'envisager avec certitude la possibilité de leur remariage. La postérité familiale n'était vraiment assurée que par une fille et son mari anglais, et par des petites-filles.

Il n'y a guère à s'interroger, malheureusement, pour savoir si les conditions de la détention de Marguerite de Bourgogne sont une exécution à petit feu. On ne pouvait guère décoller une reine, mais on pouvait l'exposer à la pleurésie. Le remariage de Louis donnerait à la France et à la Navarre une reine, une Angevine, Clémence de Hongrie, et un roi pour cinq jours, le fils posthume de Louis X et de Clémence, Jean Ier.

La clause de masculinité.

Philippe le Bel ne pouvait ignorer que le problème de la succession des femmes risquait de se poser. Trois fils semblaient une succession masculine suffisante, tant qu'il étaient les uns et les autres en âge de procréer. Dès lors qu'ils étaient tous les trois privés de femme, on pouvait craindre que les descendants en ligne féminine eussent quelque mal à s'incliner un jour devant les cousins Valois ou Evreux.

On ne pouvait, non plus, improviser en une matière aussi grave. Du moins celui qui venait de porter durant trente ans la Couronne avait-il la possibilité de faire comprendre en quel sens allaient ses préférences. De même avait-il le souci d'éviter une désagrégation de ce domaine royal rassemblé par dix générations de Capétiens et qui demeurait la base territoriale de la puissance souveraine. Il convenait que les grands fiefs démembrés du domaine royal à l'intention des puinés ne passent pas par mariage en des familles rivales. Les difficultés liées à la succession d'Artois faisaient toucher du doigt ce qu'eût été la situation politique si Mahaut, au lieu d'épouser le brave Othon IV de Bourgogne, avait porté l'Artois au roi d'Angleterre ou au roi d'Aragon.

Au moment où les barons fomentaient ce qui prenait l'allure d'une révolte comparable à ce qu'avaient dû affronter saint Louis et Blanche de Castille, Philippe le Bel prit une décision qui préservait le domaine capétien et constituait une indication du droit dynastique tel qu'il le concevait. Mais le temps pressait. Les lettres patentes scellées pendant qu'il mourait ne visaient qu'un seul cas : la masculinité fut décrétée pour l'apanage de Poitiers, et pour lui seul.

> Regardant qu'il pourrait advenir que ledit Philippe, ou aucun de ses hoirs ou successeurs comtes de Poitiers, pourraient mourir sans hoir mâle de leur corps, laquelle chose nous ne voudrions pas ni que la comté fût en main de femelle, sur ce avons ordonné ainsi comme il s'ensuit, c'est à savoir que, au cas que ledit Philippe ou aucun de ses hoirs comte de Poitiers mourrait sans laisser hoir mâle de son corps, nous voulons et ordonnons que la comté de Poitiers retourne à notre successeur roi de France et soit rejointe au domaine du royaume.

La mort du roi, ce même 29 novembre, empêcha-t-elle de réviser à son tour le statut de l'apanage de la Marche ? Pensait-on déjà, au contraire, à faire casser le mariage de Charles de la Marche et de la princesse adultère, ce qu'un artifice de droit canonique permit de faire en 1322 ?

On peut se demander si l'essentiel n'était pas, pour Philippe le Bel, de laisser deviner sa pensée quant à la dévolution de la Couronne, sans prendre à cet égard une mesure que les pairs eussent mal accepté de voir prendre sans leur avis. L'indication était précise, et elle était ferme. Mais nul ne pouvait dire que le roi y outrepassait son droit. Alors que les barons criaient aux abus, le moment eût été mal venu d'abroger le peu qui subsistait du principe électif de la monarchie franque.

Les choses s'étaient, on le sait, précipitées. Bien que vieilli depuis son veuvage et accablé par le drame familial qui l'avait privé de ses trois belles-filles, Philippe le Bel était encore à quarante-six ans un cavalier vigoureux et un chasseur intrépide. Un accident, en octobre, l'emporta. Près de Pont-Sainte-Maxence, il fit une chute de cheval. Une jambe brisée rouvrit une vieille plaie. L'infection s'y mit.

En bateau, par l'Aisne et l'Oise, le roi se fit conduire à Poissy. Il fut soigné à l'infirmerie du couvent des dominicaines qu'il avait lui-même fondé. Dès le début de novembre, la fièvre alarma l'entourage. Le roi se plaignait de violentes douleurs à l'estomac.

Philippe le Bel savait sa fin proche. Il se préoccupa du sort de Marigny, qu'il savait en proie à la jalousie de la cour, et demanda qu'on laissât son chambellan tranquille si l'on ne trouvait rien à lui reprocher quant à sa gestion financière.

On transféra le roi, le 26 novembre, à Fontainebleau. Il voulait mourir où il était né. Le 28, il dicta un codicille à son testament. Le 29 il mourait.

Le corps fut ramené à Paris, par la Seine, et déposé aux Bernardins, où on l'embauma. L'opération réussit médiocrement : on s'en aperçut dès le lendemain.

Les obsèques eurent lieu le 2 décembre, à Notre-Dame de Paris. Philippe de Marigny, archevêque de Sens, officiait. Des Bernardins à Notre-Dame, comme de Notre-Dame à Saint-Denis, le lendemain, le corps fut porté sur une litière, le visage les mains à découvert, vêtu d'un drap d'or et d'un manteau d'apparat fourré d'hermine. Il avait sa couronne en tête, le sceptre dans une main et — c'était une innovation — la main de justice dans l'autre. Le règne finissait comme il avait commencé, dans la pompe solennelle où se marquait la majesté royale.

Une délégation de bourgeois de Paris, vêtus de noir et encapuchonnés de même, suivait les princes et les barons.

Philippe le Bel fut inhumé le 3 décembre à Saint-Denis, en présence de ses proches. Son cœur fut porté à Poissy, où les dominicaines ordonnèrent un service pour celui qui les avait comblées de ses bienfaits.

A Saint-Denis, il avait fait élever un magnifique tombeau de marbre noir et blanc pour son père Philippe III. A peine Jeanne de Navarre était-elle morte qu'il lui avait fait donner un tombeau digne d'une épouse deux fois reine. Mais Philippe le Bel ne s'était pas soucié — ou n'avait pas eu le temps de se soucier — de son propre monument funéraire. C'est Charles de la Marche qui, devenu Charles IV, passa vers 1327 une commande globale pour le tombeau de son père et ceux de ses frères.

Sources

CHRONIQUES

Comme pour tout le Moyen Age, les chroniques sont les sources les plus explicites de l'histoire des événements. Elles témoignent aussi — souvent de manière involontaire, ce qui rend nécessaire une étude très précise du vocabulaire — pour les structures politiques et pour les phénomènes économiques. Il ne faut évidemment leur demander d'autre explication de ces phénomènes que celle qui courait dans le milieu où vivait l'auteur.

La plupart appartiennent encore au type traditionnel de la chronique impersonnelle et, dans une certaine mesure, impartiale. La partie originale et pour nous intéressante n'est d'ailleurs, le plus souvent, que la fin d'une compilation d'histoire universelle depuis la Création ou depuis la Rédemption. Ce sont en général des œuvres de clerc, et la langue la plus fréquente est le latin.

Parmi les chroniques dont l'information est précieuse pour l'historien et à côté des récits d'intérêt purement local, on peut citer les *Grandes Chroniques de France* rédigées à Saint-Denis, en partie d'après des documents et des témoignages, en partie à l'aide de deux chroniques, elles-mêmes écrites à Saint-Denis pour continuer l'œuvre de deux moines contemporains de saint Louis, Guillaume de Nangis et Géraud de Frachet. Moins officielles, moins orientées vers la gloire de la dynastie capétienne, sont les autres chroniques monastiques, comme celle de Jean, moine à Saint-Victor de Paris, dont le récit est souvent un témoignage personnel. Les *Flores chronicorum* de l'inquisiteur dominicain Bernard Gui sont à la fois riches d'informations sur l'histoire de la France méridionale et sur l'attitude des frères prêcheurs dans les difficiles affaires du Languedoc. D'autres récits, pour les questions flamandes, nous donnent des versions qu'il est nécessaire de confronter avec celles des historiens parisiens ; ainsi la chronique de l'abbé de Saint-Martin de Tournai, Gilles Le Muisit, ou les *Annales Gandenses* tenues à Gand par un frère franciscain très hostile au roi.

Bien que l'auteur ne soit pas impartial, le témoignage porté par le marchand florentin Giovanni Villani dans ses *Istorie fiorentine* est irremplaçable en raison de la qualité des observations personnelles faites au cours d'un long séjour en France, aussi bien qu'en raison de l'ampleur des informations recueillies auprès des autres hommes d'affaires italiens.

A une vue très personnelle des choses, deux longs récits en vers ajoutent l'intérêt d'une langue parfois savoureuse, où nous entendons l'écho de l'opinion publique. La *Branche des royaux lignages* est l'œuvre d'un soldat orléanais, ancien combattant des campagnes de Flandre, Guillaume Guiart. La *Chronique métrique,* dite de Geoffroi de Paris, est certainement l'œuvre d'un clerc de l'administration royale, quelque peu aigri par une carrière à demi réussie.

On trouve les textes principaux dans trois recueils qui ne sont pas sans défaut mais qui sont commodes et n'ont encore été que partiellement remplacés :

Recueil des historiens des Gaules et de la France, 24 vol. publiés de 1737 à 1904. - Utile en particulier pour Guillaume de Nangis (t. XX), Géraud de Frachet et Jean de Saint-Victor (t. XXI), Guillaume Guiart et l'Ancienne Chronique de Flandre (t. XXII).

Recueil des chroniques de Flandre, éd. J.-J. De Smet Bruxelles, 1837-1865. 4 vol. in-4°. - Indispensable pour les divers textes qui fournissent le point de vue flamand et pour ce qui concerne les difficultés d'application du traité.

Vitæ paparum avenionensium, éd. E. Baluze, Paris, 1693, rééd. G. Mollat, Paris, 1914-1922. 4 vol. - Publie en extraits diverses chroniques ecclésiastiques, et notamment les œuvres de Bernard Gui et de Barthélemy de Lucques.

Quelques chroniques ont fait l'objet d'éditions particulières, auxquelles il est préférable de se reporter, surtout lorsqu'un appareil critique et des index de recherche en facilitent l'usage. Citons en particulier :

Grandes Chroniques de France (*Les*), éd. J. Viard, t. VIII. Paris, 1934.

Chronographia regum francorum, éd. H. Moranvillé. Paris, 1891. 2 vol.

Gilles Le Muisit, *Chroniques et annales,* éd. H. Lemaître. Paris, 1906.

Chronique artésienne (1295-1304) *et chronique tournaisienne,* éd. Fr. Funck-Brentano. Paris, 1899.

La Chronique métrique attribuée à Geffroy de Paris, éd. A. Diverrès. Paris, 1956.

Parmi les récits des contemporains, il faut faire un sort particulier à la relation faite de son propre gouvernement par l'évêque d'Angers Guillaume Le Maire, à la fois acteur et témoin de son temps. Ce document est essentiel pour comprendre les démêlés du roi et de son église :

Livre de Guillaume Le Maire, publ. par C. Port, dans Coll. de documents inédits sur l'Hist. de France, *Mélanges historiques,* t. II (Paris, 1877), pp. 187-569.

ŒUVRES POLITIQUES

Sans énumérer ici les nombreux ouvrages philosophiques et théologiques où s'exprime la pensée de clercs qui ont été amenés à prendre parti dans les luttes de Philippe le Bel et de la papauté, il convient de rappeler quelques publications d'œuvres à l'inspiration directement politique :

Gilles de Rome, *De ecclesiastica potestate,* éd. R. Scholz. Weimar, 1929.

Philippe de Beaumanoir, *Coutumes de Beauvaisis,* éd. A. Salmon. Paris, 1899 ; rééd. 1970. 2 vol.

Pierre Dubois, *De recuperatione Terre Sancte,* éd. Ch.-V. Langlois. Paris, 1891.

La plupart des pamphlets et libelles auxquels a donné lieu le conflit entre Boniface VIII et Philippe le Bel sont publiés par P. Dupuy, mais il convient de se reporter, pour les bulles doctrinales, à la publication systématique des registres :

Pierre Dupuy, *Histoire du différend entre le pape Boniface VIII et Philippe le Bel, roi de France.* Paris, 1655.

Les registres de Boniface VIII, éd. G. Digard etc., dans Bibl. des Ecoles françaises d'Athènes et de Rome. Paris, 1907, 4 vol. in-4°.

La littérature satirique est assez bien représentée par deux œuvres dirigées toutes deux contre le pouvoir de Marigny :

Gervais du Bus, *Le roman de Fauvel*, éd. A. Langfors. Paris, 1914-1919.

Le roman de Renart le Contrefait, éd. G. Raynaud et H. Lemaître, Paris, 1914, 2 volumes.

Jean Favier, « Les portraits d'Enguerran de Marigny », dans *Annales de Normandie*, 1965, p. 517-524.

CORRESPONDANCES

Les correspondances privées n'ont été conservées que très exceptionnellement, par quelques épaves. Ainsi a-t-on quelques lettres de Nogaret, de Plaisians ou de Marigny. La plupart des récits fournis par des contemporains — hors de toute intention historiographique ou justificative — émanent d'envoyés diplomatiques soucieux de rendre compte, au jour le jour, du déroulement de leur mission, des difficultés rencontrées et des succès escomptés ou remportés. Les principaux textes de la sorte sont les lettres des envoyés aragonais à la cour pontificale et à la cour de France, et d'envoyés anglais à la cour pontificale. Ils sont conservés, les uns aux Archives de la couronne d'Aragon à Barcelone, les autres au *Public Record Office* à Londres. Ils ont été publiés :

Heinrich Finke, *Acta aragonensia*. Münster-Berlin, 1908-1923. 3 vol.

Jakob Schwalm, Beiträge zur Reichsgeschichte des 14. Jahrhunderts aus dem Vaticanischen Archive, dans *Neues Archiv der Gesellschaft für ältere deutsche Geschichtskunde*, XXV, 1900, p. 559-584.

— Neue Aktenstücke zur Geschichte der Beziehungen Klemens V. zu Heinrich VII., dans *Quellen und Forschungen aus italienischen Archiven und Bibliotheken*, VII, 1904.

Charles-Victor Langlois, le fonds de l'*Ancient Correspondence* au *Public Record Office* de Londres, dans *Journal des Savants*, 1904, p. 380-393 et 446-453.

Sur la lettre d'Enguerran de Marigny à Simon de Pise, dont l'authenticité, plusieurs fois mise en doute, a provoqué quelques polémiques, voir :

Charles-Victor Langlois, « La lettre d'Enguerrand de Marigny à Simon de Pise », dans *Bibliothèque de l'Ecole des chartes* LXIV, 1903, p. 212.

Jean Favier, *Cartulaire et actes d'Enguerran de Marigny*. Paris, 1965.

ACTES OFFICIELS

Le plus clair de la documentation est constitué par les actes officiels conservés dans les archives des souverains et des princes, des seigneurs laïques et ecclésiastiques, des villes enfin.

Le Trésor des chartes de France (Archives nationales, série J et JJ) comprend plusieurs « layettes » — nom donné aux caissettes où ces archives étaient enfermées jusqu'à leur remplacement par les actuels cartons — consacrées spécialement aux grandes affaires du règne de Philippe le Bel : Monnaie, Flandre, Boniface VIII, Temple. C'est là que sont en particulier conservés les avis au roi sur les monnaies et les procurations des villes pour les assemblées, procurations qui sont une source irremplaçable pour la sigillographie municipale.

D'autres chartriers, parfois qualifiés de Trésors des chartes, sont d'un vif intérêt pour l'histoire de telle ou telle affaire : ainsi ceux de Flandre (divisé entre les Archives générales du royaume de Belgique, les Archives de l'Etat à Gand et les Archives départementales du Nord à Lille), d'Artois (Arch. départ. du Pas-de-Calais), de Valois (uni au Trésor des chartes de France à l'avènement de Philippe VI).

Tous sont pourvus d'inventaires analytiques. Aucun n'a fait l'objet d'une publication exhaustive. Il en va différemment des registres.

La plupart des chancelleries et des grandes juridictions ont en effet, dès le XIIIe siècle, enregistré leurs expéditions et leurs décisions. Les registres des chancelleries française, anglaise et pontificale, ceux du Parlement (les *Olim*) et ceux de la Chambre des comptes sont une source de premier choix pour l'histoire de Philippe le Bel. Les registres ou mémoriaux de la Chambre des comptes ont brûlé pendant l'incendie de la Chambre en 1737, mais des reconstitutions en ont été tentées, depuis le XVIIIe siècle, à l'aide des copies prises antérieurement à diverses fins. D'excellentes publications, dotées de tables, permettent de recourir commodément à ces grandes séries documentaires :

Robert Fawtier, *Registres du Trésor des chartes* (*Règne de Philippe le Bel*), *Inventaire analytique.* Paris, 1954.

Comte Beugnot, *Les Olim ou registres des arrêts rendus par la Cour du roi...* Paris, 1839-1848. 4 vol. in-4°.

Charles-Victor Langlois, *Registres perdus des archives de la Chambre des comptes de Paris.* Paris, 1916.

Joseph Petit, *Essai de restitution des plus anciens mémoriaux de la Chambre des comptes de Paris.* Paris, 1899.

Georges Digard, Maurice Faucon, Antoine Thomas et Robert Fawtier, *Les Registres de Boniface VIII*, Paris, 1884-1939. 4 vol. in-4°.

Charles Grandjean, *Le Registre de Benoît XI*. Paris, 1905. In-4°.

Regestum Clementis Papae V, éd. par des bénédictins sur ordre de Léon XIII. Rome, 1886-1892. 10 vol. in-fol.

Yvonne Lanhers, *Table des registres de Clément V*. Paris, 1948. In-4°.

Calendar of the Close Rolls preserved in the Public Record Office, Edward II, t. I et II. Londres, 1892-1893.

Calendar of the Patent Rolls..., Edward II, t. I et II. Londres 1894-1898.

Bien que l'édition soit souvent fautive et que les documents de tous ordres soient mêlés, le simple mandement et l'œuvre législative étant mis sur le même plan, on ne doit pas sous-estimer une entreprise considérable, poursuivie depuis l'Ancien Régime, et dont les premiers volumes ont été compilés avant les incendies de la Chambre des comptes (1737) et de la Chancellerie (1793), et avant certaines destructions opérées pendant la Révolution.

Ordonnances des Roys de France de la troisième race... Paris, 1723-1849. 22 vol. in-fol.

Pour l'histoire des relations diplomatiques, de même que pour celle des affaires ecclésiastiques, il est bon de recourir à quelques publications étrangères, analogues à celles que l'on vient de citer :

J. D. Mansi, *Sacrorum conciliorum nova et amplissima collectio*, t. XXV. Venise, 1782. In-fol.

Thomas Rymer, *Foedera, conventiones, litterae et cujuscunque generis acta publica inter reges Angliae et alios...* La Haye, 3e éd., 1739-1745. 9 vol. in-fol.

Jakob Schwalm, *Constitutiones et acta publica imperatorum et regum*, t. IV et V. Hanovre, 1906-1913. 3 vol. in-4° (*Monumenta Germaniae Historica, Legum, IV*).

Comte Thierry de Limbourg-Stirum, *Codex diplomaticus Flandriae...* Bruges, 1879-1889. 2 vol. in-4°.

Frantz Funck-Brentano, Additions au *Codex diplomaticus Flan-*

driae, dans *Bibliothèque de l'Ecole des chartes*, LVII, 1896, p. 373-417 et 529-572.

Alphonse Wauters, *Table chronologique des chartes et diplômes imprimés concernant l'histoire de la Belgique...*, t. VIII. Bruxelles, 1892. In-4°.

Jules de Saint-Genois, *Inventaire analytique des chartes des comtes de Flandre...* Gand, 1843-1846. In-4°.

Il est enfin commode d'utiliser des recueils spécialisés, soit pour une institution, soit pour une question particulière. Certains sont à l'usage des érudits, d'autres, non exhaustifs mais tout aussi significatifs, ont été formés à l'intention des étudiants et du grand public. Une mention particulière doit être faite de l'œuvre de Dupuy, déjà citée : la publication de nombreuses « preuves », parmi lesquelles beaucoup de documents aujourd'hui disparus.

Pierre Dupuy, *Histoire du différend entre Boniface VIII et Philippe le Bel, roi de France*. Paris, 1655.

Jules Michelet, *Procès des templiers*. Paris, 1841-1851. 2 vol. in-4°.

Georges Lizerand, *Le Dossier de l'affaire des templiers*. Paris, 1923.

Raymond Oursel, *Le Procès des templiers*. Paris, 1955.

Georges Picot, *Documents relatifs aux Etats généraux et assemblées réunis sous Philippe le Bel*. Paris, 1901. In-4°.

Charles-Victor Langlois, *Textes relatifs à l'histoire du Parlement depuis les origines jusqu'en* 1314. Paris, 1888.

Jean Favier, *Finance et fiscalité au bas Moyen Age*. Paris, 1971.

Quelques textes intéressants ont été connus grâce à la publication de :

Adolphe Baudouin, *Lettres inédites de Philippe le Bel*. Paris, 1887.

Une découverte de Langlois a permis d'entrevoir les méthodes de travail des conseillers du roi :

Charles-Victor Langlois, « Les papiers de Guillaume de Nogaret », dans *Notices et extraits...*, XXXIV, 1909.

Des textes de la plus haute importance ont, enfin, été publiés en vrac par Boutaric, comme pièces justificatives de son livre sur *La France sous Philippe le Bel*.

Edgard Boutaric, Notices et extraits de documents inédits relatifs à l'histoire de France sous Philippe le Bel, dans *Notices et extraits* », XX, 1862, p. 83-237.

Aussi bien pour l'histoire de l'administration royale que pour celle des relations avec la Flandre ou des affaires de Languedoc, les archives municipales sont souvent précieuses. L'inventaire des fonds anciens est généralement publié, de même que celui des archives anciennes des seigneuries ecclésiastiques, évêchés et abbayes, conservées dans les archives départementales (séries G et H).

COMPTES

Les comptes de l'administration royale sont conservés à l'état d'épaves aux Archives nationales (série KK en particulier) et à la Bibliothèque nationale en de nombreuses collections. Des copies, faites par des érudits du XVIIIe siècle, nous permettent de connaître des documents aujourd'hui disparus. Les plus importantes collections de copies de la sorte sont à la Bibliothèque nationale et à la Bibliothèque municipale de Rouen (collection Leber).

On dispose ainsi d'un compte du Trésor pour 1296 et de journaux du Trésor de 1298 à 1314, riches d'informations sur le mouvement des fonds, l'origine des revenus, les dépenses politiques, les pensions, le coût des hôtels, etc. Quelques tablettes de cire donnent le détail quotidien des comptes de l'Hôtel, détail difficilement utilisable, d'ailleurs. Les comptes de l'hôtel de Mahaut d'Artois, en revanche, sont une mine de renseignements politiques, économiques et artistiques (Arch. départ. du Pas-de-Calais, série A).

Des comptes rendus par les officiers royaux, et notamment par les baillis et sénéchaux, ont donné matière à une vaste entreprise de Robert Fawtier. Ils sont la source essentielle de toute étude du domaine royal et de son exploitation, comme de toute analyse des charges permanentes et des dépenses ordinaires de l'administration et de la défense.

Robert Fawtier, *Comptes du Trésor*. Paris, 1930. In-4°.

— avec la collaboration de François Maillard, *Comptes royaux*. Paris, 1953-1956. 3 vol. In-4°.

Jules Viard, *Journaux du Trésor de Philippe IV le Bel*. Paris, 1940. In-4°.

L'inventaire des comptes dressé, quelques années après la mort de Philippe le Bel, par le clerc du roi Robert Mignon est une source incomparable de toute étude des finances royales : précis, détaillé, souvent chiffré, cet inventaire nous fait souvent, seul, connaître l'existence d'une recette, voire les conditions de sa perception et son montant.

Charles-Victor Langlois, *Inventaire d'anciens comptes royaux dressé par Robert Mignon.* Paris, 1899. In-4°.

Parmi les documents fiscaux conservés dans diverses archives, il faut citer les rôles des tailles levées à Paris, rôles dont l'analyse est loin d'être achevée :

Hercule Géraud, *Paris sous Philippe le Bel d'après des documents originaux.* Paris, 1837. In-4°. - Publie le rôle de 1292.

Karl Michaelsson, *Le Livre de la taille de Paris l'an* 1296. Göteborg, 1958.

Le livre de la taille de Paris l'an 1297. Göteborg, 1962.

Le Livre de la taille de Paris l'an 1313, Göteborg, 1951.

Source de premier ordre pour l'histoire de la démographie et de l'activité économique des villes, bien des rôles d'impôt direct ont été publiés, en tout ou en partie. Non moins suggestifs — y compris pour les relations politiques — sont les comptes de gestion municipale.

Jules Vuylsteke, *Comptes de la ville et des baillis de Gand,* 1280-1336. Gand, 1900.

G. Des Marez et E. De Sagher, *Comptes de la ville d'Ypres,* 1267-1329. Bruxelles, 1909-1913. 2 vol. In-4°.

Pierre Bougard et Carlos Wyffels, *Les Finances de Calais au XIIIe siècle.* Bruxelles, 1966.

Pierre Bougard et Maurice Gysseling, *L'Impôt royal en Artois* (1295-1302). Louvain, 1970.

Il ne peut pas être question de citer ici tous les documents concernant l'histoire économique de la France de Philippe le Bel. On retiendra, pour l'exemple, deux ouvrages essentiels :

Robert-Henri Bautier et Janine Sornay, *Les sources de l'histoire économique et sociale du Moyen Age. Provence, Comtat venaissin, Dauphiné, Etats de la maison de Savoie.* Paris, 1968-1974. 3 vol. In-4°.

Georges Bigwood, *Les Livres des comptes des Gallerani,* ouvr. revu par Armand Grunzweig. Bruxelles, 1961-1962. 2 vol.

Orientation bibliographique

SYNTHESES

Toutes les histoires de la France médiévale réservent au règne de Philippe le Bel une place de choix. Il faut cependant souligner l'intérêt des chapitres dus à Charles-Victor Langlois au tome III de l'*Histoire de France* d'Ernest Lavisse (Paris, 1901), et noter que toutes les recherches menées sur Philippe le Bel et son gouvernement par Robert Fawtier sont à l'arrière-plan de deux ouvrages qui ont dissuadé ce grand historien d'écrire un livre spécialement consacré au règne qu'il connaissait mieux que quiconque : *Les Capétiens et la France* (Paris, 1942), et le tome VI de l'*Histoire universelle* publiée sous la direction de Gustave Glotz (Paris, 1940).

Si aucun ouvrage scientifique n'a été consacré à Philippe le Bel, celui-ci a été en revanche l'objet de nombreux livres destinés au grand public, comme celui du duc de Lévis-Mirepoix, *Philippe le Bel* (Paris, 1961). Une approche, préparatoire à un travail en voie d'élaboration, a été donnée par un historien américain, familier depuis quarante ans de l'histoire du dernier grand Capétien :

Joseph Reese Strayer, « Philip the Fair, a constitutional King », dans *Medieval Statecraft and the perspectives of history* (Princeton, 1971), p. 195-212.

Outre les articles qu'il a sans doute aidé Ernest Renan à écrire, Edgard Boutaric a donné une synthèse institutionnelle, fort inégale, mais qu'il est impossible de négliger ; son dernier chapitre a longtemps été la seule tentative sérieuse d'analyse du personnage royal :

Edgard Boutaric, *La France sous Philippe le Bel*. Paris, 1861.

Sur ce personnage, sur sa psychologie politique et sur son comportement aux affaires, l'article de Finke conserve tout son intérêt, car il est fondé sur une longue pratique des sources concernant l'histoire des relations du roi de France et de Clément V, particulièrement les rapports des ambassadeurs et envoyés aragonais. Mais l'article récent de Robert-Henri Bautier — article que son auteur a eu l'extrême amabilité de me communiquer avant publication — a véritablement renouvelé la question.

Heinrich Finke, Zur Characteristik Philipps des Schönen », dans *Mitteilungen des Instituts für österreichische Geschichtsforschung*, XXVI, 1904, pp. 20-204.

Robert-Henri Bautier, « Diplomatique et histoire politique : ce que l'étude critique de ses actes nous apprend sur Philippe le Bel », dans *Revue historique*, CCLIX, 1978, p. 3-27.

STRUCTURES POLITIQUES ET INSTITUTIONNELLES

L'approche la plus large a été donnée par le manuel, très substantiel, de Bernard Guenée, dont on consultera avec profit la riche bibliographie.

Bernard Guenée, *L'Occident aux XIVe et XVe siècles : les Etats.* Paris, 1971 (Coll. Nouvelle Clio).

Tout ouvrage d'histoire institutionnelle consacre des développements à la mise en place des organes de l'administration centrale ; il faudrait donc citer ici tous les livres consacrés à l'histoire de la Chancellerie, du Parlement, de la Chambre des comptes et des autres institutions de la monarchie capétienne.

Malgré des défauts évidents, dont le principal est un manque de composition qui en rend le maniement pour le moins difficile, l'ensemble de travaux regroupé en trois volumes par le colonel Borrelli de Serres demeure fondamental, tout spécialement pour l'histoire des institutions financières.

Colonel Borrelli de Serres, *Recherches sur divers services publics du XIIIe au XVIIe siècle.* Paris, 1895-1909. 3 vol.

La convocation d'assemblées représentatives a suscité l'intérêt des historiens soucieux de retrouver les origines des Etats généraux et un peu vite tentés d'en dater la première convocation.

Henri Hervieu, *Recherches sur les premiers Etats généraux et les assemblées représentatives pendant la première moitié du XIVe siècle.* Paris, 1879.

Robert Fawtier, « Parlement d'Angleterre et Etats Généraux de France au Moyen Age », dans *Comptes rendus de l'Académie des Inscriptions et Belles-Lettres,* 1953, pp. 275-284.

Gouvernés et gouvernants. Bruxelles, 1965 (Société Jean Bodin).

Assemblées d'Etats. Louvain-Paris, 1965.

L'évolution de la Cour du roi, appréhendée d'autre part dans ses transformations, a été l'objet d'études particulières portant sur les sessions en formation réduite aux pairs.

Jules Viard, « La Cour (*Curia*) au commencement du XIVe siècle », dans *Bibliothèque de l'Ecole des chartes,* LXXVII, 1916, pp. 74-87.

Marguerite Sautel-Boulet, « Le rôle juridictionnel de la Cour des pairs aux XIIIe et XIVe siècles », dans *Recueil de travaux offert à M. Clovis Brunel* (Paris, 1955), II, pp. 507-520.

La pratique de l'administration et la qualité du personnel ont été mis en évidence à propos d'une institution qui connaît son apogée au temps de Philippe le Bel :

Jean Glénisson, « Les enquêteurs-réformateurs de 1270 à 1328 », dans *Ecole nationale des chartes, Positions des thèses...,* 1946, pp. 81-88.

Bien que l'ouvrage ne concerne pas le temps dont nous parlons, il y a beaucoup à prendre, pour la compréhension des affaires judiciaires et des conflits de juridiction, dans :

Bernard Guenée, *Tribunaux et gens de justice dans le bailliage de Senlis à la fin du Moyen Age.* Paris, 1963.

Il en va de même, pour tous les problèmes d'organisation militaire et en raison du lien institutionnel qui unit les affaires financières et les affaires militaires, de l'excellent livre de :

Philippe Contamine, *Guerre, état et société à la fin du Moyen Age. Etudes sur les armées du roi de France.* 1337-1494. Paris-La Haye, 1972.

Signalons enfin une note relative au problème successoral, qui se pose peu après la mort de Philippe le Bel mais que, pour les apanages, ce roi avait déjà commencé de résoudre :

Paul Viollet, « Comment les femmes ont été exclues en France de la succession à la Couronne », dans *Mémoires de l'Académie des Inscriptions et Belles-Lettres,* XXXIV, 2e partie, 1893, pp. 125-178.

PERSONNEL POLITIQUE ET ADMINISTRATIF

De nombreux travaux ont été consacrés à la personnalité et à la carrière des membres de l'entourage politique du roi, aussi bien qu'à celles des officiers de l'administration, baillis et juges en particulier. Quelques ouvrages ont traité de l'entourage dans son ensemble, et se sont notamment attachés à discerner la part du roi et celle des conseillers dans le gouvernement, en même temps qu'à mettre en évidence l'apparition et l'avènement politique d'un nouveau type d'homme :

Franklin J. Pegues, *The lawyers of the last Capetians.* Princeton, 1962.

Jean Favier, « Les légistes et le gouvernement de Philippe le Bel », dans *Journal des Savants,* 1969, pp. 92-108.

— « L'entourage politique du prince au Moyen Age », dans *Origines et histoire des cabinets des ministres en France* (Genève, 1975), pp. 5-10.

Il est utile de consulter deux études qui ne concernent pas le temps de Philippe le Bel mais aident à le comprendre :

Louis Carolus-Barré, « Les baillis de Philippe III le Hardi. Recherches sur le milieu social et la carrière des agents du pouvoir royal dans la seconde moitié du XVIIIe siècle », dans *Annuaire-bulletin de la Société de l'Histoire de France,* 1969, pp. 109-244.

Raymond Cazelles, *La Société politique et la crise de la royauté sous Philippe de Valois.* Paris, 1958.

On trouve dans les listes prosopographiques d'officiers et de prélats les moyens d'une analyse des carrières et des continuités administratives :

Conrad Eubel, *Hierarchia catholica medii aevi,* t. I. Münster, 2e éd., 1913. In-4°.

Gallia christiana. Paris, 1715-1865. 16 vol. in-folio.

Léopold Delisle, « Chronologie des baillis et des sénéchaux royaux depuis les origines jusqu'à l'avènement de Philippe de Valois », dans *Recueil des historiens des Gaules et de la France,* XXIV (Paris, 1904), 388 p. formant préface du volume.

Amédée Hellot, *Essai sur les baillis de Caux de 1204 à 1789.* Paris, 1895.

François Maillard, « Mouvements administratifs des baillis et des sénéchaux sous Philippe le Bel », dans *Bulletin philologique et historique,* 1959, pp. 407-430.

Joseph R. Strayer, *Les gens de justice du Languedoc sous Philippe le Bel.* Toulouse, 1970.

On ne peut négliger la généalogie comme moyen de discerner les relations familiales au sein de l'aristocratie, et leur rôle dans l'établissement de solidarités et de groupements d'intérêts. Bien que l'ouvrage du P. Anselme soit souvent erroné, il est irremplaçable car nombre de ses sources — comme les archives de la Chambre des comptes — ont aujourd'hui disparu :

P. Anselme, *Histoire généalogique et chronologique de la maison royale de France.* Paris, 1726-1733. 6 vol. in-folio.

Bien des acteurs de l'histoire de Philippe le Bel ont fait l'objet d'études biographiques. Certaines présentent, à travers la vie et l'action d'un personnage, une analyse des affaires auxquelles il a été mêlé : relations étrangères pour Charles de Valois, questions ecclésiastiques pour Aycelin et Nogaret, affaires flamandes et financières pour Marigny. C'est dire que ces ouvrages débordent le cadre de la biographie. On peut citer :

Robert Holzmann, *Wilhelm von Nogaret, Rat und Grossiegelbewahrer Philipps des Schönen von Frankreich.* Fribourg-en-Brisgau, 1898.

Joseph Petit, *Charles de Valois (1270-1325).* Paris, 1900.

Jean Favier, *Un conseiller de Philippe le Bel : Enguerran de Marigny.* Paris, 1963.

Jo Ann Mac Namara, *Gilles Aycelin, the servant of two masters.* Syracuse, New York, 1973.

En raison des chapitres consacrés à la vie quotidienne de l'hôtel et à l'activité artistique, il convient de faire une mention spéciale de :

Jules-Marie Richard, *Une petite-nièce de Saint Louis : Mahaut, comtesse d'Artois et de Bourgogne (1302-1329).* Paris, 1887.

Il faut aussi citer nombre d'études plus limitées, à côté des chapitres consacrés à différents légistes dans l'ouvrage de Pegues :

René Béchon, *Pierre Flotte, chancelier de France.* Riom, 1891.

Abel Henry, « Guillaume de Plaisians, ministre de Philippe le Bel », dans *Ecole nationale des chartes, Positions des thèses...,* 1892, pp. 71-78.

Francis Guessard, « Etienne de Mornay, chancelier de France sous Louis le Hutin », dans *Bibliothèque de l'Ecole des chartes,* V, 1843, pp. 375-396.

Louis Thomas, « La vie privée de Guillaume de Nogaret », dans *Annales du Midi,* XVI, 1904, pp. 161-207.

Charles-Victor Langlois, « Geoffroi du Plessis, protonotaire de France », dans *Revue historique,* LXVII, 1898, pp. 70-83.

Joseph Petit, « Un capitaine du règne de Philippe le Bel, Thibaut de Chepoy », dans *Le Moyen Age,* 1897, pp. 224-239.

Joseph Depoin, « La maison de Chambly sous les Capétiens

directs », dans le *Bulletin philologique et historique*, 1914, pp. 117-162.

Barthélemy Hauréau, « Jean d'Asnières, avocat », dans l'*Histoire littéraire de la France*, t. XXVIII (Paris, 1881), pp. 455-461.

Robert-Henri Bautier, « Guillaume de Mussy, bailli, enquêteur royal, panetier de France sous Philippe le Bel », dans *Bibliothèque de l'Ecole des chartes*, CV, 1944, pp. 64-98.

François Maillard, « Guy Chevrier, sénéchal sous Philippe le Bel », dans *Bibliothèque de l'Ecole des chartes*, CXIII, 1956, pp. 194-196.

Joseph R. Strayer, « Viscounts and viguiers under Philip the Fair », dans *Speculum*, XXXVIII, 1963, pp. 242-255.

AFFAIRES POLITIQUES

Quelques-uns des travaux les plus importants sur l'histoire du règne ont trait aux affaires politiques et ecclésiastiques. Les relations du roi avec la Flandre, qui sont en bonne place dans toutes les histoires générales de la Belgique, ont donné matière à une importante bibliographie, que domine le livre, touffu mais riche d'une analyse souvent fine et perspicace, de Funck-Brentano.

Frantz Funck-Brentano, *Les origines de la guerre de Cent Ans. Philippe le Bel en Flandre*. Paris, 1897.

Abbé Chrétien Dehaisnes, *La domination française à Douai et dans la Flandre wallonne depuis les origines jusqu'en 1667*. Paris, 1868.

Georges Espinas, *Les finances de la commune de Douai, des origines au XVe siècle*. Paris, 1902.

Armand d'Herbomez, « Un épisode du règne de Philippe le Bel. L'annexion de Mortagne à la France en 1314 », dans *Revue des Questions historiques*, LIII, 1893, pp. 27-55.

Robert Fawtier, « L'aventure de la dame de Mortagne », dans *Comptes rendus de l'Académie des Inscriptions et Belles-Lettres*, 1950, pp. 387-392.

Hans Van Werveke, « Les charges financières issues du traité d'Athis », 1305, dans *Revue du Nord*, XXXII, 1950, pp. 81-93.

Jean Favier, « Enguerran de Marigny et la Flandre », dans *Revue du Nord*, XXXIX, 1957, pp. 5-20.

On est moins bien pourvu quant aux relations avec l'Angleterre, les affaires de Guyenne étant généralement traitées comme un prologue à la guerre de Cent Ans. Sont essentiels les travaux suivants :

Pierre Chaplais, « Règlement des conflits internationaux franco-anglais au XIVe siècle », dans *Le Moyen Age*, LVII, 1951, pp. 269-302.

Yves Renouard ,« Les papes et le conflit franco-anglais en Aquitaine de 1259 à 1337 », dans *Mélanges d'archéologie et d'histoire publiés par l'Ecole française de Rome*, 1934, pp. 258-292. - Réimprimé dans *Etudes d'histoire médiévale* (Paris, 1968), t. II, pp. 911-934.

Jean-Paul Trabut-Cussac, *L'administration anglaise en Gascogne sous Henry III et Edouard I de 1254 à 1307*. Paris, 1972.

Sur la réaction aristocratique et féodale qui commence à la fin du règne, et dont les motifs sont suffisamment explicités par les clauses des diverses chartes concédées aux provinces, on peut voir :

Charles Dufayard, « La réaction féodale sous les fils de Philippe le Bel », dans *Revue historique*, LIV, 1894, pp. 241-272, et LV, 1894, pp. 241-250.

André Artonne, *Le mouvement de 1314 et les chartes provinciales de 1315*. Paris, 1912.

Les relations entre la France et l'Empire ont été surtout étudiées dans leurs implications avec la politique pontificale, les affaires de Flandre ou les ambitions de Charles de Valois. Comme proprement consacrés aux problèmes impériaux :

Alfred Leroux, *Recherches critiques sur les relations politiques de la France avec l'Allemagne, de 1292 à 1378*. Paris, 1882.

Paul Fournier, *Le Royaume d'Arles et de Vienne, 1138-1378*. Paris, 1891.

Il faut noter sur la Franche-Comté :

Frantz Funck-Brentano, « Philippe le Bel et la noblesse franc-comtoise », dans *Bibliothèque de l'Ecole des chartes*, XLIX, 1888, pp. 5-40.

Marie-Thérèse Stauffenegger, « Le gouvernement d'Othon IV, comte de Bourgogne », dans *Mémoires de la Société pour l'histoire du droit et des institutions des anciens pays bourguignons, comtois et romands*, XXV, 1964, pp. 7-56.

Jean-Pierre Redoutey, « Le comté de Bourgogne de 1295 à 1314, problèmes d'administration », dans *Mémoires*... (cf. ci-dessus), XXXIII, 1977, pp. 7-65.

L'essentiel de ce qui concerne la politique intérieure, hors la question financière, se trouve dans les travaux relatifs aux affaires religieuses, dans les biographies des serviteurs du roi, dans les monographies d'institutions. Il faut cependant citer ici trois articles intéressant la capacité de gouvernement et les méthodes et abus de l'administration.

Robert Fawtier, « Comment, au début du XIVe siècle, un roi de France pouvait-il se représenter son royaume ? » dans *Comptes rendus de l'Académie des Inscriptions et Belles-Lettres*, 1959, pp. 117-122.

Bernard Guenée, « La géographie administrative de la France à la fin du Moyen Age : élections et bailliages », dans *Le Moyen Age*, 1961, pp. 292-323.

Charles-Victor Langlois, « Les doléances des communautés du Toulousain contre Pierre de Latilly et Raoul de Breuilli, 1297-1298 », dans *Revue historique*, XCV, 1907, pp. 23-53.

Sur toutes les affaires du Languedoc, on ne doit pas se priver de la mine d'informations que procure, en particulier dans les nombreuses preuves publiées, la vieille mais incomparable œuvre de Devic et Vaissette :

Dom Claude Devic et Dom Jean Vaissette, *Histoire générale de Languedoc*, nouv. éd. par Auguste Molinier et divers. Toulouse, 1872-1892. 15 vol. in-4°.

Malgré le sérieux avec lequel le travail a été fait par N. de Wailly, il convient de n'user qu'avec une extrême prudence de la chronologie fournie par l'itinéraire de Philippe le Bel, qui repose sur une extrapolation des mentions de chancellerie, extrapolation avec laquelle les spécialistes actuels de la diplomatie royale — notamment Robert-Henri Bautier — sont en complet désaccord.

« Philippi quarti mansiones et itinera », dans *Recueil des Historiens des Gaules et de la France*, t. XXI (Paris, 1855), pp. 430-464.

L'organisation de la Chancellerie royale et les débuts de l'enregistrement systématique des lettres patentes ont fait l'objet de développements importants.

Georges Tessier, *Diplomatique royale française*. Paris, 1962.

Lucien Perrichet, *La Grande Chancellerie de France, des origines à 1328*. Paris, 1912.

Henri-François Delaborde, « Etude sur la constitution du Trésor des chartes », introduction au t. V des *Layettes du Trésor des chartes* (Paris, 1909 ; in-4°), 224 pages.

Georges Tessier, « L'enregistrement à la Chancellerie royale française », dans *Le Moyen Age*, LXII, 1956, pp. 39-62.

FINANCES ET MONNAIE

Toute histoire des finances et de la monnaie royales comprend une étude du temps de Philippe le Bel. On trouvera cette insertion dans la longue durée dans les travaux suivants :

Ferdinand Lot et Robert Fawtier, *Histoire des institutions françaises au Moyen Age*, t. II, *Institutions royales*. Paris, 1958.

Jean-François Lemarignier, *La France médiévale. Institutions et société*. Paris, 1970.

Jean Favier, *Finance et fiscalité au bas Moyen Age*. Paris, 1971.

Adolphe Dieudonné et Adrien Blanchet, *Manuel de numismatique française*. Paris, 1912-1936. 4 vol.

Jean Lafaurie, *Les monnaies des rois de France*. T. I. *De Hugues Capet à Louis XII*. Paris, 1951.

Entreprise de manière fragmentaire et souvent limitée aux institutions par Borrelli de Serres, reprise avec une plus juste notion des valeurs chiffrées par Langlois et par Fawtier dans les introductions aux publications de comptes cités plus haut, l'étude des finances royales a fait l'objet d'une rapide mais très juste synthèse de Strayer dans :

Joseph R. Strayer et Charles H. Taylor, *Studies in early french taxation*. Cambridge, Mass., 1939.

Pour les revenus du domaine, mieux connus depuis l'édition des comptes royaux par Fawtier, on doit voir le chapitre de Pegues, *The lawyers...*, sur Philippe le Convers, et aussi quelques ouvrages d'intérêt plus large que leur objet local :

Marc Bloch, « Le cartulaire des sires de Bouville. Une enquête sur les droits du roi à Chelles en 1303 », dans *Bulletin de la Société d'Histoire de Paris*, XL, 1913, pp. 153-164.

Joseph R. Strayer, *The royal domain in the bailliage of Rouen*. Princeton, 1936.

Guy Fourquin, *Le domaine royal en Gâtinais d'après la prisée de 1332*. Paris, 1963.

Sur la réorganisation de la gestion financière à la fin du règne, il faut se reporter aux ouvrages déjà cités de Borrelli de Serres, ainsi qu'à la biographie d'Enguerran de Marigny.

La meilleure description des espèces monétaires est celle de Lafaurie, fondée sur l'examen des espèces conservées. Elle ne dispense pas de recourir aux tableaux de Dieudonné et Blanchet, plus directement inspirés par les ordonnances royales. Outre ces ouvrages, déjà cités, on doit mentionner quelques analyses de la politique monétaire de Philippe le Bel, la dernière allant jusqu'à une explication politique et sociale des mutations.

Colonel Borrelli de Serres, « Les variations monétaires sous Philippe le Bel et les sources de leur histoire », dans *Gazette numismatique française*, 1902, pp. 245-425.

Adolphe Dieudonné, « Les variations monétaires de Philippe le Bel », dans *Le Moyen Age*, 1905, pp. 217-257.

Mavis Mate, « A mint of trouble, 1279 to 1307 », dans *Speculum*, XLIV, 1969, pp. 201-212.

Raymond Cazelles, « Quelques réflexions à propos des mutations de la monnaie royale française, 1295-1360 », dans *Le Moyen Age*, 1966, pp. 83-105 et 251-278.

Une explication surtout économique a été esquissée dans un cadre plus large :

Robert-Henri Bautier, « L'or et l'argent en Occident de la fin du XIIIe siècle au début du XIVe siècle », dans *Comptes rendus de l'Académie des Inscriptions et Belles-Lettres*, 1951, pp. 169-174.

Armand Grunzweig, « Les incidences internationales des mutations monétaires de Philippe le Bel », dans *Le Moyen Age*, LIX, 1953, pp. 117-172.

Carlo Maria Cipolla, « Currency depreciation in Mediaeval Europe », dans *Economic History Review*, 2e sér., XV, 1963, pp. 413-422.

Andrew M. Watson, « Back to gold and silver », dans *The Economic History Review*, XX, 1967, pp. 9-34.

Philippe Wolff, « Monnaie et activité économique dans l'Europe du bas Moyen Age » dans *Comptes rendus de l'Académie des Inscriptions et Belles-Lettres*, 1975, pp. 225-236.

AFFAIRES ECCLESIASTIQUES ET RELIGIEUSES

C'est évidemment la querelle avec Boniface VIII, l'attentat d'Anagni et le procès des templiers qui ont retenu le plus souvent l'attention des historiens, érudits ou non. L'événement a souvent servi de prétexte à de plus vastes panoramas historiques, comme dans le livre du duc de Lévis-Mirepoix, *L'Attentat d'Anagni* (Paris, 1969).

Bien des auteurs sont malheureusement partis d'une imagerie

préconçue qui fait de Nogaret l'ancêtre de Raspoutine ou de Hitler et qui traite du procès des templiers comme d'une erreur judiciaire contemporaine. Le parti pris politique n'est pas moins nocif, et la prudence s'impose en particulier dans la lecture de l'ouvrage de Pierre Dupuy, déjà cité pour ses précieuses « preuves », comme dans celle des articles donnés par Ernest Renan à l'*Histoire littéraire de la France,* articles dont certains ont été réimprimés sous forme d'un volume distinct mais où le talent ne peut masquer l'insuffisance de la documentation.

Pierre Dupuy, *Histoire du différend d'entre le pape Boniface VIII et Philippe le Bel, roy de France*. Paris, 1655.

Ernest Renan, *Etudes sur la politique religieuse du règne de Philippe le Bel.* Paris, 1899.

Une vue générale, nécessaire pour ne pas se perdre dans le détail des incidents, des argumentations et des procédures, peut être trouvée dans plusieurs excellentes études. On prendra cependant garde au caractère un peu systématique du livre de V. Martin. Quant au très simple manuel de M. Pacaut, c'est en réalité la meilleure introduction à l'étude des doctrines, la plupart des ouvrages de base en la matière étant plutôt destinés à des théologiens ou à des juristes déjà très avertis.

Jean Rivière, *Le problème de l'Eglise et de l'Etat au temps de Philippe le Bel.* Louvain-Paris, 1926.

Victor Martin, *Les origines du Gallicanisme.* Paris, 1939, 2 vol.

Marcel Pacaut, *La théocratie. L'Eglise et le pouvoir au Moyen Age.* Paris, 1957.

Georges de Lagarde, *La naissance de l'esprit laïque au déclin du Moyen Age.* Louvain, 2e éd., 1956-1962. 5 vol.

Le récit complet et précis de la querelle avec Boniface VIII est à prendre dans le livre posthume de Digard, qui ne dispense cependant pas de recourir au travail de Baumhauer.

August Baumhauer, *Philipp der Schöne und Bonifaz VIII in ihrer Stellung zur franz. Kirche.* Fribourg, 1920.

Georges Digard, *Philippe le Bel et le Saint-Siège de 1285 à 1304.* Paris, 1936. 2 vol.

Des études de détail ont précisé le rôle des personnages et fait l'exégèse des textes. L'histoire de la nuit et de la journée d'Anagni doit en particulier tenir compte du document mis en œuvre par R. Fawtier. Outre le livre déjà cité de J. A. Mac Namara, *Gilles Aycelin,* et les autres biographies des différents protagonistes, on peut voir :

Félix Rocquain, « Philippe le Bel et la bulle *Ausculta fili* », dans *Bibliothèque de l'Ecole des chartes,* XLIV, 1883, pp. 393-418.

Eugène Martin-Chabot, « Contribution à l'histoire de la famille Colonna de Rome dans ses rapports avec la France », dans *Annuaire-bulletin de la Société de l'Histoire de France,* LVII, 1920, pp. 137-190.

Jo Ann Mac Namara, « Simon de Beaulieu and *Clericis laicos* », dans *Traditio,* XXV, 1969, pp. 155-170.

Charles-Victor Langlois, « Une réunion publique à Paris sous Philippe le Bel, 24 juin 1303 », dans *Bulletin de la Société de l'Histoire de Paris et de l'Ile-de-France,* XV, 1888, pp. 130-134.

Robert Fawtier, « L'attentat d'Anagni », dans *Mélanges d'archéologie et d'histoire publiés par l'Ecole française de Rome,* LX, 1948, pp. 153-175.

Pour l'histoire des événements survenus en Languedoc, la littérature est abondante, à commencer par l'*Histoire générale de Languedoc* déjà citée. On trouvera bien des informations sur les aspects théologiques et sociaux de la question languedocienne dans les fascicules annuels des *Cahiers de Fanjeaux* (Toulouse, depuis 1966). On doit voir aussi, en se méfiant des jugements simplistes de Hauréau :

Barthélemy Hauréau, *Bernard Délicieux et l'inquisition albigeoise, 1300-1321.* Paris, 1877.

Jean-Marie Vidal, *Bernard Saisset, 1232-1311.* Paris, 1926.

Georgene W. Davis, *The Inquisition at Albi.* New York, 1948.

Richard W. Emery, *Heresy and Inquisition in Narbonne.* New York, 1941.

Les doctrines opposées lors du conflit avec Boniface VIII ont été heureusement étudiées par les historiens et les théologiens. La synthèse de M. Pacaut, citée plus haut, rend peu utile le recours au vieux livre de Höfler.

Constantin Höfler, *Rückblick auf Papst Bonifacius VIII und die Literatur seiner Geschichte.* Munich, 1848.

Richard Scholz, *Die Publizistik zur Zeit Philipps des Schönen und Bonifaz VIII.* Stuttgart, 1903.

Henri X. Arquillière, « L'appel au Concile sous Philippe le Bel et la genèse des théories conciliaires », dans *Revue des questions historiques,* LXXXIX, 1950, pp. 23-55.

- *L'augustinisme politique. Essai sur la formation des théories politiques du Moyen Age.* Paris, 2e éd., 1956.

Jean Leclercq, *Jean de Paris et l'ecclésiologie du XIIIe siècle.* Paris, 1942.

Marie-Dominique Chenu, « Dogme et théologie dans la bulle *Unam Sanctam* », dans *Recherches de science religieuse,* XL, 1952, pp. 307-317.

L'histoire des relations avec Clément V, qui englobe celle de l'affaire du Temple et celle du concile de Vienne, a été faite avec précision, mais sans hausser le point de vue au-dessus de l'événement quotidien.

Georges Lizerand, *Clément V et Philippe IV le Bel.* Paris, 1910.

Pour l'affaire du Temple, outre les éditions déjà citées du procès (celle de Michelet en premier lieu), on ne peut se dispenser du recours à l'ouvrage fondamental de Finke et à l'étude de Müller sur le concile de Vienne. Le lecteur pressé trouvera profit au petit livre de Régine Pernoud.

Heinrich Finke, *Papsttum und Untergang des Templerordens.* Münster, 1907. 2 vol.

Régine Pernoud, *Les Templiers.* Paris, 1974 (Coll. Que sais-je ?).

Charles-Joseph Hefele, *Histoire des conciles.* Trad. Dom H. Leclercq. t. VI. Paris, 1914-1915. 2 vol.

Ewald Müller, *Das Konzil von Wien, 1311-1312, seine Quellen und seine Geschichte.* Münster, 1934.

Des compléments sont à prendre dans divers articles, ainsi que dans la thèse de B. Guillemain, surtout importante pour la période qui suit.

Jacques Bernard, « Le népotisme de Clément V et ses complaisances pour la Gascogne », dans *Annales du Midi,* LXI, 1949, pp. 369-411.

Guillaume Mollat, « Les doléances du clergé de la province de Sens au concile de Vienne (1311-1312) », dans *Revue d'histoire ecclésiastique,* VI, 1905, pp. 319-326.

Bernard Guillemain, *La Cour pontificale d'Avignon. 1309-1376.* Paris, 1962.

Le tour a été fait de l'étrange affaire de Guichard de Troyes par :

Abel Rigault, *Le Procès de Guichard, évêque de Troyes* (*1308-1313*). Paris, 1896.

Il ne peut être question de donner ici une bibliographie de l'histoire de la littérature française au temps de Philippe le Bel. Au moins faut-il indiquer quelques études qui concernent à la fois l'histoire littéraire et celle des idées politiques, voire la biographie des acteurs de la politique royale. La plupart sont comprises dans les volumes de l'*Histoire littéraire de la France* commencée par les bénédictins de Saint-Maur et continuée par l'Académie des Inscriptions et Belles-Lettres (Paris, 1733-1794 ; 40 vol. in 4°). On doit en particulier noter les articles d'Ernest Renan sur Guillaume de Nogaret et sur Pierre du Bois, celui de Léopold Delisle sur Gilles Aycelin et celui de Charles--Victor Langlois sur Geoffroi des Nés ou de Paris.

Bien que seules les positions en soient publiées, il faut signaler. sur l'un des aspects de l'activité intellectuelle de Gilles de Rome :

François Maillard, « Les traductions françaises du *De Regimine principum* de Gilles de Rome », dans *Ecole nationale des chartes, Positions des thèses...*, 1948, pp. 93-96.

Quelques études ont été menées sur la littérature allégorique et satirique. L'article sur les portraits de Marigny précise l'identification du chambellan du roi comme l'objet de plusieurs textes allégoriques.

Antoine Thomas, « Anonyme, auteur de la Voie d'Enfer et de Paradis », dans *Hist. litt. de la France,* XXXVI, pp. 86-100.

Gaston Paris, « Le Roman de Fauvel », *ibid.*, XXXII, pp. 108-153.

Jean Favier, « Les portraits d'Enguerran de Marigny », dans *Annales de Normandie,* XV, 1965, pp. 517-524.

ECONOMIE ET SOCIETE

Une bibliographie approfondie des questions économiques et sociales se trouvera dans les manuels cités ci-dessous. On y adjoint quelques travaux qui éclairent particulièrement l'histoire du temps de Philippe le Bel.

Robert Fossier, *Histoire sociale de l'Occident médiéval.* Paris, 1970.

Georges Duby, *L'économie rurale et la vie des campagnes dans l'Occident médiéval.* Paris, 1962. 2 vol.

Jean Lestocquoy, *Les villes de Flandre et d'Italie sous le gouvernement des patriciens (XIe-XVe siècles).* Paris, 1952.

Georges Espinas, *La draperie dans la Flandre française au Moyen Age.* Paris, 1923. 2 vol.

Henri Laurent, *Un grand commerce d'exportation au Moyen Age : la draperie des Pays-Bas en France et dans les pays méditerranéens (XIIe-XVe siècles)*. Paris, 1935.

Guy Fourquin, *Les campagnes de la Région parisienne à la fin du Moyen Age*. Paris, 1964.

Robert Fossier, *La terre et les hommes en Picardie jusqu'à la fin du XIIIe siècle*. Paris-Louvain, 1968. 2 vol.

André Chédeville, *Chartres et ses campagnes, XIe-XIIIe siècles*. Paris, 1973.

Emmanuel Le Roy Ladurie, *Montaillou, village occitan de 1294 à 1324*. Paris, 1975.

Les libertés urbaines et rurales du XIe au XIVe siècle. Colloque, Pro Civitate. Bruxelles, 1966.

Michel Mollat et Philippe Wolff, *Ongles bleus, Jacques et Ciompi. Les révolutions populaires en Europe aux XIVe et XVe siècles*. Paris, 1970.

Bronislaw Geremek, *Le salariat dans l'artisanat parisien aux XIIIe-XVe siècles. Etude sur le marché de la main-d'œuvre au Moyen Age*. Paris, La Haye, 1968.

Bernhard Blumenkranz et coll., *Histoire des Juifs en France*. Toulouse, 1972.

Henri Dubois, *Les foires de Chalon et le commerce dans la vallée de la Saône à la fin du Moyen Age*. Paris, 1976.

Georges Bigwood, *La politique de la laine sous les règnes de Philippe le Bel et de ses fils*. Bruxelles, 1937.

Claude Piton, *Les Lombards en France et à Paris*. Paris, 1892.

Jean Combes, « Aspects économiques et sociaux du Pézenas médiéval », dans *Pézenas, ville et campagne, XIIIe-XXe siècles*. Montpellier, 1976.

Yves Renouard, *Etudes d'histoire médiévale*. Paris, 1968.

Signalons particulièrement, sur les raisons de la mutation des foires de Champagne, les travaux de Robert-Henri Bautier :

Robert-Henri Bautier, « Les foires de Champagne », dans *La foire* (Recueils de la Société Jean Bodin, V), Bruxelles, 1953, pp. 97-147.

- « Les registres des foires de Champagne, à propos d'un feuillet récemment découvert », dans *Bulletin philologique et historique*, 1942-1943, pp. 157-188.

- Les Tolomei de Sienne aux foires de Champagne », dans

Recueil de travaux offert à M. Clovis Brunel (Paris, 1955), t. I, pp. 106-129).

Sur le problème, essentiel mais encore controversé, du changement intervenu dans la situation climatique de l'Europe, on trouvera l'état des questions et une bibliographie critique dans :

Emmanuel Le Roy Ladurie, *Histoire du climat depuis l'an mil*. Paris, 1967.

Pierre Alexandre, « Le climat au Moyen Age », dans *Annales (Economies, Sociétés, Civilisations)*, 1977, pp. 183-197.

ART

L'histoire artistique du règne de Philippe le Bel a généralement été traitée dans la plus longue durée. On se reportera donc avec profit aux ouvrages les plus généraux.

Henri Focillon, *Art d'Occident*. Paris, 4e éd., 1963.

Georges Duby, *Le Temps des cathédrales. L'art et la société, 980-1420*. Paris, 1976.

Louise Lefrançois-Pillion, *L'art du XIVe siècle en France*. Paris, 1954.

PARIS

Le volume publié par R. Cazelles dans la *Nouvelle Histoire de Paris* fait le point sur les problèmes que pose le développement de la ville et le renforcement de sa fonction de capitale. On y trouvera la bibliographie détaillée qui ne saurait trouver place ici. La monographie de Jean Guerout est fondamentale pour toute étude des travaux menés précisément pendant le règne de Philippe le Bel. Les ouvrages concernant l'activité économique de la ville ont été indiqués plus haut.

Raymond Cazelles, *Paris de la fin du règne de Philippe-Auguste à la mort de Charles V. 1223-1380*. Paris, 1972. In-4°.

Jean Guerout, « Le Palais de la Cité à Paris, des origines à 1417, essai topographique et archéologique », dans *Paris et Ile-de-France, Mémoires*, I, 1949, pp. 57-212, II, 1950, pp. 21-204, et III, 1951, pp. 7-101.

MORT DU ROI

Les circonstances de la mort de Philippe le Bel et les réactions de l'entourage royal ont fait l'objet de quelques analyses, d'intérêt médiocre, mais qu'il est difficile de négliger.

Auguste Brachet, *Pathologie mentale des rois de France.* Paris, 1903.

Charles Baudon de Mony, « La mort et les funérailles de Philippe le Bel d'après un compte rendu à la cour de Majorque », dans *Bibliothèque de l'Ecole des chartes,* LVIII, 1897, pp. 5-14.

Louis-Claude Douet d'Arcq, « Note sur la mort de Philippe le Bel », dans *Revue des sociétés savantes,* 6e série, IV, 1876, pp. 277-280.

L'affaire des brus du roi a été racontée en détail par les chroniqueurs, en particulier Geoffroi de Paris et les *Grandes Chroniques.* On peut aussi voir, outre quelques lignes de Richard dans son livre sur Mahaut d'Artois, le travail de :

Paul Lehugeur, *Histoire de Philippe le Long.* Paris 1897.

L'histoire de la sépulture royale et de la sculpture funéraire a été entièrement renouvelée par :

Alain Erlande-Brandenburg, *Le roi est mort. Etude sur les funérailles, les sépultures et les tombeaux des rois de France jusqu'à la fin du XIIIe siècle.* Genève-Paris, 1975. In-4°.

Index

D

E

J

L

M

O

P

Q

R

S

T

U

V

W

Y

Z

Table des matières

— ACHEVE D'IMPRIMER —
LE 18 AOUT 1978
SUR LES PRESSES DE
L'IMPRIMERIE
CARLO DESCAMPS
CONDE - SUR - L'ESCAUT
POUR LE COMPTE
DE LA LIBRAIRIE
ARTHEME FAYARD
75, RUE DES SAINTS-PERES
PARIS VIe

Dépôt légal : 5711 — 3e trimestre 1978
N° d'imprimeur : 1519
ISBN 2-213-00664-4

H/35-6439-1